Ditmar Brock

Die klassische Moderne

Ditmar Brock

Die klassische Moderne

Moderne Gesellschaften
Erster Band

VS VERLAG

Bibliografische Information der Deutschen Nationalbibliothek
Die Deutsche Nationalbibliothek verzeichnet diese Publikation in der
Deutschen Nationalbibliografie; detaillierte bibliografische Daten sind im Internet über
<http://dnb.d-nb.de> abrufbar.

1. Auflage 2011

Alle Rechte vorbehalten
© VS Verlag für Sozialwissenschaften | Springer Fachmedien Wiesbaden GmbH 2011

Lektorat: Frank Engelhardt

VS Verlag für Sozialwissenschaften ist eine Marke von Springer Fachmedien.
Springer Fachmedien ist Teil der Fachverlagsgruppe Springer Science+Business Media.
www.vs-verlag.de

Umschlaggestaltung: KünkelLopka Medienentwicklung, Heidelberg
Druck und buchbinderische Verarbeitung: Ten Brink, Meppel
Gedruckt auf säurefreiem und chlorfrei gebleichtem Papier
Printed in the Netherlands

ISBN 978-3-531-16737-4

Inhalt

Verzeichnis der Abkürzungen

AJS   = American Journal of Sociology

ASR   = American Sociological Review

APuZ = Aus Politik und Zeitgeschichte

BJfS   = Berliner Journal für Soziologie

KZfSS = Kölner Zeitschrift für Soziologie und Sozialpsychologie

SAMF = Arbeitskreis sozialwissenschaftliche Arbeitsmarktforschung

ZfS   = Zeitschrift für Soziologie

Danksagung

Für das Abtippen unzähliger Bänder möchte ich mich bei Elisabeth Eckelmann bedanken. Durch konstruktive Kritik an einzelnen Kapiteln haben Wolfram Backert, Uwe Krähnke, Christian Papsdorf und Max Wolf den Autor vor einer ganzen Reihe von Fehlern bewahrt. Die Zahl der Rechtschreibfehler und der unverständlichen Sätze haben Mira Freyermuth und Christin Schröder erheblich vermindert. Christian Papsdorf hat die Graphiken gestaltet, die das zweite Kapitel bereichern. Ohne die Risikobereitschaft von Frank Engelhardt und seine überaus konstruktive Begleitung des gesamten Vorhabens wäre das Buch nie zustande gekommen.

Vorbemerkung zur Konzeption dieses Buches

Zielgruppe:

Dieses Buch will einen Überblick darüber geben, was Soziologen meinen, wenn sie von ‚der modernen Gesellschaft' bzw. von ‚modernen Gesellschaften' sprechen. Es richtet sich an einen Leserkreis mit sozialwissenschaftlichen Grundkenntnissen, aber auch an Fachsoziologen, die an Fragestellungen arbeiten, die auf die eine oder andere Weise auf moderne Gesellschaften bezogen sind.

Da auch in der Soziologie die Spezialisierung auf immer engere Themenfelder unaufhaltsam voranschreitet, wächst der Bedarf an Überblicksdarstellungen. Denn nur sie ermöglichen es noch, die speziellen Themen in einem Gesamtzusammenhang zu lokalisieren und die generellen Konturen der Soziologie in der Konkurrenz zu den Erklärungsansprüchen anderer Fächer zu identifizieren.

Moderne Gesellschaften:

Da sich die Soziologie immer als eine Disziplin verstanden hat, deren vordringliche Aufgabe es ist, Beiträge zum Verständnis moderner Gesellschaften und zum Modernisierungsprozess zu liefern, ist die soziologische Literatur zu diesem Thema heute kaum noch überschaubar. Da sich die meisten Beiträge auf immer speziellere Teilaspekte des Themas richten, wird es immer schwieriger ‚vor lauter Bäumen den Wald zu sehen'. Darum ist es wichtig, sich über die grundlegenden soziologischen Merkmale und Mechanismen Klarheit zu verschaffen, durch die sich moderne Gesellschaften von ihren historischen Vorgängern unterscheiden.

In den beiden letzten Jahrzehnten hat sich die Unterscheidung zwischen zwei soziologischen Beobachtungsperspektiven auf moderne Gesellschaften durchgesetzt. Einmal kann man die Herausbildung moderner Gesellschaften aus den vormodernen Feudalgesellschaften untersuchen und über diesen Vergleich das historisch Neue an den modernen Gesellschaften identifizieren. Zum Anderen kann man die weitere Entwicklung innerhalb des Typus ‚moderne Gesellschaft' untersuchen. Der grundlegende Unterschied ist hierbei, dass Modernisierung in der zweiten Beobachtungsperspektive nicht mehr von der Konfrontation mit den sozialen Strukturen der Feudalgesellschaft geprägt wird, sondern nur noch von der Konfrontation mit den eigenen Strukturmerkmalen. In dieser Konfrontation der modernen Gesellschaft mit sich selbst verschleißt sich vor allem die mit ihr von Anfang an verbundene Fortschrittsprogrammatik.

Mit diesen beiden Blickwinkeln werden (a) die Begriffe ‚klassische Moderne' oder auch ‚Industriemoderne' bzw. (b) ‚radikalisierte', ‚zweite', ‚reflexive' Moderne oder auch ‚Postmoderne' verbunden. Es handelt sich dabei um keine rein sozialtheoretische Unterscheidung sondern immer auch um eine innergesellschaftlich wirksame, insbesondere modernisierungspolitische Zäsur, die ungefähr in den 1970er Jahren einsetzt.

Die klassische Moderne:

Was erwartet nun den Leser konkret? In diesem nun vorliegenden ersten Band möchte ich einen **Überblick über den soziologischen Wissensstand zur klassischen Moderne** geben.

Das Bild der klassischen Moderne, das in diesem ersten Band entwickelt wird, gliedert sich in mehrere Aspekte, die inhaltlich aufeinander bezogen sind.

- Im *ersten Kapitel* werden die **begrifflichen Grundlagen** und das **modernisierungstheoretische Denken im 18. und 19. Jahrhundert** vergleichsweise knapp behandelt, da letzteres nur als Hintergrundwissen heute noch relevant ist.

- Im *zweiten Kapitel* werden **ausgewählte Theorien der klassischen modernen Gesellschaft ausführlich dargestellt (Durkheim; Simmel; Weber; Parsons und Luhmann).** Die Ausführlichkeit der Darstellung hängt damit zusammen, dass es sich hier um besonders einflussreiche und wichtige Positionen handelt. Der zweite Grund ist, dass in den üblichen Theoriedarstellungen die Konzepte der modernen Gesellschaft eher am Rande und deshalb nur sehr verkürzt abgehandelt werden.

- Das *dritte Kapitel* ergänzt und vertieft die Darstellung der soziologischen Theorie moderner Gesellschaften in mehrfacher Hinsicht. Einmal werden **wichtige Debatten** um Grundlagen der im zweiten Kapitel dargestellten Theorien nachgezeichnet und resümiert (funktionale Differenzierung, Interpenetration, Lebenswelt, Gemeinschaft und Gesellschaft). Weiterhin werden **alternative Blickwinkel auf die klassische moderne Gesellschaft** erläutert (Konflikttheorie, Gesellschaftskritik). Schließlich werden **thematische Ergänzungen** vorgenommen (Nationalstaat, Globalisierung).

- Die soziologischen Theorien zur Herausbildung moderner Gesellschaften interpretieren überwiegend sozialhistorische Entwicklungen der Phase vor der Industrialisierung. Da sie sich aber nur sehr selektiv auf diese Phase beziehen, werden im *vierten Kapitel* **weitere soziologisch relevante Veränderungen in der vorindustriellen Phase behandelt** (Bevölkerungsentwicklung, Freisetzung aus der Landwirtschaft, Erfindungen, Städte und die Modernisierung des Staates).

- Erst die Phase der Industrialisierung revolutioniert den Alltag breiter Bevölkerungsschichten. Da diese Veränderungen in den heute wichtigsten Theorien der modernen Gesellschaft nur noch eine marginale Rolle spielen, werden sie im *fünften Kapitel* unter begrifflichen Ergänzungen (Strukturwandel menschlicher Arbeit; Lebensführung als Arbeitskraft) relativ ausführlich dargestellt. Es werden **drei Phasen des Industrialisierungsprozesses mit unterschiedlichen sozialen Konsequenzen behandelt** (die Textilindustrie und die Technisierung menschlicher Arbeit; der Eisenbahnbau als Beispiel für Schlüsseltechnologien und die Ausweitung der Staatsaufgaben; die Phase der industriellen Massenproduktion und ihre Stabilisierung durch ergänzende Staatsaktivitäten sowie die Entwicklung sozialer Sicherungssysteme).

Die radikalisierte Moderne:

Dieser Band wird 2012 durch einen Band zur radikalisierten Moderne ergänzt werden, sodass dem Leser dann ein Gesamtbild zur Soziologie der modernen Gesellschaft geboten wird.

Der Globalisierungsdiskurs:

Seit den 90er Jahren hat sich auf dem thematischen Feld moderne Gesellschaften ein Diskurs um Aspekte der Globalisierung entwickelt, der nicht ohne große Auflösungsverluste in die Theorie moderner Gesellschaften integrieren werden kann, weil es hier in theoretischer Hinsicht um Grenzbegriffe und die Überwindung bzw. Aufhebung sozialer Grenzen geht und in empirisch-praktischer Hinsicht um ein Zusammenwachsen und Zusammenwirken in Richtung auf eine Weltgesellschaft. Dieser Aspekt wurde gesondert dargestellt in:

Ditmar Brock (2008): Globalisierung. Wirtschaft – Politik – Kultur – Gesellschaft. Wiesbaden: VS.

Warum nicht Modernisierung?

Warum wurde der Weg gewählt, das soziologische Denken zur modernen Gesellschaft auf Gesamtbilder der modernen Gesellschaft hin zu sortieren an Stelle der üblichen Darstellung von Modernisierungsprozessen?
   Im Anschluss an van der Loo/van Reijen 1992 hat sich ein weitgehender Konsens darüber herausgebildet, dass der Prozess der Modernisierung auf vier Dimension hin konkretisiert werden kann: Differenzierung, Rationalisierung, Individualisierung und Domestizierung.

Viele neuere Darstellungen begeben sich daher auf vermeintlich ‚sicheres Terrain' und geben eine Zusammenfassung soziologischer Analysen dieser Modernisierungsprozesse. Dabei verzichten sie auf eine wohl nicht mehr als erreichbar angesehene Gesamtdarstellung moderner Gesellschaften. Dieses Terrain ist jedoch nur scheinbar sicher, weil (a) weder gewährleistet ist, dass diese 4 Dimensionen dem Anspruch auf Vollständigkeit genügen können, (b) noch dass sie auch nur einigermaßen trennscharf voneinander unterschieden werden können. Sicher ist nur, dass auf diese Weise kein Gesamtbild des Prozesses gesellschaftlicher Modernisierung gezeichnet werden kann.

Wie kann das Buch am besten genutzt werden?

Die Kapitel sind so aufgebaut, das man das Buch nicht nur auf die übliche Art von vorne nach hinten lesen kann, sondern auch einzelne Kapitel für sich. Dafür müssen einige Redundanzen in Kauf genommen werden. Das Aufspüren von Verbindungen und Bezügen zwischen den Kapiteln erleichtern zahlreiche Querverweise. Die detaillierte Gliederung erlaubt es auch, bestimmte Themen gezielt nachzuschlagen.

Kapitel 1

Einleitung

1.1 Der Begriff „Moderne"

Der Begriff Moderne geht auf lateinische Wurzeln zurück. Aus ‚modo' (gleich vor kurzem, jetzt eben) wurde der Begriff Moderni als Bezeichnung für diejenigen entwickelt, die explizit in der Gegenwart leben. Moderni sind also zunächst einfach die Zeitgenossen.

Eine engere Bedeutung im Sinne einer fortschrittlichen oder aufgeschlossenen Geisteshaltung gewinnt der Begriff Moderni bereits im Hochmittelalter (13. Jh.) in den Kontroversen der Scholastiker. William von Ockham unterscheidet zwischen einer ‚logica antiqua' und einer ‚logica modernorum'. Der logica antiqua rechnet er diejenigen seiner Kollegen zu, deren Beiträge zur Logik sich im Wesentlichen auf die Auslegung der Texte des Aristoteles beziehen. Sie sind in seinen Augen *Traditionalisten*, die am Althergebrachten hängen. Die logica modernorum ist dagegen ein *offenes Projekt mit ungewissem Ausgang*, bei dem es stärker auf problemorientierte logische Forschung ankommt.

In einer philosophischen Grundsatzdebatte des 15. Jahrhunderts, dem sogenannten ‚Universalienstreit' begegnet uns wiederum dieselbe Unterscheidung. Auch hier wird zwischen einer traditionellen Richtung, der *‚via antiqua'*, die sich im Wesentlichen auf die Position Platons bezieht, und einer *‚via moderna'* unterschieden. Letztere ist eine Richtung, bei der es stärker auf das einzelne Objekt und das einzelne Subjekt ankommt. Während also in der philosophischen Debatte des 13. Jahrhunderts Modernität in einem Vorgriff auf die Aufklärung als eine Geisteshaltung verstanden wird, bei der es auf eigene kritische Prüfung ankommt, wird in der Debatte des 15. Jahrhunderts der Akzent eher auf das einzelne Individuum und das einzelne Phänomen gelegt, das zunächst eben als solches erfasst werden muss, und nicht in altbekannte begriffliche Schubladen gesteckt werden soll.

Bereits mit dem Aufkommen des Begriffes steht Moderne für eine *veränderte Geisteshaltung, die das Althergebrachte und Überlieferte kritisch untersucht und stärker auf den Einzelnen und seine Handlungen und Entscheidungen setzt.*

Dieses Verständnis von Modernität spricht besonders plastisch aus den Worten, die der Humanist Erasmus von Rotterdam gewählt hat, als er 1509 im Hause seines Freundes Thomas Morus eine satirisch gemeinte Lobrede auf die

Torheit hielt. Ziel seines Spotts waren vor allem die Verhaltensweisen der Geistlichkeit: „Das erfreulichste ist aber, dass sie alles genau nach Vorschrift tun, als
ob sie mathematische Formeln dafür besäßen, deren Missachtung Sünde wäre.
Dann kommt es darauf an, wie viel Knoten die Sandale, welche Farbe der Gürtel
haben muss, wie viele Unterschiede das Gewand aufzuweisen hat, aus welchem
Stoff und wie viele Halme breit der Gürtel sein muss, wie Zuschnitt und Scheffel-
inhalt der Kutte sein müssen, wie viel Finger die Tonsur breit sein muss, wie viele
Stunden man schlafen muss ... Menschen, die apostolische Liebe gelobt haben,
führen gewaltige Tragödien auf, um ein Gewand, das anders gegürtet ist, um eine
Farbe, die ein bisschen zu dunkel geraten ist" (zitiert nach Borst 1982: 661).

Mit dem Substantiv Modernität und dem Adjektiv modern wird zunächst
einmal eine Geisteshaltung umschrieben, die rationale Erkenntnis und rationale
Selbstvergewisserung anstrebt. Damit sind vor allem vier Aspekte verbunden:

- Eine kritische Überprüfung aller tradierten Überzeugungen und Erklärungen.
- Die Suche nach einer rationalen Erklärung der Natur über exakte Beschreibungen, Messungen und Experimente.
- Das Bestreben, die eigenen Handlungen und Meinungen rational zu begründen und
- eine individuelle wie gattungsgeschichtliche Selbstvergewisserung mit den
  Mitteln rationaler Argumentation, der Kritik und des Selbstzweifels.

In den gesellschaftlichen Eliten beginnt sich diese Geisteshaltung bereits im
Hochmittelalter zu entwickeln (vgl. Nelson 1977; zum Verständnis des Hochmit-
telalters als einer Zeit revolutionärer Neuerungen vgl. Gimpel 1996:5 ff.)

Dieser kurze Blick in die Geistesgeschichte hat gezeigt, dass das Adjektiv modern und das Substantiv Moderne einmal als Unterscheidung verwendet
wurde, um das Zeitgenössische, um aktuelle Moden, von Dingen zu trennen, die
nicht mehr ‚in' sind, also unmodern. Diese Verwendungsweise knüpft direkt an
die etymologischen Wurzeln des Begriffs an. Zum anderen wurden diese Begriffe verwendet, um Objektivationen der gerade beschriebenen modernen Geisteshaltung zu bezeichnen. In diesem Sinne wird noch am Ende des 19. Jahrhunderts
die Moderne als eine Epochenunterscheidung auf dem Gebiet der Kunst und Literatur benutzt, die unterstreicht, dass die gegenwärtigen literarischen und ästhetischen Schöpfungen aus einem anderen, eben spezifisch modernen Geist heraus
entstanden seien (vgl. Stichwort ‚modern' in Meyers Konversationslexikon 1897:
12. Band: 411).

1.2 Die moderne Gesellschaft

Wenn in der Soziologie von der modernen Gesellschaft gesprochen wird, dann wird dabei unterstellt, dass erst eine bestimmte Sozialstruktur mit den entsprechenden Institutionen eine moderne Einstellung oder Geisteshaltung systematisch hervorbringen kann. Zwar hat sich eine moderne Geisteshaltung, wie bereits erwähnt, bereits im Hochmittelalter in den intellektuellen Eliten entwickelt. Auch viele Künstlerbiografien aus der Renaissance muten ausgesprochen ‚modern' an – charakteristische Beispiele sind hier die Biografien von Petrarca, Leonardo da Vinci und Michelangelo. Erst aufgrund spezifischer Strukturen der modernen Gesellschaft kann aber eine derartige Geisteshaltung *allgemeine Verbreitung gewinnen und für eine Mehrheit der Bevölkerung charakteristisch werden.*

Ein instruktives Beispiel für diese grundlegende Eigenschaft der modernen Gesellschaft ist die Alphabetisierung. Das Medium Schrift ist uralt. Eine voll ausgebildete Silbenschrift gab es bereits vor 4000 Jahren in Mesopotamien. Die Buchstabenschrift wurde gut 1000 Jahren später von den Phöniziern entwickelt und dort nicht nur von kulturellen Eliten, sondern auch bereits von den führenden Kaufleuten, also der wirtschaftlichen Elite, systematisch benutzt. Dennoch blieb die Schrift bis ins frühe 19. Jahrhundert hinein ein Kommunikationsmedium, über das nur eine mehr oder weniger kleine Elite verfügen konnte. Daran hat beispielsweise auch die Bibelübersetzung Luthers wenig ändern können. Dieses Projekt war gewissermaßen ein Vorgriff auf eine allgemeine Alphabetisierung der Bevölkerung, weil sich Luther den mündigen Gläubigen eben als jemand vorstellte, der sich anhand der Lektüre der Heiligen Schrift ein eigenes Glaubensurteil bilden könne. De facto aber waren die meisten protestantischen Gläubigen immer noch auf Vorleser angewiesen, weil sie eben des Schreibens und Lesens unkundig waren. Erst mit der allgemeinen Schulpflicht, die in Deutschland Mitte des 19. Jahrhunderts eingeführt wurde, *wurde die Schrift zu einem für alle Bürger verfügbaren Medium. Erst damit wurde die zwischenmenschliche Kommunikation insgesamt auf eine neue Grundlage gestellt.*

Nach Auffassung von Talcott Parsons stellt die Bildungsrevolution (in Verbindung mit der industriellen und der demokratischen Revolution) das gesellschaftliche Zusammenleben auf eine neue, moderne Basis. Deswegen können moderne Gesellschaften u. a. über ihre Bildungssysteme charakterisiert werden. Die Leistungsfähigkeit nationaler Bildungssysteme wiederum kann als Gradmesser für das Innovationspotential und die wirtschaftliche Leistungsfähigkeit einer modernen Gesellschaft angesehen werden. Deswegen werden Leistungsvergleiche wie die diversen PISA-Studien mit großer Aufmerksamkeit von Politik und Öffentlichkeit registriert.

An diesem Beispiel kann man sich klar machen, auf welche Fragestellungen die soziologische Analyse moderner Gesellschaften typischerweise ausgerichtet ist:

- Durch welche *Merkmale* unterscheiden sich moderne Gesellschaften von vormodernen, feudalen Gesellschaften?
- Worin genau besteht die *besondere Leistungsfähigkeit* moderner Gesellschaften?
- *Wie wird diese erzeugt, reproduziert und verstetigt?* Wie kann sie weiter gesteigert werden?

1.3 Ansatzpunkte der Theorie moderner Gesellschaften: Feudalismuskritik, Positivismus, Liberalismus, Evolution und Differenzierung

Aus welchen Quellen ist das Denken über die moderne Gesellschaft hervor gegangen? In diesem Abschnitt werden die wichtigsten gedanklichen Ansatzpunkte dargestellt, aus denen sich zentrale Gesichtspunkte und Kriterien entwickelt haben, um das spezifisch Moderne an Gesellschaften zu identifizieren. Für eine intensivere Auseinandersetzung mit dem gesellschaftstheoretischen Denken des 18. und 19. Jahrhunderts wird auf die Literatur zur Geschichte der Soziologie verwiesen (ausführliche Darstellungen geben: Jonas 1968; Kiss 1977; Aron 1979).

(a) Feudalismuskritik

Seit dem 16. Jahrhundert wurde die Feudalgesellschaft nahezu unablässig kritisiert und mit anderen Gesellschaftsformen konfrontiert. Kritisiert wurden der Pomp und die Prunkentfaltung der Aristokraten, vor allem aber die aufgeblasenen Formen des Auftretens bei Hofe und an anderen wichtigen Orten. Dem wurde das idealisierte einfache Leben entgegengesetzt, etwa das der Schäfer oder auch das der ‚edlen Wilden‘, denen man in den Kolonialgebieten begegnet war. Wie geläufig und verbreitet diese Kritik war, demonstrierten unter anderem die diversen Maskenbälle in Versailles und an anderen Höfen des 17.und 18. Jahrhunderts, wo die höfische Gesellschaft zu ihrem Amüsement diese Karikaturen des einfachen Lebens nachgespielt hat.

Den wohl wichtigsten Beitrag zu diesem ganzen Themenkomplex leisteten die utopischen Gesellschaftsentwürfe, die mit der Veröffentlichung von „Utopia" im Jahre 1516 einsetzten. Thomas Morus lässt in diesem Buch einen Seemann ‚von der wunderbaren Insel Utopia‘ direkt berichten. Sein Bericht kreist um eine Republik, deren Menschen kein persönliches Eigentum kennen, wohl aber Arbeitszwang und ein Streben nach Bildung (Morus 1986). Vieles an diesem Werk gibt Anlass zur Vermutung, dass Morus weniger Gesellschaftskritik betreiben wollte, sondern sich vielmehr, ironisch und skeptisch, mit einem berühmten Vorbild, der Politeia von Platon, auseinandersetzte. Knapp 100 Jahre später veröffentlichte Thommaso Campanella eine utopische Schrift über den Sonnenstaat, die zwar ebenfalls an Platon anknüpfte, aber ganz offensichtlich als eine politische Handlungsanleitung gemeint war. Der Autor war nämlich 1599 an einer Verschwörung gegen die spanische Herrschaft über Süditalien beteiligt, bei der es den Verschwörern darum ging, die in dem Buch skizzierte Utopie zu verwirklichen (vgl. Campanella 1955).

Es wäre müßig, hier näher auf die diversen Feudalismuskritiken einzugehen. An dieser Stelle bleibt nur festzuhalten, dass sie ein Bewusstsein verbreiteten, das nicht mehr an einer evolutionären Entwicklung des Feudalismus sondern an seiner Ablösung durch eine andersartige und ,bessere' Gesellschaftsform interessiert war.

(b) Positivismus

Aber was waren die Merkmale, was konnten geeignete Grundlagen dieser neuen Gesellschaft sein? Grundlegende Annahmen über die Natur der modernen Gesellschaft entwickelte in der ersten Hälfte des 19. Jahrhunderts der Positivismus[1]. Zwar stammten die wichtigsten Begriffe einschließlich des Begriffs der Industriegesellschaft bereits von Saint-Simon, aber exakt ausgearbeitet wurde die These vom Übergang in eine positive Epoche erst von dessen Sekretär und Schüler Auguste Comte.

„Nach Auguste Comte liegt ein bestimmter Gesellschaftstyp, der durch die beiden Adjektive theologisch und militärisch charakterisiert wird, im Sterben. Die Grundlage der mittelalterlichen Gesellschaft war der von der katholischen Kirche interpretierte transzendente Glaube. Zu der katholischen Denkauffassung gesellte sich gleichzeitig der Vorrang der militärischen Kunst, der in dem hohen Ansehen der Kriegsherren Ausdruck fand. Ein anderer Gesellschaftstyp, die wissenschaftliche und industrielle Gesellschaft ist im Entstehen. Diese neue Gesellschaft ist wissenschaftlich in dem Sinne, in dem die sterbende Gesellschaft theologisch war: Die für das moderne Zeitalter charakteristische Denkweise ist die der Wissenschaftler, während für die Vergangenheit die Denkweise der Theologen und Priester typisch war. Die Wissenschaftler ersetzen die Priester und die Theologen als soziale Kategorie, welche die intellektuelle und moralische Grundlage der sozialen Ordnung schafft. Sie erben von den Priestern die spirituelle

---

[1] Der Begriff Positivismus wurde von Saint-Simon für die Übernahme wissenschaftlicher Methoden durch die Philosophie und Soziologie geprägt.

Macht, die sich in jeder Epoche notwendigerweise in denjenigen verkörpert, die das vorherrschende Denkmodell und die Ideen anbieten, die der sozialen Ordnung als Prinzipien dienen. In der gleichen Weise, in der die Wissenschaftler sich anschicken, an der Stelle der Priester zutreten, nehmen die Industriellen im weiten Sinne des Wortes – d.h. die Unternehmer, die Fabrikdirektoren und die Bankiers – den Platz der Kriegsherren ein. Von dem Augenblick, in dem die Menschen wissenschaftlich zu denken beginnen, besteht die wichtigste Aufgabe der Gemeinschaften nicht mehr darin, dass die Menschen gegeneinander Krieg führen; sie wird vielmehr der Kampf der Menschen mit der Natur und die rationelle Ausnützung der natürlichen Hilfsquellen"(Aron 1979: 72).

Comtes Bestimmung der neuen Gesellschaft folgt also einerseits der alten Modernitätsvermutung, denn die neue positive Epoche soll ja durch den wissenschaftlichen Geist geprägt sein. Andererseits scheint sich Comte aber nicht darüber im Klaren zu sein, dass die neue Epoche keine Feudalgesellschaft mehr ist. Die positive Epoche bei Comte ist insofern eine modernisierte Feudalgesellschaft, als nur ein Austausch der Eliten konstatiert wird. An die Stelle der religiösen Elite treten die Wissenschaftler und an die Stelle des Kriegerstandes alle diejenigen, die mit Industrie und Gewerbe zu tun haben. Damit schreibt Comte indirekt die dreigliedrige Grundstruktur fort, die alle von indoeuropäischen Völkern geprägten Feudalgesellschaften aufgewiesen haben. Diese dreigliedrige Struktur kannte immer eine geistige Elite religiöser und philosophischer Spezialisten, der als zweiter Stand immer ein Kriegerstand gefolgt ist. Den dritten Stand bildeten die breiten Volksmassen, die entweder in der Landwirtschaft tätig waren oder Handel und Gewerbe nachgingen.

Nur der Austausch des Kriegerstandes durch die Industriellen deutet auf tiefgreifenden Wandel hin, wenn man nicht Wirtschaftsaktivitäten im Rahmen einer Wettbewerbsordnung als Krieg mit anderen Mitteln deuten möchte. Comte hat also einerseits ein sehr gutes Gespür für die Art des sich vollziehenden sozialen Wandels bewiesen, indem er Wissenschaft und Industrie als die Protagonisten einer neuen Gesellschaftsepoche bestimmt hat. Anderseits hat er sich aber offenbar nicht vorstellen können, dass die moderne Gesellschaft tendenziell alle Gesellschaftsmitglieder in ihre Funktionssysteme einbezieht und gerade auch die Lebensverhältnisse des ‚dritten Standes' revolutioniert.

(c) Liberalismus

Die Lebensverhältnisse der arbeitenden Bevölkerung stehen im Mittelpunkt des liberalen Denkens. Um es zu charakterisieren, reicht es aus, sich auf eine der wichtigsten Schriften des 18. Jahrhunderts zu beziehen, die die moderne Nationalökonomie begründet hat. Die Rede ist von dem Buch ‚An Inquiry into the

Nature And Causes of the Wealth of Nations', das erstmals 1776 von Adam Smith veröffentlicht wurde.

Wie der Titel bereits ausdrückt, fragt Smith nach den Faktoren, auf denen der Wohlstand der Nationen beruht. Darüber hinaus stellt er sich die Frage, wie dieser zu steigern wäre. Vor allem diese zweite Frage war damals revolutionär. Vor Adam Smith war man der Ansicht, dass der Gesamtwohlstand der Menschheit nicht vermehrt werden könne und es immer nur darum gehen könne, wem es gelinge, für sich das größte Stück vom Kuchen des gesellschaftlichen Reichtums abzuschneiden.

Nach Smith basiert der Wohlstand auf der menschlichen Arbeit und zwar auf jeder nützlichen Arbeit. Er kann vor allem gesteigert werden durch den Austausch von Arbeitsprodukten. Denn der Austausch der Produkte menschlicher Arbeit ermöglicht Spezialisierung und Arbeitsteilung, also die Entwicklung immer effektiverer Formen der Produktion. Der wirtschaftliche Fortschritt und damit auch der materielle Reichtum der Nationen könnten daher in dem Maße vorankommen, wie sich ein der Tendenz nach globales System einer über den Markt vermittelten Arbeitsteilung entwickeln würde.

Der entscheidende Fortschrittsmechanismus der Arbeitsteilung kann nach Smith auf eine „natürliche Neigung des Menschen, zu handeln und Dinge gegeneinander auszutauschen" (Smith 1978: 16) zurückgeführt werden. Diese natürliche Neigung zum Austausch führt Smith auf eine anthropologische Besonderheit des Menschen zurück: „Fast jedes Tier ist völlig unabhängig und selbstständig, sobald es ausgewachsen ist, und braucht in seiner natürlichen Umgebung nicht mehr die Unterstützung anderer. Dagegen ist der Mensch fast immer auf Hilfe angewiesen, wobei er jedoch kaum erwarten kann, dass er sie allein durch das Wohlwollen der Mitmenschen erhalten wird. Er wird sein Ziel wahrscheinlich viel eher erreichen, wenn er deren Eigenliebe zu seinen Gunsten zu nutzen versteht, indem er ihnen zeigt, dass es in ihrem eigenen Interesse liegt, das für ihn zu tun, was er von ihnen wünscht. Jeder, der einem anderen irgendeinen Tausch anbietet, schlägt vor: Gib mir, was ich wünsche und du bekommst, was du benötigst. Das ist stets der Sinn eines solchen Angebotes, und auf diese Weise erhalten wir nahezu alle guten Dienste, auf die wir angewiesen sind. Nicht vom Wohlwollen des Metzgers, Brauers und Bäckers erwarten wir das, was wir zum Essen brauchen, sondern davon, dass sie ihre eigenen Interessen wahrnehmen. Wir wenden uns nicht an ihre Menschen-, sondern an ihre Eigenliebe, und wir erwähnen nicht die eigenen Bedürfnisse, sondern sprechen von ihrem Vorteil" (Smith 1978: 16 f.).

Das Fortschritt und Reichtum verbürgende System der Arbeitsteilung ist also nichts anderes als ein evolutionärer Mechanismus, der sich unabhängig von menschlicher Einsicht und menschlicher Planung gewissermaßen von selbst durchsetzt. Er ähnelt jenen Gesetzen, mit denen Darwin im 19. Jahrhundert die

Evolution der Arten erklärt. Wie aus dem obigen Zitat hervorgeht, unterscheidet
er sich allerdings vom Darwinismus durch die anthropologische Annahme einer
besonderen Schutzbedürftigkeit des Menschen. In Verbindung mit den ebenso
als natürlich angenommenen Eigeninteressen ist der Mensch für Adam Smith *ein
auf Austausch und Handel angewiesenes Tier.*

Wieso Arbeitsteilung den Fortschritt und Wohlstand vorantreibt, erläutert
Smith am Beispiel einer Nadelmanufaktur, also eines vorindustriellen Arbeits-
prozesses. Im 18. Jahrhundert wurden Nadeln nicht maschinell erzeugt, sondern
geschmiedet. Smith zeigt nun auf, dass allein durch eine Aufteilung des Arbeits-
vorganges unter mehrere Spezialisten, die jeweils nur einen Teilprozess perfekt
beherrschen, die Arbeitsproduktivität um das Zehnfache gesteigert werden kann
gegenüber einem Schmied, der im Alleingang Nadeln fertigt. Diese segensrei-
chen Wirkungen der Arbeitsteilung können sich nicht nur innerhalb einzelner
Betriebe entfalten, sondern auch durch Austausch und Handel zwischen den einzelnen Produzenten, ja zwischen ganzen Nationen. Dieser letztere Gedanke wird
zu Beginn des 19. Jahrhunderts von David Ricardo zu einer Theorie komparativer
Kostenvorteile ausgearbeitet (Ricardo 1817).

Obwohl Arbeitsteilung ein ungesteuerter evolutionärer Mechanismus ist,
der sich selbst entfaltet und wie eine „invisible hand" (Smith 1978: 371) die
Eigeninteressen der Produzenten zu einem volkswirtschaftlichen Gesamtnutzen
aggregiert, beschäftigt sich der Autor eingehend mit Unterschieden zwischen
einzelnen Ländern bei der Entwicklung des Wohlstands. Diese Unterschiede
lassen sich auf schädliche Institutionen zurückführen, die den evolutionären
Prozess hemmen und beeinträchtigen. Dabei müssen insbesondere staatliche
Eingriffe mit größter Skepsis betrachtet werden, weil der Staat nur allzu schnell
dazu neigt, die Handlungsfreiheit des Einzelnen einzuengen und damit eben die
Evolution der Arbeitsteilung zu schädigen. Daher sollte er sich nach Adam Smith
auf all jene Aktivitäten beschränken, die erforderlich sind, um den freien Handel
und den freien Austausch zwischen den Individuen zu sichern. Zu den Aufgaben des Staats gehören daher die Sicherung der bürgerlichen Freiheitsrechte, die
Organisation der Landesverteidigung, eine Infrastruktur öffentlicher Güter, die
Durchsetzung des Privateigentums und der allgemeinen Bildung. Für besonders
schädlich hält Adam Smith insbesondere den auf dem europäischen Kontinent
vielfach praktizierten ‚Merkantilismus' (vgl. unter Abschnitt 4.6), also eine Lehre, bei der der Staat als wichtigster Wirtschaftsakteur auftritt.

Die Ideen von Adam Smith sind insofern eine wichtige Grundlage aller späteren soziologischen Konzepte der modernen Gesellschaft als Smith klarstellt,
dass der Wohlstand der Nationen nicht von ihren Eliten anhängt, wie Comte annahm, sondern *von der Entfaltung der Initiative aller Gesellschaftsmitglieder* im
Rahmen von Arbeitsteilung und Handel. Die Inklusion aller in die Funktionssysteme unterscheidet die moderne Gesellschaft ganz grundsätzlich von der Feudal-

gesellschaft. Deswegen ist, wie später noch gezeigt wird (vgl. Kap. 2), auch der Grad an Inklusion der Gesamtbevölkerung in die gesellschaftlichen Funktionssysteme ein wichtiger Gradmesser für den Entwicklungsstand und die Leistungsfähigkeit moderner Gesellschaften.

Da Adam Smith sich ausschließlich für Arbeit und Wirtschaft interessiert hat, hat er sich nicht mit der für eine Theorie moderner Gesellschaften zentralen Frage befasst, ob sich derartige evolutionäre Mechanismen nur für die Bereiche Wirtschaft und Arbeit identifizieren lassen oder ob sie auch für andere Bereiche, eventuell sogar für die moderne Gesellschaft insgesamt charakteristisch sind.

(d) Evolutionstheorie und Differenzierung

Eine entsprechende Ausweitung des Evolutionsgedankens nimmt *Herbert Spencer* vor, der die in der Biologie des 19. Jahrhunderts insbesondere von Darwin formulierten Evolutionsgesetze in ein universelles Evolutionsgesetz umformulierte, das für alle Erscheinungen des Universums (Krähnke 2002: 84) gelten sollte. Spencer beschreibt die Evolution von Gesellschaften in Analogie zur Entwicklung der Lebewesen als einen fortgesetzten Differenzierungsprozess, in den alle Gesellschaftsmitglieder und alle Lebensbereiche der Gesellschaft mit eingeschlossen sind. Er wählt diese Analogie zum Organismus, „weil die Organe und die Funktionen des menschlichen Körpers uns allgemein bekannte Beispiele für Organe und Funktionen überhaupt liefern" (Spencer 1887 Bd. II: S.171)

Das *Grundmuster der inneren Differenzierung von Gesellschaften besteht in der Ausbildung dreier Teilsysteme: des Ernährungssystems, des Verteilungssystems und des regulierenden Systems.* Im weiteren Verlauf der gesellschaftlichen Entwicklung differenzieren sich diese drei gesellschaftlichen Teilbereiche immer weiter aus. Ganz ähnlich wie bei der Zellteilung unterscheidet Spencer zweifach, dreifach, vierfach differenzierte Gesellschaftssysteme. Die Evolution führt zu einer tendenziellen gesellschaftlichen Höherentwicklung, die Spencer an drei grundlegenden Gesellschaftstypen festmacht, die aufeinander folgen: die ursprüngliche Gesellschaft, die Übergangsgesellschaft und die höchstentwickelte Gesellschaft (vgl. Krähnke 2002: 84). Ähnlich wie bei Adam Smith ist auch für Spencer die höchstentwickelte Gesellschaft durch Tausch und Wettbewerb charakterisiert. In der Industriegesellschaft gebe es, zum Vorteil aller Beteiligten, eine freiwillige Kooperation im Rahmen einer Wettbewerbsordnung. An die Stelle kriegerischer Auseinandersetzungen würde somit eine friedliche Wettbewerbsordnung treten, die die sozialen Beziehungen im Gleichgewichtszustand erhalten könne (vgl. Krähnke 2002: 84).

(e) Zusammenfassung

Spencer führt ein viertes und letztes Element in die soziologischen Modernisierungskonzepte ein, das als *allgemeine Tendenz zu funktionaler Differenzierung* umrissen werden kann. Damit haben wir nun vier grundlegende Elemente kennengelernt, die in den im nächsten Kapitel behandelten ausgearbeiteten Modernisierungstheorien aufgenommen und miteinander verbunden werden. Diese Elemente sind:

Erstens eine *Epochenunterscheidung zwischen Moderne und Vormoderne*. Sie wird von allen im nächsten Kapitel behandelten Theoretikern verwendet.

Zweitens der Übergang auf und die Verbreitung von *wissenschaftlichem Kalkül* in Verbindung mit der Herausbildung eines *industriellen* Bereichs. Dieser Aspekt wird in den ausgearbeiteten Theorien von Weber, Parsons und Luhmann sehr unterschiedlich verarbeitet: Bei Weber als umfassende Rationalisierungs- und Enttraditionalisierungstendenz, bei Parsons wird er in Form der These einer Bildungsrevolution und der Standardanhebung aufgenommen, bei Luhmann wird er vor allem beim Wissenschaftssystem registriert.

Drittens ein sich tendenziell globalisierendes System *gesellschaftlicher Arbeitsteilung*. Unter Abtrennung des Globalisierungsaspekts (Ausnahme Luhmann) geht dieser Aspekt bei allen Theoretikern in die Tendenz fortgesetzter funktionaler Differenzierung ein.

Viertens eine Tendenz zu *fortgesetzter funktionaler Differenzierung* innerhalb der Gesellschaften. Sie wird von allen im nächsten Kapitel behandelten Theoretikern an zentraler Stelle aufgenommen.

(f) Marxismus

Am Ende dieses Abschnitts soll noch kurz erläutert werden, warum der Marxismus zumindest keinen direkten Beitrag für die soziologische Theorie der modernen Gesellschaft geleistet hat.

Im 19. Jahrhundert wurden von den Wegbereitern der Soziologie drei große Evolutionsmodelle entwickelt, denen ein ungebrochener Fortschrittsoptimismus gemeinsam war. Zwei dieser Modelle sahen einen historischen Gipfel- und Endpunkt in einer durch bürgerliche Demokratie und Marktwirtschaft charakterisierten modernen Gesellschaft. Hierbei handelte es sich um die bereits dargestellten Konzepte von Auguste Comte und Herbert Spencer. Eine dritte Theorie gesellschaftlicher Höherentwicklung wurde Mitte des 19. Jahrhunderts von Karl Marx konzipiert. In seinem Entwicklungsmodell wird dieser durch bürgerliche Demokratie und Marktwirtschaft charakterisierte Gesellschaftstyp als kapitalistische Gesellschaftsformation und bürgerliche Klassenherrschaft beschrieben und nur als *Zwischenglied* einer im Kommunismus endenden Entwicklungstypologie verortet.

Genau deswegen gehört der Marxismus auch nicht zu den direkten Vorläufern der soziologischen Modernisierungstheorien.

Welches Bild der bürgerlichen Gesellschaft hat Karl Marx gezeichnet? Auch er hat die Industrialisierung als wesentliches Moment hervorgehoben und eine systematische Darstellung der soziologischen Grundlagen der industriellen Produktion entwickelt, die uns unter dem Stichwort Industrialisierung (vgl. Kapitel 5) noch beschäftigen wird. Anders als Comte oder auch Spencer sah Marx im zeitgenössischen Industrialisierungsprozess aber nicht die beste aller möglichen Welten.

Für Marx zeichnet sich die bürgerliche Klassengesellschaft gerade dadurch aus, dass sie den alten Gegensatz zwischen arbeitenden Beherrschten und nichtarbeitenden Herrschenden auf die Spitze getrieben und für alle Beteiligten deutlich wahrnehmbar gemacht hat. Die Grundlage des in der bürgerlichen Klassengesellschaft angehäuften gesellschaftlichen Reichtums wird laut Marx durch die immer systematischer betriebene Ausbeutung der arbeitenden Klasse gelegt. Indem aber der alte Widerspruch zwischen arbeitenden und herrschenden Klassen auf die Spitze getrieben werde, könne er auch durch die Arbeiterklasse revolutionär überwunden werden und in einer neuen, ohne das private Eigentum an den Produktionsmitteln auskommenden, zunächst sozialistischen, dann kommunistischen Gesellschaft beseitigt werden. Zum Wohle der Menschheit müsse also die institutionelle Grundlage der bürgerlichen Klassengesellschaft, nämlich das private Eigentum an Produktionsmitteln beseitigt werden, was zwangsläufig auch zum Untergang dieses Gesellschaftstyps führen werde.

Kapitel 2

Soziologische Theorie der klassischen Moderne: soziale Grundlagen moderner Gesellschaften

Einleitung

In diesem Kapitel werden dem Leser soziologische Theorien zur klassischen modernen Gesellschaft präsentiert. Während sich die im 2. Band behandelten Theorien der radikalisierten (oder zweiten, reflexiven) modernen Gesellschaft mit Entwicklungen, Veränderungen, Transformationen befassen, die im Laufe der Existenz moderner Gesellschaften hervorgetreten sind, steht hier die Frage nach den soziologischen Grundlagen moderner Gesellschaften im Mittelpunkt. Was unterscheidet sie soziologisch von vormodernen Gesellschaften? Durch welche Entwicklungen haben sich moderne Gesellschaften definitiv von ihren Vorläufern gelöst? Auf welchen sozialen Grundlagen funktionieren und stabilisieren sich moderne Gesellschaften?

Diese Fragen haben auch schon die Wegbereiter der Soziologie Anfang und Mitte des 19. Jahrhunderts beschäftigt. Deren Antwort (vgl. unter 1.3) bestand typischerweise in historischen Entwicklungsreihen an deren Ende der Typus der modernen Gesellschaft stand. Sie haben für die heutige Soziologie nur noch historische Bedeutung, da jede dieser Entwicklungsreihen der Kritik nicht stand gehalten hat. Der wohl wichtigste Kritikpunkt ist, dass sie die Zäsur zwischen vormoderner und moderner Gesellschaft nicht voll ausgeleuchtet haben, weil sie eher die gesamte Zivilisationsentwicklung verstehen wollten. Insbesondere haben sie sich kaum für das moderne Individuum und seine Bedeutung für die moderne Gesellschaft interessiert. Genau aus diesem, *auf das Verhältnis von Individuum und Gesellschaft fokussierten Blickwinkel* haben die soziologischen Klassiker seit Ende des 19. Jahrhunderts die soziologischen Grundlagen der modernen Gesellschaft inspiriert. Dabei wurden Einsichten gewonnen, die bis heute das soziologische Verständnis moderner Gesellschaften geprägt haben.

Dieses Kapitel präsentiert im ersten Teil wichtige Analysen der soziologischen Klassiker zu spezifisch modernen Grundlagen der modernen Gesellschaft. Daran schließen sich ausgearbeitete soziologische Theorien der modernen Gesellschaft an, die auf dieser Grundlage bzw. in kritischer Auseinandersetzung mit den Klassikern entwickelt wurden. Dabei wird keineswegs eine vollständige Darstellung aller einschlägigen Thesen und Theorien angestrebt, sondern vielmehr eine hinreichend ausführliche Erläuterung der nach Überzeugung des Autors wichtigsten soziologischen Analysen der Grundlagen moderner Gesellschaften.

Im *ersten Abschnitt* wird der Leser in *Durkheims Analyse* der *sozialen Arbeitsteilung* als Grundlage moderner Gesellschaften eingeführt. Seit Adam Smiths Grundlegung der modernen Wirtschaftswissenschaften war Arbeitsteilung zum wirtschaftswissenschaftlichen Schlüsselbegriff für Wohlstand und Wirtschaftswachstum geworden. Durkheim sieht nun in der sozial abgestimmten Arbeitsteilung einen Schlüssel zum Verständnis der sozialen Grundlagen moderner Gesellschaften. Ihr sozialer Zusammenhalt beruht nicht mehr auf einem unreflektierten Kollektivbewusstsein, sondern auf organischer Solidarität, auf reflektierter und gesellschaftlich organisierter wechselseitiger Abhängigkeit im Rahmen gesellschaftlicher Arbeitsteilung. Der gesellschaftliche Zusammenhalt wird dadurch entemotionalisiert, was auch den Individuen Freiräume eröffnet.

Der *zweite Abschnitt* macht den Leser mit *Georg Simmels* Ausführungen zum *modernen Individuum* bekannt. Erst in der Moderne, so kann man Simmels Überlegungen zusammenfassen, entsteht ein dritter Typus der Vergesellschaftung, der vom Individuum, seinen Interessen und Neigungen geprägt wird, auf Wahlentscheidungen beruht und Menschen in direkten Kontakt miteinander bringt, die ansonsten den verschiedensten sozialen Kreisen angehören. Zwar gewinnt das moderne Individuum im Schnittpunkt derartiger selbstgewählter Kreise soziale Einmaligkeit, denn es wird kein zweites geben, das sich in genau denselben sozialen Kreisen bewegt, andererseits kann aber nicht alles Individuelle vergesellschaftet werden.

Im *dritten Abschnitt* wird der Leser in das modernisierungstheoretische Denken *Max Webers* eingeführt. Während Simmel und Durkheim sich mit wichtigen Grundelementen der modernen Gesellschaft beschäftigt haben, *legt Weber zumindest in Ansätzen eine Theorie der modernen Gesellschaft* vor. Die moderne Gesellschaft unterscheidet sich von allen früheren Gesellschaften dadurch, dass hier alle Lebensbereiche enttraditionalisiert und rationalisiert worden sind. In zwei gedanklichen Schritten versucht Weber nachzuweisen, wie dieser neue Typus von Gesellschaft entstanden ist.

Der erste, detailliert durchgeführte Schritt erklärt, wieso es nur im ‚Okzident' zum ‚modernen Kapitalismus' gekommen ist. Nach Weber kann der moderne Kapitalismus nämlich als eine Art Blaupause der modernen Gesellschaft angesehen werden, da hier erstmals nicht nur wirtschaftliches Handeln rationalisiert wird, sondern die frühkapitalistischen Unternehmer ihre gesamte Lebensführung enttraditionalisieren. Weber erklärt das mit der ‚protestantischen Ethik', den religiösen Maximen des asketischen Protestantismus. Der zweite gedankliche Schritt existiert dagegen nur skizzenhaft. Er besagt, dass es nach dem Verblassen der religiösen Bindungen zu einer ‚Differenzierung der Wertsphären' gekommen sei, zu einer Durchrationalisierung aller Lebensbereiche.

Im *vierten Abschnitt* wird *Parsons Theorie moderner Gesellschaften* vorgestellt. Wie Weber ist auch Parsons der Überzeugung, dass die Moderne Gesellschaft ein Produkt Nordwesteuropas und Nordamerikas ist. Während sich Weber
auf den Schlüsselfaktor Religion konzentriert, *versucht Parsons alle relevanten
Faktoren unter dem übergreifenden Gesichtspunkt gesellschaftlicher Leistungssteigerung einzubeziehen.* Dabei knüpft er an die Evolutionstheorie an.

Parsons zeigt auf, wie der Typus der modernen Gesellschaft auf der Grundlage der griechisch-römisch-jüdischen Tradition sich seit der Renaissance in
mehreren Schritten herausgebildet hat. Ein Durchbruch wurde mit den drei Revolutionen (Demokratie, Marktwirtschaft, Bildung) erzielt. Im Laufe des 20. Jahrhunderts übernehmen die USA die Führung im Modernisierungsprozess.

Als theoretisches Raster dieser Beschreibung des gesellschaftlichen Modernisierungsprozesses dient das AGIL-Schema, in dessen Rahmen die Prozesse der
Differenzierung, der Standardanhebung durch Anpassung, der Integration und
der Wertverallgemeinerung als grundlegende Muster identifiziert werden.

Der *fünfte Abschnitt* gibt eine Darstellung von *Niklas Luhmanns Analysen
der modernen Gesellschaft.* Luhmanns Analyse gründet sich auf drei in sich geschlossenen Theorien, die auf jeweils eine Sinndimension zielen:

- die Medientheorie der Kommunikation deckt die soziale Sinndimension ab,
- die Differenzierungstheorie dagegen die sachliche und
- die Evolutionstheorie schließlich die zeitliche Dimension.

Diese drei Zugänge sind aber untereinander in hohem Maße vernetzt, so dass sich
eine *dreidimensionale Theorie moderner Gesellschaften* ergibt. Die Darstellung
nimmt diese Struktur auf und orientiert sich an Luhmanns spätem Hauptwerk,
der ‚Gesellschaft der Gesellschaft'.

Luhmann argumentiert auf einer ausgefeilten theoretischen Grundlage, seiner Theorie autopoietischer sozialer Systeme. Deren grundlegende Operation ist
die Kommunikation. Während Parsons von Handlungssystemen ausgeht, bilden
Kommunikationssysteme Luhmanns gedanklichen Ausgangspunkt. Der grundlegende Unterschied zwischen beiden Zugängen zur modernen Gesellschaft
besteht allerdings darin, dass Parsons eine gesamtgesellschaftliche Ordnung in
Form hierarchisch aufeinander bezogener Handlungssysteme analytisch voraus-
setzt, während Luhmann konsequent von der System-Umwelt-Differenz ausgeht,
also alles Soziale, das nicht zu einem bestimmten sozialen System gehört, als
dessen Umwelt ansetzt. Das hat tiefgreifende Konsequenzen für Luhmanns Verständnis der modernen Gesellschaft.

Obwohl die Modernisierungstheorien von Weber, Parsons und Luhmann auf
ganz unterschiedlichen analytischen Fundamenten ruhen, kann man den Versuch
machen, *Gemeinsamkeiten* zwischen den drei Autoren *im Verständnis der mo-*

dernen Gesellschaft zu identifizieren. Dann hat man so etwas wie den harten
Kern im soziologischen Verständnis moderner Gesellschaften. Darum geht es im
sechsten und letzten *Abschnitt* dieses Kapitels.

2.1 Arbeitsteilung, Solidarität und Anomie – Die moderne Gesellschaft im Denken von Emile Durkheim

1893 veröffentliche Emile Durkheim seine Dissertation ‚Über soziale Arbeitsteilung – Studie über die Organisation höherer Gesellschaften'[1]. Sie war ein Meilen-
stein auf dem Wege zur Entwicklung der soziologischen Modernisierungstheorie,
weil es erstmals gelang, ein spezifisch soziologisches Konzept der modernen Gesellschaft zu entwickeln, das die moderne Gesellschaft als einen Zusammenhang
eigener Art fasst.

Damit hebt sich Durkheim sowohl von der utilitaristisch-ökonomischen
Sichtweise ab, die Arbeitsteilung und Spezialisierung lediglich als Instrumente
der Wohlstandssteigerung analysiert hatte (Adam Smith und seine Nachfolger;
vgl. unter 1.3). Er vermeidet aber auch den in der sozialistischen wie auch der
positivistischen Tradition dominierenden Blick auf die moderne Gesellschaft
als einer instabilen Konstellation, die entweder nur durch das Eingreifen des
Staates stabilisiert werden kann (zum Beispiel bei Comte) oder einer tiefgreifenden sozialistischen Umgestaltung bedarf, um für die Menschen lebbar zu
werden. Durkheim kehrt diese Sichtweise geradezu um und versucht herauszu-
bekommen, welche *Probleme der Typus der modernen Gesellschaft gelöst hat*
und unter welchen Bedingungen moderne Gesellschaften Stabilität und inneren
Zusammenhalt gewinnen können. Genau dies ist aber der Blickwinkel, den man
einnehmen muss, wenn man ein soziologisches Verständnis der modernen Gesellschaft entwickeln möchte.

Durkheims Studie über die soziale Arbeitsteilung ist aber auch deswegen
wichtig, weil sie breit rezipiert wurde und weil die Auseinandersetzung mit ihr
die weitere Entwicklung der soziologischen Modernisierungstheorie stark geprägt hat. Von den in diesem Band behandelten Theoretikern wurde vor allem
Parsons erheblich von Durkheims Überlegungen beeinflusst. Unter den Theoretikern der radikalisierten Moderne hat Durkheim vor allem bei Anthony Giddens
deutliche Spuren hinterlassen.

Durkheims Studie über die Arbeitsteilung wird jedoch nicht deswegen an
dieser Stelle vorgestellt, weil ihre Ergebnisse bis heute Bestand haben. In dieser
Hinsicht muss man eher konstatieren, dass Durkheims Argumentation in nahezu

---

[1] Der französische Originaltitel lautete: ‚De la division du travail social : étude sur l'organisation
des sociétés supérieures'

allen Teilen der Kritik nicht standhalten konnte. Insbesondere ist sein Verständnis der „primitiven Gesellschaften" von den Ethnologen einer heftigen Kritik unterzogen wurden. Ebenso ist immer wieder bemerkt worden, dass sich Durkheim mit dem Phänomen der Arbeitsteilung alles andere als eingehend beschäftigt hat. Ähnliche Unklarheiten sind für seinen Begriff der Solidarität moniert wurden. Auch die Analyse des Zusammenhangs zwischen Arbeitsteilung und Solidarität in allen drei Teilen des Werkes hat nahezu durchgängig die späteren Leser nicht überzeugt (einen guten Überblick über die Kritik geben: Müller/Schmid 1992: 507 ff). Deswegen werden Durkheims Überlegungen in diesem Abschnitt auch nicht detailliert vorgestellt. Die Darstellung konzentriert sich auf das, was sich als bleibend erwiesen hat, nämlich den *spezifisch soziologischen Blickwinkel auf die moderne Gesellschaft* und die damit verknüpften Fragen nach ihren Reproduktionsbedingungen und funktionalen Zusammenhängen.

Wie ist soziale Ordnung in einer durch Arbeitsteilung und funktionale Differenzierung geprägten Gesellschaft überhaupt möglich? Unter dieser Fragestellung hat Durkheim als erster die moderne Gesellschaft analysiert. Sie macht Durkheims Überlegungen auch für den heutigen Leser noch interessant. Luhmann hat diesen Aspekt in seiner Einleitung zur deutschen Übersetzung von 1977 folgendermaßen verallgemeinert: „Klassisch ist eine Theorie, wenn sie einen Aussagenzusammenhang herstellt, der in dieser Form später nicht mehr möglich ist, *aber als Desiderat oder als Problem fortlebt*" (Luhmann 1992: 19; Hervorhebung D. B.).

Beschäftigen wir uns also mit Durkheims Aussagenzusammenhang. Zunächst einmal muss man wissen, dass das Buch in drei auf einander bezogene Teile gegliedert ist. Im ersten Teil fragt Durkheim nach der Funktion der Arbeitsteilung (funktionale Analyse). Im zweiten Teil fragt er nach den Ursachen und den Bedingungen, die die Arbeitsteilung hervorgebracht haben (kausale Analyse), während im dritten Teil die ‚anormalen Formen' der Arbeitsteilung untersucht werden (Analyse der ‚Pathologien').

(a) Funktionale Analyse

Auf Durkheims entscheidende These stoßen wir zu Beginn des ersten Teils, im zweiten Abschnitt des ersten Kapitels. Sie wird über eine knappe soziologische Analyse von Freundschaft eingeführt. Freundschaft entsteht typischerweise sowohl unter Menschen zwischen denen starke Ähnlichkeiten bestehen, wie auch zwischen Menschen, die einander unähnlich sind, sich aber in ihren Stärken und Leistungen ergänzen. Daraus leitet Durkheim zwei sehr weitreichende Folgerungen ab. Die erste ist, dass Solidarität und Zusammenhalt auch zwischen Menschen entstehen kann, deren Unähnlichkeit einander ergänzt. Die zweite Folgerung ist, dass genau dies über die gesellschaftliche Arbeitsteilung systematisch

hergestellt wird. „Diese Überlegungen haben uns dazu geführt, die Arbeitsteilung unter einem neuen Gesichtspunkt zu betrachten. In diesem Fall sind die ökonomischen Dienste, die sie leisten kann, verglichen mit der moralischen Wirkung,
die sie hervorruft, gering und *ihre wahre Funktion besteht darin, zwischen zwei
oder mehreren Personen ein Gefühl der Solidarität herzustellen*" (Durkheim
1992: 102; Hervorhebung D. B.). Diese These möchte Durkheim in seinen weiteren Ausführungen beweisen.

Wenn Durkheim den Begriff Solidarität benützt, dann meint er damit den
gesellschaftlichen Zusammenhalt, ohne den kein geordnetes gesellschaftliches
Leben denkbar wäre. Dabei unterscheidet er zwischen zwei Ausprägungen dieser
Solidarität: mechanischer und organischer Solidarität. *Mechanische Solidarität*
bezeichnet eine Form des gesellschaftlichen Zusammenhalts, die auf der *Ähnlichkeit* zwischen den Gesellschaftsmitgliedern beruht. Für solche Gesellschaften ist ein Strafrecht charakteristisch, das repressive Sanktionen verhängt, sich
am Täter für dessen Abweichungen von den herrschenden Normen gewissermaßen nach dem Motto rächt ‚Auge um Auge, Zahn um Zahn‘. Dagegen bezeichnet
Durkheim mit dem Begriff der *organischen Solidarität* Formen des gesellschaftlichen Zusammenhalts, die auf funktional abgestimmter *Unähnlichkeit* der Gesellschaftsmitglieder basieren.

Das Adjektiv organisch knüpft an den Begriff des Organismus an, der seine Leistungsfähigkeit durch die Ausdifferenzierung unterschiedlicher, also un-
ähnlicher Organe zu steigern vermag. Organische Solidarität herrscht dort vor,
wo der Charakter des Rechts restitutiv ist. Das restitutive Recht „besteht nur in
einem ‚Zurechtrücken der Dinge‘, einer Renormalisierung der gestörten Verhältnisse, indem der inkriminierte Akt mit Gewalt auf jenen Typus des Handelns
zurückgeführt wird, von dem er abwich oder indem er annulliert, das heißt seines
gesamten sozialen Wertes entkleidet wird" (Durkheim 1992: 116 f.). Diese Art
von Sanktion erkennt Durkheim vor allem im Zivil- und Handelsrecht moderner
Gesellschaften. Daraus kann man nun mit Durkheim schließen, dass organische
Solidarität darin besteht, das geordnete Zusammenwirken einer arbeitsteiligen
Gesellschaft aufrecht zu erhalten.

In einem weiteren gedanklichen Schritt fragt Durkheim nun nach den sozialen Bedingungen, die diese beiden unterschiedlichen Solidarformen produzieren.
*Mechanische Solidarität kann auf ein hohes Kollektivbewusstsein zurückgeführt
werden, das typischerweise in Gesellschaften mit segmentärer Differenzierung
entsteht.* Segmentär differenziert sind solche Gesellschaften, deren Teile (Klans,
Sippen) alle wesentlichen Elemente der Gesamtgesellschaft enthalten – ähnlich
einem Tortenstück, das alle Bestandteile der Torte enthält. In diesem Typus von
Gesellschaft ähnelt sich das, was die Menschen im Alltag tun, aber auch die Rituale und religiösen Überzeugungen sind einheitlich. Auf dieser Grundlage hoher
Ähnlichkeit weisen derartige Gesellschaften ein starkes Kollektivbewusstsein auf.

Organische Solidarität, die sich typischerweise im restitutiven Recht bewährt, führt Durkheim dagegen auf die Arbeitsteilung zurück, deren Grundlage wiederum die funktionale Differenzierung ist. Das klingt, wenn wir von dem heutigen Verständnis beider Begriffe ausgehen, ziemlich tautologisch. Dabei dürfen wir allerdings nicht vergessen, dass Durkheim die Arbeitsteilung, wie bereits aus dem obigen Zitat hervorging, als ein *soziales* Phänomen betrachten möchte[2]. Die Quelle organischer Solidarität ist also die *soziale* Arbeitsteilung, deren Grundlage wiederum die funktionale Differenzierung ist. Funktionale Differenzierung wird bei Durkheim deutlich enger gefasst als in der heutigen Soziologie (vgl. hierzu die Darstellung unter 2.5). Er versteht darunter Formen der beruflichen Spezialisierung und andere Formen der Aufgabenteilung.

Wir können an dieser Stelle zunächst einmal festhalten, dass Durkheim eine klare Epochenunterscheidung zwischen der modernen Gesellschaft und einer vormodernen Gesellschaft trifft, die letztlich postuliert, dass die moderne Gesellschaft eine ganz eigene soziale Grundlage aufgebaut habe, nämlich soziale Arbeitsteilung und organische Solidarität.

Um diese Unterscheidung genauer zu verstehen, folgen wir Durkheims Analyse in den Kapiteln zwei und drei des ersten Teils. Dort erläutert er die Begriffe mechanische und organische Solidarität, indem er sie mit typischen Unterschieden der Sanktionen bei repressivem, beziehungsweise bei restitutivem Recht in Zusammenhang bringt.

Den Schlüssel zum Verständnis mechanischer Solidarität sieht Durkheim dabei in dem Begriff des Verbrechens, der dem repressiven Recht zugrunde liege. Von Verbrechen zu reden, macht nach Durkheim nur Sinn, wenn eine Tat starke und bestimmte Gefühle verletzt, „die allen normalen Individuen einer bestimmten Gesellschaft gemeinsam sind" (Durkheim 1992: 6). Weil starke Gefühle, die von allen geteilt werden, verletzt werden, muss jedes Verbrechen gesühnt werden, wobei das Verhängen der Sanktion ein gemeinsamer sozialer Akt ist. Daraus schließt Durkheim, dass Gesellschaften, die überwiegend Verbrechen konstatieren und ahnden, ein hohes Kollektivbewusstsein aufweisen müssen. Da aber auch moderne Gesellschaften ein Strafprozessrecht haben und ihr Rechtssystem unter anderem auch Strafprozesse kennt, müssen auch moderne Gesellschaften ein gewisses, aber deutlich schwächeres Kollektivbewusstsein aufweisen. An dieser

---

[2] Müller und Schmid (1992: 512) haben kritisiert, dass Durkheim „eine der zentralen Bedingungen vergleichender Modellbildung" (ebenda) verletze, wenn er an die Stelle seiner Argumentationskette, an der bei der Erklärung mechanischer Solidarität das Kollektivbewusstsein platziert ist, die Arbeitsteilung platziere. Das ist sehr formalistisch gedacht und wird Durkheim nur teilweise gerecht, da es ihm eben um „soziale Arbeitsteilung" geht. Wie wir noch sehen werden, hätte er an diese Stelle auch den „Kult des Individuums" oder „indirekte Einbindung der Individuen in die Gesellschaft" setzen können, Begriffe und Formulierungen, die seine Auffassung sozialer Arbeitsteilung pointierter ausdrücken, als der zu Missverständnissen Anlass gebende Begriff der sozialen Arbeitsteilung.

Stelle wird also die klare Unterscheidung zwischen modernen und vormodernen Gesellschaften etwas relativiert, da Durkheim davon ausgeht, dass moderne Gesellschaften immer auch auf vormoderne soziale Grundlagen zurückgreifen.

Den völlig andersartigen Charakter organischer Solidarität versucht Durkheim an einem zentralen Element des restitutiven Rechts, dem Vertragsrecht, zu erläutern. Auch im Vertragsrecht spricht der Richter Recht, aber es geht hier nicht um die Verletzung starker Gefühle, sondern um die rechtliche Normierung des gesellschaftlichen Zusammenlebens, über die überwiegend relativ emotionsfrei debattiert werden kann. Bei einer Scheidungsklage, die für die Beteiligten durchaus mit starken Emotionen verbunden sein kann, gehe es beispielsweise nur darum, „ob die Gründe, die angeführt werden, einer der vom Gesetz vorgesehen Kategorien angehören" (Durkheim 1992: 165). An diesem Beispiel lässt sich sehr gut erkennen, dass auch dem Vertragsrecht eine normative Ordnung unterlegt wird, die in einem Katalog legitimer Gründe fixiert ist.

> „Man darf aber nicht vergessen, dass der Vertrag, wenn er eine bindende Wirkung besitzt, diese der Gesellschaft verdankt. Wenn wir annehmen, dass sie die vertraglichen Pflichten nicht sanktionieren würde, dann wären sie nur einfache Versprechen, die keine moralische Autorität mehr haben. Jeder Vertrag setzt also voraus, dass hinter den Vertrag schließenden Parteien die Gesellschaft steht, die einzugreifen bereit ist, um den von den Parteien eingegangen Verpflichtungen Respekt zu verschaffen. Daher leiht sie diese verpflichtende Kraft nur Verträgen, die selbst wieder einen sozialen Wert haben, das heißt, die den Regeln des Rechts entsprechen" (Durkheim 1992: 165).

Weil diese Art der Rechtsprechung weitgehend entmoralisiert ist, bedarf sie auch keines Ankers im Kollektivbewusstsein. Das ermöglicht eine weitgehende Verrechtlichung aller gesellschaftlichen Bereiche.

Diese Ausführungen zur „nichtvertraglichen Grundlage des Vertrags" gehören zu den wichtigsten, auch heute noch bedeutsamen Einsichten Durkheims. Mit ihnen widerlegt er die *damaligen* utilitaristischen Positionen, die, wie insbesondere Spencer (vgl. unter 1.3), die Auffassung vertraten, dass die moderne Gesellschaft letztlich auf freiwilligen Verträgen unabhängiger Individuen beruhe, also letztlich als Typus eines freiwilligen Zusammenschlusses zu verstehen wäre. Durkheim zeigt dagegen auf, dass die Vertragsfreiheit nur deswegen praktiziert werden kann, weil eine dahinterstehende gesellschaftliche Autorität die Modalitäten der Vertragsschließung normiert, Vertragsverletzungen sanktioniert und viele vom Nutzenkalkül her naheliegende Verhaltensweisen wie Raub, Betrug etc. ausschließt.

Auf der anderen Seite tut sich Durkheim sehr schwer mit der Bestimmung dessen, was wir als moderne Gesellschaft verstehen können. Vor dem Kontrastbild einer Gesellschaft mit hohem Kollektivbewusstsein und mechanischer Solidarität kann er nur erkennen, dass die moderne Gesellschaft dezentrierter ist, dass hier nicht immer alle mit allen zu tun haben. Ebenso bemerkt er, dass auf dieser Grundlage gesellschaftlich ungeregelte Spielräume für die Entfaltung von Individualität entstehen, die er aber nicht von Formen funktionaler Differenzierung unterscheiden kann. An solchen Stellen seiner Argumentation stößt der Leser dann auf wenig plausible Vereinfachungen wie zum Beispiel die These, dass sich die Individualität innerhalb von Berufsgruppen freier entfalten könne (Durkheim 1992: 183). Immerhin erkennt Durkheim, dass mit zunehmender Modernisierung der Gesellschaft (= wachsender Bedeutung organischer Solidarität, bei zugleich abnehmender Bedeutung mechanischer Solidarität) die Spielräume für die Entfaltung von Individualität wachsen, wobei er zugleich eine wachsende Staatsabhängigkeit prognostiziert (Durkheim 1992: 285).

Übersicht

Segmentär differenzierte Gesellschaft	Funktional differenzierte Gesellschaft
starkes Kollektivbewusstsein	soziale Arbeitsteilung
Ähnlichkeit der Gesellschaftsmitglieder	Unähnlichkeit/Individualisierung
mechanische Solidarität	organische Solidarität
repressives Recht	restitutives Recht

(b) Die kausale Analyse

An diese Untersuchungen zur Funktion der Arbeitsteilung schließt sich im zweiten Teil eine Diskussion der „Ursachen und Bedingungen" an, die die soziale Arbeitsteilung hervorbringen. Den Hintergrund für Durkheims Versuch einer kausalen Erklärung bildet seine Annahme, dass segmentär differenzierte Gesellschaften mit hohem Kollektivbewusstsein aus Gruppen und Clans bestehen, zwischen denen die Sozialkontakte eher selten sind. Daher sieht Durkheim die *entscheidende Ursache für die Herausbildung sozialer Arbeitsteilung in zahlreicheren und immer intensiveren Beziehungen zwischen den sozialen Gruppen.* „Die Arbeitsteilung schreitet also umso mehr fort, je mehr Individuen es gibt, die in genügend nahem Kontakt zu einander stehen, um wechselseitig auf einander wirken zu können" (Durkheim 1992: 315). Durkheim bezeichnet diesen Prozess als *wachsende moralische und materielle Dichte einer Gesellschaft.*

Für wesentlich hält Durkheim hier drei Prozesse: erstens, die immer stärkere räumliche Konzentration der Bevölkerung. Zweitens die Bildung von Städten, sowie die Zunahme der Kommunikations- und Verkehrswege. Schließlich wird die Intensivierung der sozialen Beziehungen auch noch durch das wachsende „soziale Volumen" einer Gesellschaft, worunter Durkheim die Zahl der Gesellschaftsmitglieder versteht, verstärkt. Sobald dieser Prozess einmal in Gang gekommen ist und der segmentäre Typus zurückgedrängt wird, kommt es zu Enttraditionalisierungsprozessen und zu einem Herauslösen der „individuellen Persönlichkeit" aus der kollektiven. All dies bewirkt die Stärkung des modernen Typs der arbeitsteiligen Gesellschaft.

In diesem zweiten Teil von Durkheims Untersuchung über die soziale Arbeitsteilung bleibt weitgehend unklar, ob die arbeitsteilige Gesellschaft eine dezidierte soziale Konstruktion ist oder ob sie sich mehr oder weniger selbstverständlich entwickelt hat, schon weil die Individuen ein Übermaß an Wettbewerb, Konkurrenz und damit verbunden auch an sozialen Konflikten vermeiden wollten.

(c) Analyse der Pathologien

Diese Fragen werden im dritten Teil zumindest ansatzweise geklärt, bei dem die ‚anormalen Formen' der Arbeitsteilung im Zentrum der Überlegungen stehen. In diesem Teil entwickelt Durkheim auch den Begriff der ‚Anomie', der für sein Verständnis der modernen Gesellschaft eine ganz entscheidende Bedeutung hat. Um den Begriff der ‚anomischen Arbeitsteilung' zu verstehen, ist es wichtig, sich daran zu erinnern, dass Durkheim zwischen funktionaler Differenzierung und Arbeitsteilung unterscheidet. Während Arbeitsteilung „normalerweise die soziale Solidarität erzeugt" (Durkheim 1992: 421), können andere Formen der Differenzierung keine Solidarität stiften. Durkheims soziologisches Beispiel hierfür ist der Verbrecher, seine biologischen Beispiele sind Krebs und Mikroben. In beiden Fällen entstehe keine Solidarität, weil hier „keine Teilung einer gemeinsamen Funktion" (Durkheim 1992: 421) vorliegt.

Was sind nun die hauptsächlichen Beispiele für solche Formen einer anomischen, Solidarität eher zerstörenden als hervorbringenden, Arbeitsteilung? In den drei Kapiteln des dritten Teils diskutiert Durkheim drei zur Anomie tendierende Komplexe.

Den ersten Komplex bilden in seinen Augen die „industriellen und kommerziellen Krisen" (Durkheim 1992: 422), die nach Durkheim zunehmen, je mehr sich die Arbeit teilt. An Beispielen wie zunehmenden Konkursen und dem sich verschärfenden Kampf zwischen Arbeit und Kapital (Durkheim 1992: 422) erkennt Durkheim „Teilzusammenbrüche der organischen Solidarität" (Durkheim 1992: 422). Aus ihnen folgert er nun, dass Anomie dadurch entsteht, *„dass die solidarischen Organe keinen genügenden Kontakt haben"* (Durkheim 1992: 15; Hervorhebung D. B.), beziehungsweise, dass die Sozialkontakte zu kurz andauern, also einem zu raschen sozialen Wandel unterliegen.

Zweitens erzeugt die ‚erzwungene Arbeitsteilung‘ Anomie. Sie führt zum Klassenkampf, weil die Individuen sich in Funktionen befinden, die ihnen aufgezwungen wurden. Die eigentliche Ursache für die Zerstörung von Solidarität sieht Durkheim hier in einem *zu hohem Maß an sozialer Ungleichheit zwischen den ausdifferenzierten Gruppen.* Daher sei es unumgänglich ein höheres Maß an Gleichheit und Gerechtigkeit bewusst herzustellen. Dies sei für „die höheren Gesellschaften" existenziell notwendig (Durkheim 1992: 440 ff.).

Den dritten Anomiekomplex identifiziert Durkheim in der innerbetrieblichen Arbeitsteilung. Vor allem eine *zu hohe Spezialisierung* könne dann anomische Folgen haben, wenn die verschiedenen Funktionen „viel zu unzusammenhängend" sind, „als dass sie sich genau auf einander einspielen und im Gleichschritt verlaufen könnten. Daraus resultiert ihre unübersehbare Zusammenhanglosigkeit" (Durkheim 1992: 463). Auch auf der betrieblichen Ebene versucht Durkheim also zu zeigen, dass es immer zu einer auf einander abgestimmten Arbeitsteilung kommen müsse, damit Anomie vermieden und organische Solidarität erzeugt werden könne.

Der heutige Leser wird sich nach diesen Beispielen vermutlich fragen, wie denn in einer modernen Gesellschaft organische Solidarität erzeugt werden könne, wenn alles spezifisch Moderne am Arbeitsleben zur Anomie tendiert. Dieses Problem wird noch dadurch verstärkt, dass auch Durkheims Beispiele für „normale soziale Arbeitsteilung" eher aus der vormodernen Welt stammen. So stellt er beispielsweise dem Gegensatz von Kapital und Arbeit die sozial abgestimmten Beziehungen des in Korporationen geordneten mittelalterlichen Handwerks gegenüber (explizit allerdings erst im Vorwort zur 2. Auflage; Durkheim 1992: 47 ff.).

Das Problem verschärft sich aber auch noch dadurch, dass Durkheim nicht nur den liberalen Utilitarismus kritisiert, sondern ebenso auch Comte, der die nachteiligen Wirkungen der Arbeitsteilung durch den Staat und eine ‚Philosophie der Wissenschaften‘ bekämpft wissen wollte (Durkheim 1992: 425 ff.). Einige Formulierungen deuten darauf hin, dass Durkheim der Auffassung war, *dass sich eine wechselseitig aufeinander abgestimmte Ordnung spontan entwickeln werde, sobald nur die geeigneten Bedingungen vorhanden seien* (das zeigen bereits einige Formulierungen im Inhaltsverzeichnis). Das damit aber die Probleme keineswegs gelöst sind, macht nicht zuletzt Durkheims Vorwort zur zweiten Auflage deutlich, in dem er eine Wiederbelebung der Korporationen (Durkheim 1992: 47) propagiert und sich eine auf der Differenzierung von Berufen und Berufsständen basierende Ordnung moderner Gesellschaften vorstellen kann.

(d) Fazit

Auch wenn diese Rezepte in unseren heutigen Ohren merkwürdig klingen, verkörperten sie im ausgehenden 19. Jahrhundert und der ersten Hälfte des 20. Jahr-

hunderts eine durchaus zugkräftige gesellschaftspolitische Idee. Wenn wir nur
einen kurzen Blick auf das Europa der 1930er Jahre werfen, dann wird erkennbar, dass in vielen Staaten die „Anomie" der Weltwirtschaftskrise durch eine
Art Ständestaat zu bewältigen versucht wurde. Zumindest zu jener Zeit gehörte
Durkheims Konzept in das gängige Arsenal politischer Alternativen zu Demokratie und Marktwirtschaft – neben den bekannteren Konzepten des Realsozialismus und des Faschismus.

    Einen weiteren Anknüpfungspunkt an Durkheims Vorstellungen über sozia-
le Arbeitsteilung werden wir im Begriff des „Vereinigungsmusters" finden, das
nach Talcott Parsons gerade in der besonders modernen Gesellschaft der USA
zentrale Bedeutung gewinnt (vgl. unter 2.4.8).

    Auch wenn Durkheims Vorstellungen in Wissenschaft wie Politik durchaus
auf Resonanz gestoßen sind, so muss man aus soziologischer Sicht doch ein-
wenden, dass Durkheim sich mit der sozialen Problematik des Tauschs letztlich
nicht hinreichend beschäftigt hat. Seine bemerkenswerten Erkenntnisse über die
nichtvertraglichen Elemente des Vertrags hätten ihn nämlich zu der Ansicht bringen können, dass Formen einer bewussten sozialen Abstimmung zwischen Gruppen und Individuen durch Medien ersetzt werden können. Den Einstieg in eine
Medientheorie der modernen Gesellschaft hat Parsons Jahrzehnte später erreicht
(vgl. unter 2.4. 5). Ebenso hat Durkheim vernachlässigt, dass ein Aspekt wechselseitiger Abstimmung in jedem Tauschakt enthalten ist, sobald beide Tausch-
partner profitieren (vgl. Coleman 1995; Band 1: 33 ff.).

    Diese kritischen Anmerkungen aus heutiger Sicht zeigen aber indirekt auch,
dass Durkheim wichtige Anstöße für die Soziologie moderner Gesellschaften
geliefert hat. Vor allem hat er als erster die Fragestellung verfolgt, ob moderne
Gesellschaften eigene, eben spezifisch moderne Formen des sozialen Miteinander entwickelt haben.

2.2 Das moderne Individuum im Schnittpunkt sozialer Kreise –
Georg Simmels Beiträge zur Theorie moderner Gesellschaften

Unter den soziologischen Klassikern hat Georg Simmel wohl das breiteste Spektrum an Beiträgen zum Verständnis der modernen Gesellschaft beigesteuert.
Deswegen ist es wenig aussichtsreich, Simmels Gesamtbeitrag zum Verständnis
moderner Gesellschaften über die ausführliche Analyse *eines* zentralen Werkes
darzustellen. Zum anderen eröffnet Simmels Werk ganz unterschiedliche Möglichkeiten, seinen Beitrag zu charakterisieren.

    Wir können einmal Nisbet (1977) folgen und in Simmel den ‚Mikrokopisten'
unter den Gesellschaftsanalytikern sehen. Aus diesem Blickwinkel fällt auf, dass
sich Simmel mit sehr vielen Aspekten des modernen großstädtischen Lebens be-

schäftigt hat. Dabei kann man auf thematisch weit gestreute Beiträge verweisen: etwa zur ‚Psychologie der Mode' (1895) oder des Schmuckes (1908). Beiträge wie ‚Das Geld in der modernen Kultur' (1896), ‚Die Bedeutung des Geldes für das Tempo des Leben' (1897) und ‚Die Großstädte und das Geistesleben' (1903) verweisen direkt auf Besonderheiten der modernen Gesellschaft. Aber auch andere Themen, die Simmel in Essays behandelt, haben mit Facetten des Lebens in der modernen Gesellschaft zu tun wie ‚Konkurrenz' (1903) oder ‚Armut' (1906) oder auch seine ‚Soziologie der Mahlzeit' (1910).

Eine zweite, ebenso plausible Möglichkeit besteht darin, Simmel als Differenzierungstheoretiker zu präsentieren, dessen Analysen viele Übereinstimmungen zu Durkheims Überlegungen zur sozialen Arbeitsteilung aufweisen. Dabei ist es bemerkenswert, dass Durkheim, trotz eines Deutschlandaufenthalts und einer Beschäftigung mit deutscher Soziologie, Simmels erste wichtige soziologische Arbeit „Über soziale Differenzierung" aus dem Jahr 1890 erst nach Veröffentlichung der ersten Auflage seiner Studie über soziale Arbeitsteilung rezipierte (Luhmann 1992: 19, Fußnote). Auch in weiteren Beiträgen hat sich Simmel für die sozialen Folgen der Arbeitsteilung interessiert und für das Voranschreiten der sozialen Differenzierung ähnliche Ursachen ausgemacht wie Durkheim.

Es ist sicherlich wichtig, solche Übereinstimmungen zu registrieren. Noch wichtiger erscheint es mir aber, ein Verständnis für das Spektrum der thematischen Zugänge zur modernen Gesellschaft zu entwickeln. Deswegen *wird Simmel hier als Individualisierungstheoretiker* vorgestellt, der mit der modernen Gesellschaft neue Möglichkeiten der Individualisierung verbindet und auslotet.

Auch dieses Thema teilt Simmel mit Durkheim. Eine Pointe der Durchsetzung organischer Solidarität in der modernen Gesellschaft war ja, dass diese abstraktere Form des gesellschaftlichen Zusammenhalts der individuellen Verselbständigung neue Möglichkeiten erschließt, ohne dass der gesellschaftliche Zusammenhalt dadurch gefährdet wird. Trotz solcher Übereinstimmungen in der Diagnose gibt es einen wesentlichen, perspektivischen Unterschied zwischen Simmel und Durkheim. Durkheim ist und bleibt in erster Linie Ordnungstheoretiker. Sein Problem ist der Zusammenhalt in der modernen Gesellschaft. Dagegen gilt Simmels *Interesse vorrangig den Entfaltungsmöglichkeiten des modernen Individuums.* Sie werden durch die vielfältigen Formen der Vergesellschaftung zwar einerseits erst hervorgebracht, aber andererseits auch durch sie beschränkt und eliminiert.

Unter dem Einfluss der philosophischen Strömungen des ausgehenden 19. Jahrhunderts gehen alle drei hier dargestellten soziologischen Klassiker, Durkheim, Simmel und Weber, von einem Auseinandertreten zwischen Individuum und Gesellschaft aus, das aufgrund der Vergesellschaftung der Menschen aber nie absolut sein kann. Während Durkheim das Verhältnis zwischen modernen Individuen und moderner Gesellschaft aus der Perspektive des gesellschaftli-

chen Ordnungsproblems analysiert, interessieren sich Simmel wie Weber stärker
für die Möglichkeiten und Probleme des modernen Individuums.

Simmels Individualisierungsthese gründet sich auf seine Analyse von Ratio-
nalisierungs- und Differenzierungsprozessen, die er zu der These zusammenfasst, *dass es unter modernen Bedingungen zunehmend zu einer Kreuzung der
sozialen Kreise komme.*

Die Ausgangslage beschreibt er folgendermaßen: „Der Einzelne sieht sich
zunächst in einer Umgebung, die, gegen seine Individualität relativ gleichgültig,
ihn an ihr Schicksal fesselt und ihm ein enges Zusammensein mit denjenigen
auferlegt, neben die der Zufall der Geburt ihn gestellt hat; und zwar bedeutet
dieses Zunächst sowohl die Anfangszustände phylogenetischer wie ontogene-
tischer Entwicklungen" (Simmel 1992: 456). Dieses Ausgangsszenario ist mit
Durkheims Verständnis segmentär differenzierter Gesellschaften zwar kompatibel, aber Simmel geht dabei vom Individuum aus. Es entspricht auch jenem
Verständnis von gesellschaftlicher Entwicklung, dass von einem ursprünglichen
Zustand reiner Kopräsenz (Giddens) ausgeht, also davon, dass das soziale Miteinander zunächst immer nur auf diejenigen beschränkt war, die zur selben Zeit am
selben Ort anwesend waren.

Während bei dem zuletzt genannten Szenario neue Möglichkeiten durch
Verbreitungsmedien entstehen, argumentiert Simmel mit Rationalisierungs- und
Zentralisierungsprozessen. An sehr unterschiedlichen Beispielen zeigt er auf,
*dass immer dann, wenn bestimmte Interessen, Neigungen oder Ziele im Vorder-
grund stehen, soziale Kreise nach inhaltlichen Gesichtspunkten gebildet werden.*
Sie lösen den Gesichtspunkt der schicksalhaften räumlichen Situierung ab. Ob
man nun Veränderungen der Untergliederung von Universitäten oder Gewerkschaften analysiert, oder auf die Organisation militärischer Interessen im antiken Sparta blickt, überall ersetzt die Konzentration auf eine rationale Verfolgung
inhaltlicher Interessen ältere segmentäre Strukturen der „Sippenorganisation"
(Simmel 1992: 459).

Zur inhaltlichen Spezifizierung der Sozialbeziehungen tritt aber auch ihre
Zentralisation und räumliche Neuorganisation, da die Zusammenfassung der
Kräfte die Möglichkeiten, bestimmte Ziele zu erreichen, ebenso steigert wie die
Konzentration auf diese Ziele. Dieser Aspekt wird in der differenzierungstheo-
retisch inspirierten Unterscheidung zwischen Zentrum und Peripherie auch von
vielen anderen Soziologen thematisiert.

Vom Individuum aus gesehen führt diese Tendenz, sich auf gemeinsame
Ziele zu konzentrieren und um die gemeinsame Zielverfolgung herum soziale
Kreise zu bilden, *zu einer sozialen Entmischung des Alltagslebens.* Jemand, der
seine kriegerischen Aktivitäten und sein militärisches Training in einem darauf
zugeschnittenen sozialen Kreis praktiziert, wird diese Gesichtspunkte außerhalb
dieses sozialen Kreises weitgehend ausblenden, dafür aber möglicherweise kom-

pensatorische Interessen, zum Beispiel nach Ruhe und Entspannung, im Kreise der Familie ausbilden. *Differenzierung und Verhaltensrationalisierung lassen sich also auch vom Standpunkt des Individuums aus verstehen.*

In segmentären, auf schicksalhaftem räumlichen Nebeneinander basierenden Lebenszusammenhängen konnte noch mit Allen über Alles geredet werden. Das gesamte Leben fand hier in dem sozialen Kreis statt, in den man hineingeboren wurde. Dagegen führen die von Simmel analysierten Differenzierungs- und Rationalisierungsvorgänge zu thematisch konzentrierten und personell entsprechend zusammengesetzten sozialen Kreisen, die aber immer nur bestimmte Aspekte des Lebenszusammenhangs abdecken. Wenn man diesen Trend thematischer und sozialer Entmischung zu Ende denkt, dann müsste das moderne Individuum seine gesamten Interessen und Bedürfnisse in je spezifischen sozialen Kreisen zu organisieren suchen.

Ob ein solcher denkbarer Endpunkt dieser Entwicklung jemals erreicht werden wird oder auch nur sinnvoll ist, um individuelle Interessen und Bedürfnisse rational zu organisieren, mag dahingestellt bleiben. Eine Tendenz in diese Richtung lässt sich dagegen bis heute feststellen. Unübersehbar ist, dass einmal ausdifferenzierte, durch Interessen definierte, soziale Kreise wie zum Beispiel Sportvereine oder auch die Kernfamilie, unter weiteren Spezifizierungsdruck geraten können. So kann beispielsweise das Interesse am Fußballspielen heute bereits in ganz unterschiedlichen sozialen Kreisen organisiert werden.

Man könnte sich beispielsweise in eher informelle Fanstrukturen integrieren, Mitglied eines Fanclubs werden, oder sich für ‚härtere Formen' der Organisation der Publikumsrolle etwa in Hooligan-Gruppierungen entscheiden. Für seine eigene körperliche Fitness könnte man neben dem Verein und dessen Breitensportangebot auch einen Fitnessclub aufsuchen oder sich am organisierten nichtorganisierten Fußball (Turniere von Freizeitmannschaften) beteiligen. Weitere Alternativen wären selbstorganisierte Aktivitäten unter Kollegen und so weiter.

Ebenso wie Sportvereine kann man auch die moderne Kernfamilie als ein Produkt der Ausdifferenzierung sozialer Kreise betrachten. Ihr liegt sowohl die Differenzierung zwischen Arbeitsort und privater Sphäre zugrunde wie auch die Umstellung der Familiengründung auf je individuell getroffene Entscheidungen und die Spezifizierung auf den Gesichtspunkt der Liebesheirat. Wachsende Scheidungszahlen wie auch die Tendenzen zu einer Pluralisierung der familialen Lebensformen zeigen, dass diese Strukturen heute wiederum unter Rationalisierungsdruck geraten sind, was hier allerdings, anders als im ersten Beispiel, nur teilweise zu einer Ausdifferenzierung unterschiedlicher sozialer Kreise führen kann. Vor allem wird sichtbar, dass es zu einer Spezifizierung und Sequenzialisierung der Wahlmöglichkeiten kommen kann. Zwei Partner können die genauen Modalitäten ihres Zusammenlebens untereinander aushandeln. Das Arrangement kann aber auch in zeitlicher Hinsicht immer begrenzter werden.

Gerade am Beispiel der Familie ist der innere Zusammenhang zwischen thematischer Spezifizierung und immer selektiveren Wahlentscheidungen greifbar. Beide Elemente spielen in Simmels These einer Ausdifferenzierung unterschiedlicher sozialer Kreise eine zentrale Rolle. Zur *Kreuzung* sozialer Kreise kann es immer nur dadurch kommen, dass ein Individuum an unterschiedlichen sozialen Kreisen teil hat, sie also in seiner Lebenspraxis und in seinem Erfahrungshorizont miteinander in Verbindung bringt, wenn man so will: kreuzt. Über diese Überlegung hinausgehend steckt in Simmels Formel einer Kreuzung der sozialen Kreise die These, *dass erst unter modernen Bedingungen das einzelne Individuum zur Grundlage größerer Zusammenschlüsse wird.*

Um diese These zu erläutern, fragt Simmel zunächst nach den Merkmalen vormoderner, insbesondere mittelalterlicher Zusammenschlüsse. Sie sind korporativer Art und setzen an Gleichheitsvorstellungen an. So bilden die Zünfte beispielsweise Zusammenschlüsse zwischen den *Mitgliedern* eines Handwerks, die Städte Zusammenschlüsse der dort wohnenden *Bürger* und so weiter. Darüber hinausgehende Zusammenschlüsse waren dann Zusammenschlüsse zwischen diesen Korporationen und keineswegs an den Neigungen und Interessen des Einzelnen orientiert. „In der mittelalterlichen Einung lebte der Gedanke, ... dass nur die Gleichen sich vereinen könnten ... Darum verbündeten sich zunächst Städte mit Städten, Klöster mit Klöstern, Gilden mit verwandten Gilden. Dies war eine Erweiterung des egalitären Prinzips, auch wenn Mitglieder der einen Korporation denen der verbündeten anderen sehr ungleich sein mochten; aber als *Korporationsmitglieder* waren sie einander gleich und nur insofern sie es waren, nicht insofern sie außerdem individuell differenziert waren, galt das Bündnis" (Simmel 1992: 466; Hervorhebung im Original).

Mit dem Humanismus kommt nun nach Simmel ein Vereinigungsmuster auf, bei dem individuelle Interessen maßgeblich werden. Auf diese Weise entstehen *soziale Kreise* oder auch „Zusammengehörigkeitskreise" *zwischen Gleichgesinnten*, die aber ansonsten *unterschiedlichen* Ständen, politischen Gebilden und so weiter zugehören. Mit anderen Worten: der soziale Kreis der Humanisten durchschneidet andere Kreise, denen die Mitglieder des Kreises der Humanisten ebenso angehören. Dies ist bei sozialen Kreisen, die entweder kleinere soziale Kreise miteinander verbinden oder aber an Gleichheitsmerkmalen ansetzen, entweder nicht möglich oder muss gerade ausgeblendet werden.

Simmel argumentiert also mit *drei unterschiedlichen Formen sozialer Kreise.* Zunächst einmal kennt er ursprüngliche oder auch organische soziale Kreise wie die „Familiengruppe" (Simmel 1992: 462), in die man hineingeboren wird. Der zweite Typus sind soziale Kreise, die an formalen Merkmalen ansetzen, beginnend mit Alter und Geschlecht bis hin zu korporativen Zusammenschlüssen. Der dritte Typus sind dann die „rationalen" (Simmel 1992: 462) sozialen Kreise, für die sich der Einzelne bewusst entscheidet auf der Grundlage von Neigungen, Interessen, Präferenzen, die Teil seiner Persönlichkeit sind.

Diese am Beispiel des Humanismus erläuterten *rationalen sozialen Kreise* machen ihrerseits eine Entwicklung durch, die darin gipfelt, „dass das Kriterium der Intellektualität als Grund der Differenzierung und der Neubildung von Kreisen funktionieren kann. Solche Kriterien waren bisher entweder willensmäßige (wirtschaftliche, kriegerische, politische im weiteren und engeren Sinne) gewesen oder gefühlsmäßige (religiöse) oder aus beiden gemischten (familienhafte). Dass jetzt die Intellektualität, das Erkenntnisinteresse, Kreise bildet... ist wie ein Intensiverwerden der Erscheinung, dass die relativ spät aufwachsenden Gruppenbildungen oft rationalen Charakter tragen." (Simmel 1992: 464).

Aus dem Blickwinkel des einzelnen Individuums heraus haben diese drei Arten sozialer Kreise ganz unterschiedliche Bedeutungen. Die ursprünglichen bilden für sie eine schlicht gegebene Voraussetzung ihres Lebens, die aber im Lebensverlauf zumindest teilweise verlassen werden kann. Die an formalen Gleichheitsmerkmalen ansetzende korporative Vergesellschaftung ist ebenfalls entweder gar nicht vom Individuum aus beeinflussbar oder nur indirekt, über eine Veränderung von Merkmalen wie Beruf oder Staatsangehörigkeit. Nur der dritte Typus sozialer Kreise hängt direkt mit dem Leben der Individuen zusammen, wird von ihnen gewählt, aufgesucht und verlassen und gibt zugleich, anders als die beiden anderen, Auskunft über die Persönlichkeit, die Individualität eines Menschen.

Der beobachtende Soziologe kann also sehr viel über die Individualität erfahren, wenn er weiß, wer sich warum in welchen *selbstgewählten* (= rationalen) sozialen Kreisen bewegt. Nur für diesen Typus der sozialen Kreise gilt: „Die Gruppen, zu denen der Einzelne gehört, bilden gleichsam ein Koordinatensystem, derart, dass jede neu hinzukommende ihn genauer und unzweideutiger bestimmt. Die Zugehörigkeit zu je einer derselben lässt der Individualität noch einen weiten Spielraum; aber je mehr es werden, desto unwahrscheinlicher ist es, dass noch andere Personen die gleiche Gruppenkombination aufweisen werden, dass diese vielen Kreise sich noch einmal in *einem* Punkte schneiden" (Simmel 1992: 466; Hervorhebung im Original).

Durch die Wahl sozialer Kreise kann also das moderne Individuum seine Unverwechselbarkeit, seine spezifische von anderen unterscheidbare Individualität ausdrücken und sie zugleich aber auch sozial organisieren. Auf diesen gedanklichen Fluchtpunkt hin hat Simmel seine Analyse zur Kreuzung sozialer Kreise ausgerichtet. Wenn man sie sich dagegen aus einer eher makrosoziologischen Perspektive, vom Standpunkt eines Analytikers der Gesamtarchitektur der modernen Gesellschaft, durch den Kopf gehen lässt, dann fällt sicherlich auf, wie vage und unbestimmt der Vergesellschaftungsaspekt in dem Begriff der sozialen Kreise erfasst ist.

Auf der anderen Seite bleibt aber auch unübersehbar, dass selbstgewählte soziale Kreise im Zuge der Herausbildung der modernen Gesellschaft an Bedeutung gewinnen. Die Wiederentdeckung der Freundschaft und der Wahlverwandtschaften im 18. Jahrhundert, die Salons und Gesellschaften, alles dies sind wichtige Aspekte eines kulturellen Modernisierungsprozesses, auf die Simmel aufmerksam macht, ohne sie indessen in einen Gesamtzusammenhang zu stellen. Simmel beleuchtet wichtige Aspekte der modernen Gesellschaft ohne eine Gesamttheorie zu liefern.

Daher verfolgen wir an dieser Stelle Simmels lebenslange Auseinandersetzung mit den Problemen des modernen Individuums ein Stück weiter. Simmels These vom modernen Individuum im Schnittpunkt sozialer Kreise ist ein Kernstück seiner „Soziologie" aus dem Jahre 1908. Sie wird vielfach als Abschluss der „soziologischen Phase" in Simmels Schaffen bewertet. Die Spätphase bis zu Simmels frühem Tode 1918 wird dann als philosophische, beziehungsweise genauer ‚lebensphilosophische Schaffensperiode' etikettiert, die den soziologischen Leser nicht zu interessieren brauche.

Ich folge an dieser Stelle jedoch der anders gelagerten Interpretation von Dahme und Rammstedt (1983), die eher die Kontinuitäten betonen. Darüber hinaus halte ich es für wichtig, dass man zumindest eine grobe Information über Simmels weitere Beschäftigung mit dem Individualitätsproblem hat, bevor man ihn als soziologischen Individualisierungstheoretiker verbucht (vgl. z. B. Beck 1986: 205 f.).

In einem ebenfalls 1908 veröffentlichten Text zum Problem: ‚Wie ist Gesellschaft möglich?' lotet Simmel nicht nur die Grundlagen des Sozialen und der soziologischen Methode aus, sondern markiert damit zwangsläufig immer auch Grenzen der Vergesellschaftung wie der soziologischen Methode. Diese Grenzen betreffen bei Simmel insbesondere das Individuum. „Als ein soziologisches Apriori nimmt Simmel an, dass das Individuum im Vergesellschaftungsprozess nie ganz aufgeht, dass ein Rest Einmaligkeit immer außerhalb der Gesellschaft bleiben muss. Simmel spricht von einem *qualitativen Individualismus*, der nicht gesellschaftlich bedingt ist" (Dahme/Rammstedt 1983; 19; Hervorhebung im Original).

Diese Überlegung erinnert an die These von George Herbert Mead, dass das Selbst des Menschen sowohl eine gesellschaftliche Komponente, das ‚me', wie auch eine in dem spezifischen Temperament des Einzelnen beruhende spontane Komponente aufweise, das ‚I'. Während das ‚I' bei Mead immer eine Art Residualkategorie bleibt (Krappmann 1971), versucht Simmel unter dem Einfluss der Lebensphilosophie (insbesondere von Bergson) auch diesen qualitativen Individualismus gedanklich zu durchdringen (vgl. Bergson 1989).

Das konzeptionell wichtigste Ergebnis besteht im sogenannten *individuellen Gesetz*. Jener Bereich des menschlichen Bewusstseins, der nicht gesellschaftlich normiert ist, folgt nach Simmel einem individuellen Gesetz. Hierunter sind spezifisch individuelle ethische Normen zu verstehen, für die es keine externen Sanktionsinstanzen gibt, sondern nur die je individuelle Bilanz zwischen Sein und Sollen. „Indem man seinem individuellen Gesetz folgt, erfüllt man seine Bestimmung" (Dahme/Rammstedt 1983: 19).

Die 1913 und 1916 veröffentlichte These vom „individuellen Gesetz" führte sicherlich dazu, dass sich Simmel in seinem Spätwerk stärker mit philosophischen, kulturhistorischen und kulturtheoretischen Fragen beschäftigt hat. Die These hat aber auch eine direkte soziologische Konsequenz, die Simmel bereits in seinem dritten Apriori des Essays über die Frage nach der Möglichkeit von Gesellschaft 1908 veröffentlicht hat. Sie besagt, dass „jedes Individuum durch seine Qualität von sich aus auf eine bestimmte Stelle innerhalb seines sozialen Milieus hingewiesen ist" (Simmel zitiert nach Krähnke 2002a: 145).

Die Konsequenz jener inneren, nicht gesellschaftlich kontrollierten Normierung besteht also darin, dass jeder in der Gesellschaft seiner inneren Stimme und seiner Bestimmung folgen muss, um in solche sozialen Kreise zu kommen, die dieser Bestimmung entsprechen. Man kann Simmels Überlegungen zum individuellen Gesetz also auch als soziologische Ergänzung der Simmelschen Individualisierungsthese lesen, die Aussagen über die Formung des individuellen Willens macht, der Wahlentscheidungen dirigiert. Simmels „quantitativer Individualismus" (Dahme/Rammstedt 1983) wird in soziologischer Hinsicht durch seinen qualitativen ergänzt. Denn um die Stellung des modernen Individuums im Schnittpunkt der sozialen Kreise zu verstehen, musste man ja davon ausgehen, dass es sich dabei um eine entwickelte, gefestigte Persönlichkeit mit festliegenden Interessen und Neigungen handelte. Wie diese aber zustande kommen, muss dem quantitativen Individualismus verborgen bleiben.

2.3 Max Weber: Der kulturelle Durchbruch zur modernen Gesellschaft

2.3.1 Webers Fragestellung

In seinen beiden großen religionssoziologischen Untersuchungen ‚Die protestantische Ethik und der Geist des Kapitalismus' (1904/05; hier zitiert als Weber 1988a) und ‚Die Wirtschaftsethik der Weltreligionen' (1915–17; hier zitiert als Weber 1988d) verfolgt Max Weber ein und dieselbe Fragestellung. Er möchte erklären, wieso es ausgerechnet im Okzident, also in Nordwesteuropa und den USA,[3] zur Herausbildung des modernen Kapitalismus gekommen ist.

---

[3] Die USA wurden zunächst vor allem von Menschen besiedelt, die denselben protestantischen Sekten angehörten, die in Nordwesteuropa verbreitet waren (‚pilgrim fathers'). Deshalb gehören sie in religiöser wie in sozialer Hinsicht zu Nordwesteuropa.

Weber verfügte über ein immenses universalhistorisches Wissen. Gerade weil er sich ausgiebig mit den Kulturen, den Praktiken wie auch den Institutionen der chinesischen und indischen Zivilisation, aber auch mit der römischen Antike beschäftigt hatte, war es für Weber erstaunlich, dass der Durchbruch zur modernen Gesellschaft ausgerechnet vom frühneuzeitlichen Europa ausging. Dieses Erstaunen hängt damit zusammen, dass die vormoderne chinesische Zivilisation eine ganz andere Kontinuität, kulturelle Entwicklung, scheinbar überlegene Institutionen und vor allem einen ungeheuren Reichtum an technischen Erfindungen wie zivilisatorischen Leistungen hervorgebracht hat. Auch wenn die indische Zivilisation diese enorme Kontinuität nicht erreichen konnte und die politische Geschichte Indiens ganz ähnlich wie die europäische Geschichte von Zersplitterung, permanenten inneren Rivalitäten und von der Eroberung durch fremde Mächte geprägt war, so übertraf sie doch die europäische an kulturellem, vor allem an religiösem Erfindungsreichtum bei weitem. Weber hatte sich darüber hinaus noch mit einem dritten Kandidaten, dem römischen Weltreich, eingehend beschäftigt und hier die Institution der Sklaverei als wirtschaftliche Entwicklungsblockade ausgemacht (vgl. Weber 1988b: 289–311).

Im Vergleich mit diesen Zentren der Weltkultur war das frühneuzeitliche Europa eine Zivilisation von eher bescheidenem Zuschnitt, die das zivilisatorische Niveau des römischen Weltreichs in Zentren wie Paris und London erst in der Frühmoderne wieder erreichen konnte (vgl. z. B. Schuller 2006a; 2006b). Vor diesem Hintergrund stellt Weber die Frage, wieso ausgerechnet im „Okzident" der Durchbruch zur modernen Gesellschaft erfolgt ist.

2.3.2 Rationalität des Wirtschaftens: Formale und materielle Rationalität

Beschäftigen wir uns zunächst mit Webers konzeptionellen Grundlagen. Was sind die historischen und institutionellen Voraussetzungen dafür, dass wirtschaftliches Handeln überhaupt rationalisiert werden kann? Wichtig hierfür ist Webers Unterscheidung zwischen formaler und materieller Rationalität (zur Definition vgl. Weber 1972: 44 f.).

Dieses Begriffspaar erinnert stark an die konzeptionelle Grundlage von Marxens Kapitalismusanalyse. Marx hatte ja darauf bestanden, dass man den ‚Doppelcharakter' der kapitalistischen Produktion verstehen müsse, um sie angemessen analysieren zu können (vgl. zusammenfassend Brock 2002: 65 ff.). Doppelcharakter der kapitalistischen Produktion bedeutete, dass der Produktionsprozess unter dem Gesichtspunkt der Profitsteigerung betrieben und entwickelt wird und auf die Produktion von Tauschwerten abzielt, obwohl er zugleich – formationsunabhängig und übergreifend – immer der Produktion von Gebrauchswerten dienen muss, die auf die Befriedigung menschlicher Bedürfnisse abzielen. Die Pointe dieses Konzepts war, dass die kapitalistische Industrialisierung perspektivisch zur automatisierten Fabrik führen werde und damit die Ausbeutung der Arbeiter technisch abschaffe. Damit hätte der Kapitalismus seine ökonomische Grundlage, die Produktion von ‚Mehrwert' selbst zerstört und zugleich mit einem Überfluss an Waren das alte Menschheitsproblem gelöst, dass nur durch harte körperliche Arbeit knappe Güter hergestellt werden können, die aus Gründen des Überlebens ausgetauscht werden müssen. Mit der Lösung des Knappheitsproblems wäre nach Marx der Warentausch wie die darauf basierende Herrschaft von Menschen über andere Menschen überflüssig. Über die Zwischenstufe des Sozialismus werde es im Kommunismus zu einer quasi-natürlichen Gesellschaft kommen, die harte körperliche Arbeit (vgl. 5.2) und alle Fragen wirtschaftlicher Effizienz überflüssig machen werde (vgl. insbesondere Marx 1974; 592 ff).

Auch Weber konstatiert, dass Arbeit immer der Befriedigung menschlicher Bedürfnisse diene. Dazu verwendet er den Begriff der *materiellen Rationalität*. Damit wird ausgedrückt, dass Arbeitsaktivitäten insofern rational sind, als sie menschliche Bedürfnisse befriedigen. Auf dieser Grundlage entwickeln sich dann kulturelle Anforderungen an eine angemessene Güterversorgung z. B. im Rahmen einer patriarchalischen Familienordnung. Hier sieht Max Weber auch die historische Keimzelle menschlicher Arbeit, die er mit dem Begriff Oikos umreißt. Oikos war die Bezeichnung der autonomen land- und hauswirtschaftlichen Produktionseinheiten im alten Griechenland, die zugleich Familien, also die kleinste Einheit des Verwandtschaftssystems, darstellten (vgl. Stahl 2003: 13 ff.).

Tauschwertproduktion, Arbeit zum Zwecke des Erwerbs muss nun aus diesem Kontext – historisch wie analytisch – herausgelöst werden. Historisch geschieht dies sowohl über die Entwicklung von Handel und Märkten wie über die Entwicklung einer Staatswirtschaft in den alten Hochkulturen. Damit kristallisiert sich ein anderes Kalkül, ein anderes Verständnis der Rationalität menschlichen Arbeitens heraus, das Max Weber als *formale Rationalität* bezeichnet. Formale Rationalität ist ein rechnerisches Kalkül, das auf Effizienzsteigerung, auf die Produktivitätssteigerung menschlicher Arbeit abzielt, also danach fragt, wie mit möglichst wenig menschlichem Arbeitsaufwand und möglichst sparsamer Ressourcenverwendung ein Maximum an Tauschwerten hergestellt werden kann. Ein solches Kalkül kann sich immer nur dort entwickeln, wo Arbeit nicht mehr direkt auf menschliche Bedürfnisse bezogen ist, sondern unabhängig von situativ auftretenden Bedürfnissen organisiert werden kann.

Was damit ausgedrückt werden soll, kann man am leichtesten am Beispiel der Arbeit einer Hausfrau nachvollziehen. Charakteristisch für ihre Arbeit ist ja, dass sie permanent unterschiedlichsten situativ auftretenden Anforderungen gerecht werden muss, und deswegen über ein gewisses Maß an Effizienz nie hinauskommen kann (vgl. auch Ostner 1978). Erst dort, wo solche situativ auftretenden Bedürfnisse nicht mehr direkt befriedigt werden müssen, ergeben sich Möglichkeiten der Spezialisierung und der Produktion für den Tauschhandel. Deswegen kann sich erst auf der Grundlage einer Trennung zwischen Familie und Produktion formale Rationalität entfalten.

Zwischen dem marxistischen Theorem vom Doppelcharakter kapitalistischer Produktion und Webers Begriffspaar besteht ein entscheidender perspektivischer Unterschied. Während Marx von einer produktionstechnologischen und zugleich politischen Abschaffung der Knappheitsproblematik träumt, sieht Max Weber für die Effizienzproblematik weder einen historischen noch einen gedanklichen Endpunkt. Deswegen steht er auch den politischen Hoffnungen des Sozialismus skeptisch gegenüber (vgl. Weber 1988g). Webers Urteil, dass in der Konzeption des Sozialismus der formalen Rationalität, also dem Problem einer möglichst effizienten Produktion nicht genügend Rechnung getragen werde, wird im weiteren Verlauf des 20. Jahrhunderts von der realen Entwicklung nachhaltig bestätigt werden. Der ‚reale Sozialismus' hat den Wettbewerb mit dem modernen Kapitalismus nicht zuletzt deshalb verloren, weil es nicht gelang, den Gesichtspunkt formaler Rationalität in der sozialistischen Planwirtschaft hinreichend zu verankern. Daher konnte die Verschwendung von wirtschaftlichen Ressourcen, von menschlicher Arbeit wie von Material, nicht systematisch verhindert werden.

Weber versucht zu zeigen, dass der moderne Kapitalismus über eine Kultivierung der formalen Rationalität entsteht. Ausgangspunkt ist dabei, wie bereits erwähnt, die Frage, warum es gerade im ‚Okzident' zu dieser Entwicklung gekommen ist.

2.3.3 Die Protestantische Ethik und der Geist des Kapitalismus

Webers Antwort umfasst zwei gedankliche Erklärungsschritte, die auf zwei getrennte, aber in einem inneren Zusammenhang miteinander stehende historische Entwicklungen Bezug nehmen. Der erste Schritt umfasst die Entwicklung des *modernen* Kapitalismus. Der zweite Schritt erklärt, wieso dieser moderne Kapitalismus zum Kristallisationspunkt für eine neuartige Zivilisation wurde und das Modell für eine Rationalisierung aller Lebensbereiche abgegeben hat.

Betrachten wir also zunächst Webers Erklärung wieso es ausgerechnet in Nordwesteuropa zum modernen Kapitalismus gekommen ist.

Zunächst ist zu klären, was nach Max Weber den ‚modernen Kapitalismus' ausmacht. Sein Verständnis des *modernen* Kapitalismus wurde ganz offensichtlich durch die intellektuelle Auseinandersetzung mit dem Marxismus geprägt. Marx hatte in den drei Bänden des ‚Kapital' den gegenwärtigen Kapitalismus ausgehend von der Regulierung durch Märkte und Gütertausch verstanden. Für ihn war die ‚Gier nach Profit' kein charakterliches Merkmal der Kapitalisten, sondern ein Merkmal des kapitalistischen Systems. Wer als Kapitalist überleben will, der muss sein Überleben unter Konkurrenzbedingungen durch besonders üppige Profite permanent sichern[4]. Die Entwicklung eines Systems, bei dem ganz systematisch investiert wird, um aus der Investition Profite zu ziehen, ist für Marx der logische Endpunkt einer durch den Warentausch charakterisierbaren Gesellschaftsentwicklung. Deswegen beginnt der erste Band des ‚Kapital‘ mit den Mechanismen der einfachen Warenproduktion (vgl. Marx 1972: 49 ff.). Alles Weitere ergibt sich nach Marx letztlich aus der Eigendynamik der Produktion von Tauschwerten. Marx versteht also den Kapitalismus letztlich als eine reflexive Steigerung der Tauschwertproduktion, die nun eben von Kapital, als „sich selbst verwertendem Wert" (Marx 1973: 405) bestimmt wird. Unter diesem Gesichtspunkt rekonstruiert Marx die gesamte Geschichte der kapitalistischen Industrialisierung.

Max Weber findet nun in dieser Gedankenkette *eine*, seiner Meinung nach aber ausschlaggebende Unklarheit. Wie kommt es nämlich dazu, dass aus den Dynamiken der einfachen Warenproduktion sich ein Typus des Kapitalisten herausbildet, der zufällige Vorteile systematisch ausbaut und verstetigt? Marx hatte diese Frage unter der Rubrik „ursprüngliche Akkumulation" (Marx 1972: 741 ff.) offensichtlich unzureichend als ein rein ökonomisches Phänomen diskutiert. Weber erkennt nun aber, dass es nicht ausreicht, nur die Entstehung von Kapitalvermögen zu erklären. Selbst große Kapitalvermögen führen nämlich nur dann in den modernen Kapitalismus hinein, wenn sie nicht phasenweise als Reichtum zur Schau gestellt, sondern ganz systematisch reinvestiert werden. Für Weber ist daher die zentrale Frage: Wieso entsteht *systematische* Bereicherungssucht, *bevor* es kapitalistische Institutionen wie Konkurrenz auf diversen Märkten gibt. Solche Märkte hatte Marx analytisch vorausgesetzt (Marx 1972: 594 f.).

Auf diese spezifische Fragestellung ist Webers Begriff des *modernen* Kapitalismus zugeschnitten. Er spricht dann von modernem Kapitalismus, wenn das Streben nach Bereicherung systematisiert und rationalisiert wird. Sein Protagonist ist der rechnende Unternehmer, der seine unternehmerischen Chancen permanent kalkuliert, seine gesamten unternehmerischen Aktivitäten über die Entwicklung eines systematischen Rechnungswesens (vgl. auch unter 4.4) kontrolliert und so permanent Vorteile gegenüber möglichen Konkurrenten zu erreichen sucht. Nicht nur reine Bereicherungssucht (Weber 1988a: 41 ff.) sondern auch mit Geld kalkulierendes Unternehmertum hält Weber dagegen für kein modernes, sondern für ein Jahrtausende altes Phänomen (Weber 1988a: 6.). Nur der systematisch kalkulierende Kapitalismus mit „rationaler Temperierung" des „Erwerbstriebs" (Weber 1988a: 4) sei eine moderne Entwicklung.

---

[4] Daher operiert Marx mit dem Begriff der Charaktermaske, um zu betonen, dass es hier nicht um personale Identität, sondern vielmehr um ein durch die Institution des Marktes erzwungenes Verhalten geht. Vgl. Marx 1972: 618

An dieser Stelle kommt nun der ‚kapitalistische Geist' ins Spiel. Mit ‚rationaler Temperierung des Erwerbstriebs' ist kein individuelles Nutzenkalkül gemeint, sondern vielmehr dessen kulturelle Grundlage, eine „ethisch gefärbte Maxime der Lebensführung" (Weber 1988a: 33), die als *Verpflichtung* des einzelnen gegenüber dem als Selbstzweck vorausgesetzten Interesse an der Vergrößerung" (Weber 1988a: 33; Hervorhebung im Original) des eigenen Kapitals von Weber identifiziert werden kann.

Aus dieser pointierten Fragestellung heraus ergibt sich bereits, dass es hier keine ökonomische, sondern nur eine kulturelle Erklärung geben kann[5]. Denn systematisch kalkulierende Unternehmer haben erst dazu geführt, dass die Unternehmen auf Märkten permanent um winzige Vorteile konkurrieren müssen, um überleben zu können.

Mit dieser äußerst zugespitzten Fragestellung setzt sich Weber zugleich von der damaligen wissenschaftlichen Konkurrenz ab. Weber forschte zu einer Zeit, als vor allem im deutschsprachigen Raum die historische Schule der Nationalökonomie dominierte (vgl. Diefenbach 2002). Deren führenden Köpfe überboten sich in immer umfangreicheren historischen Kompendien, in denen eine unendlich materialreiche, aber eben nicht auf pointierte Erklärungen abzielende Darstellung der Entwicklung des modernen Kapitalismus gegeben wurde[6]. Anders als Konkurrenten wie etwa Schmoller oder Sombart[7] war Weber an keiner Universalgeschichte der Wirtschaftsentwicklung interessiert, sondern er fahndete nach kulturellen Faktoren, die Menschen dazu brachten, als Unternehmer ihre Chancen systematisch zu kalkulieren.

Bei dieser Suche nach einer kulturellen Erklärung fiel Weber zunächst auf, dass sehr viele frühkapitalistische Unternehmer religiösen Sekten angehörten (Weber 1988a: 22 ff.), die im geistigen Umbruch der Reformationszeit neben dem lutherischen Protestantismus entstanden waren. Als Träger des ‚asketischen

---

[5] Dieser Gedanke findet sich auch bei Werner Sombart. „In der Epoche des Frühkapitalismus macht der Unternehmer den Kapitalismus, in der des Hochkapitalismus macht der Kapitalismus den Unternehmer" (Sombart 1913: 192). Sieferle vertritt unter Hinweis auf Sombart 1902: 378–397 die Auffassung, dass Sombart vor Weber „eine Theorie vom Geist des Kapitalismus" entwickelt habe, die erst den „Anstoß für Webers Protestanismusstudie" (Sieferle 1995: 86) gegeben habe.

[6] Weber hat sich mit den führenden Vertretern der älteren historischen Schule unter methodischen Gesichtspunkten kritisch auseinander gesetzt; Weber 1988c: 1–145.

[7] Gustav von Schmoller (1838–1917) war in den Jahren vor dem 1. Weltkrieg ein führender Vertreter der neuen historischen Schule der Nationalökonomie und eines der wichtigsten Mitglieder des Vereins für Sozialpolitik; vgl. Schmoller 1900. Sein Schüler Werner Sombart (1863–1941) suchte ebenso wie Weber eine Verknüpfung zwischen Ökonomie und Soziologie und war zudem durch eine ganze Reihe von Büchern hervorgetreten. Über die Rivalität zwischen Weber und Sombart geben einige längere Fußnoten in der ‚protestantischen Ethik' hinreichend Auskunft. Wichtige Veröffentlichungen: Sombart 1913; 1916. Gegen Schmoller waren dagegen vor allem Webers Ausführungen zur Werturteilsproblematik gerichtet; vgl. Weber 1988 f: 501.

Protestantismus' identifiziert Weber den Calvinismus, den Pietismus, den Methodismus sowie „die aus der täuferischen Bewegung hervorgewachsenen Sekten" (Weber 1988a: 84)[8]. Sie hatten in unterschiedlichen Varianten eine religiöse Konzeption entwickelt, die dem modernen Kapitalismus eine geistige Grundlage gegeben habe.

Was waren nun aus Webers Sicht die entscheidenden Merkmale dieser „*protestantischen Ethik*"? Die religionssoziologische Analyse zeigte, dass diesen protestantischen Sekten die Lösung eines ethischen Grundproblems gelungen war, mit dem sich alle Religionen auseinander setzen müssen, sobald sie systematisch argumentieren. Weber bezeichnet es als ,Theodizee-Problem' (Weber 1972; 314 ff). Hierbei geht es um eine grundlegende religiöse Paradoxie: Wie kann man behaupten, dass es einen mächtigen und allwissenden Gott gäbe, wenn es zugleich Unrecht und Elend auf der Welt gibt? Warum lässt Gott das zu, wenn er doch allmächtig ist?

Nach Weber ist den protestantischen Sekten nach dem Zarathustrismus und der hinduistischen Karmalehre eine dritte intellektuell überzeugende Antwort auf diese Frage gelungen. Sie postulieren einen Gott, der soweit über den Menschen steht, dass sie dessen Weisheit gar nicht erfassen können. Dieser daher aller weltlichen Kritik entzogene Gott legt in seiner unendlichen Weisheit auch fest, welcher Mensch erlöst wird und wer dem Verderben anheim fällt. Diese göttliche Entscheidung steht definitiv fest. Sie kann daher grundsätzlich durch menschliche Aktivitäten (wie z. B. beten oder soziales Engagement) nicht beeinflusst werden (Prädestinationslehre vgl. Weber 1988a: 85 ff.).

Damit wird nicht nur das im Katholizismus übliche Vergeben der Sünden durch Priester und der für Luther anstößige Ablasshandel für illusorisch erklärt, sondern ebenso auch Luthers theologische Konzeption abgelehnt, die auf einen Typus des Gläubigen hinausläuft, der einen gnädigen Gott zu finden hofft. Die schroffe Theologie der protestantischen Sekten lässt dem Menschen nur eine Anerkennung und ein Praktizieren der göttlichen Ordnung. Um diese theologische Konzeption für die Gläubigen praktikabel und lebbar zu machen, wurde nun zusätzlich postuliert, dass Gott den Gläubigen anzeige, welches Schicksal für sie bestimmt sei. Dieses göttliche Zeichen für die Auserwähltheit war der *berufliche Erfolg* (Weber 1988a: 110 ff.).

---

[8] Die Verbreitung dieser Sekten in der Phase zwischen 1600 und 1750 kann folgendermaßen umrissen werden: Zentren des Calvinismus bildeten: England, die Niederlande, zeitweise Frankreich, Niederrhein (schließt nördliches Ruhgebiet ein), Pfalz. Der Pietismus war vor allem in Deutschland verbreitet: Niederrhein, Mitteldeutschland, Württemberg sowie die nördliche Schweiz. Der Methodismus war vor allem in England und den USA weit verbreitet. Zentren der Täufer waren Schweiz, Süddeutschland sowie die Niederlande und der Niederrhein.

Diese theologische Konzeption führt nun begreiflicher Weise dazu, dass die Gläubigen mit aller Macht „ihr Schicksal erzwingen wollen", indem sie beruflichen Erfolg im Diesseits anstreben. Ob man tatsächlich Erfolg hat, ist zwar kontingent, aber man kann eben alles dafür tun, um Erfolg zu haben. Diese praktische Konsequenz der religiösen Lehre von der Gnadenwahl führt in ein *Berufsmenschentum*, das durch einen unbedingten Leistungs- und Erfolgswillen geprägt ist. Die Mitglieder dieser Sekten wollten nach Weber nicht arbeiten, um zu leben, sondern leben, um zu arbeiten (Weber 1988a: 171 ff.). Dieses Arbeitsethos war zudem auf wirtschaftlichen Erfolg hin programmiert. Denn genau dies wurde ja als Zeichen der eigenen Auserwähltheit interpretiert.

Mit der protestantischen Ethik war nun der fehlende kulturelle Vorlauf gefunden, über den man erklären konnte, wieso ausgerechnet in Nordwesteuropa und den USA die historische Keimzelle des modernen Kapitalismus lag.

2.3.4 Methodisch-rationale Lebensführung und innerweltliche Askese

Webers Analyse der Protestantischen Ethik liefert nicht nur das fehlende Erklärungsglied, um die Entwicklung des modernen Kapitalismus zu verstehen, sie liefert darüber hinaus ein wesentliches Element für eine möglichst trennscharfe Unterscheidung zwischen moderner und vormoderner Gesellschaft, das zugleich mit der *These eines historischen Durchbruchs* verknüpft werden kann. Ein zentrales Begleitmoment der beruflichen Erfolgsorientierung der protestantischen Ethik besteht in der unbedingten Forderung nach einer *methodisch-rationalen Lebensführung der Gläubigen*.

Damit ist zunächst gemeint, dass nicht nur die Bereiche des menschlichen Arbeitens und der unternehmerischen Tätigkeit permanent rationalisiert werden müssen, sondern ebenso auch das gesamte Privatleben. Das bedeutet, dass auch das gesamte Zusammenleben in der Familie, aber ebenso auch alle öffentlichen Bereiche rationalisiert werden müssen. Auch hier müssen alle traditionellen Gewohnheiten auf ihren Sinn und auf ihre Effizienz hin überprüft werden. Parallel zur Steigerung der formalen Rationalität des Wirtschaftens geht es hier um Zweckrationalität, um das Kalkulieren von Alltagsaktivitäten auf ihre religiöse Effizienz. Die protestantische Ethik fördert also nicht nur das systematische berufliche Erfolgsstreben. Sie fordert von den Gläubigen darüber hinaus, dass sie ihre gesamten Lebensaktivitäten permanent auf ihre Sinnhaftigkeit überprüfen. Wie weitgehend dieser Traditionsbruch ist, erläutert Max Weber etwa am Beispiel einer Beerdigung, die, obwohl sie ein wichtiges religiöses Ritual darstellt, radikal unter dem Gesichtspunkt ihrer Sinnhaftigkeit rationalisiert wurde. Alles Unwesentliche oder ‚Sinnlose' wurde weggelassen, sodass manche protestantischen Sekten in ihrer Nüchternheit erschreckende Praktiken des Unter-die-Erde-Bringens von Toten entwickelten (Weber 1988d: 513).

„Das wirklich Verwerfliche ist nämlich das *Ausruhen* auf dem Besitz, der *Genuß* des Reichtums mit seiner Konsequenz von Müßigkeit und Fleischeslust, vor allem von Ablenkung von dem Streben nach ‚heiligem' Leben. … Nicht Muße und Genuß, sondern nur Handeln dient nach dem unzweideutig geoffenbarten Willen Gottes zur Mehrung seines Ruhms. *Zeitvergeudung* ist also die erste und prinzipiell schwerste aller Sünden." (Weber 1988a: 167; Hervorhebungen im Original)

Dort, wo Vertreter des radikalen Protestantismus die Politik eines Gemeinwesens bestimmen, führt diese Haltung nicht nur zur Verdammung, sondern auch zur Ahndung aller Formen des Vergnügens, Amüsements und der Zeitverschwendung. So hat beispielsweise Calvin in Genf in einer 1541 erlassenen Kirchenordnung Tanzveranstaltungen verbieten und Menschen aufgrund sexueller ‚Verfehlungen' hinrichten lassen. „Welche Formen diese Kirchenzucht annahm, lässt sich daran ermessen, dass in den ersten fünf Jahren, in denen diese Kirchenordnung in Kraft war, 56 Todesurteile und mehr als 70 Verbannungen ausgesprochen wurden" (Gotthard 2006: 219).

Dieses Beispiel soll nur demonstrieren, wie weitgehend und radikal der asketische Protestantismus von seinen Anhängern systematische Enttraditionalisierung in dem Sinne forderte, dass alle Praktiken auf ihre religiöse Sinnhaftigkeit hin auf den Prüfstand zu stellen waren. Weber spricht hier von *methodisch-rationaler Lebensführung* und *innerweltlicher Askese*.

Der Begriff der methodisch-rationalen Lebensführung demonstriert ein weiteres zentrales Merkmal der Moderne. *Damit wird der radikale Traditionsbruch zu einem konstitutiven Merkmal der modernen Gesellschaft.* Der alte Gesichtspunkt, dass man sich im Zweifelsfall an dem Vorbild der Alten orientieren solle (vgl. z. B. Borst 1982: 563), wird hier radikal entwertet.

Der Begriff der *innerweltlichen Askese* markiert dagegen Besonderheiten im Kontext der Religionsentwicklung, die nun in einem kleinen Exkurs geklärt werden sollen.

In seiner Religionssoziologie unterscheidet Max Weber zwei grundlegende Praktiken: Magie und Askese. Auf Magie bauen typischerweise archaische, so genannte Naturreligionen auf (Weber 1972: 245 ff.). Askese stellt dagegen eine religionsgeschichtlich modernere Grundform dar, auf der insbesondere die großen Weltreligionen basieren (Weber 1972: 348 ff.). Man darf sich den historischen Übergang von magischen zu asketischen Praktiken aber nicht als eine völlige Zäsur vorstellen, denn auch heutige Religionen kennen durchaus magische Praktiken und messen ihr auch eine gewisse, aber keine zentrale Bedeutung zu. So spielt beispielsweise bei der römisch-katholischen Kirche bei dem Verfahren der

Seligsprechung auch eine Rolle, ob die fragliche Person ‚Wunder' bewirkt hat, also ihr ein magisches Charisma (Weber 1972: 140) zugeschrieben werden kann. Magische Praktiken haben immer etwas mit Imitation und Mimesis zu tun. Der Magier erhofft Wirkungen dadurch zu erzielen, dass er Dinge nachahmt oder symbolische, zum Teil aber auch äußerliche Parallelen benutzt, um Wirkungen zu übertragen (Frazer 1989: 15 ff.). Zum magischen Denken gehört beispielsweise die in vielen Bauernkulturen verwurzelte Überzeugung, dass eine menschliche Geburt auf dem Feld die Fruchtbarkeit auf die Pflanzen überträgt. Auch der Voodoopriester versucht zu töten, indem er eine dem Opfer ähnliche Puppe durchbohrt. Schamanen begeben sich in Trance und erfahren in diesem Zustand, dass sie sich in ein anderes Wesen verwandeln können. Diese Fähigkeiten werden dann beispielsweise zum Austreiben von Geistern benützt, die menschliche Krankheiten verursacht haben sollen. Wie diese Beispiele schon zeigen, gibt es sowohl guten wie auch bösen Zauber.

Mit Adorno könnte man in der Magie einen gegenüber unserem heutigen instrumentellen Wissen alternativen Typus der Wissensentwicklung sehen (vgl. Adorno 1966; Horkheimer/Adorno 1988; Kapitel 1), der letztlich auf der Mimesis, also auf intuitiven Fähigkeiten beruht, sich in andere Wesen hinein zu fühlen, aber auch zu verwandeln. Bei der Magie geht es immer darum, dass sich der Mensch in die Natur einfügt und dieses Wissen aber auch durchaus für seine eigenen Zwecke instrumentalisiert.

Asketische Praktiken zielen dagegen immer auf die Selbstdisziplinierung des religiösen Akteurs ab. Diese Selbstdisziplinierung kann sich einmal auf den eigenen Körper erstrecken. Beispiele hierfür wären Fähigkeiten wie, über glühende Kohlen zu gehen oder sich, wie indische Fakire, auf ein Nagelbrett legen zu können. Unser heutiges Yoga entstammt einer im alten Indien bis zum selbst herbeigeführten Tod perfektionierten asketischen Praxis (vgl. Eliade 1978; Band 2: 58 ff.). Die Ziele körperlicher Askese bestehen immer darin, die Kontrolle über die Funktionen des eigenen Körpers steigern zu wollen. Dabei können die religiösen Ziele, die auf diesem Wege erreicht werden sollen, ganz unterschiedlich sein. Während im alten Indien religiöse Eliten versucht haben durch Nahrungsentzug und meditativ herbeigeführten Atemstillstand dem ewigen Kreislauf der Wiedergeburt zu entrinnen, haben taoistische Einsiedler in China sich darum bemüht, durch asketische Praktiken ihr diesseitiges Leben zu verlängern. Zu deren körperbezogenen asketischen Praktiken gehörten aber auch Selbstverteidigungstechniken, auf denen heute ein ganzes Filmgenre, die sogenannten Eastern, aufbaut.

Neben körperbezogener gibt es auch *geistige Askese*. Hierbei geht es vor allem darum, die eigenen Fähigkeiten zur Meditation zu perfektionieren, um in diesem Zustand beispielsweise religiöse Erfahrungen machen zu können. Über derartige asketische Praktiken berichtet beispielsweise das Alte Testament[9]. Im späteren Christentum wurde die Meditation insbesondere von den Gnostikern hochgeschätzt. Sie war aber auch in mittelalterlichen Klöstern punktuell präsent (Meister Eckehardt). Ein aktuelles Beispiel wäre der im heutigen Japan weit verbreitete Zen-Buddhismus (vgl. Dumoulin 1991), der der Meditation zentrale Bedeutung zuweist.

Der Übergang von Magie zur Askese wird von Weber als eine zivilisatorische Zäsur begriffen. Seine vielzitierte Formel von ‚der Entzauberung der Welt'[10] hat mit dem Übergang vom magischen Denken auf asketische Praktiken zu tun. In zivilisatorischer Hinsicht ist aber auch Webers Unterscheidung zwischen weltablehnender und innerweltlicher Askese wichtig. Bei weltablehnender Askese führen die religiösen Auffassungen dazu, dass sich die Gläubigen aus der Welt zurückziehen, indem sie etwa ins Kloster gehen, zu Bettelmönchen oder Einsiedlern werden. *Innerweltliche Askese fordert* dagegen ein *aktives Eingreifen der Gläubigen in die Welt* oder wie Weber formuliert: „Die Welt wird (im Falle der innerweltlichen Askese) … eine dem religiösen Virtuosen auferlegte ‚Pflicht' (Weber 1972: 329; Ergänzung im Klammer: D. B.).

Worin genau diese Pflicht besteht, kann höchst unterschiedlich definiert werden. Eine Möglichkeit besteht darin, „dass die Aufgabe besteht", die Welt „den asketischen Idealen gemäß umzugestalten. Dann wird der Asket ein rationaler ‚naturrechtlicher' Reformer oder Revolutionär, wie ihn das ‚Parlament der Heiligen' unter Cromwell, der Quäkerstaat und in anderer Art der radikale pietistische Konventikel-Kommunismus gekannt hat" (Weber 1972: 329). Diese revolutionäre Folgerung wurde jedoch nur in wenigen Fällen gezogen. Für *alle* Varianten des radikalen Protestantismus gilt jedoch, *dass die diesseitige Welt, so wie sie besteht, abzulehnen ist.* Darüber hinaus *hat der Gläubige durch sein rastloses Wirken und Erfolgsstreben die den Menschen im Einzelnen unbegreifliche göttliche Ordnung zu verherrlichen.* Das läuft auf einen radikalen Bruch mit aller Tradition hinaus, die von den Gläubigen auf ihre Zweckdienlichkeit hin untersucht und permanent in Frage gestellt werden muss. Gelingt es dem Gläubigen auf diese Weise, beruflich und wirtschaftlich erfolgreich zu sein, dann kann er darin den Fingerzeig

---

[9] Zum Beispiel meditiert Moses sehr lange in der Wüste und empfängt auf dem Berg Sinai ganz offensichtlich in einem Trance-Zustand die Zehn Gebote Gottes.

[10] „Der Intellektuelle sucht … seiner Lebensführung einen durchgehenden ‚Sinn' zu verleihen, also ‚Einheit' mit sich selbst, mit den Menschen, mit dem Kosmos. Er ist es, der die Konzeption der ‚Welt' als eines ‚Sinn-Problems' vollzieht. Je mehr der Intellektualismus den Glauben an die Magie zurückdrängt, und so die Vorgänge der Welt ‚entzaubert' werden, ihren magischen Sinngehalt verlieren, … desto dringlicher erwächst die Forderung an die Welt und die ‚Lebensführung' je als Ganzes, daß sie … sinnvoll geordnet seien" (Weber 1972: 307 f.). Die Methode der Intellektuellen ist die Askese.

Gottes erkennen, dass er zu den Auserwählten gehört, die gemäß Gottes uner-
klärlichem Ratschluss ins Paradies aufgenommen werden.
    Die innerweltliche Askese macht die Anhänger des radikalen Protestantis-
mus also nur in Ausnahmefällen zu Sozialrevolutionären. Sie erlegt es ihnen
aber in jedem Falle auf, *den eigenen Alltag zu revolutionieren. Die **religiöse**
Pflicht der Gläubigen ist also in jedem Fall, im eigenen Lebensbereich, beruflich wie privat, ganz systematisch Formen der methodisch-rationalen Lebensführung auszubilden.*
    Da der Zweck des diesseitigen Daseins im Berufsmenschentum besteht, also
in der Pflicht zum Zwecke des Arbeitens zu leben, kommt es hierbei de facto
zu einer systematischen Entwicklung des Arbeitsvermögens und des beruflichen
Erfolgsstrebens der Gläubigen ('kapitalistischer Geist').

2.3.5 Kultureller Vorlauf für den modernen Kapitalismus

Man kann das Bild des kapitalistischen Unternehmers, das Max Weber über diese
Begriffe zeichnet, über das Bild des Kapitalisten bei Marx legen und findet dabei
hinsichtlich der unterstellten Verhaltensweisen nur geringfügige Unterschiede.
Allerdings ist die *Erklärung* dieser Verhaltensweisen konträr. Während bei Marx
die „Charaktermaske" des bürgerlichen Kapitalisten von der Bereicherungssucht
getrieben wird, sieht Max Weber religiöse Pflichten am Werk. Die religiös motivierte Suche nach Heilsgewissheit treibt die protestantischen Unternehmer unermüdlich an. Hinter der Bereicherungssucht der bürgerlichen Kapitalisten stehen
dagegen im marxistischen Bild die Institutionen des Marktes und der unerbitt-
liche Zwang der Konkurrenz. Diese Mechanismen verbürgen gewissermaßen
eine positive Selektion der Bereicherungssucht, weil sie andere Verhaltensweisen
durch ökonomische Fehlschläge und Entwertungsprozesse unerbittlich bestrafen.
    Wir haben bereits gesehen, dass Weber nicht die marxistische Analyse im
Ganzen widerlegen, sondern vielmehr die bei Marx letztlich unbefriedigend ge-
klärte Frage nach der ursprünglichen Akkumulation lösen möchte. Wie können
Kapitalisten durch ihre unternehmerische Praxis erst eine Markt- und Konkur-
renzwirtschaft schaffen, ohne dass sie bereits den Korrektiven der Marktprozesse unterliegen? Das kann nur über einen kulturellen Vorlauf erklärt werden, den
Weber mit seiner präzisen Analyse der Protestantischen Ethik liefert. Der „Moderne Kapitalismus" ist für Weber nicht durch Profite oder Bereicherungssucht,
sondern vielmehr durch systematisches Kalkulieren und Berechnen wirtschaftlicher Chancen gekennzeichnet. Genau dies ist das Anliegen der von religiösen
Motiven angetriebenen frühkapitalistischen Unternehmer. Darüber hinaus aber
entwickeln diese Pioniere der modernen Gesellschaft eine „rationale Lebensme-

thodik", die auch die außerberufliche Lebensführung unter einen modernen Geist bringt und hier zu einer radikalen Zäsur mit Traditionselementen führt.

Aus der international vergleichenden Perspektive der ‚Wirtschaftsethik der Weltreligionen' (Weber 1988d) wird deutlich, dass es diese Entwicklung nur im ‚Okzident' gab, also in jenen Gegenden Nordwesteuropas und Nordamerikas, in denen sich der asketische Protestantismus verbreitet hatte. „Voll erreicht wurde beides: die Entzauberung der Welt und die Verlegung des Wegs zum Heil von der kontemplativen ‚Weltflucht' hinweg in die asketische ‚Weltbearbeitung' ... nur in den großen Kirchen- und Sektenbildungen des asketischen Protestantismus im Okzident." (Weber 1988d; Band 1: 262)

Dagegen bewirken die anderen von Weber analysierten Weltreligionen – Konfuzianismus und Taoismus, Hinduismus und Buddhismus wie auch das antike Judentum – zwar ebenfalls eine antitraditionale Rationalisierung der Lebensführung, die jedoch in ganz andere Richtungen geht. „Jede Rationalisierung der Lebensführung aber, mit der wir es hier (beim Vergleich der Weltreligionen) zu tun haben, kann ungemein verschiedene Formen annehmen... ‚Rational' ... im Sinn der Unterscheidung von normativ ‚Geltendem' und empirisch gegebenem, waren überhaupt alle Arten von praktischer Ethik, die systematisch und eindeutig an Heilszielen orientiert wurden." (Weber 1988d; Band 1: 266; Ergänzung in der Klammer: D. B.)

Der die chinesische Kultur prägende Konfuzianismus wirkte nach Weber deswegen weniger revolutionär, weil er nur die ‚Anpassung nach außen hin' kultiviert. „Ein optimal angepasster, nur im Maße der Anpassungsbedürftigkeit in seiner Lebensführung rationalisierter Mensch" (Weber 1988d; Band 1: 521; Hervorhebung D. B.) kann die Welt nicht nach einem inneren Wertmaßstab umkrempeln, ist nicht zur „gänzlichen Entzauberung der Welt" (Weber 1988d; Band 1: 513) in der Lage. Dagegen liefert die religiöse Welt Indiens innere Wertmaßstäbe der Lebensführung im Überfluss, die aber überwiegend auf kleine Zirkel religiöser Eliten beschränkt bleiben. Wo, wie im späten Hinduismus und im Buddhismus, die breite Masse erreicht wird und charismatische Bindungen entwickelt werden, da setzen sich *Tendenzen zur Weltflucht* durch. „Schlechthin keinem Hindu wäre es eingefallen, in dem Erfolg seiner ökonomischen Berufstreue das Zeichen seines Gnadenstandes zu erblicken, oder – was wichtiger ist – die rationale Umgestaltung der Welt nach sachlichen Prinzipien als eine Vollstreckung des göttlichen Willens zu werten und zu unternehmen" (Weber 1988d; Band 2: 360).

Zusammenfassend stellt Weber für die Wirtschaftsethik der Religionen Asiens fest: „Es fehlt gerade das für die Oekonomik des Occidents Entscheidende: die Brechung und rationale Versachlichung dieses *Trieb*charakters des Erwerbsstrebens und seine Eingliederung in ein System rationaler innerweltlicher

Ethik des Handelns ... Dafür fehlten in der asiatischen religiösen Entwicklung die Voraussetzungen" (Weber 1988d; Band 2: 372. Hervorhebung im Original).

2.3.6 Differenzierung der Wertsphären

Von einer vollständigen modernisierten Lebensmethodik trennt die protestantische Ethik, dass die Lebensführung nicht als Selbstzweck verfolgt wird, sondern unter dem Vorzeichnen religiöser Heilserwartungen praktiziert wird. Die methodisch-rationale Lebensführung der Mitglieder radikaler protestantischer Sekten ist und bleibt nur ein Instrument, um religiöse Heilsgewissheit zu erlangen.

Zu einer vollständig modernen Gesellschaft, die sowohl alle Gesellschaftsmitglieder wie auch alle Lebensbereiche einschließt, kann es daher erst in dem Moment kommen, wo religiöse Heilserwartungen verblassen. Erst mit einer Säkularisierung und Privatisierung religiöser Bekenntnisse eröffnen sich Spielräume, um alle Funktionsbereiche der Gesellschaft unabhängig von der Religion im modernen Geiste zu systematisieren. Dabei wird die zunächst im Bereich der Weltreligionen unter dem Vorzeichen dogmatischer Begründung entwickelte *Methode einer Rationalisierung von Lebens- und Handlungssphären* über die Wirtschaft hinaus *auf andere Lebensbereiche übertragen*. Diese Lebensbereiche werden nun aber nicht mehr unter religiösen Vorzeichen, sondern ,selbst tragend', aus einer immanenten Logik der jeweiligen Handlungssphäre heraus, rationalisiert.

Nach demselben Muster, das bereits bei der Dogmatisierung religiöser Botschaften benutzt worden ist, werden nun einzelne ,werthaltige' Lebenssphären, Weber spricht von ,Wertsphären', rational geordnet. Diese Ordnungen beruhen auf der zwingenden Kraft gedanklicher Folgerungen, über die jede dieser Wertsphären nach rationalen Prinzipien geordnet werden kann.

Weber kennt mindestens folgende fünf Wertsphären:

die ökonomische,
die politische,
die ästhetische,
die erotische und schließlich
die intellektuelle Sphäre[11].

---

[11] Vgl. Schimank 2000: 60. In der Vorbemerkung der ,Protestantischen Ethik' nennt Weber: Wissenschaft, Kunst, Staat (,politische Anstalt'), Kapitalismus, Recht; vgl. Weber 1988a: 1 ff. In ,Wirtschaft und Gesellschaft' findet sich folgende Aufstellung: Religion, Kunst, Ethik, Wissenschaft, „und alle anderen, insbesondere auch politisch oder sozial organisatorischen ,Ideen'" (Weber 1920: 658).

Jede dieser Sphären enthält unterschiedliche Eigengesetzlichkeiten, die nur imma-
nent geordnet werden können. „Während die Religion um moralisch-praktisches
Wissen kreist, geht es in der Kunst um Ästhetik, in der erotischen Sphäre um
Hedonismus oder in der Wirtschaft um monetäres Kalkül" (Brock 2002a: 180).

Ganz ähnlich wie bei den Weltreligionen muss auch für die Wertsphären
unterschieden werden zwischen der Formierung dieser Ordnungen durch intellektuelle Eliten und ihrer allgemeinen Verbreitung. Ausschlaggebend für Webers
Verständnis der modernen Gesellschaft ist die allgemeine Verbreitung. Für die
Verbreitung dieser Ordnungen gilt, dass die Menschen in vorhandenes Wissen
ein-sozialisiert werden und mit diesem Wissen umgehen können, ohne dass sie
dessen intellektuellen Grundlagen verstehen müssen. Weber benützt das Beispiel
des Einpaukens des Kleinen Ein-mal-Eins in der Schule (Weber 1988e: 471).

Dabei unterscheidet er zwei unterschiedliche Wege der Ein-Sozialisierung
von Menschen in Ordnungen, weil sie mit ganz unterschiedlichen Konsequenzen
verbunden sind. Der erste Weg, den Weber am Beispiel der bürokratischen Rationalisierung studiert, erfolgt über technische Mittel, „durch rationale Zweck- und
Mittelsetzung" (Weber 1972: 657). In diesem Falle lernt man, sich in vorgegebenen Abläufen sinnvoll zu bewegen. Man lernt die Gepflogenheiten kennen und
passt sich, wo nötig, den Gegebenheiten an. Mit der Durchsetzung der Bürokratie
wird damit nur der traditionale „Glauben an die Heiligkeit des immer Gewesenen"
ersetzt durch die „Fügsamkeit in zweckvoll gesatzte Regeln" (Weber 1920: 658).

*Revolutionäre Effekte schreibt dagegen Weber der Massensozialisation im-
mer dann zu, wenn sie über das Charisma erfolgt:* Es „ruht in seiner Macht auf
Offenbarungs- und Heroenglauben, auf der emotionalen Überzeugung von der
Wichtigkeit und dem Wert einer Manifestation religiöser, ethischer, künstleri-
scher, wissenschaftlicher, politischer oder welcher Art immer, auf Heldentum, sei
es der Askese oder des Krieges, der richterlichen Weisheit, der magischen Begna-
dung oder welcher Art sonst. *Dieser Glaube revolutioniert ‚von innen heraus' die
Menschen und sucht Dinge und Ordnungen nach seinem revolutionären Wollen
zu gestalten"* (Weber 1972; 657 f.; Hervorh. D. B.).

Der für die Moderne konstatierte Traditionsbruch kann deshalb nur über
charismatische Sozialisation erfolgen. Nur „das Charisma in seinen höchsten
Erscheinungsformen" sprengt „Regel und Tradition überhaupt und stülpt alle
Heiligkeitsbegriffe geradezu um. Statt der Pietät gegen das seit alters her Übli-
che, deshalb geheiligte, erzwingt es die innere Unterwerfung unter das noch nie
Dagewesene, absolut Einzigartige, deshalb Göttliche. Es ist in diesem rein em-
pirischen und wertfreien Sinn ... die spezifische „schöpferische" revolutionäre
Macht der Geschichte" (Weber 1920: 658).

Das historische Modell für diese Art von Sozialisation liefert die Religion.
Propheten und Verkünder bewegen aufgrund ihres Charismas Gläubige dazu,
ihre Lehren anzuerkennen und zu praktizieren und dabei überkommene Tradi-

tionen und Bräuche über Bord zu werfen. Für jede revolutionäre Veränderung von Lebensordnungen, so verallgemeinert Weber nun, bedarf es einer Veränderung der Menschen „von innen her", einer „Unterwerfung unter das noch nie Dagewesene". Das muss deswegen auch für die ausdifferenzierten und rationalisierten „Wertsphären" der modernen Gesellschaft zutreffen.

Man kann nun die Frage stellen, ob es für eine solche Veränderung der Menschen von innen heraus immer des persönlichen Charismas menschlicher Protagonisten von Ordnungen bedarf oder ob das Charisma auch von den Ordnungen selbst ausgehen kann. Neben Personen könnten auch *spezialisierte Denkmethoden* Träger solcher charismatischer Wirkungen sein, wie man sich leicht am Beispiel von Wissenschaft, Mathematik oder von Denkspielen wie Schach vorstellen kann, deren Methodik Menschen zu faszinieren vermag.

Weber nähert sich einem solchen Verständnis der modernen Gesellschaft nur indirekt, in seinen Überlegungen zum ‚Einverständnis'. Darunter versteht er Komplexe des Gemeinschaftshandelns, die ohne eine zweckrational vereinbarte Ordnung existieren, bei denen die Akteure jedoch in ihren Handlungen eine gemeinsame Ordnung unterstellen (Weber 1988e: 452 ff.). Weber begnügt sich hier allerdings mit einer Beschreibung derartiger Ordnungen, für die er unter anderem auch die Sprachgemeinschaft heranzieht.

Klar ist aber in jedem Fall, dass es für die Verbreitung der Moderne zu einer *Pluralisierung* solcher *charismatischer Bindungen* kommen muss – seien es nun charismatische Verbindungen an Personen oder an Ordnungen, das muss hier offen bleiben. *Die Mitglieder moderner Gesellschaften unterscheiden sich* also von den religiösen Pionieren aus dem Lager des asketischen Protestantismus *dadurch, dass sich ihre Bindungen an Ordnungen pluralisiert haben.* Während die Puritaner, Quäker, Täufer und so weiter im Banne ihrer religiösen Überzeugungen ihr Leben systematisch durchrationalisiert haben, entsteht mit der Privatisierung und Säkularisierung der religiösen Überzeugungen eine Überdeterminiertheit: der moderne Mensch hat sich nicht nur einer charismatischen Botschaft unterworfen, sondern mehreren zugleich. In der Moderne existiert nicht nur ein „Politheismus der Werte", sondern auch der Wertordnungen und der mit ihnen verbunden charismatischen Bindungen.

Bevor Webers Skepsis gegenüber der Moderne näher betrachtet wird, soll zunächst *Webers Gedankenkette fixiert werden, an deren Ende die moderne Gesellschaft steht.*

Die Weltreligionen stellen für Max Weber einen neuen Typus gesellschaftlicher Ordnung dar, der insofern selbsttragend ist, als er die religiösen Bindungen in eine intellektuelle Ordnung überführt und von dort aus systematisch argumentativ begründet (Dogmatisierung). Darüber hinaus ist es den Weltreligionen gelungen, solche intellektuellen Konzepte nicht nur in intellektuellen Zirkeln zu verbreiten, sondern vor allem auch den Durchschnittsmenschen nahe zu bringen.

Dies erfolgte über *charismatische Bindungen. Während die Umstellung des Religiösen auf solche intellektuellen Ordnungen global, also in allen Weltgegenden, erfolgt ist, ist es „nur im Okzident" zum modernen Kapitalismus und zu einer durchgängigen Rationalisierung aller Lebensbereiche gekommen.* Diese beiden Elemente sind für Weber zugleich die Grundmerkmale moderner Gesellschaften.

Dass es im Okzident zur Herausbildung der modernen Gesellschaft gekommen ist, ist für Weber letztlich ein historischer Zufall, der darauf zurückzuführen ist, dass hier eine Lösung des Theodizee-Problems entwickelt wurde, die zur innerweltlichen Askese, zum Berufsmenschentum und zum modernen Kapitalismus führt. Zu einer Durchrationalisierung aller Lebenssphären kommt es schließlich, weil die religiösen Bindungen verblasst sind und mehrere charismatische Bindungen an Ordnungen nebeneinander entstanden sind (Differenzierung der Wertsphären).

2.3.7 Webers kritische Gegenwartsdiagnose

Webers Probleme mit der modernen Gesellschaft hängen relativ direkt mit dieser Gedankenkette zusammen. Weber folgt nämlich dem zeitgenössischen Religionsverständnis, das den Monotheismus als eine historische Errungenschaft ansieht, insofern, als er hier Rationalisierungstendenzen der Gottesidee erkennt (vgl. Weber 1920; 315.). In Webers soziologisiertem Religionsverständnis bedeutet Monotheismus die Unterwerfung unter *eine* rationale, weil immanent intellektuell stimmige Ordnung, die das innere Erleben prägt und ihn zu methodisch rationaler Lebensführung befähigt. Auch wenn der Durchschnittsgläubige die intellektuellen Leistungen des asketischen Protestantismus, insbesondere seine Lösung des Theodizee-Problems, vielleicht nicht zu würdigen weiß, so lebt er dennoch ein in sich stimmiges und subjektiv sinnvolles Leben, weil er starke charismatische Bindungen zu dieser *einen* verbindlichen Ordnung entwickelt hat.

Die Moderne führt nun nach Weber zu einem pluralistischen Nebeneinander unterschiedlicher charismatischer Ordnungen, also zu einem ‚neuen Polytheismus'. Der moderne Mensch verfügt damit über mehrere, alternative Gesichtspunkte, unter denen er sein Leben rationalisieren kann. Unter ihnen kann nicht nach rationalen Kriterien ausgewählt werden. Auch im Polytheismus können die Menschen sich nicht für einen Gott entscheiden.

Dem heutigen Leser mag es dennoch merkwürdig vorkommen, dass Weber immer wieder, und zwar an entscheidenden Stellen seiner Argumentation, von einem modernen Polytheismus redet. Das hängt, wie wir gesehen haben, daran, dass er die moderne Gesellschaft aus der Religionsentwicklung herleitet und nur charismatischen Bindungen revolutionäre Kraft zuerkennt. Für die von Weber diagnostizierte polyvalente Ordnung ‚bezahlt' der moderne Mensch mit

Sinnverlust. Anders als die im Banne ihrer religiösen Überzeugungen lebenden frühkapitalistischen Unternehmer und ‚Workaholics' ist der moderne Mensch permanent ‚hin und her gerissen', weil er innere Bindungen zu mehreren Ordnungen entwickelt, die aber untereinander nicht kompatibel sind. Was man auf der Ebene der Betrachtung der modernen Gesellschaft als Gesamttypus durchaus als Vorteil sehen kann, nämlich eben als eine umfassende Durchrationalisierung aller Lebensbereiche (Weber 1988a: 1 ff.), bereitet dem modernen Menschen persönliche Probleme der Orientierungssicherheit.

Webers Diagnose vom Sinnverlust des modernen Menschen (vgl. hierzu auch Habermas 1981; Band 1: 332 ff.) ist für uns heute vielleicht besser verständlich, wenn wir an die intellektuellen Strömungen denken, die im beginnenden 20. Jahrhundert vermutlich mehrere Generationen zutiefst geprägt haben. Der Jugendstil, vor allem aber die Jugendbewegung waren nicht nur intellektuelle Ausbruchsversuche aus einem offenbar damals von sehr vielen Menschen so empfundenen ‚gesellschaftlichen Gehäuse'. Diese Bewegungen suchten gewissermaßen gegen den polytheistischen Geist der Moderne wieder nach eindeutigen Orientierungen. Während der Jugendstil gegen den Geist einer zunehmend experimentellen Kunst wieder Artefakte hervorbringen wollte, die auch nach konventionellen ästhetischen Kriterien als „schön" angesehen werden konnten, strebte die Jugendbewegung nach direkten gemeinschaftlichen Bindungen und ‚zurück zur Natur'. Dabei sollten vor allem die engen Konventionen der bürgerlichen Familie überwunden werden (vgl. Laqueur 1978). Andere künstlerisch-ästhetische Richtungen wie etwa der Futurismus (vgl. Wehle 2005) strebten zu Beginn des 20. Jahrhunderts nach einer radikalen Abschaffung alles Alten und begrüßten dabei sogar den Krieg und die militärische Zerstörung. Man kann diese Gemengelage durchaus mit Hilfe der Weberschen Optik als Versuch interpretieren, das Problem des modernen Polytheismus und der Orientierungslosigkeit innerhalb der Moderne mit zum Teil brachialen Methoden zu lösen.

Weber selbst stand solchen kollektiven Experimenten eher skeptisch gegenüber und setzte auf das heroisch in der Moderne aushaltende Individuum. Wir erinnern uns: In einem der obigen Zitate hat Weber Heroismus dem charismatischen Bereich zugeordnet. Heroismus ist also für Weber eine gegenüber dem Polytheismus der Moderne angemessene innere Haltung.

In Webers Modernitätskritik spielt aber auch der Bereich der äußeren, technischen Modernisierung eine Rolle. Die moderne Gesellschaft ist für Weber immer auch eine durch Bürokratisierung in Form von Großbetrieben wie von öffentlichen Verwaltungen durchgängig geprägte Gesellschaft. Dadurch ist das durchschnittliche Mitglied moderner Gesellschaften als Arbeitnehmer, als Klient gegenüber der staatlichen Verwaltung oder als Funktionsträger immer auch zur Anpassung gezwungen. Das führt seiner Meinung nach zum Freiheitsverlust des modernen Menschen. Diese Diagnose prägt das folgende berühmte und immer wieder benutzte Weberzitat:

> „Der Puritaner *wollte* Berufsmensch sein, – wir *müssen* es sein. Denn indem die Askese aus den Mönchszellen heraus in das Berufsleben übertragen wurde ... half sie ... jenen mächtigen Kosmos der modernen, an die technischen und ökonomischen Voraussetzungen mechanisch-maschineller Produktion gebundenen, Wirtschaftordnung zu erbauen, der heute den Lebensstil aller einzelnen, die in dies Triebwerk hineingeboren werden, ... mit überwältigendem Zwange bestimmt und vielleicht bestimmen wird, bis der letzte Zentner fossilen Brennstoffs verglüht ist. Nur wie ‚ein dünner Mantel, den man jeder Zeit abwerfen könnte‘, sollte nach Baxters Ansicht die Sorge um die äußeren Güter um die Schultern seiner Heiligen liegen. Aber aus dem Mantel ließ das Verhängnis ein stahlhartes Gehäuse werden. (So) ... gewannen die äußeren Güter dieser Welt zunehmende und schließlich unentrinnbare Macht über den Menschen, wie niemals zuvor in der Geschichte" (Weber 1988a: 203 f. Hervorhebung im Original).

2.3.8 Die moderne Gesellschaft bei Weber – Zusammenfassung in Thesen

1. Webers Verständnis der modernen Gesellschaft setzt an ihrer Rationalität an. Die Moderne ist für ihn eine Epoche, in der alle Lebenssphären durchrationalisiert worden sind.
2. Diese umfassende Durchrationalisierung aller Lebenssphären bedeutet, dass die moderne Gesellschaft durch funktionale Differenzierung geprägt ist. Damit verliert sie (also bereits bei Weber und nicht erst bei Luhmann) ihre kosmologische Einheitlichkeit. Anders als bei Parsons verbindet Weber funktionale Differenzierung nicht primär mit dem Aspekt gesellschaftlicher Leistungsvorteile. Die Differenzierung der Wertsphären bedeutet für ihn vielmehr eine zivilisatorische Herausforderung, weil sie mit dem Problem des Sinnverlustes für das moderne Individuum verknüpft ist.
3. Für Weber stellt die moderne Gesellschaft eine eher zufällige Entwicklung im Rahmen zivilisatorischer Möglichkeiten dar, die bereits Jahrtausende alt sind und zunächst zu den großen Weltreligionen geführt haben. Von ihnen aus führt die religionsgeschichtliche Variante des asketischen Protestantismus in Verbindung mit einer späteren Säkularisierung und Privatisierung der religiösen Sphäre in Nordwesteuropa über den modernen Kapitalismus zur modernen Gesellschaft. Die moderne Gesellschaft ist also kein direktes Resultat einer neuen wissenschaftlichen Geisteshaltung, sondern sie ist ein kontingentes Folgeprodukt eines wesentlich älteren zi-

vilisatorischen Prozesses, bei dem es zur argumentativen Begründung zivilisatorischer Ordnungen gekommen ist.

4. Für Weber ist die moderne Gesellschaft eine vom Okzident (von Nordwesteuropa und den USA) ausgehende Entwicklung. Diese These hat Weber durch seine international vergleichende Studie über die Wirtschaftsethik der Weltreligionen belegt, wo gezeigt werden konnte, dass die Entwicklung der anderen großen Weltreligionen die menschlichen Energien und das zivilisatorische Potential in andere Richtungen gelenkt haben.

2.4 Das System moderner Gesellschaften – die klassische soziologische Theorie moderner Gesellschaften von Talcott Parsons

2.4.1 Einleitung

Während Max Weber in erster Linie daran interessiert war, eine Antwort auf die Frage zu finden, wieso der moderne Kapitalismus und die moderne Gesellschaft ausgerechnet ‚im Okzident' entstanden sind, legt Parsons im Anschluss an die Überlegungen Max Webers eine Theorie vor, die die zentralen Strukturen moderner Gesellschaften zu identifizieren und deren funktionales Zusammenwirken zu einem in seiner Leistungsfähigkeit bis dato unübertroffenen Gesellschaftsmodell zu erklären sucht. Während bei Weber die Suche nach dem sozialen Erfolgsgeheimnis des Westens letztlich auch dafür bestimmend war, welche Elemente der modernen westlichen Gesellschaft genauer analysiert wurden, liefert Parsons *ein in sich konsistentes Gesamtbild der modernen westlichen Gesellschaft.* Dass er damit der kritischen Auseinandersetzung mit seinen Überlegungen wesentlich größere Angriffsflächen bietet, war ihm durchaus bewusst (vgl. u. a. Parsons 1972: 11). Diese kritische Auseinandersetzung mit Parsons wird uns im Abschnitt 3.2 noch eingehend beschäftigen.

An dieser Stelle kann aber zunächst einmal festgehalten werden, dass gerade über die kritische Auseinandersetzung mit Parsons sehr viele Aspekte seines Verständnisses der modernen westlichen Gesellschaft übernommen wurden. Obwohl die Modernisierungstheorie von Parsons überwiegend sehr kritisch aufgenommen wurde, hat sie dennoch wichtige Grundlagen für die weitere Diskussion gelegt und das Modernitätsverständnis der nachfolgenden Generationen tief geprägt. Insofern kann man nach wie vor davon sprechen, dass Parsons als erster eine ausgearbeitete Modernisierungstheorie konzipiert hat, die der weiteren Diskussion zentrale Themen und Fragen vorgegeben hat. Sie kann deswegen auch als klassisch bezeichnet werden.

(a) Evolutionstheoretischer Zugang

Inwieweit schließt Parsons an Weber an? Wo bringt er neue Ideen und neue Sichtweisen ein? Parsons übernimmt Webers grundlegende These, dass die moderne Gesellschaft in Nordwesteuropa und den USA entstanden ist. Anders als Weber versteht Parsons Gesellschaften nicht aus einer zivilisationstheoretischen Perspektive heraus, sondern evolutionstheoretisch. Dieser Unterschied hat weitreichende Folgen.

Max Weber folgt letztlich einer zivilisationstheoretischen Sichtweise von Gesellschaft, die danach fragt, auf welche Art und Weise die Individuen in ihrem Wollen, Können und Sollen zu aktiven Trägern der sie zivilisierenden Vergesellschaftungs- und Vergemeinschaftungsprozesse werden. Deswegen ist es auch kein Zufall, dass Weber kein Gesamtpanorama der modernen Gesellschaft zu entwerfen versucht, sondern die vielfältigen „gesellschaftlichen Ordnungen und Mächte" analysiert, die auf ganz unterschiedlichen Wegen das Handeln der Menschen bestimmen. Weber entwickelt keine Theorie der Gesamtgesellschaft, sondern er legt diffizile Analysen im Rahmen seiner Religions-, Rechts-, Herrschafts- und Staatssoziologie vor[12]. Aufgrund der zivilisationstheoretischen Fragestellung wirkt Webers skeptische Gegenwartsdiagnose auch keineswegs aufgesetzt. Die Befürchtung, dass die entwickelte Moderne die Menschen in Probleme des Freiheits- und Sinnverlustes verstrickt, ist vielmehr ein sich aus seiner differenzierten Analyse der modernen Zivilisation ergebendes Resümee.

Mit diesem Blickwinkel auf die moderne Gesellschaft und den modernen Menschen bricht Parsons radikal. Seine Optik ist die des Evolutionstheoretikers, der sich für erfolgreiche Umweltanpassung interessiert. Für die Erklärung der Evolution der Arten hat der Darwinismus gezeigt, dass Unterschiede im Erfolg der Umweltanpassung das Überleben und die Verbreitung der Arten erklären können. Schon kleine genetische Veränderungen führen dazu, dass sich Individuen einer Art erfolgreicher fortpflanzen können oder mit geringerer Wahrscheinlichkeit Feinden zum Opfer fallen als andere – und das hat dann weitreichende Folgen. Obwohl dem Evolutionsprozess kein Ziel unterstellt werden kann, erklären diese einfachen Mechanismen, wieso sich höchst diffizil strukturierte Organismen, die für sich genommen ein Wunder an Ordnung sind, herausbilden konnten. Diesen Gesichtspunkt hatte bereits Herbert Spencer für die Soziologie fruchtbar gemacht (vgl. unter 1.3).

Parsons gelingt es nun, diesen evolutionstheoretischen Blickwinkel wesentlich systematischer in Soziologie zu übersetzten. Anders als in der Biologie, die

---

[12] Wenn man sich einen Überblick über Webers soziologische Schwerpunkte verschaffen möchte, dann empfiehlt es sich schlicht, die Inhaltsübersicht von Webers Lehrbuchtext, Wirtschaft und Gesellschaft, genau zu studieren.

für sich existierende Populationen von lebenden Organismen vorfindet und sie deshalb ganz selbstverständlich zum Ausgangspunkt ihrer Erklärungen machen kann, muss das Evolutionskonzept durch theoretische Überlegungen erst für soziologische Analysen fruchtbar gemacht werden. Die Ausgangsfrage ist hier: *Was entspricht dem so selbstverständlich gegebenen lebenden Organismus im Hinblick auf das zwischenmenschliche Miteinander?*

In seinem Frühwerk ‚Structure of Social Action‘, das erstmals 1937 erschienen ist (Parsons 1968), erklärt Parsons, auf welche Weise sich jeder Akteur an seine Umwelt anpasst und diese Umwelt durch seine Anpassungsleistungen zugleich reproduziert. Damit ein Akteur handeln kann, benötigt er zunächst einmal Handlungsziele, muss er weiterhin die in jeder Handlungssituation zulässigen Ressourcen und Einschränkungen identifizieren und sich schließlich am gesellschaftlichen Wertesystem orientieren. Aus evolutionstheoretischer Sicht ist also das Handeln der Menschen in einem gesellschaftlichen Rahmen als eine mehr oder weniger erfolgreiche Anpassungsleistung zu verstehen, über die zugleich die Gesellschaft als Handlungsbedingung reproduziert wird. Parsons begreift Handeln, wie Luhmann zutreffend konstatiert (vgl. Luhmann 2002: 19 ff.) systemisch und nicht aus der Perspektive eines einsamen Individuums, das seinen Nutzen mehren möchte.

(b) Handlungssysteme

In seiner zweiten, strukturfunktionalistischen Schaffensphase, in der auch die Modernisierungstheorie entwickelt wurde, geht Parsons nicht vom Handeln einzelner Menschen, sondern von *Handlungssystemen* aus. Sie sind die Ebene evolutionstheoretischer Analyse, die nun den Einzelorganismen in der Biologie entspricht. Der entscheidende Unterschied gegenüber einem individualistischen Blickwinkel ist nicht unbedingt, dass dabei anthropologisch vom Menschen als einem zutiefst sozialen Wesen ausgegangen wird, sondern dass damit zwangsläufig unterstellt wird, dass die Menschen kooperieren, um gemeinsame Ziele zu erreichen. Die Formen und Muster dieses Zusammenwirkens können mehr oder weniger erfolgreich sein. Wir erinnern uns: Auch Adam Smith ging von einer sozialen Natur des Menschen aus, davon, dass man als Mensch auf andere Menschen angewiesen sei. Bei Adam Smith hatte das aber die Konsequenz, dass die Menschen miteinander in Austausch treten und eine Vermehrung ihres je individuellen Nutzens anstreben (vgl. unter 1.3). Parsons zieht, ganz ähnlich wie Karl Marx im 19. Jahrhundert, aus der sozialen Natur des Menschen die alternative Konsequenz und nimmt *Kooperation als letztlich entscheidenden Evolutionsmechanismus an*[13]. Anders als

---

[13] Für beide Folgerungen gibt es pro und contra Argumente. Wenn wir uns existentiell schwierige Situationen vorstellen (eine Gruppe Schiffbrüchiger landet auf einer einsamen Insel oder ein Flugzeug

bei Marx erschöpft sich Kooperation aber nicht in gemeinsamer Arbeit. *Kooperation zeigt sich vielmehr in Handlungssystemen als einem ebenso grundlegenden wie universellen Baustein jeglichen menschlichen Zusammenlebens.* Alle Handlungssysteme weisen in funktionaler Hinsicht eine gleichartige Bauart auf, die mit dem sogenannten AGIL-Schema beschrieben wird. *Einmal ist allen Handlungssystemen gemeinsam, dass sie soziale Integration entwickeln und aufrecht erhalten müssen. Kurzfristig und unmittelbar geschieht dies im Sozialsystem (I-Funktion).* Hier geht es um das konkrete Miteinander der Menschen, das über gemeinsame Interpretationen von kulturellen Symbolen Integration stiften kann. „Die innere Logik ist hier, wie Individuen ... zu sozial bindenden und gemeinsamen Konstruktionen von Symbolen gelangen" (Münch 2004: 99). In *langfristiger* Hinsicht sorgt das *Kultursystem (L-Funktion)* für Gemeinsamkeiten. Darunter sind „Systeme symbolischer Konstruktion, die auf kognitiven, expressiven, normativen und sinnvermittelnden Elementen aufbauen" (Münch 2004: 97) zu verstehen. Ohne eine solche normative Integration könnten Handlungssysteme keine Anpassungsleistungen entwickeln.

Graphik 1   Das Handlungssystem

Verhaltens-system	Persönlich-keitssystem
Kultursystem	Sozialsystem

---

stürzt in einem unwegsamen Gebiet ab), dann fällt uns vermutlich eher die Kooperation ein. Wenn wir dagegen von einer ungleichen Ressourcenausstattung ausgehen, dann fällt uns vermutlich eher der Tausch ein. Wünschenswert ist zweifellos eine allgemeinere, beide Alternative einschließende Argumentation (zum Beispiel von kommunikativer Verständigung ausgehend).

Anpassungsleistungen sind nun der zweite Aspekt, unter dem Handlungssysteme analysiert und verglichen werden können. In *kurzfristiger* Hinsicht kommt es hierbei auf die *Persönlichkeitssysteme*, der an einem Handlungssystem Beteiligten an *(G-Funktion)*. Von der Persönlichkeit der Beteiligten hängt ab, welche konkreten Ziele gegenüber der Umwelt des Handlungssystems verfolgt werden. In *langfristiger* Hinsicht *(A-Funktion)* bestimmen die *Verhaltenssysteme* der Beteiligten die Anpassungsfähigkeit jedes Handlungssystems. Hier spielen insbesondere die Intelligenz und die Fähigkeit, sich mit Problemen möglichst umfassend auseinanderzusetzen, eine zentrale Rolle.

Graphik 2   Human Condition

Handlungssysteme sind zwar der zentrale Ansatzpunkt für Parsons' Soziologie, sie sind aber nicht voraussetzungslos zu denken. In seinem Spätwerk hat Parsons Handlungssysteme in ein übergeordnetes AGIL-Schema der Conditio humana integriert (Parsons 1978: 323–433). Man kann das auch so verstehen, *dass Handlungssysteme nur eine von vier grundlegenden Voraussetzungen menschlicher Existenz darstellen*. In dem AGIL-Schema der Conditio humana belegt die Kategorie des Handlungssystems das I-Feld, das für kurzfristige und direkte Ordnung steht. Das L-Feld belegt Parsons mit dem telischen System, das für transzendentale Begründungen der menschlichen Existenz steht, die Parsons damit als ebenso unverzichtbar für das menschliche Leben ansieht wie die Kategorie des Handlungssystems. Die Möglichkeiten menschlicher Umweltanpassung werden durch das physiko-chemische System (A-Feld) und das in Organismen existierende Leben (menschlich-organisches System; G-Feld) umrissen.

(c) Das soziale System

Wichtiger für die Parsonssche Modernisierungstheorie ist nun, dass man die Kategorie des Handlungssystems in immer konkretere Bereiche auffächern kann. Dies geschieht ähnlich wie man sich am Computer von einem Menü in diverse Untermenüs durchklickt. Diese „Verschachtelungstechnik" gibt der Soziologie von Talcott Parsons einen klaren hierarchisch geordneten Aufbau. Zu der für unser Thema entscheidenden Ebene gelangt man, wenn man auf der allgemeinsten Ebene der Conditio humana das I-Feld aufklickt, also das Handlungssystem. Bei diesem Handlungssystem kann man ebenfalls wieder das I-Feld aufklicken und erreicht dann das *Sozialsystem*. Das Sozialsystem ist mit dem identisch, was man landläufig als Gesellschaft bezeichnen kann, die sich als Staat konstituiert hat, der ein klar definiertes Territorium zugeordnet ist und die über eine dazugehörige Bevölkerung verfügt. Aber auch Stammesgesellschaften fallen unter die Kategorie des Sozialsystems, sofern sie politisch selbstständig sind und über eine eigene Kultur verfügen.

„Wir definieren Gesellschaft als den Typ des sozialen Systems, dessen Kennzeichen ein Höchstmaß an Selbstgenügsamkeit (self-sufficiency) im Verhältnis zu seiner Umwelt, einschließlich anderer sozialer Systeme, ist. Vollkommene Selbstgenügsamkeit wäre jedoch unvereinbar mit dem Status der Gesellschaft als Handlungssubsystem. Jede Gesellschaft ist hinsichtlich ihrer Erhaltung als System auf die Eingaben (inputs) aus dem Austausch mit Systemen ihrer Umgebung angewiesen. Selbstgenügsamkeit im Verhältnis zur Umwelt bedeutet also Stabilität der Austauschbeziehungen und die Fähigkeit, Austauschvorgänge im Interesse eines guten Funktionierens der Gesellschaft zu kontrollieren. Diese Kontrolle kann in dem Vermögen, mit Störungen ‚fertig zu werden' oder ihnen zuvorzukommen, bestehen, aber auch in der Fähigkeit, die Verhältnisse zur Umwelt günstig zu beeinflussen" (Parsons 1972; 16 f.).

Das Sozialsystem kann nun wiederum als ein Handlungssystem aufgefasst werden, das die bereits beschriebenen vier Funktionen erfüllen muss, wenn es überleben will. Die vier Funktionen des AGIL-Schemas sind hier besetzt durch das Wirtschaftssystem mit dem Medium Geld (A-Feld), das politische System mit dem Medium politische Macht (G-Feld), die gesellschaftliche Gemeinschaft mit dem Medium Einfluss (I-Feld) und schließlich das sozio-kulturelle System (Treuhandsystem) mit dem Medium Wertbindung (L-Feld). Jedes dieser vier Teilsysteme, das selbstständige Gesellschaften aufweisen, setzt sich seinerseits wieder aus Handlungssystemen zusammen. Das bedeutet in analytischer Hinsicht, dass wir beispielsweise das Wirtschaftssystem aufklicken können und wiederum vier Felder erhalten[14] und so weiter (vergleiche hierzu auch die Darstellung bei Matthias Junge 2002a: 198 f.).

Graphik 3   Das Sozialsystem

Wirtschafts- system |Geld| Medium	politisches System |Macht| Medium
Treuhand- system |Wertbindung| Medium	gesellschaftliche Gemeinschaft |Einfluss| Medium

An dieser Stelle können wir zunächst festhalten, dass Parsons die Gesellschaft als ein hierarchisch geordnetes Geflecht von Handlungssystemen konzipiert, die jeweils die erläuterten vier Funktionen ausfüllen müssen. Parsons versteht sein Analysekonzept als Ausdruck eines ‚analytischen Realismus'[15] (vgl. bereits Parsons 1968: 720). Das ist einmal im Sinne von Kants Erkenntnistheorie zu verstehen, wonach unsere Erfahrungen über a priori vorhandene Begriffe geprägt sind, die sich aber dann auch in der Realität bewähren müssen (Form und Inhalt). Darüber hinausgehend nimmt Parsons aber offenbar an, dass sich die soziale Realität diesem Analyseschema zunehmend ‚annähert' (für Beispiele vgl. unter 2.4.3).

Diese Annahme hat erhebliche Konsequenzen für die Modernisierungstheorie, denn sie bedeutet ja, dass Evolution zu immer feinmaschigerer Differenzie-

---

[14] Die langfristige Umweltanpassung (A-Feld) erfolgt dabei über ‚Kapitalisierung und Investition'. Die Zielerreichung (G-Feld) leistet das ‚Produktionssystem' und der Konsum. Die kurzfristige Integration (I-Feld) erfolgt durch die ‚Unternehmensorganisation'. Die langfristige Integration (L-Feld) leisten ‚ökonomische Werthaltungen', heute würde man von Unternehmenskultur sprechen.

[15] Für eine detaillierte Erläuterung vgl. Wenzel 1986: 13 ff. Eine wichtige Grundlage bildete die Wissenschaftstheorie von A. N. Whitehead (1925; 1988), insbesondere dessen methodische Überlegungen zum Trugschluss unzutreffender Konkretheit (Whitehead 1988: 66).

rung führt und dass sich alle Handlungssysteme immer stärker auf die Erfüllung der vier Funktionen ausrichten. Mit anderen Worten: Gesellschaften und Ihre Entwicklungen können unter den Gesichtspunkten eines permanenten kurz- und langfristigen Strebens nach Integration und nach Umweltanpassung analysiert werden und sie entwickeln sich auch in diese Richtung. In der Logik des AGIL-Schemas ergibt sich daraus folgende *Zielsetzung* für das Verständnis von Evolution und damit auch *für die Beschreibung der modernen Gesellschaft.*

Parsons „versucht herauszufinden, welche institutionellen Entwicklungen bestimmte *Gesellschaftstypen mit höheren Kapazitäten ausgestattet haben, verschiedene Probleme auf komplexere Weise zu lösen*: Anpassung an die natürliche Umwelt durch Mobilisierung knapper Ressourcen (Steigerung der Anpassungsfähigkeit); Verwirklichung eines komplexen Gefüges spezifischer Ziele durch Differenzierung bestimmter funktionaler Handlungseinheiten innerhalb eines organisierten Ganzen (strukturelle Differenzierung), Integration verschiedener Gruppen und Individuen in eine gesellschaftliche Gemeinschaft (Inklusion) und die Gründung einer breiten Palette von Institutionen, Entscheidungen und Handlungen auf ein konsistentes Ideensystem (Wertegeneralisierung)" (Münch 2004: 115; Hervorhebung D. B.).

Bezogen auf das A-Feld des AGIL-Schemas bedeutet Evolution somit *Steigerung der Anpassungsfähigkeit.* Für das G-Feld ist *strukturelle Differenzierung* entscheidend. Bei dem I-Feld geht es um zunehmende *Inklusion* unterschiedlicher Gruppen und Individuen in das soziale System. Für das L-Feld bedeutet Evolution *Wertgeneralisierung.*

2.4.2 Evolutionäre Universalien

Die bisher dargestellten Überlegungen von Parsons zur Evolution deuten eher darauf hin, dass es hierbei um unendliche viele kleinformatige Entwicklungen geht, die die Fähigkeiten von Gesellschaften zur Integration und Anpassung kontinuierlich verbessern. Mit der Einführung des Begriffs der evolutionären Universalien fügt Parsons diesen Überlegungen ein Element hinzu, mit dem man *gravierende soziale Wandlungsprozesse* erklären kann, die große Unterschiede in der Anpassungs- beziehungsweise Integrationskapazität von Gesellschaften zur Folge haben können.

Parsons erläutert den Begriff an einem biologischen Beispiel, nämlich der Entwicklung des Gesichtssinns. Sobald sich im Zuge der Evolution die Fähigkeit zu sehen entwickelt hat, führt das zu einer abrupten Steigerung der Anpassungsfähigkeit jener Organismen, die über dieses Organ verfügen. Zudem zeigt sich, dass solche evolutionären Entwicklungen, sobald sie einmal da sind, sich immer weiter verbreiten. Das setzt Lebewesen, die nicht über den Gesichtssinn verfügen,

unter einen hohen Anpassungsdruck. Die neuen Gegebenheiten können dazu
führen, dass Arten ohne Gesichtssinn nicht mehr überlebensfähig sind.

Dieses Beispiel verweist darauf, dass die biologische Evolutionstheorie für
den Begriff der evolutionären Universalien direkt Pate stand. Der entsprechende
Vorgang wird dort als Aromorphose bezeichnet. Darunter wird folgendes verstanden: „Eine Stammlinie kann durch Erwerbung neuer Strukturen oder Reaktionen eine Überlegenheit über ihre Konkurrenten erlangen und diese dadurch
verdrängen und neue Lebensbezirke gewinnen … Sie bestehen in einer Leistungssteigerung der Grundfunktion, etwa des Nervensystems und besonders des
Gehirns, des Blutgefäßsystems durch Einbau und Vervollkommnung von Herzen
usw. In der Technik wären die Konstruktion und Verbesserung des Motors eine
Aromorphose" (Remane u. a. 1973: 91).

Auf genau dieses Entwicklungsmuster stößt Parsons auch bei dem Studium
gesellschaftlicher Evolution. Es ist auch unmittelbar einleuchtend, dass Entwicklungen wie die Erfindung der Schrift, die militärische Nutzung des Schießpulvers
(vgl. Kap. 4) oder die Produktion mithilfe von Dampfmaschinen und Werkzeugmaschinen (vgl. Kap. 5) ganz ähnliche Effekte für die gesellschaftliche Leistungsfähigkeit haben wie der Gesichtssinn für Organismen. Ebenso wie solche
Entwicklungen in der Welt der Lebewesen irreversibel sind, weil sie das Anpassungspotenzial abrupt steigern, so sind auch evolutionäre Universalien, sobald
sie einmal in der Welt sind, kaum noch rückgängig zu machen. Darauf hebt auch
Parsons' Begriffsdefinition ab:

> „Unter einem evolutionären Universale werde ich folgendes verstehen: Jede für sich
> geordnete Entwicklung oder ,Erfindung‘, die für die weitere Evolution so wichtig
> ist, dass sie nicht nur an einer Stelle auftritt, sondern dass mit großer Wahrschein-
> lichkeit mehrere Systeme unter ganz verschiedenen Bedingungen diese ,Erfindung‘
> machen" (Parsons 1971: 55).

Mit den evolutionären Universalien gewinnt Parsons einen Begriff, der die *Unterscheidung von gesellschaftlichen Entwicklungsniveaus* gestattet. Auf dieser
Grundlage legt er eine Typologie vor, an deren Ende die moderne Gesellschaft
als höchste Entwicklungsstufe steht.

Derartige Konzeptionen waren und sind immer dem Gegenwind morali-
scher Postulate an political correctness ausgesetzt, die typischer Weise von (meist
selbsternannten) Aposteln der Armen, Schwachen und Zurückgebliebenen vorge-
bracht werden. Ein gängiger Vorwurf ist, dass derartige Modelle von einem einseitigen Standpunkt aus, nämlich dem der westlichen Moderne, andere Kulturen
und Gesellschaften nicht von der ihnen eigenen Binnenkomplexität aus verstehen wollen, sondern sie vom Standpunkt ,fremder Maßstäbe‘ aus aburteilen und
als primitiv, zurückgeblieben und dergleichen stigmatisieren. Solche Vorbehalte

gegenüber derartigen Entwicklungsmodellen haben beispielsweise unter Ethnologen weitgehenden Konsens (vgl. z. B. Kohl 1993: 22 ff.). Dabei ist allerdings zu bedenken, dass solche Vorwürfe ihrerseits zumindest in zwei Punkten wissenschaftlich unkorrekt sind. Einmal bedeutet die Unterscheidung von Leistungsniveaus nicht, dass weniger leistungsfähige Gesellschaften nicht komplex wären. Sie weisen vielmehr Leistungsnachteile auf, die sie, empirisch belegbar, in Nachteil bringen werden, insoweit Konkurrenzbeziehungen zwischen Gesellschaften auf unterschiedlichen Entwicklungsniveaus bestehen (vgl. z. b. die Eroberung der amerikanischen Hochkulturen durch spanische Abenteurer). Zum anderen implizieren solche Stufenkonzepte keine moralischen Werturteile. Sie schließen vor allem nicht aus, dass auch andere Maßstäbe und Kriterien für den Vergleich von Gesellschaften genutzt werden können, was dann auch zu ganz anderen Ergebnissen führen kann.

2.4.3 Gesellschaftliche Entwicklungsstufen vor der modernen Gesellschaft

Parsons kennt vier Typen vormoderner Gesellschaften:

▪ Primitive Gesellschaften
▪ Archaische Gesellschaften
▪ Intermediäre historische Imperien
▪ Saatbeet-Gesellschaften (vgl. Parsons 1975).

Weiterhin untergliedert Parsons die Stufe der primitiven Gesellschaften in ,primitive' und in Typen ,fortgeschrittener primitiver Gesellschaften'. Diese begrifflich unbefriedigende Differenzierung reflektiert die gravierenden Unterschiede, die z. B. zwischen Stammesgesellschaften bestehen, wie sie die australischen Aborigines entwickelt haben (oder die Ka!, die Pygmäen und so weiter; vgl. z. B. Brock 2006; Kapitel 5) und solchen Stammesgesellschaften, die Ackerbau, Viehzucht, Hierarchien und politische Systeme bis hin zum Stammeskönigtum kennen. Weiterhin fällt an dieser Typologie auf, dass Parsons keinen Typus der Feudalgesellschaft entwickelt hat, obwohl sich feudal organisierte Gesellschaften sowohl den archaischen Gesellschaften wie teilweise auch den intermediären Imperien zumindest in militärischer Hinsicht als überlegen erwiesen haben.

Es erübrigt sich an dieser Stelle, weitere Probleme dieser Typologie von gesellschaftlichen Entwicklungsstufen zu diskutieren, da Parsons ganz explizit nur an den Entwicklungen interessiert ist, die zur modernen Gesellschaft führen und zum anderen fixieren möchte, was überhaupt menschliche Gesellschaften von Proto-Gesellschaften abhebt, die auch Tiere entwickeln können (vgl. Parsons

1975: 46 ff.). Dazu reicht es durchaus, vier Stufen zu unterscheiden: die primitive, die archaische, die Imperien und die moderne Stufe (Parsons 1975: 46).

Bei der Unterscheidung dieser Stufen spielt für Parsons die *Symbolsprache* sowie die Erfindung der *Schrift* eine zentrale Rolle. Primitive Gesellschaften unterscheiden sich von Proto-Gesellschaften durch einen „konstitutiven Symbolismus" (Parsons 1975: 59 ff.). Darunter ist zu verstehen, dass bereits primitive Gesellschaften eine gemeinsame sozio-kulturelle Identität mithilfe der Symbolsprache gewinnen und darüber ihren Zusammenhalt organisieren und stabilisieren.

Erst die Erfindung der Schrift ermöglicht nach Parsons eine stabile Differenzierung zwischen der gesellschaftlichen Gemeinschaft (I-Feld) und dem Treuhandsystem (L-Feld). „Die *geschriebene Sprache*, das Kernstück der schicksalhaften Entwicklung aus der Primitivität hinaus, steigert die fundamentale Differenzierung zwischen dem sozialen und kulturellen System und erweitert erheblich den Bereich und die Macht des letzteren. Durch die Schrift ist es möglich, den wichtigsten symbolischen Inhalten einer Kultur Formen zu verleihen, die unabhängig von den konkreten Kontexten der Interaktion sind. Dies ermöglicht eine ungemein größere und intensivere Diffusion – sowohl räumlich als auch zeitlich. ... Nur Schrift-Kulturen können eine Geschichte im Sinne der auf Dokumentation beruhenden Kenntnisse früherer Ereignisse haben, die jenseits der Erinnerung der Lebenden und des wagen Hörensagens der mündlichen Überlieferung liegen" (Parsons 1975: 46 f.; Hervorhebung im Original). Auf der Grundlage der Schrift kann sich eine zweite wichtige Entwicklung herauskristallisieren, die als Kriterium für die fortgeschrittene intermediäre Gesellschaft anzusehen ist, nämlich „die volle Institutionalisierung der Schriftbeherrschung bei erwachsenen Männern der Oberklasse" (Parsons 1975: 47).

Ansonsten ordnet Parsons den damaligen Forschungsstand in das AGIL-Schema ein. Von primitiven Gesellschaften kann man dann sprechen, wenn sie gegenüber Proto-Gesellschaften im Hinblick auf ihre Anpassungsfähigkeit eine stärker ausgeprägte Arbeitsteilung nach Alter und Geschlecht aufweisen und über wesentlich weiter entwickelte Werkzeuge verfügen als Primaten. Im Hinblick auf Integration kennen alle primitiven Gesellschaften neben der Symbolsprache religiöses Wissen und entwickeln eine symbolisch basierte Identität. Weiterhin verfügen sie über ein entwickeltes Verwandtschaftssystem mit Heiratsregeln und Ritualen, das neue Grundlagen über den Zusammenhalt bereitstellt. Höher entwickelte Stammesgesellschaften basieren Parsons zufolge auf denselben Grundmustern, die aber wesentlich weiter entwickelt wurden (Parsons 1975: 54 ff.).

Archaische Gesellschaften verfügen hinsichtlich ihrer Anpassungsfähigkeit über komplexere Formen der Arbeitsteilung und eine wesentlich weiter entwickelte, teilweise auf Spezialwissen basierende Technologie. Im Hinblick auf ihre Integrationsfähigkeit haben sie neue, deutlich leistungsfähigere Strukturen entwickelt. Der entscheidende Unterschied liegt also bei den beiden unteren Feldern des AGIL-Schemas. Hier ist vor allem die bereits erwähnte Erfindung der Schrift zu verbuchen, die erstmals eine klare Trennung zwischen gesellschaftlicher Gemeinschaft (I-Feld) und dem von einer Gesellschaft entwickelten allgemeinen kulturellen Wissen (Treuhandsystem, L-Feld) erlaubt. Auf Basis der Schrift können nun allgemeine kulturelle Ideensysteme und religiöse Ordnungen entwickelt werden. Im Bereich der gesellschaftlichen Gemeinschaft können deutlich mehr und auch verschiedenartigere Gruppen integriert werden auf der Grundlage eines ausgebauten politischen Herrschaftssystems, einer weitgehenden Arbeitsteilung sowie eines einheitlichen Glaubenssystems (Parsons 1975: 85 ff.).

Zwischen die archaischen und die modernen Gesellschaften schieben sich die „*intermediären historischen Imperien*" als ein eigenständiger Typus. Parsons denkt hierbei nicht nur an das Römische Weltreich sondern auch an die chinesische und indische Zivilisation sowie an die islamischen Staaten. Zur Kennzeichnung dieser historischen Imperien greift Parsons in hohem Maße auf die vergleichenden religionsgeschichtlichen Arbeiten Webers zurück. Für Parsons wird hier erstmals ein Stand der gesellschaftlichen Entwicklung erreicht, *bei dem alle vier Felder des AGIL-Schemas sich deutlich ausdifferenzieren* (vgl. hierzu auch die Ausführungen zum ‚analytischen Realismus' unter 2.4.1). Es entwickeln sich eigene institutionelle Bereiche der Wirtschaft, Politik und der Religion, die sich aus der gesellschaftlichen Gemeinschaft vor allem durch *eigene Trägerstände oder Trägerkasten* heraus entwickeln. Diese Charakterisierung zeigt, dass in diesen Gesellschaftstyp die Feudalgesellschaften mit einfließen[16].

Am wichtigsten für die historischen Imperien ist das Vorantreiben der kulturellen Entwicklung durch die Weltreligionen, zu denen auch der Konfuzianismus gerechnet wird. Für das Römische Reich hebt Parsons dagegen die Entwicklung der Idee der Staatsbürgerschaft und das römische Recht hervor (Parsons 1975: 137 ff.).

Am interessantesten sind die sogenannten *Saatbeet-Gesellschaften*, eine für Israel und Griechenland entwickelte Sonderkategorie (Parsons 1975: 149 ff.), die die Mechanik einer Entwicklung längs des AGIL-Schemas zu durchbrechen scheint. Wie der Name schon ausdrückt, handelt es sich hier um vergleichsweise kleine Zivilisationen, die, abgesehen vom Weltreich Alexanders des Großen, keine großen Imperien ausbilden konnten, deren Ideen aber die weitere Zivilisationsentwicklung nachhaltig geprägt haben. Das gilt sowohl für die griechische

---

[16] Die Entwicklung einer dreigliedrigen Gesellschaft scheint eine Innovation zu sein, die von den indo-europäischen Völkern hervorgebracht und verbreitet wurde. Sie entwickeln erstmalig eine dreiteilige Kosmologie, die eine fundamentale Dreiteilung der Gesellschaft in die hierarchisch geordneten Stände einer religiösen und philosophischen Elite, eines Kriegerstandes sowie der auf wirtschaftliche Funktionen konzentrierten Restbevölkerung kennt. Vergleich hierzu die grundlegenden Arbeiten von Dumézil (z. B. 1970).

Philosophie wie auch für die israelische Konzeption eines transzendenten, gesetzgebenden Gottes und einer darauf basierenden moralischen Ordnung, die von einer religiösen Gemeinde reproduziert werden muss.

2.4.4 Moderne Gesellschaften: vormoderne Wurzeln

Das Hauptaugenmerk legt Parsons auf das Verständnis der modernen Gesellschaften. Ähnlich wie Weber macht auch er darauf aufmerksam, dass die moderne Gesellschaft vormoderne Wurzeln hat. Ich benenne zunächst diese vormodernen Wurzeln und erläutere dann, warum sie für Parsons wichtig sind.

Parsons nennt fünf vormoderne Grundlagen moderner Gesellschaften:

1. Das frühe Christentum
2. Das institutionelle Erbe Roms
3. Die mittelalterlichen Gesellschaft
4. Die Differenzierung des europäischen Systems
5. Renaissance und Reformation.

In theologischer und damit kultureller Hinsicht begreift Parsons das *frühe Christentum* als eine Synthese zwischen den beiden Saatbeet-Gesellschaften Israel und Griechenland, das deren Potenzial für weitere evolutionäre Entwicklungen gleichsam bündelt. Dabei wird der Gottesbegriff im Wesentlichen aus dem Judentum übernommen einschließlich des Konzepts der religiösen Gemeinde, die einen Bund mit Gott bildet, und der eigentliche Träger der Religion ist[17]. Die griechische Philosophie kommt dagegen im Wesentlichen in der theologischen Ausarbeitung des Christentums (etwa bei der Beziehung zwischen Vater, Sohn und Heiligem Geist) ins Spiel, die Parsons für wesentlich elaborierter hält, als die jüdischen Wurzeln (Parsons 1972; 46). Noch wesentlicher sind für Parsons die durch die Ablösung des Christentums von der jüdischen Stammesreligiosität eröffneten evolutionären Möglichkeiten. Jude in religiöser Hinsicht konnte nur der sein, der auch ethnisch als Jude angesehen wurde. Christ konnte dagegen jeder werden, der sich nicht als Stammesangehöriger, sondern als Individuum zu dieser religiösen Botschaft bekannt hatte. Parsons betont hier aber weniger

---

[17] Das unterscheidet das Christentum insbesondere von den alten Religionen, die die politische und geistige Elite (Pharaonen, Großkönige, Priesterschaft) als privilegierte Vermittler zwischen Gott und den Menschen angesehen haben. Dem gegenüber ist die Gemeindekonzeption wesentlich egalitärer. Zumindest vom Prinzip her ist die Gemeinschaft der Gläubigen Träger der Religion, die Priester damit beauftragen kann religiöse Funktionen auszuüben. In der Realität wurde dieses Konzept in Phasen der religiösen Erneuerung immer wieder ansatzweise praktiziert, während ansonsten die Gemeinde in Abhängigkeit zur Hierarchie gebracht wurde.

den Individualisierungsaspekt als vielmehr die Rollentrennung zwischen religiöser und politisch-ethnischer Zugehörigkeit. Anders als im Judentum konnte man nämlich in religiöser Hinsicht Christ sein, in politischer Hinsicht Bürger Roms und in ethnischer Hinsicht z. B. Grieche. Dieser Rollendifferenzierung entspricht im Großen eine Trennung zwischen religiöser und politischer Gemeinschaft. Sie ermöglichte, dass man gemeinsam mit in religiöser Hinsicht verachteten ‚Heiden‘ einen Staatsverband bilden konnte. Das Christentum enthält also sowohl ein starkes Differenzierungspotenzial wie ein Potenzial für Egalität und Individualität. Weiterhin stärkt es die Bedeutung von wahlabhängigen Rollen gegenüber zugeschriebenen Rollen und Positionen.

Das *institutionelle Erbe Roms* bildet in dreierlei Hinsicht eine weitere Voraussetzung der modernen Gesellschaft. Einmal ist hier das universalistische römische Recht zu nennen, weiterhin feste Territorien als Grundlage politischer Institutionen und schließlich die „munizipale Organisation" der europäischen Städte als eine Körperschaft von Bürgern (Parsons 1972: 49 ff.). Diese Elemente des römischen Erbes überstehen den institutionellen Niedergang infolge der Völkerwanderung vor allem, weil sie in der römisch-katholischen Kirche bewahrt werden.

Die *mittelalterliche Gesellschaft* ist in den Augen von Parsons zwar überwiegend durch einen rückschrittlichen Partikularismus und die Rückbildung politischer Institutionen in gering spezifizierte Rollensysteme gekennzeichnet, aber sie war kein nach feudalen Prinzipien völlig homogen durchstrukturiertes Sozialsystem. Die Kirche tradierte nicht nur einige Errungenschaften aus römischer Zeit. Sie setzte in ihren Strukturen auch dem erblichen Feudaladel Grenzen. Hierzu zählt Parsons insbesondere den Zölibat, der in jedem Fall zur Folge hatte, dass Geistliche keine legitimen Erben bekommen konnten, so dass eine Erblichkeit geistiger Ämter ausgeschlossen war. Weiterhin sieht Parsons dort, wo die Kirche mit den Institutionen der mittelalterlichen Stadt zusammen trifft, eine Quelle für Organisationsformen, die nicht nur aus dem Rahmen der Feudalgesellschaft fallen, sondern auch, wie die Welle des Kathedralenbaus (vgl. unter 4.5) im 12. Jahrhundert zeigt, relativ leistungsfähig waren. Domkapitel wiesen vergleichsweise egalitäre Strukturen auf, was auch daran lag, dass das städtische Patriziat in Zünften, ebenfalls egalitären Gemeinschaften, organisiert war. Diese Einsprengsel im System des Feudalismus bildeten in einer ansonsten eher rückständigen Gesellschaftsform den Humus, auf dem sich später die moderne Gesellschaft entwickeln konnte.

In dem Abschnitt über die *Differenzierung des europäischen Systems* behandelt Parsons geografische Unterschiede bei der Verteilung jener institutionellen Komponenten, die zur modernen Gesellschaft führen. Seine an vielen Stellen problematischen Ausführungen werden hier nicht im Einzelnen dargestellt. Dieser Abschnitt macht noch einmal deutlich, dass Parsons zwei Komplexen eine „Saatbeet-Funktion" für die spätere Herausbildung der modernen

Gesellschaft zutraut. Das gilt einmal für den städtisch-kirchlichen Lebensbereich und zum anderen für die auch von Elias sehr viel genauer beschriebene Entwicklung zum zentralisierten Territorialstaat (vgl. unter 4.6), die Parsons nicht nur in Frankreich, sondern auch in England findet. Sie stellt in seinem Analyseschema „die früheste Differenzierung der modernen Form der gesellschaftlichen Gemeinschaft dar" (Parsons 1972: 59). Dagegen brachten die Entwicklungen in den tendenziell autonomen Städten „die weitere Differenzierung der Wirtschaft von den politischen Strukturen der gesellschaftlichen Gemeinschaft als solcher in Gang" (Parsons 1972: 59).

Als fünfte und letzte Entwicklung behandelt Parsons *Renaissance und Reformation*. Die Renaissance begreift er als Differenzierungs- und Inklusionsvorgang, bei dem es um die Ausdifferenzierung und Verselbständigung einer hoch entwickelten weltlichen Kultur geht, deren Zentren wiederum die Stadtstaaten sind. Durch die Abkoppelung und Verselbständigung ästhetischer Gesichtspunkte, die zuvor überwiegend nur der Veranschaulichung religiöser Inhalte untergeordnet waren, kann zugleich eine Ausweitung der Themengebiete und Gegenstandsbereiche erfolgen. Mit dieser Ausdifferenzierung ist auch verbunden, dass man sich nun mehr für die Eigenlogiken von Handlungs- und Erfahrungsbereichen interessiert. Ein wichtiges Beispiel hierfür bilden die Schriften von Machiavelli, „dem ersten ,gesellschaftstheoretischen Denker', dem es mehr darauf ankam, herauszufinden, wie die weltliche Gesellschaft wirklich funktioniert, als die Rechtfertigung für eine bestimmte ethisch-religiöse Anschauung zu liefern" (Parsons 1972: 64).

Die Reformation markiert für Parsons deswegen eine wichtige Voraussetzung für die Entwicklung der modernen Gesellschaft, weil sie die Beziehungen zwischen Kultursystemen und Gesellschaften entfeudalisiert. Diese ,Entfeudalisierung' ist teilweise als Differenzierungsvorgang fassbar. Nach der Lehre des Thomas von Aquin zerfiel die menschliche Gesellschaft in zwei Bereiche mit „vollkommen verschiedenem religiösen Status …, nämlich … der göttlichen und menschlichen Kirche sowie der rein menschlichen säkularen Gesellschaft" (Parsons 1972: 65). Mit der Reformation wird dagegen die Beziehung zu Gott nicht von den Lebensbereichen her konstruiert, sondern vom Individuum aus und seiner Beschaffenheit. Danach sind alle Menschen in leiblicher Hinsicht weltliche Wesen, in seelischer Hinsicht dagegen stehen sie alle unterschiedslos in einer Beziehung zu Gott. Diese Unterscheidung zwischen Leib und Seele ermöglichte und bestimmte die Art der Ausdifferenzierung von Lebensbereichen bis hin zur strikten Trennung von Kirche und Staat.

Vielleicht noch wichtiger ist, dass die Reformation die Verantwortung für eine moralisch einwandfreie Lebensführung an das einzelne religiöse Individuum zurückdelegiert, so dass die Priester im Protestantismus jene religiöse Kontroll- und Überwachungsfunktion weitgehend einbüßen, die ihnen die römisch-katholische Kirche zugewiesen hatte. Mit der Individualisierung der religiösen Verantwortung werden aber auch Unterschiede in der religiösen Stellung zwischen Laien und Angehörigen religiöser Orden obsolet, was letztlich auch zur Auflösung der Klöster in jenen Gebieten führte, in denen die Reformation die Oberhand gewann.

2.4.5 Parsons' theoretischer Blickwickel auf die moderne Gesellschaft

Ich habe zunächst einen kurzen Überblick über die wichtigsten historischen Voraussetzungen gegeben, die zur modernen Gesellschaft führen, damit der Leser erste Beispiele bekommt für die Theoriearbeit von Talcott Parsons. Es wird erkennbar, dass Parsons den Forschungsstand insbesondere in den Kultur- und Geschichtswissenschaften mit einer ganz bestimmten Brille filtert, die nun präziser dargestellt werden soll. Es wurde bereits erläutert, warum Gesellschaften für Parsons Spezialfälle von Handlungssystemen sind, deren Evolution als Steigerung ihres Anpassungs- und Integrationspotenzials analysiert werden kann. Diese allgemeinen Gesichtspunkte hat Parsons auf *vier grundlegende Prozesse des strukturellen Wandels* hin zugeschnitten, die ihrerseits in das AGIL-Schema eingefügt werden können. Diese vier Prozesse des strukturellen Wandels sind:

- Differenzierung,
- Standardanhebung durch Anpassung,
- Integration,
- Wertverallgemeinerung.

Unter *Differenzierung* versteht Parsons „die Teilung einer Einheit oder Struktur in einem sozialen System in zwei oder mehr Einheiten oder Strukturen, die sich in ihren Merkmalen und ihrer funktionalen Bedeutung für das System voneinander unterscheiden. Wir haben schon ein komplexes Differenzierungsbeispiel erörtert: Die Entstehung der modernen Beschäftigungsorganisation (‚Betrieb') aus dem diffuser funktionierenden bäuerlichen Familienhaushalt, welche Veränderungen in vielen Rollen, Gesamtheiten und Normen einschloss. Ein Differenzierungsprozess hat jedoch nur dann ein entwickelteres soziales System zur Folge, wenn jede neu differenzierte Komponente über ein größeres Anpassungsvermögen verfügt als die Komponente, die vorher deren primäre Funktion erfüllte" (Parsons 1972: 40 f.).

Ich habe diese Definition absichtlich im Original wiedergegeben, damit der Leser erkennt, dass der Differenzierungsbegriff bei Parsons nicht dem heute allgemein verwendeten Begriff der funktionalen Differenzierung entspricht. Von funktionaler Differenzierung können wir nur dann sprechen, wenn die Teilung einer Einheit in mehrere Einheiten unter dem Gesichtspunkt ihrer unterschiedlichen funktionalen Bedeutung für die Gesellschaft oder das Individuum erfolgt. Bei dem von Parsons angegebenen Beispiel wäre das die Unterscheidung zwischen Betrieb und Haushalt. Die funktionale Bedeutung des Betriebs besteht darin, dass hier für einen gesellschaftlichen Bedarf produziert wird, der in Form der Nachfrage von Konsumenten auf Märkten existiert. Im Haushalt wird dagegen nur gearbeitet, um konkrete Bedürfnisse der Haushaltsmitglieder zu befriedigen – beispielsweise das kranke Kind zu pflegen oder ein Essen zuzubereiten, um den Hunger der Familienangehörigen zu stillen (vgl. auch unter 2.3.2). Parsons wählt die Formulierung, dass sich die aus dem Differenzierungsvorgang hervorgehenden Einheiten „in ihren Merkmalen *und* ihrer funktionalen Bedeutung ... voneinander unterscheiden" (siehe obiges Zitat). Wie bei der Darstellung der Modernisierungstheorie von Luhmann noch deutlich werden wird, läuft das heutige Verständnis funktionaler Differenzierung dagegen darauf hinaus, dass Merkmale ausschließlich im Hinblick auf ihre funktionale Bedeutung unterschieden werden. *Merkmale werden also nicht unabhängig von ihrer funktionalen Bedeutung unterschieden.* Für die Unterscheidung zwischen Betrieb und Haushalt würde das bedeuten, dass wir die Merkmale, an denen wir diese Unterscheidung festmachen, immer nur aus der Unterscheidung der funktionalen Bedeutung dieser beiden Einheiten gewinnen können.

Diese Feinheit ist insofern von soziologischer Bedeutung, als funktionale Differenzierungsvorgänge in der Regel bedeuten, dass wir eine Unterscheidung einführen und benutzen, *weil* sie funktional bedeutsam ist und aus diesem Grund dann auch Unterscheidungen innerhalb der Handlungsbereiche von Rollen oder auf einer allgemeineren Ebene auch zwischen ganzen Funktionsbereichen vornehmen. Mit der begrifflichen Unterscheidung sind also gerade deshalb gesellschaftsorganisatorische Konsequenzen verbunden, weil ihr Sinn darin besteht, funktionale Unterscheidungen in unser Alltagswissen einzubauen. Fortgesetzte funktionale Differenzierung bedeutet damit, dass wir zunächst einmal auf der symbolsprachlichen Ebene immer feinmaschigere Funktionsunterschiede ausmachen.

Weiterhin ist an der oben zitierten Definition die im letzten Satz vorgenommene Einschränkung bemerkenswert. Daraus geht hervor, dass Parsons durchaus Differenzierungsprozesse kennt, die zu keiner Leistungssteigerung führen. Das ist für die kritische Auseinandersetzung mit Parsons zu beachten (vgl. unter 3.2 die Kritik von Colomy u. a.). Wenn Differenzierungsprozesse jedoch zu einer Leistungssteigerung führen, liegt ein „adaptive upgrading" (vgl. Junge 2002a: 208) vor. Deswegen ist *Differenzierung der evolutionäre Wandlungsprozess, der im A-Feld des AGIL-Schemas verbucht werden kann, weil er langfristige Anpassungseffekte zeigt.*

Standardanhebung durch Anpassung umfasst solche evolutionären Wandlungsprozesse, die die *Zielerreichung des Gesellschaftssystems (G-Feld)* oder seiner Teilsysteme verbessern. Beispielsweise fordern moderne Fabriken „von den in der Produktion Tätigen viel stärker verallgemeinerte Dienstleitungsverpflichtungen als bäuerliche Haushalte, können aber ein größeres Gütersortiment viel wirtschaftlicher herstellen" (Parsons 1972: 41). Während Differenzierung die Anpassungskapazität von Systemen langfristig steigern kann, geht es hier um relativ konkrete Anpassungsvorgänge, die unter einem oder mehreren Aspekten direkt leistungssteigernd wirken.

In integrativer Hinsicht bedeutet Evolution für Parsons kurzfristig und direkt *Integration (I-Feld)*. „Wenn zum Beispiel ... (Betriebe) vom Familienhaushalt differenziert werden, müssen die Autoritätssysteme beider Gesamtheiten stärker in der Normenstruktur der Gesellschaft" (Parsons 1972: 41) verankert werden. In langfristiger Hinsicht kann die Integrationskapazität durch *Wertgeneralisierung (L-Feld)* gesteigert werden. „Wenn nämlich das Netz der sozialstrukturierten Situation komplexer wird, muss das Wertmuster selbst auf einer höheren Allgemeinheitsstufe fixiert werden, um die soziale Stabilität zu sichern" (Parsons 1972: 41).

Wenn wir diese vier Evolutionsmechanismen in das AGIL-Schema einordnen, dann bedeutet dies aber nicht, dass beispielsweise für die Wirtschaft immer nur Differenzierungsprozesse zur Leistungssteigerung führen können. Wir müssen nämlich bedenken, dass die Wirtschaft auch ihrerseits ein Handlungssystem darstellt (vgl. die Fußnote 14). Daher können hier in spezifizierter Form genauso Gesichtspunkte der Standardanhebung, der Wertverallgemeinerung und der Inklusion auftreten (vgl. die Erläuterung der hierarchischen Struktur des AGIL-Schemas (,aufklicken') unter 2.4.1).

Prozesse der Höherentwicklung können aber auch von den Medien der vier gesellschaftlichen Subsysteme ausgehen: dem Geldmedium des Wirtschaftssystems, dem Machtmedium des politischen Systems, dem Medium Einfluss der gesellschaftlichen Gemeinschaft und dem Medium Wertbindung des Treuhandsystems.

Zu den begrifflichen Instrumenten von Parsons' Modernisierungstheorie gehört aber noch ein weiteres Cluster von Begriffen. Parsons geht davon aus, dass zunehmend differenzierte Gesellschaften – und das sind alle Gesellschaften, die sich in Richtung des Typus der modernen Gesellschaft entwickeln, über *Integrationsmethoden jenseits des Verwandtschaftssystems* verfügen müssen, die geeignet sind, *gleichermaßen Differenzierung und Integration* zu bewirken. Zu diesen Integrationsmethoden gehört einmal das *Rechtssystem*, das insbesondere zur Ausdifferenzierung zwischen der gesellschaftlichen Gemeinschaft und dem politischen System benötigt wird (Verfassungsrecht; Garantie von Bürgerrechten und so weiter). Weitere wichtige Muster der „Tätigkeitsorganisation" (Parsons 1972: 40) stellen *Märkte* und die *bürokratische Organisation* dar.

Die wichtigste Ressource in Parsons' Augen ist aber zweifellos die „*Vereinigung*". Darunter versteht er den expliziten Zusammenschluss zwischen Bürgern auf der Basis von Egalität und Freiwilligkeit. „Der Prototyp einer Vereinigung ist vielleicht sogar die gesellschaftliche Gesamtheit selbst, wenn man sie als Körperschaft von Bürgern betrachtet, die hauptsächlich Konsensbeziehungen zu ihrer normativen Ordnung und ihrer Führungsautorität hat" (Parsons 1972: 37). Vereinigungscharakter haben nach Parsons aber auch „professions", also Berufsverbände freier Berufe (Mediziner, Rechtsanwälte usw.) sowie die Leitungsstrukturen in Aktiengesellschaften, wie Aufsichtsräte und Mitgliederversammlungen. Die Bedeutung dieser Organisationsmuster wird deutlicher werden, wenn wir Parsons' Rekonstruktion der Entwicklung zum Typus der modernen Gesellschaft verfolgen.

Graphik 4   Moderne Gesellschaft –Zusammenfassung

2.4.6 Die Vorreiter modernen Gesellschaft: England, die Niederlande und Frankreich

Parsons lokalisiert den Beginn der *direkten* Entwicklung zum Typus der modernen Gesellschaft im 17. Jahrhundert, also dem Jahrhundert nach der Reformation, des Dreißigjährigen Krieges, der Unabhängigkeit der Niederlande und nicht zuletzt der Beilegung des politisch-religiösen Dauerkonflikts in England. Die

Kristallisationszentren der Entwicklung zur modernen Gesellschaft liegen nach Parsons in England, den Niederlanden und Frankreich. Wie bereits erwähnt wurde, hat der *Protestantismus* gegenüber dem Katholizismus für Parsons einen entscheidenden Vorzug. Seine Repräsentanten verstehen sich nicht als Überwacher und Kontrolleure der öffentlichen Moral, sondern diktieren dem einzelnen Gläubigen die Verantwortung für seinen Lebenswandel zu (vgl. jedoch Calvin in Genf; Abschnitt 2.3.4). Das ist eine ganz wichtige Voraussetzung für die Entwicklung eines religiösen wie eines gesellschaftlichen Pluralismus. Die individuelle Selbstverantwortung für einen moralisch einwandfreien Lebenswandel erlaubt einen religiösen Pluralismus, das friedliche Nebeneinanderleben von Menschen mit unterschiedlichem religiösem Bekenntnis. Sie ermöglicht aber auch eine Unterscheidung (Differenzierung) zwischen religiösen Pflichten und jenen normativen Elementen, die für eine bürgerliche Zivilgesellschaft, das friedliche Zusammenleben der Bürger als freiwillige Vereinigung unverzichtbar sind. Aus diesen Gründen ist es gut nachvollziehbar, wenn Parsons die nichtprotestantischen Territorien Europas, die unter dem Druck der Gegenreformation katholisiert wurden, aus seinen Überlegungen ausklammert, weil er hier eher rückschrittliche Entwicklungen sieht.

Für die Entwicklung einer gesellschaftlichen Gemeinschaft jenseits der Religion bedarf es weiterhin eines gewissen Humus an normativen Grundlagen. Diesen sieht Parsons weder in Skandinavien noch in den deutschen protestantischen Kleinstaaten gegeben, sondern nur in Nordwesteuropa, genauer in England und in den Niederlanden. Sie haben den Vorteil einer weitgehenden „Übereinstimmung von ethnischer Gruppe und territorialer Organisation" (Parsons 1972: 72). Damit ist vor allem gemeint: *sprachliche und kulturelle Homogenität*.

Frankreich ist zwar gewaltsam rekatholisiert worden (Vertreibung der Hugenotten), hat aber unter dem Einfluss der Aufklärung nach der Französischen Revolution eine politische Entmachtung der katholischen Kirche und eine institutionelle *Trennung* zwischen Kirche und Staat erreicht, die ebenso einen Nährboden für fortschrittliche Entwicklungen bot. Parsons greift hier der neueren Religionssoziologie vor (vgl. insbesondere *Casanova 1994*), wenn er in der politischen Entmachtung die Grundlage für einen weltlichen Antiklerikalismus sieht, der sich später auch auf Deutschland und Osteuropa ausgeweitet habe (Parsons 1972: 75)[18].

---

[18] Casanova 1994 zeigt, dass die Differenzierung zwischen politischer und religiöser Gemeinschaft zu den Grundlagen jeder modernen Gesellschaft gehört. Seine Hauptthese ist nun, dass ein Niedergang der organisierten Religiosität dort eintritt, wo Staatskirchen sich diesem Differenzierungsprozess widersetzt haben. Dagegen haben Länder ohne staatskirchliche Tradition wie Irland oder Polen keinen Niedergang der Religiosität erlebt.

Für England und die Niederlande konstatiert Parsons, dass es hier sehr früh zu einem *religiösen Pluralismus* gekommen sei, der vor allem die *englische Zivilgesellschaft* nachhaltig geprägt habe, weil er dort mit einer Unterdrückung des Katholizismus (aus Furcht vor einer Stuart-Restauration) verbunden worden sei (Parsons 1972: 74). Anders als in den Niederlanden sei damit eine stabile, weil von restaurativen Einflüssen des Katholizismus unbeeinflusste Entwicklung möglich gewesen.

Als Fazit kann man festhalten, dass in den drei genannten Ländern eine *Organisation der gesellschaftlichen Gemeinschaft jenseits der Religion* möglich wurde, also das entstehen konnte, was heute allgemein als Zivilgesellschaft (vgl. Heins 2002; Adloff 2005) bezeichnet wird. Für Parsons zeigt sich in dieser Entwicklung vor allem eine deutliche Differenzierung zwischen den kulturellen Bindungen (Religion; L-Feld) und der gesellschaftlichen Gemeinschaft (I-Feld).

Ebenso wichtig für den Weg in die moderne Gesellschaft ist aber auch, dass genauer zwischen gesellschaftlicher Gemeinschaft und dem politischen System unterschieden werden kann und dass diese Unterscheidung auch in der Gesellschaftsstruktur verankert wird. Aus heutiger Sicht identifizieren wir diesen Differenzierungsvorgang mit dem Übergang von der Monarchie zur Demokratie. In der Demokratie wird diese Unterscheidung in Form des aktiven und passiven Wahlrechts vorausgesetzt, um eine Beteiligung aller Mitglieder der gesellschaftlichen Gemeinschaft am politischen System zu organisieren. Dabei darf allerdings nicht übersehen werde, dass dieser Differenzierungsvorgang *ältere Wurzeln* hat. Hierbei muss die Entwicklung in den drei relevanten Staaten gesondert betrachtet werden.

Der Differenzierungsvorgang im vorrevolutionären Frankreich ist ein Begleitmoment des Absolutismus, also einer Steigerung und Modernisierung des monarchischen politischen Systems, bei dem der Monarch als Repräsentant des politischen Systems immer umfassendere Aufgaben zentralisiert (insbesondere Steuer- und Gewaltmonopol) und sie auf dieser Grundlage systematisiert und modernisiert (vgl. hierzu unter 4.6 sowie Elias 1976).

Wichtig ist nun, dass der Absolutismus nur durch einen weitgehenden Umbau der sozialen Trägerschicht der monarchischen Regierungsform, nämlich des Adels, möglich war. Im vormodernen Europa war der Adel nicht nur die Schicht, die den Besitz an Grund und Boden zu monopolisieren versucht hat, er war auch untereinander über Heiraten und persönliche Loyalitäten über die territorialen Grenzen hinweg verflochten. Man kann ihn sich als ein Netzwerk vorstellen, das über das ganze christliche Europa hinweg verbreitet war. Daher waren die Loyalitäten dieser ökonomisch, politisch und militärisch entscheidenden Schicht ziemlich diffus und keineswegs ausschließlich an die Hierarchie des Territorialstaats gebunden, dem sie als Grundbesitzer zugehörten. Mit der Herausbildung des Absolutismus und von größeren Territorialstaaten auf einheitlicher ethnischer Grundlage, aber auch mit der religiösen Zersplitterung infolge der Reformation wurde diese europäische Netzwerkstruktur aufgebrochen. Der Adel wurde zunächst „nationalisiert" – eine Entwicklung die man vor allem sehr gut für Frankreich dokumentieren kann. Dieser Nationalisierung folgt gerade in Frankreich eine weitgehende politische, militärische und auch wirtschaftliche Entmachtung zugunsten des absoluten Monarchen. Am Ende dieser Entwicklung werden die Adligen zu Höflingen degradiert, deren soziale Vorrangstellung nur noch in zeremoniellen Hofämtern Ausdruck findet. Zudem verändert sich die innere Zusammensetzung des Adels. Er wird zunehmend ergänzt durch soziale Aufsteiger, die auf der Grundlage juristischer Ausbildung wichtige Ämter in Staat und Verwaltung ausüben (Noblesse de Robe). Dieser neue Adel ist von vornherein vom absolutistischen Königtum abhängig.

Durch diese Strukturveränderungen verliert der Adel seine Rolle als Vermittlerschicht zwischen dem Zentrum und den einzelnen Regionen, zwischen dem Volk und dem Monarchen. An die Stelle einer hierarchisch abgestuften, nach dem Modell einer Stufenpyramide aufgebauten Gesellschaftsstruktur tritt eine Polarisierung zwischen Adel und Monarchie auf der einen und dem Bürgertum sowie dem vierten Stand auf der anderen Seite, die dann in der Französischen Revolution die feudale Sozialstruktur gewaltsam zerbricht. Vor der Französischen Revolution kann man diese Entwicklungen aber als *Differenzierungsvorgang* verbuchen, bei dem sich das politische System von der gesellschaftlichen Gemeinschaft ablöst ohne dass dabei allerdings ein adäquater Integrationsmechanismus zwischen beiden Subsystemen entwickelt wird.

Die Entwicklung in England folgt einem konträren Muster. Hier prägt nicht die Stärke, sondern vielmehr die Schwäche der Monarchie gegenüber den Ständen eine Entwicklung, die allmählich, Schritt für Schritt, zur Etablierung einer demokratischen Staatsform führt. Weil in der englischen Entwicklung die vormodernen Wurzeln der Demokratie besonders deutlich werden, gehe ich auf diese Entwicklung eingehender ein als Parsons und beziehe mich dabei insbesondere auf Reinhardt 1999.

Zum feudalen Europa gehörten nicht nur in den Städten, sondern eben auch in den Territorialstaaten Parlamente. Sie waren von Anfang an Repräsentationsorgane der Stände. Monarchen benötigten solche Ständeversammlungen dann, wenn, insbesondere im Falle kriegerischer Auseinandersetzungen, zusätzliche Steuern und Abgaben von der Bevölkerung erhoben werden sollten. Die Stände wurden aber auch einberufen, wenn es galt, dem Nachfolger eines verstorbenen Monarchen den Treueeid zu schwören, ihn also als rechtmäßigen Nachfolger anzuerkennen. Dazu versammelten sich Vertreter aller relevanten Stände und Gebiete an einem Ort. Unter den Bedingungen einer starken, zentralistischen Monarchie, die für das vorrevolutionäre Frankreich als Regelfall angenommen werden kann, hatten solche Parlamente/Standesversammlungen immer nur eine punktuelle Rolle. Sobald die Rolle des Monarchen aber schwach und wenig gefestigt war, wurde in diesen Parlamenten „Politik" betrieben. Der Monarch musste sich die Zustimmung der Standesvertreter durch ‚Privilegien' und andere Zugeständnisse quasi erkaufen. Solche Zugeständnisse konnten im Extremfall auch institutioneller Art sein. Deswegen ist es auch kein Zufall, dass Geschichte der englischen Demokratie bei Johann Ohneland beginnt. Schon dieses Attribut deutet in einer auf Grundbesitz basierenden Feudalgesellschaft auf eine chronische Schwäche des Monarchen hin. Deshalb konnte er seine Anerkennung nur durch institutionelle Zugeständnisse erringen. Da seine Nachfolger nicht wesentlich mächtiger waren, gelang es den Ständevertretern Stück für Stück Rechte und Privilegien zu gewinnen, die schließlich dazu führten, dass sich das Parlament zum eigentlichen Herrschaftszentrum entwickelte und der Monarch zu einer Repräsentationsfigur wurde. Daher verlief die Entwicklung in Großbritannien konträr zu der französischen Entwicklung, wo der alte Adel in eine Repräsentationsschicht verwandelt wurde. Wichtige Etappen auf diesem Wege waren, dass sich das Parlament selbst einberufen konnte, das Recht, kontinuierlich zu tagen erstritt, dass seine Repräsentanten für unliebsame Entscheidungen nicht mehr in den Tower geworfen worden konnten, last but not least, dass das Parlament das Budgetrecht bekam und über Steuern und Abgaben beschließen konnte (genauere Angaben unter 4.6.3).

Eine britische Besonderheit ist, dass der britische Parlamentarismus nicht ein, sondern zwei Repräsentativorgane kennt: Das House of Lords, in dem jedes Mitglied des Hochadels, also der sogenannten titled nobility, Sitz und Stimme hat und dieses Recht (teilweise) weitervererbt. Dagegen ist das House of Commons, also die zweite Kammer, ein Repräsentativorgan. Hier versammelten sich nicht nur die Vertreter des niedrigen Adels, der Gentry, sondern auch die Repräsentanten der städtischen Oberschicht, insbesondere Londons. Das House of Commons war wie die Gentry auch für wirtschaftlich erfolgreiche Bürger zugänglich. Anders als in Frankreich produzierte das englische System keine soziale Trennungslinie gegenüber dem dritten und vierten Stand.

Da sich nun das politische Gewicht zunehmend vom Oberhaus zum Unterhaus, also zum House of Commons, verlagerte und dieses Unterhaus immer wichtigere politische Rechte gewann, musste auch die Abordnung formell geregelt werden. Das war die Geburtsstunde für das aktive und passive Wahlrecht, das im Laufe der Jahrhunderte ständig ausgeweitet wurde. Zunächst blieb es auf die Besitzenden beschränkt[19]. In den folgenden Jahrhunderten wurde es dann schrittweise ausgebaut zu einem allgemeinen und gleichen Wahlrecht, wobei die

---

[19] Sogenanntes Zensuswahlrecht, das nur Besitzenden, die Steuern zahlen, ein Wahlrecht zuerkennt. Zudem hängt das Gewicht der Stimme von der Höhe der Steuern ab. Vgl. Aeppli 1988.

letzte und entscheidende Erweiterung, das Frauenstimmrecht erst eine Errungenschaft des 20. Jahrhunderts ist[20].

Mit der Ausweitung des Wahlrechts verallgemeinerte sich die Unterscheidung in Wähler und Repräsentanten – und dies bedeutet ja nichts anderes als die Ausdifferenzierung zwischen gesellschaftlicher Gemeinschaft und dem politischen System, die nun über die institutionelle Brücke des Wahlrechts stabil organisiert werden kann. Denn das Wahlrecht fixiert, dass man als Wahler eigene Interessen gegenüber dem politischen System hat, für deren Vertretung man nun möglichst geeignete Repräsentanten wählen kann. Umgekehrt sind die Parlamentsmitglieder Teil des politischen Systems, genauer der Legislative. Die Basis ihrer Macht liegt darin, dass sie Interessen der gesellschaftlichen Gemeinschaft im politischen System zur Geltung bringen sollen und dabei von den Wählern gestützt werden.

Man kann den allmählichen Umbau der mittelalterlichen Ständeversammlung zum modernen Parlament auch als Verrechtlichungsprozess rekonstruieren. In der Darstellung klang ja bereits an, dass sich das englische Parlament Rechte und rechtlich fixierte Garantien erkämpft hat. Darüber hinaus wird nun auch das Verhältnis zwischen politischem System und der gesellschaftlichen Gemeinschaft mithilfe des Rechts geordnet. Es vermittelt zwischen diesen beiden ausdifferenzierten Handlungsfeldern. Als Beispiel soll nur die Habeas-Corpus-Akte erwähnt werden, die alle Bürger vor missbräuchlicher staatlicher Gewaltanwendung schützen soll. Sie sah erstmals vor, dass Verhaftungen einer richterlichen Anordnung bedürfen und die Fortdauer der Haftgründe von einem Richter überprüft werden müssen (Haftprüfung).

Der Ausdifferenzierungsprozess der Wirtschaft hängt mit rechtlichen Garantien, vor allem aber damit zusammen, dass nicht mehr für direkten Bedarf, sondern für die Nachfrage auf Märken produziert wird. Im 16. und 17. Jahrhundert kann man eine solche Veränderung für die britische Landwirtschaft belegen. Bis dahin war sie, wie für mittelalterliche Verhältnisse charakteristisch, bestrebt, den Eigenbedarf zu decken und die vergleichsweise geringen Überschüsse in benachbarten städtischen Zentren abzusetzen. „Der entscheidende Bruch mit dem alten System war die Entwicklung eines umfangreichen Ausfuhrhandels mit den Wollmanufakturen Flanderns und Italiens" (Parsons 1972: 85). Um diese Märkte zu beliefern, haben vor allem die größeren Grundbesitzer ihre Landwirtschaft auf Schafzucht umgestellt und ihr Land eingezäunt. Dies hatte zur Folge, dass sehr viele kleine Pächter ihre Lebensgrundlage verloren, in die Städte abwanderten und dort zum Kristallisationszentrum des städtischen Proletariats wurden. Weiterhin „wurden die landbesitzenden Klassen ‚entfeudalisiert'. Ihre wirtschaft-

---

[20] Merkwürdigerweise wurde das Frauenstimmrecht in Europa zuerst 1906 in Finnland, das damals Teil der russischen Monarchie war, eingeführt. Vgl. Bock 2000.

liche Stellung hing in zunehmenden Maße vom Markterfolg und ... immer weniger von der Durchsetzung der Frondienste und Abgaben bei den Bauern ab" (Parsons 1972: 85 f.). Ihre Interessen näherten sich damit stark denen des städtischen Patriziats an.

Die Marktorientierung der britischen Landwirtschaft hatte gravierende Folgen für die gesellschaftliche Gemeinschaft. Während in der Feudalgesellschaft des Mittelalters die ländlichen Bezirke (Grafschaften in Großbritannien) zwar vertikal geschichtete, aber doch homogene Einheiten waren, etablieren sich nun *überlokale Abhängigkeitsverhältnisse und Kooperationsbeziehungen*, sodass tendenziell lokale von überregionalen Netzwerken abgelöst werden[21].

Mit dieser Argumentation versucht Parsons zu zeigen „dass England gegen Ende des 17. Jahrhunderts zur differenziertesten Gesellschaft im europäischen System geworden und weiter als jemals eine Gesellschaft zuvor in dieser Richtung fortgeschritten war" (Parsons 1972: 88).

Diese Vorreiterrolle Englands hängt auch damit zusammen, dass in England sehr früh weitgehende Religionsfreiheit erreicht wurde, so dass auch der religiöse Pluralismus vorankam. Damit war das gemeinsame religiöse Bekenntnis, das nicht nur die Bevölkerung untereinander teilte, sondern sie auch mit dem Monarchen verband, als Solidaritätsgrundlage weggefallen. An deren Stelle treten nun allgemeinere Werte, die so beschaffen sind, dass sie von Menschen mit unterschiedlichem religiösem Bekenntnis akzeptiert werden können. Parsons vermutet nun, dass die neue normative Grundlage der britischen gesellschaftlichen Gemeinschaft in einem *diesseitigen Pragmatismus* bestand. Für das England gegen Ende des 17. Jahrhunderts diagnostiziert er „eine gemeinsame Bindung an den Wert des rationalen Wissens von der Welt, teilweise wegen seines praktischen Nutzens" (Parsons 1972: 88).

2.4.7 Der Durchbruch zum Typus der modernen Gesellschaft – die 3 Revolutionen

Auf der Grundlage der gerade beschriebenen historischen Voraussetzungen, die zunächst vor allem in Großbritannien gegeben waren, entwickelte sich der Typus der modernen Gesellschaft durch drei gesellschaftliche Umbrüche:

- Die industrielle Revolution;
- Die demokratische Revolution;
- Die Bildungsrevolution.

---

[21] Dagegen haben sich in Frankreich in demselben Zeitraum die alten Agrarverhältnisse eher verfestigt.

Zunächst werden diese drei Entwicklungen aus der Sicht von Parsons dargestellt. Im Anschluss an diese Darstellung wird erläutert, wieso genau diese drei Revolutionen den evolutionären Durchbruch zum Typus der modernen Gesellschaft bewirken.

(a) Die industrielle Revolution

Gewöhnlich versteht man unter dem Begriff industrielle Revolution den mit dem Einsatz von Maschinen möglich gewordenen Industrialisierungsprozess. Nach Marx kann er deshalb als ein revolutionärer Durchbruch verstanden werden, weil hier erstmals mit der Dampfmaschine die Grenze der menschlichen Kraft überwunden und mit der Werkzeugmaschine die Grenze menschlicher Bewegungsfähigkeit überschritten wurde. Wenn Parsons von Industrialisierung spricht, dann hat er nicht die moderne Fabrik und die Umbrüche der menschlichen Arbeit im Visier, sondern er beschäftigt sich mit den *sozialen Voraussetzungen* der Industrialisierung. „Wir sind hier nicht an den technologischen und bloß wirtschaftlichen Aspekten der industriellen Revolution, sondern an damit verbundenen Veränderungen der sozialen Struktur interessiert" (Parsons 1972: 97).

Aus dieser Perspektive kommen hier wiederum die für moderne Gesellschaften charakteristischen neuartigen Integrationsmethoden ins Spiel. Neben dem Recht, dessen fundamentale Bedeutung wir bereits für die britische Gesellschaft des 17. Jahrhunderts kennengelernt haben, bildet die *Entwicklung von Märkten* eine zentrale sozialstrukturelle Voraussetzung der Industrialisierung. „Der Schlüssel zur Struktur der industriellen Revolution ist die Ausbreitung des Marktsystems und der damit verbundenen Differenzierung auf dem wirtschaftlichen Sektor der sozialen Struktur. Das Marktsystem selbst machte jedoch keine plötzliche Revolution durch, sondern lediglich eine lange und stetige Evolution" (Parsons 1972: 97).

Parsons' These, dass die Industrielle Revolution eine von drei Umbrüchen sei, die den Durchbruch zum Modell der modernen Gesellschaft ermöglicht hätte, bezieht sich auf diese Evolution des Marktsystems. Noch genauer: Bei der Evolution des Marktsystems ist nicht die Tatsache an sich entscheidend, dass sich Märkte für Arbeitskräfte, für Kapital, für Rohstoffe, für Maschinen und so weiter entwickeln. Für Parsons ist dabei zentral, dass dadurch die alten Abhängigkeiten innerhalb einer lokalen Sozialstruktur und feudale Autoritäts- und Abhängigkeitsbeziehungen durch *neuartige Marktabhängigkeiten ersetzt werden, die großflächiger und zugleich spezifischer sind.* Ohne dass Parsons an dieser Stelle Simmel direkt erwähnt, verbindet er mit der Ausweitung der Marktabhängigkeiten einen Prozess der Spezifizierung von Rollen. Genau das war aber auch eine Grundlage von Simmels Individualisierungsthese (vgl. 2.2). Anders als Simmel geht Parsons nicht vom modernen Individuum aus, sondern von institutionellen Strukturen, die eine Spezifizierung von Rollen bewirken können. Wegen solcher Effekte interessiert sich Parsons vor allem für zwei Märkte, den Kapital- und den Arbeitsmarkt.

Kapitalmärkte setzten eine Differenzierung zwischen der Verfügung über Kapital, also für investive Zwecke bestimmtes Geldvermögen, und der Unternehmerfunktion durch. Ohne Kapitalmärkte könnte nur derjenige Unternehmer werden, der sowohl über die nötige Qualifikation und Motivation wie auch über das erforderliche Geldvermögen verfügt. Sobald Kapitalmärkte existieren, können Personen, die über das erforderliche Geldvermögen verfügen, es für investive Zwecke verleihen und von dem dafür entrichteten Zins leben. Auf der anderen Seite können Menschen mit unternehmerischem Talent, entsprechender Qualifikation und guten Geschäftsideen sich das Kapital leihen, über das sie nicht selbst verfügen. Es ist unmittelbar einsichtig, dass die Entwicklung von Kapitalmärkten dem Wirtschaftssystem einen gewaltigen Schub verschafft. In sozialtheoretischer Hinsicht können wir ihn auf Prozesse der Rollendifferenzierung und -spezifizierung zurück führen.

Gegen Ende des 17. Jahrhunderts konstatiert Parsons für allem für England weitgehende wirtschaftliche Differenzierungsprozesse: „Gegen Ende des 17. Jahrhunderts besaß England bereits Ansätze einer Zentralbank, Zeichen einer wirtschaftlichen Fortgeschrittenheit" (Parsons 1972: 98). Zu einer weiteren, sozialstrukturell folgenreichen Entwicklung kam es dann auf den Höhepunkt des Industrialisierungsprozesses, gegen Mitte des 19. Jahrhunderts. Die Industrialisierung hatte zunächst die bestehenden Finanzmärkte „vitalisiert", weil mit der Anwendung wissenschaftlicher Ideen auf die Produktion eine immer größere Menge an Geschäftsideen entwickelt werden konnten, die wirtschaftlichen Erfolg verhießen. Mitte des 19. Jahrhunderts kommt es nun in England und den Vereinigten Staaten zu *Aktiengesetzen* und *organisierten Wertpapiermärkten* (Börsen).

Damit kommt neben dem Recht ein weiteres „modernes" Organisationsprinzip zur Anwendung: *das Vereinigungsprinzip.* Bei einer Aktiengesellschaft kaufen bekanntlich Aktionäre Anrechte auf das Unternehmensvermögen und partizipieren auf dieser Grundlage am Unternehmensgewinn. Die Aktionäre bilden eine Aktionärsversammlung, also eine Vereinigung prinzipiell gleichberechtigter Eigentümer, deren Stimmrecht allerdings nach dem Eigentumsanteil am Unternehmen gewichtet ist. Diese Unternehmensanteile können wiederum auf Börsen gehandelt werden, wobei dann das Wechselspiel von Angebot und Nachfrage den Unternehmenswert zu jedem beliebigen Zeitpunkt genau bestimmt. Das Vereinigungsprinzip ermöglicht vor allem die Bildung immer größerer Unternehmen und es ermöglicht eine noch flexiblere Finanzierung von unternehmerischen Konzepten. Die Entwicklung von Wertpapierbörsen bedeutet aber auch, dass allgemeine Maßstäbe zur Beurteilung der wirtschaftlichen Perspektiven von Unternehmen entwickelt werden, von denen letztlich die Nachfrage nach ihren

Aktien abhängt. Damit wird aber das Geld „über seine Funktion als Austausch-
mittel und Wertmaßstab hinaus mehr und mehr zum primären Kontrollmechanis-
mus des Wirtschaftsprozesses" (Parsons 1972: 99).

In sozialstruktureller Hinsicht ist für Parsons der *Arbeitsmarkt* ebenso wichtig wie der Kapitalmarkt. Der Austausch von Arbeit gegen Lohn existierte schon
in der vormodernen Gesellschaft. Dort allerdings typischerweise in der Form,
dass „Knechte" oder „Gesellen" als Teil des Haushalts betrachtet wurden und in
Arbeit wie Freizeit der Autorität des Familienoberhauptes beziehungsweise den
Zunftregeln unterlagen. Die Höhe der Löhne unterlag nicht den Gesetzen von
Angebot und Nachfrage, sondern sie war ebenso wie die Auszahlungsform (vielfach Naturallöhne) traditionell geregelt. Mit dem Arbeitsmarkt wird nun auch das
Arbeitsangebot den Gesetzen von Angebot und Nachfrage unterworfen.

Für Parsons ist die entscheidende Entwicklung „die Differenzierung der
Arbeit ... vom diffusen Hintergrund, in dem sie eingebettet gewesen war. Diese Differenzierung beinhaltete die Unterscheidung des Arbeitsrollenkomplexes
vom Familienhaushalt und vergrößerte die ‚Arbeitsmobilität' – die Bereitschaft
der Haushalte, sich auf das Stellenangebot einzustellen und den Wohnort zu
wechseln oder neue Fertigkeiten zu erlernen. Diese Veränderungen hatten
äußerst weitgehende Folgen für die Struktur von Familiensystemen und Gemeinden. Viele Merkmale der auf die Kernfamilie bezogenen Verwandtschafts-
strukturen entstanden allmählich während des 19. Jahrhunderts. ... Aus diesen
Prozessen ging hervor, was die Soziologen die *Berufsrolle* nennen, die besonders eingeschränkt ist auf die Stellung in einer vom Haushalt strukturell ge-
trennten Betriebsorganisation. ... Typisch ist, dass die beschäftigte Person ...
ein Einkommen bezieht, welches die Hauptquelle des Haushalts für den Zugang
zum Konsumgütermarkt ist. Die Betriebsorganisation bringt ihre Produkte auf
den Markt und zahlt den Beschäftigten Löhne oder Gehälter, während der typische Bauer oder Handwerker seine eigenen Produkte verkauft. Die Organisation schiebt sich so zwischen den Arbeiter und den Verbrauchermarkt" (Parsons
1972: 100; Hervorhebung im Original).

Dieses ausführliche Zitat zeigt deutlich, dass Parsons die Marktabhängigkeit
der freien Lohnarbeiter nahezu ausschließlich als Differenzierungsvorgang versteht, *ohne die sozialstrukturellen Folgen der Marktabhängigkeit zu diskutieren.*
Sie erfahren im Verlaufe der Industrialisierung mit der Einführung des Wohlfahrtsstaats und der sozialen Sicherungssysteme wesentliche Modifikationen, die
das heutige Bild der modernen Gesellschaft ganz wesentlich prägen (vgl. die Abschnitte 5.5–5.7).

Über *Märkte, Recht* und das *Vereinigungsprinzip* findet aber nicht nur eine
Ausdifferenzierung des Wirtschaftssystems aus der gesellschaftlichen Gemeinschaft statt. Dieser Prozess hat vielmehr auch Rückwirkungen auf das Verhältnis
zwischen Wirtschaftssystem und politischem System. Parsons zeigt hier – ent-

gegen einer klassischen liberalen Position – dass die Ausdifferenzierung des Wirtschaftssystems nur funktionieren kann, wenn sie durch Entwicklungen im Politischen System flankiert wird. Wie bereits erläutert wurde, ist Macht das spezifische Medium des politischen Systems. Unter Rückgriff auf Durkheim argumentiert Parsons, dass ein *universalistisches Rechtssystem, das die Ausdifferenzierung des Wirtschaftssystems von der gesellschaftlichen Gemeinschaft in vielerlei Hinsicht tragen muss,* „ohne eine starke Regierung" nicht denkbar ist. „Außerdem werden zunehmend komplexe Regelungsfunktionen für die Wirtschaft ... nötig, so zum Beispiel bei der Bewältigung der zyklisch auftretenden Krisen" (Parsons 1972: 101).

Diese Beispiele verallgemeinert Parsons zu einer These der *Interdependenz zwischen Regierung und Wirtschaft*: „Diese Interdependenz umfasst den gegenseitigen Austausch von Geld und Macht zwischen dem Marktsystem und dem formalen Organisationssystem. Nicht nur die Regierung, sondern auch private Organisationen wie Firmen haben teil am Machtsystem; andererseits nimmt die Regierung auch am Marktsystem teil. Die Macht privater Einheiten hängt neben der allgemeinen Institutionalisierung von Privateigentum und Vertrag ... von der Macht der Regierung ab"[22] (Parsons 1972: 101 f.). Diese Interdependenz lasse sich etwa für den Kreditmechanismus zeigen, bei dem immer die Durchsetzbarkeit vertraglicher Vereinbarungen vorausgesetzt werden müsse. Im anderen Falle kommt, wie auch die Finanzkrise 2008/9 erneut gezeigt hat, die Versorgung der Wirtschaft mit Kapital ins Stocken. Daraus folgert Parsons auf eine gleichgewichtige Entwicklung des Geld- und des Machtsystems: Daher ist in einer modernen Gesellschaft jede „Unterentwicklung des Machtsystems in höchsten Maße schädlich für die Wirtschaft, und die Unterentwicklung des Geld- und Marktsystems in höchstem Maße schädlich für das politische Gemeinwesen" (Parsons 1972: 102).

(b) Die demokratische Revolution

Die demokratische Revolution wird von Parsons als ein Prozess behandelt, der die Differenzierung zwischen dem politischen System und der gesellschaftlichen

---

[22] Dieses Zitat verdeutlicht interpretative Möglichkeiten des AGIL-Schemas, die sich gerade auch auf Zusammenhänge zwischen denselben Feldern auf unterschiedlichen Hierarchieebenen erstrecken. In dem Zitat operiert Parsons damit, dass das Machtmedium nicht nur im politischen System (G-Feld des sozialen Systems) benutzt wird, sondern auch im G-Feld des Wirtschaftssystems (Betriebsorganisation) auftaucht. Zwischen dem Gebrauch des Machtmediums auf beiden Ebenen erkennt Parsons einen inhaltlichen Zusammenhang: auf der übergeordneten Ebene des politischen Systems müssen für die Anwendungsmöglichkeiten auf der untergeordneten Ebene des als eigenständiges Handlungssystem betrachteten Wirtschaftssystems geeignete Rahmenbedingungen geschaffen werden. Ebenso verhält es sich mit dem Geldmedium, wobei hier aber das Wirtschaftssystem für die Rahmenbedingungen zuständig ist (A-Feld des sozialen Systems bzw. des politischen Systems).

Gemeinschaft entscheidend vorantreibt. „Wie alle Differenzierungsprozesse schuf sie Integrationsprobleme und, wo sie erfolgreich war, neue Integrationsmechanismen" (Parsons 1072: 102). Wie später (vgl. unter 3.5.2 und 3.5.3 sowie 4.6) noch deutlich werden wird, rekonstruiert Parsons die demokratische Revolution unter einem zu engen Blickwinkel. Seiner Meinung nach reagiert nämlich die demokratische Revolution primär auf eine zu geringe Massenunterstützung der vormodernen politischen Systeme: „In europäischen Gesellschaften lag das Hauptproblem bei einem gewissen Maß von Massenunterstützung für die Regierung in der gesellschaftlichen Gemeinschaft. Ausgangspunkt war die Auffassung, die Menschen seien ‚Untertanen' ihres Monarchen und hätten die … Pflicht, seiner Autorität zu gehorchen…" (Parsons 1972: 102).

Dabei hätte sich aus Parsons' These, dass eine Unterentwicklung des Machtsystems in höchstem Maße schädlich für die Wirtschaft sei, ziemlich direkt der historisch evidente Gesichtspunkt ergeben können, dass die Unzufriedenheit des Bürgertums mit den monarchischen Regimen und der daraus resultierende Macht- und Veränderungsanspruch damit zusammen hing, dass die wirtschaftlich erfolgreichen Bürger eine auf Förderung ihrer Wirtschaftsinteressen gerichtete Regierungspolitik benötigen, die nicht nur eine funktionierende Rechtsordnung garantierte, sondern auch für Kollektivgüter sorgte und diplomatische wie militärische Protektion der Außenhandelsinteressen organisierte.

Parsons fokussiert seine Analyse dagegen ausschließlich auf die institutionelle Neuordnung des Verhältnisses zwischen politischem System und gesellschaftlicher Gemeinschaft. Diese Neuordnung wird von zwei ‚einseitigen' Entwicklungen vorangetrieben, der allmählichen und schrittweisen Demokratisierung Englands auf der einen, der Französischen Revolution auf der anderen Seite. Die englische Entwicklung steht dabei für das eher liberale Programm der Durchsetzung wirtschaftlicher Freiheit gegenüber merkantilistischen Traditionen. Die französische Entwicklung umfasst dagegen den Aspekt der politischen Freiheit, einschließlich der Befreiung von Adelsprivilegien und von qua Geburt und nicht durch eigene Leistung erworbenen Vorteilen. Zu einer Synthese dieser beiden Entwicklungsrichtungen kommt es erst in den Vereinigten Staaten, die auch deshalb zur westlichen Vormacht werden (vgl. unter 2.4.8) – in den Augen von Parsons zur modernsten aller modernen Gesellschaften.

Die politische Geschichte Englands und Frankreichs im 18. und 19. Jahrhundert interessiert hier weniger. Es genügt festzuhalten, dass Parsons die eminenten Unterschiede im Verlauf des evolutionären Wandels zwischen diesen beiden Ländern sozialstrukturell erklärt. Während sich in Frankreich zwischen Monarchie und Adel auf der einen, Bürgertum und „viertem Stand" auf der anderen Seite, eine immer breitere Kluft auftat, hatte England eine eher abgestufte Sozialstruktur, die individuellen Aufstieg durchaus zuließ. Daher bot die englische Sozialstruktur wenig Raum für revolutionäre Veränderungen nach dem

Muster der Französischen Revolution. Die Entwicklung in Frankreich tendierte dagegen dazu, die Gegensätze zwischen Adel und Bürgertum immer weiter zu verschärfen. Hier war eine revolutionäre Entwicklung fast zwangsläufig (vgl. hierzu auch Abschnitt 4.6).

Ein wichtiger Schlüssel für das Verständnis der zur modernen Gesellschaft führenden *institutionellen Veränderungen* ist nach Parsons der *Gleichheitsbegriff im Sinne der bürgerlichen, politischen und sozialen Gleichheit.*

Die *bürgerliche* Komponente der Mitgliedergleichheit impliziert vor allem eine Gleichheit gegenüber dem Recht, das zudem grundlegende Persönlichkeitsrechte wie die Niederlassungsfreiheit, die Freiheit der Berufswahl usw. garantiert. Alle Entwicklungen in diese Richtung bedingen die Durchsetzung des Vereinigungsprinzips in der Form, dass die gesellschaftliche Gemeinschaft immer mehr den Charakter eines *freiwilligen Zusammenschlusses rechtlich gleichgestellter Bürger gewinnt.*

In ähnlicher Weise führt die Durchsetzung *politischer Gleichheit* zum allgemeinen und freien Wahlrecht. Es stellt die wichtigste Vermittlungsinstanz zwischen politischem System und gesellschaftlicher Gemeinschaft dar. Der Vorzug eines rechtlich garantierten allgemeinen Wahlrechts besteht darin, dass es Formen demokratischer Beteiligung auch in großen Flächenstaaten ermöglicht. Hierdurch kann die zahlenmäßige Grenze der direkten demokratischen Beteiligung überwunden werden, die nicht nur im alten Athen gepflegt wurde, sondern in den Schweizer ‚Urkantonen‘ bis heute praktiziert wird. Direkte Demokratie bedeutet, dass sich alle Bürger an einem Platz treffen, in offener Aussprache ihre Meinung bilden und eine Bürgerentscheidung per Abstimmung herbeiführen. Das allgemeine Wahlrecht dagegen kennt repräsentative Institutionen, in die die auf Wahlkreise aufgeteilten Bürger ihre Repräsentanten entsenden. Diese Repräsentanten erzeugen dann ein Meinungsbild, das in politische Entscheidungen einfließt. Solche Systeme repräsentativer Demokratie schaffen nur dann eine bindende Beziehung zwischen Wählern und „ihrem" Parlament, wenn die Stimmabgabe und die Auszählung strengen Regeln unterworfen werden. Bürgerliche Freiheitsrechte und das allgemeine aktive und passive Wahlrecht gestalten eine Differenzierung zwischen politischem System und gesellschaftlicher Gemeinschaft, die, sobald ein allgemeines und gleiches Wahlrecht durchgesetzt ist, im Prinzip alle Bürger umfasst. Daher ist sie in der Lage, dem politischen System das erforderliche Maß an Massenunterstützung zu verschaffen.

Der Aspekt der *sozialen Gleichheit* betrifft die innere Struktur der gesellschaftlichen Gemeinschaft. *Parsons kann sich hierbei nur die Entwicklung von Chancengleichheit, nicht aber von materieller Gleichheit vorstellen.* „Die Ideologie der Gleichheit hat ... oft unterstellt, alle Status- oder Funktionsunterschiede, besonders hierarchische, seien illegitim. Soziale Systeme benötigen jedoch verschiedene Arten und Grade sozialer Differenzierung in zwei Dimensionen:

eine qualitative Arbeitsteilung (im Sinne Durkheims) und eine Hierarchie" (Parsons 1972: 104)[23].

Wichtige Aspekte von Chancengleichheit werden mit den bürgerlichen Freiheitsrechten und dem allgemeinen und gleichen Wahlrecht institutionalisiert. In materieller Hinsicht ist die Durchsetzung von Chancengleichheit erst über ein alle Bürger einschließendes Bildungssystem möglich (Bildungsrevolution; siehe unter c). Davon unabhängig kann eine auf internen Wettbewerb umgestellte gesellschaftliche Gemeinschaft aber nur dann jenes Mindestmaß an Solidarität entwickeln, auf das in unterschiedlicher Weise das Wirtschaftssystem wie das politische System angewiesen sind, wenn den Verlierern zumindest eine minimale Grundsicherung zugestanden wird. Daher müssen gerade auf inneren Wettbewerb umgestellte gesellschaftliche Gemeinschaften materielle Solidarität gegenüber all jenen zeigen, die, aus welchen Gründen auch immer, „ohne eigenes Verschulden ernstlich gehandicapt sind und den beim Wettbewerb ‚geholfen werden muss'" (Parsons 1972: 108).

Hier liegen die Ansatzpunkte für wohlfahrtsstaatliche Entwicklungen, die sich Parsons entsprechend der amerikanischen Tradition eher als ‚unterste Grenze' vorstellen kann: „Weiterhin sollte es im Konkurrenzsystem eine unterste Grenze geben, die ein ‚Wohlfahrts'-Niveau bestimmt, auf das alle Mitglieder von ‚Rechts' wegen, und nicht aus ‚karitativen' Gründen einen *Anspruch* haben" (Parsons 1972: 108; Hervorhebung im Original).

(c) Die Bildungsrevolution

Dass Bildung in der Gegenwartsgesellschaft „wichtig" ist, gehört sicherlich zu den soziologischen Allgemeinplätzen. *Wie* wichtig das moderne Bildungssystem aber für die Gesamtstruktur moderner Gesellschaften ist, das demonstriert Parsons, indem er von der Bildungs*revolution* spricht und in ihr den Schlussstein beim Durchbruch zur modernen Gesellschaft erkennt.

Worin besteht die Bildungsrevolution? Sie umfasst zwei im Grunde unterschiedliche Prozesse, die auch zeitlich getrennt verliefen. Bildungsrevolution

---

[23] Unstrittig ist der Aspekt der „qualitativen Arbeitsteilung". Die funktionale Notwendigkeit einer Hierarchie innerhalb der gesellschaftlichen Gemeinschaft ist dagegen schwer zu rechtfertigen. Parsons hat, ergänzt durch die Arbeiten von Davis und Moore eine sogenannte „Funktionalistische Schichtungstheorie" entwickelt, die diese Position näher erläutert (Parsons 1940; Davis 1942; Davis/Moore 1945). Danach ist die Gesellschaft darauf angewiesen, dass funktional besonders wichtige Leistungen mit besonders hohem oder zumindest doch höherem Status belohnt werden. Man muss aber sehen, dass funktionale Differenzierung ein System darstellt, dass eine Aufgabendifferenzierung ohne Hierarchie leistet. Die funktionalistische Schichtungstheorie ist in hohem Maße unbefriedigend und kann sehr viele empirische Entwicklungen gerade nicht beantworten (vgl. Tumin 1970; Wiehn 1968). Parsons' Position bleibt in diesem Punkt daher letztlich normativ.

bedeutet zunächst einmal das Programm einer *Alphabetisierung der Gesamtbe-völkerung*, also die Ausweitung der Fähigkeit Lesen und Schreiben zu können und die Grundrechenarten zu beherrschen, von einer auch noch im frühen 19. Jahrhundert vergleichsweise kleinen intellektuellen Elite auf die Gesamtbevölkerung. Dieser Prozess der Alphabetisierung setzt sich um die Mitte des 19. Jahrhunderts in den damals entwickelten Industriegesellschaften vergleichsweise rasch durch. Eine zweite Welle der Bildungsrevolution ereignet sich erst in der zweiten Hälfte des 20. Jahrhunderts. Sie wird, diese Prognose von Parsons kann man schon heute bestätigten, auch noch das 21. Jahrhundert zutiefst prägen. Bei dieser zweiten Phase geht es um die *Standardanhebung im Bildungsniveau immer größerer Bevölkerungsanteile*. Zentrale Bedeutung für diese zweite Phase hat das moderne Universitätssystem, das sich ganz wesentlich von seinen vor- und frühmodernen Vorläufern abhebt (vgl. Parsons 1972: 121).

Üblicherweise wird die Bildungsrevolution als Differenzierungsprozess zwischen Treuhandsystem und gesellschaftlicher Gemeinschaft verbucht, mit der schon von den anderen beiden Revolutionen her bekannten Folge eines Zusammenwirkens dieser beiden Funktionsbereiche auf höherem Niveau. Das ist durchaus zutreffend, schöpft aber die Bedeutung, die Parsons der Bildungsrevolution zumisst, nicht ganz aus. Zunächst: Worin besteht die Differenzierung zwischen Treuhandsystem und gesellschaftlicher Gemeinschaft, also zwischen dem langfristigen kulturellen und dem gegenwärtigen Gesellschaftsaspekt der Integration? Mit dem Bildungssystem entwickelt sich ein Bereich staatlich organisierter Sozialisation und Wissensvermittlung, der den klassischen Bereich familialer Sozialisation ergänzen, ihn aber auch korrigieren kann. Besondere Bedeutung gewinnt er in Bezug auf arbeitsrelevante Qualifikationen, Motivationen und Einstellungsmuster. Obwohl das Bildungssystem explizite Erziehungsziele kennt, muss es als Sozialisationsinstanz aufgefasst werden. *Während die familiale Sozialisation wie auch die berufliche Sozialisation eher partikular orientiert sind, verfolgt das Bildungssystem universalistische Ziele.* In der Familie wird solches Wissen an die Kinder weiter gegeben, dass aus Sicht der Eltern unmittelbar relevant ist, beziehungsweise als wichtig gilt. Sozialisationspraktiken wie Sozialisationsinhalte sind sehr stark durch die jeweilige Schicht- und Milieuzugehörigkeit der Familien vorstrukturiert. In ähnlicher Weise ist auch die berufliche Sozialisation am Arbeitsplatz auf die jeweiligen Besonderheiten des Berufs und der Branche konzentriert. Dagegen will das Bildungssystem allgemeine zivilisatorische Grundqualifikationen vermitteln. Sobald es zur Standardanhebung kommt, vermittelt das Bildungssystem zunehmend Inhalte der modernen Wissenschaften bis hin zu einer auf bestimmte Gebiete hin spezialisierten Universitätsausbildung.

In dem Maße wie das Bildungsangebot differenziert wird, kommen individuelle Wahlentscheidungen zum Tragen. Sie können den selektiven Zugang auf den gesellschaftlichen Bildungskanon unter *individuellen Neigungen und Interessen* spezifizieren[24]. Bildungsentscheidungen und -prozesse der Berufswahl zeigen, dass der Zugang auf den gesellschaftlichen Bildungskanon bewusst gewählt werden kann.

Daran wird einmal deutlich, dass die Teilhabe an der Kultur einer Gesellschaft nicht mehr naturwüchsig, unreflektiert und in direkter Abhängigkeit vom sozialen Status erfolgt. Zum anderen ist Sozialisation nicht mehr auf regional wie sozialstrukturell eng begrenztes Alltags- und Handlungswissen beschränkt. Es wird vielmehr ein Zugriff auf universelles Wissen möglich. Das hat dann wiederum Rückwirkungen auf die gesellschaftliche Gemeinschaft. Sie besteht nun zunehmend aus Gesellschaftsmitgliedern, deren *Erfahrungen* zwar nach wie vor *partikular* bleiben, weil sie von den jeweiligen Lebenskontexten geprägt werden, deren *Bildung* aber *universalistisch* ist. Damit werden die *Verständigungsprozesse innerhalb der gesellschaftlichen Gemeinschaft auf neue Grundlagen gestellt.*

Die Bildungsrevolution verändert den Charakter der gesellschaftlichen Gemeinschaft aber auch dadurch, dass der soziale Status immer weniger qua Geburt zugewiesen und immer stärker über den Bildungserfolg definiert wird. Dies wiederum setzt voraus, dass sich die gesellschaftliche Gemeinschaft darauf verständigt, allen ihren Mitgliedern Chancengleichheit zu eröffnen. Damit gewinnt sie noch stärker Züge eines freiwilligen Zusammenschlusses Gleicher. Parsons spricht hier von Vereinigungscharakter (vgl. Parsons 1972: 122).

Ob Parsons hier zu starke Stilisierungen vornimmt, mag der Leser anhand des folgenden längeren Textauszuges selbst entscheiden. In jedem Fall wird hier deutlich, dass Parsons keinem soziologisch naiven Verständnis der Chancengleichheit aufsitzt. Die Bildungsrevolution „hat daher zu einer ungeheuren Ausweitung der Chancengleichheit geführt. Ein immer geringerer Teil der jeweils nachfolgenden Generation ist dadurch gehandicapt gewesen, dass ihm der Zugang zu Bildungsqualifikationen für den einen oder anderen Status, sowohl Berufsrolle wie Lebensstil, fehlte. Die Ausbreitung der Koedukation ist eine besonders auffallende egalitäre Entwicklung gewesen.

Gleichzeitig ist das Bildungssystem notwendigerweise selektiv. Von Geburt unterschiedliche Fähigkeiten zur geistigen Arbeit sowie unterschiedliche Familienorientierung und individuelle Motivationen bringen verschiedene Stufen des Bildungserwerbs und der Auszeichnung mit sich. Dieser Faktor ist klar in der von einigen Leuten sogenannten ‚Meritokratie' zutage getreten, die neue Formen wesentlicher Ungleichheit in das moderne soziale System einbringt, ohne jedoch mit den Idealen der Chancengleichheit zu kollidieren" (Parsons 1972: 121).

---

[24] Auch hier wird der von Simmel analysierte Mechanismus der aus individuellen Wahlentscheidungen heraus gebildeten sozialen Kreise institutionalisiert; vgl. 2.2.

Sowohl die demokratische wie auch die industrielle Revolution haben Rückwirkungen auf die gesellschaftliche Gemeinschaft gehabt. Diese Prozesse haben sie entregionalisiert, entfeudalisiert und Aspekte von Vereinigung institutionalisiert. Die Bildungsrevolution ist für Parsons gewissermaßen ein Schlussstein dieser Entwicklung, der beide Einflussfaktoren miteinander verbindet. „Der Kern der neuen Phase ist die Bildungsrevolution, die in gewissem Sinne die Themen der industriellen und der demokratischen Revolution, Chancengleichheit und Gleichheit als Bürger, miteinander verbindet. Es wird nicht länger angenommen, der Einzelne könne aufgrund seiner ‚angeborenen Fähigkeiten‘ direkt durch die Marktkonkurrenz zu einem ihm *gerechten* Stand gelangen. Stattdessen wird eingesehen, dass eine Schichtung nach Fähigkeiten durch eine komplexe Reihe von Stufen des Sozialisationsprozesses vermittelt ist. In zunehmendem Maße ergeben sich Chancen für die relativ Benachteiligten, durch Auslese, die ungewöhnlich stark durch universalistische Normen reguliert wird, zum Erfolg zu kommen" (Parsons 1972: 123; Hervorhebung im Original).

Insbesondere die zweite Phase der Bildungsrevolution, eine kontinuierliche Steigerung des Anteils der nachwachsenden Generation an der ‚higher education‘, den akademischen Abschlüssen, bewirkt eine Standanhebung bei der Berufsstruktur. Dieser von Parsons hervorgehobene Gesichtspunkt wird durch neuere Analysen zunehmend bestätigt, die zeigen, dass neue Arbeitsplätze vor allem im Bereich der akademischen hochqualifizierten Dienstleistungen entstehen (z.B. Reich 1993: 198 ff.). Für Parsons ist daran von großer Bedeutung, dass die akademischen Berufe, die „professions", Muster einer berufsständischen Selbstorganisation entwickelt haben (vgl. hierzu bereits Durkheim; Abschnitt 2.1). In derartigen kollegialen Mustern sieht Parsons wiederum Geländegewinne des Vereinigungsprinzips. Auch dies wird nach Parsons der Gesellschaft seinen Stempel aufdrücken. Die Bildungsrevolution reduziert seiner Meinung nach vor allem „die relative Bedeutung der beiden wichtigsten *ideologischen* Bereiche, des Marktes und der bürokratischen Organisation. Der Schwerpunkt, der jetzt auftaucht, liegt auf der Organisation als Vereinigung besonders in ihrer kollegialen Form" (Parsons 1972: 125; Hervorhebung D.B.).

(d) 3 Revolutionen – Fazit

Alle drei zum Typus der modernen Gesellschaft führenden Revolutionen sind durchaus Revolutionen im eigentlichen Wortsinn: Umwälzungen, Prozesse bei denen alte Strukturen verschwinden und neue Strukturen entstehen. Es geht in allen diesen drei Fällen jedoch nicht um revolutionäre Ereignisse, die üblicherweise mit Revolution assoziiert werden wie der Sturm auf die Bastille oder auf das Winterpalais der Zaren in St. Petersburg. Warum Parsons hier nicht von evolutionären Universalien spricht, bleibt unklar, denn alle drei ‚Revolutionen‘

weisen die typischen Merkmale der Aromorphose auf. Das wird auch von der an Parsons anknüpfenden Entwicklungssoziologie der 60er Jahre so gesehen, die Demokratie und Marktwirtschaft sowie ein modernes Bildungssystem zu unverzichtbaren Voraussetzungen nachholender Modernisierung (vgl. auch 5.9) erklärt (zur Anwendung vgl. Zapf 1994).

Bei allen drei ‚Revolutionen‘ handelt es sich um längerfristige Veränderungen, die hundert Jahre und länger andauern. Sie zerfallen zudem in zwei Phasen. Die erste Phase könnte als proto-industrielle Phase bezeichnet werden, weil hier Voraussetzungen geschaffen werden, die dann erst die Industrialisierung und ihre sozialstrukturellen Umwälzungen ermöglichen. Solche Voraussetzungen sind insbesondere die Entwicklung von Märkten, die Garantie bestimmter bürgerlicher Freiheitsrechte, und, das ist sicherlich ein Grenzfall, auch die Alphabetisierung, die zumindest von dem Zeitpunkt an zu einer Entwicklungsvoraussetzung wird, wo überlokale und überregionale wirtschaftliche, politische und soziale Netzwerkstrukturen entstehen.

Die zweite Phase setzt dann mit der Durchsetzung der Industrialisierung (im Marxschen Sinne) ein. Hier handelt es sich um wesentlich dynamischere und raschere Umwälzungen auch des Alltags breiter Bevölkerungsschichten, die sich von den Jahrtausende alten Agrargesellschaften in die ‚modernen Industriegesellschaften‘ hinein begeben (vgl. Kapitel 5).

2.4.8 Die USA – Die neue Führungsgesellschaft

Parsons erfasst Etappen auf dem Weg zur modernen Gesellschaft, indem er sich mit dem gesellschaftlichen Wandel in den zum jeweiligen Zeitpunkt besonders fortschrittlichen Gesellschaften beschäftigt. Für die Phase des Übergangs zum Typus der modernen Gesellschaft waren dies Großbritannien, die Niederlande und Frankreich. Wenn es um die weitere Entwicklung moderner Gesellschaften geht, kommen zunehmend die USA ins Spiel. Sie dienen Parsons als Modell, an dem sich die „zeitgenössische Moderne“ soziologisch identifizieren lässt. Hierbei handelt es sich, das ist immer zu beachten, um die 60er und frühen 70er Jahre des letzten Jahrhunderts[25].

Nach Parsons sind die USA vor allem aus drei Gründen dazu prädestiniert, nicht nur in politischer und wirtschaftlicher Hinsicht Vormacht des „Westens“ zu sein, sondern auch in sozialstruktureller Hinsicht zum gegenwärtig modernsten Gesellschaftssystem zu werden.

---

[25] Die wichtigste Veröffentlichung, die auch dieser Darstellung weitgehend zugrunde liegt, ist erstmals 1971 erschienen (The system of modern societies).

Der erste Grund liegt ganz schlicht darin, dass die europäischen Siedler, die sich in der neuen Welt niedergelassen haben, dort die Feudalgesellschaft nicht mehr rekonstruiert haben. Selbst in der aristokratischen Welt der Südstaaten bis zum amerikanischen Bürgerkrieg sieht Parsons nur schwache Ansätze in diese Richtung. Damit *musste eine vormoderne Gesellschaft,* die auf das Vorrecht der Geburt gegründet war, hier *nicht erst mühsam überwunden werden.*

Den zweiten mit der Einwanderungsgeschichte direkt verknüpften evolutionären Vorteil der USA ortet Parsons im Verhältnis von Kirche und Staat. In den USA wird bereits im ersten Zusatz zur amerikanischen Verfassung die *institutionelle Trennung von Kirche und Staat* festgeschrieben. Diese konsequente Differenzierung ergab sich als pure Notwendigkeit aus der höchst heterogenen konfessionellen Struktur der amerikanischen Einwanderer. Die ‚Pilgerväter' waren zwar alle Anhänger der Reformation, die sich im alten Europa nicht mehr wohl fühlten und zum Teil auch wegen ihres Glaubens direkt verfolgt wurden. Sie hingen jedoch höchst unterschiedlichen religiösen Bekenntnissen an, was bis heute die konfessionelle Landkarte der Vereinigten Staaten prägt. In der neuen Welt bildeten sie zumeist konfessionell homogene Siedlungen und Siedlungsgebiete, die ihre Unabhängigkeit von Großbritannien aber nur durch Zusammenschluss zu einem größeren Staatsverband erreichen konnten. Und dies setzte eben eine klare Differenzierung zwischen Religion und Politik voraus. Während dieser Differenzierungsprozess in Europa ein sehr schwieriger und mit viel Blutvergießen erkaufter Vorgang war, gehörte er in den USA bereits zu den Gründungsvoraussetzungen.

Damit hängt der dritte Aspekt relativ direkt zusammen. Die Vereinigten Staaten sind von ihrer Gründungsgeschichte her diejenige gesellschaftliche Gemeinschaft, die das *Vereinigungsmuster am stärksten ausgeprägt* hat. Die sowohl in konfessioneller wie in ethnischer Hinsicht sehr heterogenen Einwanderer hätten eine überlokale oder gar überregionale amerikanische Gesellschaft weder auf ein allen gemeinsames religiöses Bekenntnis noch auf eine gemeinsame ethnische Herkunft samt Muttersprache gründen können. Englisch wurde erst im 19. Jahrhundert zur gemeinsamen Amts- und Umgangssprache bestimmt, was aber als eine pragmatische Entscheidung verstanden wurde, die keineswegs ethnische oder religiöse Differenzen gewaltsam beseitigen sollte. „In den Vereinigten Staaten ist so auf Grundlagen, die nicht primär ethnisch und religiös sind, mit Erfolg eine relativ gut integrierte gesellschaftliche Gemeinschaft errichtet wurden" (Parsons 1972: 115).

Die Grundlage für diese auf dem Vereinigungsprinzip basierende Form gesellschaftlicher Integration sieht Parsons in der Staatsbürgerschaft in Verbindung mit einer Einbürgerungspraxis, die sich weder an ethnischen noch an religiösen Kriterien orientiert. Ein weiteres integratives Element ortet Parsons in der besonders starken Betonung der Rechtsordnung in den Vereinigten Staaten.

Die Gesellschaft der Vereinigten Staaten kann nach Parsons über folgende vier Aspekte soziologisch charakterisiert werden.

(a) Universalistische Werte *(Beziehungen zwischen Treuhandsystem und gesellschaftlicher Gemeinschaft)*

Parsons geht davon aus, dass die amerikanische Gesellschaft auch unter den Bedingungen von religiösem Pluralismus und Säkularisierung ihre langfristigen normativen Integrationsgrundlagen nicht nur bewahrt, sondern sogar noch verstärkt hat. Auf der Grundlage der Bildungsrevolution, deren zweite Phase in den USA vergleichsweise früh einsetzte, wird der Glaube an die moderne Wissenschaft und ihre normativen Grundlagen zu einer neuen Grundlage gesellschaftlicher Integration, die vor allem über das Bildungssystem vermittelt wird. Parsons sieht in dieser gemeinsamen Orientierung an der modernen Wissenschaft eine *vierte Modernisierungsphase* am Werk. Gemeinsam sei allen diesen Phasen, dass es hier um „Unabhängigkeitserklärungen" gehe, „mit dem Ziel, sich der strengen kulturellen, besonders der religiösen ‚Beaufsichtigung' zu entziehen" (Parsons 1972: 126).

In der ersten Phase sei diese Entwicklung von der Rechtsordnung getragen worden. Die zweite Phase sei durch eine „national-politische Ordnung" charakterisiert. Die dritte Phase wurde durch die marktwirtschaftliche Ordnung „besonders nach der industriellen Revolution" (Parsons 1972: 126) geprägt. Neu an der vierten Phase sei nun, dass sie nicht mehr über die Relativierung alter Ordnungen wie der Religion laufe, sondern vielmehr umgekehrt konstruktiv auf einen *neuen Konsens* hinauslaufe, der wesentlich universeller sei als religiöse oder ethnischenationale Wertordnungen (vgl. hierzu bereits Durkheim; 2.1).

Zum Aspekt der Normerhaltung gehört bei Parsons nicht nur ein Wertesystem, sondern auch seine Verankerung in grundlegenden Handlungsmotivationen beziehungsweise -dispositionen. Für die Verankerung der neuen Werte in der Persönlichkeit der Gesellschaftsmitglieder sorgt neben dem Bildungssystem die Kernfamilie. Sie wird von Parsons als ein neues Familienmuster identifiziert, das gegenüber älteren Familienformen einen größeren Grad an Privatheit aufweise. Dies bedeute eben auch Unabhängigkeit gegenüber herrschenden Überzeugungen des lokalen und nachbarschaftlichen Umfelds. Die Kernfamilie sei eine wichtige Voraussetzung für Mobilität und könne „als Quelle einer sicheren Gefühlsgrundlage für die Teilnahme ihrer Mitglieder an der Gesellschaft" (Parsons 1972: 128) angesehen werden.

Diese Entwicklungen haben in zweierlei Hinsicht Rückwirkungen auf die soziale Struktur der gesellschaftlichen Gemeinschaft. Einmal werden durch den neuen Typus der Kernfamilie sowohl der Pluralismus wie auch die Mobilität innerhalb der gesellschaftlichen Gemeinschaft erhöht. Zum anderen beeinflusst die Bildungsrevolution die Statuszuweisung. In der amerikanischen Gesellschaft werde der soziale Status immer stärker in Abhängigkeit von den sozialisierten Fähigkeiten gebracht (Parsons 1972: 129).

(b) Differenzierung zwischen politischem System und gesellschaftlicher Gemeinschaft in den USA

Unter den Bedingungen der Demokratie mit allgemeinem und speziell eines egalitären Wahlrechts wird die Schnittstelle zwischen politischem System und gesellschaftlicher Gemeinschaft durch wichtige politische Wahlämter besetzt. Ihre institutionelle Grundlage bildet die Staatsbürgerschaft, insbesondere das aktive und passive Wahlrecht. Parsons sieht hier ein Spannungsverhältnis zwischen dem im Wahlrecht institutionalisierten Prinzip der *Gleichheit* und der für die Besetzung von Wahlämtern seiner Meinung nach erforderlichen *Führungseliten*. Diese Einschätzung teilt er mit Tocqueville (Tocqueville 1985: 112 ff.). Während Tocqueville jedoch hierin ein Manko aller demokratisch-egalitären Gesellschaften ortet und einen prinzipiellen Vorteil feudaler Gesellschaften reklamiert, ist Parsons an pragmatischen Lösungsmöglichkeiten interessiert. Diese sieht er für die USA als gegeben an, da sie einerseits sehr viele politische Wahlämter kennen (vom Präsident bis hinunter zum lokalen Scheriff) und es dennoch erreicht haben, dass zumindest die wichtigen Ämter durch Vertreter einer Schicht „verhältnismäßig professioneller Politiker" (Parsons 1972: 130) besetzt werden. Diese Schicht wurde durch den Föderalismus und die Dezentralisierung besonders umfangreich (Parsons 1972: 130).

Ebenso wichtig ist es für die Funktionsfähigkeit des politischen Systems, dass seine Leistungsfähigkeit durch ein hohes Maß an Zentralisierung sichergestellt wird. In den USA ist es gelungen, dieses Maß an Zentralisierung in Form eines Präsidialsystems mit starken Parlamenten zu verbinden, die den Aspekt der Dezentralisierung und repräsentativen Vertretung bis hin zu Meinungsfreiheit und Lobbyismus verkörpern. Eine solche *Synthese* zwischen unterschiedlichen Prinzipien *wird über das Vereinigungsmuster* möglich, insbesondere dadurch, dass der amerikanische Präsident vom Volk direkt gewählt wird und sich als Repräsentant aller amerikanischen Wähler versteht.

Dieses Muster ist allerdings nicht allgemein praktikabel, auch wenn es an anderen Stellen, beispielsweise bei der Leitung von Aktiengesellschaften, ebenfalls wirksam wird. Deshalb konstatiert Parsons für die „späte" Modernisierung (darunter versteht er Modernisierungsprozesse auf dem Höhepunkt der Industrialisierung) eine *Ausbreitung staatlicher und privater Bürokratie*, ohne die Zielerreichung von nun an nicht mehr möglich sei. Im Bereich des politischen Systems sichert sie die Handlungsfähigkeit der gewählten politischen Spitze. Im Bereich der Unternehmensorganisation kommt es zu einer Differenzierung zwischen Eigentümern und angestellten Managern (G-Feld der Unternehmen; vgl. Junge 2002a: 198), die die Unternehmensorganisation führen.

Generell erkennt Parsons in den entwickelten westlichen Industriegesellschaften *eine Verbindung zwischen fortschreitender Bürokratisierung und dem Vorankommen des Vereinigungsmusters,* also eine demokratische Lösung des Problems der Verantwortlichkeit.

Diese Kombination kommt nach Parsons überall dort stärker zum Tragen, wo hochqualifizierte berufliche Spezialisten am Werk sind. Neben den Beispielen der Regierungsorganisation und der Organisation von Großunternehmen führt er auch das Beispiel der Leitung von Universitäten an, wo das kollegiale Muster besonders deutlich hervortrete.

In allen diesen Fällen ist der entscheidende Punkt, dass es wesentlich sei, „die Zusammenarbeit von Spezialisten zu sichern, ohne blanke Autorität aufzubieten"[26] (Parsons 1972: 134). Wenn man das Adjektiv ‚wesentlich' durch ‚sachgemäß' ersetzt, dann wird noch deutlicher, dass wir es hier mit *Folgen der zweiten Phase der Bildungsrevolution* zu tun haben. Denn mit der Standardanhebung der beruflichen Qualifikationen auf wissenschaftliches Niveau wird es immer schwieriger über die Mechanismen autoritativer Kontrolle das Zusammenwirken arbeitender Menschen zu organisieren. *Die Sachkompetenz, um angemessene Ziele zu fixieren und durchzusetzen, muss daher zunehmend auf Gremien übertragen werden, die nach dem kollegialen Muster gebildet werden.*

Ähnlich wie Weber verbindet auch Parsons mit der modernen Gesellschaft die Tendenz einer unvermeidlichen Bürokratisierung. Er teilt aber nicht Webers pessimistische Bewertung (‚Stahlhartes Gehäuse der Hörigkeit'), weil die Bildungsrevolution einem blindwütigen Voranschreiten von Hierarchisierungstendenzen ganz enge sachliche Grenzen setze. Von Parallelen zwischen moderner Gesellschaft und ‚altägyptischen Verhältnissen' kann daher bei Parsons keine Rede sein.

(c) Wirtschaft und gesellschaftliche Gemeinschaft

Das amerikanische Wirtschaftssystem ist für Parsons vor allem aufgrund der folgenden drei Faktoren besonders leistungsfähig.

Ein erster Faktor ist, das wurde aber bereits erwähnt, *das Rechtssystem,* das unter anderem in den USA sehr früh die Voraussetzungen für die Bildung von Aktiengesellschaften und Finanzmärkten schuf. Den zweiten Faktor sieht Parsons in der *industriellen Massenproduktion,* deren wohl bekannteste Pioniere Henry Ford und Frederick Taylor waren. Der dritte Faktor sei die *Anwendung*

---

[26] Auch hier werden wiederum Parallelen zu Durkheims Konzept sozialer Arbeitsteilung deutlich; vgl. 2.1.

wissenschaftlicher Erkenntnisse. Hier sei Deutschland zwar zunächst führend gewesen, inzwischen aber von den USA überholt worden.

Im Hinblick auf die gesellschaftliche Gemeinschaft ermöglicht diese besondere Leistungsfähigkeit des Wirtschaftssystems Standardanhebungen auf mehreren Ebenen. Die erste Ebene betrifft die Qualifikationsanforderungen, beziehungsweise die *Bildung der Arbeitskräfte.* Hier handelt es sich um Voraussetzungen wie Folgen der besonderen wirtschaftlichen Leistungsfähigkeit der amerikanischen Wirtschaft. Parsons betont aber vor allem, dass der Erfolg der amerikanischen Wirtschaft zu einer Verlagerung der Arbeitskräftenachfrage weg von un- und geringqualifizierter Arbeit hin zu hochqualifizierten akademischen Tätigkeiten im Dienstleistungs- und Angestelltenbereich führen werde. Die zweite Ebene betrifft die *sozialen Sicherungssysteme.* Auch in Verbindung mit den Aktivitäten der Gewerkschaften sieht Parsons hier einen allgemeinen Konsensus innerhalb der amerikanischen Gesellschaft, allen Gesellschaftsmitgliedern einen bestimmten minimalen Lebensstandard zu garantieren und ihnen Hilfe zur Selbsthilfe anzubieten. Auf diese Weise könne extreme Armut abgebaut werden, so dass hier eine soziale Komponente der Staatsbürgerschaft zum Tragen komme.

Die dritte Ebene betrifft den *Lebensstandard.* „Es hat eine allgemeine Hebung der Ernährungs-, Kleidungs- und Wohnstandards sowie anderer Komponenten des Lebensstandards stattgefunden. Lediglich in den niedrigeren Einkommensschichten der Armen unserer modernen Gesellschaften gibt es so *drastische* Deprivation – bis zum Hunger, beträchtlich niedrigerer Lebenserwartung, zerrissener Kleidung und Ähnlichem –, wie sie für viele der ‚unterentwickelten' Länder heute charakteristisch ist" (Parsons 1972: 143 f.). Dieses Zitat zeigt, dass Parsons durchaus bemüht ist, die amerikanische Gesellschaft nicht nur in rosigen Farben zu sehen, sondern auch auf Probleme und Defizite hinweist. Schließlich bedinge der Erfolg des Wirtschaftssystems, dass in der gesellschaftlichen Gemeinschaft der Leistungsaspekt besondere Bedeutung, nicht zuletzt für den sozialen Status der Gesellschaftsmitglieder, gewonnen habe.

(d) Die gesellschaftliche Gemeinschaft in den USA

Die Darstellung in den vorangegangen Abschnitten hat bereits indirekt gezeigt, dass die gesellschaftliche Gemeinschaft das Hauptthema von Parsons' Modernisierungstheorie ist. Die Entwicklung in den anderen Subsystemen wird immer von Entwicklungen in der gesellschaftlichen Gemeinschaft getragen. Die Subsysteme wirken jedoch ebenso stark wiederum auf die gesellschaftliche Gemeinschaft zurück. Insofern haben wir in den vorangegangen drei Abschnitten bereits Hinweise auf die wichtigsten Veränderungen in der gesellschaftlichen Gemeinschaft der USA bekommen. Um den Leser durch Wiederholungen nicht zu sehr zu langweilen, zitiere ich in diesem Abschnitt daher nur eine zusammenfassende Bewertung von Parsons und gehe abschließend auf die sozialen Probleme ein, die Parsons anspricht.

> *„Der neue Typ gesellschaftlicher Gemeinschaft, wie wir ihn in den Vereinigten Staaten vor uns haben, rechtfertigt mehr als jeder andere Einzelfaktor, dass wir ihr die Führung in der jüngsten Modernisierungsphase zuschreiben. Wir haben angenommen, dass sie zu einem hohen Grad jene Chancengleichheit herbeigeführt hat, die im Sozialismus betont wird. Sie setzt ein Marktsystem, eine starke, von der Regierung relativ unabhängige Rechtsordnung und einen ‚Nationalstaat' voraus, der sich von spezifischer religiöser oder ethnischer Leitung und Kontrolle befreit hat. Wir haben die Bildungsrevolution besonders hinsichtlich ihrer Betonung des Vereinigungsmusters und wegen ihrer Chancenoffenheit als entscheidende Neuerung angesehen. Vor allem hat sich die amerikanische Gesellschaft weiter als jede andere vergleichbare große Gesellschaft von den älteren zugewiesenen Ungleichheiten entfernt und die Institutionalisierung eines grundsätzlich egalitären Musters vorangetrieben."* (Parsons 1972: 146)

Ich habe dieses Zitat kursiv gesetzt, um zu signalisieren, dass es dem Leser eine komprimierte Zusammenfassung jener Trends gibt, die nach Parsons die *weitere gesellschaftliche Modernisierung* der modernen Gesellschaften westlichen Typs prägen:

1. Mit der weitgehenden Verwirklichung von Chancengleichheit wird das *Gleichheitspostulat* der sozialistischen Gesellschaften hier auf eine Art und Weise verwirklicht, die zugleich die gesellschaftliche Leistungsfähigkeit steigert.
2. Dieses Element verbindet sich mit einem *Marktsystem* und einem vom politischen System *unabhängigen Rechtssystem*.
3. Weiterhin betont Parsons die Herausbildung eines Nationalstaats, der auf *universalistischen Werten* basiert und deswegen weder von einer bestimmten Religion noch von ethnischen Kriterien geprägt wird.
4. Für die Organisation der Zielerreichung wird das *Vereinigungsmuster* immer wichtiger, weil das *Bildungsniveau* der Bevölkerung kontinuierlich ansteigt (Akademikerquote).
5. Alle diese Prozesse laufen darauf hinaus, dass schicksalhaft zugewiesene Ungleichheit (ascription) durch *leistungsabhängige* und insofern mit Gleichheitsprinzipien zu vereinbarende *Ungleichheit* (achievement) ersetzt wird.

Welche Probleme moderner Gesellschaften spricht Parsons an? Abgesehen von
dem Thema Kriegsgefahr (Parsons 1972: 147), das hier ausgeklammert bleibt,
thematisiert Parsons insbesondere das Problem der Exklusion des schwarzen
Bevölkerungsanteils. Dass das Thema der *Rassendiskriminierung in den USA*
zu dem Zeitpunkt, als Parsons „The System of Modern Societies" geschrieben
hat, besonders relevant war, hält er für einen typischen Ausdruck einer Empfindung „relativer Deprivation": gerade weil sich die Lage der Schwarzen zu verbessern begonnen habe, werde Armut und fehlende Chancengleichheit aufgrund
rassistischer Diskriminierung besonders stark fühlbar.

Als zweites, ebenfalls zur damaligen Zeit öffentlich stark thematisiertes
Thema, geht Parsons auf *Probleme des Machtmissbrauchs* ein. Auch diese kritische Debatte sieht er eher als Zeichen dafür, dass die Entwicklung in Richtung
auf stärkere Egalität vorankomme: „In Bezug auf Macht und Autorität ist die Gesellschaft heute stärker dezentralisiert statt konzentriert und hat einen stärkeren
Vereinigungscharakter bekommen. Dieser Trend legt wiederum eine Erklärung
anhand relativer und nicht absoluter Deprivation nahe" (Parsons 1972: 148 f.).

Drittens geht Parsons auf die Befürchtung ein, der *Gemeinschaftsgedanke*
habe sich im Verlauf der Modernisierung allmählich verflüchtigt. Hier sieht er,
dass die Massenmedien zunehmend in diese Lücke stoßen und ein „funktionales
Äquivalent zu etablieren beginnen, welches gewisse Züge der Gemeinschafts-
Gesellschaft trägt und welches ein Individuum in die Lage versetzt, je nach seinen eigenen Kriterien und Wünschen teilzunehmen" (Parsons 1972: 149).

2.4.9 Weitergehende Modernisierung

Die damalige allerneuste Entwicklung sieht Parsons keineswegs als Endstadium
moderner Gesellschaften an. Er betont, dass die Dinge weiter im Fluss seien.
Zugleich hebt er aber hervor, dass die weitere Entwicklung absehbar sei und in
den Bahnen verlaufe, die die letzten Jahrhunderte geprägt haben. Für die gesellschaftliche Gemeinschaft bedeutet das insbesondere, *dass das Gleichheitsprinzip
immer weiter vorankommen wird.*

> „Eine gesellschaftliche Gemeinschaft, deren Mitglieder *grundsätzlich* Gleiche
> sind, scheint die ‚Endstation' eines langen Prozesses zu sein, in dessen Verlauf
> die Legitimität solcher alter partikularistischer zugewiesener Mitgliedsgrundla-
> gen wie Religion (in der pluralistischen Gesellschaft), Volkszugehörigkeit, Gebiets-
> oder Ortzugehörigkeit und erbliche Stellung in der sozialen Schichtung (besonders
> im Adel, aber auch in jüngeren Versionen des Klassenstatus) ausgehöhlt wurde."
> (Parsons 1972: 151 f. Hervorhebung im Original).

Auf einer noch allgemeineren Ebene nennt Parsons drei Grundmerkmale der Entwicklung der modernen Gesellschaft, die er unter expliziter Bezugnahme auf Weber als „westliche Gesellschaft der Moderne" (Parsons 1972: 176) konkretisiert. Diese drei Merkmale sind:

Erstens, die gesamte Entwicklung sei „ganz sicher *zielgerichtet* gewesen" (Parsons 1972: 176) und keineswegs ziellos zu nennen[27].

Der zweite Aspekt sei, „dass der moderne Gesellschaftstyp einen einzigen Ursprung habe" (Parsons 1972: 176).

Der dritte Aspekt schließlich sei, dass es um ein „differenziertes System von (mehreren) Gesellschaften" gehe. (Parsons 1972: 176. Hervorhebung im Original).

Dieser dritte Aspekt bedarf der Erläuterung. Die Gründe für die Annahme eines *Systems moderner Gesellschaften*, das eine ganze Reihe von Staaten umfasst, sind für Parsons kultureller Natur. Ganz ähnlich wie Jahrzehnte später Huntington, so identifiziert auch Parsons einen *westlichen Kulturraum*, der durch das Christentum, das jüdische, griechische und römische Erbe und das Heilige Römische Reich grob umrissen werden kann. Dieser kulturelle Raum hat sich in der Folgezeit durch Auswanderung, aber auch durch den Export von Ideen ausgeweitet. Innerhalb dieses gemeinsamen kulturellen Raumes sei die allmähliche Herausbildung des Typus der modernen Gesellschaft aber nur dadurch möglich geworden, dass es zu Spaltungen (die wichtigste ist für Parsons die religiöse Spaltung zwischen einem römisch-katholischen und einem protestantischen Lager) und zu unterschiedlichen Varianten der Staatenbildung gekommen ist.

2.4.10 Allgemeine Bewertung

Die Modernisierungstheorie von Talcott Parsons wurde deswegen so ausführlich dargestellt, weil sie immer noch die Grundlage des heutigen Modernisierungsdiskurses bildet. Bekanntlich wirken Theorien nicht nur dann weiter, wenn sie von Schülern und Anhängern als Wahrheiten geglaubt und verkündet werden. Sehr viele Theorien verdanken ihre langfristigen Wirkungen viel stärker der kritischen Auseinandersetzung mit ihnen. Als Beispiele können insbesondere die ‚Theorie des kommunikativen Handelns' von Jürgen Habermas genannt werden (vgl. unter 3.4.2) oder auch ‚Clash of Zivilization' von Samuel Huntington. Gerade auch die vehemente Ablehnung einer Theorie belegt deren Relevanz und prägende Kraft. Warum würde man sich sonst mit ihr so vehement auseinandersetzen?

---

[27] Diese Position scheint der Evolutionstheorie zu widersprechen, die nur zufällige Entwicklungen kennt. Sowohl Weber wie auch Luhmann verstehen die moderne Gesellschaft als eine zufällige Entwicklung. Parsons kommt zu der gegenteiligen Position aufgrund seines ‚analytischen Realismus' – vgl. die Erläuterung unter 2.4.1 c.

Wenn man dies bedenkt, dann ist die Parsonssche Modernisierungstheorie nach wie vor für jeden Soziologen zentral, der sich mit modernen Gesellschaften beschäftigen will.

Worin liegt diese Relevanz begründet? Zunächst einmal in einer Herangehensweise an das Thema, die man als gleichermaßen pragmatisch wie integrativ bezeichnen könnte. Pragmatisch ist sie in dem Sinne, dass Parsons die mit diesem Thema verbundenen Grundlagenprobleme eher ausklammert und sich auf die relativ offenkundigen Aspekte beschränkt, die für das Funktionieren eines Gesellschaftssystems wichtig zu sein scheinen. Auch sein grundlegendes analytisches Instrument, das AGIL-Schema, hat eine sehr pragmatische Grundlage, die Parsons dann verallgemeinert hat. Bekanntermaßen stützt es sich auf Kleingruppenexperimente, in denen untersucht wurde, unter welchen Bedingungen Kleingruppen „funktionieren", also handlungs- und leistungsfähig sind. In ganz ähnlicher Weise, und hier liegt das zweite Fundament des AGIL-Schemas, müssen Rollen identifiziert werden können, damit wir über sie unser Sozialverhalten organisieren können (pattern variables). In dieses sehr allgemein gehaltene Analyseschema kann Parsons einmal das soziologische Denken der Klassiker, insbesondere von Weber und Durkheim, ,einbauen', ohne dass er dabei ihre soziologische Grundphilosophie übernimmt. Ebenso können aber auch sehr viele Ideen, Diagnosen und Thesen aus vielen benachbarten Gebieten in dieses Analyseschema eingepasst werden. Man könnte es mit einer Kommode vergleichen, die vier Schubladen aufweist, aber die Besonderheit hat, dass jede Schublage wieder aus vier Teilen besteht, die wiederum aus vier Teilen besteht und so weiter. Die Kommode erinnert also zugleich an eine russische Babuschka (Junge 2002a: 198), jene Holzpuppe, die wir öffnen können, um im Inneren wieder eine Holzpuppe zu finden, die wir wiederum öffnen können und so weiter.

Ein wichtiger Grund für die nach wie vor ungebrochene Bedeutung von Parsons' Modernisierungstheorie besteht also darin, *dass sie sehr viel interdisziplinäres Wissen zusammenträgt und zu einem in sich schlüssigen Gesamtszenario montiert.* Dieses Gesamtszenario ist im Grunde ziemlich einfach strukturiert. Wie bereits in der Einleitung erwähnt, bezieht Parsons den grundlegenden Blickwinkel, unter dem er das vorhandene Wissen einer einheitlichen Aussage montiert und kombiniert, aus der Evolutionstheorie. Die moderne Gesellschaft ist daher zunächst die bis heute leistungsfähigste Gesellschaft – und Parsons vermutet, dass dies auch in nächster Zeit so bleiben wird. Daher versucht er das vorhandene Wissen unter dem Gesichtspunkt zu bündeln, dass es diese besondere Leistungsfähigkeit zu erklären vermag.

2.4.11 Die moderne Gesellschaft bei Parsons – Zusammenfassung in Thesen

Dabei kommt Parsons zu folgenden Thesen, die als Zusammenfassung seiner Theorie moderner Gesellschaften gelesen werden können.

1. Eine pluralistische moderne Gesellschaft ist dann der leistungsfähigste Gesellschaftstyp, wenn sie sich unter dem Vereinigungsprinzip zusammenschließen kann. Besonderheiten der ethnischen und sozialen Herkunft, der religiösen Überzeugungen und andere traditionelle Konfliktherde können mit den Mitteln des freiwilligen Zusammenschlusses eingeklammert und überwunden werden.

2. Unter dem Gesichtspunkt der funktionalen Ausdifferenzierung können Gesellschaften ihre Leistungsfähigkeit kurzfristig durch ein effektives politisches System und langfristig durch eine dauerhaft leistungsfähige Wirtschaft optimieren. Dabei ist es allerdings wichtig, dass die so gewonnenen Leistungsvorteile ein sicheres Fundament in der gesellschaftlichen Gemeinschaft haben und ihr auch zu Nutze kommen. Das Fundament besteht gegenüber dem Wirtschaftssystem in der Institutionalisierung von Leistungsgesichtspunkten und gegenüber dem politischen System in dessen Legitimation durch die gesellschaftliche Gemeinschaft. Zu einem optimalen Gesamtergebnis kommt es dann, wenn die Leistungsvorteile des Wirtschaftssystems zu einer Standardanhebung der Gesamtbevölkerung im materiellen wie im kulturellen Sinne genutzt werden und das politische System seine Leistungsfähigkeit zur Daseinsvorsorge für die Bürger einsetzt. Bei dieser Rückverteilung der gesellschaftlichen Leistungen auf die Gesellschaftsmitglieder kann nach Parsons zwar keine materielle Gleichheit, sondern vielmehr Chancengleichheit realisiert werden. Das bedeutet, dass die gesellschaftliche Gemeinschaft allen Mitgliedern gleiche Bildungschancen und gleiche politische Partizipationschancen geben sollte, damit alle Talente optimal entfaltet werden und soziale Konflikte vermieden werden können.

3. Der Typus der modernen Gesellschaft konnte sich nur im christlichen Kulturkreis in der Verbindung von jüdischen, griechischen und römischen Einflüssen herausbilden. Die direkte Entwicklung zum Typus der modernen Gesellschaft setzt im 17. Jh. in England, den Niederlanden und Frankreich ein. Der Durchbruch zur modernen Gesellschaft erfolgt durch drei Revolutionen (Industrielle Revolution; demokratische Revolution und Bildungsrevolution), über die sich die charakteristischen gesellschaftlichen Leistungsmerkmale herauskristallisieren.

4. In analytischer Hinsicht kann der Prozess gesellschaftlicher Leistungssteigerung auf 4 Prozesse zugespitzt werden, die in den vier Feldern des AGIL

Schemas verortet werden können: Differenzierung (A-Feld), Standardanhebung durch Anpassung (G-Feld), Integration (I-Feld) und Wertverallgemeinerung (L-Feld). Das analytische Modell der modernen Gesellschaft ist in der Graphik 4 festgehalten (vgl. Abschnitt 2.4.5).

2.4.12 Einige Probleme des Konzepts

Während die kritische Auseinandersetzung mit Parsons im Abschnitt 3.2 behandelt wird, sollen hier zwei Schwierigkeiten des Ansatzes besprochen werden, die auch Probleme beim Nachvollziehen bereiten können.

Das erste Problem hat mit dem hierarchischen Aufbau des AGIL-Schemas zu tun. Der inhaltliche Grund hierfür ist, wie bereits erläutert wurde, der, dass man sich die gesamte Welt des Sozialen als ein Geflecht von Handlungssystemen vorstellen kann, die, auf welchen Ebenen auch immer, nur dann leistungsfähig sind, wenn sie die beiden Grundprobleme der Anpassung und der Integration zu lösen vermögen. Dies gilt sowohl für ganze Gesellschaftssysteme wie für überschaubare Kleingruppen. Weil das so ist, können erfolgreiche Lösungsmuster auf ganz unterschiedlichen Ebenen auftauchen. Dies ruft Verständnisprobleme hervor, die hier an zwei wichtigen Beispielen behandelt werden sollen.

Wir haben das Vereinigungsmuster als eine wichtige Organisationsgrundlage des modernen politischen Systems kennengelernt. Insofern können wir es als ein für die Legitimation des politischen Systems grundlegendes Strukturmerkmal der gesellschaftlichen Gemeinschaft verbuchen. Daneben hat Parsons jedoch gezeigt, dass das Vereinigungsmuster auch bei der Legitimation von Entscheidungen in Aktiengesellschaften eine große Rolle spielt. Schließlich haben wir es auch in Form des Kollegialitätsmusters als ein Organisationselement für die Arbeit hoch qualifizierter Spezialisten kennengelernt. *Das Vereinigungsmuster ist also auch ein Merkmal des Wirtschaftssystems.* Das ist damit erklärbar, dass das Wirtschaftssystem seinerseits wiederum ein vollständiges Handlungssystem ist, das Integrationsprobleme auch innerhalb seiner Organisationsformen lösen muss.

Diese Eigenart des AGIL-Schemas führt meines Erachtens an einem zentralen Punkt des Ansatzes zu einer gewissen Unschärfe. In der vorangegangen Darstellung ist sicherlich hinreichend deutlich geworden, dass die gesellschaftliche Gemeinschaft das entscheidende Feld für das Verständnis moderner Gesellschaften darstellt. Aus ihm haben sich über die drei Revolutionen eine universelle und in den grundlegenden Motivationen der Gesellschaftsmitglieder verankerte Kultur, ein leistungsfähiges Wirtschaftssystem und ein effizientes politisches System ausdifferenziert. Diese Ausdifferenzierung hat wiederum Rückwirkungen auf die gesellschaftliche Gemeinschaft gehabt. Ist beides Mal mit gesellschaftlicher Gemeinschaft dasselbe gemeint oder im ersten Fall das I-Feld des allgemeinen Handlungssystems und im zweiten Fall das I-Feld dieses I-Felds? Auch der Begriff der gesellschaftlichen Gemeinschaft taucht zweimal auf und man kann das Problem nur oberflächlich lösen, wenn man hier unterschiedliche Begriffe benutzt (für das I-Feld des allgemeinen Handlungssystems den Begriff Gesellschaft; für das I-Feld der Gesellschaft gesellschaftliche Gemeinschaft). Denn mit Ausdifferenzierung ist ja ein realer Vorgang gemeint, nach dem die gesellschaftliche Gemeinschaft nicht mehr dieselbe ist (vgl. auch die Anmerkungen zum analytischen Realismus). Dieser Gedanke führt in begriffliche Schwierigkeiten, die sich kaum noch auflösen lassen.

Ein weiteres in das Analysekonzept mit eingebautes Problem besteht darin, dass der Analytiker zu Bewertungen gezwungen wird, die nur partiell argumentativ erläutert und in den allerwenigsten Fällen wirklich empirisch belegt werden können. Diese Eigenart des Analysekonzepts verleiht ihm einen normativen Charakter, der auch vielfach Angriffsflächen für Kritik geboten hat.

Wieso ist eine normative Tendenz in Parsons' Konzept angelegt? Das hängt mit der Orientierung an der Evolutionstheorie zusammen. In der Biologie kann einfach konstatiert werden, dass sich Arten als anpassungsfähig erwiesen haben – ihre schiere Existenz, vielleicht noch Aspekte der Populationsentwicklung- und Ausbreitung sind Beleg genug. Die Leistungsfähigkeit moderner Gesellschaften westlichen Typs kann sicherlich auch mit deren Ausbreitung und mit der Übernahme westlichen Gedankenguts argumentativ belegt werden. Aber woran lag das? Als Analytiker hat sich Parsons darauf verpflichtet, diese Fragen zu beantworten, indem er bestimmte strukturelle Eigenheiten hervorhebt und sie als besonders leistungsfähig bezeichnet.

Wie kann diese Bewertung aber objektiviert werden? Andere Analytiker mit einer anderen politisch-ideologischen Grundhaltung würden vielleicht andere Aspekte hervorheben. Über die ,ausschlaggebenden Strukturen' lässt sich zwar trefflich streiten, für eine objektive Entscheidung aber fehlen klare Kriterien. Diese grundsätzlichen Schwierigkeiten nehmen zu, je detaillierter die Analyse wird, beispielsweise: Warum können sich moderne Gesellschaften nur auf die amerikanische Sozialstaatsphilosophie und nicht beispielsweise auf die skandinavische verständigen?

So beeindruckend Parsons' integrative Theoriearbeit auch sein mag – der Weisheit letzter Schluss ist sie ganz sicherlich nicht. Im nächsten Kapitel werden wir uns nun mit einem weiteren Ansatz beschäftigten, der die evolutionäre Perspektive beibehält, sie aber in ganz anderer Weise theoretisch umsetzt.

2.5. Niklas Luhmann und die Modernisierung der Kommunikationsverhältnisse

2.5.1 Einleitung

Es mag den kundigen Leser überraschen, dass Luhmann an dieser Stelle präsentiert wird als dritte große Theorie der modernen Gesellschaft. Ist Luhmann für diese Platzierung nicht viel zu jung, quasi Angehöriger der falschen Generation? Gehört er nicht in den zweiten Band zur ‚radikalisierten Moderne' – schon weil er sich ebenso wie die Theoretiker der radikalisierten, beziehungsweise zweiten Moderne, mit dem Postmodernismus auseinander gesetzt hat (z. B. Luhmann 1992a)?

Luhmann wird an diese Stelle platziert, weil sein Werk den *universalen Anspruch* von Weber und Parsons nicht nur fortsetzt, sondern erstmals auch einzulösen scheint. Luhmann hat zweifellos eine soziologische Systemtheorie vorgelegt, die den Anspruch einer fachuniversalen Theorie am ehesten beanspruchen kann. In seinem Theoriegebäude hat die moderne Gesellschaft den Platz eines entwicklungsgeschichtlichen Schlusssteins auf den hin evolutionäre Prozesse zulaufen. Für Luhmann ist die Moderne zweifellos keine abgeschlossene Entwicklung, aber die absehbare Zukunft verläuft in Bahnen, deren Grundlagen mit dem Übergang zur modernen Gesellschaft gelegt wurden. In dieser Hinsicht weist Luhmanns Konzept deutliche Parallelen zu Parsons und auch zu Weber auf. Dagegen ist der für die neuere Modernisierungstheorie prägende Gedanke einer radikalisierten Moderne bei Luhmann vergleichsweise schwach ausgeprägt. All dies rechtfertigt seine Präsentation als klassischer Modernisierungstheoretiker.

Der Leser muss sich darauf einstellen, dass Luhmanns Theorie der modernen Gesellschaft deutlich abstrakter und komplizierter ist als die Konzepte von Weber und Parsons. Zudem ist sie in einer eigenen systemtheoretischen Theoriesprache verfasst. Das macht die Erläuterung wie das Nachvollziehen seiner Überlegungen nicht eben leichter. Ähnlich wie bei Weber und Parsons werden in diesem Abschnitt zunächst theoretische Grundlagen dargestellt, insofern sie für das Verständnis der Theorie der modernen Gesellschaft unverzichtbar sind (2.5.1–2.5.5). Dieser Teil muss bei Luhmann deutlich länger ausfallen, er ist aber möglichweise für viele Leser immer noch zu stark komprimiert. Eine gut lesbare und wesentlich ausführlichere Einführung bietet Berghaus 2004. Zum Nachschlagen einzelner Begriffe ist Baraldi u. a. 1997 besonders geeignet. Ich habe im diesen Teil vor allem Wert darauf gelegt, den Leser in die gegenüber Parsons und Weber andersartige Anlage seiner Gesellschaftstheorie einzuführen. Luhmanns Aussagen zur modernen Gesellschaft werden dann in den Abschnitten 2.5.6–2.5.9 dargestellt. Eine thesenartige Zusammenfassung (2.5.10) sowie eine kritische Würdigung (2.5.11) schließen den Abschnitt ab.

2.5.2 Der systemtheoretische Zugang

Trotz der Parallelen zu Weber und Parsons darf eine gravierende Differenz nicht außer Acht gelassen werden. Luhmann erreicht eine bis dato unübertroffene Geschlossenheit seiner Sozialtheorie dadurch, dass er seinen Gegenstandbereich radikal auf eine Analyse der Kommunikationsverhältnisse zuschneidet. Das ‚entlastet' seine Theoriearbeit von allen Fragen der ‚Standardanhebung' und ‚Rationalisierung' der Lebensverhältnisse, mit denen die Programmatik der Moderne von Anbeginn an verknüpft war. In dieser Hinsicht trennen Luhmann Welten vom modernisierungstheoretischen Denken der Klassiker Weber und Parsons.

Dies entspricht auch durchaus Luhmanns Selbstverständnis, das sich sowohl immer wieder vom „alteuropäischen Denken" wie auch von den Theoriekonzepten der soziologischen Klassiker distanziert hat (vgl. seine Einleitung zu Durkheim; Luhmann 1992: 19–38). Luhmann plädiert für eine wesentlich abstrakter und komplexer angelegte Sozialtheorie: „Eine soziologische Theorie, die die Fachverhältnisse konsolidieren will, muss nicht nur komplexer, sie muss sehr viel komplexer werden, im Vergleich zu dem, was die Klassiker des Fachs ... und selbst Parsons sich zugemutet hatten" (Luhmann 1984: 11).

An die Stelle rationalisierter Lebensführung (Weber), beziehungsweise der in der modernen Gesellschaft erreichbaren Standardanhebungen (Parsons), tritt bei Luhmann die *Selbstbeschreibung der Gesellschaft*, also die Kommunikation über die Kommunikationsverhältnisse. Dagegen blendet er die materiellen Konsequenzen der Kommunikation weitgehend aus. Diese, je nach Blickwinkel des Betrachters, sinnvolle Selbstbeschränkung auf kommunizierte Sozialität, beziehungsweise reduktionistische Theorieanlage, hängt damit zusammen, dass Luhmann explizit eine Sozialtheorie der Gesellschaft in Form einer *konstruktivistisch angelegten Systemtheorie*[28] vorlegt. Ihr gedanklicher Ausgangspunkt sind *soziale Systeme*, die durch *selbstreferentielle Geschlossenheit*[29] und die *Fähigkeit zur Selbstorganisation* (‚Autopoiesis') gekennzeichnet werden können.

Mit Hilfe dieser Systemmerkmale versucht Luhmann das soziologische Grundlagenproblem, wie die Entstehung von Ordnung zu erklären sei, konsequent (und das heißt immer auch radikal) zu lösen. Selbst Kritiker wie Richard Münch stellen fest, dass sich „niemand sonst ... so subtil mit diesem Thema befasst" habe „wie Luhmann in seiner Systemtheorie" (Münch 2004: 222).

---

[28] Luhmann rechnet sein systemtheoretisches Konzept der „dritten Generation" des systemtheoretischen Denkens zu. Zur Unterscheidung dieser Entwicklungsschritte vgl. Luhmann 1984: 15 ff. Zur Charakterisierung der dritten Generation vgl. Luhmann 1984: 24 ff.

[29] Darunter ist zu verstehen, dass Systeme nicht durch ihre Umwelt determiniert sind, sondern sich in ihren Operationen immer auf sich selbst beziehen (geschlossene Systeme). Das impliziert insbesondere die Fähigkeit zu lernen, also die Reaktionen auf ein und denselben ‚Reiz' aus der Umwelt variieren zu können. Vgl. Luhmann 2002: 91 ff.

(a) Ordnung – vom Ordnungsproblem zur Ordnungsprämisse

Die Klassiker Weber und Durkheim haben das soziologische Ordnungsverständnis zutiefst geprägt. Für Weber ist soziale Ordnung im Sinne einer Ausrichtung von Großgruppen auf gemeinsame Ziele im innersten Kern ein Herrschaftsphänomen, auch wenn er die Grundlage der modernen Gesellschaft in charismatischer Sozialisation, im ‚Offenbarungs- und Heroenglauben' sieht. So stellt er in der Einleitung zu seiner Herrschaftssoziologie fest: „Ausnahmslos alle Gebiete des Gemeinschaftshandelns zeigen die tiefste Beeinflussung durch Herrschaftsgebilde. In außerordentlich vielen Fällen ist es die Herrschaft und die Art ihrer Ausübung, welche aus einem amorphen Gemeinschaftshandeln erst eine rationale Vergesellschaftung erstehen lässt" (Weber 1972; 541). Für die Stabilität derartiger Ordnungen ist es, gerade weil sie Herrschaftscharakter haben, entscheidend, dass sie von den Beherrschten als legitim angesehen werden. Erst der Legitimitätsglaube führt zu stabiler Ordnung.

Für Durkheim hat Ordnung dagegen einen überwiegend religiösen Kern (vgl. insbesondere Durkheim 1981). Aber auch für ihn ist die einer Gruppe gemeinsame Moral ein Ordnungselement von autoritativem Charakter, das die Interessen und Neigungen der Einzelindividuen zugunsten einer höheren, gemeinsamen Ordnung immer wieder bricht und diszipliniert.

Für Parsons, der beide Sichtweisen miteinander zu verbinden sucht, ist Ordnung zunächst immer ein empirisches Phänomen, gewissermaßen ein kostbares, weil Funktionsfähigkeit bewirkendes Gut, das mehr oder weniger ausgeprägt in realen Gesellschaften existiert, aber in Extremfällen auch außer Kraft gesetzt und zerbrochen werden kann.

Luhmann versucht dagegen das Ordnungsproblem aus einer Perspektive zu lösen, die bereits in Darwins Evolutionstheorie entwickelt worden ist. Vor Darwin konnte man die in der Natur ganz offensichtlich existierende Ordnung – Leben existiert immer nur in einer nach Arten geordneten, standardisierten Form – nur religiös oder metaphysisch erklären. An die Stelle göttlicher Schöpfung oder auch als gegeben unterstellter Naturgesetze platzierte Darwin die These *einer von den Lebewesen selbst erzeugten Ordnung*. Indem alle Exemplare aller Arten versuchen, so lange wie möglich zu überleben, entwickeln sie Eigenschaften und Artmerkmale, die genau diese Fähigkeit zum Überleben kultivieren. In dieser nicht metaphysischen Erklärung der Entstehung von Ordnung sind die Existenz von Lebewesen und deren festliegende Merkmale zwei Seiten ein und derselben Medaille. Der große Vorteil dieses Konzeptes besteht darin, dass es empirischer Überprüfung zugänglich ist.

Luhmann überträgt dieses Erklärungsmuster von Ordnung mit Hilfe der neueren Systemtheorie auf den Gegenstandsbereich der Soziologie. Es ist geradezu ein Grundmerkmal der neueren Systemtheorie (vgl. Villanyi u. a. 2009), dass

Systeme über die Eigenschaft der Autopoiesis (Maturana/Varela 1980) oder der Selbstorganisation (v. Förster 1960) definiert werden. *Sich selbst organisierende Systeme übernehmen in operativer Hinsicht die Interessenperspektive von Lebewesen*: Auch sie sind an ihrem Fortbestand interessiert. Dieses Überlebensinteresse prägt eine Praxis des Umweltbezuges, die immer auf *Selbsterhalt durch Selbstorganisation* zielt. Systeme operieren insofern wie Lebewesen, die immer nur so lange überleben können, wie sie grundlegende Operationen, die ihre Leben charakterisieren, ausführen können und auf diese Weise mit ihrer Umwelt in Kontakt treten (= geschlossene und zugleich umweltoffene Systeme).

Während sich die ältere Systemtheorie darum bemüht hatte, den Funktionszusammenhang von Automaten zu verallgemeinern, zielt das interdisziplinäre Programm der neueren Systemtheorie darauf, den Funktionszusammenhang von Lebewesen zu verallgemeinern. Für das Ordnungsproblem bedeutet das, *dass Ordnung hier eine existenzielle Voraussetzung darstellt* und die Auflösung dieser inneren Ordnung wie bei den Lebewesen den Tod oder das Ende eines autopoietischen Systems markiert.

Um dieses Konzept auf den Gegenstandsbereich der Soziologie zu übertragen, ist es zunächst notwendig, die lebenserhaltende, Ordnung aufrecht erhaltende Operation zu identifizieren, durch deren unablässige Wiederholung soziale Systeme ihren Bestand erhalten, also gewissermaßen am Leben bleiben. Luhmann konstatiert, dass soziale Systeme so lange existieren, wie systeminterne Kommunikationen auf systeminterne Kommunikationen folgen.

(b) Sozialität wird auf Kommunikation reduziert

Bevor nachvollzogen werden kann, inwieweit mit dem Aufeinanderfolgen von Kommunikationen Prozesse der Ordnungsgenerierung und Ordnungsreproduktion verbunden sind, müssen zunächst einige Konsequenzen erläutert werden, die sich daraus ergeben, dass Luhmann infolge seiner systemtheoretischen Grundlagen *Sozialität auf Kommunikation reduziert.*

Mit der Bestimmung von Kommunikation als dem alleinigen operativen Element, aus dem soziale Systeme ihre Ordnung und ihre Überlebensfähigkeit gewinnen, werden sowohl Ursachen wie Folgen von Kommunikation analytisch ausgeblendet, insoweit sie nicht als Kommunikation erfasst werden können[30]. Es wurde bereits erwähnt, dass materielle Konsequenzen der Kommunikation etwa hinsichtlich der Systematik der Lebensführung oder auch hinsichtlich des Lebens- und Bildungsstandards ausgeblendet werden. Auf der Ursachenseite fällt

---

[30] Als Konsequenz aus dieser Position hat Luhmann z. B. in seinem Beitrag zur Ökologiedebatte darauf bestanden, dass das neue an diesem Thema genau darin bestehe, dass darüber geredet werde – unabhängig von der ‚objektiven' Bedeutung des Themas (vgl. Luhmann 1986)

der gedankliche Ausgangspunkt der soziologischen Klassiker, das Individuum, ebenso aus der Bestimmung von Sozialität heraus (vgl. hierzu auch: Luhmann 2002: 248 f.).

Das Individuum wird von Luhmann in unterschiedliche Systeme zerlegt, die sich durch je eigene Operationen reproduzieren. Direkt zerfällt das Individuum in Organismen und psychische Systeme. Organismen gründen sich auf von Luhmann nicht näher spezifizierte Operationen, während psychische Systeme mit Gedanken operieren, die sich „rekursiv in einem geschlossenen Netzwerk... reproduzieren" (Baraldi u. a. 1997: 142) ohne dabei durch die Systemumwelt direkt beeinflusst oder gesteuert zu werden. Umgekehrt können Gedanken nur in psychischen Systemen und nirgendwo anders operieren.

Für Luhmann ist dennoch klar, dass es ohne als psychische Systeme wie als Organismen existierende Menschen keine Sozialität geben kann. Sie gehören jedoch zu den empirischen Voraussetzungen des Sozialverhaltens und nicht zum Sozialverhalten selbst. In einer Vorlesung hat Luhmann dies seinen Hörern über eine Parallele aus der Biologie plausibel zu machen versucht. Die im Laufe der Evolution entwickelte Fähigkeit zu Fliegen setze als äußere Bedingung unter anderem die Schwerkraft voraus (Luhmann 2002: 120). Wie wir noch sehen werden, hinkt diese Parallele etwas, da psychische und soziale Systeme weitgehende Gemeinsamkeiten aufweisen: Beide operieren mit dem Medium Sinn, Symbolsprache und „teilen sich" auch in die weitere Medienentwicklung. An anderer Stelle spricht Luhmann daher plausibler von einer Koevolution zwischen psychischen und sozialen Systemen (Luhmann 1997: 108).

Während sich Luhmann also durchaus mit den Voraussetzungen kommunikativer Prozesse beschäftigt und seine Entscheidung, zwischen psychischen und sozialen Systemen in operativer Hinsicht strikt zu trennen, damit begründen kann, dass dies das Wechselspiel beider Ebenen deutlicher sichtbar mache, *blendet er die materiellen Folgen von Kommunikation eindeutig aus, was sich auch als Verkürzung in seinem Verständnis moderner Gesellschaft bemerkbar machen wird.*

(c) Kommunikation bewirkt Überleben und damit zugleich Ordnung sozialer Systeme

Inwieweit ist nun Kommunikation nicht nur das „Lebenselixier" sozialer Systeme, sondern auch ein soziale Ordnung bewirkender Mechanismus? Kommunikation besteht aus drei Selektionen sowie einer weiteren Selektion auf der Folgeebene, die wir hier als vierte Selektion bezeichnen. Mit jeder dieser vier Selektionen sind Ordnungsleistungen verknüpft, ohne die Kommunikation nicht fortgesetzt werden könnte.

Jeder Sprecher, der einen beliebigen Satz äußert, muss dabei zwei Selektionen vornehmen. Seine *erste Selektion* besteht darin, dass er *eine Information* aus einem unendlich großen Pool an möglichen Informationen *auswählt*. Seine *zweite Selektion* besteht darin, dass er diese selektierte Information mit einem *Mitteilungssinn* verbindet. Auch dieser wird aus einem Pool möglicher Mitteilungen selektiert. Dieser Pool möglicher Mitteilungen stellt so etwas dar wie die Summe der Möglichkeiten, Sätze an andere zu adressieren und die Adresse mit Gründen zu verbinden, warum gerade diese Information jetzt einer bestimmten Person oder einem bestimmten Personenkreis mitgeteilt werden soll. Schließlich können auch unterschiedliche Formen der Mitteilung gewählt werden. Der Pool möglicher Mitteilungen stellt also so etwas wie das systeminterne sozialorganisatorische Potenzial dar, während der Pool an Informationen die Möglichkeiten des Umweltbezugs sozialer Systeme angibt.

Beide Möglichkeitsräume, sowohl der Pool an Informationen wie der an Mitteilungen, sind Teil der jeweils verwendeten Sprache und werden, indem sie selektiv genutzt werden, auch als Möglichkeitsraum mitsamt des gesamten sprachlichen Möglichkeitsraums reproduziert. Wie groß die Auswahlmöglichkeiten eines Sprechers auch sein mögen, so festgelegt sind sie dennoch durch das Instrument einer von allen Mitgliedern einer Sprachgemeinschaft geteilten Sprache.

Eine Kommunikation ist erst dann vollständig, wenn der oder die Hörer *eine dritte Selektion* vornehmen, die Luhmann als „*verstehen*" bezeichnet. Verstehen bedeutet, dass die Differenz zwischen Information und Mitteilung vom Hörer identifiziert wird. Mit anderen Worten: Ein Hörer muss sich einen Reim darauf machen, warum jemand ihm welche Informationen mitgeteilt hat. Erst wenn er das gemacht hat, ist die Kommunikation ,angekommen'. Dieser Begriff des Verstehens ist formal gemeint. Daher sind Missverständnisse, also Fehlinterpretationen der vom Sprecher intendierten Verbindung zwischen Informations- und Mitteilungsaspekt, auch Formen des Verstehens. Sie können zumeist in Anschlusskommunikationen, z. B. durch Nachfragen, aufgeklärt werden.

Mit dem Begriff der *Anschlusskommunikation* sind wir bei der *vierten Selektion* angelangt, die über die Dauer und die weitere Ausrichtung der Kommunikation entscheidet. Wenn man sich ein sehr kleines soziales System vorstellt, z. B. zwei Studenten, die in der Mensa eine Unterhaltung beginnen, dann wird besonders deutlich, was der Begriff der Anschlusskommunikation umfasst. Der Hörer muss nämlich immer zwei Entscheidungen treffen. Einmal muss er entscheiden, ob er das Gespräch fortsetzen möchte oder nicht. Das ist die Entscheidung über die „Lebensdauer" dieses sozialen Systems. Der zweite Aspekt wird von Luhmann als „Annahme" einer Kommunikation bezeichnet. Hier geht es darum, ob der Hörer die Vorstellungen des Sprechers teilt oder ob er sie nicht teilt und, wenn er sich für eine Fortsetzung der Kommunikation entschieden hat, diesem widerspricht oder zustimmt.

Die durch Kommunikation hervorgebrachten Ordnungsleistungen gewinnen sofort an Komplexität, wenn wir uns vorstellen, dass das Gespräch der beiden Studenten länger dauert und dass sie sich Tage später wieder miteinander unterhalten. Wenn wir diesen Prozessaspekt untersuchen, stoßen wir auf Ordnungsleistungen, bei denen die evolutionären Möglichkeiten sozialer Systeme sofort deutlich werden. Sie haben, grob gesagt, damit zu tun, dass man, wenn man jemanden länger ‚kennt‘, also über längere Zeiträume mit ihm kommuniziert, Erwartungen gegenüber dem Kommunikationspartner aufbaut, die die weitere Kommunikation immer spezifischer und voraussetzungsvoller machen. Man lernt im Gespräch Präferenzen und Vorlieben des anderen kennen und klärt ab, wo man übereinstimmt und wo nicht. Diese Gesprächsergebnisse ermöglichen es, die nachfolgende Kommunikation auf diese Voraussetzungen zu gründen. Wie weitgehend solche sich mit jeder weiteren Kommunikation verengenden Ordnungsmuster sein können, machen satirische Übertreibungen deutlich wie etwa Loriots Sketche über Kommunikationen in langjährigen Ehen.

2.5.3 Weitere Grundlagen: Gesellschaft und Sinn

(a) Der Gesellschaftsbegriff

Luhmann benutzt den Gesellschaftsbegriff als reinen Oberbegriff für alle sozialen Systeme, also für die Gesamtheit aller Kommunikationsverhältnisse. Das weicht von dem herkömmlichen Verständnis insofern stark ab, als Gesellschaft keine spezifische Ordnung des Sozialen beschreibt, sondern alles Soziale umfasst. Deswegen verwendet Luhmann diesen Begriff im Singular, da er die Existenz mehrerer Gesellschaften definitorisch ausgeschlossen hat. Der Begriff Gesellschaft konvergiert daher mit dem der „Weltgesellschaft" (vgl. Luhmann 1997: 145 ff.). Als allgemeines Kriterium für die Existenz einer Weltgesellschaft benutzt Luhmann die Bedingung, dass alle mit allen der Möglichkeit nach kommunizieren könnten. Für dieses Kriterium der kommunikativen Erreichbarkeit spielen Sprachgrenzen keine Rolle, sondern nur räumliche Grenzen. Zumindest für die Vergangenheit muss daher mit mehreren Gesellschaften gerechnet werden.

(b) Sinn und Sinndimensionen

Sinn ist eine weitere zentrale Kategorie in Luhmanns Systemtheorie (Luhmann 1971; 1984: 64 ff.; 1997: 44 ff.), die für die Erläuterung seiner Gesellschaftstheorie unabdingbar ist. Luhmann verwendet den Sinnbegriff in seiner semantischen Bedeutung: Sinn ist das von einem Zeichen im weitesten Sinne Ausgedrückte. In Sprachen ist Sinn sowohl der Sinn eines Wortes, eines Satzes oder auch insgesamt das, was ein Sprecher durch sprachliche Zeichen auszudrücken versucht.

In Anschluss an Husserl entwickelt Luhmann den Sinnbegriff zu einem Grundbegriff seiner Kommunikations- und Medientheorie. Husserls „Gedanke ist ..., dass ... das Bewusstsein, intentional, also aktförmig arbeitet. Diese Aktualisierung in der intentionalen Aktivität des Bewusstseins ist auf etwas Bestimmtes gerichtet. Man identifiziert Gegenstände, Menschen, Symbole, oder was immer, aber immer in einem Horizont, wie Husserl sagt, der Verweisung auf andere Möglichkeiten. Man gerät nie in eine ontologische Falle in der Art, dass man sich etwas denkt und davon so eingenommen ist, dass man nicht wieder loskommt ... immer nur ‚Systemtheorie‘ denkt, um ein aktuelles Beispiel zu nennen, und an überhaupt nicht anderes mehr denken kann als an ‚Systemtheoretisches‘. Sondern man hat, wenn man schon so denkt, immer den Gedanken, wieso das denn ‚Theorie‘ sei oder was hier denn ‚System‘ heiße. Das heißt, alles, Symbolik und Dinge, verweist in einen Horizont der möglichen Bestimmtheiten, wie Husserl sagt ... Aber *Sinn ist* nicht nur *dieses Verweisen auf andere Möglichkeiten*, sondern auch die *Lokalisierung dieser Verweisung in allem, was wir uns konkret als Gegenstand ... unseres aktuellen Erlebens vorstellen*. Ebenso ist, ... zu allem, was gesagt werden kann, zu aller Information, immer auch der Auswahlbereich vorhanden: Was habe ich erwartet und was kommt? Was überrascht mich im Verhältnis zu dem, was auch noch möglich wäre? ... Alle Items, die operativ aktualisiert werden, ... haben Sinn nur, weil sie in einem Horizont anderer Möglichkeiten platziert sind" (Luhmann 2002; 230 f. Hervorhebung D. B.).

Dieses ausführliche Zitat entstammt einem Vorlesungsmitschnitt. An Husserls phänomenologischer Analyse ist für Luhmann wichtig, das jedes Thema, das ein Sprecher gerade anspricht, in einem Verweisungszusammenhang zu einem nahezu unendlichen Möglichkeitsraum einer mit Hilfe der Sprache geordneten Realitätssicht steht. Dieser Verweisungszusammenhang ist Sprechern wie Hörern gemeinsam. Daher kann er einerseits dafür genutzt werden, genau zu identifizieren, was jemand gerade meint. Zum anderen aber ermöglicht dieser Verweisungszusammenhang, dass im nächsten Moment das Thema gewechselt werden kann, wobei den Sprechern nahezu unendliche Möglichkeiten zur Verfügung stehen. Dieses Variationspotenzial kann aber nur deswegen ausgeschöpft werden, weil Sprecher wie Hörer sich in einer gleichartig geordneten sozialen Welt in ganz ähnlicher Weise zurechtfinden können[31].

Eine Analyse des Grundaufbaus menschlicher Sprachen zeigt, dass Sprachen eine Art Baukastensystem darstellen, bei dem jeweils Lautfolgen mit spezifischen Bedeutungen verkoppelt werden und dies nach bestimmten Regeln. Jeder, der einigermaßen regelgerecht zu sprechen vermag, kann sich, ohne dass er diese Regeln explizit benennen kann, in diesem Baukastensystem der Bedeutungskon-

---

[31] Hier sei nur an die Dissertation von Alfred Schütz erinnert (vgl. Schütz 1974).

struktion bewegen, das ihm unendlich viele Variationsmöglichkeiten zur Verfügung stellt, die von den anderen Mitgliedern derselben Sprachgemeinschaft
verstanden werden können[32].

An diesem in vielen soziologischen Paradigmen aufgenommen Sachverhalt
setzt Luhmann mit einer Medientheorie an, auf die wir noch zurückkommen
müssen. Diese Medientheorie verallgemeinert die gerade skizzierten Grundein-
sichten in der Weise, dass die in einem gerade gesprochen Satz kommunizierte
Bedeutung *Form* und der Verweisungshintergrund *Medium* genannt wird. Zwischen beiden besteht einmal die gerade erwähnte Beziehung, dass nämlich der
mediale Hintergrund als Möglichkeitsraum aufzufassen ist, der den Variations-
bereich sprachlicher Ausdrucksmöglichkeiten umfasst und die konkrete Äuße-
rung als Verweisungshintergrund zugleich erklärt[33].

Darüber hinaus muss man in umgekehrter Richtung erkennen, dass jedes
Medium nur durch die Aktualisierung in konkreten Formen reproduziert werden
kann. Beispielsweise kann der Wortschatz der deutschen Sprache nur dann erhalten bleiben, wenn sie benutzt wird und zwar in allen ihren Elementen. Wenn bestimmte Elemente, wie zum Beispiel der Genitiv, immer seltener benutzt werden,
werden sie aussterben[34].

Im Rahmen dieser Medienkonzeption fungiert *Sinn als Grundmedium*.
Damit ist zugleich ausgedrückt, dass auf dieses Grundmedium weitere Medien
aufbauen können, die den kommunikativen Möglichkeitsraum gleichermaßen
spezifizieren und erweitern.

An dieser Stelle wird nur ein erstes auf das Sinnmedium aufbauendes Medium, nämlich die *Sprache*, erwähnt. Die menschliche Symbolsprache kann, wie
gerade bereits am Beispiel der deutschen Sprache gezeigt wurde, als Medium
aufgefasst werden. Ihre historische Leistung besteht darin, dass sie insbesondere den Mitteilungssinn spezifiziert und ihn damit, in zuvor unbekanntem Ausmaß, variierbar macht. Diese Eigenschaft wird schnell deutlich, wenn man die
menschliche Symbolsprache mit der Sprache unserer nächsten tierischen Nachbarn, der Primaten, vergleicht. Sie kommunizieren über Lautgesten. Das kann
man so verstehen, dass sie einen bestimmten Gesichtsausdruck mit Bewegungen kombinieren, um etwas Bestimmtes dadurch auszudrücken (van Lawick-
Goodall 1971: 228 ff.; Anhang 1). Die anderen Gruppenmitglieder müssen also
immer zwischen Bewegungen als Bewegungen und Bewegungen zum Zweck der
Kommunikation unterscheiden können und sie müssen diese Bewegungen und
Gebärden in ihrer Verkopplung mit sinnhaften Bedeutungen interpretieren kön-

---

[32] Vgl. hierzu grundlegend de Saussure 1967.
[33] Z. B. wird beim Erlernen einer Fremdsprache ein unbekanntes Wort ‚umschrieben‘, d. h. durch den
Verweisungshintergrund bestimmt.
[34] Vgl. hierzu: Sick 2006.

nen. Der Grundvorgang ist somit ganz ähnlich wie bei der menschlichen Sprache, nur ist das Variationspotenzial erheblich kleiner, weil mit jeder Lautgeste immer nur *eine* Bedeutung kommuniziert werden kann, während die menschliche Symbolsprache eine Art Baukastensystem zur nahezu beliebigen Bedeutungskonstruktion darstellt. Und genau dies macht es uns möglich, den Mitteilungssinn sehr viel spezifischer zu fassen. Auf der anderen Seite verlieren dadurch Mimik und Gestik an Bedeutung. Sie laufen aber immer noch bei der menschlichen Kommunikation mit – sei es dazu, dass gerade Ausgedrückte zu unterstützen oder auch zu dementieren. In jedem Fall aber wird der Mitteilungssinn auf das in der Symbolsprache Kommunizierte konzentriert und kann dadurch sehr viel differenzierter und feinmaschiger werden.

Sinn hat bei Luhmann aber noch in einer anderen Hinsicht grundlegende Bedeutung. Der Begriff trägt nämlich drei *Sinndimensionen*: Die Sachdimension, die Sozialdimension und die Zeitdimension (vgl. Luhmann 1984: 112 ff.). Die Bedeutung dieser drei Dimensionen besteht darin, dass sie der sinnhaften Welt gewissermaßen Dreidimensionalität verleihen. Die Ordnung von Möglichkeitsräumen und Verweisungszusammenhängen kann nämlich in jeder dieser drei Dimensionen relativ autonom erfolgen. Das heißt auch, dass man sich in jeder dieser drei Ordnungsdimensionen ohne Rückgriffe auf die anderen beiden bewegen kann. Luhmann spricht davon, dass die Unterscheidung in diese drei Dimensionen keine bewusste Theorieentscheidung gewesen sei, sondern eher intuitiv erfolgt sei[35]. Das kann man aber auch als Hinweis auf die ‚phänomenologische Evidenz‘ dieser Unterscheidung verstehen.

Bei vielen Theoretikern hat eine jeweils bestimmte Zahl starke Bedeutung für die Theoriekonstruktion. Man kann dies möglicherweise durch die Zahlen schon seit Jahrtausenden anhaftende magische Qualität erklären – in der Welt der Religionen und Rituale gibt es fast immer eine oder mehrere magische Zahlen. Während bei Parsons Vier die magische Zahl ist (Kreuztabellierung zweier Variablen mit zwei Ausprägungen) ist sie bei Luhmann eindeutig die Drei. Das lässt sich auf diese Dreiteilung in Sinndimensionen zurückführen, die das Bild eines *dreidimensionalen Möglichkeits- und zugleich Ordnungsraumes* suggerieren. Die Drei taucht aber auch an anderen Stellen in Luhmanns Theoriekonzept auf. Im Folgenden wird seine Dreiteilung der Gesellschaftsentwicklung in archaische Gesellschaften, städtische Hochkulturen und die moderne Weltgesellschaft eine Rolle spielen.

---

[35] „Ohne irgendeine vernünftige Begründung habe ich einmal angefangen – und bis heute habe ich dafür noch keine vernünftige Begründung – zwischen sachlichen, zeitlichen und sozialen Sinndimensionen zu unterscheiden" (Luhmann 2002: 238 f.).

2.5.4 Beobachtung der Gesellschaft – die Rolle der Soziologie

Auf dieser gedanklichen Grundlage kann man nun nachvollziehen wie Luhmann die Möglichkeiten der Soziologie einschätzt – in seiner Terminologie ‚den soziologischen Beobachter' verortet. Da Gesellschaft ein Oberbegriff für alles Soziale ist, kann der soziologische Beobachter das Soziale nicht von außen, von einem Standpunkt außerhalb der Gesellschaft aus beobachten, sondern nur innerhalb der Gesellschaft. Die daraus resultierenden Probleme sind keineswegs so neu, wie in manchen Darstellungen suggeriert wird (z. B. Berghaus 2004: 16). Innerhalb der Soziologie hat beispielsweise Alfred Schütz das Problem, dass der soziologische Beobachter die Lebenswelt rekonstruieren möchte und zugleich Teil dieser Lebenswelt ist, durch eine Differenzierung der Rekonstruktionsperspektive zu lösen versucht. Während die Menschen im Alltag aus einer natürlichen Einstellung heraus innerhalb der Lebenswelt operieren, wechseln sie als Sozialtheoretiker zu einer theoretischen Einstellung (vgl. Schütz/Luckmann 1984; Band 2: 176 f.). Dieses Problem existiert selbstverständlich auch für andere Wissenschaften. Jeder Physiker, der beispielsweise die Entstehung des Kosmos erklären möchte, ist Teil dieses Kosmos und lebt ganz selbstverständlich unter Voraussetzungen, die im Verlauf der kosmischen Evolution auf diesem Planeten entstanden sind.

Luhmann kennt keinen der theoretischen Einstellung vergleichbaren Begriff. Er ordnet vielmehr die Tätigkeit der Sozialtheoretiker in ein allgemeines Beobachtungskonzept ein. Das hat zur Konsequenz, dass Sozialtheoretiker Gesellschaftsbeobachter unter anderen, insbesondere neben den Massenmedien, sind, sodass zunächst zwischen der Gesellschaftsbeobachtung der Bild-Zeitung und Luhmanns Sozialtheorie keine prinzipielle Differenz auszumachen ist. Allerdings führt Luhmann eine der Schützschen Unterscheidung vergleichbare über die Hintertür ein. „Eine Soziologie, die sich als Beitrag zur Selbstbeschreibung der Gesellschaft reflektiert, wird dem angepasste erkenntnistheoretische und methodologische Vorstellungen entwickeln müssen. Ihre Aufgabe kann nicht mehr sein, ein vorgegebenes Objekt, sei es in seiner Statik, sei es in seiner Dynamik abzubilden. Eher wird es um Generierung von Theorien gehen, die eine Distanz zu den Selbstverständlichkeiten des Alltags in Kauf nehmen, ja bewusst erzeugen, um ein abstrakter gesichertes Konsistenzniveau zu erreichen" (Luhmann 1997; 1133).

In diesem Zusammenhang propagiert Luhmann eine „Wiederbelebung der Paradoxierungstechnik der klassischen Rhetorik", die ja tatsächlich sein gesamtes Werk durchzieht, als eine angemessene Methode. Bereits der Titel seines gesellschaftstheoretischen Hauptwerkes „Die Gesellschaft der Gesellschaft" drückt diese Wertschätzung der Paradoxierungstechnik aus.

2.5.5 Die Autopoiesis der Gesellschaft

Vor diesem Hintergrund kann nun die Grundanlage der Luhmannschen Gesellschaftstheorie inspiziert werden. Gedanklicher Ausgangspunkt sind die oben dargestellten drei Sinndimensionen. Da Sinn das Universalmedium kommunikativer Verständigung ist und die Sinndimensionen die allgemeinen Möglichkeiten umreißen, „ein abstrakter gesichertes Konsistenzniveau zu erreichen" (Luhmann 1997: 1133), *kommt es darauf an, mit welchen theoretischen Erkenntnisinstrumenten die drei Sinndimensionen jeweils besetzt werden.*

Dass dies *strategisch* geschieht, unterscheidet die Sozialtheorie von den alltäglichen Kommunikationszusammenhängen. „Ein Gesellschaftssystem ... muss in diesen drei Dimensionen operieren. Das heißt selbstverständlich nicht, dass diese Dimensionen Thema der Kommunikation seien müssen, weil anders die Kommunikation nicht zurechtkäme und nicht fortgesetzt werden könnte. Der für Orientierung und Fortsetzung notwendige Strukturvorrat liegt nur in den Formen, die auf diese Weise produziert werden" (Luhmann 1997: 1137). In Bezug auf die Sinndimensionen sollte die Gesellschaftstheorie aber reflektierter operieren: „Wenn man aber die Gesellschaft als Einheit beschreiben will, hat man in den Sinndimensionen einen Anhaltspunkt für die Themen, die in der Beschreibung zu berücksichtigen sind" (Luhmann 1997: 1137). Luhmanns Theoriedisposition ist nun, *dass er jede dieser drei Sinndimensionen mit einer spezifischen Theorieperspektive besetzt,* „nämlich:

die Sozialdimension durch das Konzept der Kommunikation und ihrer Medien;
die Zeitdimension durch das Konzept der Evolution;
und die Sachdimension durch das Konzept der Systemdifferenzierungen"
(Luhmann 1997: 1137; Hervorhebung D. B.)

„So wie die Sinndimensionen einander wechselseitig voraussetzen und jede von ihnen zum Ausgangspunkt für die Beobachtung der anderen genommen werden kann, *so sind auch Kommunikationstheorie, Evolutionstheorie und Differenzierungstheorie jeweils verschiedene Einstiegstore für die Darstellung der Gesamttheorie* ... Keine dieser Theorien kann auf die Mitwirkung der anderen verzichten" (Luhmann 1997; 1138; Hervorhebung D. B.).

Der von Luhmann am Ende dieses Zitates hervorgehobene Vernetzungszusammenhang zwischen diesen drei theoretischen Zugängen bedeutet, dass jeder Zugang auf Voraussetzungen aufbauen muss, die im Rahmen der jeweils anderen Theorieperspektive rekonstruiert werden können. Gleiches gilt sinngemäß auch für den Gesamtaufbau von Luhmanns Sozialtheorie, der ja zunächst auf der Ebene von Begriffen erfolgt. Auch diese sind miteinander vernetzt, was sowohl für Luhmann selbst, wie auch für jede Rekonstruktion seiner Theorie zu großen Darstellungsproblemen führt. Denn die Dreidimensionalität kann in einem immer nur in eine Richtung geordneten Text nicht reproduziert werden. Das Hauptdarstellungsproblem ist also, dass es schon aus Gründen der gedanklichen Übersichtlichkeit sinnvoll ist, jede dieser drei Theorierichtungen für sich darzustellen, obwohl dabei immer Voraussetzungen mit reflektiert werden müssen, die erst nach dem Verständnis der anderen beiden konzeptionellen Zugänge verstanden werden können.

2.5.6 Luhmanns Kommunikationstheorie/Medientheorie der Kommunikation

Es wurde bereits dargestellt, dass jeder Kommunikationsakt drei Selektionen umfasst: jeder Sprecher muss immer eine Information selektieren und sie mit einem selektierten Mitteilungssinn verbinden. Der Hörer muss die Differenz zwischen Information und Mitteilung verstehen. Für die Systembildung ist dann entscheidend, wie der Hörer reagiert, ob er die Kommunikation abbricht oder fortsetzt und ob er Kommunikation inhaltlich annimmt oder ablehnt. Wieso die Kommunikationstheorie die soziale Sinndimension und nicht etwa die sachliche belegt, wird klarer, wenn man beachtet, dass Kommunikation ein zentrales Grundlagenproblem von Sozialität löst, das Luhmann als „Problem doppelter Kontingenz" bezeichnet und im Anschluss an Parsons folgendermaßen formuliert.

Abweichend von seiner sonstigen ‚Theoriearchitektur' konstruiert Luhmann eine elementare Situation zweier voneinander unabhängiger Individuen, die aus nicht weiter erläuterten Gründen miteinander in Kommunikation treten wollen. Ihre kommunikative Konstellation ist durch doppelte Kontingenz geprägt, da beide Sprechakteure um ihre Unabhängigkeit und Willensfreiheit wissen. Ob B auf eine Kommunikation von A mit Fortsetzung und Zustimmung reagiert, ist ebenso ungewiss, wie die Reaktion von A auf eine Kommunikation von B. Da beide um ihre Unabhängigkeit voneinander wissen, ist von doppelter Kontingenz die Rede. Man weiß sowohl um die Kontingenz der eigenen Reaktion wie auch die des anderen und man weiß, dass der andere auf demselben Wissensstand ist.

Nach Luhmann kann dieses elementare Problem nun durch konditionale Verknüpfung gelöst werde. Das Motto lautet: „Ich tue, was Du willst, wenn du tust, was ich will." (Luhmann 1984: 166). Noch wichtiger als die Lösung des Problems ist seine antizipative Einarbeitung in die Kommunikation. Weil die Beteiligten darum wissen, dass die Zustimmung des anderen offen ist, wollen sie eine Zustimmung durch Einarbeitung von Motiven und Inhalten, die dem Anderen wichtig sein könnten oder explizit wichtig sind, erreichen. Jeder kennt das aus dem Alltag: Man erreicht meistens mehr, wenn man seine eigenen Gedanken und Ziele nicht direkt kommuniziert, sondern sie so darstellt, dass der andere schon sprachlich mit einbezogen wird. Typische Formulierungen sind „Wir wollten doch ..." oder: „Meinst du nicht auch ...". Redewendungen wie „Jemandem nach dem Munde reden" drücken wesentlich plastischer aus, was Luhmann ‚Einarbeitung der Perspektive des anderen' nennt.

In formaler Hinsicht haben wir ja bereits gesehen, dass Luhmann erst dann von Kommunikation spricht, wenn eine andere Person als der Sprecher seinen Satz verstanden hat. Das heißt, Kommunikation hat von vorne herein intersubjektiven Charakter, was Luhmann auch dadurch betont, dass er die konkreten Personen als Umwelt sozialer Systeme auffasst und soziale Systeme auf die Autopoiesis der Kommunikation reduziert. Diese grundlegenden Überlegungen zum Begriff der Kommunikation lassen sich auch dahingehend zusammenfassen, dass Kommunikation das einzige soziale Bindemittel ist und dass der kommunikative Erfolg (Fortsetzung und Annahme einer Kommunikation) höchst ungewiss, ja überaus unwahrscheinlich ist. Daher muss es *Mechanismen geben, die unwahrscheinliche Kommunikation wahrscheinlicher machen.*

Ein uns auch vom Alltag her vertrauter Mechanismus besteht darin, dass wir gegenüber allen Menschen, die wir kennen, bestimmte Erwartungen aufbauen, die nachfolgende Kommunikationen erleichtern. Jemanden zu ‚kennen' bedeutet nichts anderes als mit ihm bereits mehrfach gesprochen zu haben und mit dem, was dem anderen wichtig ist, vertraut zu sein. Dieser Mechanismus funktioniert aber nur im gesellschaftlichen Nahbereich. Die allgemeine Lösung des Unwahrscheinlichkeitsproblems sieht Luhmann deshalb in den Medien.

Medien liegen nach Luhmann nicht auf derselben gedanklichen Ebene wie Kommunikation. Sie bezeichnen vielmehr Voraussetzungen für Kommunikation. Das ist so zu verstehen, dass man immer dann, wenn man sich eines Mediums bedient, eine ganze Reihe von Voraussetzungen akzeptieren muss. Diese Voraussetzungen können sowohl etwas mit Qualifikationen zu tun haben (vgl. die Darstellung der Bildungsrevolution bei Parsons unter 2.4.7), sie können aber auch materieller Natur sein. Das Medium Internet beispielsweise setzt beides voraus: Man muss einen Computer mit Internetanschluss zur Verfügung haben (nicht unbedingt als Eigentum) und man muss wissen, wie man das Internet nutzen kann. Obwohl, wie wir gleich sehen werden, Evolution für Luhmann ein zielloser Prozess ist, unterlegt Luhmann der Medienentwicklung eine identifizierbare Richtung. Diese besteht darin, *Kommunikation wahrscheinlicher und erfolgreicher zu machen*.

Die *Sprache* ist für Luhmann das grundlegende Medium zwischenmenschlicher Kommunikation (Luhmann 1997: 205). Sie ermöglicht, wie bereits erläutert wurde, insbesondere den Mitteilungssinn einer Kommunikation viel spezifischer zu fassen und sie erweitert darüber hinaus das Spektrum dessen, was überhaupt mitgeteilt werden kann. Dies geschieht – und das ist im Grunde für alle Medien charakteristisch – dadurch, dass die Kommunikationsmöglichkeiten auf das Medium Sprache eingeschränkt und konzentriert werden. Mimik, Gestik, Gerüche und Geräusche interessieren nur noch am Rande, weil alles, was man anderen mitteilen möchte, in das Medium der Sprache gebracht werden muss – auch das ‚Unsagbare‘.

Das Medium Sprache erlaubt es uns zwar, über buchstäblich alles zu reden, die Reichweite sprachlicher Kommunikation ist aber auf die Rufweite begrenzt. Mithilfe der gesprochenen Sprache können sich immer nur „Anwesende" verständigen. Abwesende sind aus der Kommunikation ausgeschlossen. Auf das Problem der beschränkten Reichweite mündlicher Kommunikation antworten die *Verbreitungsmedien* (vgl. Luhmann 1997: 312). Das historisch erste Verbreitungsmedium war die Schrift, eine Vervielfältigung schriftlicher Kommunikation wurde dann durch Techniken des Buchdrucks erreicht. Über die heutigen elektronischen Medien können wir nicht nur Schrift, sondern auch Bilder, grafische Darstellungen, Filme und so weiter verbreiten. Auf diesen medial festgelegten Wegen können wir heute mit Abwesenden in Echtzeit kommunizieren. Die zeitliche Reichweite wird zugleich aber auch ausgedehnt: Wir können uns heute mit schriftlichen Texten von Konfuzius oder aus altbabylonischer Zeit beschäftigen, also gewissermaßen die Schwelle des menschlichen Todes überwinden.

So gründlich die Verbreitungsmedien auch das Problem der beschränkten räumlich-zeitlichen Reichweite verbaler Kommunikation gelöst haben, so haben sie zugleich ein schon immer bestehendes Problem verschärft, nämlich das *Problem der Annahme von Kommunikationen*. Während direkte Kommunikation immer durch Mimik, Gesten und die Anwesenheit des Sprechenden unterstützt wird und Rückfragen direkt möglich sind, erfordern die Verbreitungsmedien eine Disziplinierung der Kommunikation, ihre Beschränkung auf das medial Mögliche. Bei jeder schriftlichen Kommunikation muss das Problem der Annahme durch einen besonders überzeugenden Aufbau des Textes gelöst werden, weil in der Regel Rückfragen nicht möglich sind und eine Unterstützung durch

Mimik, Gestik und so weiter ebenso entfällt. Dieses Beispiel gilt sinngemäß für alle Verbreitungsmedien. Die Kehrseite der raum-zeitlichen Ausdehnung der Kommunikation durch Verbreitungsmedien besteht somit darin, dass die Annahme kommunizierter Vorschläge immer unwahrscheinlicher wird. Auf dieses Problem antwortet ein dritter Typus von Medien, die *symbolisch generalisierten Kommunikationsmedien*, die Luhmann auch Erfolgsmedien nennt (Luhmann 1997: 316 ff.). Hierzu zählen: Wahrheit, Liebe, Eigentum/Geld, Macht/Recht „in Ansätzen auch religiöser Glaube, Kunst und heute vielleicht auch zivilisatorisch standardisierte ‚Grundwerte‘" (Luhmann 1984: 222). Dieser dritte Typus von Medien knüpft in etwa an die Medienkonzepte von Parsons (vgl. unter 2.4.5) und Habermas (vgl. unter 3.3 sowie in diesem Abschnitt weiter unten) an. In allen drei Fällen geht es darum, die Koordination von Handlungen, beziehungsweise zwischen Handlungssystemen, zu erleichtern.

Auch Luhmanns Beschreibung in seinem späten Hauptwerk läuft darauf hinaus, dass es hier weniger um die Herstellung motivationaler Übereinstimmungen als um die *Sicherung bestimmter Leistungen* geht: „Symbolisch generalisierte Kommunikationsmedien leisten eine neuartige Verknüpfung von Konditionierung und Motivation. Sie stellen die Kommunikation in jeweils ihrem Medienbereich, zum Beispiel in der Geldwirtschaft oder dem Machtgebrauch in politischen Ämtern, auf bestimmte Bedingungen ein, die die Chancen der Annahme auch im Falle der ‚unbequemen‘ Kommunikationen erhöhen. So gibt man eigene Güter her oder leistet Dienste, wenn (und nur wenn) dafür bezahlt wird. So folgt man den Weisungen staatlicher Ämter, weil mit physischer Gewalt gedroht wird und man davon ausgehen muss, dass diese Drohung in der Gesellschaft als legitim (zum Beispiel als rechtmäßig) angesehen wird. Mithilfe der Institutionalisierung symbolisch generalisierter Kommunikationsmedien kann also die Schwelle der Nichtakzeptanz von Kommunikation, die sehr naheliegt, wenn die Kommunikation über den Bereich der Interaktion unter Anwesenden hinausgreift, hinausgeschoben werden" (Luhmann 1997; 203 f.). An anderer Stelle wird Luhmann noch etwas deutlicher und platziert die Erfolgsmedien dort, wo ‚normale Kommunikation‘ erfolglos bleiben muss.

„Im Kontext des Begriffs ‚symbolisch generalisierte Kommunikationsmedien‘ ist demnach mit ‚symbolisch‘ (wie bei Parsons) gemeint, dass diese Medien eine Differenz überbrücken und Kommunikation mit Annahmechancen ausstatten. Sie begnügen sich nicht, wie die Sprache, damit, unter hochkomplexen Bedingungen und einer erst ad hoc gewählten Kommunikation hinreichendes Verstehen sicherzustellen. Das setzen sie voraus. Gerade das Verstehen macht es nun aber in vielen Fällen extrem unwahrscheinlich, dass die Kommunikation angenommen wird – zum Beispiel bei unwahrscheinlichen Behauptungen, bei Abgabezumutungen, bei willkürlichen Verhaltensanweisungen. Wäre man hier allein auf Sprache angewiesen, wäre der Misserfolg erwartbar und die entsprechende Kommunikation würde unterbleiben … Symbolisch generalisierte Medien transformieren auf wunderbare Weise Nein-Wahrscheinlichkeiten in Ja-Wahrscheinlichkeiten – zum Beispiel: indem sie es ermöglichen, für Güter oder Dienstleistungen, die man erhalten möchte, Bezahlung anzubieten. Sie sind *sym*bolisch insofern, als sie Kommunikation benutzen, um das an sich unwahrscheinliche Passen herzustellen. Sie sind zugleich aber auch *dia*bolisch insofern, als sie, indem sie das erreichen, neue Differenzen erzeugen… Wer zahlen kann, bekommt, was er begehrt; wer nicht zahlen kann, bekommt es nicht" (Luhmann 1997: 319 f. Hervorhebung im Original).

Ich habe den Begriff der symbolisch generalisierten Kommunikationsmedien auch deshalb mit etwas ausführlicheren Luhmann-Zitaten belegt, weil er neben dem Problem der doppelten Kontingenz jener Ort in Luhmanns Begriffsnetzwerk ist, der das klassische soziologische Ordnungsproblem aufnimmt. Hier stellen sich Konsistenzfragen in zwei Richtungen: Einmal muss man sich die Frage stellen, ob die symbolisch generalisierten Kommunikationsmedien tatsächlich in Luhmanns Soziologie der Kommunikationsverhältnisse hineinpassen oder ob sie einen nur unzulänglich adaptierten Fremdkörper abgeben. Zum anderen erhebt sich die Frage, ob es Luhmann gelungen ist, die Überlegungen der Klassiker zur Geltung sozialer Ordnung hinreichend einzuarbeiten.

Zunächst zur ersten Konsistenzfrage. Passen die „Erfolgsmedien" in Luhmanns Theoriekonzept hinein? Am Ende des zweiten Luhmann-Zitats findet sich ein Satz, der Luhmanns Reduktion der Sozialität auf Kommunikation dementiert: „Wer zahlen kann, bekommt, was er begehrt; wer nicht zahlen kann bekommt es nicht". Wird hier nicht eine neue Differenz außerhalb kommunikativer Anstrengungen erzeugt, die ganz schlicht mit der Verfügung über die Ressource Geld zu tun hat? Man kann sich das an einem Beispiel wie dem Arbeitsvertrag vorstellen. Ein Arbeitnehmer erbringt für einen Betrieb Arbeitsleistungen, weil ihm dafür ein bestimmtes Gehalt zugesagt wurde. Bleibt die Zahlung aus, dann wird er sich vielleicht mit guten Worten noch eine Weile vertrösten lassen, aber irgendwann kommt der Punkt, wo das Arrangement *nicht* durch Kommunikation, sondern *nur* durch eine Geldzahlung fortgesetzt werden kann. Hier ergibt sich nun eine weitere Frage. Wenn Geld diese Funktion hat, ist es dann ein Medium im Luhmannschen Sinne? Für Luhmanns Medienbegriff ist es ja wichtig, dass Medien keine Kommunikationen darstellen, sondern vielmehr Voraussetzungen für Kommunikationen definieren. Beim Beispiel eines Arbeitsvertrags ist zunächst auch einsichtig. Nur weil das Medium Geld existiert, kann ein Arbeitsvertrag ausgehandelt werden. Die Kommunikation über Arbeitsaufgaben und Arbeitszeiten setzt das Geldmedium voraus. Anderseits aber haben wir gesehen, dass irgendwann tatsächlich Geld fließen muss. *Es tritt an die Stelle der*

Kommunikation und ermöglicht, wenn es fließt, die Fortsetzung der Kommunikation. Ähnliches lässt sich auch für die weiteren Erfolgsmedien Luhmanns sagen. Machtmittel und rechtliche Sanktionen können durchaus Voraussetzungen sein, die bestimmte „unwahrscheinliche Kommunikationen" ermöglichen. Aber auch diese Medien können nicht rein virtuell bleiben. Macht wie rechtliche Sanktionen müssen in den Augen der Beteiligten *reale* Sanktionsmittel sein, die gegebenenfalls auch wirksam werden, um als Medium zu fungieren.

In seinen phänomenologischen Überlegungen zu Prozessen der Machtbildung hat Heinrich Popitz gezeigt, dass die soziale Qualität von Macht genau darin besteht, dass man mit ihr drohen kann (Popitz 1992: 79 ff.). Aber diese Drohung ist eben nur dann wirksam, wenn sie als real eingeschätzt wird. Ein Zweijähriger, der einem Erwachsenen droht, er werde ihn nun K.O. schlagen, wird bei dem betroffenen Erwachsenen vermutlich nur Heiterkeit ernten.

Der Einwand ist also, dass alle Medien auf Luhmanns Liste der Erfolgsmedien keine reinen Medien sein *können*, um erfolgreich zu sein. Sie können nur dann erfolgreich sein, wenn sie auch an die Stelle von Kommunikation treten können. Nur dann entwickeln sie Eigenschaften, auf die sich Kommunikationen beziehen können, die sie also deswegen zu Erfolgsmedien machen. Luhmanns weitere Argumentation muss dies voraussetzen. Nur dann kann man zeigen, dass Medien wie Geld, Macht oder auch Liebe, das Potenzial haben „zugemutete Kommunikationen" (Luhmann 1997: 321), „hoch unwahrscheinliche Kombinationen von Selektion und Motivation" (Luhmann 1997: 320) zu ermöglichen. Nur unter diesen Bedingungen kann man den für Medien vorgesehenen Verweisungszusammenhang zwischen einer ‚Form' und einem dahinter stehenden medialen Möglichkeitsraum rekonstruieren.

Gelingt es Luhmann über die Erfolgsmedien die Analysen der Klassiker über soziale Ordnung an sein feinmaschiges Netz kommunikativer Ordnung zu adaptieren? Das gerade entwickelte Argument zeigt, dass Luhmanns ‚Theoriearchitektur' hier Lücken, eventuell auch ‚Sollbruchstellen' aufweist. Wenn man nun aus der Perspektive der soziologischen Klassiker, etwa von Webers Herrschaftssoziologie aus, Luhmanns Konzept der symbolisch generalisierten Kommunikationsmedien betrachtet, dann ergeben sich noch weitere Probleme.

Durkheim, Weber und Parsons haben mit unterschiedlichen begrifflichen Mitteln betont, dass ‚zugemutete Kommunikation' auf kulturellen Grundlagen beruht. Am prägnantesten für diesen Zugang sind Webers Überlegungen in der Einleitung zu seiner Herrschaftssoziologie. Weber diskutiert dort, ob Herrschaft eher als ein ökonomisches, auf Prozesse der Monopolisierung zurückführbares Phänomen oder eher als kulturelles Phänomen konzipiert werden solle (Weber 1972: 543 f.). Weber hat sich für die zweite Möglichkeit entschieden und soziologische Phänomene von Macht und Herrschaft auf ‚Gehorsamsverhältnisse' zurückzuführen versucht. Man könnte seine Herrschaftssoziologie dahingehend zusammenfassen, dass Formen der Herrschaftsausübung immer dann sozial weitgehend konfliktfrei ablaufen, wenn sie durch den Legitimationsglauben der Beherrschten gedeckt sind. Für die Herrschaftsausübung bedeutet dies, dass sie spezifische Formen annehmen muss und sich auf die legitimierten Bereiche zu beschränken hat. Man könnte durchaus Webers Idealtypen legitimer Herrschaft als Erfolgsmedien begreifen, die „hoch unwahrscheinliche Kommunikation" wahrscheinlich machen. Der Mechanismus, über den dies geschieht, wäre Sozialisation, die Erwartungen der Fügsamkeit in bestimmter Hinsicht vermittelt und relativ kommunikationsunabhängig generalisiert. Damit verglichen sind Luhmanns Erfolgsmedien zwar universalistischer gebaut, es bleibt aber unklar, *wieso* die angegebenen Medien erfolgreich funktionieren.

An dieser Stelle lohnt auch ein kurzer Blick auf die dualistische Gesellschaftstheorie von Habermas (vgl. Abschnitt 3.3). Habermas geht davon aus, dass die Medien Macht und Geld aus der Lebenswelt ausdifferenziert wurden (vgl. Habermas 1981; Band 2: 384 ff.). Darunter versteht er, dass mit Hilfe von Macht und Geld Handlungen im Hinblick auf materielle Folgen miteinander verknüpft werden können, ohne dass in Prozessen der Alltagskommunikation hierüber Einverständnis erzielt werden muss. Ausdifferenzierung bedeutet bei Habermas aber auch, dass die Geltung dieser beiden Medien in der Lebenswelt verankert sein muss, etwa über allgemeine Überzeugungen der Effizienz dieser Medien. Dieser kulturelle Anker kann beschädigt oder zerstört werden, wenn Machtausübung als illegitim angesehen wird oder der Glaube an den Wert von Geldscheinen einer bestimmten Währung erodiert. Anders als Habermas, Weber, Durkheim oder Parsons, *kann Luhmann nicht erklären, wieso welche Erfolgsmedien unter welchen Bedingungen erfolgreich sind.* An die Stelle soziologischer Erklärungen rückt bei ihm blanker Empirismus: Man kann in jedem Einzelfall beobachten, ob unwahrscheinliche Kommunikation mithilfe von Erfolgsmedien erfolgreich ist oder nicht.

2.5.7 Luhmanns Differenzierungskonzept

Als zweiter Strang von Luhmanns Theorie der modernen Gesellschaft wird seine Differenzierungstheorie behandelt, die die Sachdimension des Sinnmediums besetzt. Hierbei wird in zwei Schritten vorgegangen. In einem ersten Schritt wird die Anlage seines Differenzierungskonzepts diskutiert, da es sich zumindest in einer Hinsicht von dem gängigen Verständnis von Differenzierung unterscheidet. In einem zweiten Schritt wird dann (unter 2.5.8) seine Differenzierungstheorie der modernen Gesellschaft dargestellt.

Luhmann benützt neben dem allgemeinen Differenzierungsbegriff die Begriffe segmentäre Differenzierung, stratifikatorische Differenzierung, Differenzierung zwischen Zentrum und Peripherie sowie funktionale Differenzierung. Da diese Begriffe auch von anderen Soziologen in ähnlicher Weise benutzt werden, zeigt das, dass Luhmann an das übliche soziologische Differenzierungskonzept anknüpft. Dabei darf aber nicht übersehen werden, dass er Differenzierung systemtheoretisch umformuliert. Während das klassische Differenzierungskonzept von einer Gesamtgesellschaft ausgeht, die, je nach Differenzierungsbegriff, auf unterschiedliche Weise ‚unterteilt' ist, geht Luhmann von einem Begriff der *Systemdifferenzierung* aus. Das ist nicht als eine ‚einfache' Umformulierung in ein systemtheoretisches Vokabular zu verstehen, sondern impliziert vor allem einen Perspektivwechsel. Während der klassische Differenzierungsbegriff immer vom Standpunkt der Gesamtgesellschaft aus benutzt wird, geht Luhmann mit seinem Begriff der Systemdifferenzierung dagegen vom Standpunkt eines Teiles aus.

> „Wir schränken den Begriff ... auf den Sonderfall der Systemdifferenzierung ein. Damit erschweren wir den leichtgängigen Schluss von Strukturproblemen gesellschaftlicher Differenzierung auf individuelles Verhalten. Das soll es selbstverständlich nicht ausschließen, auch von Rollendifferenzierung oder von differenziertem Geschmack, von begrifflichen Differenzierungen oder von terminologischen Differenzierungen in einem ganz allgemeinen Sinne zu sprechen. Alles, was unterschieden wird, kann, wenn man das Ergebnis dieser Operation meint, auch als Differenz bezeichnet werden. Die These der folgenden Untersuchungen ist jedoch, dass andere Differenzierungen sich als Folge von Systemdifferenzierungen einstellen, also durch Systemdifferenzierungen erklärt werden können; und dies deshalb, weil jede operative (rekursive) Verknüpfung von Operationen eine Differenz von System und Umwelt erzeugt" (Luhmann 1997; 596 f.).

Durch eine systemtheoretische Reformulierung soll also eine größere Erklärungskraft des Differenzierungskonzepts erreicht werden. Die Art der Präzisierung ist keineswegs überraschend. Dadurch, dass der Differenzierungsbegriff direkt an die grundlegende Unterscheidung zwischen System und Umwelt geknüpft wird, wird sein Grundlagencharakter markiert. Den damit verknüpften Perspektivwechsel behandelt Luhmann als unproblematisch, als Möglichkeit real erreichte Systemkomplexität analytisch besser zu erfassen. Auch dies möchte ich mit einem längeren Zitat belegen.

> „Vom Teilsystem aus gesehen, ist der Rest des umfassenden Systems jetzt Umwelt. Das Gesamtsystem erscheint für das Teilsystem dann als Einheit der Differenz von Teilsystem und Teilsystemumwelt. Die Systemdifferenzierung generiert, mit anderen Worten, systeminterne Umwelten ... Vielmehr rekonstruiert *jedes* Teilsystem das umfassende System, dem es angehört und das es mit vollzieht, durch eine *eigene* (teilsystemspezifische) *Differenz von System und Umwelt*. Durch Sys-

temdifferenzierung multipliziert sich gewissermaßen das System in sich selbst..."
(Luhmann 1997; 597 f. Hervorhebung im Original).

Es wurde ja bereits gezeigt, dass aus systemtheoretischer Sicht Kommunikation
für soziale Systeme die entscheidende ordnungsgenerierende Operation ist. Luhmanns Differenzierungsbegriff hebt nun darauf ab, *dass jedes Teilsystem seine
eigene interne Ordnung produziert und alle anderen Teile der Gesellschaft als
Umwelt wahrnimmt und verarbeitet.* Damit wird der klassische Gesellschaftsbegriff aus der soziologischen Analyse herauskatapultiert. Wir haben ja bereits
gesehen, dass der Gesellschaftsbegriff bei Luhmann als Schublade für alles
Soziale benutzt wird, also oberhalb der Ebene von Sprachgemeinschaften, gemeinsamen kulturellen Traditionen und Werten, etc. liegt. Wie solche Einheiten,
die mit jeder empirischen Verwendung des Gesellschaftsbegriffs verknüpft sind,
aus der von Luhmann eingenommenen Perspektive rekonstruiert werden können, bleibt unklar.

Halten wir also fest, dass Luhmann Differenzierung aus der Perspektive der
ausdifferenzierten Teile von Sprachgemeinschaften, kulturellen Gemeinschaften,
Staaten oder auch der Weltgesellschaft analysieren möchte. Um die analytischen
Möglichkeiten dieser Perspektive besser verstehen zu können, ist es sinnvoll, hier
die Begriffe „Beobachtung" und „Reentry" einzuführen.

Luhmanns Beobachtungsbegriff ist streng systemtheoretisch konzipiert (vgl.
auch Villanyi u. a. 2009: 372 ff.). Beobachten bedeutet eine Unterscheidung vorzunehmen. Was damit gemeint ist, kann man anhand alltäglicher Beobachtungen
leicht nachvollziehen. Man ‚sieht' immer erst dann etwas, wenn man von einer
bestimmten Unterscheidung – etwa in Form einer Frage – ausgeht. Wenn man
aus dem Fenster sieht und sich fragt, wie ist das Wetter heute, schön oder nicht
schön, dann ‚sieht' man das Wetter, beschäftigt sich aber nicht gleichzeitig mit
dem Straßenverkehr, den man auch ‚sehen' könnte. Beobachtung ist also eine
Operation, die alle sinnverarbeitenden Systeme, psychische wie soziale Systeme,
vollziehen können. Auf der Ebene sozialer Systeme sind Beobachtungen Teil der
Kommunikation. Explizit tauchen sie zum Beispiel in Form von Fragen auf. Aus
dieser Anlage des Beobachtungsbegriffs folgt auch, dass der Beobachter nicht
immer nur eine konkrete Person sein muss. In sozialen Systemen können auch
größere Gruppen den Status von Beobachtern haben, wenn sie einer gemeinsamen Frage nachgehen. Für die Differenzierungstheorie bedeutet das, *dass gesellschaftliche Teilsysteme die Gesamtgesellschaft als Umwelt beobachten, also
unter Fragestellungen verarbeiten, die sie selbst generieren.*

Mithilfe dieses Konzepts kann nun erläutert werden, dass Systemdifferenzierung eine Differenzierung von Beobachtungstandpunkten und Fragestellungen bedeutet. *Jedes Funktionssystem schafft insofern eine je eigene Realität.*

Der Begriff des Reenty wird wichtig, wenn es um die Analyse der inneren Struktur eines Teilsystems geht. Jedes Teilsystem kann sich zunächst immer nur durch die Konstatierung einer Differenz zwischen System und Umwelt identifizieren. Wenn es diese Differenz auf sich selbst anwendet, kann man von einem Reentry sprechen, also der Wiedereinführung einer Unterscheidung in das System. Beispielsweise können die Bewohner einer Siedlung ihre Siedlung mit anderen Siedlungen vergleichen und sie als besonders groß oder schön oder was auch immer identifizieren. Diese Unterscheidungen können dann innerhalb der Kommunikationen der Bewohner der Siedlung weiter verwendet werden – sei es in operativer Hinsicht, sei es als Beobachtung. Als Beobachtung würde es die Ebene Selbstreferenz versus Fremdreferenz belegen und zum Beispiel einen Beitrag zum Selbstverständnis der Bewohner dieser Siedlung leisten. In operativer Hinsicht könnte man zum Beispiel versuchen, die beobachtete Differenz auszubauen oder abzubauen. Nach diesem Muster können auch die Funktionssysteme verfahren und sich so je eigene Strukturen schafften, die sich aus einem Reentry der spezifischen „Weltsicht" jedes Funktionssystems gewinnen lassen. So viel zur Charakterisierung von Luhmanns Differenzierungsbegriff.

Erläuterungen der Luhmannschen Systemtheorie (vgl. z. B. Baraldi u. a. 1997: 26 ff. bzw. 65 ff.), unterscheiden nun zwischen diesem allgemeinen Begriff der Differenzierung (oder Ausdifferenzierung) und einem *speziellen Begriff der Gesellschaftsdifferenzierung*. Dies ist durchaus zutreffend, denn Luhmann kann dieses allgemeine Konzept nicht durchhalten, wenn er sich konkreter mit gesellschaftlicher Differenzierung beschäftigt. Wenn man Differenzierung ausschließlich aus der Perspektive der Teilsysteme, als deren Operation beschreiben möchte, dann fehlen die begrifflichen Mittel, um zu erklären, wieso Gesellschaften immer von *einem* Differenzierungsprinzip bestimmt werden. Genau genommen ergeben sich für Luhmann sogar zwei Schwierigkeiten, die ohne eine grundlegende Revision seines Kategoriensystems nicht lösbar sind. Zu dem Problem, ein gesellschaftsweit vorherrschendes Differenzierungsmuster erklären zu müssen, kommt noch das Problem, dass Gesellschaft in einem historisch fassbaren Sinne, als ein Sozialsystem, das sich von anderen Gesellschaften unterscheidet, begrifflich gar nicht existiert (vgl. 2.5.3.a). Damit fehlt auch ein begrifflicher Anknüpfungspunkt, um Operationen zu beschreiben und zu analysieren, wie die Reproduktion diverser Sprachen durch die Kommunikation in der jeweiligen Sprache. Besonders eklatant und eindeutig ist das Problem bei segmentär differenzierten Stammesgesellschaften, deren Verwandtschaftssysteme wie deren Ritualorganisation immer nur gesellschaftsweit funktionieren. Damit müssen sie zwingend als Operationen des Gesellschaftssystems und nicht der einzelnen Clans beschrieben werden. Diese Probleme löst Luhmann durch Erklärungsverzicht. Er konstatiert schlicht, dass solche einheitlichen Differenzierungsmuster existierten. Sie seien evolutionär zufällig entstanden, wobei dieser Zufall in Wahrscheinlichkeitsbereiche geht, die einem Sechser im Lotto entsprechen, denn zufälliger Weise weisen alle bekannten Gesellschaften jeweils ein dominantes Differenzierungsprinzip auf.

„Aus der Theorie der Systemdifferenzierung lässt sich nicht ableiten, dass es eine solche Formfestlegung geben muss; und erst recht nicht, dass für diese Funktion jeweils nur eine einzige Form vorgesehen ist. Aber es kann sein und kommt, wie wir zeigen werden, ganz regelmäßig vor, dass solche Formen gefunden werden, um die Differenzierungsverhältnisse in einer für alle Teilsysteme gleichen Weise zu ordnen … Ohne behaupten und begründen zu können, dass es in jedem Gesellschaftssystem eine dominante Differenzierungsform geben müsse, sehen wir darin doch die wichtigste Gesellschaftsstruktur …" (Luhmann 1997: 610f.). Die Sprachregelung ist dann folgende: „Von Differenzierungsformen wollen wir sprechen, wenn es darum geht, wie in einem Gesellschaftssystem das Verhältnis der Teilsysteme zueinander geordnet ist" (Luhmann 1997: 609).

An dem zuletzt zitierten Satz fällt auf, dass hier ein Begriff für Gesellschaft im klassischen Sinne benutzt wird, nämlich der Begriff ‚Gesellschaftssystem‘ (alternativ spricht Luhmann auch von ‚Gesamtgesellschaft‘). Von hier aus könnte man selbstverständlich auch mit systemtheoretischen Mitteln versuchen, die Differenzierungsbegriffe zu klären. Für den vergleichsweise einfachen Fall segmentärer Differenzierung könnte man dann an vielfältigem ethnologischen Material zeigen, dass die Untergliederung der Stämme in Clans zumindest in Stammesgesellschaften, die als besonders archaisch gelten, als explizites Reentry der System-Umwelt-Unterscheidung des „Gesellschaftssystems" verstanden wird. So kann beispielsweise die Anordnung der Sippenhäuser der Clans die vier Himmelsrichtungen repräsentieren – die Sippenhäuser symbolisieren also die Positionierung des Stammes in der ‚Welt‘. Ebenso kann durch segmentäre Differenzierung eine ‚heilige Zahl‘ (vgl. Bauer u.a. 2004: 446f.) veranschaulicht werden und so weiter.

Ansonsten verarbeitet Luhmann in seinem Differenzierungskonzept durchweg klassische Annahmen, wobei allerdings permanent das Problem eines fehlenden empirischen Gesellschaftsbegriffs mitläuft. *Luhmanns Grundannahme ist, dass mit jedem Differenzierungsmuster begrenzte Entwicklungsmöglichkeiten verknüpft sind.* Damit kann der Übergang zu einer neuen dominanten Differenzierungsform als eine perspektivische Lösung von Komplexitätsproblemen verstanden werden: „Weitere Evolution ist dann unmöglich, oder sie erfordert den Übergang zu einer anderen Differenzierungsform" (Luhmann 1997: 611). Luhmann folgt hier dem üblichen soziologischen Urteil, wonach segmentäre Differenzierung die am wenigsten leistungsfähigste Differenzierungsform, funktionale Differenzierung dagegen die leistungsfähigste Differenzierungsform darstelle. Daraus ergibt sich dann – ganz ähnlich wie bei Parsons – ein Stufenkonzept, das aber durchaus mit der Vorstellung eines „blinden" Evolutionsmechanismus verknüpfbar ist (vgl. unter 2.5.9).

Luhmanns Ausführungen zu den einzelnen Differenzierungsbegriffen sind nicht weiterführend, zum Teil eher uninformiert. So ist beispielsweise seine Behauptung, dass stratifikatorische Differenzierung „ihre Grundstruktur ebenfalls in einer Zweierunterscheidung, nämlich von Adel und gemeinem Volk" (Luhmann 1997: 613) habe, mit dem Forschungsstand auf diesem Gebiet schlichtweg unvereinbar (vgl. z.B. Dumézil 1970). Auch deswegen konzentriert sich die folgende Darstellung ganz auf Luhmanns Verständnis funktionaler Differenzierung, da dieses Muster ja der modernen Gesellschaft zugrunde liegt.

2.5.8 Funktionale Differenzierung und moderne Gesellschaft

Luhmanns Verständnis der modernen Gesellschaft liegt auf zwei Ebenen, die getrennt behandelt werden. *In struktureller Hinsicht ist für Luhmann die moderne Gesellschaft durch das Primat funktionaler Differenzierung charakterisiert.* Davon unterscheidet er strikt eine Ebene der ‚Selbstbeschreibung der modernen Gesellschaft', bei der es um Beobachtungen der Spezifik der Moderne gehe. Sicherlich ist auch die These vom Primat funktionaler Differenzierung ein Bestandteil gesellschaftlicher Selbstbeschreibung. Davon unabhängig existiert funktionale Differenzierung und ist in ihren spezifischen Operationen beobachtbar. Dies betont diese Unterscheidung.

In diesem Abschnitt wird die operative Charakterisierung der modernen Gesellschaft durch das Primat funktionaler Differenzierung dargestellt. Sie knüpft an die Analysen von Weber und Parsons an, wobei Luhmann allerdings aus systemtheoretischer Perspektive zu einer besonders feinmaschig ausgearbeiteten Differenzierungstheorie gelangt (vgl. Schimank 2000). Im Hinblick auf Parallelen zu Parsons fällt auf, dass Luhmann implizit an mehreren Punkten Argumente verwendet, die deutliche Anklänge an Parsons' Konzeption eines „analytischen Realismus" erkennen lassen. Parsons hatte bekanntlich die Auffassung vertreten, dass im Zuge der Evolution Gesellschaften immer stärker dem analytischen Muster des AGIL-Schemas folgen würden. An Luhmanns Darstellung der modernen Gesellschaft ist ebenso zu erkennen, dass er hier materielle Rechtfertigungen für analytische Vorentscheidungen zu finden glaubt. Dies gilt einmal für die Herauslösung des Individuums in Form einer eigenständigen Systemkategorie aus den sozialen Systemen (vgl. Luhmann 1997: 744). Zum anderen glaubt Luhmann historische Belege für seine analytische Vorentscheidung zu finden, Gesellschaft im Singular und nicht im Plural zu verwenden. Denn in der Moderne zeige sich ein Trend zu einer Aufhebung klassischer Gesellschaftsgrenzen und Unterscheidungen in einer Weltgesellschaft[36]. Drittens, das ist in diesem Kontext am wichtigsten, ist Luhmann der Auffassung, sein Konzept der Systemdifferenzierung (vgl. 2.5.8), das Differenzierung aus der Perspektive der Funktionssysteme in den Blick nimmt, werde durch die Gegebenheiten moderner Gesellschaften gerechtfertigt.

> „Während im Falle der Stratifikation jedes Teilsystems sich selbst durch eine Rangdifferenz zu anderen bestimmen musste und nur so zu einer eigenen Identität gelangen konnte, bestimmt im Falle funktionaler Differenzierung jedes Funktionssystem die eigene Identität selbst – und dies, ... durchweg über eine elaborierte Semantik der Selbstsinngebung, der Reflexion, der Autonomie. ... Das heißt jedoch nicht, dass die Abhängigkeiten der Teilsysteme voneinander abnehmen. Im Gegenteil: sie nehmen zu. Aber sie nehmen die Form der Differenz von System und Umwelt an" (Luhmann 1997: 745).

Diese ‚Identität‘ eines jeden Funktionssystems speist sich daraus, dass es jeweils ein Problem der Gesellschaft bearbeitet – und zwar ausschließlich bearbeitet. „Das heißt auch, dass das Funktionssystem seine Funktionen für sich selbst monopolisiert und mit einer Umwelt rechnet, die in dieser Hinsicht unzuständig oder inkompetent ist" (Luhmann 1997: 746). Die von jedem Funktionssystem beanspruchte Bearbeitung eines spezifischen Problems ist für das Funktionssystem selbst immer vorrangig. Daraus folgt unter anderem, dass „auf der Ebene des umfassenden Systems der Gesellschaft ... keine allgemeingültige, für alle Teilsysteme verbindliche Rangordnung der Funktionen" (Luhmann 1997: 747 f.) existieren kann.

Jedes Funktionssystem erreicht eine operative Schließung und wird damit zu einem autopoetischen System durch einen seiner gesellschaftlichen Funktion zugeordneten, binären Code. Durch diesen binären Code können die dem System zugehörigen Kommunikationen „mit praktisch ausreichender Eindeutigkeit" (Luhmann 1997: 748) abgegrenzt werden. Jeder binäre Code weist sowohl einen positiven wie einen negativen Wert auf (z. B: zahlen – nicht zahlen), sodass eine Bewertung der systemspezifischen Operationen zuverlässig erfolgen kann. Die Existenz eines Negativwertes sichert zugleich, dass jedes Funktionssystem seine Ziele definitiv erreichen, also teleologischen Charakter annehmen kann. Damit wird auch sichergestellt, „dass immer eine Anschlusskommunikation möglich ist" (Luhmann 1997: 749). Die Autopoiesis jedes Funktionssystems besteht somit „in der Reproduktion ... der elementaren Operationen des Systems, also zum Beispiel

---

[36] Allerdings wird sich zeigen, dass Luhmanns Begriff der Weltgesellschaft das begriffliche Problem nicht lösen kann, da es in seiner Systematik keine Stelle für die Beschreibung dessen gibt, was im klassischen Gesellschaftsbegriff erfasst wird. Vgl. zum Begriff Stichweh 2000.

von Zahlungen, von Rechtsbehauptungen, von Kommunikationen über Lernleistungen, von kollektiv bindenden Entscheidungen usw." (Luhmann 1997: 752). In operativer Hinsicht müssen Codes immer durch Programme konkretisiert werden. Programme legen fest, unter welchen Bedingungen der Positivwert, beziehungsweise der Negativwert eines binären Codes zutrifft. So kann zum Beispiel im Gesundheitssystem nicht willkürlich festgelegt werden, ob ein Patient krank oder gesund ist. Dazu existiert ein ausgefeiltes System der Diagnose, das auf diverse Nachschlagewerke gestützt ist, die den Zugriff auf den gängigen Wissensstand sichern. Auf diese Weise kann die Zuordnung des Positiv-, beziehungsweise Negativwertes den fachintern anerkannten Kriterien unterworfen werden.

Generell wird die Autonomie jedes Funktionssystems dadurch gesichert, dass alle anderen binären Codes zurückgewiesen werden (Luhmann spricht von „Rejektionen"; 1997: 751). Damit kann auch eine Unabhängigkeit von moralischen Urteilen erreicht werden. Das soll gerade nicht heißen, „dass es auf Moral in der Gesellschaft nicht mehr ankommen soll, sondern nur: dass die Codes der Funktionssysteme auf einer Ebene höherer Amoralität fixiert werden müssen" (Luhmann 1997: 751). In der durch funktionale Differenzierung geprägten modernen Gesellschaft ist also auch das moralische Urteil nur eine Unterscheidung neben anderen.

Eine wichtige Konsequenz der Autonomie der Teilsysteme besteht in einer *pluralen Weltbeschreibung*: „Weltbeschreibungen sind immer Ausformulierungen der Fremdreferenz spezifischer Systeme und folglich abhängig davon, wie (jeweils) über Selbstreferenz disponiert wird". Daher verfügen wir über eine ganze Reihe „von gleichermaßen validen Weltbeschreibungen" (Luhmann 1997: 754; Ergänzung in Klammer D. B.). Unter den Bedingungen autonomisierter Teilsysteme sieht Luhmann drei logische Möglichkeiten der Beobachtung (= Beschreibung) von Systemen. Eine Möglichkeit ist die Beobachtung des Gesamtsystems, in dem Funktionen der verschiedenen Teilsysteme unterschieden werden können. Die zweite Möglichkeit besteht in der Beobachtung anderer Teilsysteme in der gesellschaftsinternen Umwelt, deren spezifischen Leistungen beobachtet werden können. Die dritte Möglichkeit besteht in der Selbstbeobachtung des Teilsystems durch sich selber, die reflexiven Charakter hat (Luhmann 1997: 757). So kann man beispielsweise sowohl die Leistungen wie auch die Funktion des Wirtschaftssystems beobachten. Die Leistung kann „als Extraktion von Materialien aus der natürlichen Umwelt und als Befriedigung von Bedürfnissen" (Luhmann 1997: 758) beschrieben werden, „während die Funktion darin liegt, unter den Bedingungen von Knappheit künftige Versorgung sicherzustellen" (Luhmann 1997: 758). Diese Funktion hat das Wirtschaftssystem in der Gesellschaft *monopolisiert.*

Luhmann begründet seine Generalthese, dass die Umstellung auf funktionale Differenzierung erhebliche Komplexitätsgewinne ermögliche, vor allem mit der Monopolisierung jeweils einer Problemverarbeitungsfunktion durch ein Funktionssystem. „In einer Kurzformel zusammengefasst, wollen wir sagen, dass mit einem *Redundanzverzicht*, nämlich einem Verzicht auf Multifunktionalitäten erhebliche *Komplexitätsgewinne* realisiert werden können – freilich mit einer Vielzahl von Folgeproblemen. Diese Beschreibung besetzt die Theoriestelle, die in der klassischen Soziologie die Lehre von der Arbeitsteilung eingenommen hatte" (Luhmann 1997: 761; Hervorhebung im Original).

Die in dem Zitat angesprochenen Folgeprobleme sind eine quasi selbstverständliche Folge der Komplexitätsgewinne der einzelnen Funktionssysteme. Diese führen zu wachsender Dynamik, wie auch zu einer wachsenden Unübersichtlichkeit für Beobachter aus der Perspektive anderer Teilsysteme. Diese Unübersichtlichkeit (vgl. bereits Habermas 1985) macht es für ein Funktionssystem nahezu unmöglich, die Reaktionen anderer Funktionssysteme zu kalkulieren oder gar zu steuern. Daher können sie nur zu dem Mittel der Vereinfachung greifen, also zu hohe Komplexität drastisch reduzieren, was aber das Risiko „hoher Enttäuschungsquoten", „generalisierter Unzufriedenheit", „unrealistischer Ansichten über die moderne Gesellschaft" mit sich bringt (Luhmann 1997: 763). Interessant ist Luhmanns Überlegung, dass von diesem Zusammenhang zwischen Redundanzverzicht und Komplexitätsgewinn einige Systeme stärker profitieren als andere. Die größten Probleme mit dieser Umstellung scheint das politische System zu haben[37] (Luhmann 1997: 764).

Nicht erst auf der semantischen Ebene gesellschaftlicher Selbstbeschreibungen, sondern bereits auf der operativen Ebene funktionaler Differenzierung attestiert Luhmann der modernen Gesellschaft eine „sehr weitreichende Umstellung des Beobachtens auf ein *Beobachten zweiter Ordnung*" (Luhmann 1997: 766; Hervorhebung im Original). Dies ist darauf zurückzuführen, dass nahezu alle Funktionssysteme ihre Operationen auf dieser Beobachtungsebene registrieren und darauf reagieren. Das Wirtschaftssystem beispielsweise erlaubt in Form der Preisbildung auf den Märkten eine permanente Beobachtung zweiter Ordnung, die für alle Wirtschaftsakteure eine zentrale Orientierungsfunktion hat. Ähnliches kann auch für die Bedeutung von Wahlen für die Selbstbeobachtung des politischen Systems oder von Publikationen für die Selbstbeobachtung des Wissenschaftssystems ausgesagt werden. *Solche Formen der Selbstbeobachtung stellen eine ganz wesentliche Quelle dar, über die Funktionssysteme Realität konstruieren.* Über die Ebene der Funktionssysteme hinausgehend vermutet Luhmann nun *für moderne Gesellschaften ganz allgemein, dass sie ihre*

---

[37] Das ist zumindest unter demokratischen Bedingungen wenig verwunderlich, da das politische System immer von der öffentlichen und der veröffentlichten Meinung abhängig ist. Die immer wieder konstatierte „Politikverdrossenheit" konkretisiert Luhmanns Diagnose, dass wachsende Systemkomplexität das Risiko verbreiteter Unzufriedenheit in sich berge.

Realitätskonstruktionen über Beobachtungen zweiter Ordnung herstellen. Dies
werde „zum generellen Modus anspruchsvoller gesellschaftlicher Realitätsver-
gewisserung" (Luhmann 1997: 768).
Wichtig ist nun, dass diese Umstellung auf den Modus des Beobachtens
zweiter Ordnung zu einem dezentrierten Weltverständnis führt, also jeder Vereinheitlichung des Weltverständnisses den Boden zu entziehen scheint. Dies erklärt Luhmann mit den Komplexitätsgewinnen der Funktionssysteme.

> „Jedes Funktionssystem operiert in einer für es unkontrollierbaren innergesell-
> schaftlichen Umwelt. Dass dies erfolgreich möglich ist, macht für *andere* Funk-
> tionssysteme *deren* Umwelt unkontrollierbar. Im Ergebnis löst sich dadurch jede
> gesamtgesellschaftlich verbindliche Ordnung des Verhältnisses der Funktionssys-
> teme zueinander auf" (Luhmann 1997: 770; Hervorhebung im Original).

Dieses Ergebnis ist für einen ausgewiesenen Systemtheoretiker nicht überraschend. Es bestätigt vielmehr allgemeine Maximen der Systemtheorie: „Man
kann diese Analysen zusammenfassen in der allgemeinen Einsicht, dass operative Geschlossenheit und autopoetische Autonomie einem System hohe Komplexität mit Unordnung in der Umwelt ermöglichen. Sofern strukturelle Kopplungen
kontrolliert und Irritationen aufgenommen und verarbeitet werden können, kann
die Umwelt im Übrigen intransparent, überkomplex, unkontrollierbar bleiben.
Dieser schon an der Außengrenze des Gesellschaftssystems wirksame Mechanismus, durch den sich Kommunikation gegen den Rest der Welt distanziert, wird
durch funktionale Differenzierung ins Innere des Gesellschaftssystems übertragen" (Luhmann 1997: 770).
Durch diese zentrale Einsicht gewinnt Luhmann nicht nur Anschluss an die
neueren Modernisierungstheoretiker sondern auch Theoretiker der Postmoderne,
die philosophische Modeströmung der 90er Jahre[38]. Was dort auf der Ebene von
Zeitdiagnosen behandelt wird, kann Luhmann aus systemtheoretischer Perspektive erklären.
Auch die These eines Primats funktionaler Differenzierung vermag Luhmann in die systemtheoretische Beobachtung der modernen Gesellschaft ein-
zufügen. „Das Primat funktionaler Differenzierung ist die *Form* der modernen
Gesellschaft. Und Form heißt nichts anderes als die Differenz, mit der sie ihre
Einheit intern reproduziert, und die Unterscheidung, mit der sie ihre eigene Einheit als Einheit des Unterschiedenen beobachten kann" (Luhmann 1997: 776;
Hervorhebung im Original). In eine allgemeinere Sprache übersetzt bedeutet das,
dass man von einem Primat funktionaler Differenzierung dann sprechen kann,

---

[38] Vgl. aus der Fülle einschlägiger Literatur: Lyotard 1999; Welsch 1994; Lash 1990; Behrens 2004.

wenn die moderne Gesellschaft im Zusammenspiel der Operationen ihrer Funktionssysteme reproduziert werden und dies auch beobachtet werden kann. Die These des Primats funktionaler Differenzierung schließt keineswegs aus, dass auch andere Differenzierungsmuster in der modernen Gesellschaft nicht nur existieren, sondern *als Nebenprodukte funktionaler Differenzierung* sich auch weiterentwickeln. So hält es Luhmann für bemerkenswert, dass auch moderne Gesellschaften „nach wie vor krasse Unterschiede der Lebenschancen" (Luhmann 1997: 774) reproduzieren, ohne dass dies zur Reproduktion der modernen Gesellschaft beitragen würde. Insbesondere bemerkt Luhmann, dass das Wirtschafts- und das Erziehungssystem „kleinste Unterschiede (der Arbeitsfähigkeit, der Kreditwürdigkeit, des Standortvorteils, der Begabung, Diszipliniertheit etc.)" ausnutzten, „um sie im Sinne einer Abweichungsverstärkung auszubauen, so dass selbst eine fast erreichte Nivellierung wieder in soziale Differenzierungen umgeformt wird, auch wenn dieser Effekt keinerlei soziale Funktion hätte" (Luhmann 1997: 774).

Warum Luhmann in dieser Formulierung den Konjunktiv benutzt, bleibt unklar, zumal er in einer an diese Feststellung anknüpfenden Fußnote zu Bourdieu bemerkt, dass das Bemühen, kleinsten Unterschieden soziale Bedeutung abzugewinnen „gerade in seiner Vergeblichkeit und im Fehlen eines gesellschaftsstrukturellen Hintergrundes beeindruckt" (Luhmann 1997: 775).

Ein gewisses Substitut zu dem aufgegebenen Begriff der Gesamtgesellschaft erreicht Luhmann durch die Unterscheidung von Autopoiesis und struktureller Kopplung. Die systemtheoretische Betrachtungsweise ist auf die Operationen der Funktionssysteme fokussiert, die deren Autopoiesis bewirken. Diese ist aber wiederum nur möglich unter bestimmen *Voraussetzungen*, die mit dem Begriff der strukturellen Kopplung erfasst werden können. Diese Voraussetzungen müssen innerhalb des Systems nicht reflektiert werden, sie können aber beobachtet werden, wobei der Standort, von dem aus *solche* Beobachtungen gemacht werden können, von Luhmann nicht genau geklärt werden kann (vgl. Luhmann 1997: 776 f.).

Beim Vergleich zwischen modernen und stratifikatorisch differenzierten Gesellschaften kommt Luhmann zu folgendem Urteil: „Die Ausdifferenzierung operativ geschlossener Funktionssysteme (durch die moderne Gesellschaften charakterisiert sind) erfordert eine entsprechende Einrichtung ihrer gesellschaftsinternen Umweltbeziehungen. Die alte Bindung gesellschaftlicher Funktionen an Familienhaushalte und an die soziale Schichtung dieser Familien muss gelöst und ersetzt werden durch neue Formen struktureller Kopplung, die die Funktionssysteme untereinander verbinden ... Ohne solche Formen struktureller Kopplung wäre die Ausdifferenzierung von Funktionssystemen in ihren Anfängen, etwa auf der Ebene besonderer Korporationen oder Organisationen, stecken geblieben" (Luhmann 1997: 779; Ergänzung in Klammer: D. B.).

Wenn eine moderne Gesellschaft ohne solche strukturellen Kopplungen un-denkbar wäre, dann überrascht es zunächst, dass Luhmann an dieser wichtigen Stelle seiner Argumentation nur Beispiele bringt und scheinbar *keine allgemeine Logik oder allgemeine Antriebskräfte zur Etablierung struktureller Kopplungen erkennen kann*. Luhmann begründet sein Vorgehen damit, dass angesichts der Vielzahl derartiger Beziehungen nur Beispiele gegeben werden könnten (vgl. Luhmann 1997: 780 f.). So erläutert er, dass die Kopplung von Politik und Wirt-schaft primär durch Steuern und Abgaben erreicht, die Kopplung zwischen Recht und Politik durch die Verfassung geregelt, während das Verhältnis von Recht und Wirtschaft durch Eigentum und Vertrag organisiert werde.

Halten wir an dieser Stelle der Rekonstruktion von Luhmanns Argumen-tation vorläufig fest, dass Luhmann zwar die Bedeutung struktureller Kopplung für den Modernisierungsprozess sieht, sie aber nicht systematisch auf eine Weise, die etwa mit Parsons' double interchanges vergleichbar wäre, darstellen kann. Zum anderen muss auch festgehalten werden, dass seine These einer Abkopp-lung der Funktionssysteme von Haushalten und sozialer Schichtung nur postu-liert nicht aber erläutert wird. Andere Autoren, wie zum Beispiel Habermas oder auch Parsons, insistieren darauf, dass auch moderne Gesellschaften funktional an die Leistungen von Haushalten und Familien gebunden blieben. Möglicher-weise kann Luhmann diese Bindungen nicht sehen, weil er an dieser Stelle der von ihm ja auch keineswegs bestrittenen strukturellen Kopplung sozialer Syste-me an psychische Systeme und Organismen nicht genügend Beachtung schenkt. Möglicherweise müsste sein kaum entwickelter Begriff der Funktion in die Richtung einer solchen strukturellen Kopplung weiterentwickelt werden. Dann müsste man sich auch nicht damit begnügen, vorauszusetzen, dass jedes Funk-tionssystem eine bestimmte Funktion monopolisiert habe, sondern könnte umge-kehrt genauere Bedingungen dafür angeben, dass ein solches Funktionsmonopol aufrechterhalten, reproduziert werden kann.

Luhmanns Analyse ist weniger auf ein Verständnis der Gesamtarchitektur der modernen Gesellschaft hin fokussiert als vielmehr darauf, ihr Funktionie-ren auf der Ebene der Funktionssysteme möglichst genau zu beschreiben und zu verstehen. Deswegen laufen seine Überlegungen zu Aspekten der strukturel-len Kopplung in der modernen Gesellschaft auf die These hinaus, dass sie zu-nehmend Irritationen für die Funktionssysteme erzeugten und diese Irritationen wiederum als Dynamisierung und Verbesserung der Umweltanpassung zu ver-buchen seien. Dies sei aber nur durch „weitgehenden Verzicht auf Koordination der Irritationen" zu erreichen. „Auf die Unkoordiniertheit der Irritationen kann die Gesellschaft dann wiederum nur irritiert reagieren, und nicht etwa durch eine zentral überwachte Lösung des Problems der Irritation" (Luhmann 1997: 789).

Die *These einer Irritationszunahme* will Luhmann durchaus empirisch verstanden wissen. Man könne eine dramatische Zunahme derartiger Irritatio-

nen „in mindestens drei Hinsichten" (Luhmann 1997: 795) bemerken: erstens
in Bezug auf *ökologische Probleme*; zweitens in Bezug auf die *Bevölkerungszunahme*; drittens in Form *zunehmender Individualisierung*. Diese dramatisch
zunehmenden Irritationen seien einerseits aufgrund der Dynamisierung der
Funktionssysteme angestiegen. Andererseits würden zunehmende Diskrepanzen
im Verhältnis des Gesellschaftssystems zu seiner Umwelt „als Probleme in der
Kommunikation" (Luhmann 1997: 795) sichtbar. Beide Faktoren könnten nicht
definitiv gelöst werden, da Planung und Koordination zwischen den Funktionssystemen deren Anpassungspotenzial zerstörten und es keinen Ort „für eine ge-
sellschaftszentrale Behandlung der Folgen" (Luhmann 1997: 795) gebe.

Bei dieser Argumentation fällt wiederum auf, dass Luhmann die Funktionssysteme der modernen Gesellschaft allein unter dem Gesichtspunkt der
Komplexitätssteigerung und einer damit einhergehenden Autonomisierung des
Anpassungspotenzials diskutiert. *Dabei bleibt aber ausgeblendet, dass sich*, insbesondere durch die Monopolisierung bestimmter Funktionen, *die Bearbeitungs-
möglichkeiten für Komplexität drastisch reduziert haben*. Beobachtungen, wie
die von Luhmann zur modernen Gesellschaft angestellten, könnten ja auch dazu
motivieren, die Funktionsmonopole in Frage zu stellen und *hier* durch Pluralisierung neue Möglichkeiten zu schaffen. So könnten beispielsweise Eigenschaften
des Tauschmittels Geld variiert werden mit der Folge einer Pluralisierung des
Wirtschaftssystems, was zu einer Variation der Folgeprobleme einschließlich der
Problemlösungsmöglichkeiten führen würde.

Ansätze in diese Richtung existieren in Form lokaler Tauschmittel, die meist
mit einem Negativzins verbunden werden. Das bekannteste Beispiel in Deutschland ist der ‚Chiemgauer‘, eine lokale ‚Währung‘, die an Wert verliert, wenn sie
nicht sogleich wieder ausgegeben wird[39]. Das herrschende Geld dagegen generiert in diesem Falle Zinsen.

2.5.9 Luhmanns Evolutionstheorie der modernen Gesellschaft

Die Evolutionstheorie besetzt in Luhmanns Gesellschaftstheorie die zeitliche
Sinndimension. Dafür gibt es sehr gute Gründe, die in der Erklärungsleistung
der Evolutionstheorie selbst liegen. „Wie immer unbefriedigend evolutionstheoretische Erklärungen, gemessen an logischen, wissenschaftstheoretischen und
methodologischen Standards kausaler Erklärung und Prognose, ausfallen mögen: es gibt heute keine andere Theorie, die den Aufbau und die Reproduktion
der Strukturen des Sozialsystems Gesellschaft erklären könnte" (Luhmann

---

[39] Zum theoretischen und historischen Hintergrund vgl. v. a. die sog. Freiwirtschaftslehre von Sylvio
Gesell; z. B. Gesell 1911.

1997: 413). Diese Erklärungsleistung der Evolutionstheorie fußt darauf, dass sie ein logisch unlösbares Problem in ein genetisches Problem umformuliert (Luhmann 1997: 414 ff.).

Aus einem eher empiristischen Blickwinkel heraus, kann man die Evolutionstheorie als eine Methode verstehen, die die Existenz von etwas extrem Unwahrscheinlichem dadurch zu klären sucht, dass sie dessen Genese auf der Zeitachse nachzuvollziehen versucht. Das Paradebeispiel für diese Erklärungsstrategie ist nach wie vor Darwins ‚On the Origin of Species' (1859).

Diese Erklärungsperspektive wurde insbesondere von Herbert Spencer auf die Soziologie übertragen (vgl. unter 1.3). An diese Traditionen knüpft Luhmann relativ direkt an, wobei er die *Zufälligkeit* evolutionärer Prozesse besonders betont. „Es geht, sehr vereinfacht gesagt, um die Erklärung von Strukturänderungen". Die Strukturen sozialer Systeme schränken den Bereich anschlussfähiger Operationen ein. „Sie existieren nicht abstrakt, nicht unabhängig von der Zeit ..." Vielmehr „regulieren sich Strukturen nur in der Dirigierung (Einschränkung des Möglichkeitsbereichs) des Fortgangs von Operation zu Operation. Und es ist dieser Operationsbezug (in unserem Falle also: Kommunikationsbezug), der die Strukturen der Gesellschaft der Evolution aussetzt" (Luhmann 1997: 430 f.).

Nach dieser Übersetzung der evolutionstheoretischen Grundperspektive in Luhmanns Terminologie fällt es leicht, die *Bezüge zur Kommunikations- und Medientheorie, sowie zur Differenzierungstheorie* zu erkennen. Der Abschnitt über die Kommunikations- und Medientheorie Luhmanns hat gezeigt, wie die Wahrscheinlichkeit kommunikativer Verständigung über Medien erhöht werden kann. Medien wurden dabei immer über die Einschränkung des Möglichkeitsbereichs für anschlussfähige Kommunikationen identifiziert. In ähnlicher Weise ist auch Luhmanns Differenzierungstheorie gebaut. Über die Kommunikations- und Medientheorie wie auch die Differenzierungstheorie können also evolutionäre *Möglichkeiten*, die selbst im Zuge des Evolutionsprozesses entstanden sind, erklärt werden.

Daher lässt sich Luhmanns Denken zur Gesellschaftsevolution und damit auch zu modernen Gesellschaft am einfachsten aus der Perspektive seiner Evolutionstheorie zusammenfassen. Luhmann entwickelt seine evolutionstheoretische Perspektive über die *Begriffe Variation, Selektion und Restabilisierung.*

(a) Variation

Variation ist gewissermaßen das Einfallstor jedes evolutionären Prozesses. Soziale Systeme erzeugen laufend Variationen auf der Ebene der Kommunikation. Insbesondere durch die Ja/Nein-Kodierung, die in jeder Sprache vorgesehene Möglichkeit, einen kommunizierten Vorschlag annehmen oder ablehnen zu können, werden die Sprecher permanent angeregt, Kommunikationen zu variieren, um auf diesem Weg Ablehnung in Zustimmung überführen zu können (vgl. auch das Problem doppelter Kontingenz unter 2.5.6).

An dieser Stelle ist weiterhin festzuhalten, dass *Variation immer auf der operativen Ebene*, auf der Ebene der Elemente eines sozialen Systems, stattfindet, während *Selektion* auf der Ebene der *Strukturen*, also der Erwartungen der Kommunikationsteilnehmer erfolgt. Weiterhin ist Variation immer ein *systeminterner* Vorgang, der durch die Systemumwelt nur angeregt werden kann.

Im Laufe der soziokulturellen Evolution nehmen die Variationsmöglichkeiten zu. Dabei spielen sowohl Kommunikation und Medien wie auch Differenzierungsformen eine wichtige Rolle. „Man baucht … Zusatzeinrichtungen der Häufung und Beschleunigung von Variation (so wie in der Evolution des Lebens die biochemische Mutation durch bisexuelle Reproduktion ergänzt worden ist). In der gesellschaftlichen Evolution ist das auf zweierlei Weise geschehen: durch das *Verbreitungsmedium Schrift* und *durch Stärkung der Konfliktfähigkeit und Konflikttoleranz* in der Gesellschaft (oder anders gesagt: durch *Verzicht auf die Externalisierung aller Konflikte* wie sie für segmentäre Gesellschaften charakteristisch ist)" (Luhmann 1997: 464; Hervorhebungen im Original).

Das *Verbreitungsmedium Schrift* stellt für Luhmann insofern eine Art Quantensprung in den Variationsmöglichkeiten dar, weil hiermit ein Einstieg in Formen der interaktionsfreien Kommunikation erfolgt. Während Ablehnung in direkter Kommunikation unter Anwesenden ein hohes Konfliktpotenzial in sich birgt und deswegen immer nur sehr begrenzt möglich ist, ist das Nein-Sagen bei schriftlicher Kommunikation insbesondere dann, wenn sie nicht innerhalb von Herrschaftszusammenhängen oder Verwaltungsapparaten erfolgt, wesentlich leichter möglich. Das Variationspotenzial wird aber auch dadurch größer, dass *Gesellschaften durch Formen der Differenzierung ihre Angewiesenheit auf Konsens reduzieren* und Möglichkeiten der Tolerierung und der Austragung von Konflikten schaffen ohne dass dabei der gesellschaftliche Zusammenhalt als solcher in Frage gestellt wird. Auch hier sieht Luhmann in den alten Hochkulturen neben der Schrift eine Reihe von Ansätzen wie Rollendifferenzierung, Differenzierung zwischen politischer Herrschaft und Religion, sowie Tendenzen der Verrechtlichung.

Einen weiteren Quantensprung in der Entfaltung des gesellschaftlichen Variationspotenzials findet mit dem *Übergang auf funktionale Differenzierung*, dem für Luhmann entscheidenden Merkmal moderner Gesellschaften, statt. „Mit der Ausdifferenzierung besonderer Funktionssysteme entstehen, auf sie bezogen, Kontingenzformeln, die eine systemspezifische Unbestreitbarkeit behaupten können, etwa Knappheit für das Wirtschaftssystem, Legitimität für das politische System, Gerechtigkeit für das Rechtssystem, Limitationalität für das Wissenschaftssystem" (Luhmann 1997: 469 f.). Im Hinblick auf diese funktionssystemspezifischen Kontingenzformeln sind die Funktionssysteme darauf

programmiert, permanent und systematisch Variationen zu erzeugen. Insofern *wird permanente Variation zur Grundlage moderner Gesellschaften.*
Am Ende dieser Erläuterungen zum Begriff Variation soll noch auf eine nur scheinbare Trivialität hingewiesen werden. Variationen sind nur dann Variationen, wenn sie auch als solche erkannt werden können. Für die Ablehnung in direkter Kommunikation mag diese Feststellung tatsächlich trivial sein, setzt sie doch nur die Fähigkeit angemessener Sprachbeherrschung voraus. Bei Kommunikation im Medium Schrift oder bei Spezialkommunikation im Rahmen gesellschaftlicher Differenzierung können Abweichungen aber erst dann festgestellt werden, *wenn sich eine bestimmte Semantik, also Erwartungen darüber, wie etwas normalerweise gesagt wird, entwickelt haben.*

(b) Selektion

Während durch die Variation der Kommunikation das Material für die Evolution von Gesellschaften geschaffen wird, bezeichnet der Begriff der Selektion den gesellschaftlichen Umgang mit diesem Material. Er ist daher auf der Ebene gesellschaftlicher Strukturen angesiedelt, hat also *mit den Erwartungen innerhalb sozialer Systeme* zu tun.
Selektion ist in Luhmanns Terminologie eine ‚Form‘, eine Entscheidung zwischen zwei Alternativen. Variationen können entweder positiv oder negativ selektiert werden, zu Strukturveränderungen (= Einstellungsveränderungen) führen oder nicht. Weil Selektionen somit ständig stattfinden, schaffen sie *Zeitbewusstsein*: „Weder durch negative Selektion (= Selektion der Nichtselektion) noch durch negativen feedback lässt die Geschichte sich rückgängig machen. Das System gerät nie wieder in den früheren Zustand. Es kann sich nur erinnern und vergleichen. Es kann die Variation der Situation zurechnen und das Nichtaufgreifen der Gelegenheit zur Änderung begründen. Aber damit ist nicht zu verhindern, vielmehr gerade nahegelegt, dass man einen konservativen Kurs später bereut oder das Problem neu aufgreift. Die Wiederholung schafft in jedem Fall eine andere Situation" (Luhmann 1997: 475).
Anders als im klassischen Darwinismus basiert Selektion auf system*internen* Beobachtungen. Dagegen galt im klassischen Darwinismus die Faustregel, dass Selektion eine Reaktion der Umwelt auf Variationen der Organismen einer Art darstellt. Letztere hatten die Chance, ihre neuartigen Eigenschaften zu vererben, gerade nicht in der eigenen Hand. Die Chancen nicht gefressen zu werden und deshalb zu überleben, wurde im Wesentlichen durch die Existenz und die Verhaltensweisen anderer Organismen bestimmt, die der Umwelt zugehören.
Ein derartiges Verständnis von Selektion verwirft Luhmann, weil es nicht ‚ins System passt‘, sich den analytischen (oder auch: dogmatischen) Prämissen seiner Theorie autopoietischer sozialer Systeme entzieht. Deswegen interessiert

sich Luhmanns Evolutionstheorie auch nicht für solche Selektionen, die ganz oder teilweise der Umwelt der Systeme zugerechnet werden müssen. So wäre beispielsweise zumindest zu überlegen, ob Krieg zwischen Staaten, ob Konkurse von Unternehmen oder auch die Programmierung eines Funktionssystems durch andere Funktionssysteme nicht als Hinweise darauf anzusehen wären, dass es auch auf dem Feld des Sozialen Phänomene gibt, die der ,natural selection' durchaus vergleichbar sind.

Da Luhmann Selektion nur als systeminterne Selektion zur Kenntnis nimmt, betont er auch die entscheidende Rolle der vorhandenen Sozialordnung für weitere Selektionen. Die jeweils zu einem bestimmten Zeitpunkt gegebene Struktur eines Systems bildet die strukturelle Voraussetzung für jede weitere Selektion. Damit werden auch Prozesse zirkulärer Abweichungsverstärkung denkbar.

Ähnlich wie sich im Verlauf der Evolution Mechanismen entwickelt haben, die Variationen verstärken, *entwickelt die Gesellschaft auch im Verlauf ihrer Evolution zusätzliche Selektionsmechanismen.* Sie regeln vor allem, ob und unter welchen Bedingungen „eine Innovation gesellschaftsweite Resonanz auslösen soll" (Luhmann 1997: 479). Diese Funktion erfüllen sowohl die *Religion* wie auch die *symbolisch generalisierten Kommunikationsmedien* (vgl. unter 2.5.6). „Während die Religion die Hoffnung auf Einheit der Selektionskriterien bewahrt und dies eventuell mit Stagnation zu bezahlen bereit ist, wird unter dem Regime symbolisch generalisierter Kommunikationsmedien der Ausbau der gesellschaftlichen Komplexität abhängig von der Frage, welche Medien mehr als andere sich dafür eignen. Man muss also mit erheblichen Disbalancierungen rechnen … Man muss damit rechnen, dass bestimmte Funktionsbereiche ihr Selektionsproblem erfolgreicher lösen als andere, sich rascher dem Tempo der modernen Gesellschaft anpassen oder auch Errungenschaften besser kumulieren können als andere. Das Ergebnis erscheint als Dominanz von Technik oder von Geld oder von Sonderrationalitäten, die nicht voll befriedigen" (Luhmann 1997: 483 f.).

Dieses Zitat verdeutlicht, dass Religion in Luhmanns Augen ein eher konservativer Selektionsmechanismus ist, der zu negativen Selektionen tendiert. Dennoch ist auch für Luhmann die Religion ein Feld für Innovationen. Hierzu zählt er neben den modernen Weltreligionen auch die religiösen Systeme der alten Hochkulturen. „Über Religion setzt die Gesellschaft selbst sich unter Anpassungsdruck und entwickelt geheiligte Selektionskriterien, mit denen sie wilde Variationen abfangen und sortieren kann" (Luhmann 1997: 480). Dagegen sind die symbolisch generalisierten Kommunikationsmedien wesentlich offener für positive Selektionen, was allerdings mit einem weitgehenden Verzicht auf Einheit und Einheitlichkeit bezahlt werden muss.

> „Bei aller semantischen Verschiedenheit der Religionen auf der einen und der symbolisch generalisierten Medien auf der anderen Seite scheint es aber auch etwas

Gemeinsames zu geben. In beiden Bereichen etabliert die Selektion sich auf der Ebene der *Beobachtung zweiter Ordnung*. Die Religion beobachtet Gott als Beobachter der Menschen, die symbolisch generalisierten Kommunikationsmedien dirigieren das Beobachten anderer Beobachter, etwa in den Märkten des Wirtschaftssystems..." (Luhmann 1997: 484; Hervorhebung im Original).

(c) Restabilisierung

Luhmanns dritter Begriff für die Analyse von Evolution ist *Restabilisierung*. Er bezieht sich auf das Verhältnis zwischen Strukturen und Systemen und könnte als *Streben nach Einheitlichkeit der Selektion* umschrieben werden. „In jedem Falle führt Selektion, ob positiv oder negativ, zum Ansteigen der Komplexität des Systems, und darauf muss das System mit Restabilisierungen reagieren" (Luhmann 1997: 488).

Einen *Bedarf an Restabilisierung* erkennt Luhmann nur für Gesellschaften, die einem raschen und kontinuierlichen sozialen Wandel unterliegen. Daher ist es auch kein Zufall, dass er den Begriff am Beispiel der Französischen Revolution einführt. „Im Jahre 1789 wurden Pariser Unruhen als ‚Revolution' beobachtet und mit einem eigens dafür modifizierten Begriff beschrieben. Die Folgen waren weder aufzuhalten noch zu kontrollieren, und man kann sie wohl am besten als ein hundertjähriges Misslingen weiter Revolutionen beschreiben, die dann aber in ihren Konsequenzen das politische System Frankreichs auf eine repräsentative Demokratie umstellten. Codifizierungen des Rechts, Freigabe der Wirtschaft an in ihr selbst durchsetzungsfähige Kräfte, Säkularisierungen im Bereich der Religion, Privatisierung auch der Großen Familien, waren Ausgleichsentwicklungen, die als Restabilisierungen der revolutionären Innovationen begriffen werden können. Aber auch wo Revolution negativ seligiert, also abgelehnt wurde wie in Preußen, waren Restabilisierungen nötig, etwa im Sinne eines Kulturstaatsprogramms für Schulen und Hochschulen. Allgemeiner formuliert: Variationen können im Unbemerkten verschwinden, Selektionen werden aber normalerweise im Systemgedächtnis festgehalten, und man muss dann im weiteren mit dem Wissen zurechtkommen, dass etwas Mögliches nicht realisiert wurde ... Auch in diesen Fällen ist also mit der (negativen) Selektion noch nicht ausgemacht, daß und wie das System sich daraufhin an sich selbst und seine Umwelt (etwa: Erwartungen von Individuen) anpassen kann" (Luhmann 1997: 487 f.).

Unter den Bedingungen hoher Komplexität und permanenten sozialen Wandels hält es Luhmann für unmöglich, Restabilisierung über klassische Ordnungsbegriffe wie Gleichgewicht zu identifizieren. „Aufs Ganze gesehen stellt die Gesellschaft ihre Stabilisierungsbemühungen auf reaktive Verfahren um" (Luhmann 1997: 491). Für die modernen Gesellschaften der Gegenwart konstatiert Luhmann darüber hinaus einen *„Übergang der Restabilisierungsfunktion auf* *die Funktionssysteme"* (Luhmann 1997: 492; Hervorhebung D. B.). Dabei „stellen die Funktionssysteme ihre Selektionsweise auf *prinzipiell instabile Kriterien* um ... So spricht man von *Staatsraison*, um der Politik zu erlauben, sich Situationszwängen zu fügen und dabei stabile moralische oder naturrechtliche Normen beiseitezuschieben. Die Orientierung der Wirtschaft an *Profit* erlaubt eine laufende Anpassung der Produktion an Marktbedingungen ... Das Recht findet sein Geltungsprinzip jetzt in der *Positivität* seiner Setzung mit der Folge, dass andere Entscheidungen anderes Recht in Geltung setzen können. Die gleiche Destabilisierung der Kriterien zeigt sich schließlich in der Frühmoderne auch in der Religion ..." (Luhmann 1997: 493; Hervorhebungen im Original).

Diese Beispiele machen deutlich, „dass Funktionssysteme auf Variation hin stabilisiert sind, sodass der Stabilisierungsmechanismus zugleich als Motor der evolutionären Variation fungiert" (Luhmann 1997: 494). Damit wiederholt Luhmann in seiner Terminologie jene Grundbeschreibung der modernen Gesellschaft durch die soziologische Modernisierungstheorie, die ihre Kritiker stöhnen lässt, dass hier die „Wiederkehr des immer Gleichen" (zum Beispiel Wehling 1992: 17 ff.) als alternativlose Zukunft der modernen Gesellschaft dargestellt und propagiert werde. Luhmann wiederholt dabei allerdings nur jene Beschreibung, die er bereits unter dem Stichwort Differenzierungstheorie angefertigt hat. Solange die Moderne durch ihre Funktionssysteme als hinreichend bestimmbar gilt und diese Funktionssysteme von Leistungsmonopolen gestützt sind, sind Alternativen tatsächlich schwer denkbar.

Auf diese Fragen nach realen Alternativen und konzeptionellen Ergänzungen im soziologischen Konzept moderner Gesellschaften wird im zweiten Band zurückzukommen sein. An dieser Stelle interessiert zunächst nur die Machart des Begriffs der Restabilisierung.

Wir müssen hier zunächst Ungereimtheiten anmerken, die eine Folge der bereits besprochenen problematischen Verwendung des Gesellschaftsbegriffs bei Luhmann sind. Bei der Entwicklung des Begriffs der Restabilisierung benützt Luhmann das Beispiel der Französischen Revolution und der preußischen Reaktion, wobei er ganz selbstverständlich unterstellt, dass es sich hier jeweils um unterschiedliche Gesellschaften handelt, ohne dass klar ist, wie sie sich als Nationalstaaten aus ‚der' Gesellschaft ausdifferenziert haben. Luhmanns Bild ‚der' Gesellschaft, und dies muss hier festgehalten werden, kann erst dann wieder einigermaßen mit der Realität in Übereinstimmung gebracht werden, wenn wir von globalisierten Funktionssystemen (vgl. Brock 2008: 200 ff.) ausgehen können, die zum Träger der gesellschaftlichen Evolution geworden sind.

Problematisch ist auch, dass Luhmann den Begriff der Restabilisierung nur für solche Gesellschaften (ich benutze hier den üblichen pluralen Gesellschaftsbegriff) reserviert, die ein gewisses Komplexitätsniveau erreicht haben und permanentem sozialen Wandel unterliegen. Damit wird vor allem die bei jeder

Anwendung evolutionstheoretischen Denkens auf den Bereich der Soziologie unvermeidliche Parallele zur Biologie, gelinde gesagt, überstrapaziert. Für Lebewesen wird nämlich die Funktion der Restabilisierung bereits dadurch erreicht, dass sich Arten als Population bilden, die nur interne Fortpflanzung kennen. Nur weil es keine Paarung zwischen unterschiedlichen Arten gibt, kann von einem geschlossenen Genpool die Rede sein, der das Spektrum möglicher Variationen begrenzt (vgl. auch Luhmann 1997; 486). Etwas Vergleichbares auf dem Feld des Sozialen scheint Luhmann erst mit der Globalisierung der Funktionssysteme gefunden zu haben.

Diese Festlegung öffnet nicht nur dem Ideologieverdacht Tür und Tor, sie ist als Analogie zur Biologie auch keineswegs plausibel. Viel naheliegender wäre es, den zur Artbildung analogen sozialen Schließungsvorgang für soziale Systeme mit dem Übergang auf die Symbolsprache zu identifizieren. Wenn man darunter eine Monopolisierung der Kommunikation durch das Medium der Symbolsprache versteht, nach der es nur noch möglich ist, dass soziale Systeme Strukturen über symbolsprachliche Verständigung entwickeln, kann hier eine analoge Engführung der evolutionären Möglichkeiten gesehen werden.

(d) Evolutionäre Errungenschaften

Im Zusammenspiel der drei Begriffe Variation, Selektion und Restabilisierung wird Evolution gerade in der modernen Gesellschaft zu einen permanenten Prozess, der zugleich *die basalen Operationen der Kommunikation und der Beobachtung miteinander verkoppelt.* Nur Variationen, die als solche beobachtet werden können, können auch selektiert werden. Obwohl Luhmann Evolution also als einen permanent ablaufenden Prozess ansieht, ist er dennoch in der Lage *,evolutionäre Errungenschaften'* zu markieren, also *tiefgreifende Veränderungen auszuweisen, an die dann auch Typologien angeschlossen werden können.*

Wie auch viele andere Analytiker (vgl. Weber und Parsons in diesem Kapitel), hält Luhmann allerdings Darstellungen, die evolutionäre Errungenschaften als Produkte gesellschaftlicher Problemlösung begreifen, für allzu vordergründig. Evolutionäre Errungenschaften sind eher Dinge, die einmal in die Welt gesetzt, eine ganze Reihe von Folgeproblemen und an sie anschließende Selektionen hervorrufen. „Vielmehr entstehen die Probleme mit den Errungenschaften. Erst wenn es Magie gibt, sieht man, wozu man sie brauchen kann. Erst wenn man städtische Ämter schafft, um die Könige loszuwerden, muss man als Konsequenz die Amtsbesetzung politisieren" (Luhmann 1997: 508).

Was sind nun in Luhmanns Augen Selektionen mit weitreichenden Folgen? „Es sind dies die *Verbreitungsmedien der Kommunikation* (erweitert durch Schrift, dann die Druckpresse und heute Telekommunikation und elektronische Datenverarbeitung) und die *Formen der Systemdifferenzierung* (Segmentierung, Zentrum/Peripherie-Differenzierung, Stratifikation, funktionale Differenzierung). Für sich allein genommen, ergeben diese Unterscheidungen noch keine Epochenstruktur der Weltgeschichte. Zwar kann man unumkehrbare Sequenzen erkennen ... aber die Unterscheidungen allein erzwingen keinen bestimmten Prozessverlauf" (Luhmann 1997: 515 f.; Hervorhebungen im Original).

Luhmann betont, dass sich auch aus derartigen weitreichenden Veränderungen keine stabile Epocheneinteilung entwickeln lasse. Dies gelte insbesondere auch für die moderne Gesellschaft. „Man kann sagen, die moderne Gesellschaft beginne im 15. Jahrhundert mit dem Übergang von den spätmittelalterlichen durchorganisierten Großwerkstätten der Manuskriptproduktion zu einer Anfertigung von Texten mit Hilfe der Druckpresse. Oder man kann sagen, die moderne Gesellschaft beginne im 18. Jahrhundert mit der Beobachtung des Zusammenbruchs der Stratifikation und der Neuformierung operativ geschlossener Funktionssysteme. Der Sachverhalt gibt keine eindeutigeren Zäsuren her. Wenn man wissen will, wie die moderne Gesellschaft sich selber historisch abgrenzt, muss man sie deshalb von einer Ebene zweiter Ordnung aus beobachten. Man muss beschreiben, wie sie sich selbst beschreibt" (Luhmann 1997: 516).

Dieser Anregung folgt Luhmann selbst ausführlich. Aufbauend auf Vorstudien aus den 80er und 90er Jahren (insbesondere vier Bände zum Rahmenthema Gesellschaftsstruktur und Semantik: Luhmann 1980; 1981; 1989; 1995) gibt Luhmann im zweiten Teilband seines Hauptwerkes „Gesellschaft der Gesellschaft" eine ausführliche Analyse seiner Beobachtungen der Veränderungen gesellschaftlicher Selbstbeschreibung. Sie wird hier schon aus Platzgründen nicht referiert. In theoretischer Hinsicht gilt, dass „Selektionen in der Ideenevolution deutlich umweltabhängig und insofern Bedingungen unterworfen (sind), die sie weder schriftlich noch argumentativ kontrollieren können. Aus demselben Grund führt die Ideenevolution immer nur zu historischen Semantiken" (Luhmann 1997: 549; Ergänzung in Klammer: D. B.).

Für die Ideenevolution greift Luhmann die alte These eines „cultural lags" (vgl. Ogburn 1969) auf: „Die Ideenevolution kann der Strukturevolution nicht schnell genug folgen" (Luhmann 1997: 551). Weiterhin gilt auch für die Ideenevolution, dass im Übergang zur Moderne die Funktionssysteme „die Führung übernehmen" (Luhmann 1997: 553), es also immer mehr zu einer *pluralen Selbstbeschreibung unter Gesichtspunkten funktionaler Leistung* kommt.

Zwischen den Funktionssystemen und „der" Gesellschaft vermitteln binäre Kodes, also „Formen", zwei Seiten-Unterscheidungen, wie wahr/falsch oder zahlen/nicht zahlen. „Binäre Strukturen haben Tempovorteile: sie bieten die schnellste Möglichkeit zum Aufbau von Komplexität und zugleich die einfachste Form der Ordnung von Gedächtnisleistungen. Sie lassen sich, da schon die Sprache binär kodiert ist, leicht aktualisieren" (Luhmann 1997: 563). Gedächtnisleistungen können durch binäre Kodes relativ einfach geordnet werden, da man auf sie immer rekursiv Bezug nehmen kann. Der Preis dieser „evolutionären Errungenschaft" besteht darin, dass die Teilsysteme immer für sich operieren und nicht direkt koordiniert werden können.

(e) Auflösung der Gesellschaft in ihre Funktionssysteme

Im Kontext dieser Überlegungen wirft Luhmann auch die Frage auf, inwiefern man in einer von den Funktionssystemen bestimmten Welt denn überhaupt noch von einer Gesellschaft reden könne.

> „In der zweiten Hälfte des 20. Jahrhunderts lässt sich die Gesamtgesellschaft dann nur noch durch die spezifischen Probleme charakterisieren, die auf dieser Systemebene mit der außergesellschaftlichen Umwelt entstehen: mit den ökologischen Bedingungen der laufenden Restabilisierung und mit den zunehmend eigensinnigen, entfremdeten Individuen. Von der Evolution wird jetzt nicht mehr laufend bessere Anpassung erwartet. Die Fakten sprechen für das Gegenteil. Die Frage kann daher nur sein, wie die Gesellschaft den Zustand des vorausgesetzten Angepaßtseins halten kann, den sie benötigt, um ihre eigene Autopoiesis unter Bedingungen hoher Komplexität und Unwahrscheinlichkeit fortzusetzen. Die Teilsystemevolutionen können auf diese Fragen keine Antwort geben. Sie machen es eher wahrscheinlich, dass die Wissenschaft immer mehr Wissen erzeugt, das zu noch mehr Unsicherheit führt; dass die Wirtschaft immer mehr anlagebereites Kapital erzeugt, das aber nicht investiert wird; dass in der Politik im Zuge der Demokratisierung und thematischen Universalisierung der Anteil der Entscheidungen, nicht zu entscheiden, zunimmt ... In allen diesen Fällen nehmen Beschleunigungen und Verzögerungen gleichzeitig zu und reiben sich aneinander, so daß Synchronisationen immer schwieriger werden. Für eine junge Generation mit langen Lebenserwartungen verschwimmen die Perspektiven" (Luhmann 1997: 567 f.).

Das sind erstaunlich sozialkritische Töne, die den nachvollziehenden Leser aber nicht von der Frage ablenken sollten, ob hier nicht der Tradition der soziologischen Klassiker folgend theoretische Unzulänglichkeiten in Sozialkritik aufgelöst werden sollen. Denn dieses längere Zitat macht ja auch deutlich, dass in Luhmanns Augen „die" Gesellschaft Ende des 20. Jahrhunderts nicht mehr ist als eine bloße Hülle, innerhalb derer Funktionssysteme selbständig operieren. Von daher ist er in seiner Analysemethode auf die systemtheoretische Ausgangsunterscheidung zwischen System und Umwelt zurückgeworfen. Gesellschaft als gedankliche Schublade für alles Soziale scheint nur noch ein Set an Funktionssystemen zu enthalten, die handlungsfähige Individuen funktional voraussetzen, also aus der „Systemumwelt" benötigen, und umgekehrt ökologische Probleme in diese Umwelt abschieben. Aus soziologischer Sicht muss man aber die Frage

stellen, ob das wirklich alles ist, was der modernen Gesellschaft zuzurechnen ist.
Man muss hier die Frage stellen, ob Luhmann gar nicht mehr wahrnehmen kann,
dass Alltagskommunikation nie völlig in der Kommunikation über spezifische
Leistungen aufgehen kann (vgl. hierzu ausführlicher den Abschnitt 3.3). Von daher lässt sie sich auch nicht völlig in binär codierte Kommunikationen auflösen.

(f) Gedächtnis

An die Stelle, wo üblicherweise Begriffe wie Tradition oder Kultur platziert werden, fügt Luhmann den Begriff *Gedächtnis* in seine Evolutionstheorie ein. Gedächtnis steht für die Fähigkeit sozialer (und auch psychischer) Systeme, ihren
gegenwärtigen Zustand im Rahmen einer historischen Realitätskonstruktion zu
bestimmen. Zwar können Systeme ihre eigene Evolution keineswegs kontrollieren. Sie können sich aber gewissermaßen ein eigenes Bild über ihren gegenwärtigen Zustand machen. „In jedem Falle benötigt ein System, das historische
Ursachen für seinen gegenwärtigen Zustand feststellen oder sich im Unterschied
zu früheren Zuständen als verschieden, zum Beispiel als ‚modern‘, charakterisieren will, ein Gedächtnis, um die Unterscheidungen prozessieren zu können"
(Luhmann 1997: 578).

Der Vorteil dieser Begriffswahl liegt darin, dass Luhmann nicht über Begriffe wie Kultur und Tradition einfach eine Realitätsdimension markiert, sondern
systemspezifische Operationen zu identifizieren sucht, in denen dieser Aspekt
benutzt wird. Insofern steht der Begriff für „eine stets, aber immer nur gegenwärtig benutzte Funktion, die alle anlaufenden Operationen testet im Hinblick
auf Konsistenz mit dem, was das System als Realität konstruiert" (Luhmann
1997: 578 f.). *Diese Realitätsprüfung operiert auf der Achse Erinnern-Vergessen,*
wobei letzteres unverzichtbar ist, um die weitere Operationsfähigkeit sozialer
Systeme zu gewährleisten. In ähnlicher Weise entlastet die Ausbildung von Iden-
titäten (Luhmann 1997: 580).

Zum anderen „verwaltet" das Gedächtnis die „Differenz von Vergangenheit
und Zukunft" (Luhmann 1997: 581), gerade weil es in der Gegenwart, also an
der Grenze zwischen Vergangenheit und Zukunft, operiert In dieser operativen
Fassung als Gedächtnis wird *Kultur dann als eine Art Filterfunktion* identifiziert,
bei der es um die „Inanspruchnahme von Vergangenheit zur Bestimmung des
Variationsrahmens der Zukunft" (Luhmann 1997: 588) geht, wobei mit dem Filter
des Vergessens, beziehungsweise des Erinnerns, operiert wird.

Die weiteren Überlegungen Luhmanns bewegen sich in eine dem Leser
nun sicher schon vertraute Richtung: Je komplexer die Gesellschaft, desto leistungsfähiger, selektiver, aber auch unverbindlicher muss ihr kultureller ‚Sor-
tiermechanismus‘ (Luhmann) ausfallen. Zwar sieht er durchaus, dass jegliche
Kommunikation ein Gedächtnis erfordert, denn es muss ja *immer* vorausgesetzt

werden, „dass die Kommunikation mit dem Sinn etwas anfangen kann, ihn gewissermaßen schon kennt" (Luhmann 1997: 584). Luhmann selbst ‚erinnert' sich dieses Gesichtspunkts aber nur in der Weise, dass er einen Bedarf an der Reproduktion von Semantik identifizieren kann. Diese Funktionen erfüllen in schriftlosen Gesellschaften Erzähltraditionen, aber auch die Aufführung von Ritualen. Erst in der zweiten Hälfte des 18. Jahrhunderts ortet Luhmann einen gesellschaftlichen Bedarf, Gedächtnis umzustrukturieren und „es den Erfordernissen der modernen, hoch komplexen, eigendynamischen Gesellschaft anzupassen" (Luhmann 1997: 587). Diese Umstellung sieht Luhmann durch eine neue Semantik von Kultur gegeben, die die gesellschaftliche Orientierung von Gleichheit auf Vergleichbarkeit umstelle (Luhmann 1997: 590). Das Gedächtnis *verliere damit die Funktion der Konsistenzprüfung der gesellschaftlichen Kommunikation.* Sie werde von nun an zunehmend den „Spezialgedächtnissen der Funktionssysteme überlassen ..., die untereinander nicht mehr integriert werden können" (Luhmann 1997: 591).

An die Stelle eines gesellschaftlichen Gedächtnisses, einer allgemeinen Konsistenzprüfung jenseits der Funktionssysteme, trete nun ein spezialisiertes System der Massenmedien, das aber auch keine „Gesamtformel" (Luhmann 1997: 592) mehr liefern könne. Vor diesem Hintergrund kommt Luhmann zu folgendem Fazit:

> „Eine ontologisch nicht mehr faßbare, sich selbst in sich selbst verortende Kultur scheint die Form zu sein, die das Gedächtnis der Gesellschaft erfunden und angenommen hat, um die Geschichtskonstruktionen und die Zukunftsperspektiven der Gesellschaft den Bedingungen anzupassen, die sich aus dem Übergang zu einer an Funktionen orientierten Primärdifferenzierung und aus dem drohenden Kollaps der Unterscheidung von Stabilität und Variation ergeben haben" (Luhmann 1997: 594).

Mit dieser Formel kann Luhmann in systemtheoretischer Terminologie eine zentrale Aussage der Theoretiker der Postmoderne wiederholen, die schon vor Jahrzehnten vom ‚Ende der großen Erzählungen' gesprochen, diese These aber auf das Wissenschaftssystem zugeschnitten haben.

Auch für den Begriff des gesellschaftlichen Gedächtnisses bei Luhmann kann man die Frage aufwerfen, ob er hier nicht zu kurz gesprungen ist und den Begriff allzu vorschnell auf die Ebene der Semantikentwicklung konzentriert hat. Denn der Hinweis darauf, dass jede Kommunikation den aktualisierten Sinn als bereits im gesellschaftlichen Gedächtnis vorhanden voraussetzen müsse, verweist ja darauf, dass die Menschheit in dem Moment, wo sie ihr Sozialverhalten auf symbolsprachliche Kommunikation gegründet hat, bei allen Gesellschaftsmitgliedern ein *Sprachgedächtnis* voraussetzen muss, das in der Gegenwart operiert, also genau an der von Luhmann identifizierten Schnittstelle zwischen

Vergangenheit und Zukunft liegt. Indem wir uns im Medium der Symbolsprache verständigen, benötigen wir nicht nur ein Semantikgedächtnis, sondern wir müssen uns darüber hinaus der symbolsprachlichen Konstruktionsmöglichkeiten erinnern. Dieses Erfordernis symbolsprachlicher Kommunikation wird jedem schmerzlich bewusst, wenn er eine Fremdsprache lernt. Es zeigt sich aber auch an der Art und Weise, wie die Gesellschaft mit jenen Gesellschaftsmitgliedern umgeht, die sich dessen nicht mehr erinnern können (zum Beispiel Alzheimerpatienten). Jegliche Verwendung der Symbolsprache konstituiert also zwangsläufig eine historische Dimension, die zum Beispiel als Fortschreibung eines bestimmten Wortschatzes rekonstruiert werden kann. Noch wichtiger ist aber, dass erst die Symbolsprache eine kommunikative Verständigung über Vergangenes ermöglicht. Diese Hinweise ließen sich noch bis hin zu den Erkenntnissen der Ur- und Frühgeschichtsforschung über die Evolution des menschlichen Gehirns erweitern. Diese Argumente sprechen dafür, den interessanten Begriff des gesellschaftlichen Gedächtnisses wesentlich tiefer zu legen.

2.5.10 Die moderne Gesellschaft bei Luhmann – Zusammenfassung in Thesen

1. Die moderne Gesellschaft kann in ihrer Komplexität nur im Zusammenspiel dreier theoretischer Zugänge erfasst werden: Kommunikations-Medientheorie, Differenzierungstheorie und Evolutionstheorie.
2. Medien sind für Luhmann keine Kommunikation, sondern immer deren Voraussetzung. Das schließt fundamentale Abhängigkeiten mit ein (Verfügbarkeit, Medienkompetenz, Verengung der Kommunikation auf mediale Möglichkeiten hin). Grundlegende Medien sind Sinn und Symbolsprache. Daran knüpfen einmal Verbreitungsmedien an, die die Grenze kommunikativer Erreichbarkeit immer weiter hinausschieben. Damit wird aber die Annahme von Kommunikationen immer unwahrscheinlicher. Auf dieses Problem antworten die symbolisch generalisierten Kommunikationsmedien/Erfolgsmedien. Sie sollen zur Annahme einer Kommunikation auch dann motivieren, wenn das Verstehen derartiger Kommunikationen eine Ablehnung nahelegt. Durch Geld, Macht etc. kann die Annahmewahrscheinlichkeit extrem gesteigert werden.
3. Sowohl Verbreitungsmedien als auch symbolisch generalisierte Kommunikationsmedien entwickelten sich bereits vor der modernen Gesellschaft in den alten Hochkulturen. Moderne Gesellschaften weisen nur eine höhere Mediendichte und Medienvielfalt auf.
4. Dagegen trennt der Vorrang funktionaler Differenzierung moderne Gesellschaften von vormodernen. Darunter versteht Luhmann, dass jedes Funktionssystem eine bestimmte gesellschaftliche Leistung monopolisiert

und auf dieser Grundlage je eigene System-Umwelt-Differenzen etabliert mit der Folge je eigener Realitätskonstruktionen/Weltbilder und autonomer Selbstorganisation der Leistungserbringung. Diese gesellschaftliche Dezentralisierung vollzieht sich über binäre Codes, über die Kommunikationen den Funktionssystemen zugeordnet werden können (z. b. zahlen/ nicht zahlen = Wirtschaft; krank/gesund = Gesundheitssystem usw.).

5.   Diese Umstellung auf funktionale Differenzierung bewirkt Komplexitätsgewinne, die aber auf Kosten der gesellschaftlichen Gesamtordnung gehen. Sie wird Teil der Umwelt der Funktionssysteme, in der die Unordnung wächst. Die „Gesamtgesellschaft" (Luhmann) wird zu einer Restgröße, in der gegen Ende des 20. Jhs. nur noch Friktionen zwischen gesellschaftlicher und außergesellschaftlicher Umwelt wie ökologische Risiken und entfremdete Individuen beobachtet werden können. Da zudem das Welterklärungspotential der Funktionssysteme abnimmt, verschwimmen die Perspektiven insbesondere der nachwachsenden Generationen.

6.   Luhmanns Evolutionstheorie arbeitet mit den Begriffen Variation, Selektion und Restabilisierung. Variation findet auf der operativen Ebene der Kommunikation statt. Die in allen Sprachen enthaltene Möglichkeit, ‚nein' zu sagen, regt zur Variation an. Mit der Umstellung auf funktionale Differenzierung wird permanente Variation zur Grundlage der modernen Gesellschaft. Selektion findet dagegen auf der strukturellen Ebene der Erwartungen der Kommunikationsteilnehmer statt. Neben der Religion regeln vor allem symbolisch generalisierte Kommunikationsmedien den gesellschaftlichen Umgang mit Variation. Gesellschaften mit permanentem sozialen Wandel (= ständigen Veränderungen auf der Ebene der Selektion) müssen auf Restabilisierung achten, also ihre Selektionspraktiken vereinheitlichen. Mit dem Übergang auf funktionale Differenzierung in der modernen Gesellschaft gehen Restabilisierungsbemühungen auf die Funktionssysteme über, die sich an prinzipiell instabilen Kriterien orientieren (z. B. der Geldmenge im Wirtschaftssystem: Luhmann 1988: 343 f.).

7.   Die moderne Gesellschaft ihrerseits basiert auf einer Selektion mit weitreichenden Folgen: der Umstellung auf Systemdifferenzierung (vgl. auch Punkt 4).

8.   Eine spezifisch kulturelle Grundlage der modernen Gesellschaft wird in der 2. Hälfte des 18. Jhs. durch eine Umstellung ihres Gedächtnisses von Gleichheit auf Vergleichbarkeit gelegt. Mit dem Begriff Gedächtnis bezeichnet Luhmann einen Mechanismus, der die Realitätskonstruktionen auf einer historischen Schiene auf Konsistenz überprüft und mit der Form erinnern/vergessen arbeitet. In der modernen Gesellschaft geht auch diese Fähigkeit weitgehend auf die Funktionssysteme über. Daneben existiert gesellschaftliches Gedächtnis nur noch in Form der Massenmedien.

2.5.11 Kritische Würdigung von Luhmanns Theorie der modernen Gesellschaft

Niklas Luhmann hat seine soziologische Beschreibung der modernen Gesellschaft in einer Gesellschaftstheorie einschließlich einer groben Skizze der Gesellschaftsentwicklung verankert. Diese Fundierung seiner modernisierungstheoretischen Überlegungen teilt Luhmann mit Parsons und Weber. Sie hebt seine Überlegungen entscheidend von zahlreichen zeitgenössischen Autoren ab, die wesentlich kürzer springen und rein zeitdiagnostisch arbeiten.

Luhmanns Aussagen unterscheiden sich von der ‚klassischen' Modernisierungstheorie von Talcott Parsons vor allem durch ihr deutlich höheres Abstraktionsniveau. Während Parsons mit dem Konzept seines „analytischen Realismus" darauf setzt, dass Gesellschaften aufgrund ihres immer weiter zunehmenden Differenzierungsgrades soziologisch immer genauer erfassbar werden, dreht Luhmann die Konsequenzen der differenzierungstheoretischen Fundierung um. Seine zentrale These zur modernen Gesellschaft ist, *dass sie durch ihre Funktionssysteme geprägt werde und genau dies zu einer sehr weitgehenden Dezentrierung ihrer Realitätskonstruktionen führe.* Hinzu kommt, dass bei Luhmann der Soziologe zu einem Beobachter zweiter Ordnung unter anderen Gesellschaftsbeobachtern wird.

Es ist kaum zu bestreiten, dass Luhmann ein in sich konsistentes soziologisches Bild der modernen Gesellschaft zeichnet, das mit seiner systemtheoretischen Analysemethode in voller Übereinstimmung steht. Die offene Frage, die jeder Leser für sich selber entscheiden muss, ist jedoch, wie hoch der Preis ist, der für diese Konsistenz entrichtet werden muss. Er besteht im „Zurechtrücken" und in der Selektion von Themen, Aspekten, Problemen unter dem Gesichtspunkt theoretischer Konsistenz. Ob dabei zu viel zurechtgebogen, zu viel ausgeklammert wurde oder ob das Ergebnis diesen Preis rechtfertigt, lasse ich offen. Meine Aufgabe bestand darin, auf solche Verkürzungen hinzuweisen.

Soziologische Beobachtungen der Gesellschaft können keine unbegrenzte Objektivität für sich reklamieren. Sie sind keine Beobachtungen von außen, sondern sie sind Beobachtungen zweiter Ordnung, mitten aus der Gesellschaft heraus und demzufolge, wie jede andere Beobachtung auch, mit einem ‚blinden Fleck' behaftet und müssen damit leben, dass zugleich andere Beobachtungen mit anderen Begriffen ebenso möglich sind. Diese Skepsis unterscheidet Luhmanns Beschreibung der modernen Gesellschaft von der klassischen Modernisierungstheorie und verbindet ihn mit den Theoretikern einer radikalisierten Moderne.

Trotz dieser methodisch begründeten Vorsicht gegenüber den Möglichkeiten soziologischer Erkenntnis kommt Luhmann dennoch zu einer eindeutigen und verbindlichen Beschreibung der modernen Gesellschaft. Diese Paradoxie wird durch die systemtheoretische Grundlage seiner Ausführungen aufgelöst. Seine Theorie autopoietischer sozialer Systeme hat dadurch, dass Systeme immer durch beobachtungsunabhängig existierende Operationen definiert werden, einen festen Anker in einer fraglos gegeben Realität. Diesen Anker nützt Luhmann zu seiner Grundsatzentscheidung, die Gesellschaft mit den Mitteln der Systemtheorie zu beobachten und zu postulieren, dass soziale Systeme als autopoietische Systeme verstanden werden können. Diese Entscheidung ist nicht zwingend. Luhmann konzediert, dass auch alternative Entscheidungen möglich wären. Als Beobachter dritter Ordnung können die am Thema ‚soziologische Beschreibung moderner Gesellschaften' Interessierten sich durch einen Vergleich mit anderen Beschreibungen ein eigenes Urteil darüber bilden, wie fruchtbar diese theoretische Grundentscheidung gewesen ist.

Hierbei ist zweierlei zu bedenken. Die Verbindlichkeit und die hohe inhaltliche Konsistenz der Beschreibung Luhmanns ergeben sich daraus, dass er einen bestimmten Blickwinkel konsequent durchhält: Gesellschaften können als autopoietische soziale Systeme interpretiert werden. Der Preis, der für diese Konsistenz entrichtet werden muss, besteht darin, dass Inkompatibles ausgeklammert oder zurechtgebogen werden muss. Wichtige Verkürzungen wie beispielsweise das Ausklammern der Umweltselektion wurden im Text angemerkt. Luhmann teilt also mit vielen klassischen Theorien, wie beispielsweise dem Marxismus eine unverkennbare ideologische Einseitigkeit. Alternativ dazu wäre es möglich gewesen, den soziologischen Beobachtungsstandpunkt zu variieren und einen Theoriemix, eine Kombination von Erklärungsansätzen, anzustreben. Letzteres ist für die Theoretiker der radikalisierten Moderne charakteristisch. Dass Luhmann auf diese Möglichkeit verzichtet hat, begründet letztlich seine Einordnung in die Reihe der klassischen Modernisierungstheoretiker.

Ein zweiter Kritikgesichtspunkt ist, dass man Kritik an der Ausführung anmelden kann. Dabei ist insbesondere die Frage wichtig, ob die analytischen Möglichkeiten der eingenommenen Beobachtungsperspektive ausgeschöpft wurden. Auch in dieser Hinsicht wurde im Darstellungsteil Kritik angemerkt. Sie lässt sich vielleicht dahingehend zusammenfassen, dass Luhmann mit nahezu allen Soziologen, die sich mit der modernen Gesellschaft beschäftigt haben, die Schwäche teilt, vom Standpunkt der modernen Gesellschaft aus Entwicklungen beurteilen zu wollen. Gerade eine systemtheoretische Theorieperspektive sollte jedoch lehren, dass jede Strukturveränderung immer nur unter der Voraussetzung und auf der Grundlage eines früheren Zustands erfolgen kann. Deswegen setzt auch eine informative soziologische Rekonstruktion der modernen Gesellschaft eine besonders intensive Beschäftigung mit vormodernen Gesellschaften voraus.

Ein dritter Kritikaspekt bezieht sich auf die Frage, ob es gerechtfertigt und plausibel ist, das Modell autopoietischer Systeme auf den Gegenstandsbereich der Soziologie anzuwenden. Kritiker haben angemerkt, dass die Modellannahmen selbst in der Biologie nicht unumstritten sind. Letztlich könne man nur mit Sicherheit davon ausgehen, dass Zellen ihre Reproduktion autopoietisch betreiben. Alles darüber Hinausgehende sei daher spekulativ (vgl. insbesondere Bühl 1987).

Diesen Kritikpunkten steht gegenüber, dass Luhmann eine Beschreibung der modernen Gesellschaft vorgelegt hat, die ihre Vorgänger in puncto Auflösungsvermögen und Komplexität ebenso eindeutig übertrifft wie auch bei der Begründung typologischer Festlegungen.

2.6 Die moderne Gesellschaft bei Weber, Parsons und Luhmann

Weber, Parsons und Luhmann haben sehr unterschiedliche Beschreibungen der modernen Gesellschaft geliefert, die auf unterschiedlichen Analysekonzepten basieren. Bei Weber steht eindeutig die Frage im Mittelpunkt, wie man den radikalen Bruch des modernen Menschen mit aller Tradition und die Durchrationalisierung aller Lebensbereiche erklären kann. Parsons ortet die Sonderstellung moderner Gesellschaften auf den Ebenen überlegener Anpassungs-, Leistungs- und Integrationsfähigkeit mit der Folge permanenter Standardanhebungen. Luhmann schließlich konstatiert eine Auflösung einer gesamtgesellschaftlichen Ordnung zugunsten einer multipolaren, von den Funktionssystemen getragenen Ordnung.

Nicht obwohl, sondern *weil* die Unterschiede erheblich sind, wird in diesem Abschnitt nach dem gemeinsamen Nenner gefragt. Wenn es zwischen den drei Theorien *Konvergenzen* zu entdecken gibt, die trotz höchst unterschiedlicher Analysekonzepte zustande gekommen sind, dann hat man so etwas wie den ‚harten Kern' soziologischer Beschreibungen der klassischen Moderne frei gelegt.

2.6.1 Konvergenzen zur modernen Gesellschaft in Thesen

(a) Theorie der modernen Gesellschaft

1. *Die moderne Gesellschaft hat **eigene Muster des gesellschaftlichen Zusammenlebens** entwickelt.*
Während Durkheims These, dass die moderne Gesellschaft auf sozialer Arbeitsteilung basiere, der Kritik nicht standgehalten hat, sind die vorsichtigeren Positionen von Weber, Parsons und Durkheim wenig umstritten. Nach Weber kann allein die moderne Gesellschaft auf Traditionen verzichten und das zwischenmenschliche Zusammenleben auf *rationales Kalkül* umstellen. Parsons Analyse moderne Gesellschaften lässt sich dahingehend zusammenfassen, dass *der permanente soziale Wandel* im Sinne andauernder gesellschaftlicher Leistungssteigerung (Differenzierung, Standardanhebung, Integration, Wertgeneralisierung) zur Grundlage moderner Gesellschaften geworden sei. Luhmanns Analyse läuft auf die These hinaus, dass der grundlegende Trend zwischenmenschlicher Vergesellschaftung, die permanente Komplexitätssteigerung in der modernen Gesell-

schaft, ein Ausmaß angenommen habe, der nur noch von den Funktionssystemen bedient werden könne. Dies führe dazu, *dass sich Gesellschaft im Sinne eines einheitlichen Ordnungsrahmens auflöse und nur noch als ungeordnete Umwelt der Funktionssysteme erscheine.*

2. Moderne Gesellschaften sind durch *funktionale Differenzierung* geprägt.
Diese Sichtweise ist bei Luhmann besonders zentral, sie wird aber auch von Weber und Parsons geteilt. Luhmanns zentrale Aussage zur modernen Gesellschaft ist, *dass sie sich in ihre Funktionssysteme auflöst.* Dagegen ist Weber der Auffassung, dass sich die für die moderne Gesellschaft insgesamt charakteristische Durchrationalisierung aller Lebensbereiche in Form einer ,*Differenzierung der Wertsphären*' vollzieht, die Rationalität jeweils anders fassen. Parsons geht zwar davon aus, dass Gesellschaften wie andere Handlungssysteme auch immer schon funktional differenziert sind (AGIL-Schema). Die *besondere Leistungsfähigkeit* moderner Gesellschaften geht für ihn aber *auch* auf *immer feinmaschiger werdende Differenzierungsvorgänge* zurück.

3. Moderne Gesellschaften basieren auf *Traditionsbruch* und begründen *keine eigenen Traditionen.*
Diese schon von den Sozialtheoretikern des 19. Jahrhunderts vertretende These gilt auch für Weber, Parsons und Luhmann. Für Weber ist die moderne Gesellschaft durch *rationales Kalkül* geprägt und insofern antitraditionell (vgl. weiterhin: methodisch-rationale Lebensführung). Parsons betont dagegen die *Wertgeneralisierung.* Universelle Werte können aber nur noch reflexiv auf konkrete Situationen bezogen werden. Luhmann's These ist, dass in den verselbständigten Funktionssystemen der modernen Gesellschaft *die permanente Variation stabilisiert worden sei.*

4. *Der Typus moderner Gesellschaften ist gleichermaßen* **irreversibel wie alternativlos.**
Auch wenn Weber und Parsons die moderne Gesellschaft explizit als Erfindung des Westens behandeln und Luhmann dieser These nicht widerspricht, gilt sie diesen drei Sozialtheoretikern als eine irreversible und alternativlose Entwicklung. Diese gemeinsame Auffassung gründet sich auf Leistungsvorteile bzw. überlegene Komplexitätsverarbeitung und sie wird auch nicht dadurch dementiert, dass Parsons den ,realen Sozialismus' wie den Nationalsozialismus als Varianten behandelt. Sie gelten nämlich „in erster Linie als ,Spezifizierung' des allgemeinen westlichen Wertmusters des instrumentellen Aktivismus" (Parsons 1972: 158).

5. *Da die moderne Gesellschaft Alleinstellungsmerkmale aufweist, kann der* **Übergang** *zur modernen Gesellschaft als* **soziale Zäsur** *erfasst werden.*
Nach Weber hat nur die moderne Gesellschaft eine Durchrationalisierung aller Lebensbereiche erreicht. Parsons sieht die Besonderheit darin, dass nur moderne Gesellschaften die 3 Revolutionen durchlaufen habe, Demokratie mit Marktwirtschaft und einer Bildungsrevolution verbinde. Luhmann ortet die soziale Zäsur in der Systemdifferenzierung, also darin, dass an die Stelle einer gesamtgesellschaftlichen Ordnung verselbständigte Funktionssysteme getreten sind.

(b) Sozialhistorische bzw. evolutionäre Grundannahmen:

6. *Dennoch geht diese soziale Zäsur auf sehr alte Wurzeln zurück, auf* **soziale Prozesse von langer Dauer.**
Diese Wurzel der modernen Gesellschaft ortet Weber in der Umstellung der religiösen Praktiken von Magie auf Askese, der damit zusammenhängenden Dogmatisierung (= Rationalisierung) der Glaubensinhalte und in der Herausbildung der Weltreligionen (zunächst elitäre Praktiken werden allgemein verbreitet). Parsons ortet diese historischen Ausgangsbedingungen in der Interpenetration von jüdischer Religiosität, griechischer Philosophie und römischer Techniken der Gesellschaftsorganisation (Recht, Staat). Aus Luhmanns Analysen lässt sich herauslesen, dass mit der Überwindung der Grenze mündlicher Kommunikation durch die Erfindung der Schrift ein Trend zur Verdichtung kommunikativer Möglichkeitsräume in Verbindung mit dem Aufbau immer selektiverer Erwartungshaltungen einsetzt, an dessen Ende die moderne Gesellschaft steht.
Die Dauer dieser verschiedenen sozialen Prozesse kann auf 2500–4500 Jahre veranschlagt werden.

7. *Die Entwicklung zur modernen Gesellschaft ist gleichermaßen Resultat* **evolutionären Zufalls** *wie eine* **Konsequenz vorangegangener Entwicklungen.**
Luhmann wie Parsons sind Anhänger der Evolutionstheorie und können daher die Herausbildung der modernen Gesellschaft nur als evolutionär zufällig ansehen. Weber behandelt die Herausbildung des ‚kapitalistischen Geistes' als eine im strikten Sinne zufällige Entwicklung. Dennoch enthalten alle drei Theorien Entwicklungsreihen, die als Kette erfolgreicher Selektionen interpretierbar sind, die das Möglichkeitsspektrum nachfolgender Entwicklungen beschränken. Bei Luhmann trifft dies sowohl auf die Medientheorie wie auch die Differenzierungstheorie zu, bei Weber auf die Religionsentwicklung, bei Parsons insbesondere auf die Verarbeitung von Spannungen und Widersprüchen in Form von Wertgeneralisierung.

(c) Konvergenzen hinsichtlich wesentlicher Teilaspekte der modernen Gesellschaft

8. *In der modernen Gesellschaft wird der Mensch nicht als Mitglied von Kollektiven, sondern als ,eigensinniges Individuum' vergesellschaftet.*
Bei genauem Hinsehen zeigt sich, dass Simmel und Durkheim nur eine abgeschwächte Variante dieser These unterstützen würden, während Weber, Parsons und Luhmann sie aus unterschiedlichen Gründen teilen. Simmel würde diese These nur als Möglichkeit selbstgewählter sozialer Kreise sehen. Durkheim konzediert größere Freiräume für das moderne Individuum infolge der sozialen Arbeitsteilung und des restitutiven Rechts. Nach Weber setzt eine Rationalisierung der Lebensbereiche ein eigensinniges, die Realisierung seiner Interessen und normativen Überzeugungen kalkulierendes Individuum voraus, das zeigt explizit seine Analyse der protestantischen Ethik. Parsons unterstellt die These in seiner Analyse der Umstellung von zugeschriebenem Status auf leistungsabhängige Statuszuweisung. Bei Luhmann ist sie insbesondere seinen Analysen zur Exklusionsproblematik (z. B. Luhmann 1997: 627 ff.) unterlegt, wobei man immer beachten muss, dass er das Individuum als psychisches System in der Umwelt sozialer Systeme verortet. Explizit spricht Luhmann bei der Charakterisierung der Umwelt der modernen Gesellschaft von ,eigensinnigen Individuen'.

9. *Moderne Gesellschaften erkaufen sich eine in formaler Hinsicht besonders hohe Integrationsfähigkeit mit **erheblichen Exklusionsrisiken**.*
Diese These bezeichnet einen gemeinsamen Nenner in den Analysen von Weber und Luhmann, während sie die Position von Parsons nur ansatzweise trifft. Weber, Parsons und Luhmann betonen als besonderes Merkmal der modernen Gesellschaft, dass alle Gesellschaftsmitglieder an allen Funktionssystemen bzw. Wertsphären teilhaben können.
Dieser Möglichkeit stehen Exklusionsrisiken gegenüber. Weber zeigt in seinen Analysen der protestantischen Ethik diesen Zusammenhang in zugespitzter Form: der für alle handlungsfähigen Menschen generell gegebenen Möglichkeit, sich zu einem bestimmten Glauben zu bekehren, steht das Risiko gegenüber, durch wirtschaftlichen Misserfolg den von Gott Verworfenen zugerechnet zu werden. Luhmann analysiert diesen Zusammenhang als generelles Merkmal der modernen Gesellschaft. Da die Organisationen der Funktionssysteme (z. B. Betriebe, Schulen, Krankenhäuser) immer nur bestimmte Personen einschließen, bestehen prinzipiell Exklusionsrisiken, die kumulativ wirksam werden können (wer keine Arbeit hat, verliert die Wohnung etc.). Parsons geht dagegen davon aus, dass zunehmende Inklusion in die Teilsysteme und allgemeine Standardanhebung auch die Realität moderner Gesellschaften prägt. Dagegen sieht er jedoch

starke Zugangsbeschränkungen für besonders wichtige Positionen, die in Widerspruch zur Durchsetzung des Postulats der Chancengleichheit treten.

2.6.2 Kontroverse Positionen

Schon aufgrund der unterschiedlichen theoretischen Zugänge und entsprechend unterschiedlicher Blickwinkel auf die moderne Gesellschaft war zu erwarten, dass über sehr viele Behauptungen Dissens herrscht. Das gesamte Spektrum an Auffassungsunterschieden kann in diesem Abschnitt nicht ausgelotet werden. Der Leser soll hier nur auf einige diametrale Unterschiede hingewiesen werden, bei denen zwei Theoretiker eine Position vertreten, während der dritte gegenteiliger Auffassung ist.

10. **Orientierungssicherheit**: *Die moderne Gesellschaft gibt ihren Mitgliedern keine sichere Orientierung bzw. verkörpert ein Höchstmaß an generaliserter Orientierungssicherheit.*
Weber („moderner Polytheismus') wie Luhmann (jedes Funktionssystem platziert alle anderen in die Umwelt) vertreten die Position, dass die umfassende Rationalisierung der Lebensbereiche, bzw. die überlegene Fähigkeit der Funktionssysteme, zur Komplexitätsverarbeitung mit einem Verlust an Orientierungssicherheit erkauft wird. Parsons vertritt dagegen die optimistische Position, dass moderne Gesellschaften ihren Mitgliedern allgemeinere und damit zugleich konsensfähigere Orientierungen liefert (Wertgeneralisierung).

11. **Un-/Gleichgewichtigkeit der Entwicklung**: *Moderne Gesellschaften tendieren zu gleichgewichtiger Entwicklung, bzw. zu einer unkoordinierten und deswegen typischerweise ungleichgewichtigen Entwicklung ihrer Funktionssysteme.*
Für Parsons besteht ein wesentliches Element der Leistungsfähigkeit moderner Gesellschaften darin, dass sich ihre Teilsysteme gleichgewichtig entwickeln und sich wechselseitig beeinflussen. Webers Verständnis der modernen Gesellschaft betont die Durchrationalisierung aller Lebensbereiche. Dagegen sieht Luhmann verselbständigte Funktionssysteme am Werk, die sich mehr oder weniger dynamisch entwickeln und verselbständigen können. Mit Disparitäten[40] muss also seiner Meinung nach gerechnet werden.

---

[40] Zur These einer disparitären Entwicklung der Lebensbereiche in der modernen kapitalistischen Gesellschaft vgl. Bergmann/Brandt/Körber/Mohl/Offe 1969

Kapitel 3

Kontroverse Debatten, theoretische und thematische Ergänzungen

Vorbemerkung zum Zuschnitt dieses Kapitels

Im zweiten Kapitel ging es darum, den Leser mit den wichtigsten soziologischen Analysen der klassischen Moderne vertraut zu machen. Am Ende dieses Kapitels ist es dann gelungen, trotz gravierender konzeptioneller Unterschiede zwischen den Positionen, einige Gemeinsamkeiten zu Tage zu fördern. Damit ist die Darstellung zentraler theoretischer Positionen abgeschlossen, die grundlegende Einsichten zur modernen Gesellschaft entwickelt haben.

Die Darstellung der verschiedenen Theorien der modernen Gesellschaft hat aber auch gezeigt, dass das Ergebnis immer von der jeweiligen theoretischen Position, von den konzeptionellen Grundlagen, einem daraus mehr oder weniger konsequent folgenden Begriffsapparat in hohem Maße geprägt wird. Vor allem im Luhmann-Teil wurde dieser Aspekt mehrfach kritisch beleuchtet. Da zumindest der Autor an dem Postulat festhält, dass Theorien der modernen Gesellschaft eine auch unabhängig vom theoretischen Zugang existierende Realität möglichst umfassend aufnehmen und erklären sollten, werfen die Darstellungen ein Reihe von Fragen auf, die in diesem Kapitel behandelt werden sollen.

- Wie sicher und unumstritten sind die gedanklichen Fundamente des modernisierungstheoretischen Denkens?
- Welche alternativen Sichtweisen und Analysestrategien gibt es?
- Welche thematischen Blindstellen weisen die klassischen Modernisierungstheorien auf?

Diese drei Fragen zielen auf umfangreiche Gebiete und können schon daher nicht flächendeckend und umfassend behandelt werden. Daher ist eine Konzentration auf die nach Meinung des Autors wichtigsten Themen und Positionen unumgänglich. Sie wird dadurch etwas erleichtert, dass die neuere Debatte ab Mitte der 80er Jahre weitgehend ausgeklammert werden kann, insoweit sie thematisch in den zweiten Band gehört.

3.1 Einleitung

Wenn man das theoretische Fundament wie den thematischen Zuschnitt der soziologischen Modernisierungstheorien kritisch überprüfen möchte, dann ist es zunächst angebracht darüber nachzudenken, welche Messlatte hier legitimerweise angelegt werden kann.

Einen Anhaltspunkt geben die Erwartungen, die wir generell gegenüber Theorien entwickelt haben. Von Theorien erwarten wir, dass sie die wesentlichen Phänomene eines Gegenstandsbereichs systematisch ordnen und in einen logisch konsistenten Zusammenhang bringen. Ihr Ziel ist es auf dieser Grundlage Gesetzmäßigkeiten herzuleiten, die Prognosen über das Auftreten und die Veränderung bestimmter Phänomene erlauben.

Diese Zielsetzung ist für Theorien der modernen Gesellschaft schon aus zwei Gründen zumindest in absehbarer Zeit nicht erreichbar. Ein Problem liegt in der hohen Komplexität moderner Gesellschaften, die bereits Ordnungsversuche vor große Probleme stellt und vollständige Erklärungen utopisch erscheinen lässt. Im Hinblick auf das Ziel einer kausalen Erklärung (Gesetzmäßigkeiten und Prognosen) ist zu beachten, dass Theorien, die an die Evolutionstheorie anknüpfen, das Prognoseziel aufgeben müssen und Gesetzmäßigkeiten nur auf der Ebene evolutionärer Mechanismen aufstellen können. Da eine prinzipiell zufällige Evolution angenommen wird, können allenfalls retrospektiv Aussagen über Richtung und Resultate evolutionärer Prozesse gemacht werden.

Ohne dass hier weitere Probleme behandelt werden müssen, machen bereits diese beiden Aspekte deutlich, dass die Erwartungen an Theorien moderner Gesellschaften deutlich niedriger gehängt werden müssen. Sie können einmal auf Vollständigkeit hin überprüft werden. Wir können fragen, welche Aspekte moderner Gesellschaften nicht berücksichtigt wurden und was sich daraus für das Gesamtbild moderner Gesellschaften ergibt. Weiterhin können wir die Ordnungsleistungen von Theorien moderner Gesellschaften überprüfen: Inwieweit gelingt es, Beziehungen zwischen Elementen, Aspekten oder Teilbereichen herzustellen und darüber Funktionszusammenhänge zu erläutern? Darüber hinaus kann man noch eine historische Erklärung fordern: Inwieweit kann die Entwicklung zur gegenwärtigen modernen Gesellschaft ge- und erklärt werden? Hierbei ist allerdings zu beachten, dass es gute Argumente gegen die Unterscheidung gesellschaftlicher Entwicklungsstufen gibt (vgl. unter 2.5).

Auf der Suche nach Qualitätsmaßstäben kann man aber auch daran anknüpfen, dass Theorien immer auch als Erzählungen angesehen werden können (vgl. Lyotard 1979). Erzähler erklären etwas dadurch, dass sie Vergangenes auf eine gestimmte Art und Weise und aus einem bestimmten Blickwinkel heraus darstellen. Die Einheitlichkeit der Darstellung korrespondiert mit der Einseitigkeit der Erklärung des Geschehens. Man kann das ganz gut an der Schöpfungsgeschichte

im Alten Testament (oder an den nahezu in jeder Religion enthaltenen Kosmo-
gonien bzw. Kosmologien) nachvollziehen: Da Gott die Welt in 7 Tagen erschaf-
fen hat, ist die Welt als sein Werk zu verstehen. Gleiches gilt aber auch für die
Evolutionstheorie: Hier rückt der Zufall an die Stelle Gottes. Der entscheidende
Unterschied zwischen beiden Theorien besteht „nur" darin, dass die Schöpfungsgeschichte an den Fakten scheitert, die Evolutionstheorie mit sehr vielen Fakten
in Einklang gebracht werden kann.

Auf andere Weise als mythische Erzähler können heutige Sozialtheoretiker
zwar immer noch aus einem gestimmten Blickwinkel, dem einer bestimmten
Theorie, ein Gesamtbild der modernen Gesellschaft entwerfen. Sie müssen diesen Blickwinkel aber als Analysemethode ausweisen. Das erleichtert die kritische Überprüfung. Wir können ihre Theorien daraufhin untersuchen, wie sie
mit Daten und Fakten umgehen. Was bleibt aus ‚theorieideologischen' Gründen
ausgeklammert, was wird ‚zurechtgebogen'? Welche Daten und Fakten können
dagegen integriert und zu einem aussagekräftigen Gesamtbild montiert werden,
sodass damit auch die heuristische Fruchtbarkeit des theoriespezifischen Beob-
achtungsstandpunkts belegt wird? Auch aus diesem Blickwinkel ergeben sich
somit Fragen nach der Vollständigkeit und den Ordnungsleistungen von Theorien
moderner Gesellschaften.

Diese Fragen nach Vollständigkeit und Ordnungsleistungen werden zunächst
theorieimmanent gestellt. Unter 3.2. folgen wir zunächst der Auseinandersetzung
der Neofunktionalisten mit den differenzierungstheoretischen Annahmen von
Talcott Parsons (3.2). Im dritten Abschnitt wird untersucht, ob Luhmanns Annahme einer prinzipiell gegebenen Autonomie der Funktionssysteme dazu führt,
dass er die zentrale Bedeutung der gegenseitigen Durchdringung der Funktionssysteme in der modernen Gesellschaft ausblendet.

Unter 3.4. wird am Beispiel der Theorie des kommunikativen Handelns unter einer vergleichenden Perspektive untersucht, ob die im zweiten Kapitel vorgestellten Theorien der modernen Gesellschaft nicht grundsätzlich unvollständig
sind, weil sie einseitig auf funktionale Differenzierung und Leistungssteigerung
abstellen und damit Aspekte von Lebenswelt und Alltag ausblenden.

Aus der Beobachtung von Einseitigkeiten theoretischer Beobachtungsperspektiven kann aber auch gefolgert werden, dass – solange keine integrierte „Gesamttheorie" verfügbar ist – theoretische wie thematische Ergänzungen
vorzunehmen sind, um zumindest zu einem patchworkartigen Gesamtbild moderner Gesellschaften zu kommen. Solche Ergänzungen sind Thema des fünften
und sechsten Abschnitts. Im fünften Abschnitt werden wichtige Positionen der
Kritik an der modernen Gesellschaft vorgestellt, die mit Hilfe eines andersartigen Blickwinkels auf die moderne Gesellschaft gewonnen werden. Im sechsten
Abschnitt werden dagegen perspektivische wie thematische Ergänzungen am

Gesamtbild der modernen Gesellschaft vorgenommen, die vor allem thematische Lücken bei Parsons und Luhmann füllen können.

3.2 Funktionale Differenzierung und Leistungssteigerung – Diskrepanzen zwischen theoretischen Modellannahmen und konkreten soziologischen Analysen

Zu den zentralen Annahmen von Parsons' Modernisierungstheorie gehört die These, dass es in der modernen Gesellschaft zu immer weiteren Differenzierungsvorgängen komme und dass diese Differenzierungsvorgänge mit gesellschaftlicher Leistungssteigerung verbunden seien. Diese beiden Thesen stehen aus theoretischen Gründen bei Parsons in einem unauflösbaren Zusammenhang. Das hängt damit zusammen, dass er von gesellschaftlicher Höherentwicklung ausgeht, die dem Modell der Aromorphose aus der Evolutionstheorie folgt. Diesen Bezug stellt Parsons explizit her (vgl. Parsons 1971: 55). Als Aromophose werden Entwicklungen bezeichnet, die aufgrund ihrer leistungssteigernden Effekte nicht nur irreversibel geworden sind, sondern sich auch über die Arten hinweg durchsetzen. Parsons greift explizit das Beispiel der Evolution des Gesichtssinns auf. Seine These ist also, dass funktionale Differenzierung in der modernen Gesellschaft eine von vier evolutionären Universalien sei, eben weil dieser Prozess unter den Bedingungen der modernen Gesellschaft zu erheblicher Leistungssteigerung führe.

Diese These ist bei Versuchen, mit der Parsons'schen Modernisierungstheorie empirisch zu arbeiten wie auch in der expliziten kritischen Auseinandersetzung mit Parsons in allen ihren Teilaspekten in Frage gestellt worden[1]. Bestritten wurde einmal, dass funktionale Differenzierung sich nach dem Muster einer „invisible hand" hinter dem Rücken der Akteure naturwüchsig durchsetzen würde. Es wurden zahlreiche Beispiele dafür gefunden, dass in der Frühmoderne wie in der Moderne Differenzierung als explizite Lösungsstrategie bei politischen Konflikten praktiziert wird. Bedeutsam war beispielsweise, dass die „Privatisierung der Religion" und damit die Differenzierung zwischen politischer Loyalität und privater religiöser Überzeugung in vielen Ländern ein politisches Mittel war, um die religiösen Bürgerkriege des 16. und 17. Jahrhunderts definitiv zu beenden (vgl. Holmes 1985: 10 ff.). Auch der Umstand, dass in der modernen Gesellschaft bestimmte Differenzierungsmerkmale wie ethnische Zugehörigkeit oder Sippenzugehörigkeit nicht mehr „zählen", ist zumindest teilweise die Folge eines politischen Konzepts der „Gegendifferenzierung" (Holmes 1985: 10).

---

[1] Die nachfolgende Darstellung orientiert sich an Schimank 2000: 228–241.

Wenn man zeigen kann, dass Differenzierung in vielen Fällen ein politisches Konzept ist, dann sind auch die dadurch bewirkten Leistungssteigerungen „politisch", also abhängig von dem jeweiligen Standort eines Akteurs oder einer gesellschaftlichen Gruppe in der Sozialstruktur (vgl. Rüschemeyer 1977). Auch Untersuchungen von Eisenstadt und Smelser belegen diesen Einwand (vgl. Eisenstadt 1964; Smelser 1973; 1974). Eisenstadts historisch weit gesteckte Untersuchungen enthalten zahllose Beispiele für „Innovationseliten" (wie z. B. Intellektuelle in Mesopotamien und Griechenland oder religiöse Gruppen in Israel) die funktionale Differenzierungsvorgänge vorantreiben (vgl. dazu die Sammelbände Eisenstadt 1987 und 1992).

Einen interessanten Versuch, die kritische Auseinandersetzung mit Parsons' Differenzierungsthese zu systematisieren, nimmt Colomy 1990 vor. Als systematische Abweichungen von Parsons' Behauptung einer immer weitergehenden funktionalen Differenzierung in den modernen Gesellschaften sieht Colomy (a) unvollständige, (b) ungleichzeitige Differenzierungsvorgänge sowie drittens das Bemühen um eine fundamentalistische Regression, also um die politisch intendierte Zurücknahme von Differenzierungsvorgängen.

Nach Colomy besteht eine zweite differenzierungstheoretische Leitvorstellung von Parsons darin, dass die Ursachen fortschreitender funktionaler Differenzierung immer in systemischen Leistungsdefiziten bei der Erfüllung funktionaler Erfordernisse liegen. Dagegen zeigt Colomy, dass Differenzierungsvorgänge auch das Resultat von Interessenauseinandersetzungen zwischen Gruppen von Akteuren sein können. Im Hinblick auf unterschiedliche Differenzierungsinteressen unterscheidet er vier Gruppen. ‚Institutional entrepreneurs' versuchen Differenzierungsvorgänge voran zu treiben. ‚Institutional followers' schließen sich neu entstehenden Differenzierungsmustern an. Dagegen wollen ‚institutional conservatives' die bereits gegebenen Differenzierungsmuster aufrecht erhalten. Als vierte Gruppe unterscheidet Colomy noch die ‚institutional accomodationists'.

Man kann die im Anschluss an Parsons von den Neofunktionalisten durchgeführten Analysen diverser Differenzierungsvorgänge dahingehend zusammenfassen, dass empirisch sehr viel mehr möglich ist, als in Parsons' theoretischem Konzept unterzubringen ist. Was folgt daraus für die soziologische Modernisierungstheorie? Bei den Neofunktionalisten bleibt dies weitgehend offen. Schimank folgert aus diesen Untersuchungen, dass die differenzierungstheoretische Analyseperspektive einer handlungstheoretischen Ergänzung bedarf (Schimank 2000: 205 ff.). Tatsächlich kann der gemeinsame Nenner der neofunktionalistischen Einwände im Hinweis auf Akteure und deren Interessen gesehen werden, die sich strategisch auf Differenzierungsvorgänge beziehen. Diese Folgerung mag zwar im Hinblick auf soziologische Fallstudien durchaus fruchtbar und sinnvoll sein, sie antwortet aber nicht auf das *theoretische* Problem. Schimanks Vorschlag einer handlungstheoretischen Ergänzung unterstellt dagegen etwas vorschnell dessen Unlösbarkeit. M. E. zeigen diese Einwände nur, dass die von Parsons hergestellte Verbindung zwischen Differenzierung und der Evolutionstheorie zu eng ist. Die diversen Analysen der Neofunktionalisten haben in dieser Hinsicht nachhaltig demonstriert, dass sich nicht jeder Differenzierungsvorgang nach dem Muster der Aromorphose interpretieren lässt, sodass Parsons' Konzept der evolutionären Universalien entweder aufgegeben oder in seiner theoretischen Reichweite enger gefasst werden müsste.

Diese Debatte spricht für Luhmanns Konzept, wesentlich offener und allgemeiner an die Evolutionstheorie anzuschließen und dabei in Kauf zu nehmen, dass dies mit einem Verzicht auf Prognosemöglichkeiten und Strukturaussagen erkauft werden muss (vgl. die Darstellung unter 2.5.9). Ob dies dann auch tatsächlich dazu führen muss, dass die Soziologie die Analyse konkreter Entwicklungen den Historikern überlässt (vgl. Luhmann 1976), erscheint mir dagegen nicht zwingend.

3.3 Interpenetration oder Autonomie plus Abhängigkeit der Funktionssysteme?

Ein weiteres Interpretationsproblem besteht darin, was die sowohl bei Weber wie auch bei Luhmann entwickelte These einer *Dezentrierung* der modernen Gesellschaft genau bedeutet. In der deutschen Soziologie hat sich eine Debatte zu Luhmanns These entwickelt, dass die moderne Gesellschaft grundsätzlich dezentriert sei und gesellschaftliche Probleme immer nur aus der Perspektive je spezifischer Funktionssysteme bearbeiten könne. Insbesondere am Problem ökologischer Risiken hat Luhmann diese These durchdekliniert (vgl. Luhmann 1986). Aber auch Weber hat eine zumindest ähnliche Position mit der Behauptung bezogen, dass die Moderne durch eine Differenzierung der Wertsphären gekennzeichnet sei. Hier liegt die Dezentrierung allerdings, und das ist zu beachten, nicht auf der operativen Ebene, sondern auf der kognitiven Ebene des Weltverständnisses. Hieraus muss für Weber keineswegs eine nur funktionsspezifische Problembearbeitung folgen[2]. Anders als Luhmann kann Weber die Entwicklung

---

[2] Wolfgang Schluchter gibt hierzu folgende Erläuterung: „Materielle und ideelle Interessen, Glücks- und Heilsinteresse, beherrschen also unmittelbar das Handeln des Menschen. Doch darf man den Begriff unmittelbar hier nicht missverstehen. Unmittelbar sind sie insofern, als sie die Antriebe des Handelns darstellen. Doch als solche sind sie immer schon historisch vermittelt: Sie sind interpretiert und institutionalisiert. Sobald es dem Menschen gelingt, den Zustand eines ‚präanimistischen Naturalismus' zu verlassen, beginnt er mithilfe von Abstraktion und Differenzierung zu symbolisieren, sobald er diesen Zustand erreicht, attrahieren immer mehr Dinge und Vorgänge ‚außer der ihnen wirklich oder vermeintlich innewohnenden realen Wirksamkeit noch Bedeutsamkeiten',

der modernen Gesellschaft trotz einer Differenzierung der Wertsphären als eine umfassende Rationalisierungstendenz der gesellschaftlichen Einflüsse auf die Lebensführung charakterisieren. Die modernitätskritische Pointe bei Weber ist, dass die Lebensführung in der Moderne damit ein Moment der Beliebigkeit gewinnt, das er in das Bild eines modernen Polytheismus fasst. Gesellschaftlich kommt es, so Weber, dagegen erstmals zu einer umfassenden Rationalisierung und Entzauberung der Welt.

Parsons nimmt eine klare Gegenposition zu Luhmann ein. In Form des AGIL-Schemas hat er eine analytische Vorentscheidung getroffen, Gesellschaften als integrierte Handlungssysteme zu analysieren. Funktionale Differenzierung wird also immer als die Ausdifferenzierung von integrierten Handlungssystemen erfasst, die über integrative Mechanismen sowohl mit übergeordneten (allgemeineren) wie auch mit untergeordneten (spezifischeren) Handlungssystemen vernetzt sind.

Vor diesem Hintergrund kritisiert Richard Münch nun an Luhmanns Differenzierungskonzept, dass es nicht geeignet sei, die Spezifik des Typus ‚moderne Gesellschaften' zu erfassen. Moderne Gesellschaften seien nicht durch den Gemeinplatz funktionaler Differenzierung charakterisierbar, sondern genau umgekehrt durch ‚Interpenetration'. Darunter versteht Münch „eine sich überkreuzende Allzuständigkeit einer Mehrzahl von Systemen" (Münch 1990: 387). Die gegenseitige Durchdringung gedanklicher Ordnungen führe in der Moderne dazu, dass sie sich gegenseitig korrigierten und ausbalancierten. Der Begriff Interpenetration ist also durchaus wörtlich zu nehmen. Die von Luhmann für die Moderne behauptete rigorose Trennung der gesellschaftlichen Problembearbeitung sieht Münch dagegen eher für die vormodernen Hochkulturen Indien und China als charakteristisch an (vgl. Münch 1980: 42; zur Kritik vgl. Schwinn 1995). Auf *dieser* gesellschaftlichen Stufe sei es zu der von Luhmann für die Moderne behaupteten Radikalisierung der selektiven Problembearbeitung durch die Funktionssysteme und ihre Imperative gekommen. Münch konstatiert für die Hochkulturen beispielsweise eine Radikalisierung des wirtschaftlichen Erwerbs-

---

entsteht also eine Welt der Ideen, mit Rücksicht auf die gehandelt wird" (Schluchter 1979; 40). Diese Symbolsysteme bezeichnet Schluchter als Weichensteller. „Denn sie interpretieren, wovon und wozu man beglückt und erlöst sein will und kann. Freilich reicht dies noch nicht aus, um die Dynamik der Interessen in *bestimmte* Bahnen zu lenken. Dazu bedarf es vielmehr der Mittel und Wege, die zeigen, *wie* die durch das Weltbild ausgezeichneten Glücks- und Heilsgüter zu erreichen sind" (Schluchter 1979: 41; Hervorhebungen im Original). Diese Mittel und Wege wiederum werden erst mit der Institutionalisierung eines bestimmten Weltbildes fixiert. Wertsphären beziehungsweise Lebensordnungen (diesen Begriff bevorzugt Schluchter) entstehen also immer eine Verbindung zwischen selektiver Weltinterpretation und „ihrer strukturellen Effekte auf Lebensführungen" (Schluchter 1979: 41). Genau deswegen wirft die Differenzierung der Wertsphären für Weber vor allem Probleme der praktischen Lebensführung in der Moderne auf.

strebens, die in der Moderne gerade durch rechtliche und moralische Standards gebremst worden sei. Man könnte in diesem Zusammenhang auch auf religiöse Praktiken und Heilswege verweisen, deren Möglichkeiten im alten Indien in einer heute unvorstellbaren Radikalität durchdacht und praktiziert wurden (vgl. Eliade 1978; Bd. 2; Weber 1988d). Moderne Gesellschaften unterscheiden sich nach Münch von den alten Hochkulturen durch „das Ausmaß der Interpenetration zwischen den differenzierten Sphären, aufgrund derer erst eine *gemeinsame Ordnung dieser Sphären* entstehen konnte und aufgrund derer die gleichzeitige Entfaltung dieser Sphären möglich wurde" (Münch 1980: 42; Hervorhebung D. B.).

Schimank hat zu Recht angemerkt, dass daraus keine theoretische Kritik an Luhmann folgt, wohl aber – und dies ist für das Verständnis moderner Gesellschaften höchst bedeutsam – an Luhmann kritisiert werden müsse, dass er die entsprechenden empirischen Phänomene weitgehend vernachlässige (Schimank 2000: 166). Was Münch als Interpenetration bezeichnet, wird bei Luhmann auf der Ebene der Programmstruktur verortet. Programmstrukturen sind Konkretisierungen eines allgemeinen Codes – und hier sind eben auch die Einflüsse anderer Teilsysteme zu verzeichnen, wie zum Beispiel rechtliche Auflagen oder staatliche Förderprogramme für das Wirtschaftssystem. „Funktionale Differenzierung schafft eben … kein Nebeneinander, sondern multiple Überschneidungen von Perspektiven" (Schimank 2000: 165). Der Unterschied besteht nur in der Gewichtung: „Ökonomisches Handeln im Rahmen eines Unternehmens muss auch rechtliche, politische, ästhetische Kriterien berücksichtigen, aber immer bei Dominanz eines Leitkriteriums: der ökonomischen Rentabilitätsorientierung" (Schwinn 1995 a; 21). Fazit: „Diese von Luhmann konzipierte Sichtweise dürfte die gesellschaftliche Wirklichkeit besser abbilden als Münchs Vorstellung einer letztlich ungerichteten, … Vermischung gleichberechtigter Orientierungen. Bedenkenswert an Münchs Kritik ist allerdings, dass er auf die faktische weitgehende Vernachlässigung des zugrunde liegenden empirischen Phänomens durch Luhmann hinweist" (Schimank 2000: 166).

Halten wir also fest, dass spezialisierte Funktionssysteme auf ein spezifisches Leistungsversprechen hin, eben ihre gesellschaftliche Funktion, zugeschnitten sind. Im Hinblick auf dieses Leistungsversprechen entwickeln sie systematisches Wissen, das im Hinblick auf Möglichkeiten der Leistungssteigerung permanent reflektiert wird. Dies schließt mit ein, dass sich jedes dieser Teilsysteme für die Leistungsversprechen der anderen für unzuständig erklärt, aber deren reflexives Wissen insoweit akzeptiert und übernimmt, als es zur Erfüllung des je eigenen Leistungsversprechens erforderlich wird. Dies kann durchaus zu „Dreiecksverhältnissen" und noch komplexeren Verflechtungen führen.

So gehört es beispielsweise zum Aufgabenbereich und damit eben auch zum Leistungsversprechen des politischen Systems, dass es sich für ökologische Gefährdungen interessiert, die durch Industrieproduktion ausgelöst werden. Um diese Gefährdungen einschätzen zu können, ist es von wissenschaftlicher Expertise abhängig. Um wissenschaftlich nachgewiesene Umweltgefährdungen auf ein akzeptables Maß zu begrenzen, kann das politische System den Aktivitäten des Wirtschaftssystems rechtliche Grenzen setzen, wozu auch explizite Verbote gehören. Diese begrenzenden Eingriffe in das Wirtschaftssystem sind nur mit den Mitteln und in der Systematik des Rechts möglich, bedürfen also juristischer Expertise. Was Betriebe dann tatsächlich dürfen, beziehungsweise nicht mehr dürfen, kann also nur mit den Mitteln des Rechts festgestellt werden. Wenn Wirtschaftsakteure darüber hinaus die Umweltgesetzgebung für übertrieben oder falsch halten, dann müssen sie sich wissenschaftlicher Expertise bedienen, die dann in eine entsprechende Lobbyarbeit einfließen kann.

Das Beispiel macht die These plausibel, dass mit zunehmender Komplexität der modernen Gesellschaft Entwicklungen immer häufiger im Zusammenspiel zwischen mehreren Funktionssystemen erfolgen. Deutlich wird darüber hinaus, dass die Organisationen jedes Teilsystems, in unserem Beispiel wären das das Umweltministerium auf der einen und Betriebe und Industrieverbände auf der anderen Seite, nur dann handlungsfähig sind, wenn sie auf ein tendenziell wachsendes Maß an systemfremder Expertise zugreifen können. Dabei ist es unerheblich, ob sie Juristen und Wissenschaftler einkaufen oder ob sie auf deren Leistungen zugreifen. An anderen Beispielen wie der Modernisierung der Kriege (vgl. unter 4.4 und 4.6) oder auch der Industrialisierung (vgl. unter 5.3–5.5) zeigt sich, dass es bereits in frühen Phasen der modernen Gesellschaften auf zentralen Feldern zur Interpenetration zwischen Funktionssystemen (vor allem Wirtschaft, Politik, Wissenschaft) gekommen ist. Das spricht dafür, Interpenetration als ein zentrales Merkmal der Leistungsfähigkeit moderner Gesellschaften anzusehen, das bei Luhmann unterbelichtet bleibt. Auf der anderen Seite sprechen diese Beispiele dafür, dass die viel beschworene besondere Leistungsfähigkeit moderner Gesellschaften nur dadurch gewahrt werden kann, dass die Organisationen jedes Funktionssystems an einem genau identifizierbaren funktionsspezifischen Leistungsversprechen festhalten.

So müssen beispielsweise die Aktivitäten eines Umweltministeriums perspektivisch immer darauf abzielen, das Umweltthema weder wissenschaftlich noch juristisch, sondern politisch zu bearbeiten, und nur auf diesem Gebiet effizienter und leistungsfähiger zu werden. Umgekehrt gilt beispielsweise für Energieversorgungsunternehmen, dass sie versuchen müssen wirtschaftlich erfolgreich zu sein und dass sie die mit dem Betreiben von Kernkraftwerken verbundenen wissenschaftlichen, rechtlichen und politischen Probleme nur insoweit verfolgen, als das für die Realisierung des eigenen Leistungsziels geboten oder dienlich ist. Sie würden beispielsweise dann an wirtschaftlicher Effizienz verlieren, wenn sie das Eintreten für Kernkraftwerke zu ihrer politischen Aufgabe machen würden.

Mit anderen Worten: In jedem Funktionssystem existiert ein spezifisches Leistungsversprechen, das zum Selbstzweck aller diesem Teilsystem zurechenbaren Organisationen wird. Dagegen haben alle Bezüge auf andere Funktionssysteme lediglich eine instrumentelle Bedeutung. Man muss sich, in unserem Beispiel, auf wissenschaftliche und juristische Fragen einlassen, um das eigentliche politische, beziehungsweise ökonomische Ziel wirksam verfolgen zu können. Das schließt aber mit ein, dass die Organisationen auch in diesen instrumentellen Bereichen auf höchstem Niveau operieren müssen, denn nur dieses ist erfolgversprechend.

Diese Überlegungen erleichtern die Klärung eines weiteren Problemfelds: der Frage nach Autonomie und Abhängigkeit von Funktionssystemen. Luhmann reklamiert die Autonomie der Funktionssysteme auf 2 Ebenen: einmal als prinzipielle Eigenschaft jedes autopoietischen Systems, also auch der Funktionssysteme. Darüber hinaus charakterisiert Luhmann die moderne Gesellschaft durch die These, dass jedes Funktionssystem alle übrigen als Umwelt behandle und die Erfüllung ,seines' Funktionsmonopols insofern autonom organisiere (vgl. unter 2.5.8). Auch hier stellt sich wiederum die Frage, ob Luhmann einfach nur die Implikationen seines Autopoiesis-Konzeptes durchdekliniert oder ob er mit dieser These auch einen wichtigen Beitrag zum Verständnis moderner Gesellschaften leistet.

Das obige Beispiel zeigt nun mit hinreichender Deutlichkeit, wo innerhalb eines Funktionssystems *Autonomie* bestehen muss und inwiefern Abhängigkeiten zwischen den Funktionssystemen existieren. *Autonomie muss bei der Verfolgung des Leistungsversprechens gegeben sein*, denn nur dann ist kontinuierliche Wissensentwicklung, Reflexivität und Leistungssteigerung möglich. Deswegen ist auch wachsende Autonomie auf der Ebene der Funktionssysteme durchaus mit wachsenden Abhängigkeiten zwischen den Funktionssystemen vereinbar. Problematisch ist immer nur der Fall, dass sich ein Funktionssystem von einem anderen Funktionssystem instrumentalisieren lässt. Unter diesem Gesichtspunkt könnte beispielsweise untersucht werden, ob die globale Finanzkrise 2008/2009 auch damit erklärt werden kann, dass die einschlägigen Elemente des politischen Systems und des Wissenschaftssystems ihre Autonomie gegenüber dem Wirtschaftssystem nicht hinreichend gewahrt haben.

Aus diesen Überlegungen ergibt sich aber auch, dass der Durchbruch zum Typus der modernen Gesellschaft in engem Zusammenhang mit der gedanklichen wie institutionellen Herauslösung autonomer Funktionsbereiche analysiert werden kann. Dabei darf allerdings nicht übersehen werden, dass die vormodernen Feudalgesellschaften bereits Formen funktionaler Differenzierung kannten. Darauf hat Münch zu Recht aufmerksam gemacht. Allerdings waren diese immer in sozialer wie in räumlicher Hinsicht begrenzt. In sozialer Hinsicht war funktionale Differenzierung immer an exklusive Trägerschichten gebunden und gegen andere Funktionsbereiche abgeschottet (Geheimwissen, spezifische

Moralkodizes etc.). Dies fiel typischerweise auch mit räumlicher Abschottung zusammen (Klöster, Einöden, aber auch Fürstenhöfe und Universitäten). Lediglich die großen Weltreligionen offerieren spezifische Leistungsversprechen für ein allgemeines Publikum. Sie überwinden erstmals enge soziale und räumliche Grenzen und können, wie bereits Max Weber (1988b) gezeigt hat, als eine Brücke zwischen vormodernem und modernem Denken verstanden werden (vgl. auch unter 2.3).

Wenn wir Schimanks oben zitierter Diagnose folgen und „eine weitgehende Vernachlässigung des empirischen Phänomens" der wachsenden Verflechtungen zwischen den Funktionssystemen monieren, dann ist es wichtig auf diesem Feld Möglichkeiten für weiter gehende Analysen aufzuzeigen. Hierzu bietet sich u. a. das Thema ‚Kapitalismus' an.

Die Überlegenheit funktionaler Differenzierung gegenüber segmentärer und stratifikatorischer Differenzierung wird üblicherweise damit begründet, dass nur funktionale Differenzierung die Ungleichartigkeit der Funktionssysteme (Vorteil: Arbeits- und Aufgabenteilung) mit Gleichrangigkeit (Vorteil der Autonomie) verbinden könne. Kritiker sehen dagegen ein Primat der kapitalistischen Wirtschaft als gegeben an. Diese konträren Positionen lassen sich im Rahmen einer differenzierungstheoretischen Perspektive empirisch überprüfen, wenn man die Begriffe Autonomie und Abhängigkeit präzise verwendet und deren evolutionstheoretischen Hintergrund hinreichend beachtet.

Autonomie ist nur als formale Freiheit zu verstehen, im Rahmen des für das jeweilige Funktionssystem gegeben Codes, der gegebenen Programmstrukturen, Organisationen und weiterer Institutioneller Festlegungen zu operieren, in anderer Sprache: zu disponieren. Mögliche Alternativen und Themen müssen also immer in der Fachsprache des Funktionssystems formuliert werden können. Das schließt aber keineswegs aus, dass der Formulierungsspielraum durch andere Funktionssysteme in extremer Weise begrenzt werden kann.

Wenn man dies hinreichend beachtet, dann kann es auf der Ebene solcher Abhängigkeiten zu extremen Disparitäten zwischen den Funktionssystemen kommen. Man kann die Deutung ‚Kapitalismus' damit in die Fragestellung übersetzen, ob nicht das Wirtschaftssystem andere (oder auch: alle anderen) Funktionssysteme dadurch in der Ausübung ihrer funktionalen Autonomie ‚kanalisiere', dass es Themen vorgebe und die Entscheidungsalternativen extrem verenge. Unter diesem Gesichtspunkt könnte man z. B. die Bewältigung der Wirtschaftskrise 2008/9 durch die kooperierenden nationalen politischen Systeme untersuchen. Ebenso könnte auch die von Liberalen seit Adam Smith immer wieder beklagte ‚Gängelung' der Wirtschaft durch Politik und Bürokratie untersucht werden.

3.4 Lebenswelt und moderne Gesellschaft: können alle gesellschaftlichen Bereiche auf Funktionssysteme umgestellt werden?

Wenn man überprüfen möchte, ob die im zweiten Kapitel dargestellten Modernisierungstheorien alle Bereiche der modernen Gesellschaften einbeziehen, also Vollständigkeit beanspruchen können, dann lohnt es sich eine äußerst schwierige und von der Sozialtheorie nur ansatzweise bearbeitete Frage aufzuwerfen: Gibt es Grenzen funktionaler Differenzierung? Wenn die modernisierungstheoretische These zutrifft, dass Funktionssysteme immer spezifischere Leistungsversprechen organisieren, dann muss die Frage gestellt werden, ob alles soziale Miteinander in Leistungskommunikation verwandelt werden und alle sozialen Beziehungen auf Kooperation bzw. Wettbewerb, sowie auf Austauschprozesse im weitesten Sinne umgestellt werden können. Zumindest implizit wird dies nicht nur bei Luhmann sondern auch in anderen, neueren Theorieansätzen wie der Rational-Choice-Theorie unterstellt[3].

Bei Parsons wird dagegen implizit davon ausgegangen, dass das alltägliche Miteinander der Menschen, gerade insoweit es nicht auf Leistung hin funktionalisierbar ist, für die Integration von Handlungssystemen unabdingbar bleibt, aber im Hinblick auf diese Integration eben auch funktionalisiert werden kann. Andererseits bildet die gesellschaftliche Gemeinschaft immer den Ankerpunkt für funktionale Differenzierung und kann daher selbst nur in begrenztem Maße funktional organisiert werden. Sie enthält daher immer auch diffuse Rollenbeziehungen (vgl. unter 2.4.8).

Für Weber stellt sich das Problem anders, da er immer nach Zusammenhängen zwischen intersubjektiv geltenden gesellschaftlichen Ordnungen und der individuellen Lebensführung sucht. Bei Weber taucht die hier aufgeworfene Frage also eher als Frage nach den Grenzen der gesellschaftlichen Modellierung von Lebensführung beziehungsweise nach der menschlichen Inkonsequenz auf.

Eine wesentliche konzeptionelle Grundlage für skeptische Fragen nach der Reichweite funktionaler Differenzierung gibt der Begriff der Lebenswelt. Was ist darunter genau zu verstehen?

3.4.1 Die Lebenswelt als soziale Grundlage der menschlichen Existenz

Wichtig für das theoretische Verständnis des Begriffs Lebenswelt sind zunächst Überlegungen von Edmund Husserl. Vor allem in dessen Spätwerk (vgl. ins-

---

[3] Im Rahmen des RC-Ansatzes hat Coleman eine solche Grenze für am individuellen Nutzenkalkül orientierten Austausch zumindest angedeutet: „Im Allgemeinen kann die Familie nicht als zielgerichteter Akteur im Sinne dieses Buches betrachtet werden" Coleman 1995; Band 2: 335 ff.

besondere Husserl 1939; 1954) taucht der Begriff an zentraler Stelle auf. Mit der Entwicklung einer Phänomenologie wollte Husserl sowohl die Philosophie als auch die Einzelwissenschaften auf eine neue methodische Grundlage stellen. Diese suchte er im unmittelbaren Erleben, beziehungsweise in der direkten menschlichen Erfahrung. Im „reinen Erlebnis" soll sich der allem Realen vorgeordnete Sinn selbst konstituieren (Thiel 2004: 146).

Um einen derartigen „vorsprachlichen Fundierungsbereich" (Thiel 2004: 147) zu markieren, greift Husserl auf den Begriff der Lebenswelt zurück, der zuvor bereits in der Lebensphilosophie benützt wurde. Zu nennen sind hier Georg Simmel (1906a) und Wilhelm Dilthey (1910). Während Dilthey jedoch erkenntnistheoretische Sonderbedingungen der Kultur- und Geisteswissenschaften zu markieren sucht, „bei der die Möglichkeit des Erkennens des vom Menschen gelebten Lebens im ‚Erleben' und nachvollziehenden ‚Einfühlen' liegt" (Nastansky 2004: 555), sieht Husserl die Grundlage jeglicher Realität „im Bewusstsein der ‚leistenden Subjektivität'" (Nastansky 2004: 557) begründet. Die Lebenswelt steht bei Husserl somit für die Welt der Wahrnehmungen und Erfahrungen des Menschen und gewinnt daher eine grundlegende Bedeutung.

Alfred Schütz hat den Husserl'schen Lebensweltbegriff zu einem grundlegenden soziologischen Begriff gemacht (vgl. Schütz/Luckmann 1979: 25–290). Auch für ihn bleibt die Lebenswelt die Grundlage jeglichen Wahrnehmens und Verstehens des Menschen in einer soziokulturellen Welt, die sich ihm jedoch als *fraglos gegebener Alltag* darstellt. Der zuletzt genannte Aspekt, die für jeden Akteur selbstverständlich gegebene Lebenswelt, bildet den üblichen Ausgangspunkt soziologischer Analysen.

Wenn man dagegen wie Habermas (1981) die Frage nach der Rationalisierbarkeit der Lebenswelt aufwirft, dann gewinnt der von Husserl eingeführte Gesichtspunkt zentrale Bedeutung, wonach die Lebenswelt eine im Hinblick auf menschliches Wahrnehmen, Erfahren und Handeln *basale Struktur* darstellt, aus der sich alle leistungsfähigeren Formen des sozialen Miteinander entwickelt haben müssen. Auch wenn man weniger prinzipiell als Husserl argumentiert und die Lebenswelt vom Alltagswissen und der darüber konstituierten Alltagsrealität her begreift (vgl. Berger/Luckmann 1969), lässt sich die Lebenswelt immer noch als eine ursprüngliche Struktur, als ein Ausgangspunkt für voraussetzungsvollere Formen des sozialen Miteinander verstehen. Aus einer historisch-analytischen Perspektive müsste man dann zeigen können, dass sich solche voraussetzungsvolleren Formen des Sozialen aus der Lebenswelt ausdifferenziert haben.

3.4.2 Das dualistische Verständnis moderner Gesellschaften bei Habermas: System und Lebenswelt

Die wohl klarste Gegenposition gegenüber einer intuitiv vermuteten Umstellung der gesamten Kommunikation auf Leistungskommunikation hat Jürgen Habermas in seinem soziologischen Hauptwerk ‚Theorie des kommunikativen Handelns' vorgelegt. Deshalb werden in einem ersten Schritt seine wichtigsten modernisierungstheoretischen Überlegungen kurz skizziert. Dabei werden drei zentrale Einwände gegen die Möglichkeit einer Umstellung aller Sozialbeziehungen auf Leistungskommunikation deutlich, die in einem zweiten Schritt unter Rückgriff auf weitere Positionen eingehender diskutiert werden.

Die modernisierungstheoretische Hauptthese von Habermas besagt, dass die moderne Gesellschaft in zwei ganz unterschiedliche Bereiche zerfallen sei: System und Lebenswelt (vgl. insbesondere Habermas 1981; zweite Zwischenbetrachtung; Bd. 2; S. 173 ff.). In dem systemischen Bereich werden Handlungsfolgen über die Medien Macht und Geld koordiniert. Diese Medien ersetzten eine verständigungsorientierte Kommunikation durch eine institutionalisierte Beobachterperspektive. Da im systemischen Bereich mit den Medien Macht und Geld operiert wird, geht es hier immer von vornherein um das Herbeiführen faktischer Handlungen. Auf diese Weise könne die materielle Reproduktion wesentlich effektiver gesichert werden. Insofern akzeptiert Habermas Grundpositionen der klassischen Modernisierungstheorie. Modernisierung meint auch bei Habermas im systemischen Bereich permanente Effizienzsteigerung, Wirtschaftswachstum, Zunahme politischer Leistungen.

Gegen die klassische Modernisierungstheorie bringt Habermas drei Einwände vor. Erster Einwand: Das *Muster der Leistungssteigerung kann im Bereich kultureller Reproduktion überhaupt nicht wirksam sein.*

Dies liegt daran, dass wir uns in der alltäglichen Lebenswelt nur über das Mittel sprachlicher Verständigung abstimmen können. Die Lebenswelt folgt damit einer ganz andersartigen Form der Selbstorganisation, die Habermas über den Begriff des kommunikativen Handelns erläutert. Der Grundgedanke ist dabei, dass wir unsere Symbolsprache nur dann als Verständigungsmechanismus zur Handlungskoordination nutzen können, wenn wir uns gegenseitig Aufrichtigkeit unterstellen und sowohl in der Dimension der sozialen wie auch in der Dimension der objektiven Welt ‚Geltungsansprüche' aufstellen (vgl. hierzu vor allem die erste Zwischenbetrachtung; Habermas 1981; Band 1; S. 369 ff.). Unter Geltungsansprüchen versteht Habermas Behauptungen, die der Kommunikationspartner entweder akzeptieren oder bestreiten kann. Geltungsansprüche gegenüber der objektiven Welt sind Tatsachenbehauptungen wie zum Beispiel ‚die Erde kreist um die Sonne' oder ‚jetzt ist es 11.56 Uhr'. Geltungsansprüche in der Dimension der sozialen Welt umfassen dagegen normative Aussagen wie zum Beispiel: ‚Als Mutter musst du dich mehr um deine Kinder kümmern'. Bestreitet der Kommunikationspartner derartige Geltungsansprüche, dann kommt es zu einem Diskurs, also einem Austausch von Argumenten, die eine Behauptung stützen, beziehungsweise wiederlegen können. Solange derartige Diskurse von einem Verständigungswillen der Beteiligten geprägt sind, kann man darauf vertrauen, dass das beste Argument entscheidet und eine gemeinsame Grundlage für die weitere Kommunikation und Handlungskoordination bildet.

Eine Pointe gegenüber der klassischen Modernisierungstheorie besteht nun darin, dass die Lebenswelt einer ganz anderen Logik der Rationalisierung folgt als der systemische Bereich der Gesellschaft. Während der systemische Bereich seine Leistungsfähigkeit durch eine immer feinmaschigere funktionale Ausdifferenzierung von Teilsystemen, also letztlich durch immer spezifischere Leistungsangebote zu steigern vermag, *kann es im lebensweltlichen Bereich der Gesellschaft*, der die kulturelle Reproduktion organisiert, *nur zu einer diskursiven Rationalisierung insbesondere der kommunikativen Praktiken und damit der Verständigung über den Normen- und Wertekanon einer Gesellschaft kommen* (vgl. Habermas 1981; Band 2; S. 278 ff.)

Während Parsons für diesen Bereich eine Universalisierungstendenz der Wertorientierungen vermutet, hebt Habermas auf die kommunikative Rationalisierung durch Diskurse ab. Man könnte nun eine Verbindung zwischen beiden Positionen dadurch herstellen, dass man unterstellt, dass moderne Gesellschaften mit einem universellen Leistungsangebot alle Formen von Mobilität ihrer Gesellschaftsmitglieder befördern und damit auch, wie in den großen Metropolen brennglasartig deutlich wird, Menschen unterschiedlichster Herkunft auf engem Raum konzentrieren. Das erhöht den Bedarf an interkultureller Verständigung über unterschiedlichste Normen hinweg, fördert also Diskurse über Geltungsansprüche gegenüber der sozialen Welt. Solche Diskurse könnten durchaus zu einer Universalisierung (Parsons) der als jeweils geltend unterstellten Wertorientierungen führen.

Zweiter Einwand: Die *Lebenswelt ist keineswegs ein residualer Bereich.*

Schon aus konzeptionellen Gründen muss der systemische Bereich als ein aus der Lebenswelt abgeleiteter, historisch sekundär entstandener, zweiter gesellschaftlicher Bereich verstanden werden. Dies versucht Habermas auch durch ein evolutionäres Entwicklungsstufenmodell zu untermauern (vgl. Habermas 1981; Band 2; S. 229 ff.). Inhaltlich zeigt sich dieser sekundäre Charakter des systemischen Bereichs daran, dass die Medien Geld und Macht immer in der Lebenswelt verankert sein müssen. *Geht dieser Anker verloren, dann zerbrechen auch die integrativen Möglichkeiten dieser Medien.*

Wie das gemeint sein kann, kann man sich an Krisensituationen oder am Beispiel der ärmsten Länder der Welt klarmachen, deren Probleme typischerweise damit beginnen, dass kein Machtmonopol einer staatlichen Zentralinstanz existiert und das Vertrauen der Bevölkerung in die Landeswährung gegen Null tendiert. Aber auch für entwickelte Industriegesellschaften wie Deutschland nach 1945 gilt, dass der Glaube an den Geldwert erschüttert werden kann. Deswegen hat man auch in Deutschland in den ersten Nachkriegsjahren zu „Ersatzwährungen" wie Zigaretten, Dollars oder Grundnahrungsmitteln gegriffen, von deren Konvertibilität die Bevölkerung damals überzeugter war als von der noch bis 1949 als offizielle Währung zirkulierenden Reichsmark.

Dritter Einwand: *Eine Rationalisierung lebensweltlicher Kontexte nach den Maximen des systemischen Bereichs, also mithilfe der Medien Macht und Geld, führt nicht zu einer Rationalisierung, sondern muss vielmehr zu einer Zerstörung lebensweltlicher Zusammenhänge führen.*

Diese Zerstörung bedroht auch den systemischen Bereich: nicht nur gerät die Ankerfunktion gegenüber den Medien Geld und Macht in Gefahr, auch die funktionalen Leistungen der Lebenswelt für den systemischen Bereich werden bedroht. Diese Probleme diskutiert Habermas als Gefahr einer *'Kolonialisierung der Lebenswelt'* (vgl. Habermas 1981; Band 2; S. 470 ff.).

Wenn diese These zutrifft, dann sind die im zweiten Kapitel dargestellten Theorien eindeutig ergänzungsbedürftig. Sie decken dann nur den Bereich der materiellen Reproduktion ab und übersehen, dass die Entwicklung im Bereich der kulturellen Reproduktion anderen Pfaden und einer anderen Logik folgt. Weber geht zwar vom Bereich der kulturellen Reproduktion aus, er wird von Habermas dafür kritisiert, dass er die Besonderheiten der Modernisierung in diesem Bereich übersieht (Habermas 1981; Band 1: 299 ff.).

3.4.3 Diskussion der dualistischen Konzeption der modernen Gesellschaft

Wie überzeugend ist die hier nur relativ knapp skizzierte Position von Habermas (vgl. Habermas 1981; 1983; 1986; Reese-Schäfer 2001; Honneth 2000; Brock 2009)? Die nachfolgende Diskussion konzentriert sich auf eine zentrale Frage, die allen drei Einwänden gegen den im zweiten Kapitel behandelten Mainstream soziologischer Modernisierungstheorie zu Grunde liegt:

Kann eine klare Trennlinie zwischen ‚System' und ‚Lebenswelt' gezogen werden[4]? Zerfällt die moderne Gesellschaft in zwei höchst unterschiedlich strukturierte Bereiche, so dass ein dualistisches Konzept erforderlich ist?

---

[4] Eine weitergehende Auseinandersetzung mit der Theorie des kommunikativen Handelns oder gar mit dem Versuch von Jürgen Habermas, die kritische Theorie der Frankfurter Schule zu erneuern, kann und soll hier nicht geleistet werden. Zur theoretischen Auseinandersetzung mit Habermas vgl. Rescher 1993; Müller-Doohm 2000; McCarthy 1989; Luhmann 1993; Honneth/McCarthy/Offe/Wellmer 1989; Honneth/Joas 1986.

Sollte sich diese Unterscheidung tatsächlich als soziologisch hinreichend stichhaltig erweisen, dann wäre das im zweiten Kapitel dargestellte Verständnis der modernen Gesellschaft nicht zu halten.

Diese Trennlinie zwischen beiden Bereichen ist für Habermas klar lokalisierbar, weil eine kulturelle Reproduktion der Gesellschaft seiner Meinung nach nur durch Verständigungsprozesse möglich ist, die immer an eine Teilnehmerperspektive der Akteure gebunden sind. Nur als *Teilnehmer* lebensweltlicher Prozesse kann man an der kulturellen Reproduktion mitwirken. Der systemische Bereich ist dagegen auf Handlungsfolgen hin orientiert, die unabhängig von der Motivation eines Akteurs, quasi objektiv, festgestellt werden können. Daraus folgert Habermas, dass hier über die Medien Macht und Geld eine *Beobachter*perspektive institutionalisiert worden sei.

Problematisch an diesem Verständnis des systemischen Bereichs erscheint mir zunächst, dass er äußerst eng gefasst ist (erster Kritikpunkt). Dies hängt vermutlich auch damit zusammen, dass die Theorie des kommunikativen Handelns nicht auf soziologischen Analysen der modernen Gesellschaft beruht, sondern allein von der theoretischen Auseinandersetzung mit der Sozialtheorie getragen wird. Habermas schneidet den systemischen Bereich deshalb auf Wirtschaft und Staat zu, weil er (a) die weitergehenden Überlegungen Luhmanns völlig ausblendet und sich nur an Parsons Medientheorie orientiert. Dabei billigt er (b) nur den beiden Medien für das A- und G-Feld, nämlich Macht und Geld Medieneigenschaften zu. Die Medien für das I- und L-Feld, Einfluss und Wertbindung, sind für Habermas keine ‚echten Medien‘ (fehlende sozialtechnische Eigenschaften wie Speicherbarkeit, Teilbarkeit sowie Fehlen einer „von Konsensbildungsprozessen unabhängigen Automatik"; Habermas 1981; Band 2; S. 395.). Sie können diese Medieneigenschaften nicht entwickeln, weil wir uns hier im Feld der kulturellen Reproduktion befinden.

Insofern hat Habermas eine Bruchstelle erweitert, die es bereits in Parsons' AGIL-Schema gibt[5]. Bei Parsons bestand sie darin, dass die obere Hälfte des AGIL-Schemas immer die Umweltanpassung eines Handlungssystems, die untere Hälfte dagegen dessen interne Integration beschreibt. Das kann man aus einer marxistisch inspirierten Perspektive in die Bereiche materielle und kulturelle Reproduktion übersetzen. Durch *diese* Anleihe an Parsons entgeht Habermas aber, dass sich ‚systemische Leistungen‘ gerade in der modernen, als Wissens-, Dienstleistungs- oder Informationsgesellschaft apostrophierten Gesellschaft nur schwer

---

[5] Habermas kritisiert an Parsons, dass er bei der Ausarbeitung seiner soziologischen Systemtheorie den Primat der Handlungstheorie aufgegeben habe (vgl. Habermas 1981; Band 2; S. 338 ff.). Dabei wird aber übersehen, dass Parsons soziales Handeln von Anfang an ‚systemisch‘ und nicht aus der Perspektive des einzelnen Akteurs analysiert hat (Vgl. Luhmann 2002: 18 ff.). Die Unterscheidung zwischen System und Lebenswelt basiert somit auch auf einer problematischen Parsons-Rezeption.

auf den Bereich der materiellen Reproduktion eingrenzen lassen. Es gibt auch keine soziologischen Gründe dafür, warum es nicht auch in weiteren Funktionssystemen als nur in Wirtschaft und Politik auf Leistungskommunikation, also auf die Beobachtung von Handlungsfolgen, ankommen soll.

So ist es beispielsweise nicht bestreitbar, dass es auch im Sport oder im Gesundheitssystem um objektivierte Effekte von Handlungen geht, die unabhängig von den Motivationen der Akteure „zählen". Wichtig ist, ob die Latte im Hochsprung übersprungen oder gerissen wird, ganz unabhängig von den Gründen, auf die der jeweilige Sportler im Nachhinein seine Leistung, beziehungsweise Nicht-Leistung, zurückführt. Gleiches gilt sinngemäß für die Heilung von Kranken.

Weiterhin ist unklar, wie die Ausdifferenzierung eines systemischen Bereiches aus der Lebenswelt soziologisch so konkretisiert werden kann, dass ein systemischer von einem lebensweltlichen Bereich klar unterschieden werden kann (2. Kritikpunkt). Am Beispiel der Wirtschaft kann man sich klar machen, dass etwa Betriebe alles andere als nicht-lebensweltliche Räume sind. Zwar kommt es an den Arbeitsplätzen immer auf Handlungsfolgen, zweckrationales Handeln und Arbeit an, aber zugleich kennen sich die Kollegen auch persönlich. Sie beurteilen einander keineswegs nur unter Leistungsgesichtspunkten. Ebenso geht es im betrieblichen Alltag auch um Geltungsansprüche wie Aufrichtigkeit, Wahrheit und normative Richtigkeit. Eine Trennung zwischen einem ausschließlich systemisch koordinierten und einem rein kommunikativ integrierten Bereich der Gesellschaft, der der Kolonialisierungsthese unterlegt ist, ist soziologisch wenig plausibel.

Die für einen dualistischen Gesellschaftsbegriff à la Habermas erforderliche Unterscheidung zwischen System und Lebenswelt kann daher immer nur auf der Ebene konkreter Kommunikation getroffen werden. Nur auf dieser Ebene können wir Umstellungen der Kommunikation auf Medien, d.h. auch den Wechsel von einer Teilnehmer- zu einer Beobachterperspektive, konkret beobachten.

Ein instruktives Beispiel für die *Umstellung von* (lebensweltlicher) *Kommunikation auf das Medium Geld* liefert der in Supermärkten heute übliche Einkaufswagen, auf den wir nur dann zugreifen können, wenn wir einen Euro als Pfand eingeben. Auf diese Weise wurde erreicht (= Beobachterperspektive gegenüber den Kunden), dass die Kunden ihre Einkaufkörbe nicht einfach dort stehen lassen, wo sie sie nicht mehr benötigen und das Personal diese immer wieder zusammensuchen und aufräumen muss. Vor der Einführung des „Pfand-Einkaufskorbs" war dies Gang und Gebe, weil die bis dahin übliche lebensweltliche Kommunikation aus der Teilnehmerperspektive – „Bitte stellen sie ihren Einkaufswagen wieder zurück, damit auch die anderen Kunden problemlos einkaufen können!" – offenbar immer weniger Erfolg (= Beobachterperspektive) hatte.

Man kann nun noch einen Schritt weiter gehen und fragen, ob jede Leistungskommunikation nur dann wirklich effektiv ist, wenn sie auf einem lebensweltlichen Fundament aufbaut. Auf diese Grundposition könnte man zumindest alle seit der Unterscheidung zwischen einem formellen und einem informellen Aspekt jeder Organisation in den 30er Jahren des letzten Jahrhunderts entwickelten Managementlehren zurückführen (z. B. Likert 1967). Die Menschen, so könnte man diese Überzeugung vereinfacht ausdrücken, bringen nur dann auf Dauer und problemlos Leistung, wenn sie in eine Organisation auch in sozialer Hinsicht integriert sind. Deswegen sind Themen wie Arbeitsmotivation, Unternehmenskultur, die sozialen Beziehungen zwischen Vorgesetzten und Untergebenen und so weiter von besonderem Interesse. Als weiteres Beispiel kann man an die Werbung erinnern, die die Konsumenten aus der Teilnehmerperspektive anspricht und z. B. bestrebt ist, die Marke Coca Cola zu einem selbstverständlichen Element der Lebenswelt möglichst vieler Konsumenten weltweit zu machen. Das geschieht, obwohl Werbung und Marketing selbst nicht Teil der Lebenswelt sind und an Konsumenten nur aus der Beobachterperspektive interessiert sind.

Vom Standunkt der kulturellen Reproduktion in der Lebenswelt aus gesehen, kappen wir immer dann den lebensweltlichen Kontext, wenn wir *direkt* mit dem Medium Geld operieren und an effektivem Tausch interessiert sind. Wenn wir zum Beispiel Preise vergleichen und dort einkaufen, wo es am günstigsten ist, blenden wir den lebensweltlichen Kontext aus, produzieren wir „Anonymität". Man kann das sowohl in der Warteschlage vor einer Supermarktkasse oder auch beim Umgang mit den Pfandeinkaufswagen gut beobachten. Dieser Wechsel zwischen Teilnehmer- und Beobachterperspektive, zwischen Aspekten kultureller und materieller Reproduktion kann aber schwerlich als eine reinliche Trennung zwischen unterschiedlich strukturierten gesellschaftlichen Bereichen interpretiert werden. Wenn wir nämlich derartige Knotenpunkte des Tausches länger beobachten, dann wird auch deutlich, dass bei geringen Anlässen auch hier wieder Netze lebensweltlicher Kommunikationen entstehen können. Menschen, die sich davor noch nie gesehen haben, kommen aus banalen Anlässen miteinander ins Gespräch. Sie können sich beispielsweise auch darüber verständigen, ob es wirklich günstiger ist, bei Aldi einzukaufen. Aus dieser Möglichkeit kann man folgern, dass nicht nur Arbeitsleistungen, sondern auch Tauschpräferenzen immer eine lebensweltliche Grundlage behalten.

Zum Verständnis derartiger Gegebenheiten ist es weiter führend, an Goffmans Rahmenanalyse zu erinnern (Goffman 1993; Hettlage 1991). Goffman, dessen soziologisches Hauptthema die Ordnung der Alltagskommunikation war (Hettlage 2000: 190), hat darauf aufmerksam gemacht, dass die Alltagskommunikation immer intersubjektive Rahmen unterstellt (vgl. Hettlage 1991: 97 f.). Zur Erläuterung folgen wir an dieser Stelle kurz Goffmans Ausführungen zu ,primären Rahmen': „Jeder primäre Rahmen ermöglicht dem, der ihn anwendet, die Lokalisierung, Wahrnehmung, Identifikation und Benennung einer anscheinend unbeschränkten Anzahl konkreter Vorkommnisse, die im Sinne des Rahmens definiert sind. Dabei sind ihm die Organisationseigenschaften des Rahmens im

Allgemeinen nicht bewusst, und wenn man ihn fragt, kann er ihn auch nicht annähernd vollständig beschreiben, doch das hindert nicht, dass er ihn mühelos und vollständig anwendet" (Goffman 1993: 91).

Über solche Rahmen unterwirft sich jeder Sprechakteur „Maßstäben" (Goffman 1993: 32) oder auch „Regeln" (Goffman 1993: 34), die bei Handlungen wie bei Kommunikationen stillschweigend *vorausgesetzt* werden (‚orientierte Handlung'). „Ein Beispiel für eine orientierte Handlung wäre das Verlesen des Wetterberichts im Rundfunk" (Goffman 1993: 32). Ohne solche Rahmen könnte keine Organisation gebildet werden. Organisationen kultivieren gewissermaßen Rahmen in Form von Mitgliedschaftsbedingungen, die für die organisationsinterne Kommunikation als selbstverständlich gegeben vorausgesetzt werden müssen. Da solche Rahmen immer auch gewechselt werden können, können in der Alltagskommunikation immer bestimmte institutionelle Voraussetzungen unterstellt, andere zugleich damit aber auch ausgeblendet werden. Das erklärt, warum in Betrieben sowohl effizient gearbeitet wie auch ‚lebensweltlich' kommuniziert werden kann.

Aus Goffmans Rahmenanalyse kann man aber auch folgern, dass Habermas' Konzept einer an die Teilnehmerperspektive gebundenen kommunikativen Rationalisierung der Lebenswelt möglicherweise zu einfach gestrickt ist. Wenn Goffmans Überlegungen zutreffen, dann werden in jeder Kommunikation nicht nur explizite, sondern zugleich in Form unterstellter Rahmen *implizite Geltungsansprüche* erhoben, die selbstverständlich ebenso strittig sein können. Das hat weitreichende Konsequenzen für die Frage der kommunikativen Rationalisierbarkeit normativer Vorstellungen, die hier aber nicht eingehend behandelt werden können. Wichtig ist an dieser Stelle nur, dass unterstellte Rahmen die Unterscheidung zweier getrennter Bereiche System und Lebenswelt auch von der Seite der Lebenswelt problematisch werden lassen. Orientierte Handlungen im Sinne von Goffman weisen kommunikative Verkürzungs- und Effektivierungsstrategien auf, die nach Habermas nur im systemischen Bereich, über die Verwendung der Medien Macht und Geld, erfolgen können. *Die scheinbar so reinliche Trennung zwischen lebensweltlicher Teilnehmer- und systemischer Beobachtungsperspektive kann nicht mehr aufrecht erhalten werden, wenn man akzeptiert, dass Alltagskommunikation* **immer** *institutionelle Rahmen unterstellt.*

Wenn dies richtig ist, dann wissen kompetente Interaktionspartner auch davon, dass solche Rahmen permanent unterstellt werden. Deswegen müssen sie *jede* Kommunikation immer auch auf unterstellte Rahmen hin beobachten[6]. Da-

---

[6] Missverständnisse darüber, welcher Rahmen gerade legitimerweise unterstellt werden kann, spielen auch im Witz eine große Rolle. Z. B.: ein Ehepaar steht im Keller vor einem Regal mit Kartoffeln, die alle an der Wand aufgereiht und mit Sonnenbrillen versehen sind. Der Mann sagt: „Du musst sie kühl und nicht cool lagern!"

mit fällt auch die scheinbar so reinliche Unterscheidung zwischen einer in der Lebenswelt unhintergehbaren Verständigungsorientierung und einer im systemischen Bereich kultivierten strategischen Orientierung an den Handlungseffekten in sich zusammen.

Wenn Goffmans Überlegungen zur Rahmung zwischenmenschlicher Interaktionen zutreffen, dann ergeben sich daraus weitere Einwände gegen Grundelemente der Theorie des kommunikativen Handelns, die hier nur kurz angedeutet werden können. So kann das Verständigungspotential der Symbolsprache nicht nur unter der von Habermas hervorgehobenen kontrafaktischen Bedingung der Aufrichtigkeit der Sprecher genutzt werden. Zusätzlich müssen Sprecher und Hörer auch in der lebensweltlichen Alltagskommunikation Rahmen unterstellen, also auch hier aus *Effektivitäts*gründen Prämissen in ihre Kommunikation einziehen, die sich prinzipiell nicht von der Institutionalisierung des Gebrauchs der Medien Geld und Macht unterscheiden. Dagegen könnte man beide Medien als Rahmen auffassen, die nur weiter verbreitet und klarer institutionalisiert sind als z. B. das Verlesen eines Wetterberichts. Die Kolonialisierungsthese von Habermas hätte dann lediglich damit zu tun, dass Geld und Macht im Bereich kultureller Reproduktion ungeeignete Rahmen sind.

Das Problem einer Verständigung auf passende Rahmen existiert – trotz der Medien Macht und Geld – ebenfalls im ‚systemischen' Bereich. Hier geht es vor allem um die Rahmung eines legitimen Anwendungsbereichs dieser Medien. Man könnte zum Beispiel bestreiten, dass Zuneigung oder Mitgefühl käuflich sein können (vgl. Luhmann 1988: 230 ff.). Umgekehrt ist es aber keineswegs ausgeschlossen, dass Aspekte der Lebenswelt für das Medium Geld geöffnet werden können (‚moderne' Beispiele: Typberater, Begleitservice; ‚alte Beispiele: Amme, Diener).

Diese Diskussion hat gezeigt, dass die Unterscheidung zwischen System und Lebenswelt weder überzeugt, wenn sie als strikte Unterscheidung zwischen gesellschaftlichen Bereichen (System bzw. Lebenswelt), noch, wenn sie auf einer Mikroebene (Handlungskoordination aus der Teilnehmer- bzw. aus der Beobachterperspektive) angesetzt wird. Auf der anderen Seite hat die Diskussion aber durchaus deutlich gemacht, dass sich eine solche Teilnehmerperspektive aufzeigen lässt, die mit der Hauptthese der soziologischen Modernisierungstheorie kollidiert, dass funktionale Differenzierung die ausschließliche Grundlage der modernen Gesellschaft bilde. In der Diskussion wurden Beispiele dafür genannt, dass die Funktionssysteme eine lebensweltliche Grundlage aufweisen.

3.4.4 Kommunikative Spezialisierung – eine Brücke zwischen Lebenswelt und funktional differenzierter moderner Gesellschaft?

Gibt es gedankliche Alternativen zu der von Habermas entwickelten dualistischen Position, die aufzeigen können, wie sich aus einer allumfassenden Lebenswelt Spezialisierungsprozesse entwickeln können, die zumindest perspektivisch in die moderne Gesellschaft und ihre Funktionssysteme hineinführen?

Man kann zumindest im Anschluss an Goffman eine gedankliche Möglichkeit skizzieren. Gedanklicher Ausgangspunkt sind die Überlegungen von Habermas zur kommunikativen Rationalisierung der Lebenswelt. Während im Bereich der materiellen Reproduktion Effektivitätssteigerungen über eine Koordination der Handlungsfolgen durch die Medien Macht und Geld möglich geworden seien, kenne der Bereich der Lebenswelt nur eine Form der Rationalisierung, die diskursive Verständigung. Insbesondere dort, wo zuvor selbstverständliche normative Überzeugungen durch die veränderten Verhältnisse ihren Charakter des Selbstverständlichen verlieren, könne nur der Diskurs die in der Sprache enthaltenen Verständigungspotenziale ausschöpfen und zu einer kommunikativen Rationalisierung normativer Überzeugungen führen. Auf diese Weise ließen sich jeweils historische Wahrheiten und insofern rationale Grundlagen des zwischenmenschlichen Zusammenlebens fortschreiben (zur Erläuterung der Diskurstheorie vgl. Reese-Schäfer 2001: 22 ff).

Die Modalitäten des rationalen Diskurses hat Habermas in seinem Verständnis der „idealen Sprechsituation" fixiert. Nur wenn alle Kommunikationsteilnehmer gleiche Diskurschancen haben, Behauptungen in gleicher Weise kritisch überprüft werden, wenn Chancengleichheit der offenen Meinungsäußerung besteht, dann könnte das sprachliche Rationalisierungspotenzial nach Auffassung von Habermas ausgeschöpft werden.

Wenn man nun mit den begrifflichen Mitteln von Goffmans Rahmenanalyse auf diese Überlegungen zur kommunikativen Rationalisierung der Lebenswelt blickt und insbesondere an den Begriff der ‚orientierten Interaktion' (siehe oben; 3.4.3) denkt, dann ließe sich Folgendes vermuten: Auch Diskurse sind „Rahmen", also Voraussetzungen, die für bestimmte Kommunikationen eingeführt werden können. Insofern unterscheiden sie sich nicht prinzipiell von Geld oder Macht. In allen diesen Fällen wird Kommunikation beschränkt und geregelt, um, auf dieser Grundlage, spezielle Ergebnisse zu erzielen. Der gemeinsame Nenner aller Rahmen besteht darin, *dass die thematische Offenheit alltagssprachlicher Kommunikation eingeschränkt wird.* Die Alltagskommunikation kennt ja zunächst nur thematische Fokussierungen, die aber relativ problemlos durchbrochen werden können. Spezialkommunikationen etablieren darüber hinausgehend zusätzliche Regeln als Kommunikationsvoraussetzungen. Diese engere Fokussierung der Kommunikation wird aber immer dadurch erkauft, dass der

Bereich unzulässiger, nicht zur Sache gehörender Kommunikation ausgeweitet wird und der für die Alltagskommunikation charakteristische Themenwechsel zumindest erschwert wird.

Während die Alltagskommunikation durch den Anblick eines heulenden Kindes oder auch den Ruf „Es brennt" umstandslos auf das neue Thema orientiert werden kann, fiele dies in einem wissenschaftlichen Diskurs erheblich schwerer. Ersteres könnte nur als Störung interpretiert werden. Der Ausruf „Es brennt" wäre nur dann informativ, wenn er mit einer direkten Gefahr für die Teilnehmer verbunden wäre oder es darum ginge, Hilfe zu leisten.

Wie steht es nun um die Behauptung von Habermas, dass das Verständigungspotenzial der Sprache nur entfaltet werden könne, wenn im Falle eines Dissenses Diskurse über strittige Geltungsansprüche erfolgen? Auch hier muss man zunächst die Konsequenz jeglicher Spezialkommunikation in Rechnung stellen, dass für den Zeitraum, den die diskursive Klärung strittiger Geltungsansprüche erfordert, *eine Verständigung über Anderes ausgeschlossen ist.* Für diskursive Rationalisierung ist also immer der Preis zu entrichten, dass die Kommunikation über nicht zur strittigen Frage gehörende Themen für die Zeit des Diskurses ausgeschlossen bleiben muss. Zum anderen schränken Rahmen das Spektrum der zugelassenen Äußerungen immer ein – seien es die Bedingungen der ‚idealen Sprechsituation' oder reale Modelle der Wahrheitsfindung, wie sie beispielsweise immer wieder in der Philosophie etabliert wurden. Spezialkommunikationen sind zudem auch in sozialer Hinsicht selektiv, dies gilt für den Diskurs ebenso wie für Kommunikationen, bei denen das Geldmedium zur Voraussetzung gemacht wird.

Abweichend von Habermas' dualistischer Konzeption lässt sich also durchaus ein *allgemeines Muster kommunikativer Spezialisierung erkennen, in das sich nahezu alle soziologischen Ordnungsbegriffe (Grundbegriffe) einfügen lassen.* Rolle, Position, Gruppe, benennen alle samt spezifische Rahmen, die zudem miteinander kombiniert werden können, um die Kommunikation noch weiter zu spezialisieren. Gleiches gilt auch für die großformatigeren Begriffe wie Organisation, Institution und Differenzierung. Auch die Medienbegriffe bei Parsons und Habermas, der Begriff der Erfolgsmedien bei Luhmann können als Vorkehrungen der Rahmung von Kommunikationen verstanden werden.

3.4.5 Modernisierung und Rationalisierung der Lebenswelt

Vor diesem Hintergrund können nun einige soziologische Beobachtungen über Modernisierungstendenzen der Lebenswelt eingeordnet werden.

Eine grundlegende soziologische Beobachtung ist, dass sich in der Moderne räumlich-lokale Segmente der alltäglichen Lebenswelt auflösen, wobei es zu einer Tendenz der Universalisierung normativer Überzeugungen (vgl. Wertgeneralisierung unter 2.4.5) ebenso wie zur Bildung tendenziell globaler Diskurs-arenen und Öffentlichkeiten kommt (vgl. Habermas 1962; Walk/Brunnengräber 2000; Brand 2000; Leggewie 2003). Insofern Lebenswelten durch die Beherr-schung einer bestimmten Sprache beziehungsweise durch verwandtschaftliche oder staatliche Zugehörigkeiten begrenzt werden, werden solche segmentäre Strukturen mit einer Auflösung vieler Sprachgemeinschaften, Volkskulturen und lokalen Gemeinschaften in großformatigere Verflechtungen überführt (moderner Nationalstaat – vgl. Gellner 1995 unter 3.6.3).

Weiterhin existieren soziologische Beobachtungen und Analysen über Mo-dernisierungsprozesse an der *Nahtstelle zwischen Lebenswelt und Spezialkom-munikation.* Hierzu gehört insbesondere Simmels These, dass das „moderne Individuum" sich im Schnittpunkt ganz unterschiedlicher „sozialer Kreise" be-findet (vgl. die Darstellung unter 2.2). Auf der Grundlage seiner persönlichen Nei-gungen und Interessen könne sich das moderne Individuum in genau die sozialen Kreise hineinbegeben, in der es diese ausleben könne. Jede Neigung führt zu einem genau auf sie zugeschnittenen sozialen Kreis. Simmel stellt sich eine derar-tige selbstbestimmte Vergesellschaftung also als kommunikative Spezialisierung (vgl. 3.4.4) vor, als Auflösung einer thematisch wie sozial offenen Lebenswelt.

Die Metapher vom modernen Individuum im Schnittpunkt der sozialen Kreise macht darauf aufmerksam, dass allein das Individuum, der individuelle Erfahrungs- und Lebenszusammenhang, diese unterschiedlichen sozialen Kreise miteinander verbindet. Diese Verbindung wird über individuelle Wahlentschei-dungen hergestellt. Sie werden aufgrund der kommunikativen Spezialisierung erforderlich. Insoweit die neuere soziologische Individualisierungsdebatte (vgl. Beck 1994; Kron 2000; Schroer 2001; Kron/Horacek 2009) auf diese grundle-genden Überlegungen Simmels zurückgreift, sollte sie nicht übersehen, dass In-dividualisierung in engem Zusammenhang mit der Herauslösung spezialisierter Kommunikation aus der Lebenswelt in Zusammenhang steht. Dieser Gesichts-punkt kann die übliche makrosoziologische These ergänzen, dass die moderne Gesellschaft mit ihren Erwartungen und Anforderungen auf das einzelne Indivi-duum zugreift, während die Einheiten der vormodernen Gesellschaft Kollektive, Großgruppen oder Stände seien (Beck 1983; 1986).

3.4.6 Enttradionalisierung der Lebenswelt

Eine andere Möglichkeit mit dem Übergang zur modernen Gesellschaft einherge-hende Veränderungen an der Schnittstelle zwischen Lebenswelt und Spezialkom-munikationen soziologisch zu interpretieren, bieten *Enttraditionalisierungsthesen.*

Dem Leser ist der Gesichtspunkt der Enttraditionalisierung bereits aus der Darstellung von Webers Modernisierungstheorie geläufig (vgl. unter 2.4). Nach

Weber beruht der moderne Kapitalismus auf kultureller Enttraditionalisierung, die durch die protestantische Ethik bewirkt wird. Sie führt dazu, dass tradiertes Wissen und tradierte Praktiken auf ihre Zweckmäßigkeit hin überprüft und verändert werden. Über die Begriffe der methodisch-rationalen Lebensführung und der Differenzierung der Wertsphären gewinnt diese Enttraditionalisierung bei Weber umfassende Bedeutung. Methodisch-rationale Lebensführung zielt ja darauf ab, dass nicht nur im beruflichen Bereich, sondern eben in allen Lebensbereichen traditionelle Ordnungen und Praktiken auf ihre Zweckhaftigkeit hin überprüft und gegebenenfalls modifiziert werden. Auf der makrosoziologischen Ebene der modernen Gesellschaft markiert der Begriff ‚Differenzierung der Wertsphären‘ die Durchrationalisierung aller Lebensbereiche.

Während bei Weber der Begriff der Enttraditionalisierung insofern mit einer positiven Konnotation versehen ist, als über eine Enttraditionalisierung die Sinnhaftigkeit menschlichen Handelns zunimmt, werden von Tönnies in seinem klassischen Text ‚Gemeinschaft und Gesellschaft‘ ganz ähnliche Beobachtungen mit negativen Vorzeichen versehen. Ähnlich wie Weber kennt auch Tönnies keinen Begriff der Lebenswelt. Allerdings sind seine Analysen nahezu durchgängig von der Lebensphilosophie inspiriert, *sodass die Kategorie Leben bei ihm zu einer zentralen Projektions- und Vergleichsebene* wird.

Enttraditionalisierung bedeutet bei Tönnies eine *Umformung des Lebens*, der Lebenspraktiken einschließlich ihres geistigen Hintergrunds. Leben in diesem Sinne wird durch den Prozess der gesellschaftlichen Modernisierung (immer noch analog zu Weber) auf zweckhaftes Kalkül hin umgeformt. Während Weber schon aus methodischen Gründen diese Veränderungen beim einzelnen Akteur registriert und als Tendenz zur methodisch-rationalen Lebensführung bilanziert, verbindet Tönnies mit Enttraditionalisierung einen *Übergang von kollektiven auf individualisierte Lebensformen.* Insofern gibt es gedankliche Berührungspunkte zum Aspekt einer Modernisierung der Lebenswelt. Über die Unterscheidung zwischen ‚Wesenwillen‘ und ‚Kürwillen‘ stellt Tönnies nun allerdings eine direkte Verbindung zwischen der Diagnose der Individualisierung und der These der Enttraditionalisierung her. Man könnte auch kritischer formulieren, dass diese Verbindung soziologisch kurzgeschlossen wird, weil Tönnies das Leben in Kollektiven als ‚natürlich‘ ansieht, während das individualisierte Lebens als ‚künstlich‘ bzw. ‚gemacht‘ etikettiert wird. Insofern baut Tönnies in seine dualistische Begriffsbildung (Gemeinschaft oder Gesellschaft; Wesenwille oder Kürwille) auch noch die stark normativ aufgeladene Diagnose einer Erosion der als kollektives Leben gedachten Lebenswelt mit ein.

Wir können hier nur auf zwei Aspekte von Tönnies Analyse etwas ausführlicher eingehen (vgl. zu Tönnies: Breuer 1996; Bickel 2006). Der Begriff des *menschlichen Willens* hat bei Tönnies zentrale Bedeutung – was möglicherweise auch damit zusammenhängt, dass er sich sehr lange und ausgiebig mit Thomas

Hobbes beschäftigt hat. Wille als „ein zusammenhängendes Ganzes ...", worin die Mannigfaltigkeit der Gefühle, Triebe, Begierden ihre Einheit hat" (Tönnies 1979: 73) soll den Begriff Leben soziologisch handhabbar machen. *Mit der Unterscheidung zwischen Wesen- und Kürwille werden also direkt und unvermittelt zwei ganz unterschiedliche Existenzformen menschlichen Lebens postuliert.* „*Wesenwille* ist das psychologische Äquivalent des menschlichen Leibes, oder das Prinzip der Einheit des Lebens, sofern dieses unter derjenigen Form der Wirklichkeit gedacht wird, welcher das Denken selber angehört ... Er involviert das Denken, wie der Organismus diejenigen Zellen des großen Gehirns enthält, deren Erregungen als dem Denken entsprechende physiologische Tätigkeiten vorgestellt werden müssen ... – *Kürwille* ist ein Gebilde des Denkens selber, welchem daher nur in Beziehung auf seinen Urheber – das Subjekt des Denkens – eigentliche Wirklichkeit zukommt ... Wesenwille beruht im Vergangenen und muss daraus erklärt werden, wie das Werdende aus ihm: Kürwille lässt sich nur verstehen durch das Zukünftige selber, worauf er bezogen ist" (Tönnies 1979: 73; Hervorhebung im Original).

‚Wesenwille' ist also eine unhintergehbare und grundlegende Organisationsform des menschlichen Willens, aus dem sich der ‚Kürwille' ausdifferenziert hat. Wir kennen diesen Gedankengang bereits hinlänglich aus der Darstellung der Ausdifferenzierung eines systemischen Bereichs aus der Lebenswelt (Habermas) beziehungsweise eines Bereichs orientierter Interaktion (Goffman). Ausdifferenziert werden nach Tönnies nun individualisierte und zugleich zweckhafte Formen des Lebens. Während die ausdifferenzierten Formen unter den Begriff Gesellschaft gebracht werden, werden die als ‚ursprünglich' und damit als ‚unhintergehbar' angesehenen Elemente unter den Begriff der Gemeinschaft subsumiert. Daraus ergibt sich nun folgende *Gegenwartsdiagnose*, die aus dem Zusammenfassungsteil zitiert wird:

> „A) Gemeinschaft
> Familienleben = Eintracht. Hierin ist der Mensch mit seiner ganzen Gesinnung. Ihr eigentliches Subjekt ist das *Volk*.
> Dorfleben = Sitte. Hierin ist der Mensch mit seinem ganzen Gemüte. Ihr eigentliches Subjekt ist das *Gemeinwesen*.
> Städtisches Leben = Religion. Hierin ist der Mensch mit seinem ganzen Gewissen. Ihr eigentliches Subjekt ist die *Kirche*." (Tönnies 1979: 216; Hervorhebungen im Original)

Diesen drei *Organisationsformen des Gemeinschaftslebens* werden typische Aktivitäten zugeordnet: 1. Hauswirtschaft, 2. Ackerbau, 3. Kunst.

„B) Gesellschaft

Großstädtisches Leben = Konvention. Diese setzt der Mensch mit seiner gesamten Bestrebung. Ihr eigentliches Subjekt ist die *Gesellschaft schlechthin.*
Nationales Leben = Politik. Diese setzt der Mensch mit seiner gesamten Berechnung. Ihr eigentliches Subjekt ist *der Staat.*
Kosmopolitisches Leben = öffentliche Meinung. Diese setzt der Mensch mit seiner gesamten Bewusstheit. Ihr eigentliches Subjekt ist *die Gelehrten-Republik.*" (Tönnies 1979: 216; Hervorhebung im Original)

Die charakteristischen Aktivitäten sind hier: 1. Handel, 2. Industrie, 3. Wissenschaft.

Das Werk von Tönnies löst soziologische Modernisierungsanalyse auf problematische Weise in Modernitätskritik auf, weil hier zu vielfältige Beobachtungen auf ein zu einfaches dualistisches Schema reduziert werden. Diese Handlichkeit der Diagnose machte sie attraktiv für romantische und antirationalistische Strömungen. Deshalb ist es auch nicht verwunderlich, dass sein Werk vor allem in der ersten Hälfte des 20. Jahrhunderts kulturell prägend war und das politische Denken in Richtung auf totalitaristische Kurzschlüsse zumindest angeregt hat (zur Veränderung des gesellschaftspolitischen Denkens nach dem 1. Weltkrieg vgl. Sieferle 1995: 7 ff.).

Der Soziologie gelang es dagegen nicht, die Unterscheidung zwischen Gemeinschaft und Gesellschaft für die soziologische Analyse fruchtbar zu machen (vgl. Jonas 1976: 167 ff.). Symptomatisch ist, dass im Grunde nur Parsons die Thematik konstruktiv aufnehmen konnte, indem er mit den ‚Pattern Variables‘ den Gegensatz zwischen Gemeinschaft und Gesellschaft in fünf Dimensionen differenziert hat.

Die pattern variables lassen sich als Spektrum von Alternativen verstehen, innerhalb dessen jeder Mensch Entscheidungen treffen muss, wie er einzelne Handlungen, aber auch ganze Rollen anlegen möchte (vgl. Münch 2004: 63 ff.). Zu wählen ist innerhalb eines 5 Dimensionen aufweisenden Kontinuums und zwar immer:

a)   zwischen Kollektivorientierung und Selbstorientierung;
b)   zwischen Diffusität und Spezifität;
c)   zwischen Affektivität und affektiver Neutralität;
d)   zwischen Partikularismus und Universalismus;
e)   zwischen Zuschreibung und Leistung.

Auf der linken Seite werden die Extrempole durch Aspekte von ‚Gemeinschaft‘, auf der rechten Seite durch Aspekte von ‚Gesellschaft‘ markiert.

3.5 Modernitätskritik

Modernitätskritik geht über die in den vorangegangenen Abschnitten behandelte Frage nach möglichen Unschärfen und Auflösungsverlusten der klassischen Modernisierungstheorie wesentlich hinaus. Auch wenn dieser Begriff nur ein vereinfachendes Schlagwort für im Einzelnen höchst unterschiedliche Kritiken an Entwicklungen ist, die die Moderne prägen, so kann man doch zumindest im Sinne einer groben Leitorientierung einen gemeinsamen Blickwinkel ausmachen. Modernitätskritik handelt von denselben Entwicklungen, die auch die Modernisierungstheorie beschreibt. Sie fasst diese Entwicklungen jedoch nicht mehr unter das Bild des evolutionären Fortschritts oder, im Falle Luhmanns, einer zufälligen und ergebnisoffenen Evolution. Der gemeinsame Nenner nahezu aller Modernitätskritik besteht darin, dass sie diese Prozesse als *verselbständigte, der menschlichen Kontrolle entglittene Prozesse fasst, die den Menschen in der ein oder anderen Weise auf eine ganz grundsätzliche Art gefährden.* Kritisiert wird also immer ein Kontrollverlust. Charakteristisch ist weiterhin, dass diese Art von Modernitätsbeobachtung durch ein Menschbild geprägt ist, das immer bestimmte Konstanten der menschlichen Natur festschreibt, die von den beobachteten Modernisierungstendenzen in der ein oder anderen Weise verletzt, negiert, ignoriert oder auch zerstört werden.

An dieser Stelle kann nur eine exemplarische Auswahl solcher Kritikstandpunkte dargestellt werden, da eine eingehendere Beschäftigung mit dem Thema sofort den Umfang eines Unterabschnitts sprengen und im Grunde ein eigenes Buch erfordern würde (vgl. ausführlicher Brock 2009). An dieser Stelle kann also nur eine grobe Skizze geliefert werden, die einerseits auf die wichtigsten Themen fokussiert ist und *Kapitalismuskritik, Kulturkritik und Vergesellschaftungskritik* vorstellt. Zum anderen können diese drei Ausrichtungen der Modernitätskritik immer nur exemplarisch, am Beispiel jeweils zweier relevanter Autoren, ausgeführt werden.

3.5.1 Kapitalismuskritik

Beginnen wir mit der *Kapitalismuskritik*, deren prägender Autor nach wie vor Karl Marx ist. Karl Marx hat sich in seinen Werken vor allem mit zwei Richtungen der Industrialisierungsanalyse beschäftigt, die den Prozess der Industrialisierung durchgängig positiv bewertet haben. Zum einen bezieht sich Marx auf die mit Adam Smith einsetzende englische Nationalökonomie, die eine Tradition des Wirtschaftsliberalismus argumentativ zu begründen versucht. Zum anderen bezieht er sich auf die positivistische französische Tradition, insbesondere auf die Schriften Saint-Simons, der ebenso wie sein Schüler Comte die ‚Industriels‘, also Unternehmer, Kaufleute und Wissenschaftler als die Protagonisten einer neuen Epoche bejubelt. Saint-Simon begrüßte die Industriegesellschaft, weil er, ausgehend von den Grundbegriffen der Feudalgesellschaft, den Aufstieg einer neuen Elite prognostizierte, die einer überlegenen Denkform, eben dem positiven Wissen, zum Durchbruch verhelfen würde. Der britische Liberalismus plädierte dagegen für Freihandel, weil dies zu einem alle begünstigenden System einer letztlich globalen Arbeitsteilung führen werde, indem menschliche wie natürliche Ressourcen wesentlich effizienter genutzt werden könnten.

Marx teilt mit diesen Autoren zwar die positive Grundbewertung der Industrialisierung. Er wirft aber die Frage auf, warum diese fortschrittlichen Tendenzen unmittelbar und direkt ein derartiges Ausmaß an sozialer Verelendung der arbeitenden Klassen hervorrufen (vgl. z. B. Engels 1973). Seine Erklärung ist hinreichend bekannt. Marx möchte zeigen, dass die Konzentration des Eigentums an den Produktionsmitteln auf eine immer geringere Zahl von Menschen dazu führt, dass die Früchte und Vorteile des industriellen Systems immer nur einer kleiner und zugleich immer reicher werdenden Kapitalistenklasse zufallen (Mehrwert, Ausbeutung der Arbeiter). Dagegen wird die andere Seite, die Arbeiterklasse, immer zahlreicher und in immer größeres Elend gestürzt. Diese Tendenzen seien systemimmanent und nur durch eine „Vergesellschaftung der Produktionsmittel" zu beheben.

Spätestens an diesem Punkt seiner Argumentation wird sichtbar, dass Marx in dialektischen Kategorien denkt, die in der Tradition des deutschen Idealismus entwickelt wurden. Insbesondere Hegel hatte diese Denkmethode (These, Antithese, Synthese) zu einem ideengeschichtlichen Analyseinstrument perfektioniert. Marx versucht nun ‚Hegel vom Kopf auf die Füße zu stellen' und mit dieser Methode nicht die Ideengeschichte, sondern die realen gesellschaftlichen Verhältnisse zu analysieren. Die positiven Möglichkeiten der Industrialisierung (These) können mit ihrer historischen Negation (Klassenantagonismus, Proletarisierung immer größerer Bevölkerungsschichten, Verelendungstendenz) aber nur dann zu einer Synthese gebracht werden, wenn zusätzlich anthropologische Annahmen getroffen werden. Sie liegen für Marx in der auf Arbeit angewiesenen Natur des Menschen (ähnlich Adam Smith 1978: 16 ff.) und einer grundsätzlich kooperativen Natur der menschlichen Arbeit[7] (Marx 1972: 341 ff.). Diese Naturbedingungen enthalten die historische Möglichkeit einer sich durch gemeinsame Arbeit auch in kultureller Hinsicht zu einer zivilisierten Menschheit entwickelnden Gattung (‚gesellschaftliche Subjektivität der Arbeit').

An diesem Menschenbild gemessen ist nicht nur die soziale Lage der arbeitenden Klasse als Fehlentwicklung zu brandmarken, sondern auch die mit der

---

[7] Dagegen geht Adam Smith von Einzelindividuen aus, die sich durch Talent und Initiative unterscheiden; vgl. Smith 1978: 312 ff.

Konzentration des Eigentums an den Produktionsmitteln zwangsläufig einher-
gehende Tendenz der ‚Entfremdung' der unmittelbaren Produzenten von ‚ihren'
Arbeitsmitteln wie auch von den anderen Menschen (antagonistische Klassen,
Verdinglichung der sozialen Beziehungen). Wie kann nun das Menschenbild des
auf Arbeit angewiesenen Menschen mit der Industrialisierung zur Synthese gebracht werden? Nur durch die Abschaffung des Privateigentums, Enteignung der
Kapitalisten und Überführung in Gemeineigentum.

Die ‚Vergesellschaftung der Produktionsmittel', die eine ‚Synthese' zwischen
den historischen Möglichkeiten der Industrialisierung und dem historischen
Elend des Frühkapitalismus ermöglicht, kann für Marx kein rein gedanklicher
Vorgang sein, sondern sie muss als politischer Prozess systematisch vorangetrieben werden (These einer unvermeidlichen Revolution). Diese Revolution könne
nur die Auflösung der Widersprüche zum Inhalt haben. Das bedeutet konkret den
Übergang zur kommunistischen, also durch Vergesellschaftung der Produktionsmittel charakterisierten Gesellschaftsformation. Erst unter diesen Bedingungen
könne die Industrialisierung zu einem Segen der Menschheit werden, weil nun
die in der kooperativen Arbeit aller Menschen angelegten Potenziale (Entwicklung der Produktivkräfte der gesellschaftlichen Arbeit) ungestört entwickelt
(Überwindung des kapitalistischen Krisenzyklus) und allen Gesellschaftsmitgliedern zu Gute kommen können (Befriedigung aller Bedürfnisse aller Menschen; Abschaffung der körperlich-repetitiven Arbeit).

Diese Argumentation ist sowohl im Hinblick auf ihre *wissenschaftliche
Grundlage* (insbesondere Kritik an der Arbeitswertlehre; vgl. Vogt 1986), *ihre
Prognosen* (Kritik an der behaupteten Polarisierungstendenz der Sozialstruktur in zwei antagonistische Klassen, Kritik am Revolutionsautomatismus; vgl.
Giddens 1984: 98 ff.) wie auch im Hinblick auf seine *Zukunftsvision einer kommunistischen Gesellschaft* (vgl. Dahrendorf 1974: 277) kritisiert worden. Für den
soziologischen Modernisierungsdiskurs sind insbesondere die beiden letztgenannten Aspekte wichtig.

Die Auseinandersetzung mit seiner Prognose einer zwangsläufigen Welt-
revolution hat insbesondere gezeigt, dass Marx das Stabilitätspotenzial moderner Gesellschaften drastisch unterschätzt hat, vor allem weil er sich nicht für
den Prozess funktionaler Differenzierung interessiert hat. Marx hat gerade in
dieser Hinsicht verhängnisvolle analytische Vereinfachungen vorgenommen
(Basis-Überbau-These; der Staat als Instrument der herrschenden Klasse; vgl.
Bader u. a. 1987: 19 ff. bzw. 321 ff.). Funktional differenzierte moderne Gesellschaften sind sowohl in der Lage Verantwortlichkeiten zu differenzieren (beispielsweise begrenzte Zuständigkeit des politischen Systems für die Schaffung
von Arbeitsplätzen) wie auch Systemprobleme integrativ aufzuarbeiten. Zu nennen ist insbesondere die Entwicklung des Sozial- und Wohlfahrtsstaats unter Ein-
schluss sowohl von Gewerkschaften wie Arbeitgeberverbänden. Damit wurde

ein Instrument geschaffen, das in ökonomischer Hinsicht den kapitalistischen Krisenzyklus auffangen (Keynesianismus; antizyklische Wirtschaftspolitik), sowie durch Transferleistungen die Einkommensverteilung korrigieren und ergänzen kann. Wichtig ist vor allem, dass Transferleistungen für Einkommen in Zeiten, zu denen kein Arbeitseinkommen verfügbar ist, sorgen können.

Marx hat die Zukunftsvision einer kommunistischen Gesellschaft nicht ausbuchstabiert und dort, wo er sie skizziert hat, die Menschen überwiegend als Jäger und Sammler beschrieben[8]. Es fehlen also Vorstellungen über das Alltagsleben im Kommunismus. In soziologischer Hinsicht war das Marxsche Bild einer postindustriellen Gesellschaft (freie Assoziation der Produzenten) unter kommunistischen Bedingungen nicht informativ, da es über die Idee direkter Vergemeinschaftung nicht hinausgeht (vgl. Giddens 1984: 105 ff.). Wichtige Gegenwartsfragen, wie der individuelle Zugriff auf Informationen und Wissen, lassen sich vor diesem Hintergrund nicht einmal formulieren. Andererseits hat er die heute zunehmend realisierte Tendenz einer Abschaffung körperlich-repetitiver Arbeit vorausgesehen. Auch aktuelle Begriffe wie ,Wissensarbeiter' (Gorz 1989) und ,Wissensgesellschaft' (Bell 1975) bewegen sich auf dem Fundament Marxscher Analysen.

Aufgrund dieser perspektivischen Defizite sind vor dem Horizont heutiger Problemlagen die Analysen des Sozial- und Wirtschaftshistorikers Karl Polanyi von größerem Interesse. Polanyi gehört in die Reihe der Liberalismuskritiker. Von Marx unterscheidet er sich vor allem dadurch, dass er die Probleme eines ungezügelten Kapitalismus an einem vorsichtiger formulierten und deswegen auch empirisch gut nachvollziehbaren Menschenbild festmacht. Polanyi fragt danach, unter welchen Bedingungen eine ungezügelte Marktwirtschaft die „elementaren Erfordernisse eines geordneten gesellschaftlichen Lebens" (Polanyi 1979: 307) verletzt, was Grundbedürfnisse menschlichen Überlebens mit einschließt (Sicherung eines Mindestlebensniveaus und von Grundstandards an Freiheit und Selbstachtung).

Polanyi betrachtet den ,modernen Kapitalismus' (Weber) als einen einmaligen historischen Sonderfall, der durch Profitinteresse und sich selbst regulierende Märkte charakterisierbar sei. „Eine solche Organisation des Wirtschaftslebens ist völlig unnatürlich und im rein empirischen Sinn *außergewöhnlich*. Die Denker des 19. Jahrhunderts meinten, dass (der Mensch) ... sich in seiner wirtschaftlichen Tätigkeit an das halten würde, was sie als gesellschaftliche Vernunft be-

---

[8] So in der ,Deutschen Ideologie': Der Kommunismus werde eine Gesellschaft, die es „möglich macht, heute dies, morgen jenes zu tun, morgens zu jagen, nachmittags zu fischen, abends Viehzucht zu treiben, nach dem Essen zu kritisieren" Marx, zit. nach Giddens 1984: 107. Giddens bemerkt hierzu: „Aber die Tatsache, dass er auf solche Analogien zurückgreifen musste, ist ein Anzeichen für ungelöste Probleme seiner Theorie" (Giddens 1984: 107).

zeichneten, und dass jedes gegenteilige Verhalten die Folge äußerer Eingriffe sei. Daraus folgte, dass Märkte natürliche Institutionen seien und dass sie von selbst entstehen würden, wenn man die Menschen nicht behelligte. Somit könnte nichts selbstverständlicher sein, als ein aus Märkten zusammengesetztes und ausschließlich durch Marktpreise gesteuertes Wirtschaftssystem ... (Ein solches Wirtschaftssystem) beruhte auf den unwandelbaren Merkmalen der menschlichen Natur" (Polanyi 1979: 307 f.; Hervorhebungen im Original; Ergänzungen in Klammer: D. B.).

Dies bestreitet Polanyi von Grund auf und er versucht in Fallstudien zu belegen, dass Wirtschaftssysteme Jahrtausende lang *nicht* vom Profitinteresse angetrieben und von sich selbst regulierenden Märkten gesteuert wurden. „Der Markt war, im Gegenteil, das Resultat einer bewussten und oft gewaltsamen Intervention von Seiten der Regierung, die der Gesellschaft die Marktorganisation aus nichtökonomischen Gründen aufzwang" (Polanyi 1979: 308).

Für das 19. und 20. Jahrhundert zeigt Polanyi, dass Gesellschaften und ihre Wirtschaftssysteme nur dadurch stabilisierbar wurden, dass der Handel mit Arbeit, Boden und Geld, also Grundlagen des Wirtschaftssystems, aus dem freien Markt herausgenommen und staatlich reguliert wurde. Eine tatsächlich selbsttragende Marktwirtschaft würde nämlich die Aushandlung von Arbeitsverträgen (Arbeitsbedingungen, Arbeitszeit, Arbeitslohn) den privaten Wirtschaftssubjekten überlassen, den Verkauf von Grund und Boden ohne jede Limitierung (etwa durch Bebauungspläne) zulassen und die Herstellung von Geld privatisieren. In diese Richtung gehende Forderungen werden von Verkündern des Liberalismus bis heute immer wieder erhoben.

Polanyi zeigt in seinen Analysen, dass die Krisen des 19. und 20. Jahrhunderts letztlich auf ein und demselben Weg behoben wurden, nämlich *durch Einschränkung der freien Handelbarkeit der grundlegenden Produktionsfaktoren: Boden, Arbeit und Geld.* Gerade in wirtschaftlichen Krisenzeiten ist es wichtig, sich klarzumachen, dass das heutige Wirtschaftssystem keine reine, sondern eine *staatlich regulierte Marktwirtschaft* ist, so dass Begriffe wie „soziale Marktwirtschaft" durchaus zutreffend sind. Folgt man den Analysen Polanyis, dann wurde die letzte große Wirtschaftskrise vor 2008, die Ende der 20er Jahre des letzten Jahrhunderts einsetzte, dadurch gelöst, dass der Edelmetallstandard für alle wichtigen Währungen aufgehoben wurde[9].

---

[9] Edelmetallstandard bedeutete, dass Papiergeld gegen Edelmetall eingetauscht werden konnte, sodass die Geldmenge immer abhängig war von einem ‚Staatsschatz' an Edelmetallen. Damit war aber die Geldmenge in grundlegender Weise an das Produktionsvolumen und den Handeln mit Edelmetallen gebunden. Die Aufhebung des Edelmetallstandards bedeutete nichts weniger, als dass die umlaufende Geldmenge von nun an nur noch durch die Wirtschaftskraft eines Landes ‚gedeckt' ist. Erst auf dieser Grundlage sind die geldpolitischen Möglichkeiten entstanden, mit denen die Regierungen die aktuelle globale Wirtschaftskrise 2008/2009 zu bekämpfen versuchen. Im Zusammenhang mit

Die Bedeutung der Arbeiten Polanyis für die Soziologie moderner Gesellschaften ist ambivalent. Einerseits ist der von Polanyi festgestellte Gegensatz zwischen liberaler Utopie und Grundbedürfnissen des menschlichen Lebens und der menschlichen Praxis soziologisch naiv. Seine Analysen der Transformation des Wirtschaftssystems werden soziologisch ertragreicher, wenn man sie soziologisch umformuliert, was beispielsweise mit den Mitteln der Systemtheorie sehr gut möglich ist. Dann wird mithilfe von Polanyi sichtbarer, dass Funktionssysteme eben keine freitragenden Konstruktionen sind, sondern dass sie immer Elemente voraussetzen müssen, die nur außerhalb des Funktionssystems hergestellt und reproduziert werden können. Daher sind alle Funktionssysteme über Mechanismen der Interpenetration und der strukturellen Kopplung miteinander verflochten. Nicht das menschliche Leben und die menschliche Praxis bringt sich zur Geltung, sondern die Art und Weise, wie sie in Funktionssysteme einfließt, sich zur Geltung bringt und auch über Funktionssysteme reproduziert wird, bildet das soziologisch fassbare Fundament für ‚Systemkorrekturen'.

Diese Zusammenhänge werden auch in den empirischen Analysen Polanyis sichtbar, die immer um das Verhältnis zwischen Staat und Wirtschaft kreisen (für eine von Polanyi inspirierte systemtheoretische Darstellung wirtschaftlicher Globalisierung vgl. Brock 2008, Kapitel 2 und 3).

Wichtige Anstöße für eine Soziologie moderner Gesellschaften liefert Polanyi auf der anderen Seite dadurch, dass er die Utopie eines sich selbst regulierenden Marktes hinsichtlich ihrer Konsequenzen durchdenkt. Dabei wird sichtbar, dass deren Konsequenz in der funktionalen Differenzierung besteht. Das zeigt, dass eine kapitalistische Wirtschaft der wohl wichtigste Faktor für die immer weiter gehende Durchsetzung funktionaler Differenzierung ist[10].

---

den Analysen Polanyis ist es höchst bemerkenswert, dass diese aktuelle Krise ausschließlich durch eine überbordende Spekulation auf den Finanzmärkten entstanden ist, sodass nun darüber nachgedacht wird, wie der freie Handel in diesem Bereich eingeschränkt werden kann.

[10] Zu diesem Aspekt noch eine instruktive Belegstelle: „Ein selbstregulierender Markt erfordert nicht weniger, als die institutionelle Trennung der Gesellschaft in eine wirtschaftliche und eine politische Sphäre. Eine solche Dichotomie ist, genau genommen, vom Standpunkt der Gesellschaft als Ganzes gesehen, bloß eine andere Formulierung für die Existenz eines selbstregulierenden Marktes. Man kann natürlich meinen, dass diese beiden Bereiche in jeglicher Art von Gesellschaft zu allen Zeiten voneinander getrennt sind. Eine solche Formulierung wäre jedoch ein Trugschluss. Sicherlich kann keine Gesellschaft ohne irgendein System auskommen, das die Erzeugung und Verteilung von Gütern sicherstellt. Daraus folgt aber nicht, dass es separate wirtschaftliche Institutionen geben muss; normalerweise ist die Wirtschaftsordnung bloß eine Funktion der Gesellschaftsordnung, in der sie eingeschlossen ist. Wie wir gezeigt haben, gibt es weder in der Stammesgemeinschaft noch im feudalen oder merkantilen System ein separates ökonomisches System ... die Gesellschaft des 19. Jahrhunderts, in der die wirtschaftliche Tätigkeit herausgelöst und einem spezifischen ökonomischen Trieb zugeschrieben wurde, war in der Tat eine bemerkenswerte Abweichung" (Polanyi 1979: 97 f.).

3.5.2 Kulturkritik

Ein zweiter Bereich der Modernitätskritik kann unter der Rubrik *Kulturkritik* zusammengefasst werden. Er bildete in den 50er und 60er Jahren des letzten Jahrhunderts ein wesentliches und auch publikumswirksames Feld soziologischer Analysen in nahezu allen westlichen Gesellschaften. Daher ist es auch auf diesem Feld aussichtslos im Rahmen eines Unterabschnitts zu versuchen, auch nur die wichtigsten Debatten zu referieren (für einen Überblick vgl. Bollenbeck 2007). Deswegen wird auch hier die Argumentation auf zwei aussagekräftige Beispiele konzentriert.

Gesellschaftlicher Fortschritt bedeutet menschlichen Rückschritt. Auf diese sicherlich zu stark vereinfachte Formel kann man die zentrale Aussage zweier gesellschaftlich einflussreicher Bücher zusammenfassen, die beide in den 50er Jahren erschienen sind. Sowohl der eher linksliberale Amerikaner David Riesman kommt in seinem Buch ‚The Lonely Crowd' zu dieser Position, wie auch der konservative Arnold Gehlen in seiner sozialpsychologischen Untersuchung über ‚Die Seele im technischen Zeitalter'. Riesmans Untersuchung konzentriert sich auf die USA der 40er und 50er Jahre des letzten Jahrhunderts und fragt nach den Folgen sozialer Verdichtung. Darunter kann man sowohl Prozesse der Verstädterung verstehen, wie auch das immer mehr durch Großorganisationen und Massenmedien geprägte gesellschaftliche Zusammenleben allgemein. Riesmans Beobachtungen sind in mancher Hinsicht anschlussfähig an Simmels einige Jahrzehnte zuvor verfasste Studie über das ‚moderne Großstadtleben' (vgl. z. B. Simmel 1989; Kapitel 6). Anders als Simmel fragt Riesman jedoch danach, welche Technik die effizienteste ist, um in den unterschiedlichsten sozialen Kreisen, Milieus und sozialen Zusammenhängen zurecht zu kommen. Seine Antwort lautet: Der Mensch muss eine hohe Sensibilität für herrschende Stimmungen und Meinungen entwickeln, eine Art Meinungsradargerät, das ihm erlaubt, nicht nur das gerade erforderliche Verhalten zu zeigen, sondern auch die erwünschte Meinung zu äußern. Daraus folgert Riesman, dass der moderne Mensch ein in hohem Maße angepasster Mensch ist, der sein Fähnchen nach dem Winde richtet und sich nicht mehr um ein eigenes politisches und moralisches Urteil bemüht. Er wird zu einem „Inside-dopester" (Riesman 1958: 175 ff.), einem bloßen Konsumenten und gedankenlosen Nachplapperer dessen, was angesagt ist.

Zu ganz ähnlichen Ergebnissen kommt Arnold Gehlen (1957) in seiner historisch wesentlich breiter angelegten sozialpsychologischen Studie über ‚die Seele im technischen Zeitalter'. Gehlen stimmt Riesmans Diagnose des in fataler Weise angepassten modernen Menschen zu, unterlegt sie aber mit einer anders gelagerten Erklärung. Gehlen führt die Krise des modernen Menschen nicht auf die intensivere Vergesellschaftung zurück, sondern auf die moderne Großtechnik. Sie bewirke eine entscheidende Veränderung der gesellschaftlichen Institutionen, die seit der neolythischen Revolution, also dem Übergang auf Ackerbau, Viehzucht und Sesshaftigkeit in der Jungsteinzeit, den Menschen ‚Halt gegeben' hätten.

Hinter dieser Formel des Halt-Gebens verbergen sich kulturtheoretische und sozialpsychologische Erklärungen. Institutionen erlauben dem Menschen ein hohes Maß an befriedigender Verhaltenssicherheit zu entwickeln, das ihm nach Gehlen biologisch versagt ist. Während Tiere Verhaltenssicherheit durch ihre Instinkte gewinnen, können Menschen dies nur durch Institutionen erreichen. Dies ist deswegen möglich, weil sich die in den Institutionen organisierten Handlungen gegenüber ihrem gesellschaftlichen Zweck verselbständigen. Eine bestimmte Arbeitstätigkeit oder die Mitwirkung an einem Spiel wirkt aus sich heraus befriedigend und motivierend, ganz unabhängig von den gesellschaftlichen Zwecken, die sich durchaus wandeln können. Ein objektiv arbeitsteiliger Handlungszusammenhang kann auf diese Weise in relativ festliegende, eigenlogische und Erfüllung aus sich selbst heraus stiftende Aktivitäten der Menschen übersetzt werden.

Dieses im ersten Teil von „Urmensch und Spätkultur" (Gehlen 1986) systematisch entwickelte Institutionenverständnis Arnold Gehlens kennt nur ein Problem: Den permanenten sozialen Wandel in der modernen Gesellschaft, der durch sein Effizienzstreben bewirkt, dass die menschlichen Aktivitäten in direkter Weise funktionalisiert werden. Dabei kann der Mensch zum ‚Anhängsel der Maschine' werden, wie Marx (z.B. 1972: 445 ff.) dies formuliert hat. Unter solchen Bedingungen gehen die Sicherheiten einer selbstverständlichen und aus sich heraus befriedigenden menschlichen Praxis verloren. Der Mensch verliert seinen Halt. Genau dies beklagt Gehlen für das technische Zeitalter der kapitalistischen Großindustrie und einer modernen Gesellschaft, in der verselbständigte Funktionssysteme permanenten sozialen Wandel auf eine für den Einzelnen nicht mehr durchschaubare Art und Weise organisieren.

> „Wenn große politische und soziale Veränderungen in einer hochdifferenzierten Gesellschaft keine gemeinsame Richtung mehr haben, also sich gegenseitig bremsen, durchdringen und querschieben, wird die Verunsicherung allgemein ... Das fundamentale Bedürfnis nach Grundsätzlichem und Stabilem verlagert seinen Ort und schiebt sich in das Bewusstsein vor, also in eine gerade jetzt sensibilisierte und auf hoher Alarmstufe arbeitende Sphäre. Der Versuch, den Einzelnen bloß vom Bewusstsein her, also mit ideologischen Mitteln, in Sicherheit zu setzen, wird ebenso zwingend wie hoffnungslos ... Die Sensibilisierung gegenüber Gedrucktem und Gesagtem kann hohe Grade erreichen, jeder hat die Taschen voll mit Reagenzgläsern für die Worte der Anderen" (Gehlen 1986: 43 f.).

Dieses Muster der Kulturkritik an der modernen Gesellschaft lässt sich problemlos bis zu den neueren Veröffentlichungen von Richard Sennett weiterverfolgen. Sennett hat zunächst den Verfall biografischer Sicherheiten im flexiblen Kapitalismus an der Wende zum 21. Jahrhundert beklagt und untersucht nun die sozialen Kosten des Wegfalls handwerklicher Arbeitsroutinen (vgl. Sennett 1998; 2009). Es fällt aber auch relativ leicht, den Bogen von der konservativen Kulturkritik Arnold Gehlens zur noch grundsätzlicher argumentierenden Zivilisationskritik Adornos zu spannen. Die Verbindung liegt, und das ist für eine allgemeine Bewertung wichtig, in Adornos Verständnis menschlicher Subjektivität. Die Identität, der innere Reichtum und die intellektuellen Möglichkeiten eines Menschen ergeben sich für Adorno erst über die kategoriale Erfassung und Erarbeitung dessen, was außerhalb des Subjekts ist (Adorno 1966; Einleitung). Für Adorno folgt daraus eine Aufklärungs- und Wissenskritik.

Diese verschiedenen, in einem Verhältnis der Familienähnlichkeit (Wittgenstein) zueinander stehenden Positionen sind für das Verständnis moderner Gesellschaften insofern bedeutsam, als sie nach einem Zusammenhang fragen, der von der klassischen Modernisierungstheorie weitgehend ausgeblendet wird. *Wie kommt der Mensch in der modernen Gesellschaft zurecht? Wie kann er eine Lebenspraxis entwickeln, die seinen biologischen Bedingungen und Grenzen Rechnung trägt?*

Mit den technischen Möglichkeiten der Mikroelektronik hat diese Fragestellung noch an Brisanz gewonnen, wenn man bedenkt, dass damit nicht nur menschliche Arbeit in einem sehr weitgehenden Sinne technisiert wird, sondern darüber hinausgehend der Mensch von seiner routinisierten Daseinskontrolle ‚entlastet' wird. An den entsprechenden Projekten wie beispielsweise ‚intelligenter' Kleidung für Senioren, die unter anderem den menschlichen Organismus permanent kontrollieren soll, oder dem intelligenten Auto, das dem Menschen nicht nur genau vorgibt, wie er von A nach B kommt, sondern selbständig für den richtigen Abstand und die richtige Geschwindigkeit des Fahrzeugs sorgt, wird längst gearbeitet.

Auf der anderen Seite muss gegenüber einer derartigen Kulturkritik aber auch notiert werden, dass sie mit spekulativen anthropologischen Konstanten arbeitet, die sich einer direkten empirischen Überprüfung entziehen. Wenn man die menschliche Zivilisationsentwicklung allerdings als ein Realexperiment mit ungewissem Ausgang begreift, dann stehen die echten Praxistests einer derartigen Anthropologie noch bevor.

An dieser Stelle ist noch ein weiterer Aspekt der Kulturkritik an der modernen Gesellschaft zu registrieren, der vor allem Adorno beschäftigt hat. Bereits in dem Kapitel zur ‚Kulturindustrie' in der ‚Dialektik der Aufklärung' haben Horkheimer und Adorno (1988) festgehalten, dass Kunst die gesellschaftliche Funktion habe, den Menschen eine Art Gegenwelt zu den Selbstverständlichkeiten und Routinen ihres Alltags vorzuführen. Die Industrialisierung und vor allem die Kommerzialisierung der Kunst betrügen die Menschen um dieses Versprechen. Das Profitinteresse der Kulturindustrie laufe nämlich darauf hinaus, die Menschen zum permanenten Kulturkonsum zu nötigen, so dass kulturelle Bedürfnisse nur immer wieder geweckt, aber nie gesättigt werden könnten, weil dies nicht im geschäftlichen Interesse sei. Für diese Analyse gibt es heute, in den Zeiten des Kommerzfernsehens und der Endlos-Serien, wesentlich bessere Belege als sie den Autoren damals zur Verfügung standen.

Für das Verständnis moderner Gesellschaften sind diese Überlegungen insofern wichtig, als die Theorie funktionaler Differenzierung immer von einer Gleichrangigkeit ungleichartiger Teilsysteme ausgeht. Das ist zwar formal in jedem Falle zutreffend, schließt aber Formen der gegenseitigen Kolonialisierung keineswegs aus. Vergleichbare Tendenzen könnten über das Kunstsystem hinausgehend heute sicherlich auch für die Funktionssysteme Gesundheit und Sport debattiert werden.

3.5.3 Vergesellschaftungskritik

Obwohl die Übergänge zweifellos fließend sind, kann man neben einer Kapitalismus- und Kulturkritik an der modernen Gesellschaft noch drittens eine *Vergesellschaftungskritik* an ihr üben. Auch sie geht von einem durch anthropologische, beziehungsweise sozialpsychologische Annahmen geprägten Menschenbild aus.

Am pointiertesten hat wohl Herbert Marcuse die moderne Gesellschaft dafür kritisiert, dass sie die Menschen auf eine defizitäre Art und Weise in die gesellschaftlichen Gefüge eingliedere. Dieser Gedanke wird offensiv formuliert in „Eros and Civilization"(Marcuse 1955). Vor dem Hintergrund der pessimistischen zivilisationstheoretischen Überlegungen Sigmund Freuds (vgl. Freud 2009) hinterfragt Marcuse dort die These, dass jede Gesellschaft nur auf der Grundlage der Unterdrückung und Sublimierung der menschlichen Grundtriebe funktionieren könne. Freud hatte dies als Konstante angenommen und auf dieser Grundlage gelungene Formen der Anpassung an die gesellschaftlichen Zwänge von pathologischen unterschieden. Marcuse fragt nun, ob die moderne Industriegesellschaft, die die Zwänge harter körperlicher Arbeit weitgehend abgeschafft habe, tatsächlich noch ein unverändert hohes Maß an Triebunterdrückung einfordern müsse. Seine Analyse läuft darauf hinaus, dass nicht mehr die Erfordernisse der Industriearbeit, sondern vielmehr die irrationalen gesellschaftlichen Herrschaftsverhältnisse zu gesteigerter Repression führten, mit der Folge, dass die erotische Komponente in den zwischenmenschlichen Beziehungen geschwächt und die destruktive Komponente gestärkt würde.

Diese Argumentationsfigur knüpft an Marx an, der strikt zwischen den Möglichkeiten des industriellen Fortschritts und dessen Perversion durch den Kapitalismus getrennt hatte, verschiebt das Thema aber aus dem Bereich der Ökonomie auf die Ebene der zwischenmenschlichen Beziehungen. Auf diesem Feld hielt Marcuse eine revolutionäre Veränderung für möglich.

In seinem späteren Werk, dem ‚One-dimensional Man‘, argumentiert Marcuse wesentlich defensiver (Marcuse 1964). Die Eindimensionalität des Menschen bestehe darin, dass die instrumentelle Vernunft dominiere und der materielle Lebensstandard eher überentwickelt sei, während die sozialen Bedingungen vernünftige Formen der Persönlichkeitsentwicklung gar nicht mehr zuließen. Diese Position liegt sehr nahe an der oben behandelten Kulturkritik der modernen Gesellschaft.

Die Diagnose, dass Modernisierung in einem höchst verengten Sinne zu einer Rationalisierung des menschlichen Zusammenlebens und der zwischenmenschlichen Beziehungen führt, teilt die konservative mit der ‚linken‘ Gesellschaftskritik. Weitgehende Übereinstimmung besteht auch darin, dass dies ‚dem‘ Menschen nicht gerecht werde. Ein instruktives Beispiel für eine derartige Modernitätskritik bietet die von Hans Freyer 1955 vorgelegte „Theorie des gegenwärtigen Zeitalters“. Im Mittelpunkt dieses Buches steht die These, dass Vergesellschaftung der modernen Gesellschaft nur noch über ‚sekundäre Systeme‘ erfolge. Sie verkörpern einen nach Perfektion im Detail strebenden, aber gegenüber dem realen Leben letztlich illusionäres Machbarkeitsdenken, das an vier Aspekten erläutert wird: der Machbarkeit der Sachen, der Organisierbarkeit der Arbeit, der Zivilisierbarkeit des Menschen und schließlich der Vollendbarkeit der Geschichte (vgl. Freyer 1955, 15 ff.). Sekundäre Systeme sind einerseits nach dem Vorbild der „Denkweise der exakten Naturwissenschaft“ gebaute perfekte Gebilde, die aber andererseits nur auf wenigen Axiomen aufbauen. Freyer erläutert dies am Beispiel des Schachspiels. Dies hat zur Folge, dass auch der moderne Mensch nur noch punktuell vergesellschaftet wird. „Konkret gesprochen: es wird … nur mit solchen Antriebskräften und Dispositionen gerechnet, die kaum aus der menschlichen Kultur wegzudenken sind und deren konstante Mitwirkung das Modell selbst … zu garantieren sich getraut – mit seinem Selbsterhaltungstrieb, mit seinem Willen, gebotene Chancen auszunutzen, mit einem gewissen Streben, sich zu verbessern …, ferner mit dem Hang zum Wohlleben und mit einigen elementaren Bindungen an Weib und Kind“ (Freyer 1955: 83 f.).

Von dem Menschenbild der aktuellen Rational-Choice-Theorie unterscheidet sich diese Analyse nur dadurch, dass Freyer davon überzeugt ist, dass dieses reduzierte Muster menschlicher Vergesellschaftung der menschlichen Natur nicht gerecht werden könne. Auch hier steht und fällt die Modernitätskritik mit dem unterlegten Menschenbild.

3.5.4 Zusammenfassung und Fazit

Diese Beispiele haben deutlich gemacht, dass Modernitätskritik Aspekte moderner Gesellschaften mit einem *Maßstab* konfrontiert, meistens in Form eines expliziten oder impliziten Menschenbilds. Daran gemessen können dann Defizite, insbesondere Fehlentwicklungen fixiert werden. Dieses Verfahren unterscheidet sich vom Mainstream soziologischer Modernisierungstheorie durch diese Diskrepanz zwischen Maßstab und Gegenstandsbereich. Auch der Mainstream arbeitet mit Vereinfachungen wie Systemmodellen (z. B. Luhmann) oder Modellen von Handlungssystemen (z. B. Parsons). Sie werden aber zur kategorialen Ordnung des Gegenstandsbereiches genutzt, also gewissermaßen innerhalb des Gegenstandsbereiches platziert und ihm nicht als Maßstab vorgehalten.

Während das Risiko der Modernitätskritik vor allem im Problem der Beliebigkeit feststellbarer Diskrepanzen zwischen Menschenbild und Wirklichkeit liegt, besteht das Problem der klassischen Modernisierungstheorie darin, dass ihre Modellannahmen viele Facetten moderner Gesellschaften nicht erfassen und in das von der modernen Gesellschaft gezeichnete Bild einfügen können. Hier können dann Versuche weiter führen, zusätzliche unter dem Gesichtspunkt der *Ergänzung* eingeführte Modellannahmen zu treffen.

3.6 Explizite Ergänzungen der klassischen soziologischen Modernisierungstheorie

Eine solche Ergänzung nimmt in theoretisch-konzeptioneller Hinsicht die Konflikttheorie vor, die uns im ersten Unterabschnitt beschäftigt. Ihr Thema ist, dass soziale Konflikte einen wichtigen Beitrag zum sozialen Wandel und damit auch zur Dynamik moderner Gesellschaften leisten. Daran schließen sich zwei miteinander zusammenhängende Themenkreise an, der moderne Nationalstaat (3.6.2) und seine Einbettung in ein System internationaler Arbeitsteilung (‚modernes Weltsystem‘; 3.6.3), die in den im zweiten Kapitel vorgestellten Theorien entweder gar nicht (Weber) oder unbefriedigend (Parsons, Luhmann) in das Modell moderner Gesellschaften einbezogen wurden, obwohl sie insbesondere für die Industrialisierung zentrale Bedeutung haben (vgl. Kapitel 5).

3.6.1 Die Konflikttheorie

Eine erste wichtige Erweiterung des soziologischen Verständnisses von Modernität nimmt die Konflikttheorie vor. Sie geht auf Georg Simmel zurück, der in seiner ‚Soziologie‘ ein Kapitel über den ‚Streit‘ als eine Form der Vergesellschaftung veröffentlicht hat (Simmel 1992: 284–382). Simmels grundlegende Überlegung ist relativ einfach. Auch der Streit, also die konflikthafte Vertretung unterschiedlicher Interessen, setzt eine Orientierung am Gegenüber voraus, bedarf also letztlich gemeinsamer Konventionen und Regeln. Fehdehandschuhe müssen geworfen werden, auch moderne Kriege werden formell erklärt und daraufhin beobachtet, ob zivilisatorische Standards der Kriegsführung eingehalten werden. Andere Formen der Interessenauseinandersetzungen, wie zum Beispiel Interessenkonflikte zwischen Arbeitgebern und Arbeitnehmern, sind in ein enges Regelwerk der Konfliktaustragung eingebunden.

Als eigene Theorierichtung bildete sich die Konflikttheorie in den 50er und 60er Jahren des letzten Jahrhunderts heraus. Diese Entwicklung ist eng mit den Namen Coser und Dahrendorf verknüpft. Ihr Anspruch ist von vornherein der einer ‚Ergänzungstheorie'. Folgen wir der Einleitung in Cosers Hauptwerk, dann soll die Konflikttheorie thematische Einseitigkeiten beheben und die Analyse sozialer Konflikte zu einem wichtigen soziologischen Themenfeld machen (vgl. Coser 1956). Dahrendorf setzt dagegen spezifischer an und erklärt die Konflikttheorie zu einer thematischen Ergänzung des Parsonsschen Strukturfunktionalismus und des von ihr allzu harmonistisch gezeichneten Bildes der modernen Gesellschaft (z. B. Dahrendorf 1955).

Da sich Dahrendorf direkt mit der Modernisierungstheorie von Parsons auseinandersetzt, steht er im Mittelpunkt der weiteren Darstellung der Konflikttheorie. Weiterhin versucht er an das marxistische Gesellschaftsverständnis anzuknüpfen. Es ging um „so etwas wie eine Kombination von parsonsianischen und marxistischen Konzepten" (Giddens 1988; 27). Eine solche Ergänzung sollte in akzeptabler Form die Konflikttheorie liefern.

Dahrendorf wollte die Konflikttheorie auf folgende vier programmatische Punkte konzentrieren (vgl. Dahrendorf 1971):

1. Während der Strukturfunktionalismus Gesellschaften aus der Bestands- und Selbsterhaltungsperspektive wahrnimmt, sollte die Konflikttheorie ergänzen, dass jede Gesellschaft permanenten sozialen Wandel aufweise.
2. Während der Strukturfunktionalismus jede Gesellschaft unter dem Blickwinkel ihrer Integration analysiere, solle die Konflikttheorie ergänzend nachweisen, dass sozialer Konflikt allgegenwärtig ist.
3. Während der Strukturfunktionalismus nach dem Beitrag der Teilelemente zum gesamtgesellschaftlichen Funktionieren fragt, soll die Konflikttheorie nach ihrem Betrag zur gesellschaftlichen Veränderung fragen.
4. Während der Strukturfunktionalismus den Konsens als gesellschaftliche Grundlage herausstellt, solle sie Konflikttheorie den gesellschaftlichen Zwang, den einige Gesellschaftsmitglieder auf andere ausüben, in den Mittelpunkt ihres Verständnisses gesellschaftlicher Integration stellen.

Man darf dieses konflikttheoretische Gegenprogramm nicht absolut setzen. Es geht hier vor allem um thematische Fokussierung, weniger um klare Grenzen zwischen analytischen Instrumentarien. Sicherlich hat sich auch der Struktur-funktionalismus mit Aspekten des sozialen Wandels, mit sozialen Konflikten und mit Herrschaftsphänomen beschäftigt (vgl. die Aspekte Macht, Konflikt und sozialer Wandel der Parsons-Darstellung von Münch 2004: 41–176).

Die konflikttheoretische Kritik am Strukturfunktionalismus sensibilisierte für die Themen Macht, Herrschaft und Konflikt. Insofern lieferte sie für die Systemtheorie Luhmanns (vgl. 2.5) eine wichtige Anregungen (vgl. Luhmann 1970: 16; 1969: 264 und 267 – Protokoll der Diskussion). Luhmann hat in sein Verständnis der modernen Gesellschaft vor allem Dahrendorfs Kritikpunkte (1) und (4) weitgehend eingearbeitet. Für ihn ist es essentiell, dass soziale Systeme, insbesondere die Funktionssysteme der modernen Gesellschaft, ihren Bestand gerade durch permanenten sozialen Wandel sichern können (vgl. unter 2.5.9). Weiterhin sind Luhmanns Analysen darauf fokussiert, dass Konsens, also gemeinsame Werte durch andere Arrangements ersetzt, werden können.

Dahrendorfs ‚Gegenprogramm' ist zweifellos allzu überspitzt formuliert. Es fasst deswegen auch nicht den Tenor seiner soziologischen Analysen zusammen. Dahrendorfs soziologische Analysen zeigen nämlich, dass es ihm nicht um soziale Konflikte als solche geht, sondern um Institutionen, die das Austragen unterschiedlicher Interessen ermöglichen und auf Dauer stellen. Deswegen ist es auch nicht zufällig, dass sich Dahrendorf als empirisch und historisch arbeitender Soziologe vor allem für die Institutionen einer liberalen Demokratie interessiert hat wie Parlamente, institutionalisierte Tarifauseinandersetzungen, Gerichtsverfahren und so weiter. Andere Formen des ‚Streits' wie Kriege oder auch die sogenannten ethnischen Säuberungen, bei denen Bevölkerungsteile segregiert, vertrieben oder gar ermordet werden, haben dagegen kaum sein Interesse gefunden.

Es wäre nun falsch, aus diesen Anmerkungen zu folgern, dass es keinen konflikttheoretischen Ergänzungsbedarf bei der Analyse moderner Gesellschaften gäbe. Er liegt aber weniger bei der Analyse von Konflikten als solchen, sondern es geht vielmehr um die Bedeutung von Institutionen der modernen Gesellschaftes, *deren Leistung in dem Offenhalten und dem Moderieren von Interessenkonflikten liegen*. Hier scheint die Optik des soziologischen Mainstreams tatsächlich ergänzungsbedürftig zu sein, die Leistungssteigerungen zumindest primär auf der Ebene von Spezialisierung, Arbeitsteilung und funktionaler Differenzierung vermutet.

Dieser Gesichtspunkt wird deutlicher, wenn man die frühen Buchveröffentlichungen Dahrendorfs aus den 50er und 60er Jahren des letzten Jahrhunderts zu Rate zieht und sich weniger an der programmatischen Aufsatzsammlung „Pfade aus Utopia" (Dahrendorf 1974) orientiert. Für den deutschen Leser ist neben „soziale Klassen und Klassenkonflikte in der industriellen Gesellschaft" aus dem

Jahre 1957 „Gesellschaft und Freiheit" (Dahrendorf 1961) und „Gesellschaft und
Demokratie in Deutschland" (Dahrendorf 1968) von besonderem Interesse.

In dem letztgenannten Buch erläutert Dahrendorf Probleme Deutschlands
auf dem Weg zu einer liberalen Bürgergesellschaft. Sie hängen für ihn damit zusammen, dass in Deutschland das Moderieren von Interessenkonflikten vielfach
von anderen Gesichtspunkten überlagert wird. Im nachfolgenden Beispiel der Institution des Strafprozesses rangiert der Gesichtspunkt der Wahrheitsfindung vor
dem Austragen von Interessenkonflikten. Dagegen geht es in England, so könnte
man seine Analyse zusammenfassen, vorrangig um das Ausagieren unterschiedlicher Interessen, um das institutionalisierte Gegeneinander von Anklage und
Verteidigung, wobei der Richter eher die Rolle eines Vermittlers einnimmt. In der
deutschen Strafprozessordnung dominiert dagegen die Suche nach der Wahrheit.
Deshalb mutet sie sowohl der Rolle des Richters wie auch der des Staatsanwaltes
Interessenkonflikte zu.

Im deutschen Strafprozessrecht muss der Richter nicht nur zusammen mit
den Geschworenen ein Urteil fällen, das die von beiden Parteien vorgebrachten
Argumente und Beweise abwägt, sondern er muss sich als ‚Herr des Verfahrens'
selbst aktiv an der Wahrheitsfindung beteiligen. Ebenso ist der Staatsanwalt als
Herr des Ermittlungsverfahrens gehalten, sowohl belastende wie auch entlasten-
de Aspekte abzuwägen. Im Verfahren tritt er dann in der Rolle des Anklägers auf.
Diese Interessenkonflikte ergeben sich, weil im deutschen Strafprozessrecht die
Ermittlung einer objektiven Wahrheit im Mittelpunkt steht, während die angel-
sächsische Justiz eher darum bemüht ist, dass die „Konkurrenz um das Urteil
des gesunden Menschenverstands der Geschworenen" (Dahrendorf 1968: 154)
nach den Regeln der Fairness und der Gleichberechtigung der Prozessparteien
ausgetragen wird.

An diesem Beispiel will Dahrendorf folgendes Merkmal der deutschen Sozialstruktur verdeutlichen: „Wo immer widersprüchliche Interessen in der deutschen
Gesellschaft aufeinander prallen, besteht die Tendenz, autoritative und inhaltliche
statt versuchsweise und formale Lösungen zu suchen" (Dahrendorf 1968: 153).

Es geht hier nicht darum, Dahrendorfs spannender Analyse der deutschen
Sozialstruktur weiter zu folgen. Wichtiger ist es, hier *generelle Merkpunkte und
Anfragen an die Theorie gesellschaftlicher Modernisierung festzuhalten*. Weitgehend unbestritten ist, dass Privatwirtschaft, Konkurrenz und Wettbewerb nur
dann möglich sind, wenn das politische System die Freiheit und Unabhängigkeit
seiner Bürger garantiert und darüber hinaus dafür Sorge trägt, dass Konkurrenz
und Wettbewerb aufrechterhalten und nach Regeln der Fairness und formalen
Gleichheit unter Berücksichtigung gesellschaftlicher Folgeprobleme ausgetragen
werden. Unklar ist aber, wie weit dies im Einzelnen geht und ob hieraus für alle
gesellschaftlichen Bereiche Konsequenzen gezogen werden. Letzteres ist dann
der Fall, wenn nicht nur der Wirtschaftsprozess selbst, sondern auch Institu-

tionen, die andere gesellschaftliche Felder regeln, darauf ausgerichtet sind, Interessenkonkurrenz und Wettbewerb auf Dauer zu stellen und für eine an Regeln orientierte faire Austragung von Interessen zu sorgen. Wichtige Felder für solche Fragen sind beispielsweise die Ausgestaltung des Sozial- und Wohlfahrtstaats, Bildung und Wissenschaft, der gesamte Bereich der Medien und der öffentlichen Meinungsbildung.

An dieser Stelle muss offen bleiben, ob Dahrendorf ein eher politisches oder wissenschaftliches Programm verfolgt – er hätte diese Frage vermutlich für typisch deutsch gehalten – aber auch, ob die konflikttheoretische Fragestellung ausschließlich auf Aspekte gesellschaftlicher Leistungsfähigkeit konzentriert werden kann.

3.6.2 Die Konstruktion des modernen Nationalstaats – Moderne Gesellschaften und ihre Grenzen

Eine ziemlich offenkundige Schwäche der klassischen Modernisierungstheorie besteht darin, dass sie die Frage nach den Grenzen der modernen Gesellschaft nicht explizit stellt, sondern sie vielmehr implizit, als Folge der jeweiligen Theorieanlage, entscheidet. Weber denkt in religiös geprägten Kulturkreisen, die er aber nicht wie Huntington (1998) explizit zu umreißen sucht. Parsons konzipiert die moderne Gesellschaft implizit als Nationalstaat, weil er diese Ebene über das G-Feld des AGIL-Schemas erreicht (vgl. hierzu unter 2.4.1 die Graphik 3 und unter 2.4.5 die Graphik 4). Luhmann schließlich spricht von der Weltgesellschaft, weil bei ihm das Kriterium der kommunikativen Erreichbarkeit im Vordergrund steht. Weltgesellschaft ist hier also nicht als real vorliegendes kommunikatives Vernetzungsmuster gemeint, sondern, im Anschluss an die Denker des 18. Jahrhunderts, als „Menschheit" (vgl. die Diskussion bei Stichweh 2000).

Man könnte es sich nun an dieser Stelle einfach machen, und auf die relative Bedeutung aller drei Ebenen – Kulturkreis, Nationalstaat, Weltgesellschaft – in der modernen Welt verweisen. Dies ist aber wenig hilfreich, wenn man von der Theorie moderner Gesellschaften erwartet, dass sie erklärt, wie es zur Herausbildung des Typus ,moderne Gesellschaft' gekommen ist. Dann bedarf vor allem der Aspekt der Aufmerksamkeit, dass die in der Phase vor der Industrialisierung entwickelten Funktionssysteme, der demokratische Staat, das Bildungssystem, Gesundheitswesen, Rechtssystem und so weiter *im Kontext des modernen Nationalstaats entstanden sind.*

Diese offenkundige Bedeutung des Nationalstaats für die Entwicklung der modernen Gesellschaft kann man als einen *Konstruktionsvorgang von Nationalität* rekonstruieren. Einen Anknüpfungspunkt für diese Lesart bietet die Zivilisationstheorie von Norbert Elias. Er erklärt den Übergang von der dezentral-segmentären Sozialordnung der Ständegesellschaft zu einem mit funktionaler Differenzierung operierenden modernen Staatswesen über den „Monopolprozess" (Elias 1976; Band 2: 143 ff.). Hierunter versteht er den auch historisch gut belegten unablässigen Kampf (kriegerischer Wettbewerb) der Territorialherren um Land und Macht. Am Ende dieses Prozesses steht der absolute Monarch. Dieser Monopolprozess wird am Beispiel des klassischen Nationalstaats Frankreich analysiert, auf den Elias seine Analyse konzentriert.

Der absolute Monarch ist derjenige, der den Wettbewerb der Territorialherren um Macht und Boden gewonnen hat, und ihn dann definitiv beendet. An die Stelle feudaler Lehnsabhängigkeiten treten nun sachlich-funktionale Abhängigkeiten. Dies geschieht auf die Weise, dass der Monopolist die Fülle seiner Monopole und Rechte zentral organisiert und zugleich funktional differenziert. Auf diese Weise entstehen ein einheitliches Rechtssystem, das von loyalen Beamten betrieben wird, eine zentrale Finanzverwaltung, Militär, Polizei etc. Alle diese ‚Ressorts' werden nach einheitlichen Grundsätzen und insofern rational organisiert und von abhängig beschäftigten Spezialisten, die dem Monopolisten gegenüber weisungsgebunden und rechenschaftspflichtig sind (‚Beamten'), betrieben.

Die Studie von Elias zeigt, dass eine solche funktional differenzierte Organisation von einem gewissen Umfang an Machtbefugnissen zwingend erforderlich wird. Weiterhin macht sie deutlich, dass nicht nur sachliche Interessen an effizienter Aufgabenbewältigung, sondern ebenso auch das Interesse an Herrschaftsstabilisierung eine Quelle des modernen Nationalstaats ist. Auffällig ist, dass die Herausbildung eines funktional organisierten Zentralstaats zunächst nichts mit „Nationalismus" zu tun hat. Der französische Zentralstaat gewinnt diese Konturen erst nach der Französischen Revolution, als es darum geht, die Errungenschaften der Revolution gegen ein Bündnis europäischer Monarchen zu verteidigen.

Ein weiteres Element des modernen Nationalstaats scheint also in der Selbstbehauptung des demokratischen Nationalstaats gegenüber anderen Staaten zu liegen. Nur das Eintreten für den gemeinsamen Staatsverband kann in einer bürgerlichen Demokratie, die Interessenunterschiede und Interessenkonflikte anerkennt und moderiert (vgl. Konflikttheorie, 3.6.1), die Bestandserhaltung des Staates sichern. Im Hinblick auf dieses ‚nationalistische Element' hat die Welt der Nationalstaaten des späten 19. und frühen 20. Jahrhunderts eine lange Vorgeschichte, die bis in die mittelalterlichen Stadtstaaten zurückreicht. Dies machen die Ausführungen von Fernand Braudel zum neuzeitlichen Charakter der Städte in seiner Sozialgeschichte des 15. bis 18. Jahrhunderts schlagend deutlich, die ich in einer längeren Passage zitieren möchte.

„Denn die Städte sind nicht nur ‚Gemeinwesen', sondern auch ‚Gesellschaften' im heutigen Sinn samt Spannungen und Bruderkriegen, bei denen der Adel gegen das

Bürgertum und Arme gegen Reiche (populo magro, ‚mageres Volk', gegen populo grasso, ‚feistes Volk') antreten. Im Grunde gleicht der Bürgerzwist in Florenz weniger den Konflikten im alten Rom als den Auseinandersetzungen des 19. Jahrhunderts, des beginnenden Industriezeitalters, wie allein schon die Niederwerfung des Aufstandes der Ciompi, der Wollschläger, im Jahre 1378 beweist. Trotz innerer Parteiungen jedoch macht diese Gesellschaft gegen die Feinde von außen gegen Grundherren, Fürsten und Bauern, gegen die Welt all derer, die keine Stadtbürger sind, geschlossen Front. Als erste ‚Vaterländer' des Abendlands entwickeln die Städte einen im Vergleich zum erst viel später aufkommenden Nationalpatriotismus der ersten Staaten erstaunlich bewussten patriotischen Zusammenhalt" (Braudel 1985: 561).

Dieses frühe historische Beispiel zeigt, dass Interessenkonflikte zwischen den innerstädtischen Gruppierungen zurücktreten, sobald das Gemeinwesen durch feindliche oder konkurrierende Städte bedroht wird. Dies gelingt aufgrund *gemeinsamer Wirtschaftsinteressen*. Sie bilden daher ein wichtiges Fundament des Nationalismus. Sie konnten sich entwickeln, weil die von Braudel erwähnten frühen selbständigen Stadtstaaten des Mittelalters eine ganz andere Art von Politik betrieben als der Feudaladel. Während die adligen Herrscher Politik für die eigene Familie machten und ihre Bedeutung in Macht- und Prunkentfaltung zu veranschaulichen suchten, ging es bereits in den frühen Stadtstaaten um die Förderung der wirtschaftlichen Interessen der eigenen Bürger. Hier ist Politik also dazu da, Handelsprivilegien zu verschaffen, Handelswege zu sichern, den eigenen Bürgern Arbeit und Brot dadurch zu geben, dass Kollektivgüter organisiert werden. Jenseits aller Rivalitäten und Interessenunterschiede bestanden die politischen Aktivitäten solcher Städte im Kern darin, dass sie ihren Bürgern wirtschaftliche Chancen eröffneten. Daran knüpft der moderne Nationalstaat an (vgl. unter 4.6).

Der Durchbruch zum modernen Nationalstaat des 19. Jahrhunderts hängt mit einer weiteren Entwicklung zusammen, der *Bildungsrevolution*. Während zuvor die Beherrschung der Schrift wie der Grundrechenarten das Privileg einer Bildungselite war, die nur in den republikanischen Städten auch das wohlhabende Bürgertum einschloss, steht im 19. Jahrhundert die Alphabetisierung der gesamten Bevölkerung auf dem Programm. Diese auf die gesamte Bevölkerung ausgedehnte ‚Medienkompetenz' bildete eine wichtige Voraussetzung dafür, dass sich nicht nur kleine Eliten, sondern die gesamte demokratische Bürgergesellschaft über städtische Zentren hinaus über größere Räume ausdehnen konnte. Eine derartige Ausbreitung impliziert ja, dass wirtschaftliche wie politische Prozesse nicht mehr ausschließlich auf die direkte Face-to-Face-Kommunikation gestützt werden können. Das Lesen- und Schreiben-Können wird damit zu einer für alle Gesellschaftsmitglieder wichtigen Sozialkompetenz.

Die Alphabetisierung dient zwar wirtschaftlichen und politischen Interessen, sie ereignet sich aber auf dem Feld der Kultur. Ein wichtiges Begleitmoment der Alphabetisierung ist, dass *nationale Hochsprachen* entwickelt und durchgesetzt werden und ein *nationaler Bildungskanon* fixiert wird. Der Nationalismus erhält erst damit sein heute bekanntes Gesicht. Erst von nun an werden kulturelle Distinktionen institutionalisiert. Diese Zusammenhänge macht Ernest Gellner in seinem Buch „Nationalismus und Moderne" auf eine soziologisch instruktive Art und Weise verständlich (Gellner 1995).

Er definiert Nationalismus als „vor allem ein politisches Prinzip, dass besagt, politische und nationale Einheiten sollten deckungsgleich sein ... Das National*gefühl* ist die Empfindung von Zorn über die Verletzung des Prinzips, oder von Befriedigung angesichts seiner Erfüllung. Eine nationalistische *Bewegung* wird durch eine derartige Empfindung angetrieben ... Nationalismus ist eine Theorie der politischen Legitimität, der zufolge sich die ethnischen Grenzen nicht mit den politischen überschneiden dürfen; insbesondere dürfen innerhalb eines Staates keine ethnischen Grenzen die Machthaber von den Beherrschten trennen – eine Möglichkeit, die bereits formal durch die allgemeine Formulierung des Prinzips ausgeschlossen ist" (Gellner 1995: 8 f. Hervorhebung im Original).

Diese Definition hebt hervor, dass der Nationalismus eine Übereinstimmung des von einem Staatsverband beanspruchten Territoriums mit einer kulturellen Grenze *postuliert*[11]. Gellner nennt sie „ethnisch", was aber gerade angesichts seiner eigenen Überlegungen wie auch der politischen Praxis des Nationalismus in die Irre führt. Kulturelle Grenzen sind zunächst und unmittelbar als Sprachgrenzen feststellbar. An die festgestellte ‚Muttersprache' können dann weitere Annahmen und Postulate andocken, wie eine bestimmte ethnische Zugehörigkeit oder ein Nationalcharakter. Solche Verknüpfungen gehen aber meist auf Kosten der Plausibilität solcher kulturellen Grenzziehungen[12].

Obwohl die nationalistische Propaganda typischerweise mit ethnischen und mit Mentalitätsdistinktionen (‚Nationalcharakter' vgl. Francis 1965) arbeitet,

---

[11] Kritiker wenden vielfach ein, dass vom modernen Nationalstaat deswegen nicht gesprochen werden könne, weil es in der Realität nie zu einer simultanen Abschließung von Staaten insbesondere auf den Ebenen Sprache, Bildung, Wirtschaft, Politik, Bevölkerung usw. gekommen sei. Daran kann es wenig Zweifel geben, nur darf dabei eben nicht übersehen werden, dass das Konstrukt Nationalstaat seit dem 19. Jahrhundert eine wichtige kulturelle wie politische Bedeutung gewonnen hat, die erst allmählich wieder abnimmt (vgl. Elias 1991). Dass es sich bei der Unterscheidung nationaler Charaktere um die Zuschreibung von Konstrukten handelt zeigt dagegen Francis 1965.

[12] Eine solche Verknüpfung behauptet z. B. dass alle, die Deutsch als Muttersprache sprechen, auch in ethnischer Hinsicht ‚Germanen' sind und zugleich ‚deutsche Charakterzüge', wie Fleiß und Autoritätsgläubigkeit aufweisen.

ist die ‚gemeinsame Muttersprache' kein schicksalhaftes Faktum, sondern eine gesellschaftliche Konstruktion, die im 19. Jahrhundert in Zusammenhang mit der Alphabetisierung allgemeine Bedeutung gewinnt. Konstruiert werden dabei drei Elemente, die das Postulat des Nationalismus in Realität übersetzen sollen: (a) Hochsprachen, (b) eine nationale Kultur und (c) die Übereinstimmung von Sprachgrenzen mit den territorialen Grenzen der Staaten.

(a) Hochsprachen

‚Hochsprachen' entstehen aus einer Vielzahl von Dialekten. Sie sind eine künstliche Konstruktion, die erst in dem Moment erforderlich wird, wo das Medium Schrift in Verbindung mit dem Buchdruck eine tragende Rolle gewinnt. Sobald Texte für größere Leserkreise, die kein Lateinisch verstehen, verfasst werden sollen, beginnt die Suche nach so etwas wie einem gemeinsamen Nenner unter Dialekten, zwischen denen eine offenbare Familienähnlichkeit besteht. In diesem Zusammenhang kommen auch *neue Kollektivbegriffe* für eine größere Sprachgemeinschaft jenseits regional isolierter Dialektsprecher auf.

So wollte Luther beispielsweise ‚den Deutschen' die Heilige Schrift in ihrer Muttersprache zugänglich machen. Dazu musste er aus den empirisch vorhandenen Dialekten lokaler Sprachgemeinschaften eine Einheitssprache herausdestillieren, der dann auch eine einheitliche Sprachgemeinschaft zugeordnet werden konnte, eben ‚die Deutschen'.

(b) Nationale Kultur

Luthers Vorhaben ist noch daran gescheitert, dass im 16. Jahrhundert nur wenige Gläubige lesen konnten, aber immerhin konnte die Bibel nun vorgelesen werden. Mit der Alphabetisierung wird nicht nur dieses Problem gelöst. Mit der Einrichtung von Schulen war ein praktisches Problem verknüpft, dass zur Konstruktion eines nationalen Bildungskanons und damit zur Unterscheidung nationaler, an eine bestimmte Muttersprache gebundener Kulturen führte. Für den Unterricht mussten nämlich Texte in der jeweiligen Muttersprache ausgewählt werden, wobei dann nicht nur religiöse und moralische, sondern auch nationalistische Auswahlkriterien wie Förderung des Nationalstolzes zum Zuge kamen (vgl. hierzu Gellner 1995: 49 ff.).

(c) Die Übereinstimmung zwischen Sprachgrenzen und territorialen Grenzen der Staaten

Ein weiteres Selektions- und Konstruktionsproblem ist in seinen Konsequenzen noch wesentlich gravierender. Selbst wenn man diverse Dialekte zusammenfasst, kommt man immer noch auf eine vierstellige Zahl vormoderner Sprachen, denen jeweils ‚Völker' zugeordnet werden können. Dagegen liegt die Zahl der souveränen Staaten heute bei etwa 200. Schon aufgrund der bereits besprochenen weiteren Merkmale wie Zentralismus, funktionale Differenzierung und gemeinsame Wirtschaftsinteressen, war es historisch ausgeschlossen, dass im Zeitalter des Nationalismus jedes Volk seinen eigenen Staatsverband bilden und auf diese Weise kulturelle Grenzen mit politischen Grenzen in Übereinstimmung bringen konnte. Die Imperative des politischen und wirtschaftlichen Zentralismus erforderten die Bildung ‚starker Staaten', und das sind eben mächtige, durch große Territorien und eine umfangreiche Bevölkerung definierte Einheiten. Daher führte der Nationalismus zu einer Art *Ausscheidungsrennen bei der Bildung nationaler Hochsprachen.*

Gewinner waren diejenigen Sprachgemeinschaften, deren Dialekte zu einer gemeinsamen Hochsprache zusammengefasst werden konnten. Verlierer waren diejenigen Sprachgemeinschaften, denen dies nicht gelang und die nun mit oftmals gewaltsamen Mitteln eine ‚fremde' Hochsprache aufoktroyiert bekamen. Dabei handelte es sich typischerweise um relativ kleine und auf mehrere politische Territorien verteilte Sprachgemeinschaften wie die Basken oder um politisch wie räumlich randständige wie die Bretonen. Gewinner waren dagegen überwiegend große Sprachgemeinschaften im Zentrum der politischen und staatlichen Macht (vgl. Gellner 1995: 69 ff.).

Dagegen führten die Forderungen des Nationalismus dort zur Auflösung umfangreicher Staatsgebilde, wo ein solches ‚Staatsvolk' nicht etabliert werden konnte (Beispiel: Österreich-Ungarn 1918) oder wo Verschiebungen der Kräfteverhältnisse zwischen Großmächten zur ‚Befreiung' unterdrückter Völker in einem eigenen Staatsverband führten[13].

Diese Beispiele zeigen, dass die Verbindung von Staat und Nation, von Staatsgebiet und Sprachraum zu einer *Politisierung und Militarisierung kultureller Unterschiede* geführt hat, weswegen uns heute der Nationalismus in höchst unangenehmer Erinnerung ist. Besonders virulent und mit friedlichen Mitteln kaum einlösbar wird der nationalistische Anspruch dort, wo auch nach der Konstruktion von Hochsprachen Sprachinseln oder Mischgebiete bestehen. Derartige ‚Probleme' sind auf friedlichem Wege nur durch die Anerkennung von Minderheitenrechten und die Relativierung des nationalistischen Anspruchs möglich (zum Beispiel mehrsprachiger Schulunterricht). Diese ‚aufgeklärten' Umgangsformen mit nationalistischen Ansprüchen gehören bereits in die radikalisierte Moderne, also in den zweiten Band.

---

[13] Ein klassisches Beispiel ist die ‚Befreiung' Griechenlands und weiterer Balkanvölker ‚vom türkischen Joch' im 19.Jh. infolge der militärischen und politischen Schwäche des osmanischen Reiches.

Ziehen wir an dieser Stelle ein kurzes Fazit. Der Typus der modernen Gesellschaft ist im Plural entstanden, im Nebeneinander ‚moderner Nationalstaaten‘, die die Übereinstimmung zwischen Staatsgebiet und Sprachgebiet zumindest postuliert haben, um damit eine gemeinsame Grundlage wirtschaftlicher, politischer und kultureller Modernisierung zu gewinnen. Diese Verbindung wird deutlich, wenn wir einerseits die vormodernen Grundlagen des modernen Nationalstaats wie den von Elias (1976) beschriebenen Monopolprozess und Probleme der Organisation wirtschaftlicher Kollektivinteressen in die Betrachtung mit einbeziehen. Darüber hinaus verfestigen die Entwicklung staatlicher Bildungssysteme und die Alphabetisierungsanstrengungen diesen Zusammenhang.

3.6.3 Nationalstaaten und Weltsystem

Auch wenn zumindest zunächst der Nationalstaat Gründer und Garant der gesellschaftlichen Funktionssysteme ist, kann die Abgrenzungsforderung des Nationalismus nicht für bare Münze genommen werden. Von Anbeginn an sind die modernen Nationalstaaten in eine Religionslandkarte eingewebt, die sowohl transnationale wie lokale Einheiten und Abgrenzungen kennt[14]. Noch gravierender ist allerdings, dass die wirtschaftliche Grundlage des modernen Nationalstaats, die Organisation wirtschaftlicher Kollektivinteressen, von vornherein eine Reichweite hat, die ganz explizit über die territorialen politischen Grenzen der Nationalstaaten hinaus geht. In ökonomischer Hinsicht sind daher die Nationalstaaten von vornherein sowohl Teil wie auch Motor eines Systems internationaler Arbeitsteilung.

In detaillierten historischen Analysen hat Immanuel Wallerstein (1974; 1981) gezeigt, dass sich im Zeitraum von etwa 1450 bis 1640 (dem sogenannten ‚langen 16. Jahrhundert‘) ausgehend von Nordwesteuropa ein ‚modernes Weltsystem‘ entwickelt hat. Es geht von Anfang an über die politischen Grenzen der einzelnen Staaten hinaus und umfasst immer größere geografische Räume. Daher verkörpert es von vornherein transnationale, auf ein System globalisierter Arbeitsteilung ausgerichtete wirtschaftliche Interessen, die aber im nationalen Gewand auftreten.

Die Überlegungen Wallersteins sind an anderer Stelle ausführlicher dargestellt und kommentiert worden (Brock 2008; 23 ff.). Hier werden sie nur insoweit nachgezeichnet, als es für das Verständnis der modernen Gesellschaft und ihrer Triebkräfte essentiell ist und die klassische modernisierungstheoretische Perspektive ergänzt. Darüber hinaus sind diese Überlegungen wichtig, weil sie

---

[14] Diese Thematik wird umfassend und systematisch bei Brock 2008: 138 ff. behandelt.

erklären, warum der Typus der modernen Industriegesellschaft bis in die Gegenwart hinein auf wenige Flecken dieses Planeten beschränkt blieb. Das Thema internationale Arbeitsteilung ist seit Adam Smith bekannt. Schon er hatte gezeigt, dass der gesellschaftliche Wohlstand nur durch internationalen Handel, den internationalen Austausch von Arbeitsprodukten, vermehrt werden kann (Smith 1978: 368 ff.). Die Wohlstandsgewinne kommen nach Smith und dem liberalen Credo (a) *allen am internationalen Handel Beteiligten in prinzipiell gleichartiger Weise zu Gute.* Träger des internationalen Handels sind nach Smith (b) *nur die privatwirtschaftlichen Akteure.* Beide liberalen Grundannahmen bestreitet Wallerstein mit exzellenten historischen Argumenten.

(a) Gewinner und Verlierer der internationalen Arbeitsteilung

Wallersteins historische Beispiele, wie der Getreidehandel zwischen den Niederlanden und dem Baltikum oder auch der Import von Edelmetallen aus den spanischen Kolonien nach Europa, demonstrieren, dass es im internationalen Handel *Gewinner und Verlierer* gibt. Gewinner sind die Importeure von Rohstoffen und Grundnahrungsmitteln, Verlierer sind die Exporteure dieser Ressourcen. Die Importeure profitieren vom internationalen Handel, da die eingeführten Grundnahrungsmittel Menschen aus der landwirtschaftlichen Primärproduktion freisetzen, die dann mit Hilfe der eingeführten Rohstoffe „höherwertigere" Produkte herstellen können (vgl. hierzu 4.3).

Aus den Mechanismen der Preisbildung ergeben sich unterschiedliche Wertigkeiten für wirtschaftliche Aktivitäten. Die Mechanismen von Angebot und Nachfrage benachteiligen die Produzenten allgemein herstellbarer Güter wie eben Nahrungsmittel und Rohstoffe (großes Angebot – begrenzte Nachfrage) und prämieren dagegen Innovationen und solche Produkte, die nicht allgemein herstellbar sind, aber auf große Nachfrage stoßen. Freisetzung für höherwertigere Aktivitäten bedeutet daher, dass in den Rohstoffe und Grundnahrungsmittel importierenden Ländern die Chancen für wirtschaftlich ertragreiche Innovationen stimuliert werden.

Der Import von Rohstoffen und Grundnahrungsmitteln schafft *wechselseitige Abhängigkeiten und ein Interesse an der Sicherung derartiger Importe.* Denn nur dann, wenn sie kontinuierlich fließen, kann die einheimische Bevölkerung für andere Wirtschaftsaktivitäten freigesetzt werden. Auf Seiten der Exporteure haben nur Grundeigentümer ein Interesse am kontinuierlichen Austausch. Die Pointe ist nun, dass beide Seiten, Exporteure wie Importeure, ein gemeinsames Interesse daran haben, *vormoderne Produktionsverhältnisse ohne freie Lohnarbeit bei den Rohstoff- und Grundnahrungsmittelexporteuren aufrecht zu erhalten.* Dagegen haben die Importeure ein Interesse an *forcierter Modernisierung auch der Produktionsverhältnisse in ihren Ländern.*

Diese Form der internationalen Arbeitsteilung spaltet die Welt also in eine Seite, die in Form beschleunigter Modernisierung vom internationalen Austausch profitiert und eine andere Seite, die sich gerade nicht entwickeln kann. Die Entwicklungsblockade bei den Exporteuren von Rohstoffen und Grundnahrungsmitteln bildet eine der Grundlagen der Modernisierung der fortgeschrittenen Gesellschaften.

(b) Rolle des Staates

Die zweite Korrektur Wallersteins am liberalen Verständnis des internationalen Handels besteht darin, dass er nicht individuelle Wirtschaftsakteure, sondern *Staaten als die wesentlichen Träger der internationalen Arbeitsteilung* identifiziert. Bei genauerem Hinsehen sind dies aber nur die Staaten auf der Seite der Modernisierungsgewinner (,Zentrumsstaaten'). Sie organisieren den internationalen Handel, indem sie ihn mit ihren militärischen und politischen Machtmitteln absichern und der privaten Wirtschaft die erforderlichen Kollektivgüter zur Verfügung stellen.

Staaten sind somit in unterschiedlicher Weise in den internationalen Handel involviert. Wallerstein bildet die Unterschiede in einer Dreier-Typologie von Staaten ab. Er unterscheidet Zentrumsstaaten, an deren Spitze eine Hegemonialmacht steht, von Staaten der Semiperipherie und der Peripherie. *Nur die Zentrumsstaaten organisieren und gestalten ein System internationaler Arbeitsteilung gemäß ihrer nationalen Wirtschaftsinteressen.* Zwischen den Zentrumsstaaten besteht ein Konkurrenzverhältnis, bei dem es darum geht, die Modernisierungsgewinne zu maximieren. Den Gewinner der Konkurrenz zwischen den Zentrumsstaaten bezeichnet er als *Hegemonialmacht.*

Den Gegenpart bildet die Peripherie. Das sind Gebiete, die typischerweise Rohstoffe und Grundnahrungsmittel exportieren, in ihrer Entwicklung durch vormoderne Produktionsverhältnisse blockiert sind und von den Zentrumsstaaten in wirtschaftlicher Hinsicht auf bestimmte Exportgüter festgelegt wurden. Hier entwickelten sich entweder schwache Staatsgebilde oder es kommt überhaupt nicht zur Staatenbildung. Die Wirtschaftsakteure sind daher weitgehend auf sich allein gestellt und paktieren mit ihren Handelspartnern aus den Zentrumsstaaten. Sie sind an keinerlei Veränderungen der Produktionsverhältnisse und des Grundbesitzes interessiert, da sie vom Status quo profitieren. Verlierer ist die restliche Bevölkerung, die unter vormodernen Arbeitsverhältnissen und minimalem Einkommen versuchen muss, ihr Überleben zu sichern.

Die dritte Kategorie von Staaten, die Staaten der Semiperipherie, nimmt eine Mittellage ein und ergänzt eher die empirische Beschreibung des modernen Weltsystems. Wir können sie vernachlässigen, da sie keine neuen Gesichtspunkte in die Beschreibung einbringen.

Wallerstein liefert eine wichtige Ergänzung der bisherigen Beschreibung moderner Gesellschaften, da sein Begriff der Zentrumsstaaten empirisch identisch ist mit dem Begriff der modernen Gesellschaft. Die Hegemonialmächte unter den Zentrumsstaaten sind zugleich auch die Wegbereiter bei der Durchsetzung des Typus der modernen Gesellschaft (vgl. insbesondere Parsons unter 2.4.6).

3.7 Offene Fragen und thematische Ergänzungen an dem von den klassischen Modernisierungstheorien gezeichneten Modell moderner Gesellschaften – Schlussfolgerungen und Thesen

Da es in diesem Kapitel um Debatten über offene Fragen zu den Grundlagen der soziologischen Modernisierungstheorie, sowie um thematische Ergänzungen ging, die sich nicht umstandslos in die gängigen Argumentationsfiguren einfügen lassen, macht es wenig Sinn, dieses Kapitel mit einer reinen Zusammenfassung abzuschließen. Dieses Fazit soll vielmehr auf die Frage konzentriert werden, *welche Schlussfolgerungen* aus diesen Debatten und Themen für weiter führende Analysen *gezogen werden können*. Dabei spielen zweifellos Bewertungen und Gewichtungen des Autors hinein, die viele Leser sicherlich anders vornehmen werden. Es sind also keine zwingenden Schlussfolgerungen zu erwarten, vielleicht aber können Denkanstöße gegeben werden.

Im *zweiten Abschnitt* haben wir uns mit der vor allem in den USA geführten kritischen Debatte um Parsons Differenzierungstheorie beschäftigt. Die Kritik, die Parsons Annahmen zweifellos etwas überzeichnet hat, lief darauf hinaus, dass sich ein Trend fortgesetzter Differenzierung und damit einhergehender Leistungssteigerung nicht feststellen lässt. Man kann aus dieser Debatte wie Luhmann (vgl. unter 2.5.9) folgern, dass die soziologische Modernisierungstheorie abstrakter gehalten werden und die Analyse konkreter Verläufe den Historikern überlassen werden müsse. Diese Folgerung ist aber nicht zwingend. Als Alternative bietet sich eine Mehrebenenanalyse der modernen Gesellschaft an, die neben einer Ebene allgemeiner Merkmale und Funktionszusammenhänge auch konkretere Entwicklungspfade kennt. Solche Entwicklungspfade ergeben sich typischerweise dann, wenn unterschiedliche Lösungsvarianten struktureller Spannungsverhältnisse, z. B. bei der Überwindung der Feudalgesellschaft, die Richtung der weiteren Entwicklung über lange Zeiträume hinweg prägen, so dass man von historischer Pfadabhängigkeit (oder auch von selbstreferentieller Schließung) sprechen kann. Im vierten Kapitel werden wir bei der Entwicklung des modernen Staates zwei unterschiedliche Lösungsmuster des Konfliktes zwischen König und Ständeparlament kennen lernen, die die politische Geschichte über Jahrhunderte hinweg in bestimmte Bahnen gelenkt, also historische Pfadabhängigkeiten ausgeprägt haben (vgl. unter 4.6).

Im *dritten Abschnitt* haben wir die vor allem in der deutschen Soziologie ausgetragene Kontroverse ‚Interpenetration' versus ‚funktionale Differenzierung' nachgezeichnet. Zwar wurde in der Sache eine tragfähige Kompromisslinie sichtbar, die eine soziologische Analyse von Interdependenzen zwischen den Funktionssystemen tragen kann. Münch ging es jedoch nicht zuletzt um die Analyseperspektive und um das Gesamtverständnis der modernen Gesellschaft. Zerfällt sie in verselbständigte Funktionssysteme (Luhmann; vgl. 2.5.8 und 2.5.9) oder kommt es zur gegenseitigen Durchdringung der Funktionssysteme (eine Position, die an die Analysen von Parsons anschließt)?

Das perspektivische Problem beider Positionen ist m. E., dass sie Vorentscheidungen auf der Ebene der Analysemethode direkt in eine Charakterisierung der modernen Gesellschaft übersetzen. Diese im weitesten Sinne ideologische Sichtweise lässt sich nur dadurch beheben, dass man versucht andersartige Perspektiven ergänzend einzubauen, um so den theoretischen Zugang ‚gegen den Strich zu bürsten'. Das könnte z. B. so aussehen, dass man in Luhmanns Systemtheorie der dritten Generation die ‚theorieideologisch' präferierte Analyse der Autopoiesis sozialer Systeme *systematisch ergänzt* durch die Analyse der dabei vorausgesetzten fremden Strukturen (Interpenetration und strukturelle Kopplung), also der für die operierenden Systeme ‚blinden Flecke', ohne die diese Systeme nicht so operieren könnten wie sie empirisch operieren.

Im *vierten Abschnitt* wurde anhand der auf ein dualistisches Gesellschaftskonzept (Gesellschaft = System und Lebenswelt) hinauslaufenden Theorie des kommunikativen Handelns von Jürgen Habermas die Frage untersucht, ob die moderne Gesellschaft ausschließlich unter (‚systemischen') Gesichtspunkten der Leistungssteigerung analysiert werden kann oder ob man nicht ebenso die sich diesem Zugang entziehenden lebensweltlichen Alltagszusammenhänge einbeziehen muss. Auch wenn die dualistische Konzeption von Jürgen Habermas sich als nicht überzeugend erwiesen hat, bedürfen die gängigen Konzepte einer ergänzenden Analyseperspektive, die die Teilnehmerperspektive, das Alltagswissen und -handeln in die Theorie moderner Gesellschaften einbringt. Gerade auch die Alltags- und Lebenswelt hat sich im Übergang zur modernen Gesellschaft ganz erheblich verändert. Für diesen Bereich hat die gängige Modernisierungstheorie (vielleicht abgesehen von Luhmanns Medientheorie; vgl. unter 2.5.7) keine sozialtheoretischen Sensoren entwickelt.

Habermas ordnet dem Bereich kultureller Reproduktion einen eigenen, gegen die Effektivitätssteigerung im systemischen Bereich klar abgrenzbaren Modus der kommunikativen Rationalisierung zu. Auch wenn man sein Konzept skeptisch beurteilt, sollte man zumindest versuchen, Veränderungen im Bereich von Alltag und Lebenswelt wenigstens deskriptiv zu erfassen.

Im *sechsten Abschnitt* sind wir beim Thema moderner Nationalstaat darauf gestoßen, dass er sich einen adäquaten Anker in der Lebenswelt zu schaffen sucht.

Deswegen ist es auch kein Zufall, dass er unter Gesichtspunkten der Leistungssteigerung in den gängigen Theorien der modernen Gesellschaft so schwer verbuchbar ist. Dieser Abschnitt hat gezeigt, dass damit ganz wesentliche Veränderungen ausgeblendet bleiben. Mit der Entwicklung zum modernen Nationalstaat werden lokale Sprachgemeinschaften in nationale Sprachgemeinschaften überführt. Sie bilden eine Grundlage für die Alphabetisierung der Bevölkerung und eine Ausweitung der Medienkommunikation auf tendenziell alle Gesellschaftsmitglieder. Auf dieser Grundlage entwickeln sich Verbreitungsmedien, insbesondere Massenmedien beginnend mit der Zeitung, die auch nationale Öffentlichkeiten, Prozesse der nationalen Meinungsbildung organisieren und moderieren. Hinzu kommt (vgl. unter 5.5), dass die reale Erreichbarkeit durch ein Eisenbahnnetz im Laufe des 19. Jahrhunderts immens gesteigert wird. Damit wird face-to-face-Kommunikation über größere räumliche Zusammenhänge möglich.

Dieser Modernisierungsprozess führt auch dazu, dass ein nationaler Kommunikationsraum dadurch entsteht, dass lokale Mentalitäten, Gewohnheiten, Besonderheiten beobachtet und kommuniziert werden. Der Gegensatz und das sich gegenseitige Nicht-Verstehen-Können der Bayern und Preußen, herabwürdigende Witze über Ostfriesen und so weiter demonstrieren beispielsweise, dass im Deutschen Reich Ende des 19. Jahrhunderts ein einheitlicher Kommunikationsraum entstanden ist, in dem ähnlich wie auch unter den Bedingungen direkter Kommunikation, Besonderheiten existieren, die nun aber den Stempel des Selbstverständlichen verlieren und zum Gegenstand der Typisierung werden. Das Lokale wird zu einem in Relation zu anderen nationalen Räumen charakterisierbaren Segment. Hinsichtlich der Sprachgemeinschaften kann man konstatieren, dass die Menschen nun überwiegend zweisprachig werden, dass sie sowohl die Hochsprache wie auch typischerweise den lokalen Dialekt beherrschen und Fähigkeiten entwickeln zwischen beiden Verständigungsformen hin und her zu gehen, also Übersetzungsfähigkeiten kultivieren.

Auf dem derzeitigen Stand der Theorie moderner Gesellschaften gibt es nur die Möglichkeit, solche Veränderungen und Zusammenhänge deskriptiv zu erfassen. Dies wird in den beiden folgenden Kapiteln versucht.

Im *fünften Abschnitt* haben wir uns mit Modernitätskritik beschäftigt. Dem Einbau modernitätskritischer Gesichtspunkte in die gängige Modernisierungstheorie steht entgegen, dass hier immer normativ aufgeladene Menschenbilder die Maßstäbe der Gesellschaftskritik enthalten. Man kann dieses Normativitätsproblem aber umschiffen, indem man die Frage der ‚Lebbarkeit‘ der modernen Gesellschaft als empirische Fragestellung aufnimmt[15].

---

[15] Vgl. hierzu Freyer 1955, der die Frage aufwirft, ob der Mensch „diesem System gewachsen sei, das heißt, ob er *als Mensch* darin existieren könne" (229; Hervorhebung im Original). Diese Fragestel-

Im *sechsten Abschnitt* dieses Kapitels haben wir uns mit drei thematischen Ergänzungen beschäftigt: der Konflikttheorie, dem modernen Nationalstaat und der von den Nationalstaaten ausgehenden Entwicklung eines ‚modernen Weltsystems'. Wieso sind diese Komplexe so schwer in die Modernisierungstheorie integrierbar?

Sieht man einmal vom theoretischen Anspruch ab und fragt nach den empirischen Ergänzungen, die die Konflikttheorie einbringt, dann rückt sie Institutionen der bürgerlichen Gesellschaft in den Mittelpunkt, die die Austragung von Interessenkonflikten moderieren und die Interessenkonflikte auf diese Weise auf Dauer stellen. Hierin wird eine wesentliche Quelle gesellschaftlicher Modernisierung, geradezu ein Leistungsmerkmal moderner Gesellschaften gesehen. Auch dieser wichtige Gesichtspunkt ist nur schwer in eine der im zweiten Kapitel dargestellten Theorien einzuarbeiten.

Der Nationalstaat ist, wie bereits erwähnt, schon aufgrund seiner Rückgriffe auf lebensweltliche Zusammenhänge eine schwer zu verbuchende Größe. Gerade wenn man aber, wie Luhmann, die moderne Gesellschaft durch ihre Funktionssysteme fassen will, dann muss man auch mit der Tatsache umgehen können, dass die Funktionssysteme vom modernen Nationalstaat hervorgebracht wurden bzw. sich zunächst im nationalen Rahmen entwickelt haben (vgl. Brock 2008: 200 ff.).

Es wäre nun aber naiv, die Reichweite nationalstaatlich institutionalisierter Funktionssysteme direkt mit dem Konstrukt des Nationalstaates und seinen Grenzen zu identifizierenden. Wallersteins Analysen, aber auch die Kolonialgeschichte zeigen, dass wirtschaftliche und politische Interessen, die in den Funktionssystemen Wirtschaft und Politik organisiert sind, weit darüber hinaus gehen. Dies wird dadurch möglich, dass Macht auch über die territorialen Grenzen des Nationalstaates hinaus gedehnt und staatliche Macht auch an internationale Organisationen abgegeben werden kann. Kurzum: dass sie auch jenseits der nationalstaatlichen Grenzen wirksam werden kann. Das Medium Geld kann immer in andere Währungen getauscht werden oder aber es wird ganz schlicht auch jenseits der Grenzen als Zahlungsmittel akzeptiert. Auf derartigen Wegen können die Funktionssysteme ihre Reichweite über die Grenzen des Nationalstaates hinaus ausdehnen, ohne das deswegen ihre nationalstaatliche Institutionalisierung in Zweifel gezogen werden muss.

Über diese Überlegungen hinausgehend zeigt Wallersteins Begriff des Zentrumsstaates, dass Abhängigkeitsbeziehungen mit anderen Territorien außerhalb der Grenzen des Nationalstaates paradoxer Weise erst die besondere Effizienz und Stärke staatlicher Organisationen und des gesellschaftlichen Zusammenhaltes moderner Nationalstaaten erfordern und sie mit wirtschaftlichen und gesellschaftlichen Chancen belohnen.

---

lung muss nicht wie bei Freyer auf ein normativ aufgeladenes Menschenbild bezogen werden. Sie könnte durchaus ein Ansatzpunkt für ergebnisoffene empirische Untersuchungen sein.

Um solche empirisch ziemlich evidenten Sachverhalte verorten zu können, müsste sich die Soziologie moderner Gesellschaften grundsätzlicher mit dem Thema sozialer Grenzen (vgl. auch Brock 2008: 184 ff. sowie 197 ff.) beschäftigen als das derzeit der Fall ist.

Kapitel 4

Modernisierung vor der Industrialisierung – auf dem Wege zum Typus der modernen Gesellschaft

4.1 Einleitung

Dieses und das abschließende Kapitel dienen dazu, die zwangsläufig abstrakten Theorien der modernen Gesellschaft mit der historischen Entwicklung in Beziehung zu setzen. Hierbei unterscheiden wir zwei Phasen:

- die Phase gesellschaftlicher Modernisierung vor der Industrialisierung (Kapitel 4) und
- die Phase der Industrialisierung (Kapitel 5).

Vor allem die im zweiten Kapitel behandelten Theorien messen der Phase vor der Industrialisierung eine entscheidende Bedeutung bei. Bei Weber spielt der ‚protestantische Geist‘, eine einschneidende, als ‚Rationalisierung‘ bezeichnete Veränderung der Einstellung der Menschen zur Führung des eigenen Lebens und zur Tradition eine zentrale Rolle. Für ihn war also die Reformation die entscheidende Weichenstellung. Parsons sieht eine ganze Reihe von Entwicklungen als zentral an. Abgesehen von der Bildungsrevolution müssen wir sie alle in die Phase der Modernisierung vor der Industrialisierung einordnen. Für Luhmann sind letztlich jene Prozesse ausschlaggebend, die eine Dynamisierung der Variationsmechanismen bewirkt haben. Dazu gehört vor allem die bereits in der Phase vor der Industrialisierung kultivierte Praxis, Kommunikationen häufiger anzulehnen. Sie wird nicht zuletzt durch die verstärkte Nutzung von Verbreitungsmedien vorangetrieben, die durch die rasche Verbreitung des Buchdrucks im 16. und 17. Jh., aber auch durch Fortschritte in der Alphabetisierung entscheidend vorankommt. Auf dieser Grundlage beginnt der Siegeszug der funktionalen Differenzierung bereits deutlich vor der Industrialisierung.

Es wäre nun relativ müßig, für diese Thesen einen Falsifizierungsversuch durchführen zu wollen. An allen drei Thesen ist zweifellos nicht nur ‚etwas‘ sondern, ‚eine ganze Menge dran‘. Wir finden für sie hinreichende Belege. Wesentlich spannender ist die Frage, ob sie, wie auch die weiteren, in den Kapiteln 2 und 3 behandelten Theorien, tatsächlich die *wichtigsten* Entwicklungen verarbeitet und in ihrer soziologischen Relevanz hinreichend gewürdigt haben. Welche wichtigen Entwicklungen haben sie dagegen weitgehend *ausgeblendet*? Wurde die extrem hohe Komplexität des Modernisierungsprozesses von den Sozialtheoretikern ohne allzu große Informationsverluste auf handhabbare Modelle reduziert? Eine schlüssige Antwort auf diese Fragen ist schwer zu finden. Ich möchte dem Leser mit diesem und auch dem fünften Kapitel zumindest einige Hinweise an die Hand geben.

Zunächst behandle ich *(4.2 und 4.3)* zwei Entwicklungen, deren zentrale Bedeutung im Sinne von demographischen bzw. ökonomischen Voraussetzungen der modernen Gesellschaft kaum zu bestreiten sind: die *Zunahme der Bevölkerung* und damit verbunden auch der Lebenserwartung, sowie die wachsende Fähigkeit europäischer Gesellschaften, *zunehmende Anteile der Bevölkerung aus der Landwirtschaft freizusetzen*. Beide Tendenzen werden in den soziologischen Modernisierungstheorien so gut wie gar nicht verarbeitet, aber von bekannten Sozialhistorikern wie Fernand Braudel oder Immanuel Wallerstein hervorgehoben.

Meine Darstellung zielt darauf ab, die Relevanz beider Prozesse für ein soziologisches Verständnis der modernen Gesellschaft aufzuzeigen. Der Leser kann erkennen, dass in demographischer Hinsicht (4.2) vor allem ein neues, auf höherer Lebenserwartung und niedrigeren Sterberaten basierendes demographisches Gleichgewicht eine Grundlage für Individualisierungsprozesse abgibt. Darüber hinaus wäre der Aufstieg Europas ohne Bevölkerungszunahme undenkbar gewesen. Ebenso ist auch die Freisetzung wachsender Anteile der Bevölkerung aus der Landwirtschaft (4.3) eine unverzichtbare Voraussetzung für den politischen und wirtschaftlichen Aufstieg Europas. Die Art und Weise, wie die europäischen Mächte das Freisetzungsproblem gelöst haben, bewirkte zudem, dass die Modernisierung Europas und Nordamerikas zu Entwicklungsblockaden jener Länder führte, die Rohstoffe und Grundnahrungsmittel liefern.

Historische Darstellungen des sich vom 15. bis zum 18. Jahrhundert vollziehenden Aufstiegs Europas beleuchten immer auch *die Rolle von Wissen, von Erfindungen und technischen Innovationen*. Da auch dieser Aspekt in den soziologischen Modernisierungstheorien wenig Beachtung findet, wird er im *Abschnitt 4.4* explizit behandelt. Dabei zeigt sich, dass er nicht nur meistens überschätzt und überhöht wird – die Europäer waren weniger Erfinder als vielmehr Entwickler und Anwender – sondern letztlich auf die um sich greifende ‚Gier nach Gold‘ zurückgeführt werden kann. Die Triebfeder sowohl für kontinuierliche, technische Verbesserungen als auch für den Überseehandel, war ein frühmodernes Erfolgsstreben, das nicht allein auf die ‚protestantische Ethik‘ gegründet sein konnte. Es manifestierte sich bereits vor der Reformation auf vielen Ebenen.

Das bedeutet keineswegs, das muss bedauerlicherweise immer wieder betont werden, dass mit derartigen Analysen Webers Protestantismusthese widerlegt werden kann. Weber hält die protestantische Ethik für einen Faktor unter anderen. Er will nur prüfen, „ob und inwieweit religiöse Einflüsse bei der qualitativen Prägung und quantitativen Expansion jenes ‚Geistes‘ ... *mit beteiligt* waren" (Weber 1988a: 83; Hervorhebung D. B.). Dass dieser Geist wesentlich älter ist und viele Wurzeln hat, war Weber durchaus bewusst, wird bei der Rezeption der Protestantismusthese aber meistens vergessen. Auch davor will der Abschnitt 4.4 den eiligen Leser bewahren.

Da die an sich bekannte *Sonderrolle der Stadt in Europa* in den wichtigen soziologischen Theorien der modernen Gesellschaft nicht hinreichend gewürdigt wird, liefert der *Abschnitt 4.5* hier wichtige Ergänzungen. Dort wird darüber hinaus gezeigt, dass mittelalterliche Städte, sofern sie staatliche Unabhängigkeit erreichen konnten, institutionelle Laboratorien der modernen Gesellschaft waren, in denen bereits im Hochmittelalter effektive Formen des Zusammenspiels zwischen politischen Aktivitäten und den wirtschaftlichen Interessen der Bürger erprobt wurden. Insofern ergänzt dieser Abschnitt auch Parsons Überlegungen zur demokratischen und zur industriellen Revolution.

Das vierte Kapitel wird mit einer etwas ausführlicheren Darstellung des *Aufstiegs der Flächenstaaten* abgeschlossen *(4.6)*. Insbesondere Parsons Theorie der modernen Gesellschaften bringt die Modernisierung und Rationalisierung des Staatsapparats in direkten Zusammenhang mit dem Prozess der Demokratisierung. In diesem Abschnitt wird jedoch gezeigt, dass das nicht zwingend der Fall sein muss. Dazu müssen einige etwas umfangreichere historische Exkurse unternommen werden. Das Ergebnis wird sein, dass entscheidende Antriebe zur Rationalisierung der Verwaltungs- und Herrschaftspraxis der europäischen Staaten von dem wachsenden Finanzierungsbedarf der Staaten für die in Europa konsequenter als anderswo technisierte und rationalisierte Kriegsführung ausgingen. Je nach der Interessen- und Machtkonstellation zwischen Monarch und Bürgern führte diese Entwicklung entweder zur konstitutionellen Monarchie oder zu Formen des Absolutismus.

In diesem letzten Abschnitt wird damit zugleich ein konkretes Beispiel dafür geliefert, dass die letztlich immer hoch generalisierten Modellvorstellungen der Theorie moderner Gesellschaften über den internationalen Sozialstrukturvergleich konkretisiert und erfolgreich mit der Sozialgeschichte bestimmter Staaten bzw. Gesellschaften in Beziehung gesetzt werden können. Das ist eine wichtige Alternative gegenüber Luhmanns radikaler ‚Lösung‘ des Komplexitätsproblems. Er plädiert dafür, die Sozialtheorie nur auf der Ebene von Möglichkeitsräumen zu entwickeln und die Erklärung der konkreten Modernisierungspfade an die Historiker zu delegieren (vgl. insbesondere Luhmann 1975).

Weiterhin (4.6.2) wird die Genese eines Kernelements der modernen Gesellschaft verfolgt, die Synthese zwischen modernem Ordnungsdenken und staatlichem Machtmonopol.

4.2 Bevölkerungsentwicklung und Lebenserwartung

Es gehört beinahe zu den demografischen Gemeinplätzen, dass der Durchbruch zum Typus der modernen Industriegesellschaft mit einer sprunghaften Erhöhung der Bevölkerungszahl einher geht. Vor wie nach diesem Prozess einer sprunghaften Bevölkerungszunahme, herrschen weitgehend stabile Verhältnisse: ein bestimmtes Bevölkerungsniveau wird – zumindest auf längere Sicht – in etwa stabilisiert. Diese Darstellung erfolgt allerdings nur aus dem Blickwinkel des jeweiligen Nationalstaates, der den Prozess gesellschaftlicher Modernisierung durchläuft. Dagegen zeigt die Weltbevölkerung seit dem Beginn des Modernisierungsprozesses im 16. und 17. Jahrhundert einen kontinuierlichen Bevölkerungszuwachs. Auf der Grundlage unterschiedlicher Schätzungen gibt Braudel (1985: 34) die Weltbevölkerung für 1650 mit 465–545 Mio. an. Für 1750 schätzt er 660–733 Mio. Die Milliardengrenze wird dann 1850 überschritten: 1091–1176 Mio.

Wenn die These zutrifft, dass jede Gesellschaft im Prozess ihrer Modernisierung eine starke Bevölkerungszunahme erfährt, dann reflektiert die kontinuierliche Zunahme der Weltbevölkerung die Landnahme dieser Modernisierungstendenzen.

In formaler Hinsicht kann die Bevölkerungsentwicklung für jedes Land, das sich im Übergang zur modernen Gesellschaft befindet, damit als Übergang von einem Gleichgewicht in ein anderes beschrieben werden. Gleichgewicht bedeutet hier, dass sich die Zahl der Geburten und die Zahl der Sterbefälle zumindest auf längere Sicht in etwa die Waage halten[1]. Die Bevölkerung wächst nur dann, wenn die Zahl der Geburten auf längere Sicht die Zahl der Sterbefälle übertrifft (‚Geburtenüberschuss‘).

Bis ins 17. Jahrhundert hinein herrscht in Europa ein *vormodernes Bevölkerungsgleichgewicht*, das durch hohe Geburten- wie Sterberaten charakterisiert werden kann[2]. Es wurden zwar viele Kinder geboren, ihre Lebenserwartung war aber vergleichsweise gering. Dieses alte Bevölkerungsgleichgewicht löst sich am Vorabend der Industrialisierung allmählich auf. Noch unter vorindustriellen Bedingungen beginnen die Sterberaten zu sinken. Die Zahl der Sterbefälle pro Jahr sinkt für eine als gegeben unterstellte Bevölkerungseinheit (zum Beispiel 100.000), weil die Lebenserwartung zu steigen beginnt. Deswegen wächst nun die Bevölkerung[3].

---

[1] In der Bevölkerungsstatistik wird auch von ‚stationärer Bevölkerung‘ gesprochen, wenn die Zahl der Geburten pro Jahr genau so hoch ist wie die Zahl der Sterbefälle pro Jahr. Vgl. z.B. Bolte 1967: 80
[2] Braudel schätzt die Bevölkerung Europas einschließlich Russlands nach dem 30-Jährigen Krieg auf ca. 100 Mio. (Braudel 1985: 34).
[3] Braudel (1985: 34) gibt für Europa folgende Zahlen an: 1750 = 140–144 Mio. 1800 = 187 Mio. 1850= 266–274 Mio. 1900 = 401–423 Mio.

Erst nach der Industrialisierung kommt es in Europa dann wieder zu einem neuen Gleichgewicht. Es entsteht durch *sinkende Geburtenziffern*[4]. Die Geburtenrate sinkt und nähert sich damit allmählich der sinkenden Sterberate an. In den 70er Jahren des 20. Jahrhunderts, die wir als Endphase der klassischen Moderne betrachten, entwickelt sich ein neues dynamisches Gleichgewicht[5]. Das heißt, Geburten- wie Sterberaten sinken kontinuierlich weiter ab, beide Kurven entfernen sich aber nicht wesentlich von einander, sodass für die 1970er Jahre von einem neuen, für moderne Gesellschaften typischen Gleichgewicht gesprochen werden kann, das durch lange Lebenserwartung/niedrige Sterberaten und ebenso niedrige Geburtenzahlen herbeigeführt wird. Kommt es in einigen hochentwickelten Ländern wie Deutschland zu Geburtendefiziten, so werden sie durch Zuwanderung ausgeglichen[6].

In diesem Abschnitt haben wir uns näher mit der Auflösung des alten Gleichgewichts und der Frage zu beschäftigen, welche Lebens- und Alltagsrealität sich hinter diesem alten Gleichgewicht verbirgt. Die hohe Geburtenrate lässt sich zunächst in eine Lebensrealität übersetzen, bei der Frauen im gebärfähigen Alter typischerweise schwanger waren. Das gilt ziemlich unabhängig vom sozialen Status: sowohl in den unteren Sozialschichten wie auch im Hochadel traten Schwangerschaften häufig auf. Fälle, in denen eine Frau jedes Jahr ein Kind zur Welt brachte, waren keineswegs unüblich oder gar spektakulär. Sieht man einmal von der Geburt männlicher Erben ab, dann war auch die Geburt alles andere als ein außeralltägliches Ereignis.

Die Alltäglichkeit des Geborenwerdens kommt u. a. darin zum Ausdruck, dass sich viele Eltern an die Zahl der in ihrer Familie geborenen Kinder gar nicht mehr erinnern können. So wird einem sehr frühen Dokument der empirischen Sozialforschung, einer Studie über oberschlesische Bergarbeiter am Vorabend des Ersten Weltkriegs, dem Leser mitgeteilt, dass leider keine genauen Angaben zur Zahl der geborenen Kinder gemacht werden können, weil sich viele der Befragten daran nicht mehr erinnern können. Sie können nur die Zahl der lebenden Kinder nennen (Syrup 1915). Braudel schätzt aufgrund vorhandener historischer

---

[4] Nach den statistischen Jahrbüchern des deutschen Reichs sinken in Deutschland die Geburtenziffern ab 1875. Für dieses Jahr werden 40 Geburten pro Jahr auf 1000 Einwohner angegeben. Vor dem 1. Weltkrieg wird die Marke von 25 Geburten pro 1000 erreicht, 1950 die von 15 Geburten pro 1000. (Quelle: Bolte 1967: 154; Figur 1)

[5] Während z. B. die BRD 1964 noch einen Geburtenüberschuss von über 400.000 aufwies, beträgt er 1970 nur noch rund 75.000. Der Nullpunkt wird 1972 erreicht, danach weist Deutschland ein Geburtendefizit auf (Schäfers 1976: 70 f.). Dieses Defizit wird in den Folgejahren durch Zuwanderung aus Ländern mit einer immer noch wachsenden Bevölkerung ausgeglichen.

[6] Wenn man die Bevölkerungsentwicklung auf einem genau fixierten Territorium (z. B. eines bestimmten Staats) analysieren möchte, muss man zusätzlich zu den Geburten und Sterbefällen die Zu- und Abwanderung erfassen. Das bleibt hier ausgeklammert.

Daten, dass die Säuglingssterblichkeit erschreckend hoch war. Jedes dritte bis
vierte Neugeborene überlebte entweder seine Geburt nicht oder starb in den ersten zwölf Lebensmonaten (Braudel 1985: 88).
    Nicht die Geburt, sondern das Faktum des Überlebens war daher unter vor-
modernen Bedingungen wichtig und erinnernswert. Deswegen überrascht das Ergebnis aus der Befragung der oberschlesischen Bergleute keineswegs. Es irritiert
nur vom Standpunkt der modernen Lebensrealität aus, die ganz selbstverständlich das Faktum der Geburt mit dem Faktum des Lebens und des Überlebens verbindet. *Heute* gehört es zu den dramatischen Ereignissen, wenn ein neugeborenes
und lange erwartetes Wunschkind *nicht* überlebt.
    Versuchen wir nun die statistische Information einer hohen Sterberate in
durchschnittliche Lebensrealitäten zu übersetzen. Heute ist der Tod infolge
von Alter oder Krankheit nicht nur ein schmerzliches, sondern auch ein höchst
einschneidendes Ereignis, das in den Bereich der außeralltäglichen Ereignisse
gehört. Dagegen waren der plötzliche und unerwartete Tod und die Allgegen-
wärtigkeit des Todes Begleitmomente des vormodernen Alltags. Es war nicht nur
wahrscheinlich, dass ein Säugling stirbt, sondern es musste immer auch damit
gerechnet werden, dass seine Mutter die Geburt nicht überlebt. Ebenso konnten
plötzlich ausbrechende Seuchen und Epidemien dem Leben nicht nur einzelner,
sondern großer Bevölkerungsteile ein jähes und abruptes Ende setzen. Ein Verständnis für die Probleme der Übertragung von Krankheiten, also für Hygiene
und Sauberkeit im heutigen Wortsinn, war noch nicht entwickelt. Darstellungen
der Lebensverhältnisse der einfachen Bevölkerung zeigen, dass hier Mensch und
Tier auf engem Raum miteinander zusammengelebt haben, was der Übertragung
von Krankheitserregern Tür und Tor öffnete.
    Der Alltag der arbeitenden Bevölkerung, insbesondere der Bauern, die
die Mehrheit der Bevölkerung ausmachten, war durch harte körperliche Arbeit
geprägt. Aufgrund der geringen Technisierung der Landwirtschaft wie auch
des Handwerks musste ausdauernd und körperlich hart gearbeitet werden. Die
menschliche Muskelkraft war immer dort, wo man nicht auf Tiere zurückgreifen
konnte, unersetzlich. Harte und ausdauernde körperliche Arbeit bewirkten den
raschen körperlichen Verschleiß, sodass jemand, der das 40. Lebensjahr erreichte,
als alt angesehen werden musste (Braudel 1985: 88). Daher bestand in der Befreiung von harter körperlicher Arbeit ein wesentliches Privileg des Adels, das nach
Einschätzungen damaliger Zeitgenossen die Lebenserwartung um gut zehn Jahre
erhöhte (Braudel 1985: 88).
    Ein weiterer wichtiger Faktor, der die im Durchschnitt geringe Lebens-
erwartung erklärt, waren Kriege und Hungerkrisen. Kriege waren im 14. bis
17. Jahrhundert höchst verlustreiche Auseinandersetzungen. Durch den Einsatz
von Kanonen und Handfeuerwaffen erhöhten sich die Opferzahlen ganz erheblich. Einen traurigen Höhepunkt erreichte diese Entwicklung im 18. Jahrhundert,

wo sich Heere mit hoher Feuerkraft in geschlossener Formation aufeinander zu bewegten. Jede Schlacht des Siebenjährigen Krieges erforderte einen extrem hohen Blutzoll[7]. Genauso gefahrvoll wie eine derartige Schlacht zu schlagen war es für die Soldaten, im Heeresverband größere Entfernungen zu überwinden oder auch längere Zeit in einem gemeinsamen Lager zu leben. Viele Städte haben die Belagerung durch Heere nur deswegen überstanden, weil längere Belagerungszeiten unter den Belagerern zu viele Opfer durch Seuchen, Krankheiten und falsche oder mangelhafte Ernährung forderten (vgl. Keegan 1995: 230).

Aber auch als Nicht-Kombattant konnte man den Kriegen zum Opfer fallen. Die Heeresführer haben sich wenig darum geschert, ob sie durch militärische Operationen Felder und damit die Nahrungsgrundlagen der Bevölkerung zerstört haben. Vor allem in länger dauernden Kriegen haben sich Heere durch Plünderung der Lebensgrundlagen der Bevölkerung alimentiert. Zumindest im Dreißigjährigen Krieg hat dies viel mehr Menschenleben gekostet als die direkten militärischen Auseinandersetzungen[8].

Schließlich muss noch an die *vorindustriellen Hungerkrisen* erinnert werden. Während industrielle Hungerkrisen, die für die Moderne insgesamt charakteristisch sind, immer auf Armut zurückgeführt werden können, haben vorindustrielle Hungerkrisen kollektiven Charakter. Mit ganz geringen Ausnahmen betreffen sie die gesamte Bevölkerung ganzer Landstriche. Der Hauptunterschied zwischen diesen beiden Mustern besteht nämlich darin, dass unter industriellen Bedingungen ein umfassendes Transport- und Marktsystem dafür sorgt, dass auch die Grundnahrungsmittel den Gesetzen von Angebot und Nachfrage folgend, an die zahlungskräftige Kundschaft verkauft werden können. Im industriellen System geht derjenige leer aus, der kein Geld hat, um sich Grundnahrungsmittel zu kaufen und der zusätzlich nicht in der Lage ist, sie selbst anzubauen.

Vorindustrielle Hungerkrisen entstehen dagegen durch regionale Missernten. Solche regionalen Einbrüche in der Versorgung mit Grundnahrungsmitteln konnten nicht durch ein Transport- und Marktsystem ausgeglichen werden, da außerhalb der Küstenlandstriche kein Warentransport in größerem Umfang und zu akzeptablen Kosten möglich war. Daher kennt das Binnenland bis in das 19. Jahrhundert hinein für Waren des täglichen Bedarfs nur lokale und regionale Märkte (vgl. Teuteberg/Wiegelmann 1972). Unter diesen Bedingungen bedeuteten regionale Missernten, dass die betroffene Bevölkerung nur noch „am Hungertuch na-

---

[7] Z. B. gab es in der Schlacht von Leuthen bei den siegreichen Preußen 6500 Tote von 34.000 Soldaten (Meyers Konversations-Lexikon 1897; Band 11: 293.). In der Schlacht von Kunerdorf starben auf Seiten der Preußen 18.500 Mann von 48.000, auf Seiten der verbündeten Österreicher und Russen 16.000 von 78.000 Soldaten (ebenda; Bd. 10: 828).

[8] Vgl. z. B. die Schadensbilanz bei Burkhardt 1992: 233 ff. Schätzungen gehen davon aus, dass die Bevölkerung in Deutschland von 16 Mio. im Jahr 1618 auf 11 Mio. bei Kriegsende gesunken ist.

gen" konnte, sobald die Vorräte aufgebraucht waren. Das Hungertuch war damals keine Metapher, sondern es gehörte ganz real zur kollektiven Bewältigung von Hunger und Unterernährung (Stürmer 1979: 112).

Solche vorindustriellen Hungerkrisen waren nicht selten – Braudel schätzt sie auf circa 10 Hungerkrisen pro Jahrhundert (Braudel 1985: 70). Definitiv glichen sie immer wieder einen möglichen Geburtenüberschuss aus.

Diese Gegebenheiten verändern sich erst mit dem Eisenbahnbau im Laufe des 19. Jahrhunderts grundlegend. Erste Ansätze zu einem modernen Straßenbau gab es zwar bereits in der zweiten Hälfte des 18. Jahrhunderts. Vorreiter dieser Tendenz war das napoleonische Frankreich, das Straßenbau allerdings vornehmlich unter militärischen Gesichtspunkten betrieben hat. Ansonsten wurde, abgesehen von einigen Kanalbauten (insbesondere in Frankreich), so gut wie nichts für den Straßen- und Wegebau getan, der Einschätzungen von Historikern zufolge, noch im 18. Jahrhundert nicht über die römischen Straßennetze hinausgelangt ist. Daher ist es wenig überraschend, wenn Wilhelm Abel, der sich mit diesem Thema eingehend beschäftigt hat, schätzt, dass sich die letzten vorindustriellen Hungerkrisen in Deutschland 1817 bis 1819 und dann 1846 bis 1848 ereigneten. Die Krise 1846 bis 1848 markiert seiner Meinung nach den Übergang von der vorindustriellen zur industriellen Hungerkrise (Abel 1977: 54 ff.).

Wenn man einzuschätzen versucht, was nicht nur diese hohe Sterberate, sondern auch diese vielfältigen Formen des schicksalhaft eintretenden Sterbens für den Alltag und die alltägliche Lebensbewältigung bedeutet haben, dann ist vielleicht die Untersuchung von Philippe Ariès zur ‚Geschichte des Todes' (1982) aufschlussreich. Er untersucht nicht das Sterben im biologischen Sinne, sondern er fragt danach, wie die Überlebenden mit dem Tod umgehen und auf den Tod von Familienangehörigen typischerweise reagieren.

Aus einer umfangreichen Dokumentenanalyse schließt Ariès darauf, dass es eine weitverbreite vormoderne Bewältigungsform des Todes gegeben habe. Man kann sie dahingehend zusammenfassen, dass der Tod nicht als persönliches Drama empfunden wurde, sondern als eine „Prüfung der Gemeinschaft, die sich verpflichtet fühlte, die Kontinuität" des Zusammenhangs der Lebenden aufrechtzuerhalten (Ariès 1982: 775). Nach Ariès ist eine Sterbeszene charakteristisch, bei der die Hinterbliebenen um das Bett herum versammelt standen, in dem der Sterbende den Tod erwartete. Die Gemeinschaft der Hinterbliebenen „bekundete dann in den Trauerszenen die Unruhe, die der Anhauch des Todes bei ihr auslöste. Sie war durch den Verlust eines ihrer Mitglieder geschwächt worden. Sie bekannte sich feierlich zu der Gefahr, die sie verspürte; sie musste erneut ihre Kräfte sammeln und ihre Einheit durch Zeremonien wieder herstellen, deren letzte immer auch den Charakter eines Festes, ja sogar eines freudigen Festes hatte" (Aries 1982: 775). Gerade weil der Tod ein so alltägliches Ereignis war, das immer wieder plötzlich in einen Lebenszusammenhang eingreifen konnte, wurde er primär als ein Verlust für die Gemeinschaft der Verbliebenen verstanden. Auch wenn die Sterberate im Laufe des 18. Jahrhunderts, also noch deutlich vor der Industrialisierung, allmählich zu sinken beginnt, ändert sich an den skizzierten Lebensverhältnissen zunächst nur wenig. Jedenfalls ist festzuhalten, dass im 19. Jahrhundert die Bevölkerung ansteigt – nicht nur in Europa, sondern auch in China. Klar ist, dass dieses Ansteigen der Bevölkerung auf ein allmähliches Absinken der Sterberate zurückzuführen ist, die allerdings noch nicht kontinuierlich sinkt. Dennoch beginnt über Jahrzehnte hinweg ein allmählicher Anstieg der Bevölkerung. Die Gründe für dieses Ansteigen sind schwer zu identifizieren. Plausibel ist, dass es in vielen Bereichen kleine Fortschritte gab, die zur Auflösung des Jahrhunderte lang bestehenden Gleichgewichts zwischen Geburten- und Sterberaten führten.

Dennoch kann man vielleicht eine sich allmählich verbessernde Ernährung als einen wichtigen Faktor herausstellen. Als Entdeckungen der neuen Welt sind unter anderem der Mais und die Kartoffel nach Europa gekommen. Diese Pflanzen sind zwar bereits im 16. Jahrhundert nach Europa gebracht worden, bis es aber zum Anbau dieser Pflanzen in der Landwirtschaft in großem Umfange kam, dauerte es circa 200 Jahre.

Mais wie Kartoffel zeichnen sich dadurch aus, dass ihr Anbau erheblich höhere Erträge bringt. Man schätzt, dass ein Kartoffelacker die doppelte Anzahl von Personen ernähren kann, wie ein ebenso großes Weizenfeld (Braudel 1985: 175). Ähnliches gilt für den Mais. Während der Mais unter den damaligen landwirtschaftlichen Bedingungen für fruchtbarere und für klimatisch begünstigte Böden Süd- und Mitteleuropas geeignet war, kann die Kartoffel auch in rauerem Klima und in Höhelagen gut angebaut werden. Dass die Durchsetzung des landwirtschaftlichen Anbaus trotzdem an die 200 Jahre gedauert hat, hängt mit Widerständen zusammen, die sich letztlich auf festliegende Ernährungsgewohnheiten, also auf immer noch festliegende Traditionen und Gewohnheiten gründen.

Allerdings gelingt es in einigen Regionen schon wesentlich früher, einen Feldanbau der neuen Pflanzen durchzusetzen. Ein Beispiel dafür liefert die Republik Venedig, in der bereits um 1539 der Maisanbau „in der ganzen Terra ferma" (Braudel 1985: 171) erfolgte. Dass im 18. Jahrhundert dann überall in Europa der Feldanbau der beiden Pflanzen durchgesetzt werden konnte, dürfte nicht zuletzt auf den Einfluss der Aufklärung und des Merkantilismus zurückzuführen sein. Der Merkantilismus ist eine Doktrin, die dem Staat die Aufgabe zuweist, die Wirtschaft des eigenen Territoriums zu fördern. Dieses Ziel verbindet sich mit dem Einfluss der Aufklärung, deren Geist in Form von Effizienzstreben und Nutzenkalkül im 18. Jh. auch in die staatlichen Verwaltungen einzieht (vgl. 4.6.2).

4.3 Landwirtschaftliches Mehrprodukt – Freisetzung aus der Landwirtschaft

Die Produktivitätsfortschritte in der Landwirtschaft sind eine zentrale Voraussetzung gesellschaftlicher Arbeitsteilung und des wirtschaftlichen wie zivilisatorischen Fortschritts. Damit Menschen ernährt werden können, die nicht mehr selbst Nahrungsmittel produzieren, ist es unabdingbar, dass die Bauern ein landwirtschaftliches Mehrprodukt erzeugen, also einen bestimmten Anteil ihrer Ernte nicht selbst essen beziehungsweise als Viehfutter nutzen. Je umfangreicher das landwirtschaftliche Mehrprodukt ist, desto mehr Menschen können aus der Landwirtschaft freigesetzt werden, müssen also nicht ihre Arbeitskraft zur Sicherung der eigenen Ernährung einsetzen.

Eine über den engen Bereich der Landwirtschaft hinaus gehende gesellschaftliche Arbeitsteilung ist daher prinzipiell an die Fähigkeit der Landwirtschaft gebunden, ein solches Mehrprodukt zu erzeugen.

Die Bedeutung dieses Aspektes wird sofort klar, wenn man sich daran erinnert, dass alle frühen Hochkulturen nur in solchen Gebieten entstanden sind, wo eine hochproduktive alluviale Landwirtschaft entwickelt werden konnte (vgl. Mann 1990: 207 ff.; Service 1977; Brock 2006: 271 ff.). Darunter wird eine an großen Flüssen gelegene und über die Möglichkeit der künstlichen Bewässerung verfügende Landwirtschaft verstanden, die unter bevorzugten klimatischen Bedingungen mehrere Ernten pro Jahr erzielen kann. Dies erlaubte es, dass sich erhebliche Teile der Bevölkerung auf Tätigkeiten außerhalb des primären Sektors spezialisieren konnten.

Wenn man vor diesem Hintergrund auf das Ausgangsgebiet des ‚modernen Kapitalismus‘ und der modernen Gesellschaft, nämlich Nordwesteuropa, blickt, dann sind hier die Aussichten ein erhebliches landwirtschaftliches Mehrprodukt zu erzielen, äußerst ungünstig gewesen. Ein nur kurzer Blick auf die Vormächte der Moderne, auf die Niederlande und Großbritannien, zeigt indessen, dass sie dieses Problem auf eine ganz andere Art und Weise gelöst haben. Sie waren in der Phase ihres wirtschaftlichen Aufschwungs nämlich dazu übergegangen, Getreide in großen Mengen zu importieren. Als Seemächte waren sie in der Lage, das Problem der Erzeugung eines landwirtschaftlichen Mehrprodukts gewissermaßen räumlich zu verlagern. Wir stoßen hier auf einen bereits im dritten Kapitel (vgl. unter 3.5.3) erwähnten Sachverhalt, *dass nämlich die modernen Gesellschaften von vornherein auf einem System geografischer Arbeitsteilung aufbauen* (Wallerstein 1974; 1981). Sie lösen *das Freisetzungsproblem durch internationalen Handel.*

Dies wurde aber nur deswegen möglich, weil diese Gesellschaften gewisse Formen des Zusammenspiels zwischen Staat und Privatwirtschaft entwickelt hatten, die so effizient waren, dass sie den Import von Grundnahrungsmitteln im großen Maßstab nicht nur organisieren, sondern ihn auch dauerhaft stabilisieren konnten.

Wenn wir der empirisch gut fundierten Analyse Wallersteins folgen, dann wird deutlich, dass die erste Hegemonialmacht, die Niederlande, ihre Grundnahrungsmittel aus dem Baltikum importierte (Wallerstein 1981: Kap. 2). Wie konnte nun aber im Baltikum hoher landwirtschaftlicher Überschuss erzeugt werden? Dazu mussten einmal geografische Bedingungen erfüllt sein, die den Getreideanbau auf großen Flächen mit günstigem Ertrag möglich machten. Zweitens musste als soziale Bedingung hinzu kommen, dass dort adlige Großgrundbesitzer bereit waren, unter vormodernen Produktionsverhältnissen (Leibeigenschaft) in großem Umfang Getreide für den Export in Monokulturen anzubauen.

Damit das Getreide auch tatsächlich exportiert werden konnte und nicht in den Eigenverbrauch ging, war eine weitgehende Umstellung der Nahrungsgewohnheiten der bäuerlichen Bevölkerung erforderlich. Als Vorbilder für den großflächigen Anbau von Grundnahrungsmitteln wurde bereits die Republik Venedig genannt, die den Maisanbau in großem Stil bereits im 16. Jahrhundert durchgesetzt hatte (siehe oben), *um Weizen exportieren zu können*. „Der Bauer isst Mais und verkauft seinen Weizen, der ihm fast das Doppelte einbringt. In Venezien beläuft sich der Weizenexport im 18. Jahrhunderts Dank des Maises auf 15 bis 20 Prozent der Getreideproduktion, ähnliche Ausfuhrziffern ergeben sich zwischen 1745 und 1755 auch für England, während Frankreich damals seine Getreideerträge bis auf rund ein bis zwei Prozent selbst verbraucht" (Braudel 1985: 172).

Wir wollen an dieser Stelle festhalten, dass die von Nordwesteuropa ausgehende Entwicklung zum Typus der modernen Gesellschaft von Anfang an auf dem Import von Grundnahrungsmitteln beruhte. Durch den Getreideimport erfolgte eine Konzentration der landwirtschaftlichen Überschüsse in den Zentren der gesellschaftlichen Modernisierung. Deswegen konnte dort ein erheblicher Anteil der Bevölkerung aus der Produktion von Grundnahrungsmitteln frei gesetzt werden. Der Getreideimport machte darüber hinaus sogar einen Bevölkerungsanstieg in Verbindung mit der rasch zunehmenden Verstädterung[9] möglich. Grundlage dieser Modernisierungsprozesse in den Zentren waren auf den Export ausgerichtete Monokulturen in entfernten Anbaugebieten. Die Gebiete, die in einem immer stärker globalisierten System internationaler Arbeitsteilung durch den Export von Grundnahrungsmitteln und Rohstoffen die Entwicklung in den Zentren wie den Niederlanden und England ermöglichten, mussten dafür mit der Blockade ihrer eigenen Entwicklung bezahlen. Der von Nord-Westeuropa aus-

---

[9] Hierzu führt Braudel für die Niederlande folgendes aus: „Was die Obergrenze anbelangt, so dürfte Holland frühzeitig 50% überschritten haben (1515 entfallen hier auf eine Gesamtbevölkerung von 274.810 Einwohnern 140.180 Städter, d. h. 51%; 1627 sind es 59% und 1795 65%)." (Braudel 1985: 527)

gehende Durchbruch zur modernen Gesellschaft unterscheidet sich von der Entwicklung der alten Hochkulturen also ganz grundlegend dadurch, dass er sich auf ein System internationaler Arbeitsteilung und nicht auf die Ertragssteigerung der einheimischen Landwirtschaft gründet.

Die wesentlichen Entwicklungen der europäischen Landwirtschaft datieren einmal in das 11. und 12. Jahrhundert, als, unter anderem durch die Einführung der Dreifelderwirtschaft, aber auch den Übergang in eine weit verbreitete Nutzung von Zugtieren, erhebliche Produktivitätsgewinne entstanden (vgl. z. B. Abel 1962). Die weiteren Entwicklungsschübe der Landwirtschaft in Europa erfolgten erst im 19. und 20. Jahrhundert. Im 19. Jahrhundert eröffnet insbesondere die Erfindung des Kunstdüngers neue Möglichkeiten der Produktivitätssteigerung (Lütge 1966: 481). Im 20. Jahrhundert kommt es schließlich zu einer rapiden Technisierung der Landwirtschaft mit der Folge weitgehender Freisetzungseffekte. Sie führen dazu, dass auch dort, wo landwirtschaftliche Überschüsse für den Export erzeugt werden, nur noch ein ganz geringer Teil der Bevölkerung in der Landwirtschaft tätig ist (vgl. Abelshauser 1983: 119 ff.).

4.4 Erfindungen, Bildung und Wissen

Der letzte Abschnitt hat gezeigt, dass der Aufstieg Nordwesteuropas nicht auf einer durch das Klima und die Geographie begünstigten hoch produktiven Landwirtschaft beruhte, sondern auf Importen in großem Stil, die erhebliches Wissen und entwickelte technische Fähigkeiten erforderten. Da unter den damaligen Bedingungen ein Transport auf dem Landwege gänzlich ausgeschlossen war, musste in jedem Fall ein hochseetüchtiger Schiffstyp mit hinreichender Tonnage in größeren Stückzahlen zur Verfügung stehen. Zum anderen waren militärische Fähigkeiten gefragt, um die Handelsrouten zu sichern und Konkurrenten abzuschrecken.

Man muss darüber hinaus untersuchen, wieso Europa in der Phase vor der Industrialisierung nicht nur in der Lage war Seehandel in großem Stil zu betreiben, sondern wieso es auf den beiden Gebieten Hochseeschifffahrt und Militär insgesamt eine technologische Führerschaft gewonnen hatte. Wenn beide Faktoren zusammen kommen, dann kann man davon sprechen, dass die europäische Vorherrschaft auf den Weltmeeren auf einer eindeutigen technologischen Grundlage basierte.

Das ist aber eher zweifelhaft. Ich folge hier der Auffassung Braudels, der gezeigt hat, dass aus dem Kontakt zwischen den mittelmeerischen und den nordeuropäischen Handels- und Seestädten ein Schiffstyp hervorgegangen ist, der Vorzüge beider Traditionen des Schiffbaus miteinander vereinigte. Als eine solche Synthese traditionellen Wissens kann die um etwa 1430 entstandene portugiesische Karavelle verstanden werden (Braudel 1985: 439 f.). Damit hatten die Europäer die technischen Voraussetzungen geschaffen, um die Weltmeere befahren zu können. Auch wenn diese technologischen Voraussetzungen in der Folgezeit kontinuierlich weiter verbessert wurden, spricht doch viel dafür, dass Chinesen, Inder, Araber und Türken zu Ähnlichem in der Lage gewesen wären.

Warum nur die Europäer die Weltmeere beherrscht haben ist offenbar nicht durch technologische Vorteile zu erklären. Das zeigt sich daran, dass europäische Seefahrer mehrfach auch mit anderen Schiffstypen über die Weltmeere gesegelt sind. „Als ein portugiesischer Steuermann König Johann II. beteuerte von der Küste von Minas könne man ‚mit jedem beliebigen seetüchtigen Schiff zurücksegeln‘, gebot ihm der Herrscher unter Androhung des Kerkers Schweigen. Und ein noch weiteres, ebenso aufschlussreiches Beispiel: 1535 kehrt Diego Botelho mit einer einfachen Dhau aus Indien zurück, die der König von Portugal sofort verbrennen lässt. Noch eindrucksvoller ist die abenteuerliche Fahrt jener japanischen Dschunke, die im Jahre 1610 Rodrigo Vivero und seine schiffbrüchigen Genossen von Japan ins mexikanische Acapulco zurückbrachte" (Braudel 1985: 447).

Etwas anders liegen die Dinge auf dem militärischen Gebiet. Hier hat Europa die chinesische Erfindung des Schwarzpulvers zur Entwicklung militärisch tauglicher Kanonen und Handfeuerwaffen genutzt. Die Kanone ist in Europa seit dem 14. Jahrhundert in Gebrauch (Braudel 1985: 418), Handfeuerwaffen werden seit dem Beginn des 16. Jahrhunderts auf europäischen Schlachtfeldern eingesetzt (Braudel 1985: 425). Wo europäische Truppen im Zeitalter der kolonialen Eroberungen auf einheimische Heere trafen, erwiesen sie sich als überlegen. Dies zeigt nicht nur die Geschichte der Eroberung Süd- und Mittelamerikas durch die Spanier, sondern ebenso die Eroberung Indiens im 18. Jahrhundert und später die Strafaktionen der europäischen Kolonialmächte in China.

Diese Siege gehen sicherlich teilweise auf technische Überlegenheit zurück, insbesondere die Siege der Spanier gegenüber den amerikanischen Hochkulturen, die weder Pferde noch Feuerwaffen kannten. Beides war dagegen in Indien und China durchaus bekannt und wurde auch militärisch genutzt, ohne dass die Qualität der europäischen Feuerwaffen erreicht wurde. Den technologischen Vorteil haben die Europäer durch die systematische Weiterentwicklung einer an sich bekannten Technologie errungen. Hinzu kommt allerdings, dass die Europäer die neuen technologischen Möglichkeiten mit einer systematischen Ausbildung der Truppen und mit Elementen strategischer und taktischer Kriegsführung verbunden hatten. In der Verbindung von „Drill, Disziplin, mechanischer Taktik, Artilleriewissenschaft" (Keegan 1995: 488) entwickelten die Europäer um 1700 überlegene Formen der Kriegsführung, die neue Maßstäbe setzten. Erst die durchgängige Rationalisierung und Systematisierung militärischer Machtentfaltung führte dazu, dass kleine europäische Truppenkontingente zahlenmäßig weit überlegene Gegner auch in Indien und China besiegen konnten.

234 Modernisierung vor der Industrialisierung

Die folgende Darstellung des britischen Militärhistorikers John Keegan macht dies hinreichend deutlich: „Als die Briten Mitte des 18. Jahrhunderts Hindus rekrutierten und auszubilden begannen, ... schufen sie aus diesen Kräften sehr bald eine Armee, deren Qualität in der Infanterieausbildung ihre zahlenmäßige Schwäche ausglich. In der Schlacht von Plassey (1757), die die britische Herrschaft über Indien endgültig sicherte, konnten Clives 1100 Europäer gemeinsam mit 2100 Hindu-Sepoys die Einkreisung durch 50.000 Infanteristen und Kavalleristen der Moguln mit ständigem Musketenfeuer leicht auflösen und den Gegner in die Flucht schlagen. Exerzierreglement und Legionärsorganisation brachten die gewünschten Ergebnisse ..." (Keegan 1995: 491).

In Form der Schiffsartellerie revolutioniert die Kanone auch die Seekriegsführung. In Europa wird bereits beginnend mit dem 14. Jahrhundert mit Schiffsartellerie experimentiert (Braudel 1985: 422 ff; Keegan 1995: 479 ff). Auch auf diesem Gebiet führte eine jahrhundertelange kontinuierliche Weiterentwicklung im 17. und 18. Jahrhundert zu einer optimalen Verbindung zwischen Schiff und Feuerkraft in Form eines Schiffstyps von nur 200 Tonnen Tonnage, mit dem die Holländer und Engländer die Weltmeere beherrschten (Braudel 1985: 425).

Betrachten wir nach den Schiffen und Feuerwaffen noch eine dritte Technologie, die Erfindung der „Buchdruckerkunst". Hier ist es zumindest fraglich, ob der Buchdruck mit beweglichen Lettern in Europa erfunden wurde. Keinen Zweifel kann es aber daran geben, dass er sich von Europa aus durchsetzte und damit ständig neue Möglichkeiten des Informationsaustauschs und der Wissensakkumulation eröffnete.

Zur Geschichte dieser Erfindung möchte ich aus den Ausführungen Braudels zitieren: „China ... kennt den Buchdruck seit dem 9. Jahrhundert ... Aber dieses erste Druckverfahren mit holzgeschnittenen, jeweils einer ganzen Buchseite entsprechenden Druckstöcken war unendlich langwierig. Zwischen 1040 und 1050 kam dann Pi-Cheng auf den bahnbrechenden Einfall, bewegliche Lettern aus gebranntem Ton zu verwenden, die mit Wachs auf einer Metallform befestigt wurden. Sie fanden allerdings kaum weitere Verbreitung als die später entwickelten Typen aus Zinnguss, die sich zu schnell abnutzten. Doch zu Beginn des 14. Jahrhunderts kamen dann bewegliche Holzlettern auf, die sich bis nach Turkestan einbürgerten. Schließlich wurden in der ersten Hälfte des 15. Jahrhunderts in China oder Korea die metallenen Lettern vervollkommnet und in dem Halbjahrhundert bis zur ‚Erfindung' des Junkers Gensfleisch zu Gutenberg weithin verbreitet" (Braudel 1985: 432 f.).

Gutenbergs ‚Erfindung' hat also zumindest eine lange Vorgeschichte. Es ist jedoch ziemlich müßig darüber zu diskutieren, wer der tatsächliche Erfinder eines Druckverfahrens war, das erstmals mit beweglichen Lettern arbeitete. Für die Frage nach der Entwicklung und Entstehung der modernen Gesellschaft ist es viel entscheidender, dass das Verfahren sich nach Gutenberg schnell über Europa ausbreitete und dabei zugleich kontinuierlich weiterentwickelt wurde. „1480 sind bereits über 110 europäische Städte durch ihre Druckereien bekannt … Um 1500 unterhalten dann bereits 236 europäische Städte eigene Druckereien" (Braudel 1985: 435). Diese Herstellungstechnik erlaubt Auflagen von zuvor ungekannter Stückzahl und zu erschwinglichen Kosten. Erstaunlich ist, wie schnell Europa förmlich mit Büchern überschwemmt wird: „Eine Berechnung ergibt für die sogenannten Inkunabeln – die vor 1500 erschienen Wiegendrucke – eine Gesamtauflage von 20 Millionen Exemplaren (Europa hat damals etwa 70 Millionen Einwohner). Im 16. Jahrhundert beschleunigt sich dann die Entwicklung mit 25000 Neuerscheinungen in Paris, 13000 in Lyon, 45000 in Deutschland, 15000 in Venedig … Geht man von einer durchschnittlichen Auflagenhöhe von 1000 Exemplaren aus, so ergeben diese 140000 bis 200000 Erscheinungen 140 bis 200 Millionen Bände. Dabei zählt Europa am Ende des Jahrhunderts einschließlich der moskowitischen Randgebiete kaum mehr als 100 Millionen Einwohner" (Braudel 1985: 435).

Alle diese technischen Neuerungen haben den Effekt, dass sie erhebliche Investitionen erfordern. Für Kanonen und Handfeuerwaffen kam noch hinzu, dass sie auch den „Betrieb", also den Krieg eminent verteuert haben. So bemerkt Braudel, „dass allein das Schießpulver für die Sicherheit Venedigs, sparsam gerechnet, 1'800'000 Dukaten kostet und damit die jährlichen Haushaltseinnahmen des venezianischen Staates übersteigt – ein schlagendes Beispiel für die schwindelerregende Höhe der Rüstungsausgaben selbst in Friedenszeiten. Und diese Zahlen steigen mit den Jahren unaufhaltsam an: die *unüberwindliche Armada* führt auf ihrer Fahrt nach Norden 1588 2431 Kanonen, 7000 Arkebusen, 1000 Musketen und 123.790 Kanonenkugeln, je 50 pro Geschütz, und das zugehörige Schießpulver mit. Frankreich hat 1683 an Bord seiner Geschwader 5619 Gusskanonen, England sogar 8396 aufgestellt" (Braudel 1985: 427).

Die Technisierung des Krieges verändert auch die Kriegsführung von Grund auf. Während die mittelalterliche Kriegsführung ein punktueller und zeitlich begrenzter Vorgang war, kommt es nun nicht nur zur Bildung permanent unterhaltener Heere (Reinhard 1999: 355 ff.). Darüber hinaus werden Formen des Trainings und der Übung üblich, deren Grundlagen in einem militärischen Wissenskanon fixiert werden. Die Schlacht von Plassey hat gezeigt, dass erst unter diesen Bedingungen die militärische Überlegenheit der Europäer zweifelsfrei feststeht.

Die Technisierung und Systematisierung der Kriegsführung hat aber auch noch eine finanzielle Seite, die ihrerseits ebenso wichtige Entwicklungen anstößt. Braudels Darstellung zeigt, dass die Kriegsführung nicht nur sehr viel teurer geworden ist, sondern dass Kriegsausgaben permanent getätigt werden müssen, in Kriegs- wie in Friedenszeiten. Für den Feudalstaat erwächst daraus ein eminentes *politisches Problem*: Wie kann ein ständig wachsender Finanzierungsbedarf realisiert werden? Mit diesem Problem werden wir uns noch eingehender beim Thema ‚Modernisierung des Staatsapparats' und ‚Übergang zur Demokratie' beschäftigen.

An dieser Stelle nur so viel: Feudale Herrscher waren zwar, von der Konstruktion ihrer Herrschaftsposition her gesehen, nur Gott rechenschaftspflichtig. In der politischen Praxis gab es aber von dieser Regel zwei wichtige Ausnahmen. Sowohl bei der Inthronisation wie auch bei der Finanzierung kostspieliger Kriege mussten sogenannte Ständeversammlungen abgehalten werden.[10] Bei der Inthronisation bestand ihre Aufgabe darin dem Herrscher ihre Loyalität zu versichern und damit auszudrücken, dass sie seinen Anweisungen Folge leisten würden. Die Finanzierung teurer Kriege war in der Regel ohne das Mitwirken der Stände nicht zu stemmen. Höhere und vor allem permanente Militärausgaben zwangen die Herrscher nun entweder dazu, die *kontinuierliche* Unterstützung der Stände zu suchen. Dieser Prozess führte in seiner Konsequenz zur Abschaffung autokratischer, auf Gottesgnadentum gegründete Herrschaft.

Die andere Möglichkeit bestand darin, die Unterstützung durch Geldgeber zu suchen, die die Kriege vorfinanzieren sollten. Vor allem dann, wenn die Kriege ungünstig ausgingen, bestand hier ein großes Risiko in dauerhafte Abhängigkeit von den Geldgebern zu geraten. Ein klassisches Beispiel sind die notorisch verschuldeten Habsburger, die ihren Geldgebern insbesondere Bergbaurechte abtreten mussten, was letztlich zur Verstetigung der ökonomischen Abhängigkeit führte[11].

Aber nicht nur die Kriegsführung und die Waffenproduktion verschlangen sehr viel Kapital. Auch die anderen Neuerungen, z. B. der erwähnte Buchdruck, erforderten hohe Investitionen und erzeugten damit neuartige Abhängigkeitsketten. „Als Luxusgegenstand ist das Buch von Anfang an den unerbittlichen Gesetzen von Profit, Angebot und Nachfrage unterworfen. Das Handwerkszeug des Druckers muss häufig erneuert werden, die Gesellen fordern hohe Löhne, der Papierpreis übertrifft die übrigen Herstellungskosten um mehr als das Doppelte, das Geld kommt nur langsam wieder herein. All das bringt die Drucker in Abhängigkeit von den Geldgebern, die schon bald den Vertrieb an sich reißen. Seit dem 15. Jahrhundert prägen kleine ‚Fugger' die Welt der Verleger" (Braudel 1985: 435).

Wir stoßen hier auf Elemente, die typischerweise mit der modernen Gesellschaft und dem modernen Kapitalismus in Zusammenhang gebracht werden.

---

[10] „Der Ursprung der Ständeversammlungen ist regelmäßig in kriegerischen oder dynastischen Herrschaftskrisen zu suchen, die der Monarch nicht ohne Hilfe bewältigen konnte ... In jedem Fall lief die Krisenbewältigung aber auf kurz oder lang auf die Bewilligung einer Geldhilfe, sprich Steuer, durch die Stände hinaus." (Reinhard 1999: 217)

[11] Ruggiero/Tenenti (1976: 320) zitieren einen Brief Jakob Fuggers an Kaiser Karl V, indem dieses Abhängigkeitsverhältnis auch in der Wortwahl erstaunlich deutlich wird.

Offenbar konnten sich alle drei technologischen Entwicklungen, die mit dem Aufstieg Europas in engen Zusammenhang gebracht werden, nur in sozialen Zusammenhängen durchsetzen, die uns als typisch modern erscheinen. Alle drei Entwicklungen haben offenbar einen Investitionsbedarf erzeugt, der nur noch in Handlungsketten realisierbar war, über die die Geldwirtschaft generell charakterisiert werden kann (vgl. Simmel 1989: 254 ff.). Kapitalgeber schießen Summen vor, mit denen Investoren dann Betriebe errichten, die ihrerseits auf komplexen Handlungsketten beruhen. Betriebe können nämlich nur dann dauerhaft funktionieren, wenn Beschäftigte in kontinuierlichen Arbeitsverhältnissen für einen möglichst effektiven Betrieb sorgen und wenn Zulieferbetriebe die benötigten Produkte und Vorprodukte liefern.

Weil derartige Handlungsketten über Geld und Kredit geknüpft wurden, konnte nur kontinuierliche Zahlungsfähigkeit sie aufrecht erhalten. Das Geld zirkuliert aber nur dann kontinuierlich, wenn alle Beteiligten möglichst effektiv agieren und arbeiten und sich gegen Konkurrenten durchzusetzen vermögen. *Diese Erfolgs- und Effizienzorientierung gilt für alle Glieder dieser Handlungsketten.* Selbst Kriege zwischen feudalen Monarchen gewinnen ein Element der Erfolgsorientierung, des unternehmerischen Denkens, sobald finanzielle Abhängigkeiten zu Kapitalgebern bestehen. Wenn derartige Abhängigkeiten bestehen, reicht verletzte Familienehre als Kriegsmotiv nicht mehr aus. Zumindest hinzukommen muss ein *Erfolgsmotiv*, ein Kalkül, das für den Fall des Sieges mit Einnahmen rechnet, die mindestens zur Rückzahlung der Schulden ausreichen.

Das Neuartige dieser Handlungsketten wird deutlich, wenn wir es mit den Grundlagen der Feudalgesellschaft in Beziehung setzen. Bei einer stark vereinfachten Betrachtung kann man das soziologische Fundament aller Feudalgesellschaften auf drei Elemente reduzieren: einmal auf die Standesordnung, zweitens auf die patriarchalische Familie und schließlich auf persönliche Treueverhältnisse.

Jede *Standesordnung* zielte darauf ab, über entsprechende Arbeits- und Ehrbegriffe das gesamte Leben, Arbeit wie arbeitsfreie Zeit, der Standesgenossen zu reglementieren und zu regulieren. Die klassische Losung ,Nahrung und Ehre' (vgl. Stürmer 1979: 16) zeigt, dass Erwerbsarbeit (= Nahrung) und Ehre (= Einhalten der Forderungen der Tradition) immer zwei Seiten ein und derselben Medaille waren, dass also immer eine Moralisierung der Arbeit und eine Laborisierung der Moral, die wirtschaftlichen Aktivitäten verbindlich ordneten, mit dem Ziel, ruinösen Wettbewerb auszuschließen (vgl. Stürmer 1979: 13 ff.).

Das zweite Grundelement ist die *patriarchalische Familie* beziehungsweise die Rechtsfigur des ,ganzen Hauses'. Mit dieser Formel verbindet sich eine Rechtsauffassung, wonach nur der männliche Haushaltsvorstand eine selbstständige Rechtsperson ist, die gegenüber Anderen Vereinbarungen eingehen kann. Alle weiteren Haushaltsmitglieder dagegen sind rechtlich unselbstständig und somit an die Weisungen des Familienoberhauptes gebunden. Wie sie behandelt werden ist seine Angelegenheit, wobei allerdings gewisse Rahmenbedingungen, wie sie etwa durch die Zunftordnungen vorgegeben werden, zu beachten waren. Das dritte Element, *das persönliche Treueverhältnis*, regelte, wie aus kleinen dezentralen Einheiten große Zusammenschlüsse werden konnten. Es entstammt der Welt des Krieges, gehört also in den Lebensbereich des Feudaladels. In der Feudalgesellschaft war Kriegführung nur auf dem Wege möglich, dass die voneinander unabhängig existierenden Oberhäupter kleiner oder auch mittlerer Grundherrschaften sich zusammenschlossen, um gemeinsam und unterstützt durch die eigenen Abhängigen, Kriege zu führen. Diese Zusammenschlüsse waren nicht (zumindest nicht offiziell) zweckrationaler Natur, sondern sie beruhten auf persönlicher Loyalität. Ritterheere, wie das, mit dem Wilhelm der Eroberer die Schlacht von Hastings gewann, beruhten auf persönlicher Loyalität. Nur wenn sie gegeben war, wurde der Forderung, sich an einem Krieg zu beteiligen, Folge geleistet. Im Falle des Sieges wurde diese Treue dann aber auch belohnt – nach der Schlacht von Hastings bekamen die adligen Mitstreiter, je nach ihrer Bedeutung, für ihre Vasallentreue Grundbesitz von unterschiedlicher Größe. Man muss nicht groß betonen, dass das persönliche Treueverhältnis ein sehr labiles Fundament darstellte, das durch jede Kränkung und durch jeden Streit sofort zerbrechen konnte.

Wenn man diese Grundlagen resümieren möchte, dann kann man als gemeinsamen Nenner herausstellen, dass es hier immer um Regulierung und Begrenzung von Aktivitäten geht. *Das oberste Ziel ist gewissermaßen die Reproduktion einer als festliegend gedachten Ordnung. Gerade davon unterscheiden sich die durch Geld und Zahlungsfähigkeit geknüpften Sozialbeziehungen grundlegend.* Sie hängen davon ab, dass Geld kontinuierlich fließt, denn nur unter dieser Bedingung können die Handlungsketten über längere Zeiträume hinweg aufrecht erhalten werden. Insofern bildet das allen Akteuren gemeinsame Interesse am Erhalt der eigenen Zahlungsfähigkeit die permanente Motivationsbasis auch für gemeinsame *erfolgsorientierte* Aktivitäten. *Alle Beteiligten sind gewissermaßen dauernd zum Erfolg verdammt, der sich als Erhalt der Zahlungsfähigkeit konkretisiert.* Genau hier scheint der gemeinsame Nenner vieler Aktivitäten zu liegen, mit denen der Aufstieg Europas verknüpft wird. Die spanischen Konquistadoren, die portugiesischen Seefahrer, die Erfinder und Kaufleute waren alle unermüdlich auf der Suche nach Gold, was in den Zeiten des Edelmetallstandards der Währungen ein Synonym für Geld war.

Vor diesem Hintergrund wird erklärlich, warum es im vormodernen Europa zu kontinuierlichen technologischen Verbesserungen kam, die die Wirksamkeit der technischen Neuerungen immer weiter gesteigert haben. Die *Erfolgsorientierung* ist keineswegs auf die kontinuierliche technische Innovation beschränkt. Sie spielt ebenso dort eine Rolle, wo mit Hilfe von Kanonen, Kriegsschiffen und Soldaten Kriege geführt werden. Sie legt auch den Bruch mit Traditionen aus

Gründen der Zweckmäßigkeit nahe und ermöglicht es im Notfall auf Experimente zu setzen und auch in der aussichtslosesten Situation noch nach einem Ausweg zu suchen.

Wenn man diese (und noch eine Reihe weiterer Entwicklungen zwischen dem 13. und dem 18. Jahrhundert) rekapituliert, dann vermutet man eher eine kontinuierliche Entwicklungskette, an deren Ende die moderne Gesellschaft steht. Dagegen betont die soziologische Modernisierungstheorie einen Entwicklungsbruch zwischen Feudalgesellschaft und moderner Gesellschaft. Man muss jedoch ernsthaft die Frage stellen, ob dies der Sache angemessen ist. In Anspielung auf Max Weber muss man fragen, was fehlt denn den Menschen, die Technologien kontinuierlich weiterentwickelt haben und dabei schon aufgrund finanzieller Abhängigkeiten zum Erfolg verdammt waren, an „kapitalistischem Geist"? Was trennt die Seefahrer, die die Weltmeere erkundet haben, oder die Protagonisten kolonialer Eroberungen von den Protagonisten der Moderne?

Derartige Fragen provozieren bereits die Intellektuellen der Renaissance mit ihrem unstillbaren Forschungs-, Entdeckungs- und Tatendrang. Was trennt etwa die Biografie Petrarcas von Lebensverläufen in modernen Gesellschaften? (vgl.: Durant 1981: 263 ff. sowie 458 ff.)

Es wäre vermessen diese Frage hier bündig und eindeutig beantworten zu wollen, ohne eine Unmenge an Materialien durchzugehen. Weil das an dieser Stelle unmöglich ist, halte ich mich im Folgenden an Werner Sombart, der im zehnten Kapitel des zweiten Bandes seiner monomentalen Studie „Der moderne Kapitalismus" eine Art Nagelprobe gemacht hat. Auch wenn die dort angestellten Überlegungen alles andere als brandneu sind (erste Auflage 1902; zweite Auflage, aus der hier zitiert wird, 1916), sind sie nach wie vor aktuell. In diesem Kapitel geht es um die ‚Entstehung der kapitalistischen Unternehmung'. Sombart entwickelt dabei Kriterien, die durchaus in ein differenzierungstheoretisches Verständnis der modernen Gesellschaft integrierbar sind.

Sombarts zentrales Kriterium ist nämlich die ‚Verselbstständigung des Geschäfts'. Darunter versteht er „die Emporhebung eines selbstständigen Wirtschaftsorganismus über die einzelnen wirtschaftenden Menschen hinaus, die Zusammenfassung aller neben- und nacheinander sich vollziehenden geschäftlichen Vorgänge in einer Wirtschaft zu einer begrifflichen Einheit, die … selbst als der Träger der einzelnen Wirtschaftsakte erscheint und ein eigenes, das Leben der Individuen überdauerndes, Leben führt" (Sombart 1916: 101). Das Unternehmen unterscheidet sich dabei von anderen überindividuellen Organisationsformen, wie Stamm, Sippe, Familie, Dorfgemeinde oder auch Innung dadurch, dass an „Stelle dieser natürlichen Gebilde ein Abstraktum: ‚Das Geschäft'" tritt. „Damit waren die wirtschaftlichen Beziehungen von allem Persönlichen losgelöst; sie waren zu eigenem Leben erweckt" (Sombart 1916: 101).

Sombart fragt nun danach, in welchen Etappen sich eine solche ‚Verselbstständigung des Geschäftes' vollzogen hat und zwar zum einen in rechtlicher,
zum anderen in buchhalterischer Hinsicht und schließlich in Form der Entwicklung der Kreditwürdigkeit der Unternehmen. In rechtlicher Hinsicht geht es um
die allmähliche Entwicklung des Begriff der ‚juristischen Person', die, analog
zu natürlichen Personen, Verträge schließen und Verpflichtungen eingehen kann.
Anzeichen für Entwicklungen in diese Richtung sieht Sombart in der Trennung
zwischen Geschäftsvermögen und Privatvermögen, im „Gebrauch eines besonderen Handelsnamens" (Sombart 1916: 108), sowie im Gebrauch von Handels-
zeichen. Er kommt dabei zu dem Ergebnis, „dass wir eine Verselbstständigung
des Geschäfts im Rechtssinne, also eine Firma ... keineswegs vor dem 16. Jahrhundert annehmen dürfen ... Die von der Idee des selbstständigen Geschäfts be-
fruchtete Gesellschaftsbildung setzt ... nicht früher als im 16. wahrscheinlich
sogar erst im 17. Jahrhundert ein" (Sombart 1916: 109).

Bei dem Kriterium der Buchführung unterscheidet Sombart zwischen der
Entwicklung der Buchführung als Technik und ihrer systematischen Anwendung in der Praxis der Unternehmensführung. Hinsichtlich der Entwicklung der
wichtigsten Techniken der Buchführung kommt Sombart zu folgender Einschätzung: die doppelte Buchführung wird bereits im 14. Jahrhundert entwickelt. Im
15. Jahrhundert kommen Gewinn-, Verlust- und Kapitalkonto hinzu. Im 16. Jahrhundert wird die Aufstellung einer Gewinn-und-Verlust-Bilanz gefordert und im
17. Jahrhundert schließlich ein Jahresabschluss in Verbindung mit einer aktuellen
Bewertung aller Lagerbestände (Inventur).

*Die doppelte Buchführung identifiziert Sombart mit der Einführung des Ka-
pitalbegriffs in das kommerzielle Denken.* „In der doppelten Buchführung gibt es
nur noch einen einzigen Zweck: die Vermehrung eines rein quantitativ erfassten
Wertbetrages. Wer sich in die doppelte Buchhaltung vertieft, vergisst alle Güter-
und Leistungsqualitäten, vergisst alle organische Beschränktheit des Bedarfsde-
ckungsprinzips und erfüllt sich mit der einzigen Idee des Erwerbes: er kann nicht
anders, wenn er sich in diesem System zurechtfinden will: er darf nicht Stiefel
oder Schiffsladungen, nicht Mehl oder Baumwolle sehen, sondern ausschließlich
Wertbeträge, die sich vermehren oder vermindern" (Sombart 1916: 119 f.).

Da vergleichsweise wenige und meistens auch nur unvollständige Ge-
schäftsbücher überliefert worden sind, lassen sich nur indirekte Aussagen über
die Praxis der Buchführung machen. Sombart schließt aus einigen Beispielen,
dass sie der Theorie deutlich hinterher hinkt. Erst für die Niederlande im 17. und
18. Jahrhundert, also nach der Verbreitung des Calvinismus, vermutet er, dass
eine exakte Buchführung nun auch die durchschnittliche unternehmerische Praxis bestimmt.

Sombarts drittes Kriterium, die Verselbstständigung des Geschäfts, ist dann
gegeben, wenn jemand von Dritten für kreditwürdig gehalten wird „ohne Rück-

sicht auf eine bestimmte Persönlichkeit" (Sombart 1916: 137). Diese Entwicklung datiert Sombart anhand des Bedeutungswandels des Wortes ‚Ditta‘[12] in das
16. Jahrhundert. Diese Darstellung können wir dahingehend zusammenfassen, *dass seit dem
16. Jahrhundert Unternehmen existieren, die weitgehende Parallelen zur Gegenwart aufweisen,* in denen sich vor allem die Geschäftsidee verselbstständigt hat,
also kapitalistisches Wirtschaften praktiziert wird. In dieser Hinsicht ist also kein
Entwicklungsbruch auszumachen. Wenn man nun diese Darstellung auf Webers
Protestantismusthese bezieht, dann wird deutlicher, dass Weber nicht die Entstehung der kapitalistischen Unternehmen erklärt, wohl aber die systematische
Anwendung eines bereits zuvor entwickelten kapitalistischen Kalküls. Diesem
Kalkül wiederum, so kann man den Tenor dieses Abschnitts zusammenfassen,
geht eine allgemeine Gier nach Geld voraus, die bereits die mittelalterlichen Traditionen und Lebensformen punktuell verändert – bis hinein in die Nahrungsgewohnheiten der Bauern.

4.5 Die Städte – das Labor der Moderne

Räumlich konzentriertes Zusammenleben und damit der Prozess der Verstädterung scheint ein generelles Grundmerkmal zivilisatorischer Entwicklung zu
sein. Bereits die alten Hochkulturen entwickelten sich aus städtischen Zentren
(Service 1977; Brock 2006). Zugleich geht mit dem Prozess der Verstädterung
aber auch eine Spaltung der Gesellschaft einher, eine Differenzierung entlang der
Unterscheidung zwischen Zentrum und Peripherie.

Auch im vormodernen Europa waren Städte Träger und Kristallisationszentren des Fortschritts. Ein Merkmal unterscheidet sie von den Städten Indiens,
Chinas oder auch Arabiens und der islamischen Welt, nämlich *ein vergleichsweise hohes Maß an politischer Unabhängigkeit* (Braudel 1985: 560 ff.). Ob es von
besonderer Bedeutung ist, wird in diesem Abschnitt untersucht.

Nichts charakterisiert den mit der Zerstörung der römischen Zivilisation
verbundenen wirtschaftlichen und kulturellen Niedergang Europas so sehr wie
das weitgehende Verschwinden der Städte. Selbst Karl der Große dürfte im 9. Jh.
gar nicht in der Lage gewesen sein, seine Hofhaltung an einem Ort, auf eine Resi-
denzstadt zu konzentrieren. Dies nötigte ihm ein Wanderleben zwischen diversen

---

[12] Ditta bedeutete zunächst Bürgschaft, dann bezeichnete das Wort auch die zugehörige Urkunde
sowie den Buchungsvorgang. Sofern sich diese Vorgänge an der Börse abspielten sprach man auch
von ‚ditta di borsa‘ und von ‚buono ditte‘, wenn jemand als kreditwürdig angesehen wurde. Seit
dem 16. Jahrhundert wird das Wort verwendet, um das gesamte Geschäft, also die „Handelsfirma"
(Sombart 1916: 138) zu bezeichnen.

242 Modernisierung vor der Industrialisierung

,Pfalzen' ab, die für immer nur begrenzte Zeit in der Lage waren, die Ressourcen für seine Hofhaltung bereit zu stellen. Nach dem Niedergang Roms kamen der Wiederaufbau bzw. die Gründung von Städten in Europa nur sehr langsam in Gang. Man schätzt, dass noch Ende des 12. Jahrhunderts in Deutschland gerade einmal 50 Städte nachzuweisen sind (vgl. Kreckel 1970: 14). Erst danach erlauben die Entwicklung der Landwirtschaft und steigende Bevölkerungszahlen die Freisetzung eines größeren Bevölkerungsanteils für das städtische Leben. Gut 100 Jahre später hat sich die Zahl der Städte in Deutschland bereits verzehnfacht. „Nach Abschluss der großen Städtegründungswelle dürften im 15. Jahrhundert rund 4000 städtische Siedlungen im deutschen Reich existiert haben, in denen etwa 10 bis 15 Prozent der Gesamtbevölkerung leben" (Kreckel 1970: 14).

Was hier für Deutschland belegt wurde, gilt sinngemäß auch für die anderen Teile Europas. Allerdings erfolgte die Verstädterung vor allem in Italien, aber auch in denandere Ländern Westeuropas früher als in Deutschland.

Die Mechanismen, über die sich Städte entwickeln, scheinen zumindest in West- und Mitteleuropa immer dieselben gewesen zu sein (Braudel 1985: 534 ff.). Sie ähneln denen, die Jahrhunderte später zur massenhaften Einwanderung in die Vereinigten Staaten geführt haben. Städte entwickeln sich typischerweise dort, wo Flüchtlinge oder Überzählige eine Zuflucht finden. So geht beispielsweise die Gründung Venedigs darauf zurück, dass ein Teil der bäuerlichen Bevölkerung in den unzugänglichen und damals absolut unbesiedelten Lagunen nördlich der Po-Mündung Schutz vor den kriegerischen Scharen der Langobarden suchte, die im sechsten Jahrhundert (ab 568) dabei waren Italien zu erobern. Da die Eroberer entweder nicht in der Lage waren oder es schlicht für überflüssig hielten, Sandinseln in der Lagune zu erobern, machten die Geflohenen aus der Not eine Tugend und gründeten zunächst unter dem Schutz Ostroms in der Lagune eine städtische Siedlung.

Andere Stadtgründungen waren weniger spektakulär. In vielen Fällen waren adlige Territorialherren an städtischen Siedlungen interessiert und versuchten deshalb durch ,Freiheiten' und ,Privilegien' Flüchtlinge und Überzählige anzulocken. Flüchtlinge waren vielfach Menschen, die Flucht der Erbuntertänigkeit und den rechtlich nicht kontrollierbaren Sanktionen ,ihres' Feudalherren vorgezogen haben. Sie konnten durch die Ansiedlung in einer Stadt ihre Existenz als freier Bürger gewinnen. „Oft waren es Leibeigene, die vor ihrem Lehensherren geflohen waren und Zuflucht in Städten suchten, die möglichst weit von ihrem Geburtsort entfernt lagen. Forderte ihr Lehensherr sie ein Jahr und einen Tag lang nicht zurück, waren sie frei und wurden zu Bürgern der Stadt" (Gimpel 1996: 49).

Überzählige waren vor allem nachgeborene Söhne und solche Töchter freier Bauern, die nicht durch Heirat den sozialen Status ihrer Eltern als unabhängige Bauern aufrechterhalten konnten. Viele zogen ein Leben in der Stadt der Möglichkeit vor, sich als Knecht beziehungsweise Magd in der Landwirtschaft zu verdingen. In der Stadt konnten sie zwar freie Bürger und Bürgerinnen werden, mussten aber eigene Aktivitäten zur Sicherung ihrer Existenz entwickeln. Die städtische Bevölkerung rekrutierte sich also typischerweise aus jenen, die sich nicht in der Feudalordnung einrichten konnten oder wollten.

Diese Entstehungsbedingungen erklären, warum west- und mitteleuropäische Städte sich nicht nur territorial, sondern auch sozial von einer weitgehend agrarischen Feudalgesellschaft unterschieden. Ohne gewisse individuelle Freiheitsrechte können die Zuwanderer ihr Leben und Überleben gar nicht organisieren. Aus dieser Sonderstellung der Bürger ergibt sich auch eine Sonderstellung des städtischen Gemeinwesens, die durch genau fixierte Stadtrechte explizit wird, die den Städtern in der Regel von der lokalen Obrigkeit zugebilligt werden.

Diese zunächst immer eng begrenzten Rechte und Freiheiten lassen sich aber bei Gelegenheit erweitern. So können Städte im Heiligen Römischen Reich deutscher Nationen zu ‚freien und unmittelbaren Reichsstädten' erklärt werden. Sie gewinnen damit eine dem reichsunmittelbaren Adel vergleichbare Unabhängigkeit. Noch über einen solchen herausgehobenen Vasallenstatus hinausgehend, waren besonders mächtige Städte in der Lage, eigene Staaten zu gründen und somit zu Republiken zu werden. Diesen Status erreichten in Deutschland vor allem prosperierende Hansestädte wie Lübeck oder Hamburg. Das wohl erfolgreichste Beispiel für staatliche Selbstständigkeit war Venedig, dessen staatliche Souveränität erst nach rund acht Jahrhunderten mit dem Frieden von Campo Formio im Jahre 1797 beendet wurde.

Zwischen den Städten existierten große Unterschiede. Sie verkörperten ein Spektrum an Entwicklungsmöglichkeiten zwischen kleinen lokalen Zentren einerseits und großen Handelsstädten andererseits, die einen eigenen Staat hervorbrachten. Sieht man einmal von Zufällen ab, so differierten die Entwicklungsmöglichkeiten je nachdem, ob eine Stadtgründung im Binnenland oder an der Küste erfolgte, ob ein geeigneter Hafen vorhanden war oder nicht, beziehungsweise ob die Stadt im Schnittpunkt mehrerer Fernstraßen oder abseits der großen Verkehrswege lag.

Darüber hinaus hing die Entwicklung der Stadt immer von den Städtern selbst ab. Gelingt es ihnen, gemeinsame wirtschaftliche Interessen zu formulieren und sie politisch zur Geltung zu bringen? Können solche kollektiven Chancen umgesetzt werden in dauerhaft erfolgreiche wirtschaftliche Aktivitäten der Kaufleute und Handwerker dieser Stadt? Diese Fragen umreißen in etwa die Faktoren, die darüber entschieden, ob eine Stadtgründung ihr Möglichkeitspotenzial ausschöpfen konnte oder nicht. Dabei darf aber nicht übersehen werden, dass schicksalhafte Ereignisse wie Seuchen und Epidemien und die politische Großwetterlage dem Bestreben der Städte nach Reichtum und Machtentfaltung von jeher immer äußere Grenzen setzten.

Konzentrieren wir uns hier ausschließlich auf die Möglichkeiten der Städte,
durch ein möglichst effizientes Zusammenspiel zwischen Wirtschaft und Politik
zu wachsen, reich und unabhängig zu werden. Denn hierauf gründet sich seit
dem 17. Jh. auch die Vorherrschaft moderner Territorialstaaten, beginnend mit
den Niederlanden und Großbritannien. Städte, die eine derartige Entwicklung
durchlaufen, können insofern als Vorläufer der Moderne angesehen werden.

Ein erstes grundlegendes Element im Zusammenspiel zwischen Wirtschaft
und Politik besteht darin, dass es städtischen Gemeinschaften gelingt, *gemein-*
same Interessen zu formulieren und zu realisieren. Was damit genau gemeint ist,
soll an drei Beispielen erläutert werden.

Ein erstes Beispiel für die Formulierung gemeinsamer Interessen gibt der
Kathedralenbau. Sehr viele, zumeist kleinere oder mittelgroße Städte haben im
12. und 13. Jahrhundert, vorwiegend, aber nicht ausschließlich, in Frankreich ein
solches Projekt realisiert. Um seine Tragweite zu verstehen, muss man wissen,
dass zuvor eine Kirche oder Kapelle auf ungefähr 200 Einwohner einer Stadt
kam. Eine Stadt wies also mehrere, ziemlich kleine Gotteshäuser auf. Mit dem
Entschluss eine Kathedrale zu bauen, schufen sich die Städte *ein religiöses Zen-*
trum. „Die Kathedrale von Amiens war mit einer Fläche von 7700 Quadratmetern
so groß, dass es der gesamten Stadtbevölkerung von ungefähr 10.000 Menschen
möglich war, an ein und derselben Zeremonie teilzunehmen" (Gimpel 1996: 5).
Für damalige Verhältnisse waren Kathedralen absolute Mammutgebäude, die die
technischen und wirtschaftlichen Möglichkeiten auf das Äußerste strapazierten.

Die Zielsetzung eines solchen Projektes war durchaus vielschichtig. Einmal
spielten zweifellos religiöse Motive eine erhebliche Rolle. Der Aufenthalt in einer
Kathedrale sollte den Gläubigen[13] einen Vorgriff auf die himmlische Erhabenheit
im Jenseits bescheren. Der Kontrast zu den überwiegend bescheidenen Wohnhäusern der Gläubigen muss in der Tat immens gewesen sein. Daneben war der
Kathedralenbau immer auch ein politisches Projekt der Stadtgemeinschaft, das
der Bedeutung der Stadt, als einem gemeinsamen Ort aller Bürger, Ausdruck
verlieh. Heute sind die Kathedralen von Chartres, Reims oder der Kölner Dom
Wahrzeichen der jeweiligen Städte. Sie sind bis heute Besuchermagnete geblieben und fungieren als Logo ihrer Stadt.

Dies deutet bereits an, dass der Kathedralenbau immer auch ein wirtschaftliches Projekt war. Die städtischen Gemeinschaften mussten zwar zunächst immense Summen aufbringen, wobei viele Städte ihre wirtschaftlichen Möglichkeiten
überschätzten, was zu jahrzehntelangen, zum Teil auch zu jahrhundertelangen
Verzögerungen beim Bau führte. Obwohl diese gewaltigen Investitionen auch

---

[13] Die Gläubigen waren überwiegend Analphabeten und verstanden kein Kirchenlatein, ihre Religiosität konnte sich nur auf visuelle Eindrücke stützen. Deswegen wiesen die Kirchen auch zahlreiche bildliche Darstellungen der biblischen Geschichten auf.

gemeinsam nur schwer gestemmt werden konnten, rechneten sie sich vermutlich in den meisten Fällen auf längere Sicht durchaus. Einmal wurden die meisten Arbeiten an den Kathedralen von Wanderarbeitern erledigt, die den größten Teil ihres Lohnes zweifellos in den Städten gelassen haben, weil sie Verpflegung und Unterkunft benötigten. Da jeder Materialtransport schwierig und teuer war, eröffneten sich für die Bürger der Stadt und ihres näheren Umlands zahllose Verdienstmöglichkeiten. Nach ihrer Fertigstellung haben die Kathedralen dann jahrhundertelang Gläubige angezogen, was auf lange Sicht ganz erheblich zum Einkommen vieler Bürger beigetragen haben dürfte.

Zwischen den Städten entwickelte sich ein regelrechter Wettbewerb um die höchste und schönste Kathedrale, was nicht nur die Finanzierungsprobleme erklärt, sondern auch dazu führte, dass die Grenzen der technischen Möglichkeiten ausgelotet wurden. „1163 hielt Notre Dame de Paris mit einer Gewölbehöhe von 32,80 Metern den Weltrekord. Chartres stellte diesen Rekord 1194 mit 36,55 Metern ein. Reimes erreichte im Jahre 1212 37,95 Meter, Amiens kam 1221 auf 42,30 Meter. Zeugnis dieses ‚Weltrekordfiebers‘ war auch das Chorbauprojekt von Beauvais. Das Gebäude streckte sich 48 Meter hoch empor, stürzte aber im Jahre 1284 ein" (Gimpel 1996: 26).

Die beiden weiteren Beispiele stammen aus der Geschichte Venedigs, der wohl erfolgreichsten europäischen Stadt überhaupt. Der Aufstieg Venedigs beginnt mit einem ebenfalls religiösen Projekt, das noch ausgeprägter als der Kathedralenbau die Züge einer kollektiven Investition der Stadtgemeinschaft aufweist, die damit ihre wirtschaftlichen Erwerbschancen insgesamt verbessern will. Im Jahre 828 gelang es den Venezianern, die damals schon legendären Reliquien des Heiligen Markus aus Alexandria zu entwenden. Auch dies ist ein typisch gemeinschaftliches Projekt: ohne gemeinsames Ziel und gemeinsames Handeln wäre es nicht realisierbar geworden. Für diese Reliquie haben die Venezianer dann eine Kirche samt Platz, das heutige touristische Zentrum der Stadt, gebaut und damit Venedig zunächst zu einem attraktiven Wallfahrtsstandort gemacht.

Der größte Coup Venedigs war jedoch zweifellos die erstmalige Eroberung von Konstantinopel im Jahre 1204. Sie hat eine längere und kompliziertere Vorgeschichte, deren wesentliche Aspekte kurz erläutert werden. Venedig hatte sich zunächst unter dem Schutz und als Teil des Oströmischen Reiches entwickelt, dessen Oberhoheit aber relativ schnell abgeschüttelt. Danach haben sich die Venezianer darum bemüht, ihre Handelsbeziehungen mit Ostrom auszuweiten, da dort damals wichtige Fernhandelsrouten (insbesondere die Seidenstraße) endeten. Durch die Unterstützung oströmischer Herrscher war es den Venezianern zudem gelungen, lukrative Handelsprivilegien zu erringen. Mit den Kreuzzügen war den Venezianern nun ein weiteres wichtiges Einkommenssegment entstanden. Es waren nämlich vor allem venezianische Schiffe, die die Kreuzfahrerheere ins Heilige Land transportierten. Den Venezianern kam dabei vor allem zu Gute, dass sie bereits über eine handlungsfähige politische Zentralinstanz verfügten, die ein derart großes Projekt aquirieren und organisieren konnte. Selbst für die reichste Kaufmannsfamilie allein wäre es nie realisierbar gewesen. Für den Transport mussten die Kreuzfahrer hohe Transportkosten aufbringen. Soweit dies nicht möglich war oder die Kreuzfahrer nicht die ganze Summe aufbringen konnten, mussten sie die Venezianer auf andere Weise für ihre Transportleistungen entschädigen. Als nun das dritte Kreuzfahrerheer wiederum nicht in der Lage war, den geforderten Preis für die Überfahrt in vollem Umfang zu bezahlen, stimmten die Kreuzfahrer dem Vorschlag der Venezianer zu, als Kompensationsgeschäft für den fehlenden Betrag, Konstantinopel gemeinsam zu erobern und zu plündern.

„Neben unermesslichen Kunstschätzen, die nach Venedig verschleppt wurden, ließ man sich bei der Aufteilung des byzantinischen Reiches die strategisch wichtigen Küstenregionen und Inseln Griechenlands abtreten. Damals fielen unter anderem Kreta und eine Reihe griechischer Inseln in der Ägäis an die Republik von San Marco. Auf diese Weise gelang es Venedig, das östliche Mittelmeer mit dem lukrativen Levantehandel zu einem venezianischen Handelsimperium auszubauen" (Die Zeit 2006: 223).

Dieses Unternehmen verdeutlicht die Art des Zusammenspiels zwischen Wirtschaft und Politik, bzw. zwischen Kollektiv- und Individualinteressen. Auch wenn man keineswegs außer Acht lassen darf, dass solche Gemeinschaftsaktivitäten den Effekt haben, den Zusammenhalt und das Verständnis der Stadtgemeinschaft als kollektiven politischen Akteur zu stärken, so bemisst sich ihr Erfolg letztlich doch daran, ob und inwieweit sie wirtschaftlich ertragreich sind. Und dies wiederum kann daran abgelesen werden, wie viele städtische Haushalte davon, wie stark und wie nachhaltig profitieren.

Im günstigen Fall kommt es zu Schneeballeffekten: der Erfolg Einiger verbessert auch die Einnahmen der Anderen und er führt dazu, dass die Stadt durch Zuwanderung wächst. Damit wiederum eröffnen sich neue Möglichkeiten für gemeinsame Aktivitäten, die das Wachstum und die Stärke der Stadt weiter stimulieren. Ein derartiges Szenario weist starke Parallelen zur Entwicklung moderner Industriegesellschaften unter den Bedingungen der industriellen Massenproduktion auf, die ebenfalls auf ein zirkelförmiges Zusammenspiel zwischen den wirtschaftlichen Aktivitäten Einzelner und gemeinsamen politischen Aktivitäten zurückgeführt werden kann (vgl. 5.6).

Für alle drei hier genannten Beispiele kann man sich solche Effekte gut vorstellen. Während das erste Beispiel sich auf eine Gemeinschaftsaktivität bezieht, die für viele Städte im 12. oder 13. Jahrhundert charakteristisch war, sind die Beispiele zwei und drei der Geschichte Venedigs entnommen. Deswegen können wir hier auch konkretere Aussagen über solche Schneeballeffekte und deren Grenzen machen. Dass die Entführung der Reliquien des Heiligen Marcus einen starken

Effekt für die weitere Entwicklung Venedigs hatte, steht ganz außer Frage. Erst diese Aktivität entreißt Venedig der Anonymität kleiner städtischer Siedlungen und macht sie im Laufe der nächsten Jahrhunderte zu einem wichtigen Akteur auf der politischen Bühne. Zudem steigt die Anziehungskraft der Stadt, die sich mit dieser Reliquie ein Wahrzeichen schafft, das Pilger wie Händler anlockt.

Dagegen konnte der größte Coup der Venezianer, die Eroberung und Plünderung von Konstantinopel, keinen nachhaltigen wirtschaftlichen Aufschwung bewirken. Das lag vor allem daran, dass die von den Venezianern versuchte politische Neuordnung Ostroms (Gründung des Lateinischen Kaiserreichs) nicht von Dauer war. Erst als es Venedig 1381 gelang, seine direkten ökonomischen Konkurrenten, die Genuesen, endgültig zu besiegen, kann die Republik Venedig den Handel im östlichen Mittelmeer für mehr als hundert Jahre ohne ernsthafte Konkurrenz kontrollieren. Venedig ist nun auf dem Höhepunkt seiner Macht angekommen, die sowohl in ökonomischen wie in politischen Kategorien beschrieben werden kann (vgl. insbesondere Braudel 1990).

Eines der Erfolgsgeheimnisse dieser Stadt ist ihre innere politische Stabilität. Während in Genua oder auch in Florenz immer wieder Klassenkämpfe aufflammten, bei denen Zusammenschlüsse der kleinen Leute, insbesondere der kleinen Handwerker, gegen die städtische Aristokratie kämpften, kam es in Venedig zu keinen größeren Revolten.

Was sind die Gründe für diese Stabilität? Sie liegen keineswegs darin, dass Venedig sehr früh zur Demokratie übergegangen wäre. Vielmehr entwickelt die Stadt ein relativ stabiles und ausgeklügeltes aristokratisches Herrschaftssystem. An seiner Spitze steht ein Doge, ein von der Volksversammlung auf Zeit gewählter Führer, der seit Ende des 12. Jahrhunderts zumindest in Friedenszeiten auf eine repräsentative Funktion beschränkt bleibt. Das eigentliche exekutive Machtzentrum ist der Große Rat, in dem sechs Repräsentanten der einflussreichen Familien sitzen. Hinzu kommen weitere Gremien wie die Signoria (Kleiner Rat) und die Quarantia (Rat der Vierzig). Bis zur Schließung des Großen Rates im Jahr 1299 waren diese Gremien formal offen. Seitdem konnten in diese Räte nur die ‚Nobili‘, also Angehörige jener alteingesessenen und reichen Familien gewählt werden, die in einer Liste schriftlich fixiert waren (Meyers Konversations-Lexikon 1897; Band 11: 198).

Obwohl die Mehrheit der Bevölkerung somit von der politischen Mitwirkung ausgeschlossen war, praktizierte die venezianische Aristokratie immer eine Politik, die auch auf die Interessen der städtischen Unter- und Mittelschichten achtete. Hier scheint das eigentliche Geheimnis der politischen Stabilität Venedigs zu liegen. Das vielleicht beste Beispiel für diese Politik geben die städtischen Handelsgaleeren. Seit dem 14. Jahrhundert kannte Venedig ein System großer Handelsgaleeren, die der Republik gehörten, und nach einem festliegenden Fahrplan die wichtigsten Handelsplätze im Mittelmeerraum anliefen. Auf diesen Handelsgaleeren konnten sich auch weniger reiche Kaufmannsgeschlechter Laderaum mieten und auf diese Weise an den venezianischen Handelsprivilegien partizipieren (Braudel 1990: 162).

Denjenigen, die nichts anderes als ihre Arbeitskraft einzusetzen hatten, bot Venedig zahlreiche Arbeitsplätze und Beschäftigungsmöglichkeiten, die ebenfalls ein Ergebnis solcher Gemeinschaftsunternehmen waren. Zu nennen ist einmal „das Arsenal, in dem 2000 bis 3000 Leute arbeiteten und das die mächtigste Manufaktur Europas ist" (Braudel 1990: 162). Hier wurden Schiffe überholt und gewartet und auch Neubauten aufgelegt. Zudem boten die Schiffe selbst zahlreiche Arbeitsplätze – wenn auch das Rudern in einer Galeere kein unbedingt attraktiver Arbeitsplatz war. Das städtische Handwerk profitierte direkt vom Handel, denn durch die Weiterverarbeitung der einzigartigen Fülle importierter Waren ergaben sich auch für die städtischen Handwerker privilegierte Möglichkeiten. Insbesondere entwickelte sich Venedig zu einem Zentrum der Luxusproduktion, das vor allem den europäischen Adel mit Luxusprodukten versorgte.

Ein Bespiel hierfür ist die Spiegelproduktion. „Bis zur Mitte des 17. Jahrhunderts wurden die qualitativ besten und größten Spiegel auf der Insel Murano hergestellt und von Venedig aus in alle Welt exportiert. Diese Vormachtstellung verdankte Venedig hauptsächlich den hervorragenden Rohstoffen, die auf Murano für die Glasherstellung benutzt wurden. Zu dieser Zeit gab es in allen anderen europäischen Staaten nur eine handwerksmäßige Spiegelproduktion, deren Produkte jedoch hinsichtlich Qualität und Größe nicht entfernt an die venezianische Ware heranreichten und daher auch nur für den regionalen, alltäglichen Bedarf genügten. Die Belegtechnik war auf Murano dieselbe wie in den anderen Ländern. Doch während in einem Handwerksbetrieb noch alle Produktionsabschnitte bis zum fertigen Endprodukt durchgeführt wurden und wegen der geringen Produktion die Arbeitskräfte nur wenig mit Quecksilber in Berührung kamen, war die Arbeitsteilung in Murano wesentlich weiter fortgeschritten, sodass hier schon eine spezialisierte Arbeiterschaft ausschließlich damit beschäftigt war, die Spiegel zu belegen" (Aagard 1980: 168 f.).

Wir können die politische Stabilität Venedigs keineswegs auf die Breite der politischen Beteiligung zurückführen, sondern vielmehr darauf, dass die Mehrheit der Venezianer, wenn auch in unterschiedlichem Maße, von der venezianischen Politik wirtschaftlich profitierte. Im fünften Kapitel wird sich zeigen, dass die soziale Stabilisierung des Industriekapitalismus ebenfalls nach diesem Muster gelang (vgl. 5.6). Nicht zu übersehen sind auch die Parallelen zur aktuellen politischen Diskussion, in der eine Ausrichtung der Förderung des wirtschaftlichen Wachstums auf Arbeitsplätze und Erwerbschancen gerade für die Masse der Arbeitenden gefordert wird.

In politischer Hinsicht war Venedig kein Einzelfall. In den meisten Städten vollzog sich ebenfalls, aber auf unterschiedlichen Wegen, eine Schließung der politischen Institutionen für eine herausgehobene Schicht reicher Fernhandelskaufleute, die sich in ihrem Lebensstil am Adel orientierten. Kann man dennoch die Städte als ein Laboratorium der Moderne ansehen, obwohl sie nicht unbedingt Vorkämpfer der Demokratie waren?

Als Differenz gegenüber dem feudalgesellschaftlichen Umfeld bleibt zunächst ein gewisses Maß an persönlicher Freiheit der Stadtbewohner. Es ist als Grundlage des städtischen Gemeinwesens unverzichtbar. Auf dem Land existierten zwar ebenfalls freie Bauern, sie bildeten jedoch eher die Ausnahme. Die Erbuntertänigkeit vom Grundherren konnte deswegen dominant werden, weil die Landwirtschaft auch ohne persönliche Freiheit und ohne Entlohnung der Arbeitskräfte durch Geld funktionierte.

Auf die Ambivalenz der persönlichen Freiheit hat vor allem Karl Marx mit seiner Formel der ‚doppelten Freiheit‘ nachdrücklich hingewiesen (Marx 1972: 183 und 742). Für ihn implizierte die Freiheit des Lohnarbeiters, dass er nicht nur Freiheitsrechte genießt und über einen auflösbaren Arbeitsvertag an einen Arbeitgeber gebunden ist, sondern dass er zugleich ‚frei von Produktionsmitteln‘ ist. Er kann als freier Lohnarbeiter somit nur überleben, wenn er seine Arbeitskraft an andere verkauft. Diesem strukturellen Zwang zum Verkauf der Arbeitskraft wohnt nach Marx durchaus ein fortschrittliches Element inne. Weil der freie Arbeiter, anders als der Sklave oder erbuntertänige Bauer, seine Existenz nur dadurch behaupten kann, dass er permanent den Gebrauchswert seiner Arbeitskraft für den Kapitalisten unter Beweis stellt, werden komplexere und elaboriertere Formen der Produktion möglich. Deswegen stellt für Karl Marx die Institution der freien Lohnarbeit einen eminenten gesellschaftlichen Fortschritt dar.

Wir müssen uns an dieser Stelle allerdings fragen, ob diese Einschätzung tatsächlich nur für die freie Lohnarbeit zutrifft oder ob es nicht auch parallele Unterschiede zwischen ländlichen Grundbesitzern und auf Erwerb angewiesenen städtischen Kaufleuten und Handwerkern gibt. Während die Grundeigentümer ihre Lebensgrundlagen durch die Aufrechterhaltung ihres Eigentümerstatus sichern können, ist das ‚Eigentum an Betriebsmitteln‘ (Weber) nur dann eine stabile Existenzgrundlage, wenn es erfolgreich zum Erwerb benutzt werden kann, aus seiner Nutzung also laufend Einkommen in existenziell hinreichender Höhe fließen.

Ich kann bei diesen Überlegungen an wirtschaftssoziologische Überlegungen bei Luhmann anknüpfen, der herausgearbeitet hat, dass sich das Problem der Knappheit mit dem Übergang zur Geldwirtschaft grundlegend verändert hat. Während Eigentum nur die Unterscheidung zwischen Eigentümern und Nicht-Eigentümern kenne, also Knappheit an Eigentum konstituiere, generalisiert das Geldmedium Knappheit sowohl in Form knapper Waren wie auch in Form der Knappheit des Geldes (vgl. Luhmann 1988: 194 ff.) Damit wird eine entscheidende Dynamisierung des Wirtschaftssystems erreicht.

Unter diesem Gesichtspunkt unterscheiden sich Stadt und Land generell. Städte basieren auf der Geldwirtschaft, während die ländliche Agrargesellschaft noch weitgehend ohne das Tauschmedium Geld auskommt. Hier liegt die eigentliche Modernitätsdifferenz zwischen Stadt und Land. Die über das Geldmedium konstituierte Knappheit von Waren und Geld charakterisiert nicht nur die Existenzgrundlagen der freien Lohnarbeiter, sondern ebenso die der städtischen Handwerker und Kaufleute[14].

Die permanente Notwendigkeit zum Gelderwerb nötigt nahezu alle Stadtbewohner zu *permanentem erfolgsorientiertem Handeln*. Damit wird nicht nur das Wirtschaftsleben, sondern auch das politische System auf neue Grundlagen gestellt. Sie lassen sich aber zunächst noch nicht mit der Kategorie der Demokratie fassen. Während es im vormodernen Politikbetrieb der Territorialstaaten immer um das „Haben" in Eigentumskategorien ging, also um den Erwerb von Territorien oder auch um die Darstellung der Bedeutung der eigenen Familie als Eigentümer in Form prachtvoller Bauwerke (Schlösser) und höfischer Prunkentfaltung, haben sich die Zielsetzungen städtischer Politik rationalisiert. Hier ging es, wie am Beispiel Venedig erkennbar war, vorrangig um den Erwerb kollektiver Güter, die zusätzliche private Chancen des Gelderwerbs generieren sollten.

Wenn Städte überhaupt am Erwerb von Territorien interessiert waren, dann nur unter Nützlichkeitsgesichtspunkten. So war beispielsweise Venedig sowohl am Besitz von Handelsstützpunkten, aber kaum an deren Hinterland, interessiert. Ebenso strebte die Stadt eine dauerhafte Sicherung der eigenen Nahrungsmittelversorgung durch Grunderwerb (Erwerb der Terra Ferma – italienisches Hinterland Venedigs) an. Während feudale Machthaber ihre Einnahmen vielfach in Schmuck- und Prunkstücken anlegten, die Eigentum der Familie blieben (Beispiel Grünes Gewölbe in Dresden), waren die Stadtstaaten eher an Kollektivgütern interessiert.

Ebenso ist für die städtische Politik ein Element der *Beschleunigung* kennzeichnend (vgl. allgemein: Rosa 2005). Während Feudalherrscher vor der Zeit des Absolutismus ihre Regierungsgeschäfte nur punktuell und höchst unsystematisch wahrnahmen, entwickelten, wie bereits am Gefüge der politischen Institutionen Venedigs exemplarisch erkennbar war, die Städte bereits im Mittelalter einen permanenten politischen Betrieb.

Trotz dieser Modernisierungsvorteile sind die modernen Gesellschaften nicht aus den Städten und Stadtstaaten hervorgegangen, sondern aus den Feu-

---

[14] Marx konnte, obwohl er ebenfalls den Modernisierungsvorsprung der Städte betonte, diese Gemeinsamkeiten zwischen ‚Lohnarbeitern' und ‚Kapitalisten' nicht erkennen, weil er letztere immer als nichtarbeitende Klasse verstanden hat. Dagegen haben Saint-Simon und Comte in ihrer Kategorie der ‚Industriels', Gemeinsamkeiten zwischen Industriearbeitern, Unternehmern und Kaufleuten festgehalten und von der „Nichtarbeit" des Adels zum Teil auch polemisch unterschieden.

dalstaaten. Sie leiten auch den Niedergang der Städte ein. Um hier beim Beispiel Venedig zu bleiben: Venedig verliert seine herausragende Bedeutung um 1500, als die großen Weltmeere zu Handelswegen werden und der Handel mit Asien nicht mehr über das östliche Mittelmeer läuft (Braudel 1990:164). Diese Verlagerung geht auf Aktivitäten der Flächenstaaten Spanien und Portugal zurück, die die Erwerbschancen Venedigs auf eine irreversible Art und Weise beschneiden.

4.6 Der Aufstieg der Flächenstaaten

Der Aufstieg der Flächenstaaten geht primär von einer Modernisierung des politischen Systems aus. Er erfolgt zeitversetzt nach der Welle der Städtegründungen im 10. bis 13. Jahrhundert. Es spricht sehr viel für die Vermutung, *dass eine Modernisierung des politischen Systems von Problemen der Finanzierung von Kriegen erzwungen wird.*

4.6.1 *Die Modernisierung der europäischen Kriege und das Problem ihrer Finanzierung*

Für jeden Staat ist die Fähigkeit, Kriege zu führen, essentiell. In erster Linie bestimmt die militärische Stärke darüber, ob ein Staat seine Existenz gegenüber feindlichen Nachbarn behaupten kann oder nicht. Im vormodernen Europa wurde das Problem der militärischen Selbstbehauptung ganz wesentlich dadurch verschärft, dass spätestens seit dem 15. Jahrhundert in West- und Mitteleuropa permanent Kriege geführt wurden. Dies hängt vor allem damit zusammen, dass der Machtzuwachs eines Staates von den Nachbarstaaten aufmerksam registriert wurde und sich gegen jeden Staat, der Kandidat für eine europäische Vormachtstellung war, sofort Koalitionen bildeten, um diese Vormachtstellung energisch zu bekämpfen. Hinter diesen permanenten Kriegen scheint auch eine Art Verteilungsphilosophie zu stecken, die davon ausgeht, dass der Reichtum und die Machtfülle von Staaten insgesamt begrenzt seien (Walter 2006: 190). Daher komme es immer nur darauf an, den Anderen etwas zu nehmen, um selbst mehr zu haben. Dieses Denken liegt als Grundsatz auch noch der frühneuzeitlichen Wirtschaftslehre des Merkantilismus ganz explizit zugrunde.

In engem Zusammenhang mit der im 4. Abschnitt dieses Kapitels bereits behandelten Anwendung von Handfeuerwaffen und Kanonen kommt es im 14. und 15. Jahrhundert zu einem drastischen Wandel in den Techniken der Kriegsführung. Dieser Wandel hatte zur Folge, *dass Kriege von nun an immer teurer wurden.* Um dies genauer zu verstehen, muss man sich klar machen, dass die Kriegsführung zuvor weitestgehend auf dem Lehensaufgebot beruhte. Im

Kriegsfall erhielt ein Herrscher Beistand durch lehensabhängige Adlige, die ihm die Treue geschworen hatten und dafür mit Grundeigentum belehnt worden waren. Das Grundeigentum versetzte die Lehensabhängigen materiell in die Lage, ihrem Lehensherren als Ritter beizustehen, wobei es von der Größe des Lehens abhing, wie viele Kombattanten (Fußsoldaten, weitere Ritter) den Lehensnehmer begleiteten. Die Grundlage der militärischen Stärke eines Staates bestand also nicht im Reichtum seines adligen Herrschers, sondern sie gründete sich auf seine Fähigkeit, möglichst viele kampferprobte Getreue an sich zu binden.

Der klassische Fall für die Etablierung eines Lehensystems ist daher immer die Eroberung fremden Territoriums. So belehnte etwa der Normannenherzog Wilhelm der Eroberer seine Getreuen nach dem Sieg über die Angeln und Sachsen mit englischen Territorien (Dirlmeier/Fuhrmann 2006: 201). Je nach ihrer Bedeutung erhielten die Mitkämpfer mehr oder weniger große Ländereien, die sie nun ihrerseits nach demselben Prinzip an ihre Getreuen weiter verteilen konnten. Das Lehenssystem beruhte also auf einer Hierarchie von Treueverhältnissen, die durch Lehen, also die Belehnung mit Grundeigentum, auf Dauer gestellt wurden. In wirtschaftlicher Hinsicht entsteht auf diese Weise eine dezentrale, auf Selbstversorgung beruhende Struktur (vgl. Elias 1976; Band 2: 18 ff.). Nicht das Geld, sondern das Grundeigentum bildete die wirtschaftliche Basis der Kriegsführung.

Dieses Lehenssystem stellte in mehrerlei Hinsicht eine höchst instabile Struktur dar. Die Lehensabhängigen waren immer bestrebt, persönliches Lehen in ein vererbbares Lehen umzuwandeln (Elias 1976; Band 2: 21), das ihre Familie über Generationen hinweg ökonomisch wie politisch unabhängig machte. Diese Tendenz, der sich die Herrschenden auf Dauer kaum wiedersetzen konnten, führte zu unterschiedlichen und kaum noch übersehbaren rechtlichen Beziehungen zwischen Lehensgebern und Lehensnehmern. Weiterhin erlaubte das Lehensystem, dass auch nachrangige Lehensnehmer auf eigene Rechnung Kriege führen konnten. Zumindest vom Prinzip her konnte jeder Adlige einem anderen Adligen die Fehde erklären und mit seinen Getreuen eigenverantwortlich und in eigener Regie Krieg führen. Weiterhin bestand die Möglichkeit, dass sich Gleichrangige mehr oder weniger fest miteinander verbanden. So lag insbesondere für die städtischen Patrizier ein Zusammenschluss unter Gleichen zur gemeinsamen Verteidigung der Stadt nahe. Schon diese wenigen Anmerkungen zeigen, wie komplex und unkalkulierbar ein solches Geflecht an Treuebeziehungen werden konnte.

Die größten Belastungen dieses Lehensystems brachte allerdings der gesellschaftliche Alltag, vor allem das gesellschaftliche Miteinander der Adligen, mit sich. Jede tatsächliche oder vermeintliche Beleidigung konnte zum Anlass genommen werden, die Treue aufzukündigen und den Fehdehandschuh zu werfen. Daher verwundert es auch nicht, dass mittelalterliche Herrscher typischerweise nach Charakterzügen (z. B. Philipp der Gute; Karl der Kühne) benannt wurden, denn die Haltbarkeit solcher Treuebeziehungen hing in hohem Maße vom persönlichen Temperament der Beteiligten ab.

Das Ergebnis des Lehensystems im Kriegsfall bestand in mehr oder weniger großen ‚Aufgeboten'. Hierunter sind Ritterheere zu verstehen, wobei die Ritter von ihren Knechten, die überwiegend zu Fuß kämpften, begleitet wurden. Über Sieg oder Niederlage entschieden in der Regel die Zahl, Übung und Ausrüstung der berittenen Kämpfer und deren Tapferkeit im Nahkampf.

Im 14., vor allem aber im 15. Jahrhundert, stieß nun diese Technik der Kriegsführung zunehmend an Grenzen. Überall zeigte sich, dass Ritterheere gegen in eng geschlossenen Reihen kämpfende Pikeniere[15], die den Mut hatten Stand zu halten, wenig ausrichten konnten (vgl. Keegan 1995: 467). Noch weniger Chancen hatten stark gepanzerte und entsprechend schwerfällige Reiter gegen Distanzwaffen, zunächst gegen die Bolzen der Armbrustschützen, dann zunehmend gegen Handfeuerwaffen und Kanonen.

Diese Distanzwaffen waren nicht nur zunehmend erfolgreich, sie dementierten auch aufs Nachhaltigste die Sinnhaftigkeit der ethisch-moralischen Grundlagen der ritterlichen Kriegsführung. Was nützt schließlich alle ritterliche Tapferkeit und Unerschütterlichkeit im Nahkampf Mann gegen Mann, wenn Distanzwaffen den Kämpfern jede Chance nehmen, ihre persönliche Qualität zu demonstrieren. Wenn man diese kulturelle Dimension mit einbezieht, versteht man, wie grundlegend sich die Kriegsführung mit dem zunehmend erfolgreichen Einsatz von Handfeuerwaffen und Kanonen verändern musste.

Eine erste Konsequenz aus dieser Entwicklung war, dass die Fähigkeit erfolgreicher Kriegsführung eines Staates beziehungsweise Herrschers von nun an nicht mehr darauf gegründet werden konnte, ein möglichst großes Aufgebot loyaler Ritter auf dem Schlachtfeld zu versammeln, sondern dass sie immer stärker von der Fähigkeit bestimmt wurde, den Gegner mit möglichst modernen Waffen zu überraschen. Wenn man diesen Aspekt datieren möchte, kann man das Jahr 1494 anführen, in dem Karl VIII. seinen Italienfeldzug gewann, weil er als Erster in der Lage war Kanonen mitzuführen und sie für Angriffszwecke einzusetzen (vgl. Keegan; 456 ff.).

Der Erfolg dieser Neuerung war deswegen so durchschlagend, weil bislang die Verteidiger auf möglichst hohe Mauern gesetzt hatten, die die Angreifer durch Leitern kaum mehr erklimmen konnten. Diese Mauern können nun jedoch durch Kanonenkugeln schnell zum Einsturz gebracht werden. Diese Innovation entwertete nicht nur auf einen Schlag die militärische Bedeutung der Ritterbur-

---

[15] „Vielmehr entwickelten die Schweizer... schon im 14. Jahrhundert den Spießergewalthaufen, ein Viereck von 3000–7000 Kämpfern mit 6m langen Spießen. Die gefällten Spieße der ersten fünf Reihen ragten aus dem eng geschlossenen Haufen hervor, so dass jeder Reiterangriff an diesem stählernen Igel abprallen musste." (Reinhard 1999: 344)

gen und anderer Festungsbauten, sie zwang darüber hinaus die Verteidiger dazu,
ihren Festungsbau auf neue Grundlagen zu stellen. Insofern löste Karl VIII. einen *Innovationswettbewerb* aus, der bis zum heutigen Tage andauert.

Daraus folgt wiederum, dass die Fähigkeit Kriege erfolgreich zu gestalten,
davon anhängt, ob die kriegführenden Staaten in hinreichendem Maße auf möglichst qualifizierte Fachkräfte und Spezialisten zurückgreifen können. Deren
Dienste und Produkte können aber nicht mehr auf der Grundlage eines Treue-
schwurs eingefordert werden, sondern sie wollen mit Geld entlohnt werden. Geld
kostete auch die Bedienung der neuen Feuerwaffen, sei es der Kanonen oder auch
der Handfeuerwaffen. Als Artillerist oder Musketier in den Krieg zu gehen, wäre
mit dem adligen Selbstverständnis nicht zu vereinbaren gewesen, daher gewinnen Söldner, die mit Geld angeworben werden müssen, eine immer größere Bedeutung für die Kriegsführung.

Während zuvor die Kriegsführung ein Standesvorrecht, aber auch die stan-
desgemäße Aufgabe des Adels war, und zwar vom Prinzip her ausschließlich des
Adels, kommt es auf militärischem Gebiet nun zu einer durchgängigen *sozialen
Öffnung der Ständegesellschaft*. Söldner sind nicht nur in der Regel keine Adligen, sie gehören meist gar keinem Stand an, weil sie typischerweise aus dem
Reservoir der nachgeborenen Söhne rekrutiert wurden, für die es in der Ständegesellschaft keinen festen Platz gibt. Sie gewinnen, wie Jahrhunderte später die
Schicht der Industriearbeiter, eine *Erwerbschance außerhalb der Ständegesellschaft*. Damit verändert sich das soziale Bild des Krieges vollständig. Spätestens
mit dem Dreißigjährigen Krieg wird deutlich, dass Heere aus Söldnern bestehen
und dass diese Söldner typischerweise zum außerständischen Pöbel gehören, der
keinen festen Platz in der Ständegesellschaft hat. Sie gehen dem Kriegshandwerk
nicht nach, weil das ihre Standesehre gebietet, oder weil sie zu Grundbesitz kommen wollen. Sie folgen individuelleren Motiven wie Abenteurertum oder Bereicherungssucht. Viele ziehen aus blanker Not in den Krieg.

Damit verliert vor allem der niedrige Adel seine gesellschaftliche Funktion.
Sein Ethos, das traditionell stark auf Kriegsführung und die Herausbildung der
dazu erforderlichen Tugenden ritterlicher Kriegsführung zugeschnitten war, verliert seine Grundlagen. Dagegen war der Hochadel, der neben der Kriegsführung
immer auch Herrschaftsfunktionen ausübte, von dieser Entwicklung weniger
betroffen.

Die gravierendste Konsequenz dieses Umbruchs in der Kriegsführung war
jedoch zweifellos, dass Kriege von nun an für die kriegführenden Staaten immer mehr Geld verschlangen. Während Lehensaufgebote so gut wie gar nichts
kosteten und alle Beteiligten hier, im vollen Wortsinne, um ihr Überleben foch-
ten – den Siegern winkte Ruhm, Ehre und Grundbesitz, den Verlierern drohte der
Verlust ihres Lehens –, werden Kriege nun zu einer Frage des Geldes. Sie stürzten
von nun an die Staaten in immer größere Finanzierungsprobleme, da der Rüs-

tungswettlauf die Kriegskosten nicht linear, sondern eher exponentiell ansteigen ließ (vgl. Braudel 1985: 426 f.). Immer mehr Geld wird für neueste Ausrüstung benötigt, genauso aber auch, um eine hinreichende Anzahl geeigneter Kombattanten zusammen zu bekommen.

4.6.2 Modernisierung des Staatsapparats – die Synthese zwischen modernem Ordnungsdenken und staatlichem Machtmonopol

In engem Zusammenhang mit der Modernisierung der Kriegsführung vollzog sich auch eine Modernisierung des Staatsapparats. Sie erfolgte noch vor der Demokratisierung und der Industrialisierung. Um zu verstehen, warum es in den Flächenstaaten zu einer *weiter reichenden Modernisierung* des Staatsapparates kommt als in den selbstständigen Stadtstaaten, muss man sein Augenmerk zunächst darauf richten, welche besonderen administrativen Probleme mit der großflächigen Ausdehnung eines staatlichen Territoriums verbunden waren.

Flächenstaaten gliederten sich in der Regel in eine Vielzahl von Provinzen, die eine je eigene rechtliche und politische Beziehung zum Herrscher hatten. Das wird schon in der Titulatur der vormodernen Herrscher deutlich, die für jede politische Einheit einen besonderen Titel ausweist. So war beispielsweise Karl V. „römischer König, künftiger Kaiser, immer Augustus, König von Spanien, Sizilien, Jerusalem, der Balearen, der kanarischen und indianischen Inseln sowie des Festlands jenseits des Ozeans, Erzherzog von Österreich, Herzog von Burgund, Brabant, Steyr, Kärnten, Krain, Luxemburg, Limburg, Athen und Patras, Graf von Habsburg, Flandern, Tirol, Pfalzgraf von Burgund, Hennegau, Pfirt, Roussillon, Landgraf im Elsass, Fürst in Schwaben, Herr in Asien und Afrika" (Dirlmeier/Fuhrmann 2006a: 386).

Auch wenn nur wenige Herrscher eine derart eindrucksvolle Titelsammlung vorweisen konnten, so wird an diesem Beispiel doch hinreichend deutlich, dass Flächenstaaten zunächst nichts anderes waren, als eine Ansammlung von Regionen mit je eigenen Rechten unter ein und demselben Herrscher. Deswegen verfügte zunächst auch jedes Territorium über ein eigenes Ständeparlament. Diese Vielfalt in politischer wie rechtlicher Hinsicht implizierte nicht nur eine Ungleichbehandlung der Untertanen, es ging dabei nicht nur um die Standeszugehörigkeit, sondern eben auch um die regionale Zugehörigkeit.

Wenn wir von dem Problem eines permanenten Geldbedarfes der Staaten ausgehen, dann war es erheblich gravierender, dass die immense Vielfalt an Sonderrechten und Privilegien signalisierte, dass die Steuerkraft der Territorien nur sehr unvollständig ausgeschöpft werden konnte. Während die freien Städte hinreichend damit beschäftigt waren, die Beziehungen zwischen den Ständen politisch und rechtlich zu ordnen, standen die Flächenstaaten vor einer ungleich

größeren Herausforderung. Wenn sie mehr sein wollten als eine bloße Ansamm-
lung von selbständigen Provinzen, dann mussten die Beziehungen zwischen
Herrscher und Untertanen, beziehungsweise den Regionen, in einem nun als
Einheit begriffenen Flächenstaat auf neue Grundlagen gestellt werden. Die *Ein-
richtung gesamtstaatlicher Parlamente* markiert daher einen wichtigen Schritt in
Richtung *staatlicher Zentralisierung.*

Mit der Zentralisierung der Flächenstaaten geht nahezu zwangsläufig ein
wesentlich höherer Grad an Systematisierung und Rationalisierung des Staatsapparates einher als in den territorial eng begrenzten Stadtstaaten. Man kann die
hiermit verbundenen Prozesse und Entwicklungen sowohl unter das Stichwort
‚Durchsetzung *eines Steuer- und Gewaltmonopols*‘ bringen, wie auch Tendenzen der *Verrechtlichung und Rationalisierung der Verwaltung infolge ihrer Zentralisierung* herausarbeiten. In der Sache hängen diese beiden unterschiedlichen
Blickwinkel ganz eng mit einander zusammen. Sie beschreiben also nur zwei
Seiten ein und derselben Medaille.

Während der Begriff Steuermonopol recht verständlich ist und die rechtliche wie faktische Steuererhebung durch Repräsentanten des Gesamtstaates, beziehungsweise seines Herrschers erfasst, ist der Begriff des Gewaltmonopols
erläuterungsbedürftig. Hierbei geht es um die Monopolisierung legitimer Gewaltausübung, nicht des Waffenbesitzes. Dies zeigt nicht nur die Geschichte politischer Aufstände, sondern auch die Tatsache, dass in den meisten Staaten bis heute
privater Waffenbesitz nicht verboten ist, sondern nur rechtlich eingeschränkt wird.
Dagegen muss jeder illegitime, weil staatlich nicht autorisierte, Gewaltgebrauch
rechtlich sanktioniert werden (Aburteilung wegen Tötungsdelikten). Die Errichtung eines Gewaltmonopols durch einen Flächenstaat bedeutet also, dass er den
Waffengebrauch aller Untertanen/Bürger regelt und sowohl die Kriegsführung
wie polizeiliche Funktionen ausschließlich zu seinen Aufgaben macht.

Unter dem Gesichtspunkt der Durchsetzung eines Steuer- und Gewaltmono-
pols ist der Staat auf die Auflösung der dezentralen feudalen Ordnung fokussiert.
Diese sah vor, dass die Praktiken der Herrschaftsausübung auf unterschiedlichen
Ebenen von dem jeweiligen Herrscher (= Grundeigentümer) nach seinen persönlichen Überzeugungen gestaltet und durchgeführt wurden. Die Rechtsprechung,
Steuern und Abgaben, die Verpflichtung zum Militärdienst wurden dezentral
mit höchst unterschiedlichem Ergebnis wahrgenommen. Die Auflösung dieser
Verhältnisse lässt sich nun als Monopolisierung dieser Rechte durch eine Zentralinstanz fassen. Sozialstrukturell bedeutet dies, dass der Adel nach seiner militärischen Funktion auch seine Herrschaftsfunktion einbüßt.

Da diese Herrschaftsrechte traditionell an das Grundeigentum gebunden waren, entwickelt Elias zur Erklärung der Genese des Steuer- und Gewaltmonopols
ein sehr einfaches Modell, den sogenannten Monopolmechanismus (Elias 1976;
Band 2: 123 ff.). Der Monopolisierungsprozess kommt in Gang, sobald ein Adli-

ger beginnt einen anderen mit den Mitteln militärischer Macht seines Eigentums zu berauben. Am Ende dieses Prozesses steht dann unweigerlich ein Monopolist, ein definitiver Sieger dieser Kämpfe, der nicht nur das gesamte Territorium sein Eigen nennt, sondern damit auch sämtliche Herrschaftsrechte auf seine Person hin monopolisiert hat. Da der Steuer- und Gewaltmonopolist als Einzelperson aber gar nicht in der Lage ist, die auf seine Person konzentrierten Rechtstitel auszuschöpfen, ist er gezwungen, Beamte anzustellen, die in seinem Namen im gesamten Territorium spezialisierte Herrschaftsfunktionen wahrnehmen und damit das Steuer- und Gewaltmonopol *arbeitsteilig* durchsetzen. Auf diese Weise kommt es zur Ablösung einer segmentär und dezentralen Ordnung durch eine funktional differenzierte und vereinheitlichte Ordnung.

Elias erläutert sein Modell am Beispiel des französischen Nationalstaats, der gemeinhin als erster moderner Flächenstaat gilt. Wenn man die Frage zunächst ausklammert, ob das französische Beispiel verallgemeinerbar ist, bleiben eine Reihe von Fragen, die letztlich darauf hinauslaufen, dass Elias Modellannahmen getroffen hat, die zu einfach sind, um die historischen Abläufe damit auch nur einigermaßen abzubilden.

Ein Problem besteht darin, dass immanent nicht geklärt werden kann, warum der Monopolprozess an den Grenzen Frankreichs zu Ende geht. Innerhalb Frankreichs war die Durchsetzung des Steuer- und Gewaltmonopols keineswegs mit einer vollständigen Enteignung des adligen Großgrundbesitzes verbunden. Nach dem Monopolmechanismus müsste aber das gesamte französische Territorium in Kroneigentum verwandelt worden sein.

Dass aber das Steuer- und Gewaltmonopol dennoch durchgesetzt werden konnte, verweist darauf, dass auch eine Veränderung des Eigentumsbegriffs in die Überlegungen einbezogen werden muss. Der moderne Eigentumsbegriff rechnet nur alle immobilen Gegenstände, die sich auf einem Territorium befinden, dem Grundeigentum zu. Deswegen bezeichnen wir Häuser und Grundstücke auch als Immobilien. Der vormoderne Eigentumsbegriff umfasste dagegen nicht nur Dörfer, im Sinne von Häusern und Grundstücken, sondern er schloss die gesamte dort wohnende Bevölkerung mit ein. Ein Steuer- und Gewaltmonopol lässt sich daher auch errichten, wenn der Eigentumsbegriff modernisiert wird. Historisch ist beides zugleich passiert. Der Herrscher musste dazu, nicht zuletzt durch Ausdehnung seines Grundbesitzes, nur mächtig genug sein, um dem Adel seine angestammten Herrschaftsrechte entziehen zu können.

Elias erfasst in seinem Modell die zentralisierte und funktional differenzierte Verwaltung als eine *Folge* des Steuer- und Gewaltmonopols. Auch diese Vorstellung ist nur eine sehr grobe Abstraktion von historischen Prozessen. Viel eher ist davon auszugehen, dass beide Prozesse nicht kausal nach Ursache und Wirkung/Folge unterschieden werden können, sondern in einer interdependenten Beziehung zueinander standen.

Bereits vor der Durchsetzung eines Steuermonopols machte es nämlich durchaus Sinn, die Steuerveranlagung und Steuereintreibung zu systematisieren, um so bessere finanzielle Voraussetzungen zu gewinnen, die eigene staatliche Souveränität auch militärisch verteidigen bzw. erweitern zu können. Vor der vollständigen Durchsetzung eines staatlichen Gewaltmonopols wird es für die Territorialstaaten ebenso unabdingbar, sich systematisch mit den Fragen kriegerischer Gewaltausübung zu beschäftigen. Damit kommt eine spezialisierte Wissensentwicklung in Gang, wobei der Ausbau des staatlichen Gewaltmonopols dann Gelegenheiten schafft, dieses Wissen immer konsequenter und universeller anzuwenden.

Dies beginnt mit der Suche nach neuen technischen Möglichkeiten und Entwicklungen und führt dann zu der Frage, welche Konsequenzen daraus für die militärische Kriegsführung zu ziehen sind. So spielte schon im 16. Jahrhundert die Frage ein große Rolle, welches das optimale Zahlenverhältnis zwischen Reiterei und Infanterie ist (Keegan 1995: 467; Braudel 1985: 425 f.). Ebenso wichtig war es, sich Gedanken darüber zu machen, wie innerhalb der Infanterie das Verhältnis zwischen Pikenieren und Musketenschützen zu optimieren sei und welche Vorkehrungen getroffen werden müssen, um die Artillerie effektiv einzusetzen, sie aber auch im Falle eines Rückzugs nicht dem Feinde überlassen zu müssen (vgl. Keegan 1995: 483 ff.).

Daher spricht vieles für die Vermutung, dass sich aus solchen praktischen Fragen ein militärisches Ordnungsdenken entwickelt hat, das immer weiter vorangetrieben wurde und tendenziell auf *die Kontrolle aller denkbaren Prozesse und Voraussetzungen* der Kriegsführung hinauslief. Hierbei handelte es sich um Entwicklungen, die über Jahrhunderte hinweg kontinuierlich weitergegangen sind. So beschäftigt sich das militärische Denken noch im Dreißigjährigen Krieg kaum mit dem einzelnen Soldaten. Jeder kämpfte hier in der eigenen Montur, Uniformen waren unbekannt. Im Siebenjährigen Krieg, also gut 100 Jahre später, kämpften die Soldaten dagegen nicht nur in einheitlichen Uniformen, sondern sie mussten auch einen martialischen Drill durchlaufen. Er sollte nicht nur sicherstellen, dass die immer noch komplizierte Bedienung der Handfeuerwaffen optimal beherrscht wurde und auf einander abgestimmt erfolgte, sondern auch, dass die einzelnen Truppenteile in berechenbarer Art und Weise auf dem Schlachtfeld manövrieren konnten.

Aber auch außerhalb des militärischen Bereiches lassen sich allmähliche Geländegewinne des systematischen Denkens registrieren. In seiner Untersuchung über „Überwachen und Strafen" hat Michel Foucault gezeigt, wie eine mittelalterliche, in unseren heutigen Augen absolut barbarische, Strafpraxis allmählich durch in sich systematische Überlegungen zur Resozialisierung und Verhaltenskontrolle abgelöst wird (Foucault 1994: 93 ff.). Sie gewinnen ihrerseits eine universelle, weit über den Bereich der Strafpraxis hinaus gehende Bedeutung. Aus systematischen Gründen ist es beispielsweise einsichtig, dass nicht nur Gefangene überwacht und kontrolliert werden müssen, sondern auch ein System von Prüfungen in die öffentlichen Bildungssysteme einbezogen werden muss, die genau denselben Überwachungszweck erfüllen (Foucault 1994: 238 ff.).

Wichtig für das frühneuzeitliche Ordnungsdenken ist, dass es keinen Selbstzweck darstellt, sondern immer auf eine rationale Praxis zielt. Dafür kommt dem Staatsapparat eine vorrangige Bedeutung zu, die auch Baumans Metapher vom „Staat als Gärtner" (Bauman 1995: 43) plastisch zum Ausdruck bringt. Foucaults Untersuchung zeigt allerdings auch, dass die rationalisierte Disziplinargesellschaft ein Produkt des späten 17., vor allem aber des 18. Jahrhunderts ist. Über den militärischen Bereich weit hinausgehend werden hier immer weitere Bereiche des menschlichen Daseins auf eine systematische und in sich schlüssige Weise überwacht und kontrolliert. Kadettenanstalten, Gefängnisse, Arbeits- oder auch Irrenhäuser dienen einer rational motivierten Verhaltenskontrolle.

Im 19. Jahrhundert werden sie dann durch ein allgemeines Bildungssystem ergänzt. Dies zeigt nachdrücklich, in welch weitreichender Weise gerade der moderne Flächenstaat kontrollierend und reglementierend in den Alltag seiner Bürger eingegriffen hat.

Dabei darf aber nicht übersehen werden, dass die Entwicklung eines auf rationale wie kontrollierte Naturbeherrschung abstellenden Wissens älteren Datums ist. Diese Geisteshaltung breitet sich spätestens seit der *Renaissance* unaufhaltsam unter den Intellektuellen aus. Frühe Beispiele hierfür sind die Schriften Machiavellis – „Il principe" ist 1513 entstanden – wie auch die Experimentierfreude Leonardo da Vincis (1452–1519). Von dieser Einstellung ist auch die Mechanik Isaac Newtons (1642–1726) ebenso geprägt wie die Staatslehre von Thomas Hobbes (Hobbes 1651).

Über Isaac Newton wird kolportiert, dass ihn der Anblick eines vom Baume fallenden Apfels zur Entwicklung der Gesetze der Mechanik angeregt habe. Auch wenn es sich hierbei um eine nachträgliche Erfindung handeln sollte, dann zielt sie doch ziemlich genau auf die Grundlagen dieses Denkens[16]. Nur wenn man das Herunterfallen eines Apfels als ein Beispiel für ein sehr allgemeines Phänomen ansieht, dann stellt sich überhaupt erst die Frage nach den Gesetzmäßigkeiten, denen alle fallenden Gegenstände unterliegen. Wenn diese Gesetzmäßigkeiten aber entschlüsselt sind, dann kann man *alle* diesen Gesetzmäßigkeiten folgenden Ereignisse vorhersagen und daraus Nutzen ziehen. Dieses Denken zielt nicht nur, wie Adorno und Horkheimer in der „Dialektik der Aufklärung" betonen, auf instrumentelles Wissen, das dem Menschen die Manipulation der inneren wie der äußeren Natur ermöglicht (Horkheimer/Adorno 1988). Zumindest ebenso wichtig

---

[16] Diese Szene findet sich bereits in zeitgenössischen Darstellungen; vgl. das bei Wussing (2006: 295) wiedergegebene Gemälde.

scheint mir, dass es gerade nicht auf die erfolgreiche Manipulation jedes einzelnen Falles zielt, sondern auf die Entwicklung *allgemeiner Regeln und allgemeiner Techniken* der operativen Beherrschung der inneren wie der äußeren Natur.

Viele Argumente sprechen für Baumans Auffassung, dass der moderne Nationalstaat diejenige Instanz ist, die ein derartiges Ordnungsdenken besonders weitgehend praktisch umsetzen kann. Die Voraussetzungen für dieses Zusammenspiel wurden mit der Durchsetzung eines gesamtstaatlichen Steuer- und Gewaltmonopols in den Flächenstaaten geschaffen. Auf dieser Grundlage entwickelten sich spezialisierte Aufgabenbereiche staatlicher Macht- und Herrschaftsausübung, die das gesamte Territorium nach identischen Regeln zu verwalten beanspruchten. In dem Maße, wie nun ,aufgeklärte' Beamte oder auch Monarchen[17] diese Staatsaufgaben mit Hilfe eines seit der Renaissance entwickelten Ordnungsdenkens durchführten, konnten sie als rationale Aktivitäten legitimiert werden.

Auf der anderen Seite erlaubt erst ein *zentralisierter Staatsapparat* die konsequente Verallgemeinerung, einen *sachlich begründeten Universalismus*, bei der Anwendung dieses Wissens. Foucaults Analyse der Übertragung von Überwachungspraktiken vom Gefängnis auf das Bildungssystem ist nur ein, freilich besonders instruktives, Beispiel für diese Tendenz. Im fünften Kapitel werden wir, sowohl am historischen Beispiel des Eisenbahnbaus (vgl. den Abschnitt 5.5.1) wie auch bei der Entwicklung des Sozialstaats (vgl. den Abschnitt 5.5.2), erneut auf dieses Zusammenspiel zwischen staatlichem Machtmedium und rational aufgebautem Wissen stoßen. Dabei wird dann genauer erkennbar, wie auf diesem Wege quasi selbstverständlich neue Aufgabenbereiche staatlicher Daseinsvorsorge entstehen.

Der für die Analysen Foucaults vielfach benutzte Begriff ,Disziplinargesellschaft' oder auch die von Bauman ausgeloteten inneren (Ambivalenzproblem; Bauman 1995: 73 ff.) und äußeren (sozialer Verschleiß des Ordnungsdenkens – Entwicklung postmoderner Haltungen; Bauman 1995: 281 ff.) Grenzen dieser modernen Ordnungsversuche weisen darauf hin, dass die in der Frühmoderne zunehmend erfolgte Synthese zwischen dem von der *Wissenschaft* beanspruchten *Medium der Wahrheit* und dem vom Staat monopolisierten *Machtmedium* keineswegs alternativlos ist[18].

Die im Mittelpunkt dieses Abschnitts stehende Tendenz der Zentralisierung und Verallgemeinerung der Staatsaufgaben wird aber noch durch ein drittes Medium gestützt: *das Recht*. Die Modernisierung des Staatsapparats wird also von der Entwicklung eines auf der Ebene von Staaten vereinheitlichten und sys-

---

[17] Zygmunt Bauman zitiert als frühesten Gewährsmann für die gärtnerische und züchterische Aufgabe des Staates den preußischen König Friedrich II. (vgl. Bauman 1995: 43).

[18] Die Problematisierung dieser Synthese ist aber bereits ein zentrales Thema des zweiten Bands zur radikalisierten Moderne.

tematisierten Rechtssystems begleitet. Ein inhaltlicher Zusammenhang zu den vorangegangenen Überlegungen wird durch Luhmanns These hergestellt, dass Recht als Zweitkodierung des Machtmediums angesehen werden muss (Luhmann 1986: 208 ff.). In der Verrechtlichung der Machtausübung ist ein Element der Kontrollierbarkeit und Voraussagbarkeit ebenso enthalten wie eine Tendenz zur *Entkopplung der staatlichen Machtausübung von dem Element persönlicher Willkür*[19]. Diese Gesichtspunkte bestimmen jeden Verrechtlichungsprozess und dürften bereits den Kodex Hammurabi (Klengel 1991: 184 ff.) motiviert haben.

Am deutlichsten prägen die Aspekte der Zentralisierung und Regulierung wie der Ausmerzung persönlicher Willkür das englische Common Law, das auch bei Parsons als ein Beispiel für die Durchsetzung universeller Normen angeführt wird (Parsons 1971: 68). Gerade weil das Common Law nicht an die Traditionen des römischen Rechts, sondern an die des germanischen Gewohnheitsrechts anknüpft, ist es ein besonders instruktives Beispiel. Als Gewohnheitsrecht gründet sich das Common Law auf konkrete Fallentscheidungen und auf die Prämisse der Gleichbehandlung gleichartiger Rechtsfälle, also die Gleichheit von dem Gesetz. Dagegen haben rechtssystematische Überlegungen, also das Prinzip der rationalen Verallgemeinerung, keinen Platz in diesem Rechtssystem.

Von der Entstehung her stellt das Common Law zunächst ein königliches Recht dar, das mit der Eroberung Englands durch Heinrich den Eroberer existiert. Es besteht zunächst neben der lokalen, auf Grafschaftsebene organisierten Gerichtsbarkeit und gewinnt im 12. und 13. Jahrhundert allgemeinere Bedeutung. Neben eigenen Angelegenheiten der Finanzgerichtsbarkeit (Court of Exchequer), behandelt die königliche Gerichtsbarkeit von Anfang an allgemeine Angelegenheiten (Court of Common Pleas beziehungsweise Court of King's Bench). Sie erfährt in den folgenden Jahrhunderten eine stetige Bedeutungszunahme, welche durch Gegenmaßnahmen des Hochadels nicht dauerhaft gestoppt werden kann (Provisions of Oxford 1258).

Als Gründe für die Durchsetzung des Common Law werden zwei Argumente angeführt (vgl. van Caenegem 1988): Zum einen die überlegene Macht des Königs, Angeklagte vorzuladen und Urteile durchzusetzen, zum anderen eine Tendenz zur Professionalisierung. Der König beauftragt Richter, sowohl in der Residenz London Prozesse abzuhalten als auch die Grafschaften zu bereisen. In den folgenden Jahrhunderten gerät das Common Law in die weiter unten behandelten Konflikte zwischen König und Parlament, die hier nicht im Einzelnen beleuchtet werden müssen. Wichtig jedoch ist, dass gerade das Parlament das Common Law

---

[19] Der preußische König Friedrich II., der uns schon als Verfechter des modernen Ordnungsdenkens begegnet ist, stand auch für die Ausmerzung persönlicher Willkür bei Gerichtsverfahren. Von ihm wird erzählt, dass er, obwohl Richter in eigener Sache, einem Müller Recht gegeben hat, der gegen eine Enteignung für das Schloss Sancoussi geklagt hatte.

gegen die Einflüsse des römischen Rechts verteidigt, das als Einfallstor für den Absolutismus gilt. Mit seiner Unterstützung setzt sich ein einheitliches Rechtssystem auf gesamtstaatlicher Ebene durch. In dieses Rechtssystem werden dann auch die Kolonien einbezogen[20]. Parsons resümiert: „Das Common Law ... war wahrscheinlich die entscheidende Erfindung der Moderne" (Parsons 1971: 68).

Das Beispiel England zeigt weiterhin, dass mit Hilfe des Rechts auch institutionelle Konflikte, wie jener zwischen König und Parlament, entschärft und beigelegt werden können, eben weil damit die Machtausübung festen Regeln unterworfen werden kann. Gerade deshalb kann Luhmann das Recht als Zweitcodierung des Machtmediums auffassen. Diese Rolle des Rechts erfordert in institutioneller Hinsicht eine Entkopplung von Staat und Justiz, sie setzt in letzter Konsequenz die Gewaltenteilung voraus. Denn nur so kann die Judikative gegen willkürliche Eingriffe der Exekutive dauerhaft geschützt werden.

Am Beispiel des englischen Rechtssystems lässt sich auch zeigen, dass mit seiner Hilfe die beiden Hauptkomponenten flächenstaatlicher Modernisierung, zum einen die Zentralisierung staatlicher Macht und zum anderen ein verallgemeinerndes Ordnungsdenken in ein direktes Zusammenspiel gebracht werden können (Gleichheit vor dem Gesetz).

Mit diesem kleinen Exkurs auf das Gebiet des frühmodernen Staatsapparats haben wir auch ein Beispiel für die im dritten Kapitel (unter 3.3) referierte Debatte über Interpenetration bzw. strukturelle Kopplung zwischen Funktionssystemen kennen gelernt. Es spricht für die dort eingenommene Position, von struktureller Kopplung und wechselseitiger Beeinflussung auf der Programmebene auszugehen. Um dies zu erkennen, muss man allerdings die weitere Entwicklung auf dem Feld des Ordnungsdenkens mit einbeziehen, wie sie von Zygmunt Bauman in Moderne und Ambivalenz (1995) vorgelegt wurde.

Baumann Hauptthese ist, dass sich in der Postmoderne eine große Toleranz in der Praxis des Ordnungsdenkens entwickelt habe. Diese Beobachtung kann man differenzierungstheoretisch reformulieren und dann von einer Auflösung der direkten strukturellen Kopplung zwischen dem politischem System (Machtmedium) und dem Wissenschaftssystem (Wahrheitsanspruch) sprechen. Eine strukturelle Kopplung kann aber nur von Funktionssystemen aufgelöst werden, die in ihrem Funktionsbereich über Autonomie verfügen. Mit der Position von Münch lässt sich die von Baumann beobachtete Veränderung dagegen nicht nachvollziehen.

---

[20] Vgl. den Fall Calvin versus Smith 1608; damit erfolgt die Ausdehnung auf Nordamerika.

4.6.3 Monarchen und Parlamente – die Modernisierung der politischen Herrschaft

Wenn wir den lange vor der Durchsetzung der modernen Demokratie einsetzenden Modernisierungsprozess politischer Herrschaft verstehen wollen[21], dann ist es zweckmäßig, erneut von den finanziellen Folgeproblemen der Modernisierung der Kriegsführung auszugehen. Wie können vormoderne Feudalstaaten *auf Dauer* kostspielige Kriege finanzieren? Diese Frage rückt die *Beziehung zwischen Herrscher und Ständeparlamenten* in den Mittelpunkt. Diese zu den institutionellen Grundlagen der vormodernen Staaten zählende Beziehung muss nun neu austariert werden. Das ist mit zwei Jahrhunderten permanenter politischer Konflikte verbunden, an deren Ende zwei alternative Lösungsvarianten, nämlich ‚Absolutismus' beziehungsweise ‚konstitutionelle Monarchie' stehen werden.

Was ist unter einem Ständeparlament zu verstehen? Ständeparlamente waren zunächst Vertretungen der einzelnen Regionen, aus denen ein Herrschaftsgebiet bestand. In der Regel hatte jede Region ganz spezifische rechtliche Beziehungen gegenüber dem Territorialherrscher aufgebaut. Sie war in einem Ständeparlament des Gesamtstaates durch Vertreter repräsentiert und wies ein eigenes Ständeparlament auf, in dem die wichtigsten lokalen Stände vertreten waren. Anders als heutige Parlamente traten solche Ständeparlamente nicht regelmäßig zusammen, sondern sie wurden nur aus ganz besonderen Anlässen vom Herrscher einberufen (vgl. den Überblick bei Reinhard 1999: 211 ff.). In Erbmonarchien bestand ihre hauptsächliche Aufgabe darin, dem jeweils neuen Herrscher zu huldigen. Mit der Huldigung erkannte das Ständeparlament die Legitimität der Nachfolge an und übertrug zugleich das Treueverhältnis auf den neuen Herrscher. Im Falle eines Wahlkönigtums wählte das Ständeparlament einen Nachfolger und huldigte ihm dann. Da sich Wahlen in der Praxis als immer schwieriger herausstellten und vor allem vielfach keine Einigung auf einen Kandidaten erzielt werden konnte, wurde das Wahlrecht meistens auf wenige Repräsentanten konzentriert[22].

Über den Anlass der Inthronisation eines neuen Herrschers hinaus wurde das Ständeparlament nur zu ganz außergewöhnlichen Anlässen einberufen, in der Regel dann, wenn der Herrscher zusätzliches Geld benötigte (Reinhardt 1999: 217). In Zeiten, in denen ‚normale Kriege' mit Lehensaufgeboten wenig kosteten, signalisierte eine solche Einberufung immer eine *außergewöhnliche Not- und Zwangssituation* des Herrschers. Dagegen waren Kriege mit Feuer-

---

[21] Die hier skizzierte Entwicklung bleibt bei Parsons erstaunlicherweise ausgeblendet. Seine Analyse der ‚demokratischen Revolution' ist auf den späteren Prozess der Durchsetzung politischer Gleichheit fokussiert (vgl. Parsons 1972: 103).

[22] Zum Beispiel wird im Heiligen Römischen Reich das Kaiserwahlrecht auf die sieben Kurfürsten konzentriert. Es wird in der ‚Goldenen Bulle' 1356 definitiv geregelt (vgl. Der grosse Ploetz 1998: 491).

waffen und Söldnern im Regelfall so teuer, dass sie die finanziellen Reserven des Herrschers und seiner Familie schnell auffraßen. Daher waren sie seit dem 15. Jahrhundert immer häufiger gezwungen, die Ständeparlamente einzuberufen. Sie sollten Sondersteuern gewähren, in der Regel, um finanziellen Verbindlichkeiten nachkommen zu können, im besten Falle, um einen Staatsschatz anzuhäufen, der die Fähigkeit zur Kriegsführung längerfristig sicherte.

Wenn man die Beziehung zwischen Herrscher und Ständeparlament analytisch betrachtet, dann kann man zunächst zwei idealtypische Interessenkonstellationen unterscheiden. Eine Konstellation ist der *Interessenkonflikt*, den man naheliegender Weise als gegeben annehmen kann, wenn der Herrscher von seinen Untertanen zusätzliche Steuern und Abgaben verlangt. Daneben ist aber auch ein Fall *übereinstimmender Interessen* denkbar, also eine Win-Win-Situation. Sie entsteht dann, wenn die Untertanen die Kriegsziele des Herrschers teilen und sich von einem erfolgreichen Krieg ökonomische oder andere Vorteile versprechen (vgl. das Beispiel Venedig in 4.5). Mit dem Aufstieg der Flächenstaaten entsteht nun ein Feld, auf dem Monarch und Bürger nicht nur übereinstimmende Interessen entwickeln, sondern auch das Problem der Kriegsfinanzierung direkt lösen können: der Überseehandel (vgl. unter 4.4), der auch die Plünderung der Handelsschiffe konkurrierender oder feindlicher Staaten mit einschloss.

Für den erstgenannten Fall eines Interessenkonfliktes kann man wiederum zwei idealtypische Extremresultate unterscheiden. Einmal kann der Herrscher in diesem Interessenkonflikt siegen. Das würde letztlich bedeuten, die Fähigkeit zu erlangen, Steuern und Abgaben unabhängig von der Zustimmung eines Ständeparlaments zu erheben. Dieses Ergebnis ist ein zentrales Kennzeichen des *Absolutismus*. Im anderen Extremfall wird das Parlament entweder den Herrscher absetzen oder sich seine Zustimmung mit zusätzlichen Rechten und Privilegien bezahlen lassen. Hier kann der Herrscher allein das Finanzierungsproblem nicht lösen. Es kann erst auf der Grundlage gemeinsamer Interessen an Kriegen und damit auch an ihrer Finanzierung gelöst werden. Das Paradebeispiel für diese Variante bildet die zur *konstitutionellen Monarchie* führende Entwicklung in England. Aber auch die dritte Vormacht unter den frühmodernen Staaten, die Niederlande, folgt diesem Muster.

Ausgangspunkt für die politische Modernisierung war in allen drei Staaten, die Parsons als Vorreiter der modernen Gesellschaft angesehen hat (vgl. unter 2.4.6), die Konstellation Herrscher – Parlament. Wenn das Parlament also in einer außergewöhnlichen Notlage einberufen wurde, um an der Erhebung zusätzlicher Steuern mitzuwirken, dann war seine Rolle, mit heutigen Augen gesehen, höchst unklar und Widerstand entsprechend riskant. Das wird schon daran deutlich, dass eine zentrale Forderung des britischen Parlaments darin bestand, dass die Parlamentarier vor willkürlicher Verfolgung, Verhaftung und Aburteilung geschützt werden sollten (Der grosse Ploetz 1998: 962 ff). Heutige Parlamentarier genießen ein Recht auf Immunität. Wenn man nun weiter davon ausgeht, dass der Normalfall darin bestand, dass das Parlament dynastische Kriege finanzieren sollte, die nur den Interessen des Herrschers, aber in der Regel nicht den Interessen der Stände entsprachen, dann wird klar, dass die Parlamente in einem direkten Interessenkonflikt standen, der aber im Rahmen des immer noch unterstellten Treueverhältnisses zwischen Untertanen und Herrscher nicht offen artikuliert werden konnte. Die einzig adäquate Form diesen Interessenkonflikt unter diesen feudalgesellschaftlichen Bedingungen beizulegen, bestand darin, dass die Untertanen für ihre Treue und Hingabe an den Herrscher mit Privilegien belohnt werden konnten.

Das perspektivische Ergebnis der Verhandlungen zwischen Herrscher und Ständeparlamenten hing offensichtlich sehr stark davon ab, wie das reale Kräfteverhältnis zwischen Herrscher und Ständeparlament beschaffen war[23]. Ein starker und mächtiger Herrscher konnte dem Parlament seine Forderungen diktieren, ohne dass er es für seine Zustimmung mit Privilegien belohnen musste. Unter diesen Bedingungen führte die Konfrontation zwischen Herrschern und Parlament zur Ausbildung eines absolutistischen Staatsverständnisses (vgl. Reinhard 1999: 50 ff.; Seiderer 2006), das in der bekannten, Ludwig XIV. zugeschriebenen Formel „L'État c'est moi" treffend zum Ausdruck kommt. Die französischen Könige konnten ab 1439, also gegen Ende des Hundertjährigen Krieges, ganz darauf verzichten, das Ständeparlament einzuberufen. *Die Souveränität eines absoluten Monarchen wie Ludwig XIV. bestand also gerade darin, dass er auch Steuern und Abgaben nach eigenem Ermessen dekretieren konnte.*

Ganz anders war das Ergebnis, wenn das Ständeparlament einen schwachen Monarchen zum Gegenüber hatte. Er verfügte im Grunde nur über die Möglichkeit, die Zustimmung und das Wohlwollen der Ständevertreter durch Privilegien zu erkaufen. Deswegen ist es auch alles andere als ein Zufall, dass die Geschichte des britischen Parlamentarismus mit einem Monarchen beginnt, der als ‚Johann Ohneland' in die Geschichtsbücher eingegangen ist. In der „Magna Carta Libertatum" aus dem Jahre 1215 (Der grosse Ploetz 1998: 563 f.) musste dieser machtlose, weil landlose, König seinen Untertanen Privilegien zugestehen, aus denen sich dann im Laufe der Jahrhunderte Bürgerrechte und ein von der Willkür des Herrschers unabhängiges Parlament entwickeln konnten.

Während im Falle eines starken Monarchen die staatliche Souveränität auf seine Person hin konzentriert wird, wird in der anderen Variante aus der zunächst willkürlich handhabbaren Königsmacht *eine verrechtlichte und insofern auch versachlichte Herrschaftsausübung.* In den folgenden Jahrhunderten erlangen die englischen Parlamente aufgrund der häufig unsicheren Stellung der eng-

---

[23] Diese Feststellung macht deutlich, dass das Treueverhältnis im 17. Jahrhundert nur noch Fassade war.

lischen Könige eine Reihe von Rechten, die heute als typisch für demokratische Parlamente angesehen werden: neben dem Schutz vor willkürlicher Verfolgung der Parlamentarier, vor allem das Recht, selbst einberufen zu können und den gesamten Staatshaushalt bestimmen zu können (Budgetrecht)[24]. Ähnlich wie in Frankreich kulminiert diese Entwicklung im 17. Jahrhundert. Während jedoch in Frankreich der absolute Monarch in diesem Jahrhundert auf dem Gipfelpunkt seiner Souveränität angelangt ist, stellt in England umgekehrt das Parlament 1642 mit seiner Forderung, dass jegliches politisches Handeln grundsätzlich von seiner Zustimmung abhängig gemacht werden müsse, die Monarchie radikal in Frage.

In dem darauf hin folgenden Bürgerkrieg, der mit einem Sieg der Parlamentstruppen unter Oliver Cromwell endete, wird allerdings ein grundlegendes Dilemma einer reinen Parlamentsherrschaft offenkundig, das erst gegen Ende des Jahrhunderts mit der Inthronisierung Wilhelm III. von Oranien (,Glorious Revolution') und der Bill of Rights (1689) gelöst werden konnte. Es bestand darin, dass das Parlament als Kriegspartei einer einheitlichen Führung bedurfte und deswegen Macht auf einen militärischen Führer, Oliver Cromwell, übertragen musste. Dieses Experiment endete in einer Art Militärdiktatur durch Cromwell, weil es keine institutionellen Regelungen für die Rückübertragung der Macht an das Parlament gab.

Die aus dieser historischen Erfahrung hervorgehende Problemlösung bestand in einer *konstitutionellen Monarchie*, die auf einer erstmals institutionalisierten Gewaltenteilung zwischen Legislative und Exekutive beruhte. Die Bill of Rights sah ein aus freien Wahlen hervorgegangenes Parlament vor, das über Steuern und über militärische Angelegenheiten souverän bestimmt, *aber die Ausführung seiner Beschlüsse auf einen Herrscher überträgt* (institutionelle Trennung zwischen Legislative und Exekutive).

Die englische Entwicklung machte aber noch einen weiteren Aspekt des Komplexes Steuern und Kriegsfinanzierung deutlich. Nicht nur der Monarch, sondern auch die Bürger können ein Interesse entwickeln, Kriege zu führen und zu diesem Zwecke auch Steuern zu erhöhen. Der Konflikt zwischen Monarch und Ständeparlament um die Bewilligung von Steuern ist also keineswegs naturnotwendig. Er besteht nur dann zwangsläufig, wenn Kriege für dynastische Interessen des Herrscherhauses geführt werden. Stehen dagegen wirtschaftliche Ziele im Vordergrund oder werden die Freiheitsrechte des Adels und der Bürger von ausländischen Mächten bedroht, dann ist kooperatives Zusammenwirken zwischen Herrscher und Ständeparlamenten naheliegend. Ein instruktives Beispiel für diesen Fall bietet die Geschichte der Niederlande.

---

[24] Vgl. hierzu und zur nachfolgenden Darstellung: Der große Ploetz 1998: 962 ff.

Die Niederlande[25] waren bis zum Frieden von Münster und Osnabrück (1648) noch formell Bestandteil des Heiligen Römischen Reiches. Allerdings gab es ab 1465, als der Burgunder Herzog Philipp der Gute erstmals die Generalstaaten einberief (also Ständevertreter aller 17 niederländischen Provinzen), Ansätze in Richtung auf eine territoriale Vereinheitlichung. Diese 17 Provinzen umfassten in etwa das heutige Territorium der Benelux-Staaten. Unter dem Habsburgischen Kaiser Karl V. wurden diese Ansätze (1548: Burgundischer Kreis; 1549; pragmatische Sanktion) zu einer Vereinigung der 17 Provinzen vertieft.

Die Geschichte der Niederlande (= der sieben nördlichen Provinzen mit dem Zentrum Amsterdam) beginnt mit der Reformation und der konfessionellen Spaltung. Die niederländischen Provinzen bleiben zwar in der ersten Hälfte des 16. Jahrhunderts von den konfessionellen Auseinandersetzungen im Heiligen Römischen Reich verschont, die erst im Augsburger Religionsfrieden 1555 beigelegt wurden. Die konfessionelle Spaltung erreicht jedoch auch die Niederlande, da die Bürger der sieben nördlichen Provinzen ab circa 1540 in kurzer Zeit vom protestantischen Einfluss geprägt werden, insbesondere von der calvinistischen Variante. Nach der Abdankung Karls V. entwickeln sich daraus tiefgreifende politische Konflikte, da die gesamten niederländischen Provinzen der spanischen Linie der Habsburger zugeschlagen werden und es unter dem spanischen König Phillip II., einem glühenden Anhänger des Katholizismus, zur religiösen Verfolgung der nicht-katholischen Bevölkerungsteile kommt (Religionsedikte; Inquisition).

Neben diesen religiösen Konflikten liegen dem ab 1572 einsetzenden Unabhängigkeitskampf der nördlichen Provinzen auch ökonomische Motive zugrunde. Der religiöse Konflikt bewirkt jedoch, dass städtische wie ländliche Provinzen, Bürger wie Adlige gleichermaßen Interesse am Widerstand haben[26]. Diese gemeinsamen konfessionellen Interessen überlagerten im Falle der Niederlande die sich auch dort ergebenden Probleme zwischen Parlament und Exekutive.

Das neue politische Zentrum der Niederlande, Den Haag, wird von einem Nebeneinander des Staatsrats, also der Ständevertretung der sieben nördlichen Provinzen und der Statthalter dieser Provinzen, bestimmt. Zwar gibt es auch in den Niederlanden Auseinandersetzungen um die Staatsform und das Verhältnis zwischen Legislative und Exekutive. Die Regentenpartei plädiert für eine lose Föderation, während die Statthalterpartei eine monarchische Obergewalt anstrebt. Diese Differenzen werden jedoch durch den lang dauernden militärischen

---

[25] Vgl. zur nachfolgenden Darstellung: Nicklas 2006; Der große Ploetz 1998: 1033 ff.

[26] Das hängt auch damit zusammen, dass sich die Generalstände, also die Ständeversammlung der sieben nördlichen Provinzen, auf ein durch Rechtsbrüche des spanischen Königs quasi erzwungenes Widerstandsrecht berufen. „Philipp habe sie unter Verletzung seiner Eide zu Sklaven seiner Tyrannei machen wollen…Statt berechtigte Beschwerden der Stände anzunehmen, habe er die Beschwerdeführer als Majestätsverbrecher bestrafen lassen. Dadurch habe er ipso iure seine Herrschaft über die Niederlande verwirkt." (Reinhard 1999: 230).

Konflikt mit Spanien überdeckt und durch die religiösen Gemeinsamkeiten in ihrer Reichweite deutlich begrenzt.

4.6.4 Zusammenfassung

Die seit dem 14. Jahrhundert einsetzende europaweite enorme Verteuerung der Kriegskosten stellt ein ziemlich gut greifbares Faktum dar, dessen starker Einfluss auf das staatliche Handeln immer wieder hervorgehoben wird. Ich bin geneigt hier die treibende Kraft für die Modernisierung der Flächenstaaten zu sehen. Das Problem der Finanzierung des Militärs stellt sie vor wesentlich größere Herausforderungen als die Stadtstaaten.

Die Bewältigung dieses Problems führte zu einem einheitlichen Staatswesen, das im Vergleich zu den Stadtstaaten eine wesentlich größere Fläche mit einer größeren Bevölkerung umfasst. Darüber hinaus kam es sowohl in den Niederlanden als auch in Großbritannien zu einer Rationalisierung der Herrschaftsausübung, die (a) als Verrechtlichung der Beziehung zwischen Herrscher und Parlament, zwischen Legislative und Exekutive konkret fassbar ist. Weiterhin (b) findet diese Verrechtlichungstendenz in der Festschreibung von Bürger- und Persönlichkeitsrechten ihren Ausdruck. Schließlich (c) führt die Schwäche des Königtums auch dazu, dass die politischen Ziele nicht mehr von den dynastischen Interessen eines Herrscherhauses geprägt werden, sondern von den Interessen der Bürger an staatlichen Ordnungs- und Protektionsleistungen.

Dabei kommen zunächst aber nur die Interessen reicher Bürger in Abhängigkeit von ihrem Steueraufkommen zur Geltung (Zensuswahlrecht). Erst mit dem in die zweite Phase der Industrialisierung (vgl. unter 5. 5) fallenden Übergang zum allgemeinen Wahlrecht und dessen Ausweitung auf die Frauen im 20. Jh. wird die politische Willensbildung so demokratisiert, dass die Ausübung politischer Macht durch die Denkfigur einer vom Volk ausgehenden politischen Gewalt überzeugend legitimiert werden kann.

4.7 Inwieweit korrigiert die Sozialgeschichte des 15. bis 18. Jahrhunderts die soziologische Modernisierungstheorie?

Wie in der Einleitung zu diesem Kapitel erläutert wurde, beziehen sich die drei im zweiten Kapitel erläuterten klassischen soziologischen Theorien der modernen Gesellschaft (Weber, Parsons, Luhmann) überwiegend auf die Phase vor der Industrialisierung. Welche Rückschlüsse auf diese Theorien ergeben sich nun aus diesem Kapitel?

These 1: Die differenzierungstheoretische Argumentation bei Parsons (Handlungssysteme; AGIL-Schema) und Luhmann (Komplexitätssteigerung; Systemdifferenzierung) kann zwar durchaus wichtige sozialhistorische Veränderungen erfassen und systematisieren (vgl. exemplarisch 4.6.2). *Beide Ansätze erfassen aber nicht die Antriebskräfte, die zur Erosion der Feudalgesellschaft und zur Enttraditionalisierung geführt haben.*

Das könnte mit der evolutionstheoretischen Grundlage beider Theorien zu tun haben. Sie veranlasst Parsons dazu, Modernisierung als Leistungssteigerung von Handlungssystemen zu operationalisieren. Luhmann verfolgt dagegen die Evolution der Kommunikationsverhältnisse im Zusammenspiel von Medienentwicklung und einer Verselbständigung der gesellschaftlichen Funktionssysteme.

Dagegen zeigt eine Beschäftigung mit der vorindustriellen Sozialgeschichte mit erstaunlicher Deutlichkeit, *dass ‚die Gier nach Geld' die vormodernen Lebensformen und Abhängigkeitsverhältnisse unterwandert und allmählich zerstört hat.* Sie etablierte neue Handlungsketten und stieß Prozesse der Zentralisierung, der Globalisierung und der funktionalen Differenzierung an, die ihrerseits wiederum Eigendynamiken und Interdependenzen entwickelten. Die Gier nach Geld steht soziologisch für das Problem, *dass alle Gruppen von Akteuren* (Handwerker, Kaufleute, Herrscher, Geldverleiher…), *die über Zahlungen soziale Beziehungen knüpfen, für die permanente Wiederbeschaffung von Geld sorgen müssen.* Nur dann können arbeitsteilige Zusammenhänge auf dieser Grundlage stabilisiert werden. Auch wenn man die Rolle der Modernisierung der Kriege weniger hoch gewichtet, zeigen sich diese Antriebskräfte der Enttraditionalisierung allenthalben.

These 2: Das spricht dafür, *Webers Analyse eine wesentlich größere Nähe zu den historischen Fakten und Entwicklungen zu attestieren.* Für ihn ist der ‚kapitalistische Geist' die wesentliche Antriebsfeder für eine antitraditionelle Lebensführung und für Entwicklungen die letztendlich zu einer Durchrationalisierung aller Lebensbereiche führen. Seine Analyse bedarf allerdings vieler Ergänzungen, da die protestantische Ethik nur ein Faktor für die Entwicklung dieses kapitalistischen Geistes ist.

Wenn man das Wiederbeschaffungsproblem von Geld als Schlüssel für die Erklärung der Zerstörung der Feudalgesellschaft und des Übergangs zur modernen Gesellschaft ansieht, dann *kann der kapitalistische Geist nur als ein Entwicklungsstrang unter mehreren angesehen werden.* Sowohl für den Staat wie auch für diejenigen, die gegen Geld arbeiten, ergeben sich andere Mechanismen der Enttraditionalisierung. Der Staat muss die Tributlogik mit den Mitteln staatlicher Machtausübung rationalisieren (vgl. auch Hinze 1964; Bornschier 1998). Die Erwerbsarbeiter müssen dagegen in ihr Humankapital investieren und es rational vermarkten (vgl. Kap. 5), um das Wiederbeschaffungsproblem zu lösen.

These 3: *Jeder Abschnitt dieses vierten Kapitels leistet darüber hinaus spezifische Beiträge zum Verständnis des Übergangs von der Feudalgesellschaft zum Typus der modernen Gesellschaft.* Das allmähliche Anwachsen der Bevölkerung in Europa (4.2) verstärkt einmal die Enttraditionalisierung, weil die Fähigkeit der Ständegesellschaft, eine wachsende Kopfzahl aufzunehmen, immer eng begrenzt war, und schafft Voraussetzungen für die europäische Expansion. Dass in Europa die Freisetzung aus der Landwirtschaft über Importe von Grundnahrungsmitteln erfolgt (4.3), bedeutet einen qualitativen Sprung in der Entwicklung des Fernhandels und bildet die Grundlage für ein von europäischen Interessen geprägtes System globaler Arbeitsteilung. Die Fähigkeit der Europäer, wichtige Technologien weiter zu perfektionieren (4.4) und sie auch effektiver einzusetzen als andere Zivilisationen, zeigt, dass hier die Gier nach Geld weiter entwickelt war als anderswo. Die vergleichsweise hohe Unabhängigkeit der europäischen Stadt (4.5) treibt nicht nur den Übergang zur Geldwirtschaft voran, sondern bildet auch ein wichtiges Experimentierfeld für die Entwicklung von Formen des Zusammenspiels zwischen Privatwirtschaft und den politischen Aktivitäten der gesellschaftlichen Gemeinschaft. Auf dieser Grundlage entwickeln sich in Europa über unterschiedliche Lösungen des Problems der Kriegs- und Staatsfinanzierung, Varianten des modernen Nationalstaats (4.6). Seine eigentliche Bewährungsprobe besteht dieses Staatsmodell im Industrialisierungsprozess (Kapitel 5).

Kapitel 5

Industrielle Revolution und moderne Industriegesellschaft

5.1 Einleitung

Dieses Kapitel kreist um einen eklatanten Widerspruch: nach überwiegender Meinung markierte die industrielle Revolution den entscheidenden Durchbruch zur modernen Gesellschaft – in der soziologischen Theorie der modernen Gesellschaft kommt sie dagegen allenfalls am Rande vor. Wie kann man das erklären?

Die institutionellen Grundlagen der modernen Gesellschaft wurden (siehe Kapitel 4) bereits vor der Industrialisierung gelegt. Das wird in unterschiedlicher Weise von den drei Modernisierungstheorien nachvollzogen, die im Mittelpunkt des Theorieteils standen. Sie zeigen darüber hinaus, dass auch die wichtigsten kulturellen Grundlagen der modernen Gesellschaft in der Phase vor der Industrialisierung entstanden sind. Weber und Parsons messen dabei den Folgen der Reformation, Luhmann dem in der Frühmoderne zunehmenden Skeptizismus eine perspektivisch entscheidende Bedeutung bei. Von den drei Revolutionen, die Parsons als entscheidend für den Durchbruch zur Moderne ansieht, fällt nur die Bildungsrevolution eindeutig in die Phase der Industrialisierung. Die demokratische Revolution, also jene Kette historischer Entwicklungen, die schließlich in die moderne Massendemokratie einmündet, setzt deutlich vor der Industrialisierung ein. Da Parsons unter dem Etikett ‚industrielle Revolution‘ Entwicklungen bündelt, die auf ein sich über Märkte organisierendes Wirtschaftssystem hinauslaufen, finden auch hier die entscheidenden Weichenstellungen deutlich vor der Industrialisierung statt.

Den wichtigsten Theorien der modernen Gesellschaft fehlen offensichtlich die theoretischen Sensoren, um die mit der industriellen Revolution verbundenen Umwälzungen angemessen zu verarbeiten. Das hängt einmal damit zusammen, dass aufgrund der Anlehnung an die Evolutionstheorie gesellschaftliche Leistungsmerkmale im Vordergrund stehen, die über die Theorie funktionaler Differenzierung gefasst werden. Dabei bleiben, wie im dritten Kapitel deutlich wurde (vgl. 3.4 und 3.7), Kategorien wie Lebenswelt und Alltag unterbelichtet, die die Teilnehmerperspektive reflektieren. Weniger theoretisch formuliert: Umwälzungen im Alltag der durchschnittlichen Menschen können mangels geeigneter Begriffe nicht theoretisch verbucht werden.

Dieser Eindruck verstärkt sich noch, wenn wir auf die wichtigsten Sozialtheoretiker des 19. Jahrhunderts blicken. Sie haben der Industrialisierung durchweg eine zentrale Bedeutung für die gesellschaftliche Modernisierung beigemessen, weil sie Differenzierungsphänomene noch konkreter als menschliche Tätigkeit beziehungsweise als gesellschaftlich geformte Praktiken gedacht haben.

Der *Begriff der Industriegesellschaft* geht auf Saint-Simon zurück. Saint-Simon und sein Schüler Auguste Comte setzten den Übergang zur Industriegesellschaft mit einem Epochenwandel gleich, bei dem das metaphysische Denken durch das positive Denken verdrängt werde und die neue Elite der ‚Industriels‘, darunter wurden vor allem Unternehmer und Wissenschaftler verstanden, der Gesellschaft durch ihre produktive, den gedanklichen Fortschritt in Realität umsetzende Tätigkeit ihren Stempel aufdrücken würden (vgl. Aron 1979: 78 ff.).

Auch Karl Marx verband mit der Industrialisierung einen Epochenwandel. Für ihn bedeutete Industrialisierung einmal die historische Chance der Abschaffung harter körperlicher und repetitiver Arbeit. Zugleich konstatierte er, dass der industrielle Fortschritt unter gesellschaftlichen Bedingungen erfolge, die den an sich möglichen epochalen Fortschritt in massenhaftes menschliches Elend verwandeln würden. Dieser Widerspruch liegt Marx zufolge im privaten Eigentum an den Produktionsmitteln begründet, was zur Ausbeutung der Arbeiter durch die Produktionsmittelbesitzer führe (vgl. ausführlicher Brock 2002: 65 ff.).

Auch für einen dritten Wegbereiter hin zur modernen Soziologie, für Herbert Spencer, gewann der Begriff der Industriegesellschaft zentrale Bedeutung. Für Spencer wird mit der Industriegesellschaft ein zuvor ungekanntes Maß an gesellschaftlicher Arbeitsteilung erreicht. Zugleich werden Formen der Zwangskooperation nun durch freiwillige Kooperation der Menschen untereinander abgelöst. Ähnlich wie bei Comte und Saint-Simon bezeichnet auch bei Spencer der Begriff der Industriegesellschaft eine neue, bis dato unerreichte Stufe des menschlichen Fortschritts (vgl. ausführlicher Krähnke 2002: 90 f.).

Welche Folgerungen können aus diesem Stand der Theorie für die Anlage und den Zuschnitt dieses Industrialisierungskapitels gezogen werden? Die soziologische Bedeutung der Industrialisierung kann nur über Begriffe fixiert werden, die einmal den Strukturwandel menschlicher Arbeit reflektieren (und damit an Sozialtheoretiker des 19. Jahrhunderts, insbesondere an Karl Marx anknüpfen). Darüber hinaus sollten sie die mit der Industrialisierung verknüpften Veränderungen im Lebensalltag und seiner Organisation erfassen. Diese Begriffe werden im nächsten Abschnitt erläutert.

Es bleibt noch die Frage, auf welchen Zeitraum sich dieses Kapitel bezieht. Wir folgen hier der groben Faustregel, dass die Industrialisierung ab circa 1750 in England einsetzt. Das Ende der ‚klassischen Industriegesellschaft‘ sehen wir in den 70er Jahren des 20. Jahrhunderts gekommen, wobei die hier zugrunde gelegte Zäsur zwischen Erster und Zweiter Moderne erst im zweiten Band eingehend erläutert werden wird.

5.2 Begriffliche und perspektivische Grundlagen: Industrialisierung, Strukturwandel der menschlichen Arbeit, Normalbiographie

Die Aufgabe dieses Abschnitts kann nicht darin bestehen, die in der Einleitung zu diesem Kapitel beklagten Defizite der Theorie moderner Gesellschaften zu beseitigen. Wir können aber die ‚fehlenden Sensoren' in Form einiger Begriffe entwickeln, die als Korsettstangen für die anschließende Darstellung der für Soziologen relevantesten Aspekte der Industrialisierung fungieren können.

In diesem Abschnitt werden fünf grundlegende, in direktem Zusammenhang miteinander stehende Begriffe eingeführt. *Industrialisierung* (1) gewinnt immer dann die Bedeutung eines grundlegenden Veränderungsprozesses, wenn damit ein *Strukturwandel der menschlichen Arbeit* (2) herbeigeführt wird. Zugleich geht die Industrialisierung mit dem Siegeszug der *Lohnarbeit* (3) einher, die nicht nur die Sozialstruktur der Industriegesellschaften prägt, sondern auch in engem Zusammenhang mit der Bildungsrevolution eine erfolgreiche Organisation des Lebensverlaufs zur Daueraufgabe macht. Daran knüpfen die Begriffe *Arbeitstag* (4) und *Normalbiographie* (5) an.

5.2.1 Die Industrialisierung und die menschliche Arbeit

Der Begriff der Industrialisierung wird in diesem Abschnitt in Anknüpfung an die Marxsche Tradition benutzt. Marx hat sein Verständnis der Industrialisierung auf drei Aspekte konzentriert: die Erfindung und den industriellen Einsatz einer ‚zentralen Kraftquelle' (zunächst der Dampfmaschine), die Entwicklung von Werkzeugmaschinen sowie die systematische Anwendung von Techniken der „Teilung und Kombination der Arbeit" (vgl. Marx 1972: 356). Industrialisierung bedeutet, dass zwei systematische Grenzen der menschlichen Arbeit mit Hilfe von Maschinen überwunden werden können. Zum einen wird die *Grenze der menschlichen Körperkraft* überwunden, zum anderen die der *Geschwindigkeit menschlicher Handlungsabläufe* (vgl. Marx 1972: 393). Mit diesen beiden Grenzen menschlicher Arbeitsfähigkeit sind die Probleme der Ermüdung und der Regeneration des menschlichen Körpers eng verknüpft. Der dritte Aspekt impliziert schließlich, dass die soziale Grundlage der menschlichen Arbeit, nämlich die *Kooperation arbeitender Menschen*, nun ganz systematisch genutzt wird (vgl. Marx 1972: 341 ff.).

Bei diesen drei Kriterien darf allerdings nicht übersehen werden, dass sie historisch nicht absolut scharf sind. Die Grenzen der menschlichen Kraft- und Bewegungsfähigkeit wurden bereits mit der Domestizierung von Tieren überwunden, ein Prozess, der bis in die menschliche Frühgeschichte hineinreicht (vgl. hierzu Braudel 1985: 367 ff.). Dabei konnten aber schon deshalb nur relativ begrenzte Effekte erzielt werden, weil *Arbeitstiere* knapp und teuer waren (vgl. Braudel 1985: 367 ff.). Ebenfalls wird die *Energie von Wind, Wasser, Kohle und Holz* bereits seit langem benützt (Braudel 1985: 380 ff.). Dass der dritte systematische Aspekt der Industrialisierung bereits früher weitgehend entwickelt wurde, wird von Marx selbst an Beispielen, wie der Kutschenproduktion, hinreichend erläutert[1]. Die Frage, ob der Industriebetrieb, wie Marx annimmt, erst ein genuines Produkt der Industrialisierung sei, ist umstritten[2].

Diese und noch eine Reihe weiterer möglicher Einwände ändern aber nichts daran, dass mit der Industrialisierung die körperliche Kraft erfordernde und repetitive menschliche Arbeit *systematisch durch Maschinen ersetzt* wird. Während die zuvor erreichte Substitution harter körperlicher Arbeit immer begrenzt war[3], zielen die Aktivitäten der Unternehmer direkt darauf, die menschliche Arbeit technisch zu substituieren (vgl. relative Mehrwertproduktion: Marx 1972: 341 ff.; vgl. Wissensgesellschaft: Bell 1975: 173 ff.).

Insofern führt die Industrialisierung zu einem ***Strukturwandel der menschlichen Arbeit***.

5.2.2 Der Strukturwandel der menschlichen Arbeit

Ein unverzichtbarer Hintergrund für alle soziologischen Überlegungen zum Strukturwandel menschlicher Arbeit sind Gegensatzpaare, mit deren Hilfe spätestens seit der griechischen Philosophie das Spektrum menschlicher Arbeit

---

[1] Marx erwähnt aber auch die Domestizierung von Tieren sowie die Nutzung von Wind- und Wasserkraft (Marx 1972: 392).

[2] Vor allem Sombart kritisiert die von Marx behauptete Stufenfolge Manufaktur – Fabrik vehement: „Eine unbefangene Würdigung des Gesamtmaterials ergibt ... folgendes: 1. dass der gewerbliche Großbetrieb in der europäischen Wirtschaftsgeschichte sich gleichzeitig als Manufaktur und Fabrik entwickelt; 2. dass also die Zeit vom 16. bis 18. Jahrhundert ebenso sehr eine Fabrik- wie eine Manufakturperiode ist" (Sombart 1916; Band 2: 731 f.).

[3] Trotz dieser engen Grenzen gingen zumindest von 2 Innovationen tiefgreifende soziale Veränderungen aus. Erstens erlaubte erst der von Zugtieren gezogene Pflug, Landwirtschaft in größerem Umfang zu betreiben. Diese Innovation bewirkte zugleich einen tiefgreifenden sozialen Wandel – aus matrilinearen werden patriarchalische Stammesgesellschaften; vgl. z.B. Bornemann 1979: 108 ff. Zweitens revolutionierte der von Pferden gezogene Streitwagen die Kriegsführung; vgl. Keegan 1995: 233 f.

ausgelotet wird. Aristoteles unterscheidet zwischen Ergon und Energia (vgl. Kambartel 2004).

Ergon erfasst jene Bereiche menschlicher Tätigkeiten, die *rein ergebnisbezogen* konzipiert, organisiert und durchgeführt werden. In modernerer Terminologie fallen diese Formen menschlicher Arbeit unter den Begriff des *zweckrationalen Handelns* beziehungsweise der *zweckrationalen Tätigkeit* (vgl. z. B. die Unterscheidung von Arbeit und Interaktion bei Habermas 1968: 9 ff.). Den Formen des *ergebnisorientierten menschlichen Tuns* stellt Aristoteles Formen der *selbstgewählten menschlichen Tätigkeit* gegenüber. Sie sind für ihn zentrales Merkmal guten menschlichen Lebens und werden von dem Begriff *Energia* erfasst.

Auf der Seite der zweckrationalen Tätigkeit können noch weitere Aspekte einbezogen werden, sodass auf diesem Pol Arbeit im Sinne mühevoller und deswegen auch subjektiv unerwünschter menschlicher Tätigkeit verstanden wird. Deshalb erscheint die *Entlohnung* der Arbeitszeit als eine gewissermaßen natürliche *Kompensation*, die den modernen Lohnarbeiter in eine Gesellschaft integriert, in der nur die Beteiligung an Arbeit und Tausch den Menschen Würde geben kann (vgl. hierzu programmatisch: Adam Smith 1978: 17). Arbeit in diesem Sinne stellt für die klassische politische Ökonomie die einzige *Quelle des ökonomischen Wertes* dar (vgl. Kambartel 2004: 152). Dagegen werden die Produktionsfaktoren Kapital und Boden bei Smith, Ricardo und Marx nur als sekundäre Faktoren wirksam (Kambartel 2004: 152).

Zugleich ist diese Form von Arbeit seit der neolithischen Revolution zu einer *kollektiven Notwendigkeit* geworden. Stammesgesellschaften, die ihren Lebensunterhalt allein über Sammeln und Jagen gewinnen, können nur vergleichsweise wenige Gesellschaftsmitglieder auf großer Fläche ernähren. Erst beginnend mit dem systematischen Anbau von Pflanzen und der Haltung von Tieren konnte die Bevölkerungsdichte anwachsen. Damit wird menschliche Arbeit zu einer unverzichtbaren Lebensgrundlage derartiger Gesellschaften.

Über diesen gesicherten Sachverhalt hinausgehend haben Theoretiker der gesellschaftlichen Arbeit, insbesondere Karl Marx, Arbeit im Sinne von Ergon *anthropologisch überhöht*. Arbeit, so Marx, sei Grundlage der Sonderstellung der menschlichen Gattung: Die Menschen „fangen an, sich von den Tieren zu unterscheiden, sobald sie anfangen, ihre Lebensmittel zu produzieren, ein Schritt, der durch ihre körperliche Organisation bedingt ist." (Marx/Engels 1973: 21). *Dabei wird aus menschlicher Arbeit menschliche Naturbeherrschung*: „Wir unterstellen Arbeit in einer Form, worin sie dem Menschen ausschließlich angehört. Eine Spinne verrichtet Operationen, die denen des Webers ähneln, und eine Biene beschämt durch den Bau ihrer Wachszellen manchen menschlichen Baumeister. Was aber von vornherein den schlechtesten Baumeister vor der besten Biene auszeichnet, ist, dass er die Zelle in seinem Kopf gebaut hat, bevor er sie in Wachs baut" (Marx 1972: 193).

Diese Charakterisierung trifft allerdings auf die Arbeit von Bauern oder Hirten, die nach Marx ja am Anfang der menschlichen Emanzipationsgeschichte steht, kaum zu, wie folgende Beschreibung zeigt: Die Arbeit des Bauern „ist hart, auch heute noch, wo die moderne Technik, ... ihm zu Hilfe kommt. Dennoch ist sie dem Suchen und dem Sammeln, jenen ältesten Weisen der menschlichen Daseinsfürsorge, immer noch verwandter als irgendeinem Handwerk ... Der Bauer stellt keine Sache her, und seine Arbeit ist kein Machen. Seine Verrichtungen vom Morgen bis zum Abend, vom Furchenziehen bis wieder zum Furchenziehen bilden keine Zweckreihe an deren Anfang ein Rohstoff, in deren Mitte ein Halbfabrikat und an deren Ende ein fertiges Ding steht. Sie fügen sich, zuwartend und dann rechtzeitig, in den Tages- und Jahreslauf ein, und der Wachstumsprozess der Pflanzen setzt einer jeden von ihnen ihre Stunde. Die Vorstellung, der raschere Umtrieb könnte das Tempo beschleunigen, hat hier keinen Sinn. Zwischen den Arbeiten liegt, beinahe als ihr bestes Teil, immer das Warten: Nicht das Warten auf den Anschluss im mechanisierten Verkehr mit der Uhr in der Hand, sondern das Erwarten dessen, was von Natur und aller Erfahrung nach kommen wird ... Was kann alles dazwischen kommen: der Hagel, die Dürre, der Frost, die Heuschrecken, der Krieg! Aber auf die Treibkraft des Samens ist Verlass und im Ganzen auch auf das Jahr" (Freyer 1955: 15).

Der Aspekt der menschlichen Naturbeherrschung gewinnt erst mit der handwerklichen und industriellen Arbeit seine Plausibilität – zumal, wenn er durch ein *entsprechend organisiertes Wissen* fundiert wird. Man kann die ‚Dialektik der Aufklärung' so lesen, dass ein auf instrumentelle Manipulation zugeschnittenes Wissen sich zunächst als zwischenmenschliches Herrschaftswissen entwickelt hat (Horkheimer/Adorno 1988; vgl. die Interpretation der Odyssee im 1. Kapitel) und dann in der Frühmoderne verallgemeinert wurde (vgl. Horkheimer/Adorno 1988: Kapitel 2 sowie die Bezugnahme auf Bacon in der Einleitung). Mit der Industrialisierung gewinnt es diese Breite dann auch praktisch.

Mit Arbeit im Sinne von Ergon ist aber noch ein weiterer Aspekt verknüpft, der *Herrschaftsaspekt*. In allen vormodernen Gesellschaften mit hoher sozialer Ungleichheit, also sowohl in Gesellschaften vom Typus der alten Hochkulturen wie der Feudalgesellschaften, *war die gesellschaftlich unverzichtbare harte wie repetitive körperliche Arbeit Aufgabe und Schicksal der Deklassierten*. Erst das eröffnete den herrschenden Klassen die Möglichkeit des guten Lebens durch frei gewählte Tätigkeit, die Energia.

Diese – perverse – Verbindung von existenziell unverzichtbarer Arbeit und sozialer Deklassierung der arbeitenden Bevölkerungsschichten charakterisiert die soziale Bedeutung von körperlich harter und repetitiver menschlicher Arbeit vor der Industrialisierung. Sie wird u. a. in Kants Unterscheidung zwischen heteronomem und autonomem Handeln verallgemeinert: „Arbeit ist heteronomes Tun, wobei die Abhängigkeit sowohl von der Notwendigkeit des Überlebens als auch von der Macht Anderer herrühren kann. Hunger und der Archipel Gulag sind die beiden extremen Motive der Arbeit" (Dahrendorf 1982: 31).

Auch wenn die ‚Energia' bzw. Kants ‚autonomes Tun' für die meisten Mitglieder der intellektuellen bzw. auf Kriegsführung und Politik zugeschnittenen oberen Klassen ein unerreichbares sittliches Ideal blieb, so war deren Nichtarbeit im Sinne des *unbedingten Vermeidens harter körperlicher Arbeit ein zentrales Element im Selbstverständnis vormoderner Gesellschaften.* Erst vor diesem Hintergrund wird die soziale Brisanz der Tableaus der Physiokraten (Quesnay 1758; vgl. Jonas 1968: 42 ff.) deutlich, bei denen der Begriff der nichtarbeitenden Klassen eine drastische Bedeutungsveränderung erfährt: Nichtarbeit mutiert von einer für die oberen Klassen ‚angemessenen Haltung' zu einer ‚parasitären' Existenz (Quesnay 1758; noch deutlicher dann Saint-Simon; vgl. Giddens 1984: 26). In dieselbe Richtung wirkte auch die Reformation (Arbeit des niedrigen Adels; vgl. unter 4.6). Auch in den Augen von Auguste Comte bestand das Neue der Industriegesellschaft darin, dass deren *Eliten*, die industriels, *arbeitende Klassen* sind.

Was wird aber dann aus der Idee des guten Lebens? Marx hält an der aristotelischen Unterscheidung zwischen Ergon und Energia in Form der Unterscheidung zwischen einem ‚Reich der Notwendigkeit' und einem ‚Reich der Freiheit' fest. Im Reich der Notwenigkeit ist generell gesehen die menschliche Tätigkeit sowohl für das Überleben des Einzelnen wie der gesamten menschlichen Gattung unabdingbar. *Industrialisierung wird nun von Marx als der Prozess verstanden, der das Reich der Notwendigkeit technisch substituiert, gewissermaßen an Maschinen delegiert.* Deswegen wird bei ihm die ökonomische Kategorie der Rationalisierung, der Einsparung von Arbeit im Sinne von Ergon, zu einem Element des möglich werdenden epochalen Fortschritts.

Die Industrialisierung stellt eine völlig neuartige historische Chance dar, weil sie die Möglichkeit in sich birgt, dass sich die Menschheit von der Notwendigkeit befreien kann, ihr materielles Leben und Überleben durch mühevolle Arbeit (repetitive und zeitlich messbare Arbeit) zu bestreiten. Die zentrale Kraftquelle und die Werkzeugmaschine demonstrieren für Marx, dass dieses Problem technisch lösbar ist und die ‚direkte menschliche Arbeit' von Maschinen erledigt werden kann. Die neuen Maschinen des technischen Zeitalters setzten die Ende des 15. Jahrhunderts[4] aufgekommene, phantastische Geschichte vom Schlaraffenland auf die Agenda einer realen Zukunft! Damit einher geht die historische Chance, dass das gute Leben, die selbstbestimmte Tätigkeit, den Charakter eines Privilegs herrschender Klassen verliert und zu einer allen Mitgliedern der Gesellschaft offen stehenden Möglichkeit wird.

---

[4] Angeblich zuerst 1494 von Hans Brant verbreitet (Wikipedia-Stichwort Schlaraffenland; 4.7.2010). Bekannter ist Hans Sachs: Das Schlaraffenland 1530.

Das Reich der Freiheit kann nach der marxistischen Geschichtsphilosophie aber erst errungen werden, nachdem der auf das private Eigentum an den Produktionsmitteln gegründete Kapitalismus überwunden ist. Um seine Grundlage, den Mehrwert, reproduzieren zu können, muss diese Gesellschaftsformation die historischen Möglichkeiten in ihr direktes Gegenteil, die immer weiter vorangetriebene Ausbeutung und Verelendung der Arbeiter verkehren.

Diese in ihrer Dramaturgie an die christliche Eschatologie[5] erinnernde Erzählung verquickt zwar die Methode wissenschaftlicher Erklärung mit Techniken religiöser Offenbarung, aber sie prognostiziert durchaus zutreffend die Richtung des durch die Industrialisierung bewirkten Strukturwandels menschlicher Arbeit. Die menschliche Arbeit wird durch Technisierung aus dem unmittelbaren Produktionsprozess zunehmend heraus gedrängt und auf vor- und nachgelagerte Tätigkeiten (Einkauf, Planung, Verkauf, Reparatur etc.) sowie auf prozessbegleitende Arbeit (Instandhaltung, Prozesssteuerung...) verlagert. Weiterhin gewinnt wissenschaftliche und schöpferische Tätigkeit gegenüber der direkten Produktion zunehmende Bedeutung (vgl. Marx 1974: 592 ff.)

Mit dieser Prognose sind vor allem folgende vier Probleme verknüpft:

Erstens: Während Marx davon ausging, dass der prognostizierte Strukturwandel die auf dem Privateigentum an Produktionsmitteln basierende Produktionsweise zerstören und dann unter sozialistischen und kommunistischen Bedingungen weiter laufen werde, *erfolgte er tatsächlich unter kapitalistischen Bedingungen.* Marx hatte im Rahmen seiner Werttheorie angenommen, dass der Preis aller Waren zumindest langfristig von der sie eingegangenen menschlichen Arbeitszeit bestimmt werde. Auf dieser Grundlage können dann zentrale Größen wie die ‚unbezahlte Mehrarbeit‘ berechnet werden. Bei der Preisbildung muss aber gleichförmige und quantitativ messbare menschliche Arbeit unterstellt werden, also Ergon, was aber zunehmend technisch substituiert wird. Damit geht nach Marx die stoffliche Grundlage der kapitalistischen Wirtschaft verloren (vgl. Marx 1974: 592 ff.). Dieser Teil seiner Prognose hat sich offensichtlich nicht bewahrheitet.

Unter kapitalistischen Bedingungen bedeutet dieser Strukturwandel, dass die Nachfrage nach quantitativ messbarer menschlicher, repetitiver körperlicher Arbeit zurückgeht, während die Nachfrage nach vor-, nachbereitender und prozessbegleitender Arbeit bei wirtschaftlichem Wachstum ebenso zunimmt wie die nach wissenschaftlicher Arbeit, nach Forschungs- und Entwicklungstätigkeiten.

Zweitens: Bei seiner Analyse der Entwicklung der Nachfrage nach Arbeitskräften unter den Bedingungen des 19. Jahrhunderts hat *Marx die Technisie-*

---

[5] Lehre von ‚den letzten Dingen‘ wie, in der christlichen Eschatologie, die Aufnahme ins Paradies. Viele Religionen, aber auch die griechische Philosophie (vgl. Eliade 1978, Band 2: 173 ff.), enthalten derartige Spekulationen.

rungs- und Mechanisierungseffekte in der Textilindustrie verallgemeinert und daraus die generelle These abgeleitet, dass Technisierung zu einer generellen Dequalifizierung der Industriearbeit und einer Absenkung der Löhne auf das Existenzminimum ('ehernes Lohngesetz') führen werde. Der weitere Verlauf des Industrialisierungsprozesses spricht dagegen für eine Polarisierungsthese (vgl. Kern/Schumann 1970): Neben Dequalifizierungsprozessen entstehen sowohl an bestimmen Maschinen, wie Werkzeugmaschinen (vgl. Popitz/Bahrdt/Jüres/ Kesting 1957: 128 ff.) oder Setzmaschinen (Brock/Vetter 1982: 125 ff.) sowie auch im Bereich der Prozessüberwachung und – Kontrolle (Mallet 1972: 140 ff.) Arbeitsplätze mit höheren Qualifikationsanforderungen.

Drittens: Während Marx den Staat umstandslos als Instrument der herrschenden Klasse einstufte, entwickelten sich im 20. Jh. *Formen eines auf Interessenausgleich* (Kreckel 1992) *setzenden Wohlfahrtsstaates* (Esping-Andersen 1991), der sowohl durch die rechtliche Institutionalisierung von kollektiven Tarifauseinandersetzungen wie über soziale Sicherungssysteme den Massenwohlstand auch unabhängig von der Qualifikationsentwicklung anhob.

Viertens: Marx konzentrierte seine Analyse auf den industriellen Produktionsprozess und interessierte sich nur für den Strukturwandel der menschlichen Arbeit in diesem Bereich. Zudem blendet sein Arbeitsbegriff wichtige Tätigkeitsmerkmale landwirtschaftlicher Arbeit (vgl. obiges Zitat) wie auch von Dienstleistungsarbeit (z. B. Jacobsen/Voswinkel 2001) aus. Gerade dann, wenn Arbeit als mühevolle beziehungsweise unerwünschte Tätigkeit (englisch: labour, französisch Travail, lateinisch labor und im Volksmund des Ruhrgebiets Maloche) aufgefasst wird, wird dabei allzu selbstverständlich unterstellt, dass Arbeit ein in sich geschlossener Herstellungsprozess ist. Wenn überhaupt, dann trifft dieses Merkmal auf die Herstellung von Gütern zu. *Weder im Bereich der Dienstleistungen, noch im Bereich der Landwirtschaft kann Arbeit vollständig nach dem Verständnis des instrumentellen Handelns modelliert werden, bei dem Zweck und Mittel von dem arbeitenden Akteur autonom gesetzt werden können.*

Vor diesem Hintergrund muss der Strukturwandel der menschlichen Arbeit heute, und darüber besteht weitgehender Konsens, in seiner ganzen Breite erfasst werden. Dabei werden drei Bereiche (Sektoren) menschlicher Arbeit unterschieden: Ein primärer Sektor, in dem land- und forstwirtschaftliche Arbeit im weitesten Sinne betrieben wird, ein sekundärer Sektor handwerklicher und industrieller Arbeit, sowie ein tertiärer Sektor, in dem Dienstleistungsarbeit stattfindet. Lediglich der Bereich des Bergbaus im weitesten Sinne ist in dieses Modell schwer integrierbar. Er wird in der Regel dem sekundären Sektor zugerechnet (grundlegende Literatur: Clark 1940; Fourastié 1949; Gershuny 1981; Häußermann/Siebel 1995; Baethge/Wilkens 2001).

Marktmechanismen und damit zusammenhängende technische Rationalisierungsprozesse entscheiden darüber, wie viele Menschen in jedem dieser drei

Bereiche arbeiten und welchen Anteil jeder Bereich jeweils an der wirtschaftlichen Wertschöpfung hat. Das hängt damit zusammen, dass die Höhe der Nachfrage nach den einschlägigen Produkten, also nach Nahrungsmitteln, Produkten aus Industrie und Handwerk oder nach Dienstleistungen in Verbindung mit der zur Herstellung dieser Produkte und Dienstleistungen erforderlichen Arbeitszeit darüber entscheidet, wie viele Menschen jeweils beschäftigt werden können.

Dieses Modell erfasst also direkt das menschliche Arbeitsvolumen in den drei Sektoren. Dabei muss allerdings beachtet werden, dass erst die zwischen den Tarifpartnern ausgehandelten Arbeitszeitregelungen bestimmen, in wie viele Arbeitsplätze dieses Arbeitsvolumen übersetzt werden kann.

Für alle modernen Gesellschaften gilt grundsätzlich, aber selbstverständlich mit erheblichen zeitlichen Unterschieden, dass aus Agrargesellschaften Industriegesellschaften und aus Industriegesellschaften im Laufe der Zeit Dienstleistungsgesellschaften werden. Im Sinne der Drei-Sektoren-These ist mit diesen Begriffen ausgedrückt, dass in dem namensgebenden Sektor jeweils der Hauptanteil an Beschäftigung wie an wirtschaftlicher Wertschöpfung stattfindet.

Als Anwendungsbeispiel für die Drei-Sektoren-These sollen für die Bundesrepublik Deutschland die beiden zentralen Übergänge, nämlich der Übergang von der Agrar- zur Industriegesellschaft und der Übergang von der Industrie- zur Dienstleistungsgesellschaft, für den Zeitraum bis 1980 beschrieben werden. Wie jede andere Industriegesellschaft auch, war Deutschland vor der Industrialisierung eine Agrargesellschaft. Das bedeutet, dass der überwiegende Teil der Bevölkerung in der Landwirtschaft tätig war. Sowohl der sekundäre Sektor, der vor der Industrialisierung ganz überwiegend durch das Handwerk repräsentiert wurde, wie auch der Dienstleistungssektor, zu dem vor allem das hauswirtschaftliche Personal in Haushalten des Adels und des gehobenen Bürgertums gehörte, hatten eine nachrangige Bedeutung.

Die Industrialisierung erfolgte in Deutschland zwar später als in England und Frankreich, sie gewann aber eine besondere Dynamik. Eine erste Industrialisierungswelle erfasste Deutschland um die 1830er Jahre herum, eine zweite setzte in enger zeitlicher Nähe zur Reichsgründung 1871 ein. Während die erste Industrialisierungswelle noch auf wenige ‚Inseln‘ beschränkt blieb (vor allem Ruhrgebiet, Sachsen und Berlin), erfasste die zweite Industrialisierungswelle weite Teile des Deutschen Reichs. Dennoch wird Deutschland erst Ende des 19. Jahrhunderts zur Industriegesellschaft. Nach dem Kriterium der wirtschaftlichen Wertschöpfung lässt sich dieser Zeitpunkt auf etwa 1890 datieren, nach den Beschäftigtenzahlen folgt der Übergang zur Industriegesellschaft um 1900 (vgl. Abelshauser 1983: 120 f.).

Wenn man sich am Kriterium der Beschäftigung orientiert, dann kann die Blütezeit des sekundären Sektors in Deutschland einmal auf die Jahre direkt vor dem Zweiten Weltkrieg (Ausweitung der Rüstungsproduktion) und dann auf die frühen 60er Jahre des 20. Jahrhunderts datiert werden. Nimmt man das Kriterium des Anteils an der wirtschaftlichen Wertschöpfung, dann liegt die Blütezeit des sekundären Sektors am Ende unseres Betrachtungszeitraums, um das Jahr 1975 herum. Das hängt vor allem mit der ausgeprägten Exportorientierung der deutschen Wirtschaft und den gerade in diesem Zeitraum anwachsenden Exportüberschüssen zusammen, kann also nicht umstandslos auf den Strukturwandel der Arbeit in anderen Ländern übertragen werden.

Mit dieser Exportorientierung und mit der im internationalen Vergleich enormen Stärke des sekundären Sektors hängt auch zusammen, dass der Übergang zur Dienstleistungsgesellschaft in Deutschland sehr spät erfolgte. Nach dem Kriterium der Beschäftigung ist er um das Jahr 1975 zu datieren, nach dem Kriterium der wirtschaftlichen Wertschöpfung liegt der Übergang sogar außerhalb unseres Betrachtungszeitraums. 1980 beläuft sich der Beitrag des primären Sektors am Sozialprodukt auf gerade zwei Prozent, der des sekundären Sektors liegt bei 51 und der des Dienstleistungssektors bei 47 Prozent (vgl. Abelshauser 1983: 121).

Die dramatischsten Veränderungen in dem Jahrhundert zwischen 1880 und 1980 erfährt der primäre Sektor. Während 1880 noch fast 45 Prozent der Bevölkerung in der Landwirtschaft arbeiten, nehmen die Beschäftigungszahlen in den Folgejahren kontinuierlich ab. Die 30-Prozentmarke wird um das Jahr 1930 erreicht, die 20-Protentmarke um 1950, die 10-Prozentmarke 1970. Noch drastischer geht der Anteil des Agrarsektors an der wirtschaftlichen Wertschöpfung zurück. Hier wird die 30-Prozentmarke bereits knapp vor 1900 erreicht, die 20-Prozentmarke fällt nach dem Ersten Weltkrieg und die 10-Prozentmarke wird dann um 1950 unterschritten. Damit verglichen ist der Anteil des sekundären Sektors erstaunlich stabil. Nach den beiden Industrialisierungswellen des 19. Jahrhunderts (siehe oben) verlangsamt sich bis zum Ersten Weltkrieg das Expansionstempo. Es wird in der Zwischenkriegszeit vor allem durch die Weltwirtschaftskrise noch stärker gebremst und gewinnt erst in den ersten Nachkriegsjahren wieder an Dynamik. Bei der Beschäftigung wird der Scheitelpunkt um 1960 erreicht (vgl. das statistische Material bei Osterland/Deppe/Gerlach/Mergner/Pelte/Schlösser 1973; insbesondere Tab. 6, 10, 13, 14, 18, 19), die wirtschaftliche Wertschöpfung nimmt dagegen noch bis Mitte der 70er Jahre zu.

Während der sekundäre Sektor im Zeitraum von 1880 und 1980 seine anteilige Bedeutung nur geringfügig verändert, verzeichnet der Dienstleistungssektor kontinuierliche Wachstumsprozesse, sowohl hinsichtlich der Beschäftigung wie auch hinsichtlich der Wertschöpfung. Zu einer dynamischen Steigerung kommt es, was die Beschäftigung anbelangt, allerdings erst nach dem Zweiten Weltkrieg. Dagegen nimmt die Bedeutung des tertiären Sektors für die wirtschaftliche Wertschöpfung, abgesehen von der Phase der deutschen Kriegsproduktion vor dem zweiten Weltkrieg, kontinuierlich zu, wobei allerdings die Wachstumskurve deutlich geringer ansteigt als das Arbeitsvolumen.

Am Beispiel der deutschen Entwicklung lässt sich ganz gut nachvollziehen, was das Drei-Sektoren-Modell erklärt. Anteile der jeweiligen Sektoren verändern sich nämlich immer nur dann, wenn Nachfragesteigerung einerseits und Rationalisierung/Effektivitätssteigerung der menschlichen Arbeit andererseits im jeweiligen Sektor auseinanderklaffen. Die Beschäftigung nimmt ab, sobald die Rationalisierung prozentual höher ausfällt als der Nachfragezuwachs; sie nimmt dagegen zu, sobald die Nachfrage prozentual stärker wächst als die Rationalisierung zu Buche schlägt.

Der dramatische Rückgang des primären Sektors ist auf eine vergleichsweise geringe Zunahme der Nachfrage zurückzuführen, die von einer starken Rationalisierung und Effektivierung der Arbeitsabläufe begleitet war. In dem Jahrhundert zwischen 1880 und 1980 waren gerade in der Landwirtschaft viele Abläufe mechanisiert worden, was bei gleichzeitiger Steigerung der Hektarerträge starke Einsparungseffekte bei der menschlichen Arbeit zur Folge hatte. In den 50er und 60er Jahren übertraf das Rationalisierungstempo in der Landwirtschaft alle Branchen des industriellen Sektors deutlich (vgl. Altmann/Kammerer 1970).

Anders als in der Landwirtschaft konnten im sekundären Sektor die Rationalisierungsgewinne, die auch hier kontinuierlich erzielt wurden, durch eine Expansion bei der Nachfrage über lange Zeiträume hinweg kompensiert werden. Dies gelang allerdings in den letzten Jahren vor 1980 nicht mehr ganz. In dem Maße, wie die Mikroelektronik seit Mitte der 80er Jahre in den sekundären Sektor einzog, kam es zu einem deutlicheren Abbau des Arbeitsvolumens. Diese letztgenannte Entwicklung fällt allerdings in den Bereich der radikalisierten Moderne und damit in den zweiten Band.

Im Dienstleistungssektor hat eine kontinuierliche Zunahme der Beschäftigung stattgefunden, weil hier die Nachfrageexpansion die Rationalisierungsgewinne permanent übertraf. Der „Erfinder" der Dienstleistungsgesellschaft, Jean Fourastié, war sogar der Ansicht, dass Dienstleistungen weitgehend rationalisierungsresistent wären, weil der Arbeitsgegenstand kein Produkt, sondern immer ein anderer Mensch sei (vgl. Fourastié 1949). Im hier betrachteten Zeitraum bis 1980 konnte diese optimistische Annahme noch in etwa mit der Realität in Einklang gebracht werden.

Abschließend sei noch angemerkt, dass die Prognose des Übergangs von der Industrie- zur Dienstleistungsgesellschaft sich bewahrheitet hat. Allerdings sind die Zahlen, aufgrund derer diese Trends errechnet wurden, alles andere als exakt, da im Einzelfall oft schwer zu entscheiden ist, welche Arbeitsplätze dem sekundären bzw. dem Dienstleistungssektor zuzuordnen sind (vgl. Geißler 1996: 138 f.).

5.2.3 Lohnarbeit und Lebensführung

Der dritte, mit ,Industrialisierung‘ und dem ,Strukturwandel der menschlichen Arbeit‘ in einem direkten Zusammenhang stehende Komplex kreist um die Implikationen der freien Lohnarbeit für Alltag und Lebensführung. Mit Comte ist uns der Gedanke geläufig, dass die wesentlichen Strukturen jeder Gesellschaft nicht nur überindividuell konstituiert werden, sondern auch in ihrer zeitlichen Dauer die menschliche Lebenszeit bei weitem übertreffen (Statik und Dynamik – vgl. Junge 2002). Vom Standpunkt der Gesellschaft aus bedeutet das, dass alle wesentlichen Funktionen und Rollen permanent neu besetzt werden müssen und dass diese Neubesetzung zudem möglichst bruchlos erfolgen muss. Darauf sind die Sozialisationsprozesse in nahezu allen bekannten Gesellschaften zugeschnitten. Vom Standpunkt des Individuums aus übersetzt sich dieser Sachverhalt immer in die Frage der sozialen Positionierung: in welchem gesellschaftlichen Bereich, welcher Position, welchen Rollen finde ich einen meiner Subjektivität entsprechenden Platz in der (differenzierten, arbeitsteiligen) Gesellschaft (Simmel – 3. Apriori; vgl. Simmel 1992: 60; zur Erläuterung vgl. Krähnke 2002a: 145 f.)?

Marx entwickelte die bis heute allgemein anerkannte[6] These, dass industrieller Kapitalismus nur auf der Grundlage freier Lohnarbeit funktionieren könne. Die ,Freiheit‘ der Lohnarbeiter habe ein allerdings Janusgesicht. Deswegen spricht Marx hier von ,doppelter Freiheit‘ (Marx 1972: 183), um damit auszudrücken, dass die Vertragsfreiheit der Arbeiter eine zynische Konstruktion sei. Wie die über Eigentum an den Produktionsmitteln verfügenden Bürger, so verfügen auch die Lohnarbeiter über persönliche Freiheitsrechte. Sie können entscheiden, an wen sie ihre Arbeitskraft zu welchen Konditionen verkaufen wollen. *Insofern* sind sie verglichen mit den über eigene Produktionsmittel verfügenden Bürgern gleichrangige Marktakteure. Auf der anderen Seite – und hier steckt der von Marx angeklagte Zynismus – sind sie aber bei Strafe des Verhungerns gezwungen, ihre Arbeitskraft zu verkaufen. Weil sie zu arm sind, um eigene Produktionsmittel zu erwerben, können sie ihr Arbeitsvermögen nicht selbst nutzen. Um zu überleben, müssen sie es anderen gegen Entgelt zur Verwertung überlassen.

Der Zwang zum Verkauf der eigenen Arbeitskraft wirkt als eine Art innere Peitsche, die die äußere Peitsche eines Sklavenaufsehers mehr als ersetzt. Para-

---

[6] Diese These wurde von Wallerstein (1974) kritisiert. Er hebt hervor, dass die freie Lohnarbeit in den Regionen, die Rohstoffe und landwirtschaftliche Produkte in die industriellen Zentren exportieren, gerade nicht üblich oder gar notwendig sei. Damit wird eine gerade nach Marxens Ausführungen über die Sklaverei notwendige Präzisierung erreicht: Lohnarbeit ist nur eine Voraussetzung für Industriearbeit unter marktwirtschaftlichen Bedingungen aber nicht für das gesamte, darum entwickelte System internationaler Arbeitsteilung (,modernes Weltsystem‘; vgl. unter 3.6.3) insgesamt.

doxerweise stellt für die Sklaven der Umstand, über keine grundlegenden Persönlichkeitsrechte und Freiheitsrechte zu verfügen, einen gewissen sozialen Schutz dar. Für die Sklavenhalter verkörpern sie nämlich nur solange einen wirtschaftlichen Wert, wie sie leben und körperlich intakt sind. Wer seine Sklaven also allzu schlecht behandelt, enteignet sich selbst. Weiterhin haben Sklaven kein eigenes Interesse daran gut zu arbeiten, ihre Arbeit muss immer qualitativ wie quantitativ direkt erzwungen werden. Marx zeigt an einigen Beispielen, dass Sklaverei deshalb mit plumper Technik einhergeht, weil die Sklaven auch kein Interesse am Erhalt der Arbeitsmittel haben (Marx 1972: 210 f)[7].

Vor diesem Hintergrund erweist sich die freie Lohnarbeit als ein effizientes Disziplinierungselement, weil der Arbeitgeber die Vertragsfreiheit immer dazu nutzen kann, einem Arbeiter, mit dessen Leistungen er nicht zufrieden ist, zu kündigen. Anders als der Sklavenhalter erleidet er keinen wirtschaftlichen Schaden, wenn seine Arbeiter verhungern oder zum Krüppel werden. Die Institution der Vertragsfreiheit erlaubt ihm solche Arbeiter einfach gegen leistungsfähigere auszutauschen.

Marxens Analyse der Lohnarbeit geht von frühkapitalistischen Bedingungen aus. Sie klammert insbesondere den Wohlfahrtstaat und die sozialen Sicherungssysteme aus. Der Wohlfahrtstaat beruht auf einem Konsens der Gesellschaftsmitglieder darüber, dass niemand nur deshalb dem Verhungern preisgegeben werden darf, weil er – ob unverschuldet oder nicht – über kein (hinreichendes) Einkommen aus Lohnarbeit verfügt. Damit wird die ‚Peitsche des Hungers' (Polanyi), also das, was Marx ‚Zwang zum Verkauf' der eigenen Arbeitskraft nennt, deutlich relativiert (vgl. auch Esping-Andersen 1991). Denn der Wohlfahrtsstaat zielt darauf, dass für Zeiten, wo infolge von Krankheit, Unfall oder Alter kein Arbeitseinkommen fließt, existenzsichernde Lohnersatzleistungen gezahlt werden. Aus der Perspektive individuellen Nutzenkalküls entsteht dabei jedoch unvermeidlich die alternative Option, anstelle eigener Erwerbsarbeit auf Transferleistungen sozialer Sicherungssysteme zuzugreifen. Bei Mehrpersonenhaushalten kann zudem zwischen dem Nutzen eigener Erwerbstätigkeit und einer Tätigkeit im Haushalt abgewogen werden[8].

---

[7] Nach Sombart war die Sklavenarbeit über Jahrhunderte rentabel, wenn bestimmte Bedingungen gegeben waren. Er nennt: 1.Plantagenbetrieb, 2. eine gewisse Höhe der Produktpreise, 3. Raubbau an der Menschenkraft, 4. Raubbau an der Natur; vgl. Sombart 1916; Band 1: 708 ff. Zum dritten Punkt stellt er u. a. fest: „Es wurde zuletzt üblich, den Sklaven in seinem besten Mannesalter tot zu arbeiten, um ihn nicht als älteren Mann ernähren zu müssen." (Sombart 1916; Band 1: 708)

[8] Nach Coleman gehört Lohnarbeit zu den disjunkten Herrschaftsbeziehungen (Coleman 1995; Band 1: 90 ff.). „Wenn man davon ausgeht, dass sich Akteure rational verhalten, ... (entstehen) disjunkte Herrschaftsbeziehungen nur ..., wenn eine Entschädigung gezahlt wird. Die Begriffe ‚konjunkt' und ‚disjunkt' beziehen sich auf die Übereinstimmung zwischen den Interessen der Untergebenen und den Anordnung des Vorgesetzten" (Coleman 1995; Band 1: 93). Rational ist eine Ab-

Wer auf den Verkauf seiner Arbeitskraft angewiesen war, der musste unter frühkapitalistischen Bedingungen bei Strafe des Verhungerns, also des existenziellen Scheiterns (Risiko absoluter Armut) und dann unter den Bedingungen des Wohlfahrtsstaats bei Strafe des individuellen Scheiterns (Risiko relativer Armut; vgl. Geißler 1996: 181 ff.) permanent versuchen, eine attraktive Qualifikation zu erwerben, sie zu vermarkten und dieses Arbeitsvermögen permanent zu regenerieren und zu reproduzieren. Im Erfolgsfalle können verantwortungsvolle und gut dotierte Tätigkeiten ausgeübt werden, andernfalls drohen Dauerarbeitslosigkeit und wohlfahrtsstaatliche Alimentierung.

Für die moderne Industriegesellschaft ist nicht nur entscheidend, welche tatsächlichen Leistungen die Gesellschaftsmitglieder als Arbeitskräfte aktuell ‚erbringen', sondern es kommt darüber hinaus immer stärker darauf an, dass sie ihr ‚Humankapital' entwickeln (Becker 1993; Keeley 2008) und möglichst marktgängige Qualifikationen erwerben. Das setzt ‚offene Gesellschaften' voraus, in denen zumindest grundsätzlich alle Leistungsrollen von allen erreichbar sind und in denen hohe Raten vertikaler Mobilität[9] auch real existieren. Aus dem theoretischen Teil kennen wir diesen Gesichtspunkt als Übergang von einer vom Geburtsstatus abhängigen zu einer leistungsabhängigen Statuszuweisung (‚achievement' versus ‚ascription' vgl. ab 2.4.7).

Für die Entwicklung des Humankapitals moderner Industriegesellschaften ist darüber hinaus entscheidend, dass es zu einer Subjektivierung des Arbeitszwanges in Form eines kontinuierlichen Regenerations-, Qualifizierungs- und Vermarktungsinteresses an der eigenen Arbeitskraft kommt. Zwar impliziert der Zwang zum Verkauf der Arbeitskraft ein existenzielles Eigeninteresse der Lohnarbeiter an einem möglichst erfolgreichen Verkauf der eigenen Arbeitskraft, da die Entwicklung des eigenen Arbeitsvermögens jedoch erheblich Zeit kostet, *muss der Verkaufszwang biographisch antizipiert und in eine langfristige Qualifizierungs- und Vermarktungsperspektive übersetzt werden.* Entscheidender Bezugspunkt im individuellen Vermarktungskalkül wäre damit eine Maximierung

---

tretung von Verfügungsrechten für Arbeitnehmer immer dann, wenn eine selbst bestimmte Nutzung der abgetretenen Zeit weniger Nutzen stiftet als das Entgelt für die Abtretung. Mit diesen begrifflichen Mitteln können Abwägungsprozesse z. B. zwischen Familienarbeit und Erwerbsarbeit genauer erfasst werden. Die bürgerliche Frauenbewegung hat schon um 1900 diskutiert, ob es für die Arbeiterfamilien nicht vorteilhafter sei, wenn die Frauen Hausarbeit verrichten, anstatt in die Fabrik zu gehen (vgl. Fürth 1902). Mit der Einführung von Transferleistungen entstehen u. U. neue Optionen.
[9] Vertikale Mobilität bedeutet Mobilität in Bezug auf den sozialen Status, also Auf- und Abstiege. Analytisch wird weiterhin zwischen Inter- und Intragenerationen Mobilität unterschieden. Wenn jemand sich vom Tellerwäscher zum Millionär hocharbeitet, liegt Intragenerationen Mobilität vor. Wenn dagegen der Vater Tellerwäscher war, der Sohn Millionär ist, dann wird das als Intergenerationen Mobilität bezeichnet. Vgl. Kreckel/Brock/Thode 1972: 4 ff.

des Ertrags der gesamten Erwerbsphase (vgl. unten unter Normalbiographie): hohes Lebensarbeitseinkommen, geringes langfristiges Arbeitslosigkeitsrisiko.

Es ist wichtig sich an diesem Punkt klar zu machen, worin die perspektivische Bedeutung dieser sich aus der Lohnarbeit ergebenden dispositiven Zwänge und Möglichkeiten besteht. Wir knüpfen hierbei an die Unterscheidungen zwischen den Arbeitsbegriffen Ergon und Energia und zwischen einem Reich der Notwendigkeit und einem Reich der Freiheit an, weil sich von dort aus Maßstäbe für die Fortschrittlichkeit von Lebensformen rechtfertigen lassen.

Nach den Überlegungen von Marx bestand die soziale Ungerechtigkeit der Feudalgesellschaften darin, dass sie die zum Überleben Aller notwendige Arbeit (Ergon/Reich der Notwendigkeit) der Masse der Bevölkerung, dem 3. und 4. Stand, aufgezwungen hatte. Für Marx ändert sich daran im Industriekapitalismus konkret nichts, der Arbeitszwang wird ‚lediglich' nicht mehr über traditionelle Herrschaftsformen (Grundherr – Leibeigener), sondern über das Nichteigentum an Produktionsmitteln organisiert und damit universell. Die perspektivischen Möglichkeiten des Industriekapitalismus (Abschaffung der notwendigen Arbeit durch Maschinen) können daher erst nach einer ‚Vergesellschaftung' der Produktionsmittel zur Emanzipation der arbeitenden Klasse führen.

Diese Lesart der historischen Möglichkeiten ging von den sozialen Bedingungen des Frühkapitalismus aus: Dequalifizierung, un- und angelernte Arbeit, Entlohnung am Existenzminimum, kurze Erwerbsphasen mit dem Ergebnis physischer und nervlicher Zerrüttung ohne Alterssicherung. Diese sozialen Bedingungen haben sich im weiteren Verlauf der Industrialisierung zumindest für große Teile der arbeitenden Bevölkerung drastisch verändert. Deswegen ergeben sich zunehmend reale Dispositionsräume (a) in Richtung der Vermarktung der eigenen Arbeitskraft, (b) für die arbeitsfreie Zeit/Freizeit, (c) für die Geldverwendung (Konsumentenrolle, Eigentumsbildung). In dieser Form partizipiert der auf Erwerbsarbeit angewiesene Teil der Bevölkerung am industriellen Fortschritt, an der technischen Substitution notwendiger menschlicher Arbeit.

Das verweist auf ein von Marx unterschätztes Fortschrittselement in der freien Lohnarbeit: die Umstellung der Überlebensbedingungen von der Eigentumsfrage (Eigentum an Produktionsmitteln   ja oder nein) auf die Zweitcodierung des Wirtschaftssystems, auf Geld (zahlen können oder nicht; vgl. Luhmann 1988). In dem Maße, wie hier aus einem formalen Zwang reale dispositive Möglichkeitsräume entstehen, werden bürgerliche Freiheitsrechte zu Voraussetzungen auch der beruflichen wie persönlichen Entfaltung der Lohnarbeiter (zum Zusammenhang zwischen zunehmenden Möglichkeiten der freien Geldverwendung und der politischen Integration der Arbeiter vgl. Brock 1991). Aus Arbeitern werden Bürger.

Im Hinblick auf die Frage der politischen Stabilität bzw. Instabilität des Industriekapitalismus muss noch eine weitere Folgerung von Marx kritisiert werden. Marx nahm an, dass nur die Kapitalistenklasse an das Vorhandensein von harter körperlicher Arbeit (= Ergon) existenziell gebunden sei, während die Lohnarbeiter bei ihrer Abschaffung durch Arbeitsmaschinen nichts anderes zu verlieren hätten als ihre Ketten. Die Entfaltung der dispositiven Möglichkeitsräume der Lohnarbeiter ist aber sehr direkt an das Vorhandensein von Arbeitsplätzen gebunden. Wie wir bei der 3-Sektoren Theorie (vgl. unter 5.2.2) gesehen haben, zerstört eine zu rasche Realisierung technischer Substitutionsmöglichkeiten menschlicher Arbeit die Grundlagen dieser Lebensform, die sich im Verlauf der Industrialisierung auch institutionell (vgl. unter 5.2.5) und kulturell entwickelt hat. Daher haben gerade die Menschen, die vom Verkauf ihrer Arbeitskraft leben, durch die Technisierung menschlicher Arbeit sehr viel zu verlieren.

Dieses ‚konservative' Interesse ändert aber nichts daran, dass Vermarktungsstrategien unter den Bedingungen permanenten sozialen und wirtschaftlichen Wandels nur dann erfolgreich sein können, wenn sie eine traditionskritische Haltung entwickeln. Lohnarbeit kann daher nicht als eine kulturell fixierte Lebensform angesehen werden, sondern muss als *Strategie der Lebensführung* verstanden werden.

Der Begriff Lebensführung hat vor allem über die religionssoziologischen Arbeiten Max Webers Eingang in die Soziologie gefunden. Weber beschreibt die an religiösen Maximen orientierte Einstellung der Anhänger protestantischer Sekten gegenüber den in ihrem sozialen Umfeld gebräuchlichen sozialen Praktiken als ‚methodisch-rationale Lebensführung' (vgl. unter 2.3.4). Im weiteren Sinne macht Webers Hauptwerk, die ‚Wirtschaftsethik der Weltreligionen', deutlich, dass ein enger Zusammenhang zwischen der Ausrichtung der Weltreligionen und einer individualisierten, auf religiöse Heilsziele ausgerichteten Lebensführung der Gläubigen besteht (vgl. unter 2.3.5). In diesem allgemeinen Sinne wird auch hier der Begriff der Lebensführung gebraucht. *Von Lebensführung wird immer dann gesprochen, wenn Menschen nicht als Mitglieder von Kollektiven oder von solidarischen Verbänden unter gemeinsamen Überzeugungen handeln, sondern entweder je individuell gesetzte Ziele erreicht werden sollen, oder aber Ziele (wie beispielsweise das Seelenheil), die nach dem Verständnis der Beteiligten immer nur individuell erreicht werden können.* Eine Form der Individualisierung (vgl. 2.2) wird dabei also immer vorausgesetzt.

Bei Darstellungen des Alltagslebens der arbeitenden Bevölkerung in mittelalterlichen Feudalgesellschaften ist dieser Begriff daher noch unangemessen. Borst beispielsweise spricht hier völlig zu Recht von „Lebensformen" (vgl. Borst 1982: 666 ff.). Das hängt damit zusammen, dass hier Großgruppen, Kollektive, wie auch Familienverbände ihr Leben gemeinsam nach allen beteiligten selbstverständlichen, traditionell gegebenen Maximen führen (vgl. hierzu auch 2.2). Für sie gibt es festliegende Praktiken, von denen das Alltagsleben geprägt wird. Diese traditionellen Lebensformen regeln gerade auch aus heutiger Sicht so eindeutig ,individuelle' Ereignisse wie den Tod eines Menschen (vgl. Ariès 1982: 13 ff.).

5.2.4 Arbeitstag und Biographie

Daraus ergeben sich nun einige Folgerungen für die Struktur des Arbeitstages wie auch für die Struktur des gesamten Lebensverlaufs.

Wenn man an dieser Stelle historische Übergänge wie Manufakturen und vorindustrielle Fabriken (vgl. Sombart 1916; Band 2) ausklammert und den ideal-typischen Arbeitstag eines zünftigen Handwerkers mit dem eines Fabrikarbeiters des 19. Jahrhunderts vergleicht, dann wird direkt fassbar, was die oben skizzierten Veränderungen in der Konstruktion des gesellschaftlichen Arbeitszwanges für den Arbeitsalltag bedeuteten.

Wenn die Gesellen nicht auf Wanderschaft[10] waren, sondern ein Arbeitsverhältnis inne hatten, dann galten sie als Teil der Familie und waren, auch wenn sie nicht arbeiteten, dem Willen des Haushaltsvorstandes unterworfen (vgl. Stürmer 1979: 153 ff.). Darüber hinaus regelten die Zunftordnungen, sowohl für die Arbeit selbst wie auch für das Verhalten der Zunftangehörigen außerhalb der Arbeit, was als ordnungsgemäßes und die Ehre der Zunft sicherndes Verhalten anzusehen war und was nicht. Der Alltag war also nahezu vollständig durch Tradition und Sitte geregelt.

Der freie Lohnarbeiter ist dagegen nur für die Zeit, in der er seine Arbeitskraft verkauft hat, nun allerdings zunächst wesentlich restriktiveren Regelungen der Fabrikherren unterworfen. Die Arbeitsordnungen des 19. Jahrhunderts zielten auf eine umfassende Disziplinierung der Arbeiter, deren Verletzung in der Regel mit Geldstrafen oder Entlassung geahndet wurde. Die Tradition wurde hier also durch das ökonomische Nutzenkalkül des Fabrikherrn ersetzt. Außerhalb der Arbeit waren sie dagegen in einem umfassenden Sinne frei. Die traditionellen Regelungen wurden allerdings zunächst nur durch eine rein formelle Selbstbestimmung ersetzt. Was die Arbeiter mit ihrem Lohn machten, wie sie für ihre Ernährung sorgten, ob sie eine Familie gründen wollten (konnten), das war ihnen alles selbst überlassen. Das Ergebnis dieser freien Gestaltung der Zeit außerhalb der Arbeit war und ist allerdings in höchstem Maße marktrelevant. Ob die Frei-

---

[10] Die Phase der Wanderschaft war egalitär organisiert (,Gesellenbruderschaften'). Zudem war jeder Handwerksmeister verpflichtet, wandernden Zunftgenossen Nahrung und Übernachtung zu geben. Wohin und wie lange man auf Wanderschaft ging, um die eigene Qualifikation zu vervollkommnen, war nicht geregelt sondern ein Element individueller Freiheit in einer ansonsten traditionell geregelten Lebensform. Vgl. Stürmer 1979: 153 ff.

zeit für eine gesunde Ernährung und Regeneration genutzt wurde oder für Feiern und Saufen, das machte sich schon am nächsten Arbeitstag bemerkbar.

Aus dem Blickwinkel der klassischen Arbeitsbegriffe, stellt dieser *Alltag* des Industriearbeiters eine höchst paradoxe Konstruktion dar: Er enthält neben der aufgezwungenen Arbeit nun auch einen Bereich selbstbestimmter Tätigkeit. Dieser ist aber von vorn herein auf Selbstregeneration und Selbstproduktion und nicht auf selbstbestimmte Arbeit zugeschnitten. Diese Struktur des Alltags greift aber nur für den Zeitraum des Lebens, der durch Erwerbsarbeit geprägt ist. Im Hinblick auf den gesamten Lebensverlauf ist das nur eine zeitlich begrenzte Phase.

5.2.5 Die Normalbiographie – ein neues Ordnungsraster für Arbeit und Familie

In dem Maße, wie die moderne Gesellschaft und ihre Institutionen auf die neuartigen Lebensbedingungen der zahlenmäßig rasch anwachsenden Schicht der Lohnarbeiter reagierten, bildete sich eine *dreiteilige Grundstruktur des Lebensverlaufs* heraus, die üblicherweise unter dem Begriff der Normalbiografie gefasst wird. Der Lebensverlauf gliedert sich nun in drei Phasen:

a)   *eine Bildungs- und Sozialisationsphase,*
b)   *eine Erwerbsphase und*
c)   *eine Ruhestandsphase* (vgl. Kohli 1985; 1986; 1989).

Zwar sind vergleichbare Untergliederungen auch aus vormodernen Gesellschaften bekannt. Man denke nur an die Initiationsriten in den meisten Stammesgesellschaften, die zeremoniell zwischen einer Sozialisations- und einer Erwachsenenphase differenzieren (van Gennep 1986). Historisch neu an dieser Dreigliederung ist allerdings, dass eine *Differenzierung zwischen familiären und arbeitsbezogenen Statuspassagen* erfolgt. Die hier genannten drei Phasen beziehen sich ausschließlich auf das Arbeitsvermögen. Sie sind unabhängig von der Position im Verwandtschaftssystem- und in der Familie. Daher werden unabhängig von den arbeitsbezogenen Statuspassagen noch familiäre Statuspassagen durchlaufen, die sich zu einer *familialen* Normalbiografie zusammenfassen lassen.

Das Verhältnis zwischen der Normierung der Arbeitsbiographie und der Gestaltung der Familienbiographie übersetzt die Differenzierung des Arbeitstages in einen Bereich der Arbeit und in einen reproduktiven Bereich in zwei verselbständigte biographische Perspektiven. Weil die Gestaltung der Familienbiographie von der Arbeitsbiographie gedanklich abgespalten wird, aber inhaltlich immer mit den arbeitsbiographischen Bindungen räumlicher, zeitlicher und sozialer Art kompatibel bleiben muss, kommt es vor allem in Zusammenhang mit zunehmender Frauenerwerbstätigkeit zu einer „Pluralisierung der familialen Lebensformen"(näheres siehe unten). Während die freie Lohnarbeit bereits vor der Industrialisierung entstanden war, *ist die Ausdifferenzierung der drei Phasen der Arbeitsbiographie ein Nebenprodukt der Industrialisierung.* Sie hat sich allmählich aus Versuchen herauskristallisiert, die neuen gesellschaftlichen Verhältnisse zu ordnen.

Unter den von Engels und vor allem auch von den englischen Fabrikinspektoren in ihren Berichten eingehend beschriebenen frühindustriellen Lebensverhältnissen existierte im Grunde nur eine Erwerbsphase. Der erste regulierende staatliche Eingriff in die industriellen Arbeitsverhältnisse, war nahezu überall ein Verbot der Kinderarbeit. Er markiert den *Einstieg in eine von der Erwerbsarbeit freigehaltene Bildungs- und Sozialisationsphase,* in der nun systematisch arbeitsrelevante Qualifikationen und ‚Arbeitstugenden' erworben werden.

Die *zweite Differenzierung zwischen einer Erwerbs- und einer Ruhestandsphase* ist dagegen wesentlich späteren Datums. Zunächst war es üblich, dass die nicht mehr Arbeitsfähigen, wenn sie nicht schlicht verhungern wollten, Unterschlupf im vorindustriellen System sozialer Sicherung suchen mussten. Das konnte die eigene Herkunftsfamilie sein, das Armenhaus des Heimatdorfes oder auch kirchliche Einrichtungen. Die vormodernen Institutionen wurden mit dem Anwachsen der Arbeiterklasse immer stärker überlastet (vgl. die Darstellung bei Preußer 1982). Zum Teil wurden sie auch von den Liberalen bewusst zerstört (vgl. Polanyi 1979: 111 ff.).

So ist es auch kein Wunder, dass die erste große empirische Untersuchung über die Arbeits- und Lebensverhältnisse der deutschen Industriearbeiter, die Enquete des Vereins für Sozialpolitik über ‚Auslese und Anpassung der Arbeiterschaft in der geschlossenen Großindustrie' (vgl. Fürstenberg 1966: 21), zu dem Ergebnis kommt, dass die Altersarmut das bei weitem größte Problem der Industriearbeiter sei. Die empirischen Daten belegten, dass diese Altersarmut als Problem bereits im Alter von 45 Jahren einsetzt (vgl. Verhandlungen 1912).

Dieses Problem wird erst mit dem Aufbau sozialer Sicherungssysteme im Rahmen des modernen Wohlfahrtstaates überwunden. Als Einstieg kann man die Bismarcksche Sozialgesetzgebung nennen. Für ein auskömmliches Leben im Ruhestand sorgt aber erst, nicht nur in Deutschland, der Ausbau der Leistungen der Rentenversicherung in der Phase nach dem Zweiten Weltkrieg (Rentenreform in Westdeutschland von 1956; vgl. Hentschel 1983). Erst mit dieser Finanzierung der Ruhestandsphase durch die Rentenversicherung wird die Altersphase institutionalisiert und die industrielle Lohnarbeit damit zu einer lebenslang lebbaren Lebensform.

Die drei Lebensphasen Bildung/Sozialisation, Erwerbsarbeit und Ruhestand haben sich nicht nur ausdifferenziert und prägen die gesellschaftlichen Institutionen der klassischen Industriegesellschaft. Darüber hinaus stehen sie immer auch

in einer Abhängigkeitsbeziehung. Der Erfolg bzw. Misserfolg der vorangegangenen Phase strukturiert auch das Niveau an Möglichkeiten, das sich den Akteuren
in der nächsten Lebensphase eröffnet. Diese Erfolgsabhängigkeit gilt zumindest
in ökonomischer Hinsicht. Die finanziellen Möglichkeiten in der Ruhestandsphase hängen in hohem Maße davon ab, welches Einkommen in der Erwerbsphase
erzielt werden konnte. Der Vermarktungserfolg der eigenen Arbeitskraft hängt
wiederum in hohem Maße von dem Bildungs- und Sozialisationserfolg in der
ersten Phase ab. Diese Zusammenhänge werden sowohl ökonomisch, über den
Humankapitalansatz (vgl. Becker 1993), erfasst wie auch soziologisch über die
Messung des Zusammenhangs zwischen Bildungserfolg und sozialer Platzierung
(vgl. z. B. Geißler 1996: 249 ff.).

In dem Maße, wie die Lohnarbeit lebenslang lebbar und zur dominierenden Lebensform in der klassischen Industriegesellschaft wird, vollzieht sich ein
weiterer Differenzierungsprozess: *die räumliche, zeitliche und motivationale Ab-
spaltung zwischen der Erwerbs- und der Familienbiografie.*

Unter vorindustriellen Bedingungen war die Familie immer die institutionelle Grundeinheit der bäuerlichen wie auch der handwerklichen Arbeit. Familie
und Arbeitsort fielen zusammen. Arbeitsleistung und Sozialverhalten, ‚Nahrung
und Ehre‘ (vgl. Stürmer 1979: 16), bildeten eine Einheit, die zudem in die Hierarchie der Feudalordnung eingepasst werden musste (vgl. z. B. Kleiderordnungen –
Bolte 1967: 320 f.).

Die direkte gesellschaftliche Regelung des Zusammenhangs zwischen Arbeit und dem ‚standesgemäßen‘ sozialen Zusammenleben außerhalb der Arbeitssphäre wird mit der Entwicklung der freien Lohnarbeit aufgebrochen. Während
die Arbeitssphäre unter ökonomischen Gesichtspunkten immer feiner durchorga-
nisiert wird, bleibt die Zeit außerhalb der Arbeit formell frei, eben ‚Freizeit‘, die
von jedem Einzelnen nach eigenem Ermessen gestaltet werden kann. Dabei bleibt
aber insofern ein innerer Zusammenhang erhalten, als das Arbeitsvermögen in
der Freizeit regeneriert werden muss. Ebenso müssen die in beiden Sphären eingegangenen zeitlichen, räumlichen und sozialen Bindungen kompatibel bleiben
und gegebenenfalls auf einander abgestimmt werden.

Im Rahmen dieser Bedingungen bilden die Erwerbs- und die Familienbiografie jeweils selbständige selektive Bindungszusammenhänge. Der für die klassische Industriegesellschaft charakteristische Bindungszusammenhang lässt sich
am Modell der Kernfamilie erläutern. In ähnlicher Weise wie die Großfamilie als
Familienmodell der vormodernen Gesellschaft verstanden werden kann, kann
man die Kernfamilie als Idealtyp der klassischen Industriegesellschaft auffassen.
Durch die Verwendung des Weberschen Begriffs des Idealtyps soll ausgedrückt
werden, dass in der Realität keineswegs die Kernfamilie die alleinige Lebensform darstellte. Sie bildete allerdings einen normativen Bezugspunkt, auf den

hin auch die flankierenden Institutionen der modernen Gesellschaft ausgerichtet waren (Bildungssysteme, soziale Sicherung).

Die Familienbiografie kann in mehrere Teilphasen differenziert werden, die in einem inneren Zusammenhang stehen. Die erste Phase bildet die *Sozialisationsphase im Elternhaus* (‚Primärsozialisation‘). Daran schließt sich eine im Laufe der Entwicklung der klassischen Industriegesellschaft zunehmend bedeutender werdende Ablösungsphase vom Elternhaus an, die als *Jugendphase* eigenständige Bedeutung gewinnt. *Eheschließung und Elternschaft* definieren dann eine dritte, gewissermaßen die Kernphase der Familienbiografie. Von dieser kann dann noch eine vierte Phase unterschieden werden, die durch die Ablösung der Kinder vom Elternhaus eingeleitet wird (*nachelterliche Phase*).

Ähnlich wie bei der Erwerbsbiografie sind auch hier die Phasen vorgezeichnet und durch spezifische Bindungen definiert. In vergleichbarer Weise werden sie auch durch selektive Handlungen und Entscheidungen der biografischen Akteure organisiert. So muss die Ablösung vom Elternhaus initiiert werden, wobei zugleich auch über regionale Mobilität entschieden wird. Der Eheschließung geht eine Partnerwahl voraus. Die Geburt von Kindern verliert im Zuge der industriegesellschaftlichen Entwicklung zunehmend ihre Schicksalhaftigkeit. Sie mutiert zum realisierten Kinderwunsch. Nur die letzte biografische Phase wird – analog zur Ruhestandsphase in der Arbeitsbiographie – weniger von eigenen Aktivitäten bestimmt, sondern vielmehr von denen der Kinder eingeleitet. Die allerletzte Phase, die *Familienauflösung* durch den Tod des Partners, bleibt schicksalhaft.

Dieses Idealtypische Modell wird durch selektive Entscheidungen reproduziert, die von *außerökonomischen Motiven* wie Zuneigung, Liebesheirat, Kinderwunsch etc. angetrieben werden. Die Institution der Ehe verliert dabei ihren traditionellen, ökonomischen und politischen Hintergrund. Sie hat immer weniger mit der Zusammenlegung von Vermögen oder mit Allianzen zwischen Sippen zu tun. Ebenso verliert die Geburt von Kindern ihre frühere ökonomische Bedeutung (‚legitimer Erbe und Nachfolger‘; Arbeitskräfte für die Produktionsfamilie) und mutiert zum ‚Luxus‘, zu einem, sicherlich von der Biologie des Menschen unterstützten, privaten Lebensziel (vgl. Meyer 1996: 311 f.).

Mit der weiteren Entwicklung der Industriegesellschaft steigt die Selektivität der Familienbiografie, weil die Ehe ihre Unauflöslichkeit zunehmend verliert und ihre zeitliche Dauer unter den Vorbehalt der Trennung und Scheidung gerät (vgl. Meyer 1996: 314). Als Fluchtpunkt dieser Entwicklung könnte man die ‚Lebensabschnittspartnerschaft‘ sehen, in der die Familiengründungsphase mehrfach wiederholt wird.

Die arbeitsfreie Zeit wird neben den bisher behandelten Aspekten ‚Regeneration und Reproduktion der Arbeitskraft‘ und ‚Familienbiografie‘ durch eine dritte Funktion bestimmt, den *Konsum*. Während die Erwerbsarbeit der Beschaffung von Geld dient, wird außerhalb der Arbeit über die Verwendung des Einkommens entschieden. Im Rahmen dieser soziologischen Abhandlung müssen wir die ökonomische Funktion des Konsums ausklammern und uns auf den Aspekt konzentrieren, den wir über die philosophischen Arbeitsbegriffe eingeführt haben, nämlich auf den Antagonismus zwischen einem Reich der Notwendigkeit und einem Reich der Freiheit.

Formal gesehen, gehört der Konsum dem Reich der Freiheit an. Jeder, der Geld hat, kann über die Geldverwendung frei entscheiden, auch wenn ihm die Werbeindustrie einflüstern möchte, wie er sich entscheiden soll. Der Gegenpol der formell freien Einkommensverwendung besteht aber darin, dass jeder, der seine Lebensmittel nicht selbst herstellt, sein Einkommen verwenden muss, um zunächst einmal sein materielles Leben zu organisieren. In dieser Form bleibt das Reich der Notwendigkeit mit dem Reich der Freiheit verwoben.

Man kann die Einkommensverwendung darauf hin empirisch untersuchen, welche Teile für das unmittelbare Überleben ausgegeben werden müssen und welche Teile des Einkommens unabhängig von diesen Gesichtspunkten relativ frei disponiert werden können. Ein wichtiges statistisches Maß hierfür ist das sogenannte Engelsche Gesetz (vgl. Bretzner 2008). Auch für die Großgruppe, die den Gesetzen der Notwendigkeit am stärksten unterliegt, die Gruppe der Industriearbeiter, kann man zeigen, dass im historischen Verlauf – insbesondere in der Phase nach dem Zweiten Weltkrieg – bei der Einkommensverwendung die Zwänge des Überlebens zurücktreten und zunehmende Einkommensanteile frei disponibel werden (vgl. Brock 1991: 358). *Der Begriff des Lebensstandards reflektiert daher für die klassische Industriearbeit das institutionell vorgesehene Maß an Konsumfreiheit.*

Ziehen wir ein kurzes Fazit. Der Begriff Normalbiografie umfasst sowohl die Arbeits- bzw. Erwerbsbiographie wie auch die Familienbiographie. Beiden Bereichen ist gemeinsam, dass die biografischen Akteure immer *innerhalb von Möglichkeitsräumen* aktiv werden und selektieren müssen.

Die industriegesellschaftlichen Möglichkeitsräume werden auf unterschiedliche Art und Weise konstruiert und laufend modifiziert. So signalisiert die ökonomische Variante dieser Möglichkeitsräume die *Marktabhängigkeit*. Sie wird durch rechtliche Regelungen (z. B. Verbot der Kinderarbeit) und institutionelle Strukturen (z. B. Bildungsangebote; Arbeitslosenversicherung) so modelliert und modifiziert, dass die Akteure in Abhängigkeit von ihrem Lebensalter permanent erfolgsorientierte Entscheidungen treffen müssen.

Der Sozial- und Wohlfahrtstaat stellt dagegen einen *politisch konstruierten Möglichkeitsraum* für die gesellschaftlichen Akteure dar, der den Markterfolg nach oben (progressive Einkommenssteuer) wie nach unten hin (durch Transferleistungen garantiertes Mindesteinkommen) unter normativen Gesichtspunkten begrenzt bzw. durch Umverteilung korrigiert.

Mit diesen beiden Dimensionen sind *kulturelle Möglichkeitsräume* verwoben, in denen zwischen akzeptablen und inakzeptablen Verhaltensweisen und Selektionen differenziert wird, wo aber auch der Aspekt der sozialen Distinktion (vgl. insbesondere Schulze 1992; Bourdieu 1987) eine wichtige Rolle spielt.

Dass der Begriff der Normalbiografie über die Institution der Lohnarbeit und ihre Implikationen entwickelt wurde, hängt damit zusammen, dass sie in der klassischen Industriegesellschaft zu einer dominanten, allerdings nicht der einzigen Lebensform wird, die schon aufgrund ihrer zahlenmäßigen Dominanz die Strukturen der klassischen Industriegesellschaft ganz wesentlich prägt. Wenn man insbesondere den Wohlfahrtsstaat unter diesem Gesichtspunkt analysiert, dann zeigt sich schnell, wie weitgehend er, insbesondere in Form des Bildungssystems und des Gesundheitswesens, auf diese Lebensform bezogen ist.

Keine einzige moderne Industriegesellschaft kennt beispielsweise ein Gesundheitssystem, bei dem alle gesellschaftlichen Akteure die Kosten für die medizinische Behandlung selbst tragen. In den einschlägigen Märkten stehen den Anbietern kollektive Akteure (Krankenkassen, Gebührenordnungen) gegenüber, deren institutionelle Vermittlerrolle das Kostenrisiko für die Konsumenten durch Regulierung, Versicherung und auch durch staatliche Eingriffe verkraftbar machen soll.

Damit ist die Erläuterung der Begriffe abgeschlossen, die die nur rudimentären Bezüge der soziologischen Modernisierungstheorie auf den Prozess der Industrialisierung kompensieren, und eine Darstellung des Industrialisierungsprozesses, mit seinen Folgen für den Wandel der menschlichen Arbeit, des Lebensalltags und des Lebensverlaufs, strukturieren sollen. Diese Darstellung unterscheidet drei Phasen:

- die durch die Textilindustrie geprägte *Startphase* (5.3), die traditionelle Lebensformen des Handwerks zerstört und ohne eine ganze Reihe gesellschaftlicher Voraussetzungen nicht möglich gewesen wäre (5.4),
- eine in anderen Bahnen verlaufende *gesellschaftliche Umbauphase*, die mit dem Projekt des Eisenbahnbaus einsetzt (5.5) sowie
- eine *Phase der industriellen Massenproduktion und des Massenwohlstands* nach dem 2. Weltkrieg (5.6).

Eine Bilanz der mit der Industrialisierung verknüpften Veränderungen für Arbeit und Alltag wird unter 5.7 gezogen. Im Abschnitt 5.8 wird Industrialisierung unter den Bedingungen des Realsozialismus, in 5.9 nachholende Industrialisierung in Japan behandelt. Das Kapitel schließt mit einem kurzen Fazit (5.10).

5.3 Erfindungen und deren Weiterentwicklung: der Beginn der Industrialisierung

‚Die Industrialisierung beginnt mit der Erfindung der Dampfmaschine durch James Watt'. Bei genauer Betrachtung ist dieser weit verbreitete Merksatz in zweifacher Hinsicht falsch. Weder war James Watt der Erfinder der Dampfmaschine, noch war die Erfindung der Dampfmaschine der Beginn der Industrialisierung. Der Satz hält aber völlig zutreffend fest, dass James Watt einer der wichtigsten Pioniere des Industriezeitalters war.

Um dieses Rätsel zu entwirren, empfiehlt es sich, systematisch vorzugehen. In der Einleitung hatten wir, in Anlehnung an die berühmte Definition von Karl Marx, Industrialisierung als Verknüpfung dreier Entwicklungen gefasst: Die ‚Teilung und Kombination der Arbeit', wie sie bereits in der Manufakturperiode entwickelt wurde, wird mit einer zentralen Kraftquelle und Werkzeugmaschinen verbunden. Der gemeinsame Nenner dieser drei Entwicklungen ist, dass jede auf die Einsparung menschlicher Arbeit abzielt. Genauer gesagt, auf jene Formen der menschlichen Arbeit, die dem Reich der Notwendigkeit angehören, die Maloche, körperlich schwere beziehungsweise repetitive Arbeit darstellen.

Wenn wir uns in diesem Abschnitt der technischen Seite der Industrialisierung etwas näher zuwenden, dann tun wir das in genau dieser Perspektive. Es geht also nicht um Erfindungen und neue Technologien an sich, sondern um solche technischen Innovationen, mit denen direkte menschliche Arbeit durch Maschinen ersetzt wird. Da die frühkapitalistischen Unternehmer keineswegs Philanthropen waren, sondern nüchtern kalkulierten und ihre Profite steigern wollten, haben sie solche Maschinen immer nur dann in größerer Zahl eingesetzt, wenn sie sich davon höheren Profit versprochen haben.

Der Gesichtspunkt, dass es günstigere Substitute für menschliche Arbeitskraft gibt, ist an sich nicht neu. Seit der neolithischen Revolution wurden viele Verbesserungen der Arbeitsproduktivität durch den Einsatz von domestizierten Tieren erreicht – eine revolutionäre Neuerung war insbesondere der von Rindern, Wasserbüffeln oder Pferden gezogene Pflug (vgl. Preuschen 1996: 65). Die Nutzung der Windenergie und der Wasserkraft war in Europa bereits seit dem Hochmittelalter weit verbreitet. Viele alte Landschaftsbilder zeigen Wind- oder Wassermühlen als selbstverständliche Bestandteile der damaligen Kulturlandschaft.

Das historisch Neue, mit dem die Industrialisierung einsetzt, ist dagegen, *dass die Technik als Mittel der Einsparung menschlicher Arbeitskraft nun systematisch genutzt wird*. Wichtig ist hierfür weniger ein Erfindergeist vom Schlage Leonardo da Vincis, sondern kontinuierliches Weiterentwickeln von Maschinen und Geräten unter dem Gesichtspunkt der Einsparung menschlicher Arbeit. Die Protagonisten dieses Vorgangs waren also meistens Bastler und Tüftler, die Bekanntes so weiter entwickelten, dass es rentabel angewendet werden konnte. In diese Kategorie gehörte James Watt, der daher völlig zu Recht als einer der Protagonisten dieser Entwicklung angesehen wird.

James Watt war gelernter Handwerker und an der Universität Glasgow mit der Reparatur und Verbesserung von Instrumenten beschäftigt, als er 1764 den Auftrag bekam, eine Dampfmaschine (genauer: Dampfpumpe) zu reparieren. Dampfpumpen waren ab etwa 1715 in Gebrauch. Sie dienten vor allem der Entwässerung von Bergwerken. Watts Verdienst war es nun, dass er die Verbesserungsbedürftigkeit und die technische Unvollkommenheit der damaligen Dampfmaschinen oder Dampfpumpen erkannte und die darauffolgenden 18 Jahre seines Lebens für die allmähliche Verbesserung dieser Maschine verwandte. Watt gab seine Stellung an der Universität auf, suchte sich Geldgeber und verbesserte die Dampfmaschine Punkt für Punkt. Die letzten entscheidenden Verbesserungen waren, dass aus der Hubbewegung eine Drehbewegung wurde und der Kolben von beiden Seiten durch Dampf bewegt werden konnte. Erst nach diesen Erfindungen war die Dampfmaschine ökonomisch rentabel einsetzbar.

Watt hatte den Wirkungsgrad dieser Maschine von circa einem Prozent auf gerade einmal drei Prozent erhöht, also alles in allem eine höchst bescheidene Verbesserung der Dampfmaschine erzielt. Aber das reichte aus, um sie nun rentabel und das heißt arbeitssparend einsetzen zu können. Wie stark der Gesichtspunkt der Rentabilität im Vordergrund stand, zeigt sich vielleicht am besten daran, dass die Firma Boulton & Watt ihre Dampfmaschinen nicht verkaufte, sondern verleaste. „Als Nutzungsentgelt verlangten sie ein Drittel der gegenüber der optimierten Newcomen-Dampfmaschine gesparten Brennstoffkosten. Zu dessen Berechnung konstruierte Watt eigens einen manipulationssicheren Zähler für die Kolbenbewegungen" (Wikipedia: James Watt).

Aus soziologischer Sicht bemerkenswerter als die Technikgeschichte der Dampfmaschine ist, dass diese kontinuierliche Entwicklungsarbeit nur durch das Patentrecht ermöglicht wurde. 1769 erhielt Watt auf seine Entwicklungen das Patent Nummer 913. Erst als der Patentschutz bis zum Jahr 1800 verlängert wurde, gelang es ihm, einen solventen Geldgeber als Finanzier aufzutreiben. *Erst das Patentrecht sicherte also eine ökonomisch profitable Verwertung von Watts Erfindungen.* Schon zu Watts Zeiten zeigte sich allerdings auch ein prinzipieller Nachteil dieser rechtlichen Rahmenbedingungen. Die Firma Boulton & Watt führte Prozesse gegen Konkurrenten, die ebenfalls die Dampfmaschine weiterentwickeln wollten. Sie behinderte auf diese Weise die weitere Entwicklung (erfolgreiche Klage gegen Hornblower).

Die Dampfmaschine als universell einsetzbare, zentrale Kraftquelle löste nicht die Industrialisierung aus. Sie bildete vielmehr den Schlussstein der Entwicklung zur Industrialisierung. Zunächst weit wichtigere Anstöße gingen zuvor von der Konstruktion von *Werkzeugmaschinen* aus (vgl. auch Marx 1972: 391 ff.).

Während jedes Handwerkzeug nur von Menschen bedient werden kann, die mit seiner Anwendung vertraut sind und daher die richtigen Bewegungen ausführen können, übernimmt die Werkzeugmaschine die zum Werkzeugeinsatz notwenigen Bewegungen[11]. Mit der Erfindung der Spinnmaschine und des vollmechanisierten Webstuhls konnten damit erstmals die handwerklichen Qualifikationen durch Maschinen ersetzt werden, die von un- oder angelernten Arbeitskräften bedient werden konnten.

Um die Bedeutung beider Erfindungen miteinander vergleichen zu können, muss man wissen, dass unter vorindustriellen Bedingungen vier bis acht Spinner erforderlich waren, um einen Weber mit der erforderlichen Menge an Garn zu versorgen. *Für die Herstellung von Baumwoll- oder Leinenstoffen war also vor allem die menschliche Handarbeit bei der Garnherstellung in großem Umfange erforderlich.* Einen ersten Schritt zur Vereinfachung der Garnherstellung bildete das Spinnrad, das in Europa im 13. Jahrhundert eingeführt, aber vermutlich wesentlich früher in China erfunden wurde.

Ähnlich wie bei der Entwicklung der Dampfmaschine gibt es auch hier einen entscheidenden Schritt in der Weiterentwicklung der Spinnmaschine, deren Grundprinzip ja lediglich darin besteht, dass die Drehbewegung des Spinnrades mechanisiert wird. Er wurde mit der Entwicklung der Spinning Jenny durch James Hargreaves im Jahre 1764 getan. Die entscheidende Neuerung war hier, dass dieses Spinnrad nicht nur eine Spindel, sondern bis zu 100 Spindeln zugleich versorgen konnte (www.weltdererfinder.de). Die Spinning Jenny wurde zunächst mit menschlicher Muskelkraft betrieben, und bildete für Marx wichtiges Anschauungsmaterial für seine These, dass die Industrialisierung zu einer Dequalifizierung der menschlichen Arbeitskraft führe.

Mit der Entwicklung der Spinning Jenny war aber auch die vollständige Automatisierung möglich geworden, also auch der Ersatz der menschlichen Muskelkraft. Sie wurde zunächst durch Wasserkraft ersetzt (Arkwright 1769 beziehungsweise 1771), die schließlich durch die Dampfmaschine (ab circa 1785) abgelöst wurde. Bereits die Entwicklung der Spinnmaschine zeigte für Marx, dass der Mensch im unmittelbaren Produktionsprozess vollständig ersetzt werden kann. Weder seine handwerkliche Geschicklichkeit noch seine Muskelkraft werden benötigt. Menschliche Arbeit muss nur noch prozessbegleitend aufgewendet werden, um die vollen Spindeln auszutauschen, die Maschine mit Material zu versorgen, sie zu warten und zu kontrollieren.

In engem zeitlichen Zusammenhang mit der Entwicklung der mechanischen Spinnmaschine stand die Entwicklung des mechanisierten Webstuhls.

---

[11] „Die Maschine, wovon die industrielle Revolution ausgeht, ersetzt den Arbeiter, der ein einzelnes Werkzeug handhabt, durch einen Mechanismus, der mit einer Masse derselben oder gleichartiger Werkzeuge auf einmal operiert und von einer einzigen Triebkraft … bewegt wird" (Marx 1972: 396)

Auch hier geht es nicht um die Erfindung an sich, sondern um deren industrielle Nutzung. Erste Entwürfe für einen mechanischen Webstuhl werden bereits in das 17. Jahrhundert datiert. Aber erst der vollmechanisierte Webstuhl, den Cartwright 1785 entwickelte, war für die Industrieproduktion geeignet. Die weitere Entwicklung zur dampfbetriebenen Webmaschine benötigt dann noch das ganze 19. Jahrhundert (erste dampfbetriebene Webmaschine in Bradford Ende des 19. Jahrhunderts).

Da die beiden zentralen Arbeitsfunktionen bei der Textilherstellung, das Spinnen wie das Weben in engem zeitlichen Zusammenhang zueinander mechanisiert und dann automatisiert wurden, war für den gelernten Philosophen Karl Marx erstmals praktisch bewiesen, dass notwendige menschliche Arbeit, Ergon in der griechischen Philosophie, abschaffbar war, die bisher das Leben der arbeitenden Klassen fast selbstverständlich geprägt hatte.

Unter kapitalistischen Bedingungen führe diese historisch beispiellose Chance allerdings unweigerlich dazu, dass die Arbeiter dequalifiziert und die Entlohnung auf das Existenzminimum herabgedrückt würde. Diese soziale Prognose für die kapitalistische Industrialisierung wurde allerdings durch die sich im Laufe des 19. Jahrhundert entwickelnde metallverarbeitende Industrie und die chemische Industrie widerlegt. Hier wurde deutlich, dass Industrialisierung auch bedeuten kann, dass die Effizienz des Produktionsprozesses von der möglichst intelligenten Maschinenbedienung abhängt. Menschen arbeiten unter industriellen Bedingungen nämlich auch an Maschinen (vgl. Popitz/Bahrdt/Jüres/Kesting 1957: 128 ff.), wobei sie spezielle Qualifikationen zu entwickeln haben, die sich auch in einer höheren Entlohnung nieder schlagen.

Dieser kurze Blick in die frühe Industrialisierungsgeschichte zeigt uns allerdings auch, dass Industrialisierung ohne Kapitalismus nicht möglich gewesen wäre. Dies bedeutet zunächst nichts anderes, als dass diejenigen institutionellen Veränderungen, die wir im vierten Kapitel kurz behandelt haben, insbesondere der Übergang zur Geldwirtschaft, der Aufbau internationaler Handelsbeziehungen, die Demokratisierung des politischen Systems und seine Verpflichtung auf wirtschaftliche Protektion, Voraussetzungen waren, ohne die die Industrialisierung nicht in Gang gekommen wäre.

Darüber hinaus muss auch auf ein weiteres Begleitmoment der Industrialisierung aufmerksam gemacht werden, das in der marxistischen Tradition aber auch bei Adam Smith unterbeleuchtet blieb, aber Parsons' Verständnis der industriellen Revolution geformt hat: die Existenz immer stärker spezialisierter Märkte. Auf dieser Grundlage konnten sich *Formen einer überbetrieblichen Arbeitsteilung* entwickeln, die für den weiteren industriellen Fortschritt zentrale Bedeutung gewannen.

Wenn wir uns ein zeitgenössisches Industrieprodukt vor Augen führen, etwa ein Automobil oder einen Computer, dann besteht es aus Komponenten, die von spezialisierten Herstellern rund um den Globus herum entwickelt wurden. Autos wie Computer werden heute nur noch in der Form ‚hergestellt‘, dass diese Komponenten an einem bestimmten Ort zusammen gefügt werden. In der Automobilindustrie hat sich höchstens noch die Tradition erhalten, dass die Endmontage mit dem Motorenbau räumlich verkoppelt bleibt. Ein derartiges Maß an Spezialisierung auf der Ebene von handelbaren Produkten, die dann als Komponenten zusammen gefügt werden, wäre ohne eine immer weiter voranschreitende Spezialisierung des Handels und der Märkte nie möglich gewesen.

Spezialisierte Märkte spielen aber bereits in der frühen Industrialisierungsgeschichte eine wichtige Rolle. Vergegenwärtigen wir uns hierfür noch einmal das Beispiel von James Watt. James Watt hätte seinen Uni-Job niemals an den Nagel hängen können, wenn er nicht Grund zur Annahme gehabt hätte, dass eine wirklich effiziente Dampfmaschine an Unternehmer Gewinn bringend verkauft (oder auch verleast) werden kann. Nur weil es bereits in Ansätzen einen Kapitalmarkt gab, konnte er einen Geldgeber finden, der seine langjährige Entwicklungsarbeit finanzierte, weil er ebenso von dem finanziellen Erfolg einer verbesserten Dampfmaschine überzeugt war. Besonders bemerkenswert ist schließlich, dass bereits die ersten Dampfmaschinen ohne eine ‚Zuliefererindustrie‘ nicht zu realisieren gewesen wären. „In der Folge stellten Boulton & Watt in Soho bei Birmingham wichtige Teile wie Kondensator und Luftpumpe her, zusammengebaut wurden die Dampfmaschinen erst beim Kunden. Wilkinson lieferte die Zylinder direkt an den Aufstellungsort und weitere benötigte Materialien wurden vor Ort dazugekauft und angepasst" (Wikipedia: James Watt).

Die Entwicklung einer einsatzfähigen Dampfmaschine war so gesehen alles andere als ein Produkt des einsamen Tüftlers James Watt. Sie konnte nur gelingen, weil es bereits spezialisierte Märkte gab, über die Entwicklungen miteinander kombiniert werden und auch ‚Ideen‘ und ‚Kapital‘ zusammen finden konnten. Der Siegeszug der Industrialisierung, der von England ausging, hing also nicht nur mit einem besonderen Erfindergeist der Bevölkerung zusammen, sondern vor allem mit ihrem ‚kapitalistischen Geist‘ (vgl. unter 2.3.3). Er hatte sich bereits in der Landwirtschaft bemerkbar gemacht, denn lange vor der Industrialisierung wurde, in den Niederlanden wie in England, die Landwirtschaft unter Gewinninteressen umgekrempelt (Wallerstein 1974). Mit der Reformation breitete sich dieser kapitalistische Geist von den Oberschichten über weite Teile der Bevölkerung aus (vgl. unter 4.6). Das führte dazu, dass die ökonomischen Chancen technischer Innovationen wesentlich schneller erkannt wurden.

Erst dieses komplexe Zusammenspiel zwischen der Ausdifferenzierung spezialisierter Märkte mit dem auf kulturellem Wege entstandenen ‚kapitalistischen Geist‘ erklärt, warum zwar die meisten großen Erfindungen in China gemacht wurden, aber in Nordwesteuropa weiterentwickelt und mit großem wirtschaftlichen Erfolg eingesetzt wurden.

In Anlehnung an Marx haben wir gesehen, wie die technischen Neuerungen primär dazu dienen, die menschliche Arbeitskraft nicht nur zu ersetzen, sondern auch die anthropologischen Grenzen menschlicher Arbeit zu sprengen. Mit einer weiteren großen technischen Innovation, der Dampflokomotive, wird über diese Folgen hinaus sichtbar, dass die ökonomische Wirkung technischer Neuerungen in zwei Richtungen geht. Technische Neuerungen bewirken nicht nur eine „schöpferische Zerstörung" (Schumpeter 1993: 137) in zuvor ungekanntem Ausmaße dadurch, dass die Produktionskosten immer weiter gesenkt und zugleich die Menge der produzierten Waren immer weiter gesteigert werden kann. Daneben ergeben sich völlig neuartige Möglichkeiten durch neue Produkte und neue Märkte, die sich ökonomisch als zusätzliche Wertschöpfung darstellen und auch neue Arbeitsplätze schaffen können.

Als historisch erste Industrie hat die Textilindustrie nur den zuerst genannten Effekt gehabt: Verdrängung menschlicher Arbeit infolge von Kostensenkung und Produktivitätssteigerung. Während handwerkliche Techniken nur langsam weiterentwickelt werden konnten und deswegen *der von der Produktivitätssteigerung ausgehende Zerstörungseffekt* immer nur langsam und punktuell auftrat, waren die Wirkungen der technischen Innovationen des beginnenden Industriezeitalters unendlich dynamischer. Bemerkenswert ist, dass schon die Produktivitätssteigerung im Handwerk ganz offensichtlich als soziales Problem empfunden wurde. Deswegen versuchten die Zünfte, vor allem in ihrer Spätphase vom 16. bis 18. Jahrhundert, jede Produktivitätssteigerung zu verhindern (vgl. Stürmer 1979: 107 ff.).

Der Ausbau einer weitgehend automatisierten Textilindustrie in England Ende des 18./Anfang des 19. Jahrhunderts hatte dagegen unendlich stärkere Auswirkungen. Er führte dazu, dass eine der damals größten Handwerkergruppen, die Weber, ihre Existenzgrundlage in ganz kurzer Zeit verloren. An manchen Orten stürmten die ihrer Existenzgrundlage beraubten Weber die neuen Fabriken (‚Maschinenstürmerei': Marx 1972: 451 ff.), was aber letztlich erfolglos bleiben musste, da die Institution des privaten Eigentums von der Obrigkeit mit allen Machtmitteln geschützt wurde.

In historischen Dokumenten ist immer nur von den Webern aber nicht von den Spinnern die Rede, obwohl bei diesen ein weitaus größeres Maß an menschlicher Handarbeit ‚schöpferisch zerstört' wurde. Spinnen dürfte aber überwiegend Frauenarbeit gewesen sein, die sich politisch noch nicht artikulieren konnte.

Derselbe Prozess führte auf der anderen Seite, also bei den mit Maschinen arbeitenden Textilunternehmern, nicht nur dazu, dass sie aufgrund ihrer geringeren Arbeitskosten zugleich die Handweber unterbieten und dennoch hohe Profite machen konnten. Schumpeter hat vielmehr gezeigt, dass die Möglichkeit technologischer Innovationen einen neuen Typus des Unternehmers und des Profits erzeugt, den Pionierunternehmer (vgl. grundlegend Schumpeter 1934; 110 ff.).

Seine ökonomische Grundlage besteht darin, dass ein Unternehmer klassische Formen des Wettbewerbs außer Kraft setzen kann, sobald und solange er als Einziger eine neue, ökonomisch überlegene Technik einsetzen kann.

Bei den klassischen Formen des Wettbewerbs konkurriert eine Vielzahl von Unternehmen auf einer vergleichbaren technischen Grundlage um minimale Kostenvorteile. Hierbei werden die auf dem Markt realisierbaren Gewinne immer vergleichsweise schmal sein und die Gefahr groß bleiben, von besseren Wettbewerbern vom Markt verdrängt zu werden. Der Pionierunternehmer gewinnt dagegen durch seine Innovation eine Art Monopol auf Zeit, das ihm Extraprofite sichert, die umso höher ausfallen, je stärker die mithilfe der technischen Innovation erzielten Rationalisierungseffekte ausfallen. Am Beispiel von James Watt haben wir bereits gesehen, dass diese Pioniergewinne durch die Institution des Patentrechts entscheidend stabilisiert werden. Patente garantieren ein Verwertungsmonopol technischer Neuerungen auf Zeit. Sie schaffen einen hohen Anreiz, schwierige und langwierige Entwicklungs- und Verbesserungsprozesse in Angriff zu nehmen, haben aber auch den Effekt, den Wettbewerb einzuschränken.

5.4 Textilindustrie und moderne Gesellschaft

Dass sich die Textilindustrie zuerst in England entwickelt hat, ist alles andere als ein Zufall. Die Textilindustrie konnte sich nämlich nur unter *institutionellen Bedingungen* entwickeln, die Mitte des 18. Jahrhunderts allein in England und den Niederlanden gegeben waren. Beide Länder gewährten ihren Bürgern bürgerliche Freiheitsrechte wie Niederlassungsfreiheit, Freiheit der Berufswahl und auch die Freiheit, ein Unternehmen gründen zu können. Eine weitere wichtige Voraussetzung war, wie wir bereits am Beispiel von James Watt gesehen haben, die Existenz eines Kapitalmarktes, auf dem nicht nur Erfinder sondern auch Unternehmer versuchen konnten, eine Finanzierung ihrer Geschäftsideen- und Konzepte zu erreichen. Ebenso existierte in England bereits ein Arbeitsmarkt gerade für Geringqualifizierte, da in Folge der Einhegungspraxis der englischen Grundbesitzer viele Pächter und Landarbeiter ihre Heimatdörfer verlassen hatten und vor allem in den Städten Arbeit, welcher Art auch immer, suchten. In rechtlicher Hinsicht wurden Innovationen und Unternehmensgründungen sowohl durch das Patentrecht, das die wirtschaftliche Ausnützung von Erfindungen absichert, wie auch durch die Gründung von Aktiengesellschaften erleichtert, die schon vor der Industrialisierung bei der Gründung großer Handelsgesellschaften wie der ost- oder der westindischen Kompanie erfolgreich erprobt worden war.

Weiterhin bedurfte die Entwicklung der Textilindustrie auch *kultureller* Voraussetzungen. Hier ist insbesondere die Alphabetisierung bürgerlicher Schichten zu nennen, ohne die ein überlokaler Austausch von Ideen und Informationen undenkbar ist. Ebenso können wir für Nordwesteuropa ein systematisches Profitstreben jener Gruppen der Bevölkerung voraussetzen, die vom asketischen Protestantismus geprägt war (vgl. Max Webers Protestanismusthese unter 2.3).

Zu den wichtigsten *materiellen Voraussetzungen* dafür, dass sich die englische Textilindustrie rasant entwickeln konnte, gehörte zum einen, dass in England selbst Kohle in großem Umfang gefördert werden konnte, was erst die Einführung von Dampfmaschinen in großem Stil ermöglichte. Zum anderen begünstigte die geografische Lage Großbritanniens in Verbindung mit Handelsgesellschaften den Ausbau der Hochseeschifffahrt, so dass der unentbehrliche Rohstoff der Textilindustrie, die Baumwolle, aus den Vereinigten Staaten, aber auch aus britischen Kolonien in großem Umfang importiert werden konnte.

Die Entwicklung der Textilindustrie kann aber nur dann die ganze Gesellschaft verändern, wenn sie sich rasch entwickelt und einen großen Umfang annimmt. Das ist aber nur dann möglich, wenn es gelingt, möglichst viele Menschen mit den industriell produzierten Textilien zu versorgen. Auch hierfür waren in Großbritannien exzellente Bedingungen gegeben. Die industriell gefertigten Textilien sorgten ebenso wie die Importware Baumwolle dafür, dass die britischen Frachtschiffe kontinuierlich ausgelastet werden konnten. Das Wachstum der Textilindustrie bewirkte, dass die Handelsschiffe auf der Atlantikroute das klassische Dreiecksgeschäft – billige Industrieprodukte nach Afrika, Sklaven von Afrika nach Amerika, die dort unter anderem für den Anbau und die Ernte von Baumwolle benötigt wurden, und Baumwolle von Amerika nach England – in immer größerem Umfang tätigen konnten.

Das Wachstum der britischen Textilindustrie bedurfte weiterhin der politischen Protektion (vgl. hierzu grundsätzlich Bornschier 1998: 54 ff.). Auch hierfür waren die Bedingungen nahezu ideal. Wir haben im vierten Kapitel gesehen, dass Großbritannien seit dem ausgehenden 17. Jahrhundert eine konstitutionelle Monarchie war, in der das Parlament die praktische Politik nahezu uneingeschränkt bestimmte (vgl. unter 4.6.3). Da das Wahlrecht noch bis in die Mitte des 19. Jahrhunderts auf die großen Grundbesitzer und die reichen Bürger beschränkt war, konnte die Förderung des Exports der Textilindustrie, von der eben nicht nur die Industriellen sondern ebenso auch der Handel profitierte, zu einem wichtigen politischen Ziel werden.

Dass politische Konflikte um die Öffnung von Märkten für die britische Industrie ein zentrales internationales Konfliktfeld des ausgehenden 18. und des 19 Jahrhunderts waren, soll hier an drei Beispielen belegt werden.

Im Konflikt mit Großbritannien verfügte Napoleon 1805 eine Kontinentalsperre, um sowohl den Absatz britischer Industrieprodukte in Europa wie auch Getreideeinfuhren nach England zu unterbinden. Der Versuch, diese Kontinentalsperre auch tatsächlich durchzusetzen, führte zu Napoleons Russlandfeldzug und damit letztlich auch zu seiner Abdankung (Pelzer 2006: 337).

Das zweite Beispiel betrifft Indien, das im 18. und 19. Jahrhundert allmählich zur britischen Kolonie wurde. Aufgrund seiner großen Bevölkerung war Indien ein ideales Absatzgebiet, das jedoch über eine eigene Tradition der Textilherstellung verfügte, die nicht einfach durch Preiskonkurrenz zu beseitigen war. Das führte zu einer teilweise gewaltsamen Zerschlagung des indischen Textilgewerbes. Ende des 19. Jahrhunderts war Indien dann ein wichtiges Absatzgebiet für die britische Textilindustrie[12].

Drittens bemühte sich Großbritannien seit 1793 um einen Zugang zum chinesischen Markt. Diese Frage bestimmte die Beziehungen zwischen China und Europa nahezu über das gesamte 19. Jahrhundert (vgl. Tietze 2006: 216 ff.).

Ein zweiter Aspekt politischer Protektion der sich entwickelnden Industrie bildete dagegen in Großbritannien selbst über Jahrzehnte des 19. Jahrhunderts hinweg einer der politischen Hauptstreitpunkte zwischen Liberalen und Konservativen: die Besteuerung der Getreideimporte. Aus dem Blickwinkel der Verfechter der Industrialisierung waren billige Grundnahrungsmittel eine wesentliche Voraussetzung für dauerhafte Wettbewerbsfähigkeit der britischen Industrie. Denn sie erlaubten niedrige Löhne, ohne dass damit ein Verhungern der britischen Arbeiterklasse in größerem Umfang in Kauf genommen werden musste. Für die Repräsentanten des Großgrundbesitzes waren dagegen Importzölle wichtig, um die heimische Landwirtschaft und damit auch den sozialen Status der Großgrundbesitzer zu schützen. Da sich letztlich in diesem Konflikt die Liberalen durchsetzten, konnten bei der beginnenden Industrialisierung die Löhne der Arbeiter niedrig bleiben und die Arbeitszeiten zugleich ausgedehnt werden, da auf dem Arbeitsmarkt ein Überangebot an Arbeitskräften bestand. Diese Entwicklung wurde von Marx unter dem Begriff „Absolute Mehrwertproduktion" analysiert (vgl. Marx 1972: 245 ff.).

Aufgrund dieser günstigen Rahmenbedingungen konnte sich die britische Industrie, deren Schwerpunkt zunächst in der Textilindustrie lag, rasch entfalten mit der Folge einer weitgehenden Zerstörung der handwerklichen Textilarbeit *in den Absatzgebieten* der britischen Textilindustrie.

Während die Zerstörung und Verelendung der handwerklichen Textilarbeiter, der Weber und der Spinnerinnen, sich überall dort vollzog, wo keine Handelshindernisse bestanden und die günstigere Industrieware abgesetzt werden konnte, vollzog sich der Neuaufbau der industriellen Strukturen relativ zentralisiert und an vergleichsweise wenigen Standorten. Industrialisierung bedeutet also immer auch, dass ein *dezentralisiertes* Handwerk durch Fabriken abgelöst wird, in denen sehr viele Arbeitskräfte und ein noch größeres Produktionsvolumen *räumlich konzentriert* werden.

---

[12] „Gegenwärtig betragen die Einfuhren von Baumwollenstoffen über ein Drittel aller Einfuhren überhaupt" (Meyers Konversations-Lexikon 1896; Band 13: S. 338 Stichwort Ostindien).

Die oben genannten Voraussetzungen und institutionellen Begleitmomente der Industrialisierung machen deutlich, dass sich die neuen Industrien dort entwickelten, wo sie auf die günstigsten Voraussetzungen trafen. Hätte sich die britische Politik einer völligen Liberalisierung des Welthandels in der Phase des Aufbaus der britischen Textilindustrie in vollem Umfang durchgesetzt, dann hätten sich möglicherweise weitere Zentren der Textilindustrie selbst in anderen Zentrumsstaaten nur ganz schwer herausbilden können. Insofern war Napoleons Versuch, eine Kontinentalsperre gegen die britischen Importe zu errichten, nicht ohne Erfolg, weil er der kontinentaleuropäischen Industrialisierung Chancen eröffnet hat.

Im weiteren Verlauf des 19. Jahrhunderts haben Zölle auf importierte Industriewaren dieselbe Funktion erfüllt. Sie sollten den Aufbau einer nationalen Industrie durch Schutz vor der zunächst übermächtigen britischen Industrie ermöglichen. Diese Politik war allerdings nur dort von Erfolg gekrönt, wo hinreichende institutionelle Voraussetzungen für die Industrialisierung bestanden, also im Wesentlichen in den europäischen Zentrumsstaaten und in Nordamerika.

In der ersten, durch die Entwicklung der Textilindustrie geprägten Phase der Industrialisierung verschlechterte sich die Lage der arbeitenden Klassen. Die Menschen, die zuvor in der handwerklichen Textilherstellung beschäftigt waren, verloren ihre Existenzgrundlage ohne dass dies durch die Industrie kompensiert werden konnte. Dies gilt in besonderem Maße für die Weber und Spinnerinnen in weiten Gebieten Europas, wo es zunächst zu keiner Industrialisierung kam und noch stärker für die überseeischen Absatzgebiete der Textilindustrie.

Nur in den zunächst wenigen Zentren der Textilindustrie entstanden neue Arbeitsplätze, die aber mit sozialen Problemen anderer Art belastet waren. Wie die Arbeit von Friedrich Engels über die Lebensbedingungen der englischen Arbeiterklasse oder auch die Berichte der englischen Fabrikinspektoren zeigen, lagen die Löhne an der Grenze des Existenzminimums und erlaubten keine geordnete und perspektivisch stabile Lebensführung (Engels 1973).

Hieran kann direkt ein soziologisches Fazit anknüpfen. In der ersten, durch die Textilindustrie geprägten Phase der Industrialisierung kam es in diesem Bereich zur endgültigen Zerstörung der Lebensordnungen des vormodernen Handwerks. Während die im vierten Kapitel beschriebene Modernisierung vor der Industrialisierung im Wesentlichen den Alltag des Bürgertums und des niedrigen Adels veränderte, sich in den städtischen Zentren abspielte und sich in institutioneller Hinsicht auf die Organisation des Staates und der politischen Herrschaft konzentrierte, *erreichte die Modernisierung erst mit der Industrialisierung das Leben der ‚einfachen Menschen‘.*

Während der Bereich der Landwirtschaft außerhalb Englands zunächst noch kaum betroffen war, löste sich die Lebensordnung des vormodernen Handwerks zunehmend auf. Seine beiden Kristallisationspunkte – die Familie als Lebenseinheit und die Zunftorganisation als Stabilisierungsmechanismus gegen die Kräfte des Marktes und des Wettbewerbes (vgl. Stürmer 1979) boten keinen Schutz mehr.

In der Landwirtschaft wie auch im Handwerk bildete die vormoderne Familie den sozialen Zusammenhang, in dem sowohl gelebt wie auch gearbeitet wurde. Anders als die für moderne Gesellschaften charakteristische Kernfamilie setzte sie sich nicht nur aus Verwandten zusammen. Sie schloss auch weitere Arbeitskräfte wie Knechte oder Gesellen mit ein, die sich an der gemeinsamen Arbeit beteiligten, mit ernährt wurden und auch am Leben der Familie teil hatten (vgl. Kuczynski 1981; Band 3: 226 ff; Mitterauer 2003; 2009). Mit dem Zusammenschluss der an einem Ort ansässigen Handwerker eines bestimmten Handwerkes zu einer Zunft waren nicht zuletzt verbindliche Regeln etabliert worden, die die Konkurrenz zwischen den einzelnen Handwerkern einschränkten. Typischerweise war es verboten, andere Zunftmitglieder zu unterbieten. Die Konkurrenz sollte sich ausschließlich auf die Qualität der Arbeit beschränken und konzentrieren (Stürmer 1979: 16; Borst 1982: 386).

Wenn die Zünfte nicht bereits vor der Industrialisierung von den Landesherren zerschlagen wurden (Stürmer 1979: 22 ff.), dann wurden sie nun funktionslos, da die billigere industrielle Konkurrenz zu einem Preiswettbewerb zwang, der für die handwerkliche Textilherstellung im Ruin enden musste. Ohnmächtige Proteste und teilweise auch das Erstürmen von Fabriken konnten das Ende des Textilhandwerks nicht aufhalten.

Zwar wurde im 18. und 19. Jahrhundert außerhalb der neu entstehenden Industrie immer noch häufig im Familienverband gearbeitet (Kuczynski 1982: 226 ff.), die neu entstehende Industrie basierte jedoch auf der Lohnarbeit, also Arbeitsverträgen, die mit *individuellen* Arbeitskräften abgeschlossen wurden und der Familie die alte Grundlage des gemeinsamen Arbeitens entzog. Solidarität zwischen den Familienmitgliedern bedurfte von nun an einer anderen sozialen Grundlage.

In der Phase der Frühindustrialisierung wurden also die alten Lebensordnungen der ,kleinen Leute' zunehmend außer Kraft gesetzt und zerstört, ohne dass bereits neue, an die Industrialisierung angepasste Muster erkennbar waren, die das Leben der arbeitenden Bevölkerung hätten ordnen können. Die vorliegenden Dokumente und Materialien (vgl. die Übersicht bei Brock 1991: 52 ff.) zeigen, dass industrielle Lohnarbeit zunächst nur in einer zeitlich eng begrenzten Lebensphase praktizierbar war. Vorzugsweise junge und kräftige Arbeitskräfte wurden eingestellt und konnten sich, über einen mehr oder weniger kurzen Zeitraum, in wechselnden Arbeitsverhältnissen halten, solange bis ihre Gesundheit zerrüttet, ihre Lebenskraft verbraucht war[13]. Diese Lebensphase konnte dann

---

[13] Auch für den Arbeitsmarkt kann man vorindustrielle Vorläufer vermuten. Arbeitskräfte waren vor allem Menschen, die aus der Ständegesellschaft herausgefallen waren. Diese Folgerung kann man

etwas länger dauern, wenn die Industriearbeiter mit ihrem Lohn haushalten konnten und ihre Grundbedürfnisse an wohnen, essen und schlafen abgedeckt waren. Das war aber eher selten der Fall, da sie zunächst keine Erfahrung im Umgang mit Geld hatten (Brock 1991: 77) und den Arbeiterfamilien üblicherweise jeder mit dem Gelderwerb beziehungsweise dem Erwerb von Ressourcen beschäftigt war, sodass eine geordnete Haushaltsführung zunächst wohl eher selten zustande kam.

Insbesondere eine Stabilisierung der Lebensbedingungen über längere Zeiträume gelang ausgesprochen selten (Brock 1991: 70 ff.). Da die Arbeitsverhältnisse meist sehr kurzzeitig waren, konnte auch auf kein kontinuierlich fließendes Haushaltseinkommen zurückgegriffen werden. Die Industriearbeiter mussten vielmehr mit einem ständigen Auf und Ab der Einkommenssituation und der materiellen Lebensbedingungen irgendwie zurechtkommen (vgl. hierzu insbesondere autobiographische Darstellungen; exemplarisch Holek 1909).

Fotos und Berichte aus Berliner Arbeitervierteln dokumentierten, dass noch Ende des 19. Jahrhunderts zum Monatsende und zur Monatsmitte große Teile der Einwohner mit Handwagen unterwegs waren, auf denen sie ihr gesamtes Hab und Gut beförderten. Sie hatten ihre Miete nicht bezahlen können und waren vor die Tür gesetzt worden (vgl. Niethammer 1976) Eine ähnlich hohe Diskontinuität galt auch für den Wohnort. Eine Untersuchung zeigt für das Ruhrgebiet, dass hier um 1900 pro Jahr zehn Prozent der Bevölkerung den Wohnort wechselten (Crew 1981).

Bei der Darstellung frühindustrieller Lebensbedingungen darf allerdings nicht vergessen werden, dass das Leben der ‚kleinen Leute‘ auch in den Jahrhunderten vor der Industrialisierung extrem hart war. Untersuchungen von Wilhelm Abel (1977) zeigen an langfristigen Tendenzen der Entwicklung materieller Lebensbedingungen, dass seit dem Hochmittelalter die Lebensbedingungen immer prekärer geworden sind. Wenn Indikatoren wie der Fleischkonsum (vgl. Teuteberg 1973) und die Preisentwicklung für Grundnahrungsmittel wie Getreide (Abel 1977; 1966) ein zuverlässiges Bild der Entwicklung zeichnen können, dann muss im 18. Jahrhundert ein absoluter Tiefpunkt erreicht worden sein.

Ein Merkmal der zahlreichen vorindustriellen Hungerkrisen war allerdings, dass sie immer die gesamte Bevölkerung eines Gebietes getroffen haben. Sieht man einmal von den Küsten ab, dann konnten regionale Missernten unter vorindustriellen Bedingungen schon deshalb nicht durch Importe von Grundnah-

---

aus Feststellungen wie der folgenden ziehen: „Es ist die Wanderung, die den Gesellen stets aufgegeben war, die aber auch aus der Hoffnung erwuchs, dass das Leben anderswo leichter zu fristen sei als dort, wo man eben ist. Ein großer, in den Quellen kaum noch sichtbarer Teil der Bevölkerung ist ständig auf solcher Wanderung begriffen: abgedankte Soldaten, räuberisches Gesindel, Teichgräber, Hausierer, Schmuggler, kleine Händler, Arbeitsuchende, Arme, Dirnen". (Stürmer 1979: 112) rungsmitteln aufgefangen werden, weil die Transportkapazitäten und -kosten dies nicht erlaubten. Die letzte vorindustrielle Hungerkrise ereignete sich in Deutschland nach den Befreiungskriegen 1816/1817 (Abel 1977: 55). Ob die nächste Krise, die zwischen 1846 und 1848 Deutschland traf, noch alle Merkmale einer vorindustriellen Hungerkrise aufweist, ist umstritten. Danach, so viel ist sicher, sind Unterernährung und Mangel nur noch Elemente, die zu den Lebensrisiken der ‚einfachen Leute‘ gehören. Hier drohen sie nicht einmal pro Jahrzehnt, sondern sind ein ständiges Begleitmoment, das nach jeder Entlassung, bei jeder längeren Krankheit oder gar Arbeitsunfähigkeit auftreten kann.

Mit der Entwicklung überregionaler Märkte, zunächst in den Zentrumsstaaten und von dort sich immer weiter ausbreitend, ist also zunächst eine *Entsolidarisierungstendenz* verbunden, die dadurch noch schärfere Züge annimmt, dass die Einkommensarmut auch innerhalb der neuen Risikogruppe der Industriearbeiter scheinbar wahllos zuschlägt. Den einen trifft sie, plötzlich und unvorhersehbar, während der Nachbar gerade relativ gut dasteht.

Zudem werden solche Schicksalsschläge tendenziell *individualisiert*. Aus der vorindustriellen Großfamilie wird allmählich die Kern- oder Kleinfamilie, wobei auch hier die innerfamilialen Bindungen brüchig werden. „Wo immer über Segen und Fluch des Maschinen- und Fabrikwesens diskutiert wird, taucht die Klage über den Zerfall des Familienlebens, insbesondere auch in Hinsicht auf die Eltern-Kind-Beziehung auf. Es sei dies … das eigentliche Krebsübel" (Kuczynski 1982: 230).

Wenn man verstehen will, warum sich das Elend der frühindustriellen Industriearbeiter in Verbindung mit Begriffen wie Manchester-Kapitalismus so tief in das kollektive Gedächtnis eingraviert hat, *dann muss man diese Entsolidarisierungstendenzen zur Erklärung mit heranziehen.* Denn Not und Elend waren schon in den Jahrhunderten zuvor weit verbreitet. Unter industriellen Bedingungen ist Elend jedoch abschaffbar geworden, es trifft nur noch die, die gerade kein Geld haben. Opfer sind ausgerechnet diejenigen, die mit ihrer Hände Arbeit den Überfluss an Industriegütern herstellen. Diese Deutung des eigenen Schicksals scheint in der Industriearbeiterschaft weit verbreitet gewesen zu sein (Opfer- und Elendserfahrung; Brock 1991: 79 f.). Sie bildet den Humus, auf dem sich die Arbeiterbewegung und ihre Grundforderung nach einer solidarischen Gesellschaft entwickeln können.

Für eine allgemeine soziologische Diagnose ist an dieser Stelle aber wichtiger, festzuhalten, dass in einer durch Tausch, Vertrag und Marktabhängigkeit geprägten Gesellschaft gesellschaftliche Abhängigkeiten nur noch in wesentlich abstrakterer Form wirksam werden können. *An die Stelle eines in Gemeinschaften organisierten Lebens treten individuelle Anhängigkeiten,* sodass das Gemeinsame, die Solidarität, nicht mehr als direkte Lebensgrundlage präsent ist, sondern nur noch abstrakt als moralisches bzw. politisches Postulat gewonnen werden kann.

Diese Veränderung wird zumindest ansatzweise von Durkheims Unterscheidung zwischen mechanischer und organischer Solidarität erfasst (vgl. unter 2.1). Durkheim verbindet den Begriff der mechanischen Solidarität mit segmentär differenzierten Gesellschaften, in denen die Menschen in etwa dasselbe tun, sodass Solidarisierungseffekte an der faktischen Gleichheit ansetzen können. Das trifft noch auf die vormoderne Produktionsfamilie zu. Organische Solidarität hat dagegen ihre Grundlage in sozialer Arbeitsteilung. Da in einer arbeitsteiligen Gesellschaft die Menschen zwar in hohem Maße voneinander abhängig sind, aber je nach ihrer Tätigkeit ganz unterschiedliche Erfahrungen machen, bedarf ihre Arbeitsteilung der sozialen Abstimmung.

Durkheim argumentiert wohlgemerkt nicht mit Marktabhängigkeit, sondern mit sozialer Arbeitsteilung. Das hatte unter anderem zur Folge, dass er einer allein über Marktabhängigkeiten integrierten Gesellschaft immer äußerst skeptisch gegenüber stand und einer Integration moderner Gesellschaften über Berufsverbände und Berufsstände den Vorzug gab (vgl. unter 2.1).

Anders als Durkheim hat Marx betont, dass in der modernen Gesellschaft die gesellschaftlichen Beziehungen durch Tausch und durch das Tauschmittel Geld organisiert sind. Darin sah er die Quelle für Verdinglichung und Entfremdung, da sich den Menschen ihre sozialen Beziehungen als die Beziehungen zwischen den getauschten Waren darstellen. Daraus folgerte er, dass diese Verdinglichung der sozialen Beziehungen nur durch die Abschaffung des Privateigentums an Produktionsmitteln beseitigt werden könne und müsse, da das private Eigentum die Grundlage dieser verdinglichten Tauschbeziehungen bilde. Unter kapitalistischen Bedingungen hielt er die gesellschaftliche Zersplitterung nur innerhalb der Arbeiterklasse für überwindbar. Wenn sie in ihrem politischen Kampf gegen den Kapitalismus über die die gemeinsame Soziallage (‚Klasse an sich') hinaus eine gemeinsame Praxis des politischen Kampfes entwickle, dann könne die im Produktionsprozess erreichte Vergesellschaftung in eine proletarische Kultur und Lebenspraxis überführt werden (‚Klasse für sich'; zur Entwicklung einer eigenen Arbeiterkultur vgl. Kuczynski 1982), die die Keimzelle für die Entwicklung einer solidarischen, sozialistischen und kommunistischen Gesellschaft bilde.

Dieser Analyse von Marx muss man entgegenhalten, dass er die Phänomene der Arbeitsteilung, die die moderne Gesellschaft unabhängig von der Eigentumsfrage prägen, nicht hinreichend beachtet. So weist Dahrendorf völlig zu Recht darauf hin, dass auch ‚volkseigene Betriebe' ohne Herrschaftsrollen nicht auskommen können (Dahrendorf 1957; vgl. auch Giddens 1979: 98 ff.).

Ein weiterer Aspekt ist für die hier im Mittelpunkt stehende Frage allerdings noch wichtiger: Wenn wir die Frage untersuchen wollen, welche Strukturen und Muster im Zuge der Industrialisierung an die Stelle der alten Solidarordnungen treten, dann muss der Aspekt der *Marktabhängigkeit* umfassend gedacht werden. Marx behandelt ihn nur aus der Perspektive der kapitalistischen Produktion. Darüber hinaus muss aber auch ausbuchstabiert werden, was es bedeutet, wenn die Arbeitskräfte ihre Reproduktion zunehmend über Marktmechanismen organisieren. Mit der Auflösung der vorindustriellen Großfamilien *wird es immer weniger möglich, reproduktive Bedürfnisse durch Haus- und Familienarbeit direkt zu decken* (zur systematischen Ausblendung reproduktiver Arbeit im Marxismus vgl. die Kritik von Maria Mies; Bennholdt-Thomsen/Mies/v. Werlhof 1988).

Während in der bürgerlichen Kernfamilie sich allmählich das patriarchalische Modell einer geschlechtsspezifischen Arbeitsteilung herauskristallisierte, wonach der Ehemann für die Erwerbsarbeit zuständig ist und die Ehefrau auf die häusliche reproduktive Arbeit festgelegt wird, ließen die am Existenzminimum liegenden Löhne für un- und angelernte Industriearbeit ein solches Modell für die Arbeiterfamilien gar nicht zu. Wenn aber tendenziell alle Familienmitglieder dem Erwerb nachgehen, dann müssen reproduktive Leistungen eingekauft werden. Diese Bedeutungskomponente des Marktsystems eignet sich weniger für Verdinglichungs- und Entfremdungsdiagnosen. Sie bildet vielmehr ein wichtiges Einfallstor für *Tendenzen der Individualisierung.*

Unter den Bedingungen der Frühindustrialisierung konnten sich solche Tendenzen allerdings noch nicht entfalten. Vor allem die niedrig entlohnten Industriearbeiter hatten mit dem Problem zu kämpfen, dass sie einerseits aufgrund ihrer Erwerbstätigkeit immer weniger reproduktive Arbeit (= Haus- und Familienarbeit) leisten und auf der anderen Seite über kein kontinuierliches Einkommen in einer Höhe verfügen konnten, das eine gesicherte Versorgung über den Markt ermöglicht hätte. Da die für eine marktabhängige private Lebensführung erforderliche Zahlungsfähigkeit nicht kontinuierlich gegeben war, mussten Mietwohnungen immer wieder wegen Mietschulden verlassen werden. Wenn es an Kleidung, Essen und Brennstoffen fehlte, ergab sich sowohl für die neu entstandene Industriearbeit wie auch für das private Leben der Industriearbeiter ein einheitliches Bild: Lohnarbeit ist über längere Zeiträume hinweg nicht lebbar (vgl. zusammenfassend Brock 1991: 62 ff.). In der ersten Industrialisierungsphase konnten sich aus der Marktabhängigkeit noch keine neuen Muster der Lebensführung entwickeln, sondern nur Elend, Mangel und Perspektivlosigkeit.

5.5 Die Dampfmaschine auf Rädern – eine neue Phase der Industrialisierung beginnt

Könnte man allein aus der Entwicklung der Textilindustrie die soziologische Bedeutung des Industrialisierungsprozesses erfassen, dann hätte Marx wohl recht gehabt. Denn ein System, das den Warenausstoß vervielfacht und dabei nicht nur menschliche Arbeit einspart, sondern mit den eingesparten Lohnkosten dem Konsumgütermarkt immer auch Kaufkraft entzieht, muss kollabieren. Unter diesen Gesichtspunkten gewann die Industrialisierung in dem Moment eine neue gesellschaftliche Entwicklungsperspektive, als die Dampflokomotive erfunden wurde.

Um diese Erfindung einordnen zu können, muss man wissen, dass in den Großstädten des 18. Jahrhunderts sogenannte Pferdebahnen verkehrten. Man war auf die Idee gekommen, an Stelle von Pferdefuhrwerken, die über holpriges Pflaster polterten, diese Fuhrwerke auf Schienen zu setzen. Auf diese Weise wurden die Reibungsverluste sehr stark reduziert, sodass zumindest auf ebenen Strecken mit einem solchen auf Schienen gesetzten Pferdefuhrwerk wesentlich mehr Menschen befördert werden konnten. Vor diesem Hintergrund war es eigentlich keine kühne Idee, nach der Entwicklung der Dampfmaschine zu versuchen, die Pferde durch Dampfmaschinen zu ersetzen. Ganz ähnlich beginnt übrigens auch die Geburtsstunde der Automobilindustrie mit dem Versuch, die Pferdekutsche in eine Motorkutsche umzubauen.

Unmittelbar geht die Erfindung der Lokomotive auf eine Wette zwischen den Besitzern zweier Eisenwerke zurück. Samuel Homfray, einer der beiden Wettpartner, setzte Geld darauf, dass es seinem Ingenieur Richard Trevithick gelingen werde, die bis dahin üblichen Zugpferde durch ein Dampffahrzeug zu ersetzen, das Wagen mit zehn Tonnen Eisen von seinem Werk zu einem nahegelegenen Kanal ziehen konnte. Dies gelang im Februar 1804 tatsächlich. Der Erfinder konnte aus seiner Entwicklung allerdings keinen wirtschaftlichen Nutzen ziehen, da er die damals üblichen Schienen für Pferdebahnen verwendete, die dem Gewicht einer Lokomotive nicht lange standhalten konnten.

Die Geschichte der Entwicklung der Eisenbahn muss an dieser Stelle nicht detailliert behandelt werden. Sie verläuft ähnlich komplex wie die Geschichte der Erfindung der Dampfmaschine. Erst im Nachhinein zeigt sich, dass eine bestimmte Entwicklung, nämlich die Herstellung dauerhaft haltbarer Gleise, den entscheidenden Durchbruch bedeutet hatte.

Die Verwendung von Gleisen ist eine alte Erfindung, die man bis in das zweite Jahrtausend vor unserer Zeitrechnung zurückverfolgen kann. Schon damals kam man nämlich auf die Idee, befestigte Straßen mit Laufrinnen zu versehen, die Pferdekarren eine feste Richtung gaben und, wenn sie präzise ausgeführt waren, auch den Reibungswiderstand senken konnten. An dieses Wissen knüpften dann Bergwerksingenieure im Mittelalter an, als sie anstatt der Laufrinnen hölzerne Gleise konstruierten, mit denen unabhängig von einer Straße Lasten besser gezogen werden konnten. Georg Agricola (De re metallica 1530) hat diese Entwicklung dokumentiert. Der nächste Schritt war dann, dass das nicht sehr haltbare Holz durch Metall ersetzt wurde. Der Erfinder der ersten Lokomotive verwendete bereits gusseiserne Gleise, die aber noch zerspringen konnten. Geschmiedete Gleise, die auch hinsichtlich der Spurweite im Wesentlichen den heute gebräuchlichen Eisenbahnschienen entsprechen, verwendete dann erstmals der Pionier der praktischen Nutzung der Dampflokomotive, George Stephenson, als er die erste öffentliche Eisenbahnstrecke zwischen Stockton und Darlington baute, die im September 1825 ihren Betrieb aufnahm.

Damit Lokomotiven effizient eingesetzt werden konnten, waren aber, ganz ähnlich wie bei der Erfindung der Dampfmaschine, eine ganze Reihe weiterer technischer Verbesserungen erforderlich.

Wichtiger als weitere Details aus der Entwicklungsgeschichte der Eisenbahn ist an dieser Stelle aber die Frage, warum mit der Entwicklung der Dampfmaschine die Industrialisierung hinsichtlich ihrer sozialen Folgen und gesellschaftlichen Möglichkeiten eine neue Richtung eingeschlagen hat. Dies liegt an zwei Aspekten, die etwas ausführlicher erläutert werden sollen.

Der erste Aspekt ist, dass der Bau von Eisenbahnlinien in seinen Voraussetzungen wie Folgen mit einer ganzen Reihe von *Schneeballeffekten* verknüpft ist. Um eine Eisenbahnstrecke betreiben zu können, ist es notwendig, zunächst eine Trasse anzulegen, bei der die Steigungen nach Möglichkeit minimiert werden müssen. Im Rahmen der technischen Möglichkeiten des 19. Jahrhunderts erforderte das menschliche Handarbeit in heute kaum noch vorstellbarem Ausmaß. Mit der Anlage solcher Strecken waren Tausende, zum Teil Zehntausende von Erdarbeitern beschäftigt. Darüber hinaus war es vielfach nötig, Täler zu überbrücken und Berge zu untertunneln. Entsprechend erhöhte sich der Aufwand für die Terrassierung. Auf diesen Trassen wurden dann Gleise verlegt, die in Stahlwerken hergestellt wurden. Diese Stahlwerke wiederum konnten nur betrieben werden, wenn in hinreichender Menge Eisenerz wie Kohle verfügbar war und transportiert werden konnte. Weiterhin mussten nicht nur Lokomotiven sondern auch Wagen gebaut werden. Für den Betrieb waren darüber hinaus Gebäude wie Bahnhöfe, Stellwerke usw. erforderlich. Schließlich werden große Mengen an Kohle und sehr viel Personal benötigt.

Da bereits wenige Jahre nach der Eröffnung der Strecke zwischen Stockton und Darlington in Europa eine Art Wettrennen um den Bau von Eisenbahnlinien einsetzte, potenzierten sich diese schon relativ komplexen Aktivitäten noch. Um die nun stark ansteigende Nachfrage nach Eisen und Stahl decken zu können, entwickelte sich ein neuer Industriezweig, die *Eisen- und Stahlindustrie*. Die steigende Nachfrage nach Lokomotiven und Wagen sowie weiteren Maschinen deckte ein ebenso neu entstehender Industriezweig, der *Maschinenbau*. Darüber hinaus mussten auch bereits bestehende Gewerbe drastisch ausgebaut werden. Dies betrifft sowohl die *Förderung von Kohle und Eisenerz* wie auch das *Baugewerbe*. Investitionen in Bahnlinien schufen also in großem Umfang zusätzliche Nachfrage. Diesen Effekt hatte zwar auch schon die Errichtung von Textilfabriken gehabt, allerdings in unendlich geringerem Umfang.

Das Ausmaß und das Tempo dieser komplexen Entwicklung lässt sich an einer ganz einfachen Zahl abschätzen: an der Länge der gebauten Strecken. Schon 1840, also nur 15 Jahre nach dem Betrieb der ersten Bahnlinie sind weltweit knapp 7.700 Kilometer Eisenbahntrasse verlegt worden. Nur knapp zehn Jahre später sind es schon 40.000, 1860 bereits fast 110.000, 1870 210.000, 1880 über 370.000 und 1890 bereits mehr als 600.000 Kilometer. Ein weiteres Begleitmoment dieser rasanten Entwicklung ist, dass sie rasch von Europa auf andere Kontinente übergreift. 1840 wurden in Nordamerika bereits mehr Eisenbahnkilometer gebaut als in Europa. Ein weiteres Jahrzehnt später existierten Eisenbahnlinien bereits in allen fünf Kontinenten (vgl. Meyers Konversationslexikon 1989; 5. Band; Tabelle zum Stichwort Eisenbahn).

Wie dynamisch und wie weitgehend der Strukturwandel war, der durch die Errichtung eines Eisenbahnnetzes erreicht wurde, lässt sich am Beispiel des Deutschen Reiches an folgender Bilanz erkennen, die nach Ende des Betriebsjahres 1891/92 gezogen wurde, also gut 50 Jahre nach den ersten Anfängen. Das Schienennetz umfasste „42.325 Kilometer (wovon 13.363 doppelgleisig), sodass auf hundert Quadratkilometer Fläche 7,8 Kilometer und auf je 10.000 Einwohner 8,5 Kilometer Bahnen entfallen ... Das verwendete Anlagekapital für sämtliche deutsche Bahnen belief sich auf 10.655.000.000 Mark, das heißt auf ein Kilometer Bahnlänge 252.707 Mark". Bei diesen Zahlenangaben ist zu bedenken, dass die Kaufkraft einer damaligen Reichsmark vorsichtig geschätzt ungefähr der von 10 Euro heute entsprach[14]. „Auf sämtlichen deutschen Eisenbahnen betrug die Zahl der 1891/92 beförderten Personen 464.000.000 und die der beförderten Gütertonnen 229.000.000" (Meyers Konversationslexikon 1895; Band 5: 512). Die finanziellen Ergebnisse allein der preußischen Staatseisenbahn in demselben Betriebsjahr erreichten einen Überschuss von 317.000.000 Mark, was auf eine Verzinsung von 4,9 Prozent des Anlagekapitals hinaus läuft (Meyers Konversationslexikon 1895; Band 5: 512).

Diese gewaltigen Investitionen konnten nur deswegen stattfinden, weil *zusätzliche Nachfrage* entstanden war. Die Menschen, ebenso auch diverse Güter, konnten mithilfe der Eisenbahn nun im Binnenland relativ schnell größere Entfernungen überwinden. Während bis dahin Mobilität in nennenswertem Umfang nur entlang der Küsten und Seewege möglich war, erschließt der Eisenbahnbau das Binnenland für Mobilität und Marktprozesse.

Zweifellos existierte bereits vor dem Eisenbahnbau ein gewisser Bedarf an Reisen und Warenverkehr, der aber nur unter einem immensen Zeit- und Kostenaufwand realisiert werden konnte. Das wird durch zahllose Reiseberichte des

---

[14] Das ist nur eine ganz grobe Schätzung. Zum Vergleich: Arbeiterfamilien mussten gut 10 Jahre später noch im Durchschnitt mit 1500–2000 Mk. pro Jahr auskommen; vgl. hierzu Brock 1991: 109 ff. sowie 152 ff.

ausgehenden 18. und beginnenden 19. Jahrhunderts wie beispielsweise Goethes Reise nach Italien hinreichend belegt (vgl. Goethe 1976). Der Gütertransport im Binnenland konnte sich nur dort entwickeln, wo besonders kostbare und unentbehrliche Güter über größere Entfernungen hinweg getauscht werden mussten wie beispielsweise Salz und Luxusgegenstände. Während die Textilindustrie den Bedarf an Kleidung kostengünstiger deckte und sicherlich durch diese Verbilligung auch die Nachfrage nach Kleidung steigern konnte, führte der Aufbau von Eisenbahnstreckennetzen zu einer Art Dammbruch auf dem Feld der Mobilität und des Warenverkehrs. Nur damit können wir die ebenso rasante wie kontinuierliche Zunahme des Eisenbahnnetzes im 19. Jahrhundert erklären.

Daher fällt die soziale Bilanz dieser Innovation völlig anders aus, als die der Textilindustrie. Zum einen ist das Ausmaß ,schöpferischer Zerstörung' relativ gering, da das Transportgewerbe unentwickelt und der Transport über lange Strecken höchst aufwendig und teuer war. Ein auf kürzere Distanzen spezialisierter Transport mit Pferdefuhrwerken gewann dagegen durch den Eisenbahnbau sogar noch erheblich an Bedeutung, da ja Entfernungen zwischen den Bahnhöfen und Wohnhäusern beziehungsweise Lagerhallen oder Betrieben zurückzulegen waren. Während die Textilindustrie ein weitverbreitetes und zahlenmäßig starkes Handwerk, einschließlich der davon abhängigen Familien, ruiniert hatte, fällt *die Opferbilanz an vorindustriellen Arbeitsplätzen beim Eisenbahnbau marginal aus.* Auf der anderen Seite der Bilanz befinden sich viele neue Industriezweige und nicht zuletzt auch konventionelle Gewerbe, die eine zuvor ungekannte Ausweitung erfahren. Dass Industrialisierung neue Produkte, neue Märkte und vor allem zusätzliche Arbeitsplätze schaffen kann, konnte Marx bei seiner Analyse der Textilindustrie noch nicht erkennen[15]. Das wird erstmals beim Bau von Eisenbahnstrecken sichtbar.

In heutiger Terminologie stellt die Eisenbahn das erste historische Beispiel für eine *Schlüsseltechnologie* dar. Schlüsseltechnologien sind Innovationen, die andere anstoßen, von denen gewissermaßen in alle Richtungen hin, in technischer wie in wirtschaftlicher Hinsicht Anstöße ausgehen[16]. Die Ökonomen, insbesondere Kondratieff (vgl. 1979) und Schumpeter (vgl. 1939) haben sich mit den wirtschaftlichen Effekten solcher Schlüsseltechnologien eingehend auseinander gesetzt. Auch wenn die Ergebnisse dieser Überlegungen alles andere als unum-

---

[15] Wenn man bedenkt, dass der erste Band des ,Kapital' 1867, also zu einem Zeitpunkt erschien, wo zwischen 100.000 und 200.000 km Bahnstrecke existierten, dann muss man Marx dies als Versäumnis ankreiden.

[16] „In der Regel werden unter Schlüsseltechnologien solche Technologien verstanden, die die Grundlage und Voraussetzung für weitere technologische Innovationen bilden und eine breite Anwendung zulassen… Schlüsseltechnologien verfügen über ein hohes Wettbewerbspotential, einen hohen Diversifikationsgrad sowie über eine hohe Wertschöpfung" (INSM Wirtschaftslexikon; Stichwort Schlüsseltechnologie)

stritten sind (vgl. die Darstellung und Diskussion bei Bornschier 1998: 85 ff.), kann man doch den sogenannten Kondratieff-Zyklus als ein Modell ansehen, das die Wirkungen solcher Schlüsseltechnologien zumindest einigermaßen abbildet. Ein solcher Zyklus kennt drei Bewegungen, eine Aufschwungphase, einen Gipfelpunkt und eine Abschwungphase. Kondratieffs Modell geht davon aus, dass der Gesamtzyklus etwa 60 Jahre andauert. Die Aufschwungphase wird nun dadurch charakterisiert, dass, wie gerade am Beispiel der Eisenbahn dargestellt, von einer Innovation in einem bestimmten Bereich andere Innovationen in vielen Wirtschaftsbereichen angestoßen werden. Es entstehen in erheblichem Umfang neue Produkte und neue Märkte, so dass Unternehmer auf Pioniergewinne setzen und versuchen, sich in den neuen Märken erfolgreich zu etablieren. In vielen spezialisierten Märkten entsteht so ein Wettrennen auf Zeit zwischen den beteiligten Marktakteuren, wobei die Logik des Pioniergewinnes immer den Schnellsten prämiert[17].

Für die Volkswirtschaften bedeutet diese Phase eines allgemeinen Wettrennens um Innovationen, dass neue Arbeitsplätze entstehen, neue Produkte verkauft werden und sich die Wirtschaft in eine Aufschwungphase begibt. Der Scheitelpunkt dieser nach oben gerichteten Kurve wird in dem Moment erreicht, wo die Nachfrage nach neuen Produkten allmählich gesättigt wird. Mit der Sättigung der Nachfrage werden die Unternehmensaktivitäten zunehmend auf Kostensenkung fokussiert, da die Phase der üppigen Pioniergewinne nun beendet ist. Wer sich nun auf dem weniger stark expansiven Markt behaupten will, muss rationalisieren, Kosten einsparen. Die Produkte verbilligen sich. Alle Unternehmen, die zu teuer produzieren, haben Probleme, sich auf dem Markt zu halten. Es beginnt nun eine Abwärtsspirale, die immer weiter an Dynamik gewinnt. Sie kann nach Kondradieffs Modell erst durch eine neue Schlüsseltechnologie wieder gestoppt werden, die dann eine erneute Aufschwungphase ermöglicht.

Im Hinblick auf den *Strukturwandel menschlicher Arbeit*, den für Marx entscheidenden Fortschrittsmechanismus, fällt dagegen die Bilanz des Eisenbahnbaus dagegen deutlich negativer aus als die der Textilindustrie. Während die Textilindustrie menschliche Handarbeit durch Maschinen ersetzt und menschliche Muskelkraft durch Dampfmaschinen entbehrlich gemacht hat, *schafft der Eisenbahnbau zusätzliche Arbeitsplätze, bei denen es wiederum auf menschliche Muskelkraft und menschliche Handbewegungen ankommt.* Das gilt nicht nur für Erdbewegungen und Baugewebe sowie die Ausweitung des Bergbaus, sondern betrifft ebenso den Kernbereich dieser technischen Innovation. Lokomotiven

---

[17] Dieses Wettrennen konnte man in den letzten Jahren vor allen bei der Entwicklung immer neuer Chipgenerationen beobachten. Der Sieger, also der Schnellste, erzielt große Gewinne, der Zweite verdient vielleicht noch ganz gut, die langsameren Wettbewerber hatten dagegen Schwierigkeiten, ihre Entwicklungskosten hereinzubekommen.

und Eisenbahnwagen wurden überwiegend in Handarbeit gefertigt. Der sich entwickelnde Maschinenbau wird noch bis zur Anwendung der Mikroelektronik durch menschliche Handarbeit geprägt.

Bei der Eisen- und Stahlherstellung spielen zwar großtechnische Anlagen eine tragende Rolle und es kommt zum Einsatz vielfältiger Maschinen. Aber auch hier fällt zusätzliche menschliche Arbeit im Sinne von Ergon an. Wenn man den industriellen Fortschritt wie Marx als das Ersetzen menschlicher Kraft und menschlicher Handbewegungen durch Maschinen, also als Abschaffung harter körperlicher Arbeit auffasst, die dem Leben der arbeitenden Klassen über Jahrtausende hinweg enge Grenzen gesetzt hat, dann wird dieses Urteil durch den mit dem Eisenbahnbau verbundenen Industrialisierungsprozess keineswegs wiederlegt. *Die Abschaffung von Ergon wird jedoch zeitlich gestreckt und perspektivisch hinausgeschoben.*

Wenn Marxens Analyse zutrifft und harte körperliche Arbeit die Grundlage des kapitalistischen Systems ist (vgl. auch: ‚Grenzen der Wertform‘; Brock 2002: 71 f.), dann schaffen Schlüsseltechnologien wie der Eisenbahnbau ihm nicht nur eine Atempause, sondern hauchen ihm vielmehr zusätzliches Leben ein, denn der für Marx mit der Industrialisierung verbundene Strukturwandel menschlicher Arbeit findet hier zumindest zunächst gar nicht statt! Harte körperliche Arbeit wird hier allenthalben *zusätzlich* erforderlich, weil neue, zusätzliche Produkte durch den technischen Fortschritt entstehen.

Aber dennoch wurde und wird bis heute der Eisenbahnbau als ein epochaler Fortschritt aufgefasst. Das hängt paradoxerweise damit zusammen, dass dieser Prozess – anders als die Textilindustrie – den epochalen Fortschritt der Befreiung der arbeitenden Klassen von Ergon nicht weitertreibt sondern vertagt. Das fördert alle im Rahmen des Kapitalismus entwickelten Interessen. *Da hier die Industrialisierung zusätzliche Arbeit im Sinne von Ergon schafft, wirkt sie sich gerade unter kapitalistischen Bedingungen positiv auf die Interessen aller Beteiligten aus: Arbeitnehmer gewinnen neue Beschäftigungschancen, Unternehmer neue Geschäftsfelder und zusätzliche Waren, der Staat partizipiert in Form zusätzlicher Steuereinnahmen.*

Industrialisierung nach dem Muster des Eisenbahnbaus kann damit zumindest teilweise sogar das alte Problem der Übervölkerung lösen, an dem noch Malthus (vgl. 1924) verzweifelte. Es bestand im Kern darin, dass unter vorindustriellen Bedingungen in Landwirtschaft wie Handwerk die Zahl der Arbeitsplätze mit dem Bevölkerungszuwachs nie mithalten konnte. Die auf landwirtschaftlichem Familieneigentum beziehungsweise einer immer begrenzten Anzahl von Meisterbetrieben basierende Struktur der Familienarbeit war weitgehend statisch, sodass der „überzähligen Bevölkerung" nur Überlebensmöglichkeiten außerhalb der ständischen Ordnung offen standen wie Bettler, Hausierer, Tagelöhner oder eben Soldat. Im 18. und 19. Jahrhundert ergab sich zusätzlich der Ausweg, nach Amerika auszuwandern und dort eine neue Existenz aufzubauen. Die demografische Entwicklung Deutschlands im 19. Jahrhundert verdeutlicht, wie nun zunehmend Arbeitsplätze in den industriellen Ballungsgebieten zu realen Alternativen gegenüber dem Auswandern werden. Im 19. Jahrhundert nahmen die Auswandererzahlen nach 1848 stetig zu und erreichen in den 50er und frühen 60er Jahren des 19. Jahrhunderts ihren Kulminationspunkt, um danach rapide abzusinken (vgl. Bolte 1967: 138). Parallel zu diesem Absinken steigt nun die Zahl industrieller Arbeitsplätze rasch an: zwischen 1885 und 1913 entstehen im deutschen Reich ca. 5,4 Mio. neue Arbeitsplätze in der Industrie (vgl. Brock 1991: 330 – Tabelle III.9).

Mit dieser zweiten Welle der Industrialisierung verlagern sich die Wanderungsbewegungen von der Auswanderung zur Binnenwanderung. Die „Überzähligen" sowohl aus den großen Agrargebieten Ostelbiens wie auch aus dem ländlichen Umland der Ballungsgebiete (Beispiel Baden-Württemberg) wandern nicht mehr nach Amerika aus, sondern in die industriellen Ballungsgebiete Deutschlands ab. Insbesondere im Ruhrgebiet, in Sachsen und Mitteldeutschland, sowie in und um Berlin entstehen im ausgehenden 19. Jahrhundert verdichtete Ballungsräume.

Bei den neu entstehenden Arbeitsplätzen geht es nicht nur um gering qualifizierte Industriearbeit, bei der der Lohn aufgrund eines Überangebots gering qualifizierter Arbeitskräfte zu einem Existenzminimum tendiert, sondern *es entsteht zunehmend eine Nachfrage nach qualifizierter Industriearbeit*, nach Qualifikationen, die entweder durch Anlernprozesse erworben werden oder aber eine klassische Lehrlingsausbildung erfordern. Gerade dort, wo die neuen Maschinen des Industriezeitalters gefertigt werden, ist der Anteil gelernter Arbeit sehr hoch[18].

Der *zweite* Grund, warum das Eisenbahnzeitalter mit industriellem Fortschritt assoziiert wird, besteht darin, dass Fortschritt hier eine ganz andere Richtung nimmt als die Abschaffung von Ergon. *Der technische Fortschritt vermag nämlich neue Möglichkeiten zu eröffnen, die gleichermaßen im reproduktiven Bereich der Freizeit wie auch im Bereich von Wirtschaft und Arbeit genutzt werden können.*

Der Begriff Infrastruktur deckt diese Aspekte nur teilweise ab, da er (a) mit Kollektivgütern assoziiert wird und (b) meist ausschließlich mit der Wirtschafts-

---

[18] Zwar können wir auf keine industriesoziologischen Untersuchungen im Bereich des Lokomotiv- und Wagonbaus zurückgreifen, eine soziologische Studie aus den frühen Zeiten des Automobilbaus (Werk Untertürkheim von Daimler-Benz) zeigt, dass ungefähr zwei Drittel der Beschäftigten gelernte Arbeiter waren (vgl. Schumann 1911). Für einen Überblick über 14 Studien aus diesem Zeitraum vgl. Brock 1991: 338 – Tabelle III.21.

entwicklung in Verbindung gebracht wird. Wenn man aber die Eisenbahn mit weiteren Mobilitätsinnovationen in Verbindung bringt wie dem Automobil oder dem Handy, dann zeigt sich, dass es sich hierbei nicht zwangsläufig um Kollektivgüter handeln muss. Allerdings enthalten alle drei Innovationen zumindest einen Kollektivgutaspekt, ohne den die Individualgüter nicht genutzt werden können. Beim Handy wäre hier die Errichtung des Funknetzes zu nennen mit Kollektivgütern wie Satelliten und Sendemasten. Automobile sind nur zu nutzen, wenn ein allgemein zugängliches Straßennetz vorhanden ist. Gemeinsam ist allen drei Innovationen, *dass sie der ‚raum-zeitlichen Abstandsvergrößerung‘* (Giddens 1995: 24 f.; vgl. hierzu auch Band 2) *dienen, indem sie den Zeit- und Energieaufwand verkleinern, der zur physiologischen beziehungsweise kommunikativen Überwindung räumlicher Distanzen erforderlich ist.*

Hierbei werden neue Möglichkeiten sowohl im produktiven wie auch im reproduktiven Bereich eröffnet. Im produktiven Bereich werden neue Möglichkeiten der Arbeitsteilung und des arbeitsteiligen Zusammenwirkens eröffnet. Im reproduktiven Bereich neue Möglichkeiten der Interaktion, Kommunikation und des kulturellen wie sozialen Austauschs.

Märkte können nur in dem Maße reale Effekte haben, wie Sozialkontakte hergestellt und Waren ausgetauscht werden können. Räumliche Distanzen und der Aufwand, der zu ihrer Überwindung erforderlich ist, begrenzen jede marktförmige Vernetzung zwischen den Menschen – einmal dadurch, dass zusätzlicher Aufwand entsteht, der in Form von Kosten bilanziert werden kann, zum anderen in Form von Unkenntnis. Zwar belegen zahllose Funde, dass der Fernhandel uralt ist, allerdings erstreckte er sich nahezu ausschließlich auf solche Dinge, die besonders kostbar und wertvoll waren: Bernstein, Gold, Kupfer, Eisen, Bronze, Lapislazuli und so weiter. Massengüter ließen sich vor dem Eisenbahnbau nur auf dem Seewege transportieren: auf diesen Marktbeziehungen beruhte der Aufstieg Europas seit dem 16. Jahrhundert (vgl. Wallerstein 1974; 1981). Dass von nun an mit Hilfe der Eisenbahn Wirtschaftsgüter und Informationen ebenso gut auf dem Landweg transportiert werden konnten, beschleunigte die industrielle Modernisierung eminent und erweiterte das Spektrum ihrer Standorte. Die neuen Möglichkeiten konkretisierten sich zunächst in Form immer größer werdender Fabriken, in denen Rohstoffe, Investitionsgüter und Arbeitskräfte in zuvor ungekanntem Ausmaß kombiniert wurden. Diese Entwicklung war im Binnenland aber nur deswegen immer leichter zu bewerkstelligen, weil die benötigten Rohstoffe und Maschinen zu vertretbaren Kosten angeliefert werden konnten und Arbeitskräfte aus einem immer großräumiger werdenden Arbeitsmarkt rekrutiert werden konnten.

Aber auch die reproduktive Bedeutung eines Eisenbahnnetzes war schnell offenkundig geworden. So erfuhr beispielsweise der gebildete Bürger in Meyers Konversationslexikon unter dem Stichwort ‚Eisenbahnpolitik‘ folgendes: „In der inneren (Politik) sind die Eisenbahnen als Mittel zur Durchführung staatlicher Aufgaben von großer Bedeutung, zum Beispiel zur Beschleunigung eines nationalen Verschmelzungsprozesses" (Meyers Konversationslexikon 1895; Band 5: 540). Daran ist zumindest zutreffend, dass erst durch dieses Verkehrsmittel Menschen mit unterschiedlichen regionalen Eigenheiten wie zum Beispiel Dialekten miteinander in Kontakt kamen, die nicht einer kleinen gesellschaftlichen Elite angehörten, sondern „normale Durchschnittsbürger" waren. Es ist kein Zufall, dass sich bei Ludwig Thoma Bayern und Preußen in der Eisenbahn begegnen (Thoma 1910).

Die Eisenbahn ist Einfallstor für eine Entwicklung, die man in Anlehnung an den Strukturwandel der Arbeit vielleicht ‚Strukturwandel alltäglicher Lebenspraxis' nennen könnte. Dieser Strukturwandel hat damit zu tun, dass der moderne Mensch neue Möglichkeiten nicht zum Nulltarif gewinnen kann, sondern nur dadurch, dass er sich *in zu speziellen Zwecken geschaffene Spezialwelten hineinbegibt und dort bestimmten Regeln unterwirft*. Der Einstieg in diese Entwicklung erfolgte über die Eisenbahn und wird heute durch Flugzeuge, Computer und Handys, aber auch neue Möglichkeiten medizinischer Diagnostik und Behandlung immer mehr erweitert.

In allen diesen Fällen gewinnen wir neue Möglichkeiten nur dadurch, dass wir einen Teil unserer Lebenszeit in künstlich geschaffenen Spezialwelten verbringen. Sowohl die Überwindung raumzeitlicher Grenzen bei der Arbeit wie auch neue reproduktive Möglichkeiten können immer nur um den Preis *zeitlicher Bindungseffekte an Spezialwelten* realisiert werden. Das Eisenbahnabteil läutet diese Entwicklung ein. Man nimmt dort Platz, weil man auf diese Weise am schnellsten und bequemsten von A nach B kommen kann. Aus diesem instrumentellen Interesse heraus nimmt man dann auch Unbequemlichkeiten dieses Transportmittels in Kauf wie Lärm, die Unebenheiten der Gleise, die eingeschränkten Bewegungsmöglichkeiten und so weiter. Ein noch wesentlich höheres Maß an Disziplinierung kosten uns heute der Luftverkehr, die Computerbedienung, eine medizinische Untersuchung im Computertomografen oder im schlimmsten Falle extreme Einschränkungen durch medizinische Behandlungen, etwa bei einer Knochenmarktransplantation. In all diese ‚Käfige des technischen Zeitalters' begeben wir uns freiwillig hinein, weil wir damit entweder von reproduktiver Mühe und Arbeit entlastet werden wollen – 30 Kilometer zu Fuß sind wesentlich anstrengender als die Restriktionen einer halbstündigen Eisenbahnfahrt – beziehungsweise neue reproduktive Möglichkeiten gewinnen wollen – etwa ein längeres oder beschwerdefreieres Leben durch medizinische Behandlung.

Die reproduktive Seite des menschlichen Lebens besteht immer aus instrumentellen Aktivitäten. So kocht man sich beispielsweise ein Essen, weil man gerade Hunger hat. Mit dem Eisenbahnbau wird nun aber im reproduktiven Bereich insofern ein Strukturwandel eingeläutet, als arbeitsförmige Aktivitäten zur direkten Bedürfnisbefriedigung nun vergesellschaftet werden. Erfinder und Spezialisten denken sich Wege und Regeln aus, die diese Eigenaktivitäten entweder entbehrlich machen (*Aspekt der Bequemlichkeit*) oder aber von den Effekten her übertreffen (*Aspekt der Nutzensteigerung*). Bei der Nutzung dieser neuen Möglichkeiten wird aber selbstbestimmte Reproduktionsarbeit teilweise durch passives Aushalten, teilweise durch disziplinierte Anwendung vorgegebener Regeln und Modalitäten ersetzt (Beispiel: Benutzung von Verkehrsmitteln anstatt zu gehen).

Man kann diesen Abschnitt auf die These zuspitzen, *dass der Eisenbahnbau von den Beschäftigungseffekten her den Kapitalismus gefördert und entwickelt hat, aber zugleich einen Strukturwandel im reproduktiven Bereich einläutet. Der revolutionäre Effekt dieser Technologie scheint in eine neue Richtung zu gehen, denn es wird eine ‚künstliche Umgebung' geschaffen*, in die man sich aus instrumentellen Gründen hinein begibt, weil man so Entfernungen schneller überwinden und Sozialkontakte wie Formen zwischenbetrieblicher Arbeitsteilung forcieren kann.

5.5.1 Industrialisierung und Staatsaufgaben

Während man sich den Bau einer Textilfabrik, zumindest vom Prinzip her, als eine rein privatwirtschaftliche Aktivität vorstellen kann, ist beim Bau einer Bahnlinie in jedem Fall der Staat mit beteiligt. Das hat einmal praktische Gründe, weil der Bau einer viele Kilometer umfassenden Strecke ohne ein Enteignungsrecht zumindest in absehbarer Zeit nicht zu realisieren wäre. Unabhängig davon, ob eine private Bahngesellschaft oder eine staatliche Eisenbahngesellschaft eine Strecke betreiben will, wird in jedem Fall eine staatliche Konzession benötigt, die für den Bau einer bestimmten Trasse auch das Recht der Enteignung verkaufsunwilliger Grundbesitzer miteinschließt. Zum anderen geht es bei einem derartigen Projekt in jedem Falle um *öffentliche Interessen, die nur über staatliche Instanzen mit privatwirtschaftlichen Aktivitäten in Verbindung gebracht* werden können.

Auf der anderen Seite ist ein derartiges Projekt aber auch nicht ohne privatwirtschaftliche Aktivitäten durchführbar (vgl. jedoch 5.8). Das hängt einmal damit zusammen, dass die Investitionen in ein Streckennetz nur dann rentabel sind, wenn es auch für wirtschaftliche Zwecke benutzt werden kann und zusätzliche Möglichkeiten für die Ansiedlung von Betrieben schafft. Zum anderen ist aber auch die Durchführung eines derart komplexen Projektes ohne die Beteiligung spezialisierter Firmen nicht denkbar.

Während bei der ersten, durch die Textilindustrie geprägten Phase der Industrialisierung zunächst privatwirtschaftliche Aktivitäten entwickelt werden, deren Folgen dann erst ein öffentliches Interesse an staatlicher Regulierung hervorrufen, *kommt es hier von vornherein zu Formen des Zusammenwirkens zwischen Staat und Privatwirtschaft, die für die weitere Industrialisierung prägend werden.* Sie werden aus Gründen der Anschaulichkeit am Eisenbahnbeispiel erläutert, können aber für den weiteren Industrialisierungsprozess verallgemeinert werden.

Aus der Perspektive des Staates spielen insbesondere drei Aspekte eine Rolle, denen charakteristische Aktivitäten zugeordnet werden können: gemeinsame Interessen an einzelnen Wirtschaftsaktivitäten (a), die Beaufsichtigung des laufenden Betriebs im Hinblick auf gemeinsame Interessen (b) sowie die Abgrenzung zwischen einem privatwirtschaftlichen und einem dem Staat vorbehaltenen Aufgabenbereich (c).

(a) Erster Aspekt: Das kollektive Interesse an wirtschaftlicher Entwicklung muss organisiert und kanalisiert werden.

Im vierten Kapitel hat sich gezeigt, dass sich die europäischen Staaten schon vor der Industrialisierung für Fragen gesellschaftlicher Modernisierung und wirtschaftlicher Entwicklung interessiert haben, weil Rivalitäten zwischen den Staaten und steigende Kriegskosten immer höhere Steuereinnahmen erforderten. Auf dieser Grundlage ist es zumindest in den wirtschaftlich entwickelten Teilen Europas im 19. Jahrhundert geradezu zu einem Wettlauf in der Erschließung der Territorien durch ein flächendeckendes Eisenbahnnetz gekommen. Da ein Bahnanschluss erhebliche Standortvorteile mit sich brachte, strebten Wirtschaft wie Kommunen einen Anschluss an das Bahnnetz an, sodass auch auf der kommunalen Ebene Konkurrenzen und Rivalitäten auf einen raschen Ausbau drängten. Daneben spielten aber auch militärische Erwägungen eine Rolle, da auch bei der Kriegsführung ein schneller und günstiger Massentransport neue Möglichkeiten schafft. Das Streckennetz der Eisenbahn hat sowohl im amerikanischen Bürgerkrieg wie in den beiden Weltkriegen eine wichtige Rolle gespielt (vgl. Keegan 1995: 437 ff.).

Wenn der Bau eines Eisenbahnnetzes vor allem der Wirtschaftsentwicklung diente, dann ist es auch von theoretischem Interesse nachzuvollziehen, warum Wirtschaftsförderung auch das Element des Eingriffs in die Rechte von Eigentümern mit einschließen muss. Karl Polanyi hat die These aufgestellt, dass sich eine funktionsfähige kapitalistische Ordnung ohne eine weitgehende Einschränkung des freien Handels mit Grund und Boden, mit menschlicher Arbeitskraft und mit Geld nicht hätte erreichen lassen (Polanyi 1979: 209 ff.). Die Beschränkung der freien Handelbarkeit von Grund und Boden ergibt sich nicht nur durch den Enteignungsbedarf bei Verkehrsprojekten, sondern auch aus jeder Form einer gesellschaftlichen Raumordnung, die bestimmte Flächen für bestimmte Nutzungsformen zu reservieren sucht. Die freie Handelbarkeit der Ware Arbeitskraft wird erstmals mit dem Verbot der Kinderarbeit eingeschränkt. Daran knüpfen zahllose weitere Regelungen an, wie die Einführung einer Altersgrenze, die Bindung an Tarifverträge oder Mindestlöhne, Einschränkung der Nachtarbeit für Jugendliche und Frauen und so weiter. Die freie Handelbarkeit der Währungen wurde mit dem Abgehen vom Edelmetallstandard in dem 30er Jahren des letzten Jahrhunderts eingeschränkt. Sie ist aber circa 50 Jahre später wieder eingeführt worden, wobei allerdings ein wesentlicher Parameter, die Geldmenge, von den Zentral- und Notenbanken unter gesamtwirtschaftlichen Erwägungen gesteuert wird. Gleiches gilt für den Zinssatz. *Alle diese Beschränkungen haben den Sinn, dass sie problematische Folgen für die Gesamtheit der Marktteilnehmer beziehungsweise Gesellschaftsmitglieder abwenden sollen.* Ein allgemeines Interesse legitimiert also Beschränkungen der freien Handelbarkeit von Waren. Über Arbeitskraft und Grund und Boden hinausgehend gelten solche Beschränkungen für viele Waren beispielsweise aus Gesichtspunkten des Gesundheitsschutzes und negativer ökologischer Folgen.

Die Paradoxie, dass sich eine privatrechtlich verfasste Wirtschaft dadurch verbessern und weiterentwickeln lässt, dass ihre Grundelemente, der freie Handel und die Entscheidungsfreiheit der Wirtschaftsakteure eingeschränkt werden, lässt sich folgendermaßen auflösen: Einschränkungen in der freien Handelbarkeit von Waren bedeuten Einschränkungen des grundlegenden Rechts der Marktteilnehmer, ihre eigenen Handlungen zu kontrollieren. Nach Coleman ist das eine grundlegende Eigenschaft gemeinsamer Normen. Sie entstehen nämlich immer dann, wenn es einem Kollektiv gelingt, Nomen zu setzen, die in der Regel gemeinsame Interessen dieses Kollektivs nützen sollen (vgl. Coleman 1995: 311 ff.).

Ich folge Colemans Argumentation mit der Einschränkung, dass sie vielleicht nicht generell, aber zumindest für den hier interessierenden Bereich der Wirtschaft plausibel ist. Die Struktur eines privatwirtschaftlich ausgerichteten Wirtschaftssystems lässt sich immer auf Austauschprozesse zurückführen, die sich auch auf die Kontrollrechte über die eigenen Handlungen erstrecken, über die die Individuen verfügen . Für derartige soziale Verflechtungen bedeutet die Durchsetzung gemeinsamer Normen daher immer einen Eingriff in individuelle Kontrollrechte, weil sich nur so die Resultate individuellen und kollektiven Nutzenkalküls gleichermaßen realisieren lassen.

So mag der einzelne Arbeitnehmer beispielsweise durchaus ein Interesse haben, sein Einkommen durch Nacht- und Schichtarbeit zu erhöhen. Gesundheitsschäden werden dabei entweder bagatellisiert oder auch einkalkuliert. Auf einer ähnlichen Grundlage ist es im Frühkapitalismus auch zu Kinderarbeit in größerem Umfange gekommen. Dem kurzfristigen individuellen Nutzen kann jedoch ein langfristiger individueller Schaden, beziehungsweise ein Schaden für die ökonomischen Ressourcen einer gesellschaftlichen Gemeinschaft gegenüberstehen. Im Falle der Kinderarbeit gilt beides, da sie sowohl mit geringer Lebenserwartung erkauft werden muss wie auch dem Gesamtinteresse an einem gut ausgebildeten Arbeitskräftereservoir entgegen steht.

Solche Interessendifferenzen können nur dann ausgetragen werden, *wenn den individuellen Marktakteuren eine gesellschaftliche Gemeinschaft gegenübertritt, die perspektivische Gemeinschaftsinteressen normativ geltend machen kann.* Derartige Normen können aber immer nur durch Eingriffe in die individuellen Kontrollrechte an Handlungen durchgesetzt werden. Genau dies ist die Perspektive eines eingreifenden und regulierenden Staates gegenüber einer privatwirtschaftlich verfassten Wirtschaft.

Nach diesem kleinen theoretischen Exkurs können wir nun den empirischen Faden wieder aufnehmen und untersuchen, welche Rolle der Staat beim Eisenbahnbau gespielt hat und welche Folgen sich daraus für die weitere Industrialisierung ergeben haben. Wir haben bereits erläutert, dass ein Gemeinschaftsinteresse an dem Bau von Eisenbahnstrecken Eingriffe in die Rechte einzelner Grundeigentümer erforderlich machte. Bei der praktischen Umsetzung dieses Gemeinschaftsinteresses wurden sehr schnell Genehmigungsverfahren und Überprüfungstechniken entwickelt, *die eine rationale Überprüfung der Wirtschaftlichkeit und der Zweckdienlichkeit geplanter Strecken erlaubten.* Erst nach solchen Prüfungsmodalitäten wurden Konzessionen vergeben, die dann die Realisierung des Vorhabens durch die Eisenbahngesellschaft ermöglichten.

(b) Ein zweiter Gesichtspunkt, unter dem staatliche Aktivitäten gegenüber dem Eisenbahnbau entwickelt werden, ist der Gesichtspunkt der Aufsicht.

In der Wahrnehmung der Zeitgenossen wurde die Eisenbahn durchaus als eine Risikotechnologie angesehen, wobei zunächst auch noch die Frage im Raume stand, ob der Mensch überhaupt Fahrgeschwindigkeiten von über 30 Stundenkilometer aushalten könne. Solche Aspekte haben dazu geführt, dass in allen Ländern Formen der staatlichen Beaufsichtigung des Eisenbahnverkehrs im Hinblick auf Aspekte der Beförderungssicherheit und des Gesundheitsschutzes etabliert wurden. So wurde unter anderem ein öffentliches Interesse bei der Klärung von Unfallursachen geltend gemacht (vgl. für Deutschland im 19. Jahrhundert: Meyers Konversationslexikon; Band 5: 554 f.).

(c) Dritter Gesichtspunkt: Der Staat muss immer eine Grenze zwischen einem staatlichen Aufgabenbereich und privatwirtschaftlichen Aktivitäten ziehen.

Während es in allen Industriestaaten völlig unstritig war, dass der Staat ein Aufsichts- und Kontrollrecht gegenüber dem Betrieb von Eisenbahnen beanspruchen müsse, gab es hinsichtlich des Betriebs der Eisenbahnen unterschiedliche Positionen. In den meisten der wichtigen Industriestaaten wurden private Bahngesellschaften gegründet, die zunächst einzelne Strecken, dann Teile des nationalen Streckennetzes betrieben. Auf diese Weise ist sowohl in Großbritannien, den USA wie auch in Frankreich ein flächendeckendes Eisenbahnnetz entstanden. Im Deutschen Reich wie auch in Österreich-Ungarn wurde dagegen das Streckennetz überwiegend in staatlicher Regie erstellt und der Bahnbetrieb durch staatliche Bahngesellschaften durchgeführt.

Dem lag eine andersartige Abwägung zwischen Gemeinschafts- und Privatinteressen zugrunde. Während bei den privaten Bahngesellschaften die Aktivitäten letztlich von dem Profitmotiv bestimmt werden, können staatliche Bahngesellschaften an dem Gesichtspunkt einer optimalen Versorgung der gesamten Bevölkerung mit Verkehrsdienstleistungen orientiert werden. Allerdings waren auch die staatlichen Bahngesellschaften dazu verdammt, Gewinne zu erzielen, da die ausgegeben Anleihen verzinst werden mussten. Dennoch wurden die staatlichen Bahngesellschaften als Verwaltungsbetriebe und nicht als profitorientierte Wirtschaftsunternehmen organisiert.

Bei einem *verwaltungsmäßigen Betrieb* wurde davon ausgegangen, dass sich die Betriebskosten im Wesentlichen aus den Sachgesetzlichkeiten des Eisenbahnbetriebs ergeben. Um hinreichende Einnahmen zu erzielen, wird dann ein entsprechender Aufschlag auf die Kosten erhoben, wobei die Gesamteinnahmen nur die Betriebskosten decken und einen Gewinn zur Verzinsung des Kapitals ergeben müssen. Bei der Gestaltung der Tarife kann und wird in der Regel auch von Unterschieden in der Wirtschaftlichkeit der einzelnen Strecken abgesehen und ein Entgelt gefordert, das abhängig von den zurückgelegten Kilometern ist. Im 19. Jahrhundert waren zudem *starke soziale* Abstufungen Bestandteil der Beförderungstarife. So kannte beispielsweise die sächsische Staatsbahn vier Klassen, bei denen der Tarif (1891) zwischen zwei Pfennig pro Kilometer in der vierten Klasse und 8 Pfennig pro Kilometer in der ersten Klasse differierte.

Die Verfechter staatlicher Eisenbahngesellschaften gehen davon aus, dass öffentlich betriebene Bahnen eine bessere Verkehrserschließung der gesamten Fläche garantieren, da in einem solchen System auch wenig frequentierte Nebenlinien leichter aufrechterhalten werden können. Weiterhin könnten bei diesem System Sicherheitsaspekte und eine sachgemäße Unterhaltung des gesamten Streckennetzes besser organisiert werden.

Eine Konsequenz dieser Philosophie besteht darin, *dass der Staat der Privatwirtschaft überall dort Geschäftsfelder entzieht, wo öffentliche Interessen in größerem Ausmaß berührt werden.* Am Beispiel Deutschland kann leicht nachvollzogen werden, wie der Staat auf diese Weise zu einem Arbeitgeber im großen Stil wurde, der die Versorgung der Bevölkerung mit den Segnungen des Industriezeitalters in immer größerem Umfang gewährleistete. So kamen im Laufe der

Zeit Aufgaben hinzu: Telekommunikation und Nachrichtenwesen, Energieversorgung, Ausbau und Betreiben des Straßennetzes.

Aber auch dort, wo der Staat Produkte und Dienstleistungen verwaltungsmäßig herstellt beziehungsweise anbietet, existiert immer eine Grenze zwischen öffentlicher Verwaltung und privater Wirtschaft. Letztere wird Lokomotiven und Wagen liefern, die Schienen herstellen und verlegen, sodass auch in diesem Fall die private Wirtschaft direkt von dem Aufbau eines Eisenbahnstreckennetzes profitiert. Dennoch ist die Frage, ob Eisenbahnen privatwirtschaftlich oder in staatlicher Regie betrieben werden, eine wichtige ideologische Frage, an der sich auch *zwei unterschiedliche Modelle des Zusammenwirkens zwischen Wirtschaft und Staat unterscheiden lassen*. „Marktgläubigkeit" steht hier gegen „Staatsgläubigkeit". Man kann hier ein kontinentaleuropäisches, in Deutschland und Frankreich besonders ausgeprägtes, Modell von einem angloamerikanischen unterscheiden. Unterschiede in der Modernisierungsgeschichte, die bereits im vierten Kapitel (4.6.) behandelt wurden, setzen sich hier fort.

Während das kontinentaleuropäische Modell an die absolutistische Tradition anknüpft, die sich immer auf eine Konstellation zwischen starker, zunächst monarchischer, Zentralgewalt und relativ schwacher Zivilgesellschaft gründete, sind die Gewichte in der angloamerikanischen Tradition genau umgekehrt verteilt. Hier ist die Zivilgesellschaft sehr stark und selbstbewusst und bringt die gesellschaftliche Zentralgewalt in Abhängigkeit von ihren Interessen (zur theoretischen Konstruktion dieses Verhältnisses vgl. auch Macpherson 1973). In den neuen, durch die Industrialisierung geprägten Funktions- und Leistungsbereichen, die hier nur am Beispiel des Eisenbahnbaus abgehandelt werden können, führt die starke zivilgesellschaftliche Komponente zu einem ausgeprägten Interesse daran, *alle Innovationen dazu zu nutzen, neue Geschäftsfelder aufzubauen*.

Dies wird kulturell damit unterlegt, dass man weitgehend auf die Selbstorganisationskräfte der gesellschaftlichen Akteure und auf die Mechanismen des Marktes vertraut. Der Staat beschränkt sich hier auf sogenannte Kernaufgaben, in denen ein direktes Handeln im öffentlichen Interesse unabweisbar ist. Bei Eisenbahnen sind dies Sicherheitsfragen und das Interesse an einer Erschließung des gesamten Territoriums durch ein Streckennetz.

Umgekehrt folgt aus der absolutistischen Tradition die Zielsetzung, dass die Gemeinschaft in Form des Staates die Federführung bei allen wichtigen Innovationen haben müsse, da nur so für *alle* Gesellschaftsmitglieder ein maximaler Nutzen erreicht werden könne.

Solche Modelle stellen selbstverständlich nur grobe Schematisierungen dar, die der realen Entwicklung nur ansatzweise gerecht werden können. Um das am Beispiel des Eisenbahnbaus zu konkretisieren: Wir haben gesehen, dass in Frankreich, das zum kontinentaleuropäischen Modell gezählt wird, das Streckennetz zunächst von privaten Eisenbahngesellschaften aufgebaut wurde. 1938 wird es jedoch verstaatlicht und bleibt bis heute in staatlicher Regie. In Deutschland besteht zwar eine lange Tradition staatwirtschaftlicher Aktivitäten. Dennoch wurden hier die Weichen in den letzten Jahrzehnten in Richtung Privatisierung gestellt (zunächst Post und Telekommunikation, dann eine moderate Privatisierung der Bundesbahn). In Großbritannien kam es nach einem Verstaatlichungsintermezzo in den 80er Jahren zu einer sehr weitgehenden Privatisierung des Bahnbetriebs.

Man kann solche „Systemwechsel" aber auch als die Frage nach der *Suche nach einer möglichst optimalen Abgrenzung zwischen Staatsaufgaben und Privatwirtschaft* interpretieren. Im Falle der Bahn könnte der Schlüssel in der Trennung zwischen Streckennetz und dem eigentlichen Betrieb liegen, da auf dieser Grundlage sowohl Sicherheitsinteressen optimal realisiert werden können als auch eine echte Konkurrenz zwischen alternativen Betreiberfirmen erreicht werden kann. Wo eine private Eisenbahngesellschaft nämlich über ein eigenes Streckennetz gebietet, kann sie entweder ein Vertriebsmonopol errichten oder aber Mittel und Wege finden, konkurrierende Unternehmen von den lukrativen Strecken fern zu halten. Ähnliches gilt auch für Stromnetze oder für Kabelnetze, für Telefon und Internet.

5.5.2 Die Ausbreitung der Zivilgesellschaft und die Entwicklung zum Sozialstaat

An dieser Stelle ist zunächst eine terminologische Klarstellung erforderlich. In diesem Abschnitt geht es nicht um den Wohlfahrtstaat in der Bedeutung, wie sie durch die Arbeiten von Esping-Andersen geprägt wurde. Esping-Andersen (1991) unterscheidet unterschiedliche wohlfahrtsstaatliche Regimes im Hinblick auf den erreichten Dekomodifizierungsgrad. Dieser Begriff operationalisiert weitgehend, was heute unter dem Begriff Wohlfahrtstaat verstanden wird. Ein hoher Dekomodifizierungsgrad wird dann erreicht, wenn einerseits Eingriffe in den Arbeitsmarkt der Arbeitskraft ihren Warencharakter nehmen sollen (Beispiel Kündigungsschutz). Zum anderen wird ein hoher Dekomodifizierungsgrad dann erreicht, wenn eine weitgehende Entkopplung zwischen Sozialleistungen und vorangegangener Erwerbstätigkeit herbeigeführt wird.

In diesem Abschnitt soll es dagegen um Entwicklungen gehen, die dazu geführt haben, *dass Lohnarbeiter vom Verkauf ihrer Arbeitskraft lebenslang leben können, obwohl sie von den Marktbedingungen abhängig sind und die kontinuierliche Arbeitsfähigkeit immer durch Alter und Krankheit bedroht ist.* Es wird sich in diesem Abschnitt zeigen, dass dies ohne staatliche Ordnungsleistungen vermutlich nicht erreichbar ist. Da es hier nur um einen bestimmten Aspekt innerhalb des wohlfahrtsstaatlichen Komplexes geht, soll in diesem Abschnitt nur vom Sozialstaat die Rede sein, obwohl dieser Begriff in der internationalen Debatte unüblich geworden ist.

Unter den Modernisierungstheoretikern besteht weitgehend Konsens darüber, dass *die Inklusion Aller* ein wesentliches Merkmal moderner Gesellschaften sei (vgl. Stichweh 2005; Bohn 2006), über das sie zuverlässig von vormodernen Feudalgesellschaften unterschieden werden könnten. Zu diesem Unterscheidungszweck reicht es aus, von einer Inklusion aller in alle Funktionssysteme in dem Sinne auszugehen, dass niemand aufgrund askriptiver Merkmale wie Hautfarbe oder Geschlecht aus einem Funktionssystem ausgeschlossen werden darf (Postulate der Freiheit und Gleichheit; Baraldi u. a. 1997: 80).

Ein Blick in die politische und die Sozialgeschichte des 18. und 19. Jahrhunderts zeigt indessen, dass dieses Verständnis von Inklusion nicht ausreichend ist. Historisch ging es zunächst vorrangig darum, immer größere Teile der Bevölkerung in bestimmte Aktivitäten und Leistungen positiv einzuschließen. Erst danach stellen sich Exklusions- und Diskriminierungsfragen.

Am klarsten markierten solche positiven Inklusionsfragen den Weg in die Demokratie. Sowohl im langsamen Demokratisierungsprozess Großbritanniens wie auch bei dem abrupten Demokratisierungsprozess durch die Französische Revolution konnte eine demokratisch verfasste Gesellschaft nur durch Rückgriff auf die alte Idee der Volkssouveränität erklärt und legitimiert werden. Sie diente dem Bürgertum als Hebel, um gleiche politische Rechte gegenüber den privilegierten Ständen des Adels und der Geistlichkeit einzufordern.

Mit der Erklärung des französischen Ständeparlaments zur Nationalversammlung, die deswegen autorisiert war, dem Land eine neue Verfassung zu geben, weil sie ja alle Franzosen, alle Bürger Frankreichs, repräsentieren wollte, war das Problem aber offenkundig geworden. Gehörten zu den französischen Bürgern nicht auch jene, die über kein nennenswertes Eigentum, schon gar nicht an Produktionsmitteln, verfügten und deswegen von Gelegenheitsarbeit leben mussten und nur auf die Dinge zugreifen konnten, die nicht zum Eigentum der anderen gehörten?

Der dritte Stand, ebenso wie die britische Gentry, vertrat die Auffassung, dass nur diejenigen politische Rechte haben könnten, die auch einen Beitrag zur Finanzierung des Staates in Form von Steuern leisteten. Diese Auffassung drückt sich systematisch in den Formen des Zensuswahlrechts aus, das nur denjenigen überhaupt ein Stimmrecht einräumt, die Steuern entrichten. Weiterhin wird das Stimmrecht nach der Höhe der Steuern gewichtet. Das Zensuswahlrecht schließt damit alle von der politischen Willensbildung aus, die keine Steuern bezahlen können, weil sie dazu zu arm sind.

Diese Praxis ist mit dem grundsätzlichen Argument der Volkssouveränität nicht zu vereinbaren, sodass gegen Ende des 19. Jahrhunderts in immer mehr

Industriegesellschaften ein allgemeines Männerstimmrecht eingeführt wird. Die Geschlechterdiskriminierung wird dagegen erst im 20. Jahrhundert beseitigt.

Wie konnte dieser Widerspruch zwischen Steuerbürgern und allgemeiner Volkssouveränität gedanklich und konzeptionell gelöst werden?

Eine sehr grundsätzliche Problemlösung motivierte ganz am Ende der revolutionären Phase der Französischen Revolution Babeuf und seine Anhänger zu einem Putschversuch, der allerdings scheiterte und damit das Ende der politischen Experimentierphase in Frankreich einläutete. Babeuf und seine Anhänger vertraten nämlich die Ansicht, dass Eigentum letztlich Diebstahl sei (vgl. auch Proudhon 1850; 1963) und deshalb alle Besitzenden enteignet werden müssten, sodass der Staat über alles Eigentum verfügen und Formen einer gesamtstaatlichen, nationalen Arbeitsteilung etablieren könne.

Wenn man einmal das Problem der Praktikabilität eines solchen Staatssozialismus ausklammert, dann muss man diesem Konzept zu Gute halten, dass es eine theoretische Lösung des Widerspruches zwischen allgemeiner Volkssouveränität und dem Problem der Staatsfinanzierung findet. Zudem hatte sich gegen Ende der Französischen Revolution bereits praktisch gezeigt, dass der französische Staat und die französische Nation nicht nur die Unterstützung der besitzenden Bürger benötigte, sondern die aller Franzosen. Nur durch die Einführung der allgemeinen Wehrpflicht und durch eine entsprechende Aushebungspraxis (‚levée en masse') konnte sich nämlich das revolutionäre Frankreich auf militärischem Gebiet behaupten.

Mit der Industrialisierung und der Entdeckung der segenreichen Wirkung der gesellschaftlichen Arbeitsteilung wurde im weiteren Verlaufe des 18. und 19. Jahrhunderts zunehmend deutlich, dass die Nichtbesitzenden auch auf wirtschaftlichem Gebiet einen wichtigen Beitrag zum gesellschaftlichen Wohlstand und zum industriellen Fortschritt leisten. Neben die Produktionsfaktoren Boden und Kapital platzierten die Protagonisten der neuen Wissenschaft, der politischen Ökonomie, den Produktionsfaktor Arbeit an zentraler Stelle (vgl. Smith 1981; Ricardo 2006).

Zumindest in der Phase der Frühindustrialisierung bedeutete das empirisch, dass vor allem solche Menschen einen Beitrag zum Wirtschaftssystem in Form harter Arbeit leisteten, die über kein nennenswertes Eigentum verfügten und zudem Outcasts waren, also aus der ständischen Ordnung herausgefallen waren (zur sozialen Zusammensetzung der Arbeiterschaft in der Phase der Frühindustrialisierung in Deutschland vgl. Brock 1991: 61 f.).

Auch dieser Aspekt macht noch einmal auf einer eher praktischen Ebene deutlich, dass privates Eigentum *nicht* die Grundlage einer privatwirtschaftlich verfassten modernen Gesellschaft sein konnte. An Stelle der radikalen kommunistischen Lösung einer ‚Vergesellschaftung' des privaten Eigentums an Produktionsmitteln konnte sich jedoch *das Einkommen* als eine allgemeine wirtschaftliche Grundlage der modernen Gesellschaft durchsetzen. *Denn Einkommen ermöglicht die Teilhabe an den Leistungen einer arbeitsteiligen Gesellschaft ganz unabhängig von der Eigentumsfrage.* Wenn wir an dieser Stelle den Analysen von Niklas Luhmann folgen und den binären Code ‚zahlen' beziehungsweise ‚nicht zahlen' als die wirtschaftliche Grundlage der modernen Gesellschaft akzeptieren (vgl. Luhmann 1988), dann rückt die Frage des Erlangens von Zahlungsfähigkeit in den Mittelpunkt. *Nicht mehr privates Eigentum, sondern das Verfügen können über Geld regelt die Teilhabe am Wirtschaftssystem* und kann so neben die Mechanismen politischer Teilhabe, das aktive und das passive Wahlrecht, gestellt werden.

Im vierten Kapitel hatte sich bereits gezeigt, dass der vormoderne Staat sich genau unter dem Aspekt der Zahlungsfähigkeit modernisiert hat (vgl. unter 4.6). Privatwirtschaftliche Unternehmen, die Kapital investieren, um damit ihre Profite zu steigern, beziehen sich reflexiv auf eben diesen Aspekt der Zahlungsfähigkeit. Wenn ihre Investitionen erfolgreich sind, dann verbessern sie ihre Möglichkeiten zukünftiger Zahlungsfähigkeit. Im Falle eines Misserfolgs entscheidet die Frage, ob das Unternehmen weiterhin zahlungsfähig ist, über seinen Fortbestand. Im Falle der Insolvenz, der Erklärung der Zahlungsunfähigkeit, befinden die Gläubiger über alles Weitere.

Mit der *industriellen Lohnarbeit* etabliert sich ein drittes Muster der Erlangung von Zahlungsfähigkeit (vgl. auch Luhmann 1988: 136 ff.), das weder an den Besitz von Produktionsmitteln noch an die staatliche Tributlogik gebunden ist, sondern an die erfolgreiche Vermarktung des je individuellen Arbeitsvermögens. Ein kontinuierliches Leben und Überleben auf dieser Grundlage bedeutet allerdings, dass durch Arbeit direkt oder indirekt kontinuierlich Einkommen erzielt und damit Zahlungsfähigkeit reproduziert werden muss, über die dann die zum Leben erforderlichen Güter und Dienstleistungen ebenso kontinuierlich erworben werden können.

Wenn die *kontinuierliche Zahlungsfähigkeit aller Bürger die gemeinsame wirtschaftliche Grundlage moderner Gesellschaften* ist, dann ergeben sich daraus für die arbeitende Bevölkerung, also für diejenigen, die Zahlungsfähigkeit nur durch Erwerbsarbeit herbeiführen können, eine Reihe von Problemen. Das theoretische Problem gegenüber der Sichtweise, dass die moderne Gesellschaft auf einer allgemeinen Inklusion in alle Funktionssysteme basiere, ist, dass das Merkmal der Eigentumslosigkeit nur dadurch kompensiert werden kann, dass *Leistungsrollen* im Wirtschaftssystem ausgeübt werden. Für die auf Erwerbsarbeit Angewiesenen existiert also im Hinblick auf das Wirtschaftssystem ein wesentlich engeres und voraussetzungsvolleres Inklusionskriterium als für andere Funktionssysteme und als für andere Gruppen im Hinblick auf das Wirtschaftssystem!

In praktischer Hinsicht entsteht für diejenigen, die auf Erwerbsarbeit angewiesen sind, das Problem, *dass sie nicht lebenslang erwerbstätig sein können, und dennoch, mangels Alternativen, aus der zeitlich begrenzten Erwerbstätigkeit ein lebenslanges Einkommen fließen muss.* Zunächst einmal gibt es immer zwei Phasen im Leben, wo jemand nicht erwerbstätig sein kann: die Sozialisations- und Bildungsphase, in der einerseits eine allgemeine gesellschaftliche Handlungsfähigkeit erworben wird und zum anderen jene Berufsqualifikationen aufgebaut werden, die als Humankapital die Erwerbschancen in der Arbeitsphase definieren (vgl. unter 5.2.5). Die Erwerbsphase endet immer an irgendeinem Punkt aufgrund des Alterungsprozesses, der zu einem Abbau des Leistungspotenzials führt. Aber auch innerhalb einer durch diese beiden Prozesse begrenzten *Erwerbsphase* kann die kontinuierliche Erwerbsfähigkeit durch Krankheiten, Unfälle und dergleichen jederzeit unterbrochen werden. Ebenso können wirtschaftliche Einbrüche, Umstrukturierungsprozesse, ein Veralten der Qualifikation und vieles andere dazu führen, dass Phasen der Arbeitslosigkeit den Zufluss von Geld unterbrechen.

Eine stabile wirtschaftliche Inklusion des Teils der Bevölkerung, der auf Erwerbsarbeit angewiesen ist, kann also nur gelingen, wenn für die unvermeidlichen Phasen der Nichterwerbstätigkeit auch Einkommen fließt. Darüber hinaus ist es aus Inklusionsgründen erforderlich, dass zumindest ein Einkommen in einer Höhe erzielt wird, die zum Überleben ausreicht. Um beide Probleme, um ein zum *Überleben ausreichendes Einkommensniveau* und ein *kontinuierlich fließendes Einkommen* für einen im Laufe der Industrialisierung kontinuierlich wachsenden Bevölkerungsanteil, der auf eigene Erwerbsarbeit angewiesen ist, geht es in diesem Abschnitt.

Beide Probleme sind zunächst im Rahmen der Arbeiterbewegung beraten und praktisch bearbeitet wurden. Ihre kulturelle Wurzeln hat die Arbeiterbewegung in den Zünften und Gesellenbrüderschaften (vgl. Stürmer 1979: 13 ff. sowie 153 ff.) des vormodernen Handwerks. Das wird nicht zuletzt daran deutlich, dass in den Gewerkschaften bis in die Gegenwart hinein die gelernten männlichen Arbeiter eine zentrale Rolle spielten. Zumindest in den letzten Jahrhunderten ihres Bestehens zielte die Zunftorganisation darauf, ihren Mitgliedern einen bestimmten wirtschaftlichen wie sozialen Mindeststandard zu erhalten (vgl. Stürmer 1979: 107 ff.). Daran anknüpfend schließen sich vorzugsweise Industriearbeiter, die ein Handwerk erlernt und dann in die Industrie abgewandert sind, zusammen, um Entlohnungsstandards aber auch Arbeitszeiten gegen Unternehmer zu verteidigen, die die Arbeitszeit immer weiter auszudehnen versuchen und das Überangebot von Arbeitskräften auf dem Arbeitsmarkt dazu zu nützen, die Löhne immer weiter abzusenken. Als Kampfmittel kristallisiert sich dabei die gemeinsame Arbeitsniederlegung, der Streik, heraus.

Im Rahmen der Arbeiterbewegung werden aber auch Formen der gegenseitigen Unterstützung, sogenannte Arbeiterunterstützungskassen, ins Leben gerufen. Sie sollten die Lohnausfälle aus einem Fonds kompensieren, der von den Beiträgen gespeist wurde, die die Arbeiter von ihren Löhnen abgezweigt hatten. Ohne solche Unterstützungskassen konnten keine Streiks durchgeführt werden, bei denen immer ein Lohnausfall in Kauf genommen werden muss. Die Leistungen der Unterstützungskassen wurden aber auch ausgedehnt auf durch Krankheit oder Unfall bedingte Einkommensausfälle (vgl. Brock 1991: 91 sowie 339 – Tabelle III. 22; Rubrik: ‚sonstige bare Einnahmen‘).

Da die Arbeiter durch ihr nicht kontinuierlich fließendes und zudem niedriges Einkommen in den Läden ihres bürgerlichen Umfelds oft nur Kunden zweiter Klasse waren, schlossen sie sich zu Konsumvereinen zusammen (Brock 1991: 128; Prinz 1996). Auch hier sollte der Zusammenschluss, ähnlich wie beim Arbeitskampf, dazu dienen, gemeinsam Stärke, das bedeutete hier Marktmacht, zu entwickeln.

Diese Aktivitäten wurden in zwei unterschiedliche, miteinander konfligierende, Langfriststrategien eingebettet, über die die Integration der Arbeiter in die moderne Gesellschaft erreicht werden sollte. Das eine Fernziel war ein institutioneller Umbau der modernen Gesellschaft, der sogenannte ‚Zukunftsstaat‘ der deutschen Sozialdemokratie im 19. Jh. (vgl. Verhandlungen 2010). Der andere, reformistische Weg, zielte auf institutionelle Ergänzungen der bürgerlich-kapitalistischen Gesellschaft, über die auch die Arbeiter zu gleichrangigen Marktakteuren werden können, indem sie über ein kontinuierliches Einkommen in hinreichender Höhe verfügen können. Der gemeinsame Nenner dieser beiden alternativen Ziele bestand in der Überzeugung, dass über den Staat institutionelle Regelungen erfolgen müssten, die die gesamte Lebensspanne der Arbeiter stabilisierten.

Vor diesem Hintergrund ist es auch nicht überraschend, dass die Arbeiter relativ früh eigene politische Parteien aufbauten, deren vorrangiges Ziel zunächst darin bestand, ein allgemeines und gleiches Wahlrecht für Männer durchzusetzen. Obwohl die kulturelle und soziale Distanz zwischen den Lohnarbeitern und dem klassischen Besitzbürgertum groß und letztlich auch unüberbrückbar war, so konnten sich die Arbeiter gerade über die politische Organisation zu Arbeiterparteien in die Zivilgesellschaft integrieren. Damit wurde auch das politische wie kulturelle Spektrum in den industrialisierten modernen Gesellschaften erheblich erweitert. So wurde beispielsweise das britische Parteiengefüge, das bis weit in die Mitte des 19. Jahrhunderts durch Whigs, die liberale Partei, die vor allem die Interessen des besitzenden Bürgertums vertrat, und Tories, die Konservativen, die vornehmlich die Interessen der agrarisch geprägten Grafschaften und der großen Grundbesitzer vertraten, geprägt. Mit der Labour Party zog Anfang des 20. Jahrhunderts eine dritte große Partei in das britische Unterhaus (1906 mit

29 Abgeordneten) ein, die die Interessen der Erwerbsarbeiter auf ihre Fahnen geschrieben hatte.

Auch wenn die Arbeiterschaft und ihre Organisationen zunächst einmal als Bürger zweiter Klasse angesehen wurden, so wurde im Laufe des 19. Jahrhunderts auch den anderen politischen Kräften zunehmend klar, dass diese wachsende Schicht der Bevölkerung auf eine Weise in die industrielle Gesellschaft integriert werden muss, die ihr eine stabile Lebensführung auf der Basis von Erwerbsarbeit ermöglichte. Diese Erkenntnis wird einmal durch die wachsende Konkurrenz zwischen den industrialisierten modernen Gesellschaften genährt. Nachdem Großbritannien bis in die 30er Jahre des 19. Jahrhunderts hinweg die unbestrittene Vormacht und auch das tatsächliche Zentrum der Industrialisierung war, zogen im weiteren Verlauf des 19. Jahrhunderts andere Staaten rasch nach – zu nennen sind Frankreich, Belgien, Deutschland, die Vereinigten Staaten, die Schweiz und auch Italien sowie Österreich-Ungarn. Vor allem im Deutschen Reich und in den Vereinigten Staaten erreichte die Industrialisierung in der zweiten Hälfte des 19. Jahrhunderts eine derartige Dynamik, dass beide Länder am Ende des 19. Jahrhunderts Großbritannien bei wichtigen Indikatoren der Industrialisierung bereits überholt hatten (Brock 1991: 329 – Tab.III.7).

Ähnlich wie heute der Aufdruck „Made in China" den Konsumenten darauf hinweisen soll, dass es sich um ein Billigprodukt von möglicherweise fragwürdiger Qualität handelt, sollte im 19. Jahrhundert das Etikett „Made in Germany" etablierte britische Produkte vor der deutschen Billigkonkurrenz schützen. Auch wenn dies nicht gelang und das Prestige der Waren mit dem Aufdruck ‚Made in Germany' rasch anstieg, demonstrierte die wachsende Konkurrenz zwischen industriellen Standorten doch, wie wichtig eine zuverlässige und gut ausgebildete Industriearbeiterschaft im Wettbewerb um Markanteile war. Im Zeitalter des Nationalismus versuchten zudem die industrialisierten Zentrumsstaaten die arbeitende Bevölkerung in nationalen Organisationen und Verbänden zu integrieren (vgl. Saul 1974).

Zu dieser industriellen Konkurrenz gesellte sich Ende des 19., Anfang des 20. Jahrhunderts noch eine starke militärische Komponente hinzu. Ein Wettrüsten setzte ein, das in dem Konzept des deutschen Generalstabs gipfelte, bei zukünftigen kriegerischen Auseinandersetzungen auch Reservisten in vorderster Linie einzusetzen, um militärische Überlegenheit zu erringen. Dies wurde im Ersten Weltkrieg dann tatsächlich praktiziert (vgl. Tuchman 1981: 38). Vor diesem Hintergrund entwickelten auch Militärs und konservative Politiker ein Interesse an einer gesunden und körperlich leistungsfähigen Arbeiterschaft. Es wurde noch durch Musterungsergebnisse verstärkt, die signalisierten, dass der Tauglichkeitsgrad bei städtischen Rekruten aus der Arbeiterschaft vergleichsweise schlecht war. Dieses Problem wurde immer brisanter, weil diese Gruppe einen immer höheren Anteil unter den Wehrpflichtigen stellte (vgl. Abelsdorf 1905).

Dieses militärische Interesse muss man im Auge behalten, wenn man verstehen will, wieso ausgerechnet ein erzkonservativer Politiker wie Bismarck als erster den Vorstoß für eine Sozialversicherung für Arbeiter und Angestellte unternahm. Sicherlich spielte hierbei auch der Versuch eine Rolle, Dämme gegen die immer stärker werdende Sozialdemokratie zu errichten, indem den Arbeitern deutlich gemacht werden sollte, dass der Staat für ihre Interessen eintritt.

Zwar wurde zunächst gerade für Arbeiter noch kein hinreichendes soziales Sicherungssystem etabliert (vgl. Hentschel 1983), aber Bismarcks Vorstoß bedeutete die Anerkennung des Interesses der Arbeiterschaft, über eine vom Staat garantierte Versicherung *Lohnersatzleistungen* für den Ruhestand, sowie für Ausfallzeiten infolge von Alter, Krankheit, Arbeitsunfällen und Arbeitslosigkeit zu erhalten. Ein effektives soziales Sicherungssystem wurde in Deutschland erst nach dem Zweiten Weltkrieg erreicht (in Westdeutschland 1956; vgl. Hentschel 1983), für die anderen Industriestaaten gilt ähnliches.

Bis zur Etablierung sozialer Sicherungssysteme, die für hinreichende Transferleistungen sorgen, stellte die Altersarmut das wohl gravierendste Problem der Industriearbeiter dar (vgl. Verhandlungen 1912). Dieses Problem zeigt auf, dass eine Umstellung der Alterssicherung von dem dezentralen vormodernen Muster, bei dem die alten Menschen im Rahmen der Wirtschaftseinheit der vorindustriellen Großfamilie ‚mit durchgezogen wurden‘, zu einem zentralisierten gesamtgesellschaftlichen Sicherungssystem, viele Jahrzehnte gebraucht hat.

Die Grundlage des modernen sozialen Sicherungssystems besteht im Einkommenstransfer, der die Zahlungsfähigkeit marktabhängiger Akteure kontinuierlich aufrecht erhält. Das dezentrale vormoderne Sicherungssystem basierte dagegen auf solidarischen Arbeits- und Versorgungsleistungen im Rahmen der Großfamilie.

Das *zweite Problem der Einkommenshöhe* wurde in einem ähnlich lange dauernden Prozess auf zwei Wegen gelöst. Einmal durch eine zunehmende Qualifizierung der Erwerbsarbeiter und zum anderen durch die Institution der Tarifpartnerschaft.

Wenn man Qualifizierung zunächst rein arbeitsplatzbezogen sieht und die allgemeine Bildung (siehe unten) ausklammert, dann zeichnen sich mehrere Wege ab. Mit der Technisierung und Automatisierung der Industrieproduktion werden prozessbegleitende Qualifikationen immer wichtiger: Instandhaltung, Prozessüberwachung usw. Teilweise entstehen aber auch qualifizierte Arbeitsplätze für die Arbeit an Maschinen (z. B. Drehbank, Setzmaschine). In dem Maße, wie industrielle Großbetriebe mit einem hohen Investitionsaufwand entstehen, wird die effektive Ausnützung des Anlagekapitals durch Schicht- und Akkordarbeit, sowie die Minimierung von Ausschuss immer wichtiger. Dabei spielen Qualifikationen wie Pünktlichkeit und Sorgfalt eine wichtige Rolle, sodass vielfach höhere Löhne gezahlt wurden, um aus einem Angebot von Bewerbern auswählen zu können (vgl. Hoffmann 1969: 222 f.).

Im weiteren Verlauf der Industrialisierung zeigte sich auch, dass neben der reinen Produktion in immer größerem Maße Bürotätigkeiten erforderlich wurden, da sowohl der Vertrieb organisiert wie auch das gesamte Unternehmen verwaltet werden musste. Dies schlägt sich in einer wachsenden Schicht von Angestellten nieder (vgl. bereits Lederer 1912; weiterhin: Kracauer 1930; Croner 1954; Braun 1964; Kadritzke 1975). Ebenso steigt der Aufwand für Forschung und Entwicklung. Diese Aufgaben wurden zunächst nur von den Pionieren mit einem kleinen Stab an Mitarbeitern durchgeführt. Im weiteren Verlauf der Industrialisierung wurde daraus aber eine Daueraufgabe, für die immer mehr technische Spezialisten benötigt wurden (vgl. exemplarisch Mallet 1972; zur soziologischen Charakterisierung vgl. Baethge/Denkinger/Kadritzke 1992).

Mit dem weiteren Siegeszug der Industrialisierung kam es phasenweise zur Vollbeschäftigung, also zur Knappheit des Arbeitskräfteangebots, sodass der Wettbewerb um gutqualifiziertes Personal zu steigenden Einkommen führte. Fasst man diese Tendenzen zusammen, dann laufen sie darauf hinaus, dass entgegen der Marxschen Prognose der Anteil qualifizierter und weit über dem Existenzminimum entlohnter Industriearbeit zunahm. In Verbindung mit dem Anwachsen der Staatsausgaben, für die ebenfalls qualifiziertes Personal benötigt wurde, entsteht so allmählich eine ‚neue Mittelschicht', deren soziale Lage nicht auf privatem Eigentum sondern einem stabilen mittleren Einkommen beruhte, das auf der beruflichen Qualifikation fußte (vgl. bereits Geiger 1932).

Obwohl die neue Mittelschicht bis zum Ende der klassischen Moderne zahlenmäßig zunahm, blieb un- und angelernte Industriearbeit, also Arbeitstätigkeiten mit eng begrenzten Qualifikationsanforderungen, die daher auch von fast jedem ausgeführt werden konnten, ein Begleitmoment der Industrialisierung. Abgesehen von vergleichsweise kurzen Zeiträumen der Vollbeschäftigung bleibt hier der Arbeitsmarkt für die Anbieter ungünstig. Über dem Existenzminimum liegende Löhne waren in diesem Segment des Arbeitsmarkts kaum zu erzielen, vor allem, wenn keine Zuschläge für Schicht- oder Nachtarbeit anfielen.

Ein hinreichendes Einkommen, das die Grundlage für eine nicht nur politische sondern auch wirtschaftliche Integration darstellt, konnte für diese Teile der Arbeiterschaft daher nur über die Institution der Tarifpartnerschaft erreicht werden. Sie ist eine rechtliche Konstruktion, bei der Gewerkschaften als Zusammenschlüsse der Arbeitnehmer und Arbeitgeberverbände als Zusammenschluss der Unternehmen einer Branche, für ein bestimmtes Gebiet allgemeinverbindliche Tariflöhne vereinbaren, die nicht unterschritten werden dürfen (vgl. Endruweit/Gaugler/Staehle/Wilpert 1985; Kittner 2005).

Voraussetzungen für die Tarifpartnerschaft sind unter anderem das Koalitionsrecht, also das Recht der Arbeitnehmer, ihre Interessen in Gewerkschaften zu organisieren und auch mit den Mitteln des Arbeitskampfes zu vertreten. Zum Zweck der Tarifauseinandersetzung verfügen beide Seiten über Kampfmittel, Streik beziehungsweise Aussperrung, die aber nicht willkürlich eingesetzt werden dürfen, sondern nur unter ganz spezifischen Bedingungen.

Ohne hier weiter in die Einzelheiten zu gehen, kann an dieser Stelle festgehalten werden, dass eine derartige rechtliche Konstruktion ohne einen Sozialstaat nicht möglich wäre. Unter Sozialstaat ist ein Staat zu verstehen, der im Interessenkonflikt zwischen Kapital und Arbeit nicht Partei ergreift, sondern ein unparteiischer Vermittler ist (vgl. Kreckel 1992), der ein Interesse an tragfähigen Kompromissen hat, die sowohl die Wettbewerbsfähigkeit der Unternehmen erhalten und damit auch den nationalen Standort in der internationalen Konkurrenz attraktiv halten. Auf der anderen Seite besteht aber auch ein öffentliches Interesse daran, dass der von Erwerbstätigkeit abhängige Teil der Bevölkerung über ein Einkommen verfügen kann, das zur Finanzierung eines Lebens unter Marktbedingungen zumindest ausreicht. Darüber hinaus ist es für den sozialen Frieden sicherlich wichtig, dass auch diese Gruppe in Form von Reallohnerhöhungen am industriellen Fortschritt beteiligt wird (zum Staat als Vermittler vgl. Kreckel 1992; zur Teilhabeerwartung der Arbeiter vgl. Schumann/Gerlach/Schlössl/Millhofer 1971).

In politischer Hinsicht konnte eine Ausweitung der Staatsaufgaben auf den Aspekt des Sozialstaates nur dann dauerhaft gelingen, wenn die wichtigsten politischen Gruppierungen in der Lage waren, diesen Aspekt in ihre politische Programmatik einzubauen. Für die Arbeiterparteien im weitesten Sinne bedeutete dies die Abkehr von revolutionären Vorstellungen zugunsten von Leitbildern, die eine soziale Ausgestaltung bzw. soziale Austarierung einer privatwirtschaftlichen Ordnung ins Auge fassten. In Deutschland wurden solche Konzepte erstmals um 1900 entwickelt (Bernstein 1907–1910). Mit dem Godesberger Programm der SPD wurde eine entsprechende Weichenstellung dann 1959 dauerhaft vollzogen (Grebing 1987).

Innerhalb des bürgerlich-liberalen Parteienspektrums mussten dagegen soziale Ziele in ein liberales Wirtschaftsverständnis integriert werden. Dies gelang in Deutschland in der Nachkriegszeit über das Programm einer ‚Sozialen Marktwirtschaft‘. Hierbei wurden Aspekte des ordo-liberalen Denkens (der Staat als Garant einer funktionsfähigen Wettbewerbsordnung) mit sozialen Zielvorstellungen der christlichen Soziallehre und anderer Strömungen verbunden. Daraus folgte, dass der Staat unter sozialen Gesichtspunkten Marktprozesse beeinflussen darf, solange seine Eingriffe Marktkonformität haben (Müller-Armack 1981; Ambrosius 1977).

Auch wenn sich diese beiden Positionen insbesondere hinsichtlich ihrer ‚Marktgläubigkeit‘ erheblich unterscheiden, bieten sie doch einen Rahmen für die kontinuierliche Entwicklung eines Sozialstaates, der nicht nur Bürgerechte und

Eigentumsordnung garantiert, sondern auch Ziele eines sozialen Ausgleichs und einer allgemeinen gesellschaftlichen Teilhabe der Bürger kontinuierlich verfolgt. Am klarsten findet die damit zwangsläufig verknüpfte Ausweitung der Staatsaufgaben im Sozialrecht ihren Ausdruck. Dies kann wiederum nur beispielhaft am deutschen Sozialrecht gezeigt werden. Wenn man zunächst danach fragt, in welcher Weise das Sozialrecht im Grundgesetz verankert ist, dann wird man bei den Artikeln 20 und 28 fündig, die Staatsziele umreißen. Es ist eine relativ oberflächliche Verankerung, die nicht bis in die Grundlagen des Staatsrechts hinein reicht. Dies reflektiert den Status des Sozialrechts als eine wenig systemkonforme, späte Ergänzung des Rechtssystems (vgl. Stolleis 2003).

Man kann den *Umfang* des deutschen Sozialrechts in etwa dadurch skizzieren, dass man nach den zugelassenen Leistungsgründen fragt. Dabei ergeben sich vier Bereiche. Ein erster Bereich ist der der *sozialen Vorsorge*. Hier sind im Wesentlichen Versicherungsleistungen wie die Renten- und Unfallversicherung verankert. Ein zweiter Bereich hat mit *direkter sozialer Entschädigung* zu tun, worunter Gesundheitsschäden fallen, für die der Staat direkt Verantwortung trägt, wie zum Beispiel Kriegsopfer. Ein dritter Bereich bezieht sich auf *soziale Förderung*. Hierunter fallen Leistungen wie BAföG, Kindergeld, Wohngeld usw. Der vierte und letzte Bereich umfasst *direkte finanzielle Unterstützung* wie Sozialhilfe oder Grundsicherung für Arbeitssuchende.

In Deutschland ist die Entwicklung zum Sozialstaat vor allem über den ersten Bereich erfolgt, nämlich die Einführung einer allgemeinen Renten-, Kranken- und Unfallversicherung. Hier hat der Staat eine *organisatorische Funktion*. Er stellt selbst keine Leistungen in Aussicht, die über Steuern finanziert werden müssten, sondern verpflichtet zur allgemeinen Vorsorge und zu deren Finanzierung durch die Beteiligten. Die anderen Bereiche sind dagegen so strukturiert, dass der Staat hier finanzielle Hilfen gibt, die durch Steuern finanziert werden müssen. Bei solchen *steuerfinanzierten Hilfen* kann man darüber hinaus unterscheiden, ob hier ein allgemeiner Anspruch geschaffen wird oder ob im jeweiligen Einzelfall die Bedürftigkeit überprüft werden muss (zum Beispiel bei Sozialhilfe). Bei einem allgemeinen Anspruch muss dagegen nur nachgewiesen werden, dass der Förderungsgrund vorliegt (zum Beispiel Kinder im förderungsfähigen Alter als Voraussetzung für Kindergeld).

5.5.3 Die erste Phase der Bildungsrevolution

Ein wichtiges Feld der sich in Zusammenhang mit der Industrialisierung ausweitenden Staatsaufgaben ist das Bildungssystem. Im Verlaufe des 19. Jahrhunderts verfolgten alle damals wichtigen Industriestaaten das Ziel einer Alphabetisierung der gesamten Bevölkerung (vgl. auch unter 2.4.7).

Ganz ähnlich wie auch auf anderen Feldern muss man hinsichtlich des staatlichen Engagements zwischen einer Beaufsichtigungs- und Kontrollfunktion auf der einen und der Durchführung als Verwaltungsaufgabe auf der anderen Seite unterscheiden. Eine Alphabetisierung der gesamten Bevölkerung erfordert in jedem Fall den Aufbau einer Behörde, die staatliche Überwachungs- und Kontrollfunktionen ausübt. Ob darüber hinaus ein staatliches Bildungssystem entsteht und ob neben einem solchen staatlichen Bildungssystem auch private Träger zugelassen werden, ist dagegen eine ebenso offene Frage wie der Zentralisierungsgrad des Bildungssystems.

Auch bei der Frage der Durchführung von Bildungsaufgaben kann man zwischen einer angloamerikanischen und einer kontinentaleuropäischen Variante der Modernisierung zumindest grob unterscheiden. Bei der angloamerikanischen Variante spielen zivilgesellschaftliche Akteure als Träger von Bildungsaufgaben eine größere Rolle. Zudem ist die schulische Bildung in den USA weitgehend eine kommunale Aufgabe, also stark dezentralisiert. Beim kontinentaleuropäischen Modell liegen die Akzente dagegen stärker auf einem staatlich organisierten Schulangebot, wobei auch hier zivilgesellschaftliche Akteure Bildungsangebote offerieren können. Unter den nichtstaatlichen Bildungsträgern spielen traditionell die Kirchen eine starke Rolle. Im Zuge des Aufbaus eines staatlichen Bildungsangebots wurde jedoch die Rolle der Kirche vielfach zurückgedrängt, wie man am Beispiel Frankreich erkennen kann.

Frankreich vollzieht relativ spät, in den 80er Jahren des 19. Jahrhunderts, den Übergang zu einem flächendeckenden öffentlichen Bildungsangebot, dessen Träger die Gemeinden sind. In diesem Zusammenhang wurde 1886 gesetzlich bestimmt, „dass ... alle dem geistlichen Stande angehörigen Lehrer durch weltliche zu ersetzen sind und fortan jeder Religionsunterricht zu unterbleiben hat" (Meyers Konversationslexikon 1895; Band 6: 719). Der Aufwand, der durch diese staatlichen Aktivitäten entsteht, kann über wenige Zahlen umrissen werden. Frankreich verfügte im Schuljahr 1888/89 über gut 80.000 Elementarschulen, von denen über 66.000 in staatlicher Regie betrieben wurden. Die Kosten des Elementarunterrichts steigen in Frankreich zwischen 1877 und 1893 um das achtfache auf gut 100.000.000 Franc (ebenda).

Die Alphabetisierung der Bevölkerung wurde durchweg durch die Einführung einer *allgemeinen Schulpflicht* – in Frankreich zum Beispiel ab 1862 für Kinder beiderlei Geschlechts vom sechsten bis zum 13. Lebensjahr (ebenda) – zu realisieren versucht. Da gerade auch die Kinder aus Familien mit geringem Einkommen eine Elementarausbildung bekommen sollten, musste der Schulbesuch unentgeltlich möglich sein. Das ist in der Regel nur für staatliche Schulen möglich (allenfalls noch für kirchliche Bildungseinrichtungen), sodass sich schon deswegen die Alphabetisierung der Gesamtbevölkerung nur über ein staatliches Bildungsangebot durchsetzen lässt.

Warum kommt es gerade im 19. Jahrhundert in allen wichtigen Industrieländern zu einer Durchsetzung der allgemeinen Schulpflicht? Bildung war über Jahrtausende Privileg von Intelektuellen, Kaufleuten und Geistlichen. Mit der Reformation kommt der Gedanke an eine allgemeine Alphabetisierung in Zusammenhang mit Bibelübersetzungen in die jeweilige Volkssprache erstmals auf. Dahinter stand der religiöse Anspruch, dass jeder Gläubige sich durch die Lektüre der Heiligen Schrift ein eigenes Bild seines Glaubens schaffen solle. Dieses Postulat kommt über Ansätze insbesondere in den protestantischen Gemeinden des Elsass nicht hinaus.

Im 19. Jahrhundert entsteht über den Eisenbahnbau und die Entwicklung der Nachrichtentechnik immer mehr schriftliche Fernkommunikation, die immer größere Teile der Bevölkerung erreicht. Aus ökonomischer Sicht kommt das Argument hinzu, dass sich nur dann überlokale Märkte bilden können, wenn die Marktteilnehmer lesen, schreiben und rechnen können. Da gerade die auf den Verkauf ihrer Arbeitskraft angewiesene Bevölkerung in direkter Weise vom Arbeitsmarkt abhängig ist, dient die Alphabetisierung der allgemeinen Durchsetzung einer marktwirtschaftlichen Ordnung. Im ausgehenden 19. Jahrhundert kommen sicherlich noch nationalistische Erwägungen hinzu, soll doch der Elementarunterricht auch zur nationalistischen Erziehung, zur Vermittlung eines national definierten Kulturguts genutzt werden (vgl. hierzu unter 3.6.2).

In soziologischer Hinsicht bedeutet die allgemeine Schulpflicht, in Verbindung mit einem Verbot der Kinderarbeit, dass sich zwischen die Primärsozialisation in der Familie und einem für große Teile der Bevölkerung durch Erwerbsarbeit definierten Erwachsenendasein eine Lebensphase schiebt, die durch den Erwerb von Bildungsqualifikationen charakterisiert wird. In Verbindung mit einem sozialen Sicherungssystem (siehe oben) fixiert ein allgemeines Bildungssystem eine dreiteilige Struktur des Lebensverlaufs (vgl. unter 5.2.5), die von nun an den Zugriff der Gesellschaft auf die Individuen altersabhängig strukturiert und durch die entsprechende Gesetzgebung allgemeinverbindlich institutionalisiert.

5.6 Der kapitalistische Krisenzyklus und das Zeitalter industrieller Massenproduktion

Bevor wir mit der Ära industrieller Massenproduktion die klassische Phase der modernen Industriegesellschaft kennenlernen, müssen wir uns noch mit einen ‚Systemproblem' beschäftigen, was schon in die letzten Abschnitte hineinspielte. Die Industrialisierung hat sich in ökonomischer Hinsicht keineswegs als eine permanente Erfolgsgeschichte herausgestellt. Vielmehr kam es immer wieder zu kürzeren oder auch längeren konjunkturellen Einbrüchen, die in der ‚großen Depression‘ in den 70er und 80er Jahren des 19. Jahrhunderts gipfelten. Karl Marx hat bei der Analyse dieser Einbrüche die These entwickelt, dass derartige zyklische Krisen im Kapitalismus immer wieder auftreten *müssten*, weil er dazu tendiert, auf der einen Seite immer mehr Waren auszustoßen und auf der anderen Seite aber zugleich die Nachfrage nach diesen Produkten durch Einsparungen bei den Löhnen zu reduzieren. Dies führe unweigerlich zu Phasen der Überproduktion, wo die hergestellten Waren überhaupt nicht mehr oder zumindest nicht kostendeckend absetzbar sind mit der Folge massenweiser Unternehmenskonkurse. Hat die Krise die Produktionskapazitäten hinreichend reduziert, dann beginnt eine neue Runde der Produktionsausweitung und Lohneinsparung mit demselben Ergebnis (vgl. Marx 1973: 318 ff.; 408 ff.).

Lässt man einmal die Erklärung dieses Phänomens durch die Notwendigkeiten der Mehrwertproduktion außer Acht, dann ist diese Erklärung auch für ‚bürgerliche‘ Ökonomen weitgehend akzeptabel. Man kann hier auch einen Widerspruch zwischen einzelbetrieblicher Rationalität und gesamtwirtschaftlichen Erfordernissen sehen. Für den einzelnen Betrieb stellen völlig zu Recht Löhne Kosten dar, die möglichst minimiert werden müssen, damit das Unternehmen konkurrenzfähig bleibt. Wenn aber alle Unternehmen nach dieser Maxime agieren, dann kommt in der Summe ihrer Aktivitäten ein makroökonomisches, auf der Ebene gesamter Volkswirtschaften angesiedeltes, Ungleichgewicht zwischen Güterangebot und kaufkräftiger Nachfrage zustande.

Dieser Krisenzyklus wird aber durch einen Wachstumszyklus überlagert, wenn technische Innovationen nicht nach dem Vorbild der Textilindustrie nur die Produktivität steigern, sondern, wie am Beispiel Eisenbahnbau (Abschnitt 5.5) erläutert, neue Produkte und neue Märkte schaffen. Hier, so haben wir weiter oben gesehen, wird ein zusätzliches Güterangebot mit zusätzlicher Arbeit und das heißt immer auch zusätzlicher Kaufkraft verkoppelt. In der Theorie der langen Wellen (vgl. unter 5.5) wird allerdings postuliert, dass dieser Ausweitungseffekt zum Erliegen kommt, sobald auf den neuen Märkten eine Sättigung der Nachfrage eintritt. Danach dominieren die Rationalisierungsinvestitionen, die wieder auf ein makroökonomisches Ungleichgewicht zwischen Güterangebot und Konsumnachfrage hinauslaufen.

Mit der Entwicklung sozialer Sicherungssysteme (5.5.2) entsteht ein weiteres Element, das zumindest in der ökonomischen Krise stabilisierend wirkt, da hier nicht gezahlte Löhne durch Transferzahlungen kompensiert werden, was wiederum die Nachfrageseite stabilisiert. Aber dieses Element allein reicht noch nicht aus, um den ökonomischen Krisenzyklus, der nach der Theorie der langen Wellen nur bei Innovations- und Wachstumskrisen, aber nicht bei einem hohen Wirtschaftswachstum auftritt, zu bekämpfen.

Ein wirtschaftspolitisches Instrumentarium für genau dieses Problem wird in den 30er Jahren des 20. Jahrhunderts von dem britischen Nationalökonomen John Maynard Keynes vorgelegt. In seinem Hauptwerk ‚The general Theory of Employment, Interest and Money‘ aus dem Jahre 1936 beschäftigt er sich wesentlich eingehender als frühere Ökonomen mit der Konsumnachfrage. Große praktische Bedeutung hat dabei seine Auffassung gewonnen, dass der Staat in Phasen einer Wirtschaftskrise alles tun müsse, um die Nachfrage wieder anzukurbeln. Diese Position wird auch als ‚Keynesianismus‘ bezeichnet. Dies kann der Staat sowohl direkt durch Steigerung seiner Staatsausgaben wie auch indirekt durch Generierung von Beschäftigung oder durch Wohlfahrtsprogramme erreichen. Nur wenn der Staat eine antizyklische Wirtschaftspolitik betreibe, also in der Phase der Rezession die Staatsausgaben steigere und dabei auch Verschuldung in Kauf nehme und umgekehrt in der Phase des Booms seine Ausgaben einschränke und die Staatsverschuldung wieder abbaue, sei ein kontinuierlicher Wachstumspfad ohne zyklische ökonomische Krisen erreichbar (vgl. Keynes 2009).

Mit dieser hier stark vereinfacht dargestellten ‚keynesianischen Botschaft‘, die nach dem Zweiten Weltkrieg die staatliche Wirtschaftspolitik mehr oder weniger stark beeinflusst hat, gewinnt der moderne Staat eine weitere Funktion. Damit ist die Darstellung der sich in der Folge der Industrialisierung ausweitenden Staatsaufgaben abgeschlossen.

Vor diesem Hintergrund kann nun eine Phase der Wirtschaftsentwicklung der klassischen Industriegesellschaften dargestellt werden, die auch als ‚Zeitalter der industriellen Massenproduktion‘ bezeichnet worden ist (vgl. zusammenfassend: Piore/Sabel 1989: 28 ff.). Sie umfasst im Wesentlichen die 50er und 60er Jahre des 20. Jahrhunderts und kann soziologisch als jene Phase angesehen werden, in der alle Elemente der klassischen Industriegesellschaft in ihrem Zusammenspiel zur Entfaltung kamen und ein bis dato unerreichtes Prosperitätsniveau breiter Bevölkerungsschichten herbeiführten.

Kernelement dieser Ära industrieller Massenproduktion ist ein Wirtschaftssystem, dessen Schwerpunkt in der Herstellung von Gütern für den privaten Verbrauch bestand. Dabei handelte es sich fast durchgängig um ehemalige Luxusgüter, die auf Erfindungen beruhten, die bereits einige Jahrzehnte zurücklagen. PKWs, Plattenspieler, Radios, Fernsehgeräte, Kühlschränke, Waschmaschinen und zahllose weitere Geräte für den privaten Gebrauch erschlossen sowohl im Bereich reproduktiver Arbeit (Hausarbeit) als auch im Bereich der Freizeitaktivitäten neue Möglichkeiten oder aber sie dienten der Bequemlichkeit, erleichterten häusliche Arbeiten oder auch Freizeitaktivitäten.

Burkart Lutz (1989) erklärt die für die 50er und 60er Jahre charakteristische Verbindung zwischen vergleichsweise hohen wirtschaftlichen Wachstumsraten und einem zur Vollbeschäftigung tendierenden Arbeitsmarkt damit, dass nun auch der ‚traditionelle Sektor‘ in den industriell-kapitalistischen Kreislauf mit einbezogen worden sei. Unter traditionellem Sektor versteht Lutz den Bereich familialer Arbeit im weitesten Sinne, also sowohl landwirtschaftliche Familienbetriebe wie kleine Familienbetriebe im Handwerk und Kleinstbetriebe in Handel, Verkehr und Dienstleistungen, sowie den gesamten hauswirtschaftlichen Bereich (Lutz 1989: 115 ff.). Dieser traditionelle Sektor habe bis etwa 1950 nur als Arbeitskräftereservoir gedient, also dafür gesorgt, dass die Unternehmen immer auf ein Überangebot an gering qualifizierten Arbeitskräften zurückgreifen konnten, die nur minimal entlohnt werden mussten (Lutz 1989: 144 ff.). Die niedrigen Löhne wiederum ließen nur eine im Wesentlichen von dem ‚traditionalen Sektor' getragene Lebensführung zu, die auf wenig Konsum und viel Eigenleistung (Gartenbau, Haltung von Kleinvieh usw.) basierte.

In der Phase der industriellen Massenproduktion zeigt sich nun, dass die Nachfrage nach den bereits genannten Wirtschaftsgütern für den privaten Konsum immer breiter wird (Lutz 1989: 210 ff.). Die Ausstattung der privaten Haushalte mit Kühlschränken, Waschmaschinen, Fernsehern aber auch mit PKWs bewegt sich in den 50er und 60er sowie den frühen 70er Jahren rasant auf die 100-Prozent-Marke zu (Brock 1991: 354 – Tab. V.9). Wichtig ist nun, dass diese Wirtschaftsgüter immer noch mit einem geringen Automatisierungsgrad, also einem hohen Anteil menschlicher Handarbeit erzeugt werden. Sie sind deswegen vergleichsweise teuer, aber schaffen zugleich ihre eigene Nachfrage, indem nun Arbeitseinkommen generiert werden, die breiten Bevölkerungsschichten erlauben, diese Wirtschaftsgüter auch zu kaufen.

In dieser Phase wird ein zentrales Argument von Keynes zur sozialen Realität. Keynes setzte nämlich auf die private Nachfrage der Unter- und Mittelschichten, weil er annahm, dass hier die Konsumneigung am höchsten und die Sparneigung am geringsten sei. Lutz zeigt nun darüber hinaus, wie mit der Erosion des traditionellen Sektors dieses ökonomische Modell in der Nachkriegszeit in soziale Realität übersetzt wurde. Der traditionelle Sektor wird von nun an nicht nur von der Seite des Arbeitsmarktes zerstört, indem immer mehr ‚Familienarbeitskräfte' einer entlohnten Erwerbsarbeit nachgehen, sondern er wird ebenso von der privaten Nachfrage her unterminiert, wo Industriegüter die reproduktive Familienarbeit erleichtern, aber auch ersetzen. In Anlehnung an Rosa Luxemburg bezeichnet Lutz dies als ‚industrielle Landnahme'. Sie kann auch als Erklärung für das in allen wichtigen Industrieländern zu beobachtende kontinuierlich hohe Wirtschaftswachstum der 50er und 60er Jahre des letzten Jahrhunderts herangezogen werden.

Dieser Mechanismus funktioniert aber nur deswegen, weil in diesen Nachkriegsjahrzehnten die Reallöhne nicht nur einer relativ kleinen Gruppe hoch qualifizierter Arbeitnehmer erheblich ansteigen, sondern nun auch die Kaufkraft der durchschnittlichen und unterdurchschnittlichen Einkommen stark zunimmt. In Deutschland kommt es zu einer historisch einmaligen Verdreifachung bis Vervierfachung der durchschnittlichen Realeinkommen (Brock 1991: 216 f. sowie 357 f.). Wie ist diese Entwicklung zu erklären? Unter den Bedingungen der Vollbeschäftigung könnte ein Hinweis auf die veränderte Konstellation auf dem Arbeitsmarkt ausreichen. Viel schwieriger ist es, den Einstieg in eine solche Aufwärtsspirale zu erklären, vor allem dann, wenn man mit Keynes annimmt, dass es Konstellationen gibt, die die Selbstheilungskräfte des Marktes nicht verändern können.

Wahrscheinlich spielen hier mehrere Aspekte zusammen. Zunächst einmal die bereits skizzierte Entwicklung zum Sozialstaat mit einer Institutionalisierung der beiden Tarifvertragsparteien. Sie ermöglicht es den Gewerkschaften, nicht zuletzt aufgrund des Arbeitskampfmittels Streik, Reallohnerhöhungen auch bei Unterbeschäftigung zu erzielen. Hinzu kommt, vor allem in Kontinentaleuropa, der ‚Kalte Krieg‘ und die damit verbundene Systemkonkurrenz zwischen Kapitalismus und Sozialismus. Sie spielt in zweifacher Weise eine Rolle. Einmal, direkt als politischer Wille, zu zeigen, dass mit den Mitteln der Marktwirtschaft, die Lage gerade auch der Arbeiterschaft eher zu bessern sei, als durch eine Vergesellschaftung der Produktionsmittel.

Der ‚Kalte Krieg‘ spielte aber auch indirekt eine Rolle, weil er die Ausweichmöglichkeiten der Unternehmen drastisch reduziert hat. Dieser Aspekt ist erst nach 1989 in seiner vollen Tragweite deutlich geworden, als insbesondere deutsche Unternehmen arbeitsintensive und eher geringe Qualifikationen erfordernde Fertigungsprozesse in großem Umfang in osteuropäische beziehungsweise asiatische Niedriglohnländer verlagern konnten. Dies war unter den Bedingungen der 50er und 60er Jahre kaum möglich.

Für das Verständnis der Phase industrieller Massenproduktion sind aber noch weitere Aspekte wichtig. In ihrer Untersuchung über das Ende der Massenproduktionsphase arbeiten Michael Piore und Charles Sabel einen weiteren wichtigen Aspekt heraus. Wenn man von der Frage ausgeht, wieso ehemalige Luxusgüter zu industriellen Massengütern werden, dann kann man diese Entwicklung nie ausschließlich von der Nachfrageseite ausgehend erklären, sondern muss auch die Seite der Produktion beleuchten. Hier ergibt sich die Frage, wie trotz hoher Anteile menschlicher Handarbeit die Produktionskosten für Autos, Haushaltsgeräte und Unterhaltungselektrik oft ganz erheblich gesenkt werden konnten. Denn nur eine Senkung der Preise bei gleichzeitigem Ansteigen der Massenkaufkraft konnte dazu führen, dass Kühlschränke, Waschmaschinen, Autos und Fernseher zu Gütern wurden, die sich nahezu jeder leisten konnte.

Dass die Anteile menschlicher Handarbeit Ende der 60er/Anfang der 70er Jahre in den meisten Bereichen der verarbeitenden Industrie immer noch sehr hoch waren demonstrieren beispielsweise die Arbeitsberichte der Forschergruppe um Horst Kern und Michael Schumann an das RKW, aber auch viele vergleichbare Untersuchungen (vgl. zusammenfassend: RKW 1970). Wenn man den

Arbeitsbericht der Forschergruppe zum Technisierungsgrad der Automobilindustrie Ende der 60er Jahre (Braun/Kern/Pflüger/Schumann 1968; 1968a) einerseits mit der Studie von Fritz Schumann über die Automobilproduktion in Stuttgart Untertürkheim 1911 und auf der anderen Seite mit den heute üblichen Formen der Automobilproduktion vergleicht, dann wird deutlich, dass der eigentliche Automatisierungsschub erst mit der Einführung von Industrierobotern in den 80er und 90er Jahren erfolgt ist. Die Verbilligung der Industrieprodukte für den privaten Konsum wurde somit nicht durch Automation sondern primär durch Fortschritte in der Fertigungsorganisation erreicht, insbesondere durch die Übernahme der Fließbandtechnologie.

Auch wenn das Fließband erstmals in den Schlachthöfen Chicagos verwendet wurde, gewann es seine industriehistorische Bedeutung erst dadurch, dass einer der Pioniere der Automobilindustrie, Henry Ford, es erstmals in der Automobilindustrie einsetzte. Damit konnte er die Herstellungskosten für das legendäre Model T, das man heute noch auf historischen Charly-Chaplin-Filmen zu sehen bekommt, so stark senken, dass es zum Massenprodukt wurde und mehr als eine Millionen Mal verkauft werden konnte (Ford 1923: 170 ff.).

Die industrielle Fertigung mit Fließbändern war aber nur dann kostengünstig, wenn große Stückzahlen eines standardisierten Produkts kontinuierlich gefertigt werden konnten. Nur wenn die Produktion kontinuierlich maximale Auslastungsgrade erreichte, wurden günstige Fertigungskosten erreicht. Der Nachteil der Fließbandproduktion war nämlich, dass sie sehr starr ist. Jeder Modellwechsel, im Grunde sogar kleinere Modellveränderungen oder auch nur kleinere Rationalisierungsfortschritte an einzelnen Stationen, erforderten eine Neustrukturierung des gesamten Prozesses, die extrem zeit-, arbeits- und kostenaufwendig war. Vor allem war das System darauf ausgelegt, dass eine bestimmte Stückzahl kontinuierlich produziert und verkauft werden konnte. Wenn eine geringere Stückzahl gefertigt wurde, stiegen die Stückkosten rasant an, da die Fertigungskosten für das gesamte Band fast gleich blieben (vgl. Piore/Sabel 1989: 64 – Kostenkurven).

Mit dem Übergang auf die Fließbandproduktion war die westliche Großindustrie also auch eine Wette gegen die These vom unvermeidlichen Krisenzyklus des Kapitalismus eingegangen. Dass diese Wette bis zur ersten Ölkrise Mitte der 70er Jahre des 20. Jahrhunderts im Großen und Ganzen gewonnen werden konnte, hing auch mit der erweiterten Rolle des Staates zusammen, mit seiner Entwicklung zum Sozialstaat und der Übernahme der keynesianistischen Philosophie des ‚deficit spending‘ zusammen.

Piore und Sabel beschreiben das Zusammenwirken zwischen Industrie, privaten Haushalten und Staat als eine ‚Makroregulierung‘, einen in sich geschlossenen Wirtschaftskreislauf, der kein Produkt eines Gesamtentwurfs oder eines Gesellschaftsmodells war, sondern sich aus einer Kette kontingenter Entwicklungen herauskristallisiert hat. Für die USA liefern die Autoren eine detaillierte

Beschreibung (Piore/Sabel 1989: 105 ff.), aus der hier nur ein zentrales Element herausgegriffen werden soll, das von allgemeinem Interesse ist. Die Rede ist hier von der amerikanischen Kriegsproduktion[19] und den Folgen, die sich daraus für den Umgang zwischen den Tarifvertragsparteien ergaben.

> „Während des Krieges wurden die betrieblichen Beziehungen von War Production Boards überwacht, die von der Regierung eingesetzt worden waren und sich aus Gewerkschaftsvertretern, Vertretern des Managements und der Öffentlichkeit zusammensetzten. Der Zweck dieser Gremien aus drei Parteien bestand darin, *durch Wahrung des Arbeitsfriedens die Produktion zu fördern.* In dieser Absicht waren sie bestrebt, ein unparteiisches System von Entlohnung und Arbeitsplatzbedingungen sicherzustellen – oftmals indem sie ihre Bedingungen sowohl den Arbeitern wie dem Management aufzwangen – ohne die Produktivität eines Unternehmens zu beeinträchtigen … Die Erfahrungen der Kriegsjahre lehrten eine Generation von Managern, Arbeiterführern und ‚neutralen‘ Schlichtern, einander zu akzeptieren und vernünftige Übereinkünfte zwischen Kapital und Arbeit mit den Erfordernissen ökonomischer Effizienz zu versöhnen. Ihre Zusammenarbeit gab das Modell für ein System industrieller Beziehungen ab, das den Konflikt voraussetzt, aber begrenzt – und zwar indem es sich auf die Herausbildung einer ‚rationalen‘ Struktur von Löhnen, Gehältern und Arbeitsbedingungen konzentrierte, andere Arbeiterforderungen jedoch ausschloss" (Piore/Sabel 1989: 111; Hervorhebung: D. B.).

Aus diesen Erfahrungen heraus entwickelten sich sowohl auf der Seite der Arbeiterschaft und der Gewerkschaften, die ein größeres Maß an gesellschaftlichem Einfluss forderten, wie auch beim Management, das stabile soziale Bedingungen für die industrielle Massenproduktion benötigte, *Erwartungen an eine gesellschaftliche Gesamtsteuerung der Wirtschaftsentwicklung*, die zumindest aus der Perspektive von Arbeitnehmervertretern Züge einer sozialistischen Planwirtschaft annehmen konnte.

So zitieren die Autoren einen Gewerkschaftsführer, der 1944 folgendes äußerte: „Die Arbeiterschaft der Nachkriegszeit hegt die Erwartung, sich mit Management und Regierung an einen Tisch zu setzen, um gemeinsam das Produktionsniveau der Privatindustrie festzulegen. Sie erwartet bei der Einrichtung industrieweiter Räte mitwirken zu können, die über die volle Auslastung unserer wichtigsten produktiven Ressourcen, der Technologie und das Know-how entscheiden. Sie erwartet einen gleichberechtigten Platz in einem nationalen Wirtschaftsrat" (Piore/Sabel 1989: 113).

---

[19] In ökonomischer Hinsicht ist Kriegsproduktion immer eine Art Ausnahmezustand, in dem die Regeln des Wettbewerbs weitgehend außer Kraft gesetzt werden müssen (vgl. Preiser 1970).

Auch wenn es dazu nicht kam, sondern sich eher Mechanismen einer ‚ökonomischen Globalsteuerung‘[20] herauskristallisierten, war klar, dass die Fließbandtechnologie nur unter stabilen ökonomischen wie sozialen Rahmenbedingungen wirtschaftlich erfolgreich sein konnte. Das hatte in sozialer Hinsicht einen bis dato ungekannten Anstieg des Lebensstandards breiter Bevölkerungsschichten zur Folge (siehe oben).

Für das Verständnis des Zeitalters der industriellen Massenproduktion ist aber auch noch von Belang, dass, anders als nach dem Ersten Weltkrieg und vorangegangenen Kriegen, es nach 1945 zu keinem Abbau der Rüstungsproduktion kam. In der Ära des Kalten Kriegs setzte vielmehr umgekehrt ein Wettrüsten ein, das nicht nur in den Vereinigten Staaten und der Sowjetunion sondern in geringerem Umfang auch bei europäischen Zentrumsstaaten zu einem ‚militärisch-industriellen Komplex‘ führte, bei dem marktwirtschaftliche Gesichtspunkte und die Konkurrenz zwischen Unternehmen hinter den Imperativen der möglichst raschen Entwicklung immer neuer Waffensysteme zurücktraten[21].

Diese Elemente lassen sich nun puzzleartig zu einem Massenwohlstand generierenden dynamischen Wirtschaftskreislauf zusammensetzen, der die Endphase der ‚klassischen Industriemoderne‘ (Beck), also die 50er und v. a. die 60er Jahre des 20. Jahrhunderts, gerade auch in sozialer Hinsicht tief geprägt hat. Im Mittelpunkt dieses Puzzles steht die Austauschbeziehung zwischen Unternehmen und privaten Haushalten. Die Unternehmen produzieren und vertreiben Waren für den privaten Konsum und bezahlen Löhne. Von diesen Löhnen können sich die privaten Haushalte diese Waren dauerhaft kaufen, weil sie (vor allem männliche) Arbeitskraft an die Unternehmen ohne großes Arbeitslosigkeitsrisiko verkaufen können (Vollbeschäftigung). Um diese Konstellation sind diverse prozessbegleitende wie ergänzende Aktivitäten des Staates gruppiert, die bis in die frühen 70er Jahre hinein[22] vor allem für kontinuierlich hohe Raten wirtschaftlichen Wachstums sorgten (‚Wirtschaftswunder‘).

---

[20] In Deutschland beispielsweise wurde 1967 ein sogenanntes Stabilitätsgesetz erlassen, das von dem damaligen Wirtschaftsminister Karl Schiller initiiert worden war und den Staat auf eine von Keynes inspirierte antizyklische Wirtschaftspolitik festlegte.

[21] Daraus erwuchs eine starke Rüstungslobby, die immer neue Rüstungsprojekte forderte, diese Entwicklung wurde auch als ‚militärisch-industrieller Komplex‘ bezeichnet; vgl. Mills 1962; Hennes 2003.

[22] Die erste ernsthafte wirtschaftliche Krise der Nachkriegszeit datiert für die BRD auf 1974 und die nachfolgenden Jahre. Sie wurde durch stark steigende Preise für Rohöl (‚Ölpreisschock‘) ausgelöst. Zuvor gab es lediglich 1967/8 einen kurzen konjunkturellen Einbruch.

5.7 Strukturwandel der Lebensführung der ,arbeitenden Bevölkerungsschichten'

In diesem Abschnitt soll nun dargestellt werden, welche Konsequenzen die Industrialisierung und die damit verbundenen Veränderungen im Zuschnitt und den Aufgaben des Staates für das gesellschaftliche Leben breiter Teile der Bevölkerung hatten. *In welcher Weise haben sich der Alltag und Bedingungen des Überlebens der arbeitenden Bevölkerung im Zuge der Industrialisierungsphase verändert?*

Es geht also um ein erstes soziologisches Resümee, dessen Reichweite aber der Erläuterung bedarf. Wieso soll es sich auf die ,arbeitenden Bevölkerungsschichten' beschränken? Soll damit nur der marxistische Begriff der ,arbeitenden Klasse' wieder über die Hintertür eingeführt werden?

An dieser Stelle muss zunächst an die in der Einleitung zum fünften Kapitel erläuterte Unterscheidung zwischen Ergon und Energia erinnert werden. Ergon steht dabei für ergebnisbezogene, an klaren Zielen und Zwecken orientierte, meist körperlich schwere Arbeit. Energia wiederum bezeichnet Formen der selbstgewählten menschlichen Tätigkeit, die ein Privileg der herrschenden Klassen in den Feudalgesellschaften waren. Mit der Industrialisierung wird die Frage aufgeworfen, ob und inwieweit Arbeit der erstgenannten Art technisch substituiert, also von Maschinen ausgeführt werden kann. Daher konzentriert sich zweckmäßiger Weise eine Bilanz auf diejenigen Sozialschichten, die traditionell auf diese Formen menschlicher Arbeit festgelegt worden waren.

Neben solchen theoretischen, kann man aber auch empirische Gründe für diesen Zuschnitt anführen. Wenn wir Darstellungen menschlicher Lebensverläufe aus dem Mittelalter lesen, dann muten die Biografien von Intellektuellen und Künstlern, insbesondere der Renaissance, vielfach erstaunlich modern an. Das hängt damit zusammen, dass Intellektuelle wie Petrarca oder auch Leonardo da Vinci *selbstgewählten Tätigkeiten* nachgingen, erstaunlich *mobil* waren und ihre Tätigkeiten weitgehend *öffentlich* ausgeübt haben. Dagegen muten uns Darstellungen des Lebens von Bauern (Cherubini 2004) oder Handwerkern (Borst 1982: 261–266) erstaunlich ,fern' oder auch ,archaisch' an. Ihr Leben war von Immobilität in einem Lebenskreis geprägt, in den sie hineingeboren wurden. Ihr Alltag wurde von harter körperlicher Arbeit im Familienverband geprägt in Verbindung mit geringer Lebenserwartung und periodischen Katastrophen wie Hungerkrisen oder Epidemien (vgl. auch unter 4.2 und 4.3). Dieser Lebenszuschnitt wird durch die Industrialisierung aufgebrochen und grundlegend verändert. Genau deswegen konzentriert sich dieser Abschnitt auf die arbeitenden Bevölkerungsschichten.

Ich teile die Auffassung von Jürgen Kuczynski, dass sich das Leben der arbeitenden Bevölkerung auch noch bis weit in das 19. Jahrhundert hinein in Familienverbänden abspielte (Kuczynski 1982: 155). Auch auf solche Gegebenheiten passt noch der Begriff Lebensformen (vgl. unter 5.2.3). Wenn im Folgenden von Lebensführung (vgl. 5.2.3) die Rede ist, dann muss es hier zu entscheidenden Änderungen gekommen sein, die zunächst erläutert werden sollen.

Großfamilien beziehungsweise ‚Produktionsfamilien‘ (Kuczynski) waren der traditionelle Ort, an dem sich das Leben der arbeitenden Bevölkerung abspielte. In der zweiten Hälfte des 19. Jahrhunderts und im 20. Jahrhundert entstehen immer neue Bereiche des alltäglichen Lebens, bei denen nun jedoch individuelle Wahlhandlungen vorausgesetzt werden. Dies gilt für die private Nutzung zunächst der öffentlichen (Eisenbahn) dann auch privater (PKW) Verkehrsmittel sowie für die Nutzung neuer Möglichkeiten der Nachrichtenübermittlung (Telegramm, Telefon) und umfasst auch für den Bereich der Unterhaltungselektrik/ -elektronik (Grammophon, Plattenspieler, Film und Fernsehen).

Durch diese Innovationen ziehen nicht nur Elemente individualisierter Lebensführung in den privaten Alltag der Menschen ein. Darüber hinaus wird der private Lebensbereich aus seiner räumlichen wie sozialen Isolierung gerissen. Begrenzte Lebensräume werden einmal durch Mobilität erweitert und zum anderen durch kommunikative Vernetzung über die klassische Grenze der Kopräsenz, der gemeinsamen Anwesenheit an einem Ort, hinweg mit ferneren Lebensräumen in Beziehung gesetzt (vgl. hierzu Giddens im 2. Band).

Wichtig an diesen Veränderungen ist aber vor allem, dass Lohnarbeit durch diese räumliche Entgrenzung enttraditionalisiert wird. Arbeit wird immer weniger nach der handwerklichen Tradition des Wanderns gefunden (vgl. noch Holek 1909), sondern durch Nutzung des Schriftmediums wie von Verkehrsmitteln systematischer gesucht. Darüber hinaus entwickeln sich vor allem in den Bereichen, wo spezielle Qualifikationen gefordert werden, oftmals längerfristige Qualifizierungs- und Vermarktungsstrategien (Brock/Vetter 1982: 131–153). Bei Facharbeitern werden darüber hinaus Strategien für den langfristigen Erhalt der eigenen Arbeitsfähigkeit üblich (Brock/Vetter 1982a). Die mit der zweiten Industrialisierungswelle (vgl. 5.5) verbundenen Entwicklungen haben also dazu geführt, dass Lohnarbeit immer mehr die Merkmale einer für den ‚Pöbel‘ typischen Lebensform (Vgl. Conze 1966; Brock 1991: 119 ff.) verloren hat und *nur noch über strategisch ausgerichtete Praktiken der Lebensführung charakterisiert werden kann.* Diese Entwicklung wird durch Veränderungen im privaten Lebensbereich weiter verstärkt.

Im privaten Lebensbereich breiter Bevölkerungsschichten finden in der klassischen Industrialisierungsphase Veränderungen statt, die als ‚Strukturwandel *reproduktiver* Arbeit‘ erfasst werden können. Der Zeitaufwand und die körperlichen Anforderungen für viele hauswirtschaftliche Aktivitäten wie Waschen, Abspülen, Putzen nehmen durch die Ausstattung der privaten Haushalte mit entsprechenden Haushaltsmaschinen ab. Zugleich wird reproduktive Arbeit auch durch den Konsum von Waren wie Putzmittel oder Nahrungsmittel (vorgefertigte Soßen, Teigwaren, Würste etc.) eingespart. Dagegen nimmt der Aufwand für Bildung und Erziehung der Kinder in dem Maße zu, wie die Bedeutung von Bildung und Erziehung für die späteren Erwerbschancen der Kinder erkannt und zu einem zentralen Erziehungsmotiv wird. Weiterhin gewinnen nun Freizeitaktivitäten wie Reisen, Urlaub, aktive Erholung, Musik-, Radio hören, Kino und Fernsehen zunehmende Bedeutung.

Lassen sich diese Veränderungen auf die Formel bringen, dass hier mühselige *reproduktive* Arbeit durch selbstgewählte Tätigkeiten, also Ergon durch Energia ersetzt wird? Im Großen und Ganzen Ja, nur entspricht die selbstgewählte Tätigkeit in zweierlei Hinsicht nicht mehr dem, was sich die griechischen Philosophen darunter vorgestellt haben. Erstens wird die freie Wahl zwischen Tätigkeiten ökonomisiert. Das heißt, man wählt zunehmend zwischen vorgegebenen und standardisierten Alternativen innerhalb einer Angebotspalette aus, die von kommerziellen Anbietern präsentiert wird. Unabhängig davon, ob es um die Zubereitung einer warmen Mahlzeit oder um eine Urlaubsreise geht: immer bemühen sich Anbieter die reproduktiven Interessen der Menschen in kaufkräftige Nachfrage nach Waren und Dienstleistungen umzuwandeln. Dabei wird auf der einen Seite reproduktive Arbeit eingespart, denn es ist beispielsweise weniger zeitaufwendig, aus einem Angebot vorgefertigter Nudeln oder auch aus einem Reisekatalog auszuwählen, als Nudeln selber herzustellen oder eine Urlaubsreise selbst zu organisieren. Auf der anderen Seite erfordert es wiederum Zeit, sich einen Überblick über das Angebot zu verschaffen. Dieser Aspekt spielt in der klassischen Moderne allerdings noch eine vergleichsweise geringe Rolle. Weiterhin darf nicht übersehen werden, dass die Marktabhängigkeit auch zu einer Standardisierung reproduktiver Aktivitäten führt, weil immer im Rahmen eines standardisierten Möglichkeitsraums ausgewählt wird.

Die zweite Veränderung dessen, was als selbstgewählte Tätigkeit angesehen werden kann, hängt mit der Technisierung zusammen. In ähnlicher Weise, wie beim Einsatz von Maschinen in der Produktion, haben auch Haushaltsgeräte, Autos oder Geräte der Haushaltselektrik die Eigenschaft, dass man sie nur nutzen kann, wenn man sie regelgerecht, in einer vorgeschriebenen Art und Weise, bedient. Insofern wird der Mensch auch im *reproduktiven* Bereich zum „Anhängsel der Maschine" (Marx), allerdings zu einem freiwilligen Anhängsel. Um reproduktiver Vorteile willen, muss man diese Anhängigkeiten in Kauf nehmen. Sie verändern, und dies darf nicht unterschätzt werden, die Gestaltung des reproduktiven Bereichs in dem Maße, wie die Maschinenbedienung Zeit erfordert, also menschliche Lebenszeit an das technische Artefakt bindet.

Man kann die grobe Richtung dieser vielfältigen Veränderungen vielleicht am besten als *Bedeutungszunahme einer marktabhängigen Lebensführung* gegenüber dem Solidarverband der Familie erfassen. Während in der vorindustriellen

Groß- oder Produktionsfamilie gemeinsam Erwerbs- und Reproduktionsarbeit geleistet wurde, wobei auch nicht verwandte Personen (Knechte, Mägde, Lehrlinge, Gesellen) beteiligt waren, verengt sich die Familie typischerweise auf eine zwei Generationen umfassende Kernfamilie (Eltern und Kinder), die sich auf reproduktive Aktivitäten konzentriert. Das Lebensniveau der Kernfamilie wird immer weniger von arbeitsförmigen Aktivitäten innerhalb dieser Familie bestimmt, sondern hängt zunehmend vom Erfolg der Eltern auf dem Arbeitsmarkt ab, der in Form des Haushaltseinkommens sowie von Risikofaktoren (insbesondere Arbeitslosigkeit) erfasst werden kann. Dieser Markterfolg muss mit Abwesenheitszeiten erkauft werden (arbeitsbedingte Abwesenheit; indirekt: schulische Abwesenheit). Das Haushaltseinkommen definiert nun, in welchem Ausmaß auf Waren und Dienstleistungen zurückgegriffen werden kann, die überwiegend für die direkte Reproduktion der Haushaltsangehörigen (Konsum), aber auch für die langfristige Verbesserung der Lebensbedingungen (z. B. Wohneigentum, Bildungsinvestitionen) investiv genutzt werden können. Mit steigenden Reallöhnen wachsen auch die Möglichkeiten, jenseits des zum Überleben notwendigen Konsums, über die Geldverwendung zu disponieren (‚dispositive Lebensführung' vgl. Brock 1991: 220 ff.).

Diese zweifache Marktabhängigkeit spielt auf vielfältige Weise in Form individualisierter Interessen und Strategien in die Familien hinein und testet so deren solidarische Grundlage. Dieser innere Konflikt wird insbesondere in der Phase der industriellen Massenproduktion durch die Ausbreitung eines ‚bürgerlichen' Musters innerfamilialer Arbeitsteilung entschärft, wonach der Ehemann für die Erwerbsarbeit, die Frau für die Hausarbeit zuständig ist (vgl. Beck-Gernsheim 1980; zur Kritik der ‚Hausfrauisierung' vgl. auch Bennhold-Thomsen/ Mies/v. Werlhof 1988).

5.8 Industrialisierung unter den Bedingungen des Realsozialismus

In diesem Abschnitt wird keine Gesamtdarstellung der Industrialisierung und der damit verbundenen Veränderungen im privaten Lebenszuschnitt unter den Bedingungen des Realsozialismus beabsichtigt, sondern es werden nur zwei Aspekte beleuchtet. Einmal ist das Thema auch für eine Darstellung der kapitalistischen Industrialisierungsgeschichte wichtig. Zum anderen sollen hier die wesentlichen Unterschiede im Verlauf der Industrialisierung und in den Auswirkungen auf die Veränderung der Lebensführung behandelt werden.

Wieso war die Systemkonkurrenz durch den Realsozialismus für die Industrialisierung unter kapitalistischen Vorzeichen wichtig? Diese Frage ist in den Jahren nach 1989 auch praktisch beantwortet worden. Dabei sind zunächst einmal zwei Aspekte deutlich geworden. In ökonomischer Hinsicht war die

Systemkonkurrenz durch den Realsozialismus ganz schlicht deswegen wichtig, weil dadurch vor allem in Europa für die privatwirtschaftlich orientierten Unternehmen sowohl wichtige Industriestandorte wie auch Absatzmärkte nicht verfügbar waren. Der ‚Landnahme' (Rosa Luxemburg) der kapitalistisch-marktwirtschaftlichen Ordnung waren damit räumliche und politische Grenzen gesetzt. Dies hat zumindest die von Lutz beschriebenen Tendenzen einer inneren Landnahme verstärkt und wohl auch den Trend zur Vollbeschäftigung in der Phase der industriellen Massenproduktion unterstützt. Hinzu kommt, dass auf der politischen Ebene die marktabhängige Lebensführung der Arbeiter und Angestellten zu einem wichtigen Feld der Systemkonkurrenz wurde. Insbesondere im geteilten Deutschland spielte die Semantik des ‚Sich-Leisten-Könnens' und des wirtschaftlichen Wettbewerbs zwischen Kapitalismus und Sozialismus aus der Perspektive der Massenkaufkraft eine ganz zentrale Rolle.

Weiterhin hat sich die Systemkonkurrenz auf die Austragung der Interessenunterschiede von Kapital und Arbeit ausgewirkt. Staatssoziologische Arbeiten und Betrachtungen (vgl. Offe 1973: 7–29; Kreckel 1992), die dem Staat zumindest eine Art Moderatorfunktion zwischen den Interessengegensätzen , zwischen Kapital und Arbeit, zuerkennen, finden gerade im Deutschland der 50er und 60er Jahre viele Belege für diese These. Zwar gingen die Anstöße zu einer institutionalisierten Mitbestimmung von Arbeiternehmervertretern in den Betrieben von den Besatzungsmächten aus, die darüber die klassischen Schlüsselindustrien im wieder aufgebauten Westdeutschland kontrollieren wollten (Montanmitbestimmung von 1951). Der weitere Ausbau der betrieblichen Mitbestimmung wurde von den Gewerkschaften und von der damaligen Sozialdemokratie gefordert und vorangetrieben. Er war aber nur vor dem Hintergrund der Systemkonkurrenz auch politisch durchsetzbar, ohne dass damit stärkere Konflikte mit der Industrie und den bürgerlichen Parteien verbunden gewesen wären. Auch die institutionelle Ausgestaltung der Tarifvertragsparteien in Deutschland muss ebenso vor dem Hintergrund der Systemkonkurrenz durch den Realsozialismus gesehen werden sowie die weitgehend positive Resonanz der Medien und der politischen Öffentlichkeit auf die erheblichen Reallohnsteigerungen der 50er und 60er Jahre (Thränhardt 1996: 125 ff.; zu den Medien vgl. Zielinski 1983).

Für andere wichtige europäische Staaten wie insbesondere Frankreich und Italien gilt vergleichbares, da hier starke kommunistische Parteien existierten, die noch bis in die frühen 70er Jahre des letzten Jahrhunderts hinein am Ziel einer ‚Vergesellschaftung der Produktionsmittel' festhielten.

Vor allem in den Jahren nach dem Zweiten Weltkrieg existierte in Westeuropa wie auch teilweise in den USA eine breite Überzeugung von der wirtschaftlichen Überlegenheit des Realsozialismus, die sich offenbar in den 40er Jahren entwickelt hatte. Aus heutiger Sicht ist es schon erstaunlich, dass Joseph Schumpeter, der neben Keynes wohl wichtigste Ökonom der 40er und 50er Jahre in seinem Bestseller ‚Kapitalismus, Sozialismus und Demokratie‘, die privatwirt-schaftliche Ordnung unter der Überschrift rekapituliert „Kann der Kapitalismus weiterleben?" (so ist der zweite von vier Teilen überschieben; vgl. Schumpeter 1993: 103–264). Noch erstaunlicher ist indessen Schumpeters Diagnose, dass der Kapitalismus zwar „immer noch am Leben" (Schumpeter 1993: 264) sei, aber sich doch auf sein Ende hin zubewege. Dieser Tenor wird im Vorwort zur ameri-kanischen Ausgabe von 1942 sogar als Allgemeinplatz unterstellt: „Manche Le-ser werden sich fragen, warum ich eine so mühsame und komplizierte Analyse für nötig erachte, um das festzustellen, was nun rasch zur allgemeinen Ansicht selbst der Konservativen wird" (Schumpeter 1993: 482).

Diese knappe Skizze zur Systemkonkurrenz muss genügen. Da eine ab-schließende Bewertung derzeit wohl noch nicht möglich ist, möchte ich das Fazit in eine Frage kleiden. Wäre es ohne die Systemkonkurrenz zum Realsozialis-mus dem westlichen Kapitalismus in den 50er und 60er Jahren gelungen, einen stabilen Wachstumspfad einzunehmen, bei dem sowohl die Widersprüche zwi-schen einzelbetrieblichen und den gesamtwirtschaftlichen Interessen wie auch zwischen Kapital und Arbeit ausbalanciert werden konnten?

Kommen wir nun zum zweiten Punkt, zur Industrialisierung im Realsozia-lismus. Wir folgen hier nicht der Industrialismusdebatte der Soziologie der 60er Jahre (vgl. insbesondere Aron 1964, Dahrendorf 1957, Giddens 1984: 277–316), sondern beschäftigen uns zunächst mit einer Darstellung grundlegender Unterschiede.

Nach der marxistischen Theorie führt erst eine Vergesellschaftung der Produktionsmittel zu einer ungebremsten Industrialisierung, zu einem unauf-haltsamen Fortschritt, von dem insbesondere die arbeitende Klasse profitiert. Für diese Einschätzung waren drei Gründe maßgeblich. In politischer Hinsicht müssen nach marxistischer Überzeugung die eskalierenden Widersprüche des Kapitalismus zu immer schärferen Formen des Klassenkampfes führen, die die herrschende Klasse letztlich in eine ausweglose Lage bringen würden. In öko-nomischer Hinsicht musste die unausweichliche, wachsende Technisierung der Industrieproduktion sich in einem tendenziellen Fall der Profitraten niederschla-gen, die den kapitalistischen Krisenzyklus (siehe oben) immer weiter eskalieren lassen würden. In soziologischer Hinsicht schließlich würde die Technisierung der menschlichen Handarbeit die Grundlagen der kapitalistischen Gesellschafts-formationen sprengen, weil die Wertform damit an ihre Grenzen stieß. Darunter wird verstanden, dass menschliche Arbeitsleistungen nach einer Technisierung der Handarbeit nicht mehr quantitativ messbar sind. Da der Mensch in der ent-wickelten Industrieproduktion nur noch vor- und nachbereitend sowie prozess-begleitend tätig sei, komme es auf menschliche Initiative und schöpferische Qualitäten an, die eben nicht quantitativ messbar seien. So kann einem Ingenieur beispielsweise die Lösung eines technischen Problems zufällig beim Rasieren einfallen oder ein Instandhalter ist deswegen besonders erfolgreich, weil er ‚eine besondere Antenne' für Störungsfälle bei Automaten entwickelt.

Dieser Aspekt ist deswegen so wichtig, weil nach der Arbeitswertlehre der Preis und damit auch die Austauschverhältnisse zwischen den Waren der in ihnen vergegenständlichten Arbeitszeit entsprechen. Das funktioniert aber nur solange, wie Arbeit direkt quantitativ messbar ist.

Der detaillierten Analyse der Widersprüche des Kapitalismus stand in der marxistischen Theorie aber kein ebenso detailliertes Konzept einer sozialistischen Industrialisierung gegenüber. Dies erschien insofern überflüssig, als aus marxistischer Sicht *mit der Vergesellschaftung der Produktionsmittel die entwicklungshemmenden Mechanismen beseitigt* waren. Deswegen gibt es bei Marx und Engels nur sehr allgemeine Formeln für die sozialistische Industrialisierung. Die Grundidee ist dabei, dass nach der erfolgreichen Revolution eine Phase käme, deren soziologische Grundlage in der ‚freien Assoziation der Produzenten' liege und deren politische Grundlage in der ‚Diktatur des Proletariats' bestehe. In der marxistischen Theorie war dies kein Widerspruch, da ‚Diktatur des Proletariats' nur die politische Vorrangstellung der Arbeiterklasse bedeutete, die sich ja bereits im Klassenkampf zu einer Klasse ‚an sich' entwickelt und Formen direkter Demokratie ausgebildet hatte, deren objektive Grundlage in der grundsätzlich kooperativen Struktur der gesellschaftlichen Arbeit bestand. Daher sind die Formeln ‚freie Assoziation der Produzenten' und ‚Diktatur des Proletariats' nahezu austauschbar.

Dahinter steckt die Vorstellung, dass die Arbeiterklasse bereits unter kapitalistischen Vorzeichen Kooperation und Fabrikdisziplin erlernt habe und auf dieser Grundlage im politischen Kampf eben auch politisch handlungsfähig geworden wäre (Hillmann 1970). Nach der Vergesellschaftung der Produktionsmittel könne diese ‚politisch reife' Arbeiterklasse dann ganz zwanglos, einerseits von ihren Bedürfnissen und ihren Fähigkeiten gesteuert und andererseits von den Sachgesetzlichkeiten der Industrieproduktion geleitet, sich zu Betrieben zusammenschließen. Da in der Phase des Sozialismus (anders als im Kommunismus) die Knappheitsprobleme noch nicht völlig gelöst sind, muss ‚die freie Assoziation der Produzenten' Entscheidungen treffen, welcher Teil ihrer Arbeit der Herstellung weiterer Investitionsgüter und welcher Teil ihrer Arbeit der Herstellung von Konsumgütern zur Befriedigung der reproduktiven Bedürfnisse der Gesellschaftsmitglieder verwendet wird. Hinsichtlich der Entlohnung und damit auch der Teilhabechancen an der Konsumption war für die Phase des Sozialismus, da hier ja noch Knappheitsprobleme bestehen würden, eine leistungsbezogene Entlohnung mit einer starken sozialen Komponente vorgesehen (‚Jedem nach seinen Fähigkeiten, jedem nach seinen Bedürfnissen'). Real überwog dann die soziale Komponente (vgl. Lötsch 1991).

Bis zur russischen Oktoberrevolution 1917 wurden diese Überlegungen nur in einem, in der Folge allerdings entscheidenden Punkt modifiziert. Während die Erfahrungen der Arbeiterparteien in den politischen Auseinandersetzungen in der zweiten Hälfte des 19. Jahrhunderts von einem Teil in Richtung auf eine Annäherung und Integration in eine privatwirtschaftlich verfasste Industriegesellschaft verarbeitet wurde (die sozialdemokratische Richtung; wichtigster Theoretiker zunächst Bernstein 1907–10), entwickelten andere Gruppen das Konzept einer politischen Avantgarde, einer Gruppe entschlossen handelnder Berufsrevolutionäre, die die Interessen der Arbeiterklasse stellvertretend für diese politisch durchsetzen sollten (vgl. Lenin 1971).

Der wichtigste, weil politisch erfolgreiche Repräsentant dieser Richtung, aus denen sich kommunistische Parteien entwickelten, war Lenin. Nachdem ein politischer Putsch 1917 in Russland erfolgreich war (sogenannte ‚große Oktoberrevolution‘), begann der Praxistest für dieses, in seinen Konturen noch sehr vage Projekt einer sozialistischen Wirtschaftsordnung.

Da Russland 1917 nur wenige industrielle Zentren besaß und überwiegend noch ein Agrarland war, stieß Lenins Konzept *einer als Partei organisierten Avantgarde* auf wenig Widerstand. Eine zahlenmäßig starke, durch Fabrikdisziplin, Kooperation und politischen Kampf selbstbewusst gewordene Arbeiterschaft, von der Marx immer ausgegangen war, existierte nicht. Zudem erforderte die äußere Bedrohung durch (von den Westmächten unterstützte) Gegenrevolutionäre ein ‚hartes Durchgreifen‘ der Putschisten in alle Richtungen. Diese Tendenzen bestanden bereits unter Lenin. Sie wurden nach der Machtübernahme durch Stalin nur noch weiter verschärft.

Was folgte daraus für die Praxis einer sozialistischen Industrialisierung in der Sowjetunion? Zunächst einmal, dass sie zum zentralen Projekt einer politisch gelenkten und in hohem Maße zentralisierten Planwirtschaft wird, die im Rahmen von Fünfjahresplänen nicht nur allgemeine Ziele vorgibt, sondern sie in konkrete Vorhaben übersetzt. An die Stelle dezentraler privatwirtschaftlicher Unternehmen tritt also eine zentrale politische Instanz, die in einer Art Entwicklungsdiktatur eine rasche Industrialisierung und, was in einem Land von der Fläche der Sowjetunion besonders ambitioniert war, eine rasche Infrastrukturentwicklung durchzusetzen versucht. Die Rolle der arbeitenden Menschen in diesem Projekt besteht dann entweder darin, dass sie Teil des Apparates werden oder aber zu einem reinen Objekt dieser Entwicklung, zur menschlichen Ressource, über die ungehinderter und schrankenloser disponiert werden kann als in einer bürgerlichen Demokratie (vgl. Stettner 1996; zur literarischen Aufarbeitung: George Orwell (2009) und Alexander Solschenizyn (1974).

Der ‚Archipel Gulag‘, die gigantische Ausweitung der zaristischen Praxis von Arbeits- und Straflagern unter Stalin, ist eine extreme Konsequenz des Umstands, das eine politische Avantgarde mit dem Anspruch, die Interessen der Allgemeinheit zu vertreten, ungehindert politisch operieren konnte. Dazu gehörte nicht nur, dass Gegengewichte etwa nach dem Muster der ‚checks and balances‘

der bürgerlichen Demokratie fehlten, sondern auch, dass Bürger- und Menschen-
rechte politisch disponibel wurden.

Wenn wir die Mechanismen inspizieren, über die diese zentralistische Planwirtschaft operierte, dann fällt zunächst ein Element auf, das an die Staatswirt-
schaften der alten Hochkulturen, an Muster einer redistributiven Wirtschaft (vgl.
Polanyi 1966) erinnert. Die dezentralen Produktionseinheiten, die Betriebe, haben
ihre Gewinne an die Zentrale abzuführen und erhalten umgekehrt zur Plandurch-
führung von der Zentrale wiederum Geldmittel. Während in den alten Hochkulturen ganz überwiegend reale Produkte zentralisiert und wieder zurückverteilt
wurden, existiert derselbe Redistributionsmechanismus hier im Geldmedium.

An dieser Stelle muss noch einmal daran erinnert werden, das das universelle Tauschmittel Geld als eine Zweitkodierung des privaten Eigentums angesehen
werden kann, was die Austauschprozesse zwischen gesellschaftlichen Akteuren
enorm dynamisiert (Luhmann 1988: 131 ff.). In einer Ordnung, die die Produktionsmittel ,vergesellschaftet', de facto verstaatlicht hat, wird das Geld zum alleinigen Steuerungsmechanismus. Unter kapitalistischen Bedingungen haben alle
gesellschaftlichen Akteure (der Staat, die Unternehmen, wie auch die privaten
Haushalte) das Problem, dass sie ihre Zahlungsfähigkeit permanent erhalten müssen. Dies führt für jeden dieser drei unterschiedlichen Akteure zu unterschiedlichen Formen des Wirtschaftens. Der Staat kann mit der Tributlogik operieren,
also Steuern einführen und erhöhen, aber er darf dieses Instrument nicht über-
strapazieren, weil er sonst nicht nur den privaten Wirtschaftsakteuren, sondern
auch seiner eigenen Zahlungsfähigkeit schaden würde. Die privaten Haushalte
wiederum können, wenn man bei einer modellartigen Argumentation Einkommen aus Besitz und Eigentum ausklammert, ihr Wiederbeschaffungsproblem nur
durch Erwerbsarbeit lösen. Die Unternehmen schließlich geben Geld für Investitionen aus, um noch mehr Geld zurück zu bekommen, operieren also reflexiv.

Ein redistributives System suspendiert dieses Kalkül weitgehend und *es zentralisiert das Wiederbeschaffungsproblem* auf eine politische Zentralinstanz. Sie
organisiert bzw. gibt den Kategorien von Wirtschaftsakteuren Regeln und Bedingungen der Refinanzierung vor. In den alten Hochkulturen konnte diese Art
der wirtschaftlichen Entmündigung der arbeitenden Bevölkerung noch in hinreichendem Maße durch religiöse Antriebe kompensiert werden. Auch die Staaten
des Realsozialismus setzten auf die marxistische Ideologie als eine Art säkularer
Religion. Es darf aber bezweifelt werden, dass dies zumindest auf längere Sicht
ausreicht, um effektive Formen der Allokation und Erwirtschaftung von Ressourcen zu etablieren.

Hinzu kommt, dass die Preisbildung in diesem System nicht als dezentraler
Allokationsmechanismus funktioniert. Preise werden politisch festgesetzt und
drücken insofern Ziele der Zentrale aus. Wenn man weiterhin bedenkt, dass im
Verlauf der Industrialisierung nicht nur die innerbetriebliche, sondern vor allem

auch die zwischenbetriebliche Arbeitsteilung immer feinmaschiger, das Gesamtsystem also immer komplexer wird, dann wird deutlich, dass eine Zentralverwaltungswirtschaft zwar im mathematischen Modell realisierbar sein mag, ihr aber in der Praxis gravierende Probleme entgegenstehen (vgl. Brus 1971; 1972; Deutschmann 1977; Landauer 1931).

Wenn man die wirtschaftlichen Erfolge in der gesamten Ära des Realsozialismus zu bilanzieren versucht, dann wird deutlich, dass er bei dem *Einstieg* in die Industrialisierung und Infrastrukturentwicklung durchaus erfolgreich, aber mit wachsendem Reifegrad der Industrialisierung und entsprechender Komplexitätszunahme zunehmend überfordert war. Ihm fehlten wichtige Mechanismen der Dezentralisierung und der Komplexitätsreduktion.

Wenn man die praktischen Resultate mit Marxens Vorstellung einer sozialistischen Wirtschaft vergleicht, dann wird eine zweite Schwäche deutlich. Während man bei Marxens Modellvorstellung einer ‚freien Assoziation der Produzenten‘ vermuten könnte, dass hier das permanente Problem existiert, genügend Investitionsgüter zu produzieren, hat die zentralisierte Planwirtschaft dazu tendiert zu wenig Konsumgüter zu produzieren, weil die direkten reproduktiven Bedürfnisse der arbeitenden Bevölkerung kein politisches Eigengewicht entwickeln konnten.

Kommen wir nun zur Ebene des Industriebetriebs. Auf dieser Ebene wurde die soziologische Industrialismusdebatte (siehe oben) schwerpunktmäßig geführt. Ihr Ergebnis kann dahingehend zusammengefasst werden, dass auch unter sozialistischen Bedingungen hierarchische Strukturen und damit auch eine Differenzierung zwischen Herrschenden und Beherrschten (Dahrendorf 1974: 314 ff.), zwischen denen, die Anweisungen geben und denen, die Anweisungen befolgen, existieren muss.

Wesentliche Unterschiede sind dagegen bei der *Fertigungstiefe* zu registrieren. Während unter kapitalistischen Bedingungen die Fertigungstiefe im Laufe des 20. Jahrhunderts immer weiter gesenkt wurde und sich immer diffizilere Formen der Arbeitsteilung zwischen den Betrieben entwickelten, hält die realsozialistische Wirtschaft *am Typus des Großbetriebs mit hoher Fertigungstiefe* fest. Unter Unternehmen mit hoher Fertigungstiefe sind Betriebe zu verstehen, die im Extremfall beispielsweise ein Automobil bis zur letzten Schraube selbst herstellen. Geringe Fertigungstiefe ist bei diesem Beispiel dann gegeben, wenn ein Automobil aus Komponenten besteht, die von anderen, spezialisierten Herstellern eingekauft und nur noch zusammenmontiert werden.

Im Realsozialismus hat man, in Ermangelung anderer Mechanismen, darauf gesetzt, die wirtschaftliche Komplexitätszunahme dadurch in den Griff zu bekommen, dass Kompetenzen von der politischen Zentrale auf große Kombinate übertragen wurden, die nun gewissermaßen Züge dezentralisierter Zentralinstanzen annahmen. Damit ist eine Kombinatsstruktur gemeint, wie sie beispielsweise in der DDR aufgebaut wurde. Kombinate bildeten nicht nur große Produktionseinheiten, deren Produktpalette immer weiter diversifiziert wurde (zum Beispiel Schiffsbaukombinate, die zusätzlich Konsumgüter produzieren mussten), sondern ihnen wurden auch soziale Aufgaben übertragen (zum Beispiel Ferienheime für die Belegschaft, Partnerschaften mit kommunalen Einrichtungen).

Auch wenn dies ein vor allem in sozialer Hinsicht durchaus interessanter Versuch war, müssen in ökonomischer Hinsicht wiederum erhebliche Probleme der Ressourcenverschwendung angesprochen werden. Sie entstehen sowohl bei zu großer Diversifizierung des Produktionsspektrums wie auch bei der Wahrnehmung sozialer Aufgaben.

Aufgrund einer ziemlich schlecht funktionierenden Struktur zwischenbetrieblicher Arbeitsteilung führten Engpässe bei zugeliefertem Material permanent dazu, dass entweder gar nicht gearbeitet werden konnte oder knappe Arbeitskraft für wenig effektive Reparatur- und Bastelarbeiten verschwendet werden musste. Solche Effektivitätsprobleme führten auf der Ebene des Alltags dazu, dass sich die durchschnittliche Arbeitsproduktivität wie -intensität in Grenzen hielt. Dies ließ während der Arbeit wesentlich mehr Raum für Sozialkontakte, Gespräche und dergleichen als unter kapitalistischen Bedingungen.

Eine Folge der unzureichenden Ressourcenallokation war sicherlich, dass unter realsozialistischen Bedingungen nicht nur Vollbeschäftigung, sondern eine chronische Arbeitskräfteknappheit herrschte, was nicht zuletzt dazu führte, dass die Gleichstellung zwischen den Geschlechtern insbesondere in wirtschaftlicher Hinsicht hier wesentlich schneller vorankam als unter kapitalistischen Bedingungen (für eine deutsch-deutsche Bilanz vgl. Geißler 1996: 360 ff.). Während unter kapitalistischen Bedingungen Löhne insbesondere dort zu einem wichtigen Kostenfaktor werden, wo arbeitsintensiv produziert wird, erfolgte unter realsozialistischen Bedingungen eine Lohngestaltung weitgehend unter politischen und sozialen Vorzeichen. Dies hat zu einer wesentlich egalitäreren Einkommensverteilung geführt (für die DDR vgl. Geißler 1998: 364 und Lötsch 1991).

Hinsichtlich des Strukturwandels menschlicher Arbeit lassen sich am Beispiel der Entwicklungen in der DDR bis 1989 weitgehende Parallelen zur kapitalistischen Entwicklung feststellen, wobei aber einige Unterschiede ins Auge springen. Auch unter realsozialistischen Bedingungen wird repetitive und schwere menschliche Handarbeit technisch ersetzt, aber weniger vollständig und systematisch, weil ein Kostenwettbewerb zwischen konkurrierenden Betrieben weitgehend fehlt. Auf der anderen Seite könnte der Anteil prozessbegleitender und vor- und nachbereitender Tätigkeiten, insbesondere der hoch qualifizierter Spezialisten durchaus höher gewesen sein, als unter kapitalistischen Bedingungen (vgl. Haug/Glunz/Nemitz/van Treek/Zimmer 1975). Auch dies kann mit einem fehlenden Kostenwettbewerb erklärt werden, wobei zumindest ebenso wesentlich ist, dass Formen einer zwischenbetrieblichen Arbeitsteilung weniger stark entwickelt waren, so dass der Nachvollzug technischer Innovationen für die

RGW-Wirtschaft mit extrem hohem Arbeits- und Entwicklungsaufwand verbunden war (exemplarisch die DDR-Chipproduktion; vgl. Salomon 2003; zum Erfolg vgl. Staritz 1996: 319 f.).

Gravierende Unterschiede können wir dagegen für den Bereich des privaten Konsums festhalten. Der sowjetischen Tradition folgend, rangiert die Produktion von Konsumgütern hinter den Investitionsgütern und der Rüstungsproduktion. Daher kann die Geschichte des Konsums unter realsozialistischen Bedingungen unter die Stichworte ‚Mangelwirtschaft‘ und ‚Anbietermarkt‘ gebracht werden[23]. Diese Tendenzen wurden durch die beschränkte Konvertibilität der Währung noch verstärkt, was zu chronischen Problemen beim Import von Südfrüchten und weiteren Lebensmitteln führte. Während unter kapitalistischen Bedingungen der Markt für Konsumgüter und begleitende Dienstleistungen eher von einem Überangebot geprägt war, hatten im Realsozialismus unter diesen Bedingungen diejenigen alle Trümpfe in der Hand, die über rare Konsumgüter verfügen konnten beziehungsweise mit deren Vertrieb beauftragt waren. Versorgungsmängel sind auch der Grund dafür, dass zumindest im letzten Jahrzehnt der DDR-Geschichte mit den sogenannten Intershops ein zweiter Markt entstand, auf dem nur mit frei kompatiblen Währungen der kapitalistischen Staaten ein umfangreiches Warenangebot zugänglich war (Saretzki/Schenke/Glende 1992:149 ff.). Daneben etablierten sich Formen eines Naturaltauschs mit ‚Ersatztauschmitteln‘ wie ‚Radeberger‘ und ähnlichen Gütern.

5.9 Japan – Probleme und Chancen nachholender Industrialisierung

Einige grundlegende Erfahrungen für die Praxis nachholender Industrialisierung wurden bereits in den USA wie in Kontinentaleuropa gemacht. In beiden Fällen ging es darum, eigene Industrien aufzubauen, die gegenüber der damals fortschrittlichsten Industrie Englands konkurrenzfähig werden mussten.

Im Fall der USA reichte es aus, einen eigenen Staat aufzubauen und die eigene Industrie durch Zollschranken zunächst gegen die britische Konkurrenz abzuschirmen. Ursprünglich waren die USA britisches Kolonialgebiet und als solches in die Warenströme des britischen Empires integriert. Der Austausch zwischen den britischen Kolonialgebieten war im Wesentlichen an den Interessen des britischen Mutterlandes ausgerichtet. Daran entzündeten sich im Falle der USA Konflikte, die zum Unabhängigkeitskampf und zur Gründung der USA führten. Ein wichtiger Auslöser bestand in der Erhöhung der Einfuhrzölle für Tee aus Indien,

---

[23] Dabei dürfen allerdings Versuche, dieser Tendenz entgegenzusteuern, nicht übersehen werden. Zur ‚Einheit von Sozial- und Wirtschaftspolitik‘ vgl. Staritz 1996: 282 ff. Sie kennzeichnete vor allem die frühe Honecker-Ära, blieb aber längerfristig ohne große Erfolge.

über die die amerikanischen Siedler einen Beitrag zur Finanzierung britischer Kriege leisten sollten (Boston Tea Party; vgl. Heideking 2006). Dieser Konflikt machte deutlich, dass die Eigenstaatlichkeit und politische Unabhängigkeit gegenüber der Vormacht Großbritannien unabdingbar war, um das eigene Land zu entwickeln, das für die britische Kolonialmacht vor allem landwirtschaftliche Bedeutung hatte.

Im Falle der kontinentaleuropäischen Industrie lagen die Dinge schon deswegen etwas anders, weil hier die Entfernung zu den britischen Industriezentren weitaus geringer war. Auch angesichts staatlicher Zersplitterung und der kriegerischen Auseinandersetzungen in der ersten Hälfte des 19. Jahrhunderts konnten Zollschranken hier nur relativ wirksam sein, weil insbesondere hohe Zölle zugleich hohe Anreize setzten, sie durch Schmuggel zu umgehen. Deswegen ist es auch nicht verwunderlich, dass Napoleons Kontinentalsperre, also der Versuch jeglichen britischen Export nach Kontinentaleuropa zu verhindern, gemeinhin als die Geburtsstunde der kontinentaleuropäischen Industrialisierung angesehen wird. Auch wenn die Kontinentalsperre nicht absolut wirksam war, schuf sie doch einen gegen die übermächtige britische Industrie einigermaßen abgeschotteten Raum für unternehmerische Initiative, in dem sich vor allem in Belgien, Frankreich, im Ruhrgebiet und Sachsen Ansätze der Industrialisierung entwickeln konnten.

Nach der Ausbreitung der Industrialisierung nach Nordamerika und auf den europäischen Kontinent war immer noch unklar, ob auch außerhalb der durch die Aufklärung geprägten europäischen Tradition und außerhalb der ‚weißen Rasse' moderne Industriegesellschaften entstehen könnten. Das erklärt, warum die Industrialisierung Japans mit hoher Aufmerksamkeit der Politik und der politischen Öffentlichkeit, aber auch der Sozialwissenschaften begleitet wurde.

Im 16. und frühen 17. Jahrhundert war Japan ein klassischer Zielpunkt europäischer Entdecker und Seefahrer. Das Land wurde damals aber nicht nur in den Handel mit Europa einbezogen, sondern die Inseln wurden auch zu einem wichtigen Arbeitsfeld europäischer Missionare. Deren Missionserfolge schufen im frühen 17. Jahrhundert den Anlass für eine explizite Abschließung Japans, die gut 250 Jahre andauerte (Tokugawa-Zeit). In dieser Phase erlebte Japan eine feudalistische Reaktion, wobei mit der Konservierung der Feudalgesellschaft eine durchaus positive wirtschaftliche Entwicklung in den Städten einherging. Da Japan eine vergleichsweise hohe Bevölkerung aufwies und aufgrund seiner Geografie sich ein Großteil der Bevölkerung auf wenige Verdichtungsräume konzentrierte, hatten Handel, Handwerk und Gewerbe gute Entwicklungsbedingungen, obwohl sie nur dem dritten Stand offenstanden.

In den 50er und 60er Jahren des 19. Jahrhunderts erzwangen dann die USA sowie die europäischen Mächte ein Ende der Anschließung Japans. Eine Öffnung der japanischen Häfen wurde durch Demonstrationen militärischer Stärke erzwungen, die den Japanern klar machte, dass eine nationale Selbstbehauptung nur gelingen kann, wenn Japan möglichst rasch zumindest militärisch ebenbürtig würde. Bis zur Öffnung Japans wurden Kriege mit den traditionellen Waffen der Kriegerkaste ausgetragen, ohne Kanonen und Handfeuerwaffen (vgl. dagegen Europa unter 4.4 und 4.6.1). Militärische Ebenbürtigkeit erforderte daher den raschen Aufbau einer Schwerindustrie, die moderne Kriegswaffen produzieren konnte. Dabei fiel dem Staat eine noch stärkere Rolle zu als bei der nachholenden Industrialisierung in Europa und Nordamerika. Deswegen ging mit dem Aufbau einer Schwerindustrie eine Modernisierung des Staatsapparats nach europäischen Vorbildern einher. Dieser politische und gesellschaftliche Umbruch wird als ‚Meiji-Restauration' bezeichnet und auf das Jahr 1868 datiert.

Wenige Jahrzehnte reichten aus, um Japan zu einer mit den westlichen Mächten durchaus konkurrenzfähigen Militärmacht zu machen. Den Beweis für ihre militärische Schlagkraft lieferte die japanische Armee bereits 1895 mit einem Sieg über China und dann vor allem 1904/05 mit einem militärischen Erfolg über Russland, der international großes Aufsehen erregte.

Neben Thailand war Japan der einzige asiatische Staat, der zu Beginn des 20. Jahrhunderts nicht europäisches Kolonialgebiet geworden beziehungsweise wie Afghanistan und China in politische Abhängigkeit geraten war. Während Thailand seine Unabhängigkeit einer geschickten Diplomatie verdankte (Weggel 2006), wurde Japan zu einem Konkurrenten der europäischen Kolonialmächte. Diese kolonialistische Phase Japans erreichte ihren Höhepunkt in den 30er Jahren und dann im Zweiten Weltkrieg, als Japan nicht nur die wichtigsten Teile Chinas okkupierte, sondern in südwestlicher Richtung bis an die Grenzen Britisch-Indiens vordrang (Krieg um Burma), in südlicher Richtung die Philippinen und Indonesien okkupierte und bis an die Grenzen Australiens vorstieß und im Osten sich zahlreicher pazifischer Inselgruppen bemächtigte (Martin 2006).

Nach der Niederlage im Zweiten Weltkrieg zeigte sich, dass Japan sich zwar in staatlicher und militärischer Hinsicht modernisiert hatte, dass der Lebenszuschnitt und Lebensstandard der durchschnittlichen Japaner aber keineswegs mit westlichen Standards vergleichbar war (Röpke 1989: 30). Auch aus der Niederlage im Zweiten Weltkrieg hat Japan weitreichende Konsequenzen gezogen und auf einen Wiederaufbau seiner Militärmacht verzichtet. Japan verfügt bis heute nur über rein defensiv ausgerichtete Selbstverteidigungskräfte (Pohl 2006). Dieser Verzicht war zugleich der Startschuss, um mit dem Westen in einen industriell-zivilisatorischen Wettstreit zu treten. Die industrielle Kapazität wurde von der Rüstungsproduktion auf zivile Produktion umgestellt. Auf dieser Grundlage begann dann in den 60er und 70er Jahren des letzten Jahrhunderts eine Phase, in der die Japaner versuchten, wichtige Weltmärkte (insbesondere für Automobile, Unterhaltungselektronik und Mikroelektronik) zu beherrschen.

Diese vielfach beschriebene Strategie der Markteroberung ist auch von modernisierungstheoretischem Interesse. Eine wichtige Rolle spielte hierbei das MITI, das japanische Wirtschaftsministerium (Coulmas 1993: 148 ff.; Foljanty-Jost 1989). Es hat solche Markteroberungskampagnen vorbereitet und organisiert. Teilnehmer dieser Kampagne waren alle wichtigen japanischen Großunternehmen einer Branche (wie z. B. Automobilindustrie oder Unterhaltungselektronik). Den Ausgangspunkt bildeten jeweils Produkte, die in etwa denen der amerikanisch-europäischen Herstellerfirmen entsprachen, aber zu wesentlich niedrigeren Preisen angeboten wurden. Darüber wurde versucht den Weltmarktanteil der japanischen Firmen drastisch zu erhöhen, um auf dieser Grundlage dann eigene Entwicklungen auf den Markt zu bringen, die oftmals neue technische Standards setzen konnten.

In ökonomischer Hinsicht lief diese Strategie darauf hinaus, dass die japanischen Großunternehmen in der Markteroberungsphase ihre Verhaltensweisen so aufeinander abgestimmt hatten, dass sie zunächst weitgehend auf Gewinne verzichteten, die sich dann aber auf längere Sicht einstellten. Während die westlichen Unternehmen bestrebt waren, ihre eigene Position auf Kosten aller anderen Wettbewerber, unabhängig von deren Nationalität, zu stärken, machten die japanischen Unternehmen zunächst gemeinsame Sache und betrieben quasi Wettbewerb auf nationaler Ebene. Anders als insbesondere die angloamerikanischen Unternehmen, die traditionell kurzfristige Profitinteressen verfolgen, strebten die japanischen Unternehmen nach langfristigem Erfolg für das eigene Unternehmen sowie für Japan.

In diesem Zusammenhang muss auch erwähnt werden, dass japanische Großunternehmen in der Regel Unternehmenskonglomerate sind, die ein breites Feld geschäftlicher Aktivitäten abdecken. Stärker noch als in der Eigentümerstruktur besteht der gemeinsame Nenner in familialen und großfamilialen Verflechtungen (Piore/Sabel 1989: 177 ff.). Klassische japanische Großunternehmen wie zum Beispiel Mitsui oder Mitsubishi sind keineswegs nur dort aktiv, wo sie international bekannt sind – bei den genannten Beispielen also im Schiffsbau beziehungsweise der Automobilindustrie. Zu den Unternehmenskonglomeraten gehören in der Regel immer auch Banken, Unternehmen, die in ganz anderen Bereichen tätig sind, bis hin zu großen Handelsketten. Alle diese Teilunternehmen werden in der Regel von Mitgliedern ein und derselben Familie ökonomisch beherrscht, teilweise auch geleitet.

Da die oben beschriebene Markteroberungsstrategie immer nur in einem bestimmten Bereich den Verzicht auf kurzfristige Erträge und Gewinne erforderte, ist ein solches Unternehmenskonglomerat sehr viel leichter in der Lage eine solche Strategie durchzustehen als eine auf einen bestimmten Bereich hin spezialisierte Firma westlichen Zuschnitts.

Aus differenzierungstheoretischer Sicht fällt auf, dass die Unternehmen hier nicht als individuelle Marktakteure mit je eigenen Strategien auftreten, sondern dass sie eine abgestimmte Gesamtstrategie verfolgen, die möglicherweise sogar in einem anderen Funktionsbereich, dem der Politik entwickelt wurde (vgl. Foljanti-Jost 1989). Während westliche Aktiengesellschaften nach Parsons typische Beispiele für die enorme Bedeutung des Vereinigungsmusters für moderne Gesellschaften (vgl. unter 2.4.8) abgeben, spielen bei der japanischen Industriestruktur familiale Zusammenhänge und Loyalitäten eine tragende Rolle. Dabei darf allerdings nicht vergessen werden, dass Familienunternehmen auch in der westlichen Industrialisierungsgeschichte bedeutsam sind (vgl. hierzu insbesondere Schumpeter 1993: 252 ff.). Sie sind aber meist auf ein bestimmtes Geschäftsfeld hin fokussiert.

Für die Unterordnung ökonomischer Interessen unter politische Interessen der Japanischen Nation gibt es historische Vorbilder, die in die feudalgesellschaftliche Phase Japans zurückreichen. Viele dieser japanischen Unternehmenskomplexe sind nämlich von Samurai gegründet worden (Röpke 1989: 30), der traditionellen japanischen Kriegerkaste, die in meist lebenslangen Abhängigkeits- und Beschäftigungsverhältnissen die Interessen ihrer feudalen Arbeitgeber, adliger Großgrundbesitzer, vertreten haben (Webb 1960: 621). Im Zuge der Meiji-Restauration wurden diese Abhängigkeitsverhältnisse abgeschafft, wobei die Samurai eine Art Entschädigungszahlung erhielten.

Diese Auflösung der feudalen Beziehungen erfolgte im Name des Tenno, also des japanischen Kaisers. Von ihm ging aber auch der Auftrag aus, dass sich die Samurai von nun an für die Modernisierung Japans engagieren sollten (Pye 1989; zur ‚nationalen Konformität' vgl. Ishida 1989). Dies erfolgte vielfach in der Form, dass die Samurai ihre Abfindungen in industrielle Aktivitäten investiert haben, teilweise haben sie auch ursprünglich als Staatsunternehmen gegründete Firmen übernommen.

Aber noch in ganz anderer Hinsicht wurde die Beziehung der Samurai zu ihren Herren für das moderne Japan prägend. Vor allem in der japanischen Großindustrie waren über viele Dekaden des 20. Jahrhunderts lebenslange Beschäftigungsverhältnisse üblich[24]. Ähnlich wie sich ein Samurai an einen Grundherrn gegen Geldzahlungen verdingte, trat ein japanischer Arbeitnehmer in eine Firma ein. Dem kulturellen Verständnis nach leistete er nicht einfach für einen vertraglich vereinbarten Zeitraum Erwerbsarbeit, sondern er trat damit in ein Ab-

---

[24] Der Höhepunkt der lebenslangen Beschäftigungsverhältnisse lag in den 1950er Jahren. In den Dekaden vor dem 2. Weltkrieg war dagegen die Mobilität höher (vgl. Taira 1962). Mit diesen Fakten wird die nachfolgende Argumentation vielfach bestritten und dafür plädiert, hier ein generelles Erfordernis von Großbetrieben zu sehen (z.B. Bornschier 1998: 317 f.). Traditionen wirken aber keineswegs linear!

hängigkeits- und Treueverhältnis ein, bei dem er dem Unternehmen als ‚Herrn‘ unbedingte Loyalität schuldete.

Aus dieser Interpretation der Lohnarbeit ergeben sich viele Eigenheiten des japanischen Arbeitslebens, die in westlichen Augen kurios bis unverständlich erscheinen (vgl. hierzu: Teruoka 1991; Lecher 1989.). So ist es beispielsweise im japanischen Arbeitsleben unschicklich, seinen gesamten Jahresurlaub auch wirklich zu nehmen, da man ja sieht, wie sehr das Unternehmen einen braucht. Ganz ähnlich verhält es sich mit den Arbeitszeiten. Auch hier ist es unschicklich bei großem Arbeitsanfall nicht freiwillig Überstunden zu leisten, ohne dass dies einer Absprache oder zusätzlicher Geldzahlungen bedürfte. Der ‚Karoshi‘ (übersetzt: Tod durch Überarbeitung) wird in der japanischen Arbeitsstatistik erhoben. Zumindest in der Vergangenheit wird es sich dabei um eine ähnliche Art der Selbstopferung gehandelt haben wie bei einem Kamikazeeinsatz zum Wohl des japanischen Kaiserhauses oder wie bei der in vielen japanischen Samuraifilmen beschworenen Selbstaufopferung in aussichtsloser Situation.

Aus soziologischer Sicht ist hier zu erkennen wie Elemente der japanischen Feudalgesellschaft in die Moderne eingegangen sind, wobei aus einem persönlichen Treueverhältnis ein Treueverhältnis auch gegenüber juristischen Personen wurde. Wie bei allen *vormodernen Treueverhältnissen* geht es sich auch hier um eine Form der *wechselseitigen Verpflichtung*. Auch japanische Unternehmen fühlen sich ihren Arbeitnehmern auf eine Art und Weise verpflichtet, wie sie ein rein juristisches Vertragsverhältnis niemals generieren kann. Das führt zum Beispiel dazu, dass in einer wirtschaftlichen Krise zunächst einmal das Top-Management sich selbst die Gehälter kürzt, bevor an die Einkommen der anderen Beschäftigten herangegangen wird. Interessant in diesem Zusammenhang ist auch eine bei Womack u. a. nacherzählte Begebenheit, die erklärt, wieso in der japanischen Automobilindustrie in den 50er Jahren nicht die damals moderne Fließbandarbeit eingeführt wurde (vgl. Womack/Jones/Ross 1990).

Die Autoren beschreiben wie eine Delegation japanischer Automobilmanager in den frühen 1950er Jahren in Detroit die amerikanische Fließbandproduktion studiert und ohne große Beratungen zu der Überzeugung kommt, dass dies ihren japanischen Mitarbeitern nicht zu zumuten sei. Eine Pointe dieser Geschichte ist, dass auf diese Weise in Japan Modelle der Gruppenarbeit entstanden sind, die dann in den 80er und 90er Jahren weltweit kopiert wurden, weil nun das Fließband vielen technischen Innovationen im Wege stand. Die in unserem Zusammenhang wichtigere Pointe ist dagegen, dass für die japanischen Manager zunächst *nichtökonomische Gründe*, genauer ihr Treueverhältnis zu den Mitarbeitern, den Ausschlag gegeben hatten, sich gegen das unter den technologischen Bedingungen der 50er Jahre durchaus vorteilhafte Fließbandsystem zu entscheiden.

Studien über die Besonderheiten des japanischen Arbeitslebens bilden einen wichtigen Schwerpunkt der soziologischen Japanliteratur (für einen Überblick vgl. Coulmas 1993; Menzel 1989). Dabei muss allerdings beachtet werden, dass sie sich fast ausschließlich auf die Kernbereiche der japanischen Industrie, die sogenannten Zaibatsu-Unternehmen (Piore/Sabel 1989: 180 ff.) bezieht und die Verhältnisse in den 60er und 70er Jahren des letzten Jahrhunderts reflektiert. Hierbei wurde als Hauptunterschied herausgearbeitet, dass die japanischen Arbeitnehmer einen geringeren Grad an Individualisierung aufweisen und sich vor allem als *Mitglieder von Gruppen* definieren (vgl. Ishida 1989).

Im Kern bedeutet das, dass Arbeitsleistungen weit weniger als individuelle Leistungen angesehen werden, sondern als das Ergebnis der Zusammenarbeit im Rahmen einer kleineren oder auch größeren Arbeitsgruppe (zur Bedeutung der Gruppe für die japanische Sozialstruktur vgl. Nakane 1985). Ihr werden Erfolge wie Misserfolge zugeschrieben. Zwar kennt auch das japanische Arbeitsleben Hierarchien und Rangordnungen, sie sind aber Teil der inneren Struktur solcher Gruppen. Das Durchlaufen von Hierarchiestufen wird sehr stark von der Verweildauer bestimmt, also von der Zeitspanne, während der jemand Mitarbeiter einer Firma und insbesondere Mitglied einer bestimmten, als Gruppe verstandenen, organisatorischen Einheit ist. Zum anderen hängen Aufstiege von der Wertschätzung insbesondere auch durch die anderen Gruppenmitglieder ab. Das führt dazu, dass die oberste Position in einer solchen Arbeitsgruppe von jemandem eingenommen wird, der ihr schon länger angehört hat und bei den anderen Gruppenmitgliedern hohes Ansehen genießt. Dies kann, muss aber nicht unbedingt mit hoher fachlicher Kompetenz einhergehen (Coulmas 1993: 144 f.).

Besonders charakteristisch für diese Gruppenstruktur ist vielleicht, wie die Erledigung besonders wichtiger Aufgaben gehandhabt wird. In angloamerikanischen aber auch in kontinentaleuropäischen Unternehmen wären sie entweder ‚Chefsache' oder sie würden an Mitarbeiter delegiert, denen man ein besonderes Maß an Erfahrung und Fachkompetenz zuschreibt. Für das japanische Arbeitsleben ist dagegen typisch, dass meist das jüngste und unerfahrenste Gruppenmitglied mit dieser Aufgabe betraut wird. Es hat noch kein ‚Gesicht zu verlieren' und wird bei der Bewältigung dieser Aufgabe die Kollegen um Unterstützung bitten, sodass schließlich eine Art Gemeinschaftswerk entsteht, das dann dem Chef übergeben wird. Auf diesem Wege kann sich der Neuling in die Gruppe integrieren und seine sozialen Fähigkeiten demonstrieren. Zum anderen wird so gewährleistet, dass alle ihren Beitrag auf eine Art und Weise leisten können, bei der niemand sein Gesicht verliert (vgl. Tsuji 1989).

Verglichen mit der klassischen hierarchischen Unternehmensstruktur hat dieses Verfahren den Vorteil, dass die Gesamtqualifikation einer Arbeitsgruppe besser ausgeschöpft wird. Insofern haben westliche Unternehmen durchaus von Japan gelernt. Hieraus sind wichtige Impulse in Richtung auf ‚flachere Hierarchien' und die Institutionalisierung von *Teamarbeit* ausgegangen, die aber erst seit den 90er Jahren in den westlichen Unternehmen bedeutsam wurden.

Diesen Stärken stehen aber auch Schwächen gegenüber. Erwähnenswert ist hier insbesondere, dass das Verlassen einer Gruppe absolut unattraktiv ist, weswegen japanische Unternehmen teilweise Probleme hatten, wichtige Positionen im Ausland angemessen zu besetzen.

An dieser Stelle ist jedoch die Frage wichtiger, welche modernisierungstheoretischen Schlussfolgerungen aus diesen Besonderheiten des japanischen Arbeitslebens gezogen werden können. Ganz offensichtlich ist es bei der japanischen Modernisierungsvariante zu einer andersartigen Ausdifferenzierung und Zerlegung der klassischen Produktionsfamilie gekommen. Während im Westen das Solidarelement in den Privatbereich übergegangen ist und dort in immer kleineren Familienformen weiterlebt, ist es in Japan geradezu zu einer Differenzierung zwischen privaten und öffentlich-beruflichen Solidarformen gekommen.

Erinnern wir uns, die klassische Produktionsfamilie war als Solidarverband nie auf Familienangehörige beschränkt. Daher verband sie solidarisches Verhalten zwischen Familienangehörigen mit einem Solidarverhalten unter Haushaltsangehörigen, das auf ein gemeinsames Überleben hin fokussiert war (vgl. unter 4.2 und 5.4). Zudem war sie in Zusammenschlüsse Gleichrangiger (vgl. unter 2.2), wie z. B. in Zünfte oder die Bürgerschaft einer Stadt (vgl. unter 4.5) integriert, die ebenfalls auf gemeinsame solidarische Problembewältigung fokussiert waren.

Im westlichen Kulturkreis wurde nun der Bereich der öffentlichen, auf gemeinsames Überleben hin orientierten, Solidarität weitgehend von Formen über Geld verknüpfter Sozialbeziehungen (vgl. 4.3; 4.4 und 4.7) und einer über den Markt und Verträge vermittelten Arbeitsteilung (vgl. 5.3–5.5 sowie auch 2.1) abgelöst. Das führte dazu, dass Leistungen (welcher Art auch immer) immer nur dem Individuum, dem einzelnen Akteur, zugeschrieben werden konnten. Dagegen blieben Formen öffentlicher Solidarität in Japan erhalten. Das bedeutet keineswegs, dass japanische Unternehmen nicht wettbewerbsorientiert wären. Konkurrenz, Vertrag und Wettbewerb sind Elemente, die sich im Falle Japans aber nicht vorrangig zwischen Individuen abspielen und deren Beziehungen strukturieren, sondern zwischen Gruppen und größeren Gruppierungen.

Selbstverständlich kennt auch der auf individuelle Leistungen zugeschnittene wirtschaftliche und politische Bereich in westlichen Gesellschaften Solidarformen – erinnert sei an dieser Stelle nur an Parsons' Beispiele für die wachsende Bedeutung des Vereinigungsmusters in modernen Gesellschaften (vgl. unter 2.4.8). Anders als bei dem japanischen Muster der Modernisierung vollziehen sich solche solidarischen Zusammenschlüsse aber auch auf der Basis der Leistungsindividualisierung.

Vergleichbares gilt auch für das Zusammenwirken zwischen Wirtschaft und Politik, bei dem im westlichen Modell immer eine Ausdifferenzierung zwischen den politischen und wirtschaftlichen Leistungen vorausgesetzt werden muss.

Nur auf dieser Grundlage können dann wiederum effektive Formen staatlicher Protektion nationaler Wirtschaftsakteure oder auch umgekehrt des Lobbying entwickelt werden.

Im Falle der nachholenden Modernisierung in Japan wurde also das Solidarelement der klassischen Produktionsfamilie, die sich in Japan ebenso wie in Europa herausgebildet hatte, einerseits in Solidarformen differenziert, die zwischen Verwandten und Verheirateten erwartet werden und andererseits in Solidarformen einer gemeinsamen Daseinsbewältigung zwischen Nichtverwandten in einem nun außerfamilialen öffentlichen Bereich.

Diese Interpretation wird auch durch Beschreibungen des politischen Lebens in Japan unterstützt. Nach der Niederlage von 1945 ist Japan formal eine Demokratie westlichen Typs geworden, kennt ein Parteiensystem und das Wechselspiel zwischen Regierung und Opposition. Ebenso gilt in Japan ein allgemeines und gleiches Wahlrecht. Die Rolle des Tenno wurde nach 1945 auf eine rein zeremonielle Funktion reduziert. Charakteristische Unterschiede werden erst unterhalb dieses institutionellen Rahmens sichtbar (vgl. Coulmas 1993: 164 ff.), wenn man beispielsweise die innere Struktur der traditionellen Regierungspartei, der liberaldemokratischen Partei, betrachtet (vgl. Pohl 1989). Sie besteht aus etwa fünf nahezu gleich starken Gruppierungen, die sich nicht von ihrer Programmatik her unterscheiden (wie beispielsweise Wirtschaftsrat und ‚Arbeitnehmerflügel' innerhalb der CDU). Die innere Differenzierung beruht darauf, dass Teile der Partei jeweils einer Führungsfigur loyal verpflichtet sind. Umgekehrt trägt diese Führungsfigur Sorge für das Wohlergehen der Gefolgschaft. Dies führt bisweilen zu Formen der ‚Vetternwirtschaft' (nicht zwischen Verwandten, sondern innerhalb des Solidarverbands), zur Zuschanzung diverser Vorteile an die politische Gefolgschaft durch Repräsentanten der eigenen Gruppierung, die eine öffentliche Funktion ausfüllen. Die politische Öffentlichkeit ist also weniger durch funktional ausdifferenzierte Interessen und Bereiche strukturiert (wie beispielsweise Sonderinteressen von Kapital und Arbeit, Landwirtschaft, Tourismus, Bildung, Familienpolitik etc.) sondern durch unterschiedliche ‚Gefolgschaftszusammenhänge'. Zwar kennt auch der westliche Politikbetrieb durchaus vergleichbare Strukturen (insbesondere Seilschaften, Wahlkreisdenken usw.), aber dies sind eher im Hintergrund wirkende Kräfte und Zusammenhänge und keine primären Differenzierungsmuster.

Wenn die These richtig ist, dass es in Japan zu einer Differenzierung zwischen solidarischem Verhalten innerhalb eines familialen Bereichs und öffentlicher Solidarverbände im wirtschaftlichen wie politischen Bereich gekommen ist, dann kann man die Testfrage stellen, wie diese beiden ausdifferenzierten Formen zusammenwirken. Dieses Zusammenwirken wird am deutlichsten, wenn wir hier kurz auf die *Entwicklung des japanischen Sozialstaats* eingehen.

Er wurde bis in die 70er Jahre vor allem entlang europäischer Vorbilder entwickelt. In den 80er Jahren erfolgte eine scharfe Wende, die dokumentiert, dass

Japan wesentlich früher als westliche Länder das Problem ausufernder sozialer Leistungen erkannt und auf eine für Japan charakteristische Art und Weise gelöst hat (vgl. Bosse 1997). Unter Hinweis auf ‚asiatische Werte‘, insbesondere die Verpflichtung der Kinder gegenüber ihren Eltern, die vor allem im Konfuzianismus betont wird, wurde das Volumen sozialer Leistungen auf US-amerikanische Standards reduziert (Sozialleistungsquote um die 15 Prozent des Bruttosozialprodukts). Japanische Rentner beziehen in der Regel mehrere Altersrenten, die in unterschiedlicher Weise finanziert sind (eine staatlich finanzierte einheitliche Grundrente, eine beitragsfinanzierte Rente der Rentenversicherung, eine Betriebsrente, sowie Einkommen aus einer privaten Lebensversicherung; vgl. Bosse 1997) und in vielen Fällen dennoch nicht zum Leben reichen. Öffentliche Betreuungseinrichtungen und Versorgungsmuster für Alte und Gebrechliche sind in Japan stark unterentwickelt (vgl. Teruoka 1991), weil auf die Verpflichtung der Jüngeren verwiesen werden kann, ihre Eltern im Alter zu versorgen. Für viele ist dies allerdings kaum realistisch, da durch lange Arbeitszeiten, sehr lange Arbeitswege und einen recht hohen Anteil weiblicher Erwerbstätigkeit einer an vormodernen Vorbildern orientierten familialen Vorsorge für die Alten enge Grenzen gesetzt sind. Das führte mitunter sogar dazu, dass sich alte Menschen das Leben nehmen, um ihre Kinder nicht weiter zu belasten (Teruoka 1991).

Nicht weniger problematisch ist in Japan die Phase vor der Verrentung, die Lebensphase zwischen 55 und 65 Jahren (vgl. Bosse 1997). Wir haben ja bereits gesehen, dass die Belegschaft zumindest in den japanischen Großunternehmen traditionell lebenslange Anstellungsverhältnisse hat. Allerdings wird dabei erwartet, dass die Arbeitnehmer um das 55. Lebensjahr herum diese in der Regel gut bezahlten und sicheren Arbeitsplätze ‚freiwillig‘ aufgeben, um ihrer verehrten Firma nicht weiter zur Last zu fallen. Sie nehmen dann eine in der Regel schlecht bezahlte und auch von den Arbeitsbedingungen her unattraktive Arbeit in einem Kleinunternehmen auf, bis sie das Rentenalter erreicht haben.

Diese beiden Beispiele zeigen, *dass die beiden ausdifferenzierten Solidarbereiche nach einem hierarchischen Muster der Über- und Unterordnung zusammenwirken.* Der familiale Solidarbereich muss sich dem als vorrangig angesehenen öffentlichen notfalls fügen.

5.10 Industrialisierung und moderne Industriegesellschaft – ein kurzes Fazit

Welchen Ertrag hat unsere auf wichtige Entwicklungen konzentrierte, aber keineswegs systematischen Ansprüchen genügende Darstellung der klassischen Industrialisierungsphase für das Verständnis der klassischen Moderne gebracht? Ein Fazit soll an dieser Stelle in Form von Thesen gezogen werden.

Erstens: Die Bedeutung der Industrialisierung für das Verständnis der modernen Gesellschaft hängt in erster Linie mit zwei Veränderungen zusammen: mit dem Strukturwandel menschlicher Arbeit und mit der Entwicklung der Lohn- bzw. Erwerbsarbeit zu einem dominanten, die gesamte Lebensspanne umfassenden Muster der Lebensführung.

Zweitens: Zum Strukturwandel menschlicher Arbeit in der Industrialisierungsphase führen neue Möglichkeiten, notwendige menschliche Arbeit (Ergon) technisch zu ersetzen (Werkzeugmaschine; zentrale Kraftquelle). Dieser Prozess wird durch neue Industrieprodukte und neue Märkte hinausgeschoben, die das Ausmaß notwendiger Arbeit erhöhen. Daher vollzieht sich der Strukturwandel menschlicher Arbeit primär als Verlagerung zunächst von bäuerlicher Arbeit auf Industriearbeit und dann von Industriearbeit auf Dienstleistungsarbeit. Zugleich nimmt die Bedeutung theoretischen Wissens als Grundlage dieser Entwicklung und damit auch als Basis für die Teilhabe von Gesellschaften, gesellschaftlichen Großgruppen wie der Individuen am industriellen Fortschritt ständig zu.

Drittens: Die soziale Grundlage der Industrialisierung besteht in der Institution der freien Lohnarbeit. Im engeren Sinne als Lohnarbeiter, im weiteren Sinne als Erwerbsarbeiter haben die Menschen aktiv an der Wirtschaft und damit auch am Industrialisierungsprozess teil. Diese Art der Teilhabe verpflichtet sie auf eine Form der Lebensführung bei der die Entwicklung, Reproduktion und Vermarktung des eigenen Arbeitsvermögens im Mittelpunkt steht. Mit der Institutionalisierung eines aus drei Phasen bestehenden Lebensverlaufsmusters (Bildungs- und Sozialisationsphase, Erwerbsphase, Ruhestand) und gestützt auf Transferleistungen des sozialen Sicherungssystems wird Lohn- bzw. Erwerbsarbeit lebenslang lebbar.

Viertens: Daneben erfolgt die Teilhabe am industriellen Fortschritt über den Erwerb und die wirtschaftliche beziehungsweise reproduktive Nutzung der produzierten Waren und Dienstleistungen. Das Ausmaß der Teilhabe ist an die Verfügung über Geld gebunden und wird durch die Knappheit dieses Tauschmittels begrenzt.

Fünftens: Die im zweiten Kapitel dargestellten Theorien der modernen Gesellschaft erfassen diese Entwicklung nur indirekt. Insoweit sie die moderne Gesellschaft durch das Primat funktionaler Differenzierung bestimmen, thematisieren sie Rahmenbedingungen (insbesondere in Form von funktionaler Spezialisierung, von Märkten, staatlichen Aktivitäten und Rechten) für den Strukturwandel menschlicher Arbeit und die Ausbreitung der freien Lohnarbeit. Diese Rahmenbedingungen werden historisch sowohl als Voraussetzungen wie Folgen des Industrialisierungsprozesses greifbar.

Sechstens: Daraus erklärt sich, dass soziologische Analysen des Industrialisierungsprozesses ohne gedankliche und begriffliche Rückgriffe auf ältere Theorien, insbesondere den Marxismus, nicht auskommen (vgl. den Abschnitt 5.2), die den Strukturwandel menschlicher Arbeit noch direkt thematisieren.

Siebtens: Die in den Abschnitten 2.3–2.5 dargestellten Theorien thematisieren unterschiedliche Aspekte der Rahmenbedingungen des Strukturwandels menschlicher Arbeit und der Lebensführung als Arbeitskraft. Weber erfasst insbesondere kulturelle Rahmenbedingungen (umfassender Traditionsbruch durch gedankliche Rationalisierung aller Lebensbereiche und methodisch-rationale Lebensführung). Parsons thematisiert insbesondere institutionelle Rahmenbedingungen (drei Revolutionen-These; Medien und Integrationsressourcen der modernen Gesellschaft). Luhmanns Theorie der modernen Gesellschaft benennt in Form seiner Differenzierungs- und Medientheorie sehr allgemeine Rahmenbedingungen, wobei sowohl der Strukturwandel der Arbeit wie die Lohnarbeit ausschließlich im Wirtschaftssystem zu verbuchen wären.

Achtens: Auch für die im dritten Kapitel behandelten Debatten und Ergänzungen der klassischen Theorie moderner Gesellschaften gilt, dass sie Rahmenbedingungen erfassen. Nur die Gesellschaftskritik (insbesondere Marcuse, Freyer und Gehlen) beschäftigt sich zumindest teilweise mit dem Strukturwandel menschlicher Arbeit und der Lebensführung als gesellschaftliche Arbeitskraft. Die Wahrnehmung der Strukturveränderungen wird hier von spezifischen Menschenbildern geprägt.

Neuntens: Die mit dem Industrialisierungsprozess verbundene epochale Veränderung lässt sich nach wie vor im Anschluss an Marx über die klassische Unterscheidung der griechischen Philosophie zwischen Ergon und Energia erfassen. Beide Begriffe wurden unter den Bedingungen einer feudalen Klassenstruktur geprägt, die immer zwischen der großen Masse der arbeitenden Bevölkerung und zwei privilegierten Ständen unterschieden hat, einem auf Welterklärung festgelegten Priester- und Intellektuellenstand sowie einem Krieger- und Anführerstand. Das Idealbild der Energia, einer frei gestalteten menschlichen Tätigkeit, konnte vor diesem Hintergrund nur in den beiden von Ergon, harter körperlicher Arbeit zum Zwecke des Überlebens, befreiten herrschenden Ständen entwickelt werden.

Daran knüpft Marx sowohl mit der generellen Unterscheidung zwischen arbeitenden und nichtarbeitenden Klassen sowie der auf gesellschaftlich notwendige Arbeit festgelegten Arbeiterklasse an. Die perspektivische Bedeutung der Industrialisierung besteht darin, dass die Arbeitsmaschine die Menschheit von der Plage harter körperlicher, repetitiver Arbeit (=Ergon) befreien kann. Um diese Möglichkeit zu realisieren, hielt Marx eine ‚Vergesellschaftung der Produktionsmittel‘, die die zwischenmenschlichen strukturellen Herrschaftsverhältnisse beseitigen würde, für unabdingbar.

Unsere Darstellung der Industrialisierung unter kapitalistischen wie sozialistischen Bedingungen hat gezeigt, dass *mit der Industrialisierung mindestens*

zwei emanzipatorische Prozesse verknüpft sind, die den Begriff der Energia zu-
mindest erweitern, vermutlich aber entscheidend verändern. Der erste Prozess betrifft die technische Substitution sowohl körperlicher als auch repetitiver menschlicher Handarbeit. Die bereits bei Marx analysierte Verlagerung menschlicher Arbeit in automatisierten Prozessen auf Vor-, Nachbereitung und Prozessbegleitung sprengt nun insofern das Idealbild der Energia, als Tätigkeiten hier nie individuell frei gewählt werden können, sondern immer in Bezug auf gesellschaftliche Produktionsprozesse stehen. Dies ändert sich auch unter realsozialistischen Bedingungen nicht. Darüber hinaus, und dies ist entscheidend, steht die ‚menschliche Restarbeit‘ in Abhängigkeit von der entwickelten Technologie. Der Erfolg der menschlichen Naturbeherrschung durch die Arbeitsmaschine definiert das, was der Mensch direkt im automatisierten Prozess tun muss und auch das, was er im Hinblick auf Innovation, auf technologische Weiterentwicklung zukünftig tun möchte. Damit bleibt der Mensch in sein eigenes Programm der Naturbeherrschung auf eine Weise verstrickt, die sich dem Begriff der Energia entzieht.

Unsere Analyse der Industrialisierung scheint daher weniger Marx zu bestätigen, sondern eher den Tenor der ‚Dialektik der Aufklärung‘, jenes ‚philosophischen Fragments‘, das Adorno und Horkheimer gegen Ende des zweiten Weltkriegs verfasst haben (Horkheimer/Adorno 1988). Sie zeigen, und das ist eben auch für das Begriffspaar Ergon und Energia zu vermuten, dass die Entwicklung menschlichen Wissens unentwirrbar in die Dialektik von Herrschaft und Beherrschung sowohl zwischen den Menschen wie auch zwischen Mensch und Natur verstrickt ist. Es ist sicherlich kein Zufall, dass bei Horkheimer und Adorno die Entwicklung dieses Wissens in der griechischen Klassen- und Sklavenhaltergesellschaft einsetzt.

Der *zweite Veränderungsprozess* liegt dagegen auf dem Feld *neuer reproduktiver Möglichkeiten, die in der klassischen Industrialisierungsphase erschlossen werden.* Technische Innovationen und neue Produkte, die in ökonomischer Hinsicht zusätzliche Nachfrage und neue Märkte erschließen, führen auf der Ebene des Alltags der Menschen dazu, dass einerseits der Abbau mühevoller und repetitiver körperlicher Arbeit abgebremst und insgesamt hier neue Arbeitsplätze entstehen. Zum anderen verändert sich der Alltag durch neue reproduktive Möglichkeiten, die zum Teil von mühseliger Hausarbeit und von Alltagsroutinen entlasten, die darüber hinaus außeralltägliche Aktivitäten wie das Reisen in den Horizont alltäglicher Möglichkeiten überführen und schließlich auch alte Menschheitsträume wahr werden lassen. In diese letzte Rubrik gehören Erfindungen wie das Flugzeug, aus der sich nicht nur ein ganzer Industriezweig, sondern auch der Luftverkehr als alltägliche Fortbewegungsmöglichkeit entwickelt hat. Das zeigt, dass vor allem im reproduktiven Bereich Ergon technisch substituiert wurde und Raum für Aktivitäten geschaffen wurde, die der Energia zugeordnet werden können, wenn man die oben erläuterte Akzentverschiebung vornimmt (Stichwort: Verstrickung in die Probleme menschlicher Naturbeherrschung).

Noch wesentlicher ist sicherlich, dass der Tod zwar nicht besiegt, aber zurück gedrängt wird. Er verliert in der klassischen Industrialisierungsphase seine Bedeutung als unabweisbares Begleitmoment des menschlichen Lebensalltags. Insbesondere das Risiko der Geburt und des Überstehens der frühen Kindheit wird durch medizinische und hygienische Fortschritte weitgehend beseitigt und damit zu einem außeralltäglichen Risiko. Die Fortschritte der Medizin äußern sich ganz allgemein in einer wachsenden Lebenserwartung, die geradezu zu einem Indikator für Modernität wird (z. B. Geißler 1996: 36).

Im reproduktiven Bereich wirkt die Technisierung nach nahezu demselben Muster wie in der Produktion. Sie hilft Grenzen zu überwinden, die durch die begrenzten Möglichkeiten des menschlichen Organismus gezogen werden. Und sie vermag menschliche Handarbeit zu ersetzen. Im kulturellen Bereich dagegen ist es zumindest umstritten, ob und inwieweit die industrielle Massenkultur breiten Bevölkerungsschichten neue reproduktive Möglichkeiten zu erschließen vermag. Zum anderen sind diese neuen reproduktiven Möglichkeiten wiederum nur durch Verstrickung und durch neue Abhängigkeiten von Natur und Technik zu haben. Reisen impliziert zeitliche und räumliche Bindungen an das Fortbewegungsmittel. Eine höhere Lebenserwartung ist ohne Unterwerfung unter die Heilungsbedingungen der Medizin (zum Beispiel Krankenhäuser, Bettruhe, Hygienevorschriften und so weiter) nicht zu erreichen.

Auf beiden Feldern, die sich im Zuge der klassischen Industrialisierungsphase in zuvor ungekannter Weise verändert haben, also sowohl auf dem Feld der Arbeit wie dem der Reproduktion, ist weder ein für alle Gesellschaftsmitglieder zugängliches Reich der frei bestimmten Tätigkeit (im Sinne der alten Griechen) entstanden, noch der in der Frühmoderne entwickelte Traum des Schlaraffenlands auch nur ansatzweise zur Realität geworden, sondern es sind neue Muster alltäglicher Lebensführung entstanden. In ihnen drücken sich die mit der Industrialisierung erreichten Fortschritte aus.

Literatur

Aagard, H. (1980): Gefahren und Schutz am Arbeitsplatz in historischer Perspektive. In: Duve, F. (Hg.) Technologie und Politik. Band 16; S.155–179. Reinbek.

Abel, W. (1962): Geschichte der deutschen Landwirtschaft. Stuttgart.

Abel, W. (1966): Der Pauperismus am Vorabend der industriellen Revolution. Dortmund.

Abel, W. (1977): Massenarmut und Hungerkrisen im vorindustriellen Deutschland. 2. Auflage. Göttingen.

Abelsdorf, W. (1905): Die Wehrfähigkeit zweier Generationen mit Rücksicht auf Herkunft und Beruf. Berlin.

Abelshauser, W. (1983): Wirtschaftsgeschichte der Bundesrepublik Deutschland. Frankfurt/M.

Adloff, F. (2005): Zivilgesellschaft. Theorie und politische Praxis. Frankfurt/M.

Adorno, Th. W. (1966): Negative Dialektik. Frankfurt/M.

Aeppli, S. (1988): Das beschränkte Wahlrecht im Übergang von der Stände- zur Staatsbürgergesellschaft. Zielsetzungen des Zensuswahlrechts. Zürich.

Altmann, N./Kammerer, G. (1970): Wandel der Berufsstruktur. München.

Ambrosius, G. (1977): Die Durchsetzung der sozialen Marktwirtschaft in Westdeutschland. Stuttgart.

Ariès, P. (1982): Geschichte des Todes. München.

Aron, R. (1964): Die industrielle Gesellschaft. Frankfurt/M./Hamburg.

Aron, R. (1979): Hauptströmungen des klassischen soziologischen Denkens. Montesquieu, Comte, Marx, Tocqueville. Reinbek.

Bader, V./Berger, J./Ganßmann, H./v. d. Knesebeck, J. (1987): Einführung in die Gesellschaftstheorie. Gesellschaft, Wirtschaft und Staat bei Marx und Weber. Frankfurt/M./New York.

Baethge, M./Wilkens, I. (2001): Die große Hoffnung für das 21. Jahrhundert. Opladen.

Baethge, M./Denkinger, J./Kadritzke, U. (1992): Zum Wandel von Berufsperspektiven und sozialen Interessenlagen hochqualifizierter Angestellter. Abschlussbericht. Göttingen.

Baraldi, C./Corsi, G./Esposito, E. (1997): GLU. Glossar zu Niklas Luhmanns Theorie sozialer Systeme. Frankfurt/M.

Bauer, W./Dümotz, I./Golowin, S. (2004): Lexikon der Symbole. 20. Auflage. Wiesbaden.

Bauman, Z. (1995): Moderne und Ambivalenz. Das Ende der Eindeutigkeit. Frankfurt/M.

Beck, U. (1983): Jenseits von Stand und Klasse? In: Kreckel, R. (Hrsg.): Soziale Ungleichheiten. Sonderband 2 der Sozialen Welt. Göttingen.

Beck, U. (1986) : Risikogesellschaft. Auf dem Weg in eine andere Moderne. Frankfurt/M.

Beck, U. (1994): The Debate on the ‚Individualization Theory' in Today's Sociology in Germany. In: Schäfers, B. (Hrsg.): Sociology in Germany. In: Soziologie, Heft 3; S.191–200.

Becker, G. (1993): Human Capital: A Theoretical and Empirical Analysis with Special Reference to Education. Chicago.

Beck-Gernsheim, E. (1980): Das halbierte Leben. Männerwelt Beruf, Frauenwelt Familie. Frankfurt/M.

Beck, U./Beck-Gernsheim, E. (Hrsg.) (1994): Riskante Freiheiten. Frankfurt/M.

Behrens, R. (2004): Postmoderne. Hamburg.

Bell, D. (1975): Die nachindustrielle Gesellschaft. Frankfurt/New York.

Bennhold-Thomsen, V./Mies, M./Werlhof, C. von (1988): Frauen, die letzte Kolonie. Zur Hausfrauisierung der Arbeit. Reinbek.

Berger, P./Luckmann, T. (1969): Die gesellschaftliche Konstruktion der Wirklichkeit. Frankfurt/M.

Berghaus, M. (2004): Luhmann leicht gemacht. Eine Einführung in die Systemtheorie. 2. Auflage. Köln/Weimar/Wien.

Bergmann, J./Brandt, G./Körber, K./Mohl, Th./Offe, K. (1969): Herrschaft, Klassenverhältnis und Schichtung. In: Adorno, Th. W. (Hrsg.): Spätkapitalismus oder Industriegesellschaft? S. 67–87. Stuttgart.

Bergson, H. (1989): Zeit und Freiheit. Nachdruck der 2. Auflage von 1920. Frankfurt/M.

Bernstein, E. (1907–10): Geschichte der Berliner Arbeiterbewegung. Berlin.

Bickel, C. (2006): Ferdinand Tönnies. In: Kaesler, D. (Hrsg.): Klassiker der Soziologie. Band 1; S. 114–127. 5. Auflage. München.

Bock, G. (2000): Frauen in der europäischen Geschichte. Vom Mittelalter bis zur Gegenwart. München.

Bohn, C. (2006): Inklusion, Exklusion und die Person. Konstanz.

Bollenbeck, G. (2007): Eine Geschichte der Kulturkritik. Von Rousseau bis Günther Anders. München.

Bolte, K. M. (1967): Deutsche Gesellschaft im Wandel. 2. Auflage. Opladen.

Bornemann, E. (1979): Das Patriarchat. Ursprung und Zukunft unseres Gesellschaftssystems. Frankfurt/M.

Bornschier, V. (1998): Westliche Gesellschaft – Aufbau und Wandel. Zürich

Borst, A. (1982): Lebensformen im Mittelalter. Frankfurt/M.-Berlin-Wien.

Bosse, F. (1997): Sozialpolitik. In: Bundeszentrale für politische Bildung (Hrsg.): Japan. Informationen zur politischen Bildung 225; S. 20–22.

Bourdieu, P. (1987): Die feinen Unterschiede. Frankfurt/M.

Brand, U. (2000): Nichtregierungsorganisationen, Staat und ökologische Krise. Münster.

Braudel, F. (1985): Sozialgeschichte des 15.-18.Jahrunderts. Der Alltag. München.

Braudel, F. (1990): Venedig. In: Braudel/Duby/Aymard: Die Welt des Mittelmeeres. Zur Geschichte und Geographie kultureller Lebensformen; S. 145–170. Frankfurt/M.

Braun, S. (1964): Zur Soziologie der Angestellten. Frankfurt/M.

Braun, S./Kern, H./Pflüger, A./Schumann, M. (1968): Ablauf und soziale Folgen von technischen Umstellungen in der mechanischen Fertigung und Endmontage eines Automobilwerkes. Göttingen.

Braun, S./Kern, H./Pflüger, A./Schumann, M. (1968a): Ablauf und soziale Folgen einer technischen Umstellung in der Rohkarossenmontage eines Automobilwerkes (Prozessbeschreibung). Göttingen.

Bretzner, S. (2008): Das Engelsche Gesetz und seine empirische Evidenz. München.

Breuer, S. (1996): Von Tönnies zu Weber. Zur Frage einer ‚deutschen Linie' der Soziologie. In: BJfS 6; S. 227–245.

Brock, D. (1991): Der schwierige Weg in die Moderne. Umwälzungen in der Lebensführung der deutschen Arbeiter zwischen 1850 und 1980. Frankfurt/M./New York.

Brock, D. (2002): Karl Marx. In: Brock,D./Junge, M./Krähnke, U.: Soziologische Theorien von Auguste Comte bis Talcott Parsons; S. 57–77. München.

Brock, D. (2002a): Max Weber. In: Brock, D./Junge, M./Krähnke, U.: Soziologische Theorien von Auguste Comte bis Talcott Parsons; S. 161–184. München.

Brock, D. (2006): Leben in Gesellschaften. Von den Ursprüngen bis zu den alten Hochkulturen. Wiesbaden.

Brock, D. (2008): Globalisierung. Wirtschaft – Politik – Kultur – Gesellschaft. Wiesbaden

Brock, D. (2009): Gesellschaftskritische Theorieansätze. In: Brock,D./Junge, M./Diefenbach, H./Keller, R./Villanyi, D. (Hrsg.): Soziologische Paradigmen nach Parsons; S. 127–214. Wiesbaden.

Brock, D./Vetter, H.-R. (1982): Alltägliche Arbeiterexistenz. Soziologische Rekonstruktionen des Zusammenhangs von Lohnarbeit und Biographie. Frankfurt/M./New York.

Brock, D./Vetter, H.-R. (1982a): Was kann der Belastungsbegriff leisten? Anmerkungen zu den soziologischen Dimensionen von Belastung. In: Soziale Welt H. 3/4, Jg. 33; S. 303–327.

Brus, W. (1971): Funktionsprobleme der sozialistischen Wirtschaft. Frankfurt/M.

Brus, W. (1972): Wirtschaftsplanung. Für ein Konzept der politischen Ökonomie. Frankfurt/M.

Bühl, W. (1987): Grenzen der Autopoiesis. In: KZfSS 39, S. 225–254.

Burkhardt, J. (1992): Der Dreißigjährige Krieg. Moderne deutsche Geschichte Band 2. Frankfurt/M.

Campanella, T. (1955): Der Sonnenstaat. Berlin.

Casanova, J. (1994): Public Religions in the Modern World. Chicago.

Cherubini, G. (2004): Der Bauer. In: Le Goff, J. (Hrsg.): Der Mensch des Mittelalters. S. 130–155. Essen.

Clark, C. (1940): The Conditions of Economic Progress. London/New York

Coleman, J. (1995): Grundlagen der Sozialtheorie. 3 Bände. München.

Colomy, P. (1990): Divisions and Progress in Differentiation Theory. In: Alexander, J. C./Colomy, P. (Hrsg.): Differentiation Theory and Social Change. Comparative and Historical Perspectives; S. 465–495. New York.

Conze, W. (1966): Vom ‚Pöbel' zum ‚Proletariat'. In: Wehler, H.-U. (Hrsg.): Moderne deutsche Sozialgeschichte. Köln/Berlin.

Coser, L.A. (1956): The Functions of Social Conflict. New York.

Coulmas, F. (1993): Das Land der rituellen Harmonie. Japan: Gesellschaft mit beschränkter Haftung. Frankfurt/M./New York.

Crew, D. (1981): Regionale Mobilität und Arbeiterklasse. Das Beispiel Bochum 1880–1901. In: Langewiesche, D./Schönhoven, K. (Hrsg.): Arbeiter in Deutschland. Paderborn.

Croner, F. (1954): Die Angestellten in der modernen Gesellschaft. Wien.

Dahme, H.-J./Rammstedt, O. (1983): Einleitung. In: Simmel 1983; S. 7–34.

Dahrendorf, R. (1955): Struktur und Funktion. In: KZfSS Jg. 7, H. 4.

Dahrendorf, R. (1957): Klassen und Klassenkonflikt in der industriellen Gesellschaft. Stuttgart.

Dahrendorf, R. (1961): Gesellschaft und Freiheit. München.

Dahrendorf, R. (1968): Gesellschaft und Demokratie in Deutschland. München.

Dahrendorf, R. (1971): Zu einer Theorie des sozialen Konflikts. In: Zapf, W. (Hrsg.): Theorien des Sozialen Wandels; S. 108–123. Köln/Berlin.

Dahrendorf, R. (1974): Pfade aus Utopia. Zur Theorie und Methode der Soziologie. München.

Dahrendorf, R. (1982): Wenn der Arbeitsgesellschaft die Arbeit ausgeht. In: Matthes, J. (Hrsg.): Krise der Arbeitsgesellschaft? Verhandlungen des 21. Deutschen Soziologentages in Bamberg 1982. S. 25–37. Frankfurt/M./New York.

Darwin, C. (1859): On the Origin of Species by means of Natural Selection or the Preservation of Favoured Races in the Struggle for Life. London.

Davis, K. (1942): A Conceptual Analysis of Stratification. ASR, 7.Jg.; H. 3; S. 309–321.

Davis, K./Moore, W.E. (1945): Some Principles of Stratification. ASR; 10. Jg.; H. 2; S. 242–249.

Der grosse Ploetz (1998): Die Daten-Enzyklopädie der Weltgeschichte. Daten, Fakten, Zusammenhänge. 32. Auflage. Freiburg.

Deutschmann, C. (1977): Planwirtschaft als Ideologie. Zur Legitimationsfunktion der ‚Politischen Ökonomie des Sozialismus' in den RGW-Staaten. Diss.

Diefenbach, N. (2002): Die historische Schule der Nationalökonomie. Marburg.

Die Zeit (Redaktion) (2006): Die stolze Seerepublik: Venedig. In: Die Zeit: Welt- und Kulturgeschichte. Band 7; S. 220–226. Hamburg.

Dilthey, W (1910) :Der Aufbau der geschichtlichen Welt in den Geisteswissenschaften. Berlin.

Dirlmeier, U./Fuhrmann, B. (2006): Zwischen ‚Hastings' und ‚Magna Charta libertatum': England. In: Die Zeit (Hrsg.): Welt- und Kulturgeschichte; Band 7; S. 200–207. Hamburg.

Dirlmeier, U./Fuhrmann, B. (2006a): Fürst in Schwaben, Herr in Asien und Afrika: Das Kaisertum Karls V. In: Die Zeit (Hrsg.): Welt- und Kulturgeschichte; Band 7; S. 386–389. Hamburg.

Dumézil, G. (1970): Archaic Roman Religion. 2 Bände. Chicago und London.

Dumoulin, H. (1991): Religion und Politik. Die Entwicklung des japanischen Buddhismus bis zur Gegenwart. In. Eliade, M. : Geschichte der religiösen Ideen. Band 4; S. 325–409. Freiburg.

Durant, W. (1981): Das Hohe Mittelalter und die Frührenaissance. Kulturgeschichte der Menschheit, Band 7. Frankfurt/M. – Wien – Berlin

Durkheim, E. (1981): Die elementaren Formen des religiösen Lebens. Frankfurt/M.

Durkheim, E. (1983): Der Selbstmord. Frankfurt/M.

Durkheim, E. (1992): Über soziale Arbeitsteilung. Studie über die Organisation höherer Gesellschaften. Frankfurt/M. Französische Erstauflage 1893: De la division du travail social: etude sur l'organisation des societés superieurs. Paris: Alcan.

Eisenstadt, S.N. (1964): Social Change, Differentiation, and Evolution. In: ASR 29; S. 375–386.

Eisenstadt, S. N. (Hrsg.) (1987): Kulturen der Achsenzeit. 2 Bände. Frankfurt/M.

Eisenstadt, S. N. (Hrsg.) (1992): Kulturen der Achsenzeit II. 3 Bände. Frankfurt/M.

Eliade, M. (1978): Geschichte der religiösen Ideen. 4 Bände. Freiburg/Basel/Wien.

Elias, N. (1976): Über den Prozess der Zivilisation. 2 Bände. Frankfurt/M.

Elias, N. (1991): Die Gesellschaft der Individuen. Frankfurt/M.

Endruweit, G./Gaugler, E./Staehle, W. H./Wilpert, B. (Hrsg.) (1985): Handbuch der Arbeitsbeziehungen. Berlin.

Engels, F. (1973): Die Lage der arbeitenden Klasse in England. Nach eigener Anschauung und authentischen Quellen. München.

Esping-Andersen, G. (1991): The Three Worlds of Welfare Capitalism. Cambridge

Förster, H. v. (1960): On Self-Organizing Systems and Their Environments. In: Yovits/Cameron (ed.): Self-Organizing Systems; S. 31–50. London.

Foljanty-Jost, G. (1989): Informelles Verwaltungshandeln: Schlüssel effizienter Implementation oder Politik ohne Politiker? In: Menzel, U. (Hrsg.): Im Schatten des Siegers: Japan. Band 3; S. 171–190. Frankfurt/M.

Ford, H. (1923): Mein Leben und Werk. Leipzig.

Foucault, M. (1994): Überwachen und Strafen. Die Geburt des Gefängnisses. Frankfurt/M.

Fourastié, J. (1949): Le Grand Espoir du XX Siecle. Paris.

Francis, E. K. (1965): Ethnos und Demos. Berlin.

Frazer, J. G. (1989): Der goldene Zweig. Das Geheimnis von Glauben und Sitten der Völker. Reinbek.

Freud, S. (2009): Das Unbehagen in der Kultur und andere kulturtheoretische Schriften. Frankfurt/M.

Freyer, H. (1955): Theorie des gegenwärtigen Zeitalters. Stuttgart.

Fürstenberg, F. (1966): Industriesoziologie I. Vorläufer und Frühzeit 1835–1934. Neuwied/Berlin.

Fürth, H. (1902): Die Fabrikarbeit verheirateter Frauen. Schriften des sozialwissenschaftlichen Vereins in Berlin. Frankfurt/M.

Gehlen, A. (1957): Die Seele im technischen Zeitalter. Sozialpsychologische Probleme in der industriellen Gesellschaft. Reinbek.

Gehlen, A. (1986): Urmensch und Spätkultur. Philosophische Ergebnisse und Aussagen. 5. Auflage. Wiesbaden.

Geiger, T. (1932): Die soziale Schichtung des deutschen Volkes. Stuttgart.

Geißler, R. (1996): Die Sozialstruktur Deutschlands. 2. Auflage. Opladen

Gellner, E. (1995): Nationalismus und Moderne. Hamburg.

Gennep, A. van (1986): Übergangsriten. Frankfurt/M.

Gershuny, J. (1981): Die Ökonomie der nachindustriellen Gesellschaft. Produktion und Verbrauch von Dienstleistungen. Frankfurt/M./New York.

Gesell, S. (1911): Die neue Lehre von Geld und Zins. Berlin/Leipzig.

Giddens, A. (1984): Die Klassenstruktur fortgeschrittener Gesellschaften. Frankfurt/M.

Giddens, A. (1988): Die Konstitution der Gesellschaft. Frankfurt/New York.

Giddens, A. (1995): Konsequenzen der Moderne. Frankfurt/M.

Gimpel, J. (1996) : Die Kathedralenbauer. Holm.

Goethe, J. W. von (1976): Tagebuch der italienischen Reise. Frankfurt/M.

Goffman, E. (1993): Rahmen-Analyse. Ein Versuch über die Organisation von Alltagserfahrungen. Frankfurt/M.

Gorz, A. (1989): Kritik der ökonomischen Vernunft. Sinnfragen am Ende der Arbeitsgesellschaft. Hamburg.

Gotthard, A. (2006): Erwählte und Verdammte: Die Reformation Johannes Calvins. In: Die Zeit (Hrsg.): Welt- und Kulturgeschichte. Band 8; S. 126–221. Hamburg.

Grebing, H. (1987): Der Revisionismus. Von Bernstein bis zum Prager Frühling. München.

Habermas, J. (1962): Strukturwandel der Öffentlichkeit. Neuwied und Berlin.

Habermas, J. (1968): Arbeit und Interaktion. In: Ders. : Technik und Wissenschaft als ‚Ideologie‘; S. 9–47. Frankfurt/M.

Habermas, J. (1981): Theorie des kommunikativen Handelns. 2 Bände. Frankfurt/M.

Habermas, J. (1983): Moralbewusstsein und kommunikatives Handeln. 2. Veränderte Auflage. Frankfurt/M.

Habermas, J. (1985): Die neue Unübersichtlichkeit. Kleine politische Schriften. Frankfurt/M.

Habermas, J. (1986): Vorstudien und Ergänzungen zur Theorie des kommunikativen Handelns. 2. Auflage. Frankfurt/M.

Häußermann, H./Siebel, W. (1995): Dienstleistungsgesellschaften. Frankfurt/M.

Haug, F./Glunz, U./Nemitz, R./van Treek, W./Zimmer, G. (1975): Automation in der BRD. Berlin.

Heideking, J. (2006): Das Streben nach Glück: Die amerikanische Revolution. In: Die Zeit (Hrsg.): Welt- und Kulturgeschichte; Band 10; S. 490–492. Hamburg.

Heins, V. (2002): Das Andere der Zivilgesellschaft. Zur Archäologie des Begriffs. Bielefeld.

Hennes, M. (2003): Der militärisch-industrielle Komplex in den USA. In: APuZ 46.

Hentschel, V. (1983): Geschichte der deutschen Sozialpolitik 1880–1980. Frankfurt/M.

Hettlage, R. (1991): Rahmenanalyse – oder die innere Organisation unseres Wissens um die Ordnung der Wirklichkeit. In: Hettlage, R./Lenz, K. (Hrsg): Erving Goffman – ein soziologischer Klassiker der zweiten Generation; S. 95–154. Bern und Stuttgart.

Hettlage, R. (2000): Erving Goffman. In: Käsler, D. (Hrsg.): Klassiker der Soziologie. Band 2. Von Talcott Parsons bis Pierre Bourdieu; S. 188–205. München.

Hillmann, G. (Hrsg.) (1970): Selbstbestimmte Belegschaftskooperation gegen kapitalistische Hierarchie und Bürokratie. Heidelberger Blätter 14/16. Heidelberg/Frankfurt/ Berlin.

Hintze, O. (1964): Wirtschaft und Politik im Zeitalter des modernen Kapitalismus. In: Ders.: Staat und Verfassung. Band II, S. 427–452. Göttingen.

Hobbes, Th. (1980): Leviathan. Stuttgart. Englische Erstausgabe 1651.

Hoffmann, W. R. (1969): Der Fordismus. In: Thomas, K.: Analyse der Arbeit; S. 213–233. Stuttgart.

Holek, W. (1909): Lebensgang eines deutsch-tschechischen Handarbeiters. Mit einem Vorwort herausgegeben von P. Göhre. Jena.

Holmes, S. (1985): Differenzierung und Arbeitsteilung im Denken des Liberalismus. In: Luhmann, N. (Hrsg.): Soziale Differenzierung: zur Geschichte einer Idee; S. 9–41. Opladen.

Honneth, A. (2000): Jürgen Habermas. In: Käsler, D. (Hrsg.): Klassiker der Soziologie. Band II. Von Talcott Parsons bis Pierre Bourdieu; S. 230–251. München.

Honneth, A./McCarthy, T./Offe, C./Wellmer, A. (1989): Zwischenbetrachtungen. Im Prozess der Aufklärung. Frankfurt/M.

Honneth, A./Joas, H. (Hrsg.) (1986): Kommunikatives Handeln. Beiträge zu Jürgen Habermas' ‚Theorie des kommunikativen Handelns'. Frankfurt/M.

Horkheimer, M./Adorno, Th. W. (1988): Dialektik der Aufklärung. Taschenbuchausgabe. Frankfurt/M.

Huntington, S. (1998): Kampf der Kulturen. Die Neugestaltung der Weltpolitik im 21. Jahrhundert. München.

Husserl, E. (1939): Erfahrung und Urteil. Untersuchungen zur Genealogie der Logik. Herausgegeben von L. Landgrebe. Prag.

Husserl, E. (1954): Die Krisis der europäischen Wissenschaften und die transzendentale Phänomenologie. Eine Einleitung in die phänomenologische Philosophie. Herausgegeben von W. Biemel. Den Haag.

Ishida, T. (1989): Die Integration von Konformität und Konkurrenz. In: Menzel, U. (Hrsg.): Im Schatten des Siegers: Japan. Band 1; S. 140–170. Frankfurt/M.

Jacobsen, H./Voswinkel, S. (Hrsg.) (2003): Dienstleistungsarbeit-Dienstleistungskultur. SAMF-Arbeitspapier 2003–1

Jonas, F. (1968): Geschichte der Soziologie. Band 1: Aufklärung, Liberalismus, Idealismus. Mit Quellentexten. Band 2: Sozialismus, Positivismus. Mit Quellentexten. Reinbek.

Jonas, F. (1976): Geschichte der Soziologie 2. Von der Jahrhundertwende bis zur Gegenwart. Opladen.

Junge, M. (2002): Auguste Comte. In: Brock, D./Junge, M./Krähnke, U.: Soziologische Theorien von Auguste Comte bis Talcott Parsons; S. 39–54. München.

Junge, M. (2002a): Talcott Parsons. In: Brock, D./Junge, M./Krähnke, U.: Soziologische Theorien von Auguste Comte bis Talcott Parsons; S. 191–218. München.

Kadritzke, U. (1975): Angestellte – Die geduldigen Arbeiter. Frankfurt/M.

Kambartel, F. (2004): Stichwort ‚Arbeit' in: Mittelstraß (Hrsg.): Enzyklopädie Philosophie und Wissenschaftstheorie; Band 1; S. 151–152. Stuttgart und Weimar.

Keegan, J. (1995): Die Kultur des Krieges. Berlin.

Keeley, B. (2008): Humankapital. Wie Wissen unser Leben bestimmt. OECD.

Kern, H./Schumann, M. (1970): Industriearbeit und Arbeiterbewusstsein. 2 Bände. Frankfurt/M.

Keynes, J. M. (2009): Allgemeine Theorie der Beschäftigung, des Zinses und des Geldes. 11. Auflage. Berlin.

Kiss, G. (1977): Einführung in die soziologischen Theorien I. 3. verbesserte Auflage. Opladen.

Kittner, M. (2005): Arbeitskampf. Geschichte – Recht – Gegenwart. München.

Klengel, H. (1991): König Hammurapi und der Alltag Babylons. Frankfurt/M. und Wien.

Kohl, K.-H. (1993): Ethnologie – die Wissenschaft vom kulturell Fremden. München.

Kohli, M. (1985): Die Institutionalisierung des Lebenslaufs. Historische Befunde und theoretische Argumente. In: KZfSS (37), H. 1; S. 1–29.

Kohli, M. (1986): Gesellschaftszeit und Lebenszeit. In: Berger, J. (Hrsg.): Die Moderne – Kontinuitäten und Zäsuren; S. 183–208. Sonderband 4 der Sozialen Welt. Göttingen.

Kohli, M. (1989): Institutionalisierung und Individualisierung der Erwerbsbiographie. In: Brock, D./Leu, H. R./Preiß, C./Vetter, H.-R. (Hrsg.): Subjektivität im gesellschaftlichen Wandel; S.249–278. München.

Kondratieff, N. D. (1979): Die langen Wellen der Konjunktur. In: Archiv für Sozialwissenschaft und Sozialpolitik 56; S. 573–609.

Kracauer, S. (1930): Die Angestellten. Frankfurt/M.

Krähnke, U. (2002): Herbert Spencer. In: Brock, D./Junge, M./Krähnke, U.: Soziologische Theorien von Auguste Comte bis Talcott Parsons; S. 79–105. München.

Krähnke, U. (2002a): Georg Simmel. In: Brock, D./Junge, M./Krähnke, U.: Soziologische Theorien von Auguste Comte bis Talcott Parsons; S. 133–159. München.

Krappmann, L. (1971): Soziologische Dimensionen der Identität. Strukturelle Bedingungen für die Teilnahme an Interaktionsprozessen. Stuttgart.

Kreckel, R. (1970): Zur Entwicklung der Berufsdifferenzierung in der vorindustriellen Zeit. In: Bolte, K. M. (1970): Beruf und Gesellschaft in Deutschland; S. 9–31. Opladen.

Kreckel, R. (1992): Politische Soziologie der sozialen Ungleichheit. Frankfurt/M./New York.

Kreckel, R./Brock, D./Thode, H. (1972): Vertikale Mobilität und Immobilität in der Bundesrepublik Deutschland. Bonn – Bad Godesberg.

Kron, T. (Hrsg.) (2000): Individualisierung und soziologische Theorie. Opladen.

Kron, T./Horacek, M. (2009): Individualisierung. Bielefeld.

Kuczynski, J. (1982): Geschichte des Alltags des deutschen Volkes. Band 3; 1810–1870. Köln.

Landauer, C. (1931): Planwirtschaft und Verkehrswirtschaft. München/Leipzig.

Laqueur, W. (1978): Die Jugendbewegung. Köln.

Lash, S. (1990): Sociology of Postmodernism. London.

Lecher, W. (1989): Ohne Illusionen: Stand und Perspektive der Arbeitsbeziehungen in Japan. In: Menzel, U. (Hrsg.):Im Schatten des Siegers: Japan. Band 3; S. 191–226. Frankfurt/M.

Lederer, E. (1912): Die Privatangestellten in der modernen Wirtschaftsentwicklung. Tübingen.

Leggewie, C. (2003): Die Globalisierung und ihre Gegner. München.

Lenin, W. I. (1971) Was tun? Taschenbuchausgabe. Berlin.

Likert, R. (1967): The Human Organization. New York.

Lötsch, M. (1991): Konturen einer Theorie der Sozialstruktur. In: BJfS 1; S. 195–202.

Lütge, F. (1966): Deutsche Sozial- und Wirtschaftsgeschichte. 3. Auflage. Berlin/Heidelberg/New York.

Luhmann, N. (1971): Der Sinn als Grundbegriff der Soziologie. In: Habermas, J./Luhmann, N. : Theorie der Gesellschaft oder Sozialtechnologie – Was leistet die Systemforschung? S. 25–100. Frankfurt/M.

Luhmann, N. (1976): Evolution und Geschichte. In: Geschichte und Gesellschaft 2; S. 284–309.

Luhmann, N. (1980): Gesellschaftsstruktur und Semantik. Studien zur Wissenssoziologie der modernen Gesellschaft, Bd. 1. Frankfurt/M.

Luhmann, N. (1981): Gesellschaftsstruktur und Semantik. Studien zur Wissenssoziologie der modernen Gesellschaft, Bd. 2. Frankfurt/M.

Luhmann, N. (1984): Soziale Systeme. Grundriss einer allgemeinen Theorie. Frankfurt/M.

Luhmann, N. (1986): Ökologische Kommunikation. Kann die moderne Gesellschaft sich auf ökologische Gefährdungen einstellen? Opladen.

Luhmann, N. (1988): Die Wirtschaft der Gesellschaft. Frankfurt/M.

Luhmann, N. (1989): Gesellschaftsstruktur und Semantik. Studien zur Wissenssoziologie der modernen Gesellschaft, Bd. 3. Frankfurt/M.

Luhmann, N. (1992): Arbeitsteilung und Moral. Durkheims Theorie. In: Durkheim 1992; S. 19–38.

Luhmann, N. (1992a): Beobachtungen der Moderne. Opladen.

Luhmann, N. (1993): ‚Was ist der Fall?‘ und ‚was steckt dahinter?‘ – Die zwei Soziologien und die Gesellschaftstheorie. In: ZfS 22; S. 245–260.

Luhmann, N. (1995): Gesellschaftstruktur und Semantik. Studien zur Wissenssoziologie der modernen Gesellschaft, Bd. 4. Frankfurt/M.

Luhmann, N. (1997): Die Gesellschaft der Gesellschaft. 2 Bände. Frankfurt/M.

Luhmann, N. (2002): Einführung in die Systemtheorie. Herausgegeben von Dirk Baecker. Heidelberg.

Lukes, S. (1973): Emile Durkheim. His Life and Work: a Historical and Critical Study. London.

Lutz, B. (1989): Der kurze Traum immerwährender Prosperität. Eine Neuinterpretation der industriell-kapitalistischen Entwicklung im Europa des 20. Jahrhunderts. Frankfurt/M./New York.

Lyotard, J.-F. (1999): Das postmoderne Wissen. Wien.

Machiavelli, N. (1990): Der Fürst. Frankfurt/M. (verfasst 1513/14; Erstauflage 1532)

Macpherson, C. B. (1973): Theorie des Besitzindividualismus. Frankfurt/M.

Mallet, S. (1972): Die neue Arbeiterklasse. Neuwied und Berlin.

Mann, M. (1990): Geschichte der Macht. Von den Anfängen bis zur griechischen Antike. Ffm./New York.

Marcuse, H. (1955): Eros and Civilization. A Philosophical Inquiry into Freud. Boston.

Marcuse, H. (1964): One-Dimensional Man. Study in the Ideology of advanced Industrial Society. Boston.

Martin, B. (2006): Aggressoren unter dem Sonnenbanner: Japans Weg in den Krieg. In: Die Zeit (Hrsg.): Welt- und Kulturgeschichte; Band 14; S. 146–162. Hamburg.

Marx, K. (1972): Das Kapital. Kritik der politischen Ökonomie. Erster Band. Marx – Engels – Werke; Band 23. Berlin.

Marx, K. (1973): Das Kapital. Kritik der politischen Ökonomie. Dritter Band. Marx – Engels – Werke; Band 25. Berlin.

Marx, K. (1974): Grundrisse der Kritik der politischen Ökonomie (Rohentwurf) 1857–1858. Berlin.

Marx, K./Engels, F. (1973): Die deutsche Ideologie. In: Marx – Engels – Werke Band 3; S. 9–530. Berlin.

Maturana, H./Varela, F. (1980): Autopoiesis and Cognition: The Realization of the Living. Dordrecht.

McCarthy, T. (1989): Kritik der Verständigungsverhältnisse. Frankfurt/M.

Menzel, U. (Hrsg.) (1989): Im Schatten des Siegers: Japan. 4 Bände. Frankfurt/M.

Meyer, T. (1996): Familienformen im Wandel. In: Geißler, R. : Die Sozialstruktur Deutschlands; S. 306–332. Opladen.

Meyers Konversationslexikon (1895): 17 Bände. Fünfte, gänzlich neu bearbeitete Auflage. Leipzig und Wien.

Mills, C. W. (1962): Die amerikanische Elite: Gesellschaft und Macht in den Vereinigten Staaten. Hamburg.

Mitterauer, M. (2003): Geschichte der Familie. Stuttgart.

Mitterauer, M. (2009): Sozialgeschichte der Familie. Wien.

Morus, T. (1986): Utopia. Übersetzt von G. Ritter. Stuttgart

Müller, H.-P./Schmid, M. (1992): Arbeitsteilung, Solidarität und Moral. Eine werkgeschichtliche und systematische Einführung in die ‚Arbeitsteilung' von Emile Durkheim. In: Durkheim 1992; S. 481–521.

Müller-Armack, A. (1981): Genealogie der Sozialen Marktwirtschaft. 2. Auflage. Bern.

Müller-Doohm, S. (Hrsg.) (2000): Das Interesse der Vernunft. Rückblicke auf das Werk von Jürgen Habermas seit ‚Erkenntnis und Interesse'. Frankfurt/M.

Münch, R. (1980): Über Parsons zu Weber. Von der Theorie der Rationalisierung zur Theorie der Interpenetration. In: ZfS 9; S. 18–53.

Münch, R. (1990): Differentiation, Rationalization, Interpenetration: The Emergence of Modern Society. In: Alexander, J./Colomy, P. (Hrsg.): Differentiation Theory and Social Change; S. 441–464. New York.

Münch, R. (2004): Soziologische Theorie. Band 3: Gesellschaftstheorie. Frankfurt/M. und New York.

Nakane, C. (1985): Die Struktur der japanischen Gesellschaft. Frankfurt/M:

Nakane, C. (1989): Die japanische Sozialstruktur. Theorie der unilateralen Gesellschaft. In: Menzel, U. (Hrsg.): Im Schatten des Siegers: Japan. Band 1; S. 171–207. Frankfurt/M.

Nastanski, H.-L. (2004): Artikel Lebensphilosophie. In: Mittelsraß (Hrsg.): Enzyklopädie Philosophie und Wissenschaftstheorie; Band 2; S. 555–556. Stuttgart.

Nelson, E. (1977): Der Ursprung der Moderne. Frankfurt.

Nicklas, Th. (2006): Um Gold und Freiheit: Die Niederlande. In: Die Zeit (Hrsg.): Welt- und Kulturgeschichte. Band 8; S. 262–272. Hamburg.

Niethammer, L. (1976): Wie wohnten die Arbeiter im Kaiserreich? Unter Mitarbeit von F. Brüggemeier. In: Archiv für Sozialgeschichte. Band XVI.

Nisbet, R. A. (1977): Sociology as an Art Form. London.

Offe, C. (1973): Strukturprobleme des kapitalistischen Staates. Frankfurt/M.

Orwell, G. (2009): 1984. 42. Auflage. Berlin/Wien.

Osterland, M./Deppe, W./Gerlach, F./Mergner, U./Pelte, K./Schlösser, M. (1973): Materialien zur Lebens- und Arbeitssituation der Industriearbeiter in der BRD. 5. Auflage. Frankfurt/M.

Ostner, I. (1978): Beruf und Hausarbeit. Die Arbeit der Frau in unserer Gesellschaft. Frankfurt/M./New York.

Ogburn, W. F. (1969): Kultur und sozialer Wandel. Neuwied/Berlin.

Parsons, T. (1940): An Analytical Approach to the Theory of Social Stratification. AJS, 45. Jg.; S. 841–862.

Parsons, T. (1951): The Social System. Illinois.

Parsons, T. (1968): The Structure of Social Action. Erstauflage 1937. 2 Bände. New York/ London.

Parsons, T. (1971): Evolutionäre Universalien der Gesellschaft. In: Zapf, W. (Hrsg.): Theorien des sozialen Wandels; S. 55–74. Dritte Auflage. Köln und Berlin.

Parsons, T. (1972): Das System moderner Gesellschaften. München.

Parsons, T. (1975): Gesellschaften. Evolutionäre und komparative Perspektiven. Frankfurt/M.

Parsons, T. (1978): Action Theory and the Human Condition. New York.

Pelzer, E. (2006): Rückschläge und Sturz: Das Ende des Empire. In: Die Zeit (Hrsg.): Welt- und Kulturgeschichte. Band 10; S. 332–340. Hamburg.

Piore, M./Sabel, C. (1989): Das Ende der Massenproduktion. Frankfurt/M.

Pohl, M. (1989): Hintergründe einer ‚Einparteien-Demokratie‘: Die Anatomie der japanischen Regierungspartei. In: Menzel, U. (Hrsg.): Im Schatten des Siegers: Japan. Band 2; S. 275–304. Frankfurt/M.

Pohl, M. (2006): Aufstieg und Krise durch die ‚Seifenblasenwirtschaft‘: Japan. In: Die Zeit (Hrsg.): Welt- und Kulturgeschichte; Band 15; S. 357–262

Polanyi, K. (1966): Dahomey and the Slave Trade: An Analysis of an Archaic Economy. Seattle/Washington.

Polanyi, K. (1979): The Great Transformation. Politische und ökonomische Ursprünge von Wirtschaftssystemen. Wien.

Popitz, H. (1992): Prozesse der Machtbildung. 2. erweiterte Auflage. Tübingen.

Popitz, H./Bahrdt, H. P./Jüres, E. A./Kesting, H. (1957): Technik und Industriearbeit. Soziologische Untersuchungen in der Hüttenindustrie. Tübingen.

Preiser, E. (1970): Bildung und Verteilung des Volkseinkommens. Gesammelte Aufsätze zur Wirtschaftstheorie und Wirtschaftspolitik. 4. Auflage. Göttingen.

Preuschen, G. (1996): Kleine ökologische Weltgeschichte. Holm.

Preußer, N. (Hrsg.) (1982): Armut und Sozialstaat. Band 3: die Entwicklung des Systems der sozialen Sicherung 1870–1945. München.

Prinz, M. (1996): Brot und Dividende. Konsumvereine in Deutschland und England vor 1914. Göttingen.

Proudhon, J. (1850): Bekenntnisse eines Revolutionärs. Leipzig.

Proudhon, J. (1963): Ausgewählte Werke. Herausgegeben von T. Ramm und K. F. Koehler. Stuttgart.

Pye, L. W. (1989): Das japanische Rätsel: Die Verbindung von Wettbewerb und Konsens. In: Menzel, U. (Hrsg.): Im Schatten des Siegers: Japan. Band 1; S. 41–75. Frankfurt/M.

Quesnay, F. (1758): Tableau économique. Paris.

Reese-Schäfer, W. (2001): Jürgen Habermas. 3. Vollständig überarbeitete Auflage. Frankfurt/M./New York.

Reich, R. (1993): Die neue Weltwirtschaft. Frankfurt/M. und Berlin.

Reinhard, W. (1999): Geschichte der Staatsgewalt. Eine vergleichende Verfassungsgeschichte Europas von den Anfängen bis zur Gegenwart. München.

Remane, A./Storch, V./Welsch, U. (1973): Evolution. Tatsachen und Probleme der Abstammungslehre. München.

Rescher, N. (1993): Pluralism. Against the Demand for Consensus. Oxford 1993.

Ricardo, D. (1817): The Principles of Political Economy and Taxation. London.

Ricardo, D. (2006): Über die Grundsätze der politischen Ökonomie und der Besteuerung. Marburg.

Riesman, D./Denney, R./Glazer, N. (1958): Die einsame Masse. Eine Untersuchung der Wandlungen des amerikanischen Charakters. Reinbek.

RKW (Hrsg.) (1970): Wirtschaftliche und soziale Aspekte des technischen Wandels in der Bundesrepublik Deutschland. Erster Band. Sieben Berichte. Frankfurt/M.

Röpke, J. (1989): Von Nachzügler zum Pionier. Industriepolitische Anmerkungen zum Erwerb innovativer Fähigkeiten im Prozess der nachholenden Entwicklung. In: Menzel, U. (Hrsg.): Im Schatten des Siegers: Japan. Band 3; S. 29–62. Frankfurt/M.

Rosa, H. (2005): Beschleunigung. Die Veränderung der Zeitstrukturen in der Moderne. Frankfurt/M.

Rüschemeyer, D. (1977): Structural Differentiation, Efficiency, and Power. In: ASR, 83; S. 1–25.

Ruggiero, R./Tenenti, A. (1976): Die Grundlegung der modernen Welt. Spätmittelalter, Renaissance, Reformation. Fischer Weltgeschichte Band 12. Frankfurt/M.

Salomon, P. (2003): Die Geschichte der Mikroelektronik-Halbleiterindustrie in der DDR. Dessau.

Saretzki, H.-U./Schenke, R./Glende, G. (1992): Von der Lebensmittelkarte zur Warteschlange für das Auto – die planwirtschaftliche Entwicklung des Einzelhandels. In: Hölder, E. (Hrsg): Im Trabi durch die Zeit – 40 Jahre Leben in der DDR; S. 139–152. Stuttgart.

Saul, K. (1974): Staat, Industrie, Arbeiterbewegung im Kaiserreich. Zur Innen- und Sozialpolitik des wilhelminischen Deutschland. Düsseldorf.

Saussure, F. de (1967): Grundlagen der allgemeinen Sprachwissenschaft. Berlin/New York.

Schäfers, B. (1976): Sozialstruktur und Wandel der Bundesrepublik Deutschland. Stuttgart.

Schimank, U. (2000): Theorien gesellschaftlicher Differenzierung. Opladen.

Schluchter, W. (1979): Die Entwicklung des okzidentalen Rationalismus. Eine Analyse von Max Webers Gesellschaftsgeschichte. Tübingen.

Schmoller, G. von (1900): Grundriss der allgemeinen Volkswirtschaftslehre. Berlin.

Schroer, M. (2001): Das Individuum der Gesellschaft. Frankfurt/M.

Schütz, A. (1974): Der sinnhafte Aufbau der sozialen Welt. Eine Einleitung in die verstehende Soziologie. Frankfurt/M.

Schütz, A./Luckmann Th. (1979/1984): Strukturen der Lebenswelt. 2 Bände. Frankfurt/M.

Schuller, W. (2006a): Mietskasernen und Paläste: Das Alltagsleben in Rom. In: Die Zeit (Hrsg.): Welt- und Kulturgeschichte; Band 5; S. 218–236. Hamburg.

Schuller, W. (2006b): Wie kommt das Eis nach Rom. Wirtschaft und Verkehr. In: Die Zeit (Hrsg.): Welt- und Kulturgeschichte; Band 5; S. 236–246. Hamburg.

Schulze, G. (1993): Erlebnisgesellschaft. Kultursoziologie der Gegenwart. Frankfurt/New York.

Schumann, F. (1911): Die Arbeiter der Daimler-Motoren-Gesellschaft Stuttgart-Untertürkheim. In: Schriften des Vereins für Sozialpolitik, Band 135, Teil 1. Leipzig.

Schumann, M./Gerlach, F./Schlössel, A./Millhofer, P. (1971): Am Beispiel der Septemberstreiks – Anfang der Rekonstruktionsperiode der Arbeiterklasse? Frankfurt/M.

Schumpeter, J. (1934): Theorie der wirtschaftlichen Entwicklung. 4. Auflage. Berlin.

Schumpeter, J. (1939): Business Cycles. 2 Bände. New York.

Schumpeter, J. (1993): Kapitalismus, Sozialismus und Demokratie. 7. Auflage. Tübingen und Basel.

Schwinn, T. (1995): Funktion und Gesellschaft. Konstante Probleme trotz Paradigmenwechsel in der Systemtheorie Niklas Luhmanns. In: ZfS 34; S. 196–214.

Schwinn, T. (1995a): Zum Integrationsmodus moderner Ordnungen. Eine kritische Auseinandersetzung mit Richard Münch. Heidelberg. Unveröff. Ms.

Sennett, R. (1998): Der flexible Mensch. Berlin.

Sennett, R. (2009): Das Handwerk. Berlin.

Service, E. (1977): Ursprünge des Staates und der Zivilisation. Frankfurt/M.

Seiderer, G. (2006): Vom Ständestaat zum Gesamtstaat: Die politische Praxis des Absolutismus. In: Die Zeit (Hrsg.): Welt- und Kulturgeschichte; Band 9; S. 172–182. Hamburg.

Sick, B. (2006): Der Dativ ist dem Genitiv sein Tod. Köln/Berlin.

Sieferle, R. P. (1995): Die konservative Revolution. Fünf biographische Skizzen. Frankfurt/M.

Simmel, G. (1890): Über soziale Differenzierung. Soziologische und psychologische Untersuchungen. Leipzig.

Simmel, G. (1895): Zur Psychologie der Mode. In: Die Zeit vom 12.10.; S. 22–24. Wien

Simmel, G. (1896): Das Geld in der modernen Kultur. In: Zeitschrift des Oberschlesischen Berg- und Hüttenmännischen Vereins, 35; S. 319–342.

Simmel, G. (1897): Die Bedeutung des Geldes für das Tempo des Lebens. In: Neue Deutsche Rundschau, 8; S. 111–122.

Simmel, G. (1903): Soziologie der Konkurrenz. In: Neue Deutsche Rundschau, 14; S. 1009–1023.

Simmel, G. (1903a): Die Großstädte und das Geistesleben. In: Jahrbuch der Gehe-Stiftung 9; S. 185–206.

Simmel, G. (1905): Philosophie der Mode. Berlin.

Simmel, G. (1906): Zur Soziologie der Armut. In: Archiv für Sozialwissenschaft und Sozialpolitik, 22; S. 1–30.

Simmel, G. (1906a): Die Religion. Frankfurt/M.

Simmel, G. (1908): Psychologie des Schmuckes. In: Morgen. Wochenschrift für deutsche Kultur, 2; S. 454–459.

Simmel, G. (1910): Soziologie der Mahlzeit. In: Berliner Tageblatt vom 10.10. 1910. Beilage: Der Zeitgeist Nr. 41.

Simmel, G. (1983): Schriften zur Soziologie. Herausgegeben und eingeleitet von Heinz-Jürgen Dahme und Otthein Rammstedt. Frankfurt/M.

Simmel, G. (1989): Philosophie des Geldes. Gesamtausgabe Band 6. Frankfurt/M.

Simmel, G. (1992): Soziologie. Untersuchungen über Formen der Vergesellschaftung. Gesamtausgabe Band 2. Frankfurt/M.

Smelser, N. J. (1973): Epilogue: Social-Structural Dimensions of Higher Education. In: Parsons, T./Platt, G. M. (Hrsg.): The American University; S. 389–422. Cambrigde Mass.

Smelser, N. J. (1974): Growth, Structural Change, and Conflict in California Public Higher Education, 1950–1970. In: Smelser, N. J./Almond, G. (Hrsg.): Public Higher Education in California; S. 9–141. Berkeley.

Smith, A. (1978): Der Wohlstand der Nationen. Eine Untersuchung seiner Natur und seiner Ursachen. München.

Solschenizyn, A. (1974): Der Archipel Gulag. Berlin.

Sombart, W. (1902): Der moderne Kapitalismus. 1. Auflage. Berlin.

Sombart, W (1913): Der Bourgeois. München und Leipzig.

Sombart, W. (1916): Der moderne Kapitalismus. Historisch-systematische Darstellung des gesamteuropäischen Wirtschaftslebens von seinen Anfängen bis zur Gegenwart. 3 Bände. München und Leipzig

Stahl, M. (2003): Gesellschaft und Staat bei den Griechen: Archaische Zeit. Paderborn, München, Wien, Zürich.

Stalk, G./Hout, T. M. (1992): Zeitwettbewerb. Schnelligkeit entscheidet auf Märkten der Zukunft. 3. Auflage. Frankfurt/M./New York.

Staritz, D. (1996): Geschichte der DDR 1949–1990. Erweiterte Neuausgabe. Frankfurt/M.

Stettner, R. (1996): Archipel GULag: Stalins Zwangslager – Terrorinstrument und Wirtschaftsgigant. Entwicklung und Funktion des sowjetischen Lagersystems 1928–1956. Paderborn.

Stichweh, R. (2000): Die Weltgesellschaft. Soziologische Analysen. Frankfurt/M.

Stichweh, R. (2005): Inklusion und Exklusion. Studien zur Gesellschaftstheorie. Bielefeld.

Stolleis, M. (2003): Geschichte des Sozialrechts in Deutschland. Ein Grundriss. Stuttgart.

Stürmer, M. (1979): Herbst des Alten Handwerks. München.

Syrup, F. (1915): Die soziale Lage der sesshaften Arbeiterschaft eines oberschlesischen Walzwerkes. In: Schriften des Vereins für Sozialpolitik, Bd. 153, S. 131–218. München/Leipzig

Taira, K. (1962): Characteristics of Japanese Labour Markets. In: Economic Development and Cultural Change 10; S. 150–168.

Teruoka, I. (1991) Armes Japan. Hamburg.

Teuteberg, H. J. (1973): Zur Frage des Wandels der deutschen Volksernährung durch die Industrialisierung. In: Braun, R./Fischer, W. (Hrsg.): Gesellschaft in der industriellen Revolution. Köln.

Teuteberg, H. J./Wiegelmann, G. (1972): Der Wandel der Nahrungsgewohnheiten unter dem Einfluss der Industrialisierung.

Thiel, C. (2004): Artikel Husserl. In: Mittelstraß, J. (Hrsg.): Enzyklopädie Philosophie und Wissenschaftstheorie Band 2; 146–149. Stuttgart.

Thoma, L. (1910): Erster Klasse. München.

Thränhardt, D. (1996): Geschichte der Bundesrepublik Deutschland 1949–1990. Frankfurt/M.

Tietze, K. (2006): Doch mehr als eine Randerscheinung: Die Begegnung mit der europäischen Zivilisation. In: Die Zeit (Hrsg.): Welt- und Kulturgeschichte. Band 11; S. 208–220. Hamburg.

Tocqueville, A. de (1985): Über die Demokratie in Amerika. Stuttgart.

Tönnies, F. (1979): Gemeinschaft und Gesellschaft. Darmstadt.

Tsuji, K. (1989): Entscheidungsfindung in der japanischen Regierung: Eine Studie des *ringisei*. In: Menzel, U. (Hrsg.): Im Schatten des Siegers: Japan. Band 2; S. 256–274. Frankfurt/M.

Tuchman, B. (1981): August 1914. Der Ausbruch des Ersten Weltkriegs. Bergisch Gladbach.

Tumin, M. (Hg.) (1970): Readings on Social Stratification. Englewood Cliffs.

Van Caenegem, B. R. C. (1988): The Birth of the English Common Law. Cambrigde.

Van der Loo, H./van Reijen, W. (1992): Modernisierung. Projekt und Paradox. München.

Van Lawick-Goodall, J. (1971): Wilde Schimpansen. 10 Jahre Verhaltensforschung am Gombe-Strom. Reinbek.

Verhandlungen (2010): Der Sozialdemokratische Zukunftsstaat: Verhandlungen des deutschen Reichstags am 31. Januar, 3., 4., 6. und 7. Februar 1893. Nabu Press.

Verhandlungen (1912): Verhandlungen des Vereins für Sozialpolitik in Nürnberg. Tagesordnungspunkt II: Probleme der Arbeiterpsychologie unter besonderer Rücksichtnahme auf Methode und Ergebnisse der Vereinserhebungen mit einem Bericht von H. Herkner. Aufgrund der stenographischen Niederschrift herausgegeben vom Ständigen Ausschuss. In: Schriften des Vereins für Sozialpolitik, Band 138, Leipzig.

Villanyi, D./Junge, M./Brock, D. (2009): Soziologische Systemtheorie. In: Brock/Junge/Diefenbach/Keller/Villanyi (Hrsg.): Soziologische Paradigmen nach Talcott Parsons; S. 337–397. Wiesbaden.

Vogt, W. (1986): Theorie der kapitalistischen und einer laboristischen Ökonomie. Frankfurt/M.

Walk, H./Brunnengräber, A. (2000): Die Globalisierungswächter. NGO's und ihre transnationalen Netze im Konfliktfeld Klima. Münster.

Wallerstein, I. (1974): The Modern World-System I. Capitalist Agriculture and the Origins of the European World-Economy in the Sixteenth Century. San Diego.

Wallerstein, I. (1980): The Modern World-System II. Mercantilism and the Consolidation of the European World-Economy, 1600–1750. Boston/San Diego

Walter, R. (2006): ‚Jedem anderen Lande an Reichtum überlegen machen': Der Merkantilismus. In: Die Zeit (Hrsg.): Welt- und Kulturgeschichte. Band 9, S. 182–195. Hamburg.

Webb, H. (1960): Japan 1850–1890. In: Mann, G. (Hrsg.): Propyläen Weltgeschichte. Band 8; S. 617–647. Berlin/Frankfurt/M.

Weber, M. (1972): Wirtschaft und Gesellschaft. Fünfte, revidierte Auflage. Tübingen.

Weber, M. (1988a): Die protestantische Ethik und der Geist des Kapitalismus. In: Ders.: Gesammelte Aufsätze zur Religionssoziologie; Band 1; S. 17–206. Tübingen

Weber, M. (1988b): Die sozialen Gründe des Untergangs der antiken Kultur. In: Ders.: Gesammelte Aufsätze zur Sozial- und Wirtschaftsgeschichte; S. 289–311. Tübingen.

Weber, M. (1988c): Roscher und Knies und die logischen Probleme der historischen Nationalökonomie. In: Ders.: Gesammelte Aufsätze zur Wissenschaftslehre; S. 1–145. Tübingen.

Weber, M. (1988d): Die Wirtschaftsethik der Weltreligionen. In: Ders.: Gesammelte Aufsätze zur Religionssoziologie; Band 1; 273–573 sowie Band 2 und 3. Tübingen.

Weber, M. (1988e): Über einige Kategorien der verstehenden Soziologie. In: Ders.: Gesammelte Aufsätze zur Wissenschaftslehre; S. 427–474. Tübingen.

Weber, M. (1988 f): Der Sinn der ‚Wertfreiheit' der soziologischen und ökonomischen Wissenschaften. In: Ders.: Gesammelte Aufsätze zur Wissenschaftslehre; S. 498–540. Tübingen.

Weber, M. (1988g): Der Sozialismus. In: Ders.: Gesammelte Aufsätze zur Soziologie und Sozialpolitik; S. 492–518. Tübingen.

Weggel, O. (2006): Im Land der Thai: Siam. In: Die Zeit (Hrsg.): Welt- und Kulturgeschichte. Band 11; S. 166–172. Hamburg.

Wehle, W. (2005): Entgrenzung ins Transhumane: über mythische Leere und mediale Fülle in futuristischer Kunst. In: Hoffmann, Y./Hülk, W./Roloff, V. (Hrsg.): Alte Mythen, neue Medien; S. 89–109. Heidelberg.

Wehling, P. (1992): Die Moderne als Sozialmythos. Zur Kritik sozialwissenschaftlicher Modernisierungstheorien. Frankfurt/M./New York.

Welsch, W. (1994): Wege aus der Moderne. Schlüsseltexte zur Postmoderne-Diskussion. Berlin.

Wenzel, H. (1986): Einleitung des Herausgebers. In: Parsons, T.: Aktor, Situation und normative Muster. Ein Essay zur Theorie sozialen Handelns; S. 7–58. Frankfurt/M.

Whitehead, A. N. (1988): Wissenschaft und moderne Welt. Frankfurt/M.

Wiehn, E. (1968): Theorien der sozialen Schichtung. Eine kritische Diskussion. München.

Womack, J./Jones, D./Ross, D. (1990): The Machine that Changed the World. New York.

Wussing, H. (2006): ‚Aus den Erscheinungen der Bewegung die Kräfte erforschen': Die wissenschaftliche Revolution des 17. Jahrhunderts. In: Die Zeit (Hrsg.): Welt- und Kulturgeschichte. Band 9; S. 290–301. Hamburg.

Zapf, W. (1994): Modernisierung, Wohlfahrtsentwicklung und Transformation. Soziologische Aufsätze 1987–1994. Berlin.

Zielinski, S. (1983): Telewischen. Aspekte des Fernsehens in den 50er Jahren. In: Siepmann, E./Lusk, I. (Hrsg): Bikini. Die fünfziger Jahre; S. 333–372. Reinbek.

Internetquellen

INSM-Wirtschaftslexikon; Stichwort Schlüsseltechnologie. Abruf 8.7. 2010.

www. Welterfinder.de. Abruf 3.10.2009.

Wikipedia: Stichwort James Watt. Abruf 3.10. 2009.

Wikipedia: Stichwort Schlaraffenland. Abruf 8.7. 2010